Deutsch-chinesische Beziehungen
1928–1937

Quellen zur Geschichte der deutsch-chinesischen Beziehungen 1897–1995

Herausgegeben
von Mechthild Leutner

Deutsch-chinesische Beziehungen 1928–1937

„Gleiche“ Partner unter „ungleichen“ Bedingungen

Eine Quellensammlung

Herausgegeben von Bernd Martin

Bearbeitet von Susanne Kuß

Akademie Verlag

Kalligraphie: Chen Ning

ISBN 3-05-002985-4

Das eingesetzte Papier ist alterungsbeständig nach DIN/ISO 9706.

Druck und Bindung: Druckhaus „Thomas Müntzer“, Bad Langensalza
Einbandgestaltung: Hans Herschelmann, Berlin

Gedruckt in Deutschland

INHALTSVERZEICHNIS

Vorwort zur Quellensammlung „Deutsch-chinesische Beziehungen“

Deutschland und China gelten gemeinhin als Länder, die sehr unterschiedlichen Kulturkreisen zugehören. Dennoch sind sie im Verlauf der vergangenen hundert Jahre immer wieder in vielfältige Beziehungen zueinander getreten. Wie sich diese gestaltet haben und welche welt- und landesgeschichtlichen Wirkungen davon ausgingen, soll in einer acht Bände umfassenden Quellensammlung für den Zeitraum 1897 bis 1995 dargestellt werden.

Sechs Bände dieser Reihe „Deutsch-chinesische Beziehungen“ sind chronologisch, zwei thematisch-biographisch angelegt. Die Aufteilung der chronologischen Bände folgt den von der Geschichte vorgegebenen Zäsuren, aber auch sachlichen Gesichtspunkten. Der Rückblick erfaßt die direkte kriegerische Auseinandersetzung auf chinesischem Boden zur Jahrhundertwende ebenso wie Perioden raschen Aufschwungs beiderseits gesuchter enger Zusammenarbeit. Auch die Zeit des Zweiten Weltkrieges wird thematisiert und die unterschiedlichen Phasen der Unentschiedenheit und des gegenseitigen Abtastens nach 1949, wie sie für die Beziehungen Chinas sowohl zur DDR als auch zur Bundesrepublik Deutschland zu beobachten sind. So wird die Entwicklung nach dem Zweiten Weltkrieg entsprechend der Teilung Deutschlands in zwei Bänden erfaßt. Die beiden thematisch-biographischen Bände der Reihe sind der Deutschlandrezeption durch chinesische Intellektuelle und Politiker und dem Chinabild der im Fernen Osten tätigen deutschen Wissenschaftler und Politiker gewidmet.

Dem wechselvollen Verlauf der Geschichte der deutsch-chinesischen Beziehungen entsprechend sind die Schwerpunkte in den einzelnen Bänden unterschiedlich gesetzt. Gemeinsam aber ist allen der Versuch, den deutschen Blick auf China und den chinesischen Blick auf Deutschland, die politischen, wirtschaftlichen, militärischen und kulturellen Beziehungen als interkulturelles Geschehen - will heißen: als Auseinandersetzung mit der vom jeweils anderen Land ausgehenden politisch-wirtschaftlichen und kulturellen Herausforderung - zu dokumentieren.

Die zwischenstaatlichen Beziehungen geraten so - vor dem Hintergrund der jeweiligen innenpolitischen Entwicklungen und eingeordnet in das Gesamtgeflecht der internationalen Beziehungen - zu einer Art Spiegel dieser Auseinandersetzung mit dem Anderen, dem Fremden, bei der sich klischeebeladene Wunschbilder, rationale Planungen und machtpolitisches Kalkül oft miteinander vermischt haben.

Um dies in aller Breite aufzeigen zu können, mußte einer diplomatiegeschichtlichen Verengung der Darstellung so weit wie möglich vorgebeugt werden. So bilden die diplomatischen Akten zwar schon allein wegen ihrer Geschlossenheit und guten Überlieferung die Grundlage der Veröffentlichung, aber es sind auch Quellen anderer Herkunft einbezogen worden. Kultur- und Wirtschaftsorganisationen wurden dabei ebenso berücksichtigt wie die Publizistik beider Länder, und auch die individuelle Erfahrung der Begegnung mit dem anderen Land - nicht selten ganz außerhalb der politischen bilateralen Beziehungen stehend - wurde nicht ausgespart. Der Vollständigkeit halber gelangten einige Standardquellen in den Bänden zu einem erneuten Abdruck. Doch die Mehrzahl des präsentierten Quellenmaterials deutscher und chinesischer Herkunft wird hier erstmals publiziert. Und: Nahezu alle chinesischen Dokumente werden zum ersten Mal in einer deutschen Übersetzung vorgelegt.

Entsprechend der einheitlichen inhaltlichen Konzeption der Reihe gliedert sich jeder Band in mehrere Kapitel, denen eine jeweilige thematische Einführung vorangestellt ist. Jedes einzelne Dokument ist mit quellenkritischen Angaben und - wo erforderlich - mit knappen zusätzlichen Personen- und Sachinformationen versehen. Eine Gesamteinleitung, ein Verzeichnis der Quellennachweise und bibliographische Angaben sowie ein Personen- und Institutionenindex runden die Bände jeweils ab.

Die in Umfang und Form in dieser Größenordnung bislang einmalige Dokumentation - Vergleichbares liegt weder für das Verhältnis Deutschlands zu anderen Ländern noch für Chinas Kontakte zu anderen westlichen Ländern vor - richtet sich an eine Leserschaft, die weit über den Kreis der Chinaspezialisten hinausreicht. Sollte das Quellenwerk zudem beitragen können zu einer Überwindung der Kluft, die in Deutschland zwischen einer oft zu stark philologisch ausgerichteten Sinologie einerseits und einer zu sehr nationalgeschichtlich geprägten Historiographie andererseits besteht, wäre ein weiteres mit der Edition verknüpftes Anliegen erfüllt.

Herzlicher Dank zu sagen ist der Stiftung Volkswagenwerk, Hannover, die die mehrjährige Arbeit am Projekt „Quellensammlung zu den deutsch-chinesischen Beziehungen“ mit ihrer finanziellen Förderung erst ermöglicht hat.

Mechthild Leutner

Danksagung

Der vorliegende dritte Dokumentenband der Reihe „Deutsch-chinesische Beziehungen 1897-1997“ behandelt den Abschnitt, in dem die gegenseitigen Kontakte auf ganz unterschiedlichen Ebenen besonders eng und intensiv waren. Aus diesem Grund ist der Band ähnlich umfangreich geworden wie die übrigen.

Die Herausgeber empfinden es als eine angenehme Pflicht, zum Abschluß der Arbeit allen zu danken, die bei dem Auffinden der Dokumente behilflich waren oder bei der redaktionellen Fertigstellung des Bandes mitwirkten. An erster Stelle müssen in diesem Zusammenhang die beiden Historiker Chen Qianping und Zhang Xianwen von der Universität Nanjing erwähnt werden, die es ermöglichten, im Zweiten Historischen Archiv Akten einzusehen. Ohne diese Quellen, die hier erstmals in deutscher Übersetzung vorgestellt werden, könnte die lange Entstehungsgeschichte des Bandes kaum als deutsch-chinesisches Unternehmen angesehen werden.

Gleichfalls zu Dank verpflichtet sind wir Huang Fude, Xiao Daozhong und vor allem Zhou Huimin von der Zhengzhi-Universität in Taibei, die uns darin unterstützt haben, die vielen Detailinformationen über Personen, Organisationen und Ereignisse aus dem China der Nanjing-Zeit zusammenzutragen. Der Anmerkungsapparat und das Register haben durch ihr Engagement sehr gewonnen. Nicht zuletzt haben wir in zahlreichen Gesprächen mit diesem Historikerkreis manche wertvolle inhaltliche Anregung bekommen.

Schließlich danken wir den Übersetzern/innen der chinesischen Dokumente: Rainer Hoffmann (Freiburg), Hu Jiahua (Zürich), Li Sujuan (Freiburg) und Xie Qinni (Freiburg). Ein besonderer Dank geht in diesem Zusammenhang an Zhou Xin (Gaoxiong), die einige Dokumente selbst übersetzte, aber darüber hinaus die Aufgabe übernommen hatte, über schwierige Passagen in letzter Instanz zu befinden.

Bei Einzelfragen halfen Roland Felber † (Berlin), William C. Kirby (Cambridge, Mass.), Thoralf Klein (Erfurt), Stefan Knirsch (Freiburg), Frederick Litten (München), Christiane Scheidemann (Berlin), Harro von Senger (Freiburg) und Shoji Junishiro (Tokyo) rasch und kompetent weiter. Erwähnt werden, wenn auch nicht namentlich aufgeführt, sollen an dieser Stelle auch die vielen Archivare nicht nur in Europa, sondern in der ganzen Welt, die uns bei den Recherchen freundlich unterstützten.

Ganz besonders danken wir abschließend dem Team aus Freiburg, welches den Hauptteil der technischen Arbeit geleistet hat, indem es die Dokumente abschrieb und Korrektur las:

Sebastian Euchenhofer, Katharina Linkohr, Patrick Loos, Annette Roth, Anne Ruprecht, Julia Warth und vor allem Sabine Schmidt.

Wir übergeben das Buch einer kritischen Öffentlichkeit in der Hoffnung, daß der historische Rückgriff auf eine schwierige Zeit in der Geschichte unserer beiden Länder der zukünftigen Gestaltung freundschaftlicher Beziehungen zwischen Deutschland und China nützlich ist.

Freiburg im Juni 2002

Susanne Kuß Bernd Martin

Technische Vorbemerkungen

Während der Aktenrecherchen im Zweiten Historischen Archiv in Nanjing war mit dem dortigen Leiter die Vereinbarung getroffen worden, auch ein chinesisches Buch mit Dokumenten zu den deutsch-chinesischen Beziehungen 1927-37 zu veröffentlichen. Dieses erschien als *Zhongde waijiao midang* (Geheimdokumente zu den diplomatischen chinesisch-deutschen Beziehungen) und enthält fast alle der in diesem Band aus dem Archiv in Nanjing abgedruckten Dokumente, wenn auch unkommentiert. Weitere chinesische Dokumente zu diesem Themenbereich finden sich vereinzelt in der Zeitschrift *Minguo dangan* (Archiv der Volksrepublik). Auf die entsprechende Veröffentlichung in der chinesischen Literatur wird in diesem Band stets verwiesen. Dasselbe Verfahren gilt auch für Dokumente aus dem westlichen Bereich: Wurden sie schon einmal an anderer Stelle abgedruckt, so wird das in einer Anmerkung festgehalten. Ursprünglich war es ein Ziel des Bandes, ausschließlich neues Material zu den deutsch-chinesischen Beziehungen aufzugreifen und vorzustellen. Da jedoch jedes Kapitel eine in sich geschlossene Einheit bilden und vor allem die wesentlichen Quellen zu dem jeweiligen Themenbereich zusammenfassen soll, war die Wiederaufnahme einiger bereits bekannter Schlüsseldokumente nicht zu vermeiden.

Die Dokumente, die alle aus dem Bereich der sogenannten Traditionsquellen stammen, wurden so abgedruckt, wie sie sich in den Akten, Nachlässen, Büchern und Zeitschriften präsentieren. Offensichtliche Flüchtigkeits- und schwere grammatische Fehler wurden freilich korrigiert. Die internen handschriftlichen Bemerkungen, die sich vornehmlich auf diplomatischen Akten befinden (Bearbeitungsvermerke, Geschäftszeichen, Eingangs- und Ausgangsdaten, Angaben die Zirkulation einer Akte betreffend), wurden als Anmerkung aufgenommen, insofern sie eine wichtige Zusatzinformation oder einen unverzichtbaren Kommentar enthielten. Alle Hervorhebungen in den Dokumenten sind auch in den Originalen zu finden. Unterstreichungen wurden nur eingefügt, wenn sie sich in dem Originaldokument befinden und nicht nachträglich von einem Leser eingefügt worden waren. Von einer Unterstreichung, das heißt einer geschlossenen Linie, ist die gestrichelte Linie in einigen Telegramm zu unterscheiden, welche anzeigt, daß die Dechiffrierung an dieser Stelle nicht mit endgültiger Sicherheit gelungen war.

Wie in den übrigen Bänden dieser Reihe sind auch hier jedem Dokument bestimmte Angaben und Informationen vorangestellt worden: Zum einen die Dokumenten-Nummer der sich in Kapitel unterteilenden, aber dennoch numerisch aneinander reihenden 135 Dokumente. Zum anderen eine Dokumenten-Überschrift, welche nicht nur die Art des

Schriftstücks charakterisiert, sondern auch den Verfasser bzw. Adressat und gegebenenfalls den Empfänger (jeweils mit Vor- und Familiennamen oder aber die Bezeichnung der betreffenden Institution) festhält. Inhaltliche Informationen wurden in den Überschriften ausgespart, da knappe Zusammenfassungen aller Dokumente im Gesamtverzeichnis nachgelesen werden können. Drittens werden der Ort und das Datum der Ausstellung bzw. der Entstehung des Dokumentes angegeben. Konnten diese Angaben nicht dem Dokument unmittelbar entnommen werden, so folgt eine ungefähre Ermittlung und Einordnung, gekennzeichnet mit dem Wort "vmtl.". Die einzige Angabe, die den Dokumenten in Kursivschrift nachgestellt wird, ist der jeweilige Fundort.

Sämtliche chinesischen Dokumente wurden ins Deutsche übersetzt, nicht aber die englischen. Dies hat seinen Grund darin, daß wir befürchteten, englische Dokumente vor allem von Nichtdiplomaten würden in der Übersetzung zu poliert und zu glatt wirken. Auch der Sprachenwechsel in einem Dokument vom Deutschen ins Englische und wieder vom Englischen ins Deutsche wäre durch eine Übersetzung verloren gegangen und hätte dem Text viel von seiner Authentizität genommen. So haben wir uns dazu entschieden, den Lesern/innen die Lektüre englischer Texte zuzumuten.

Sehr oft waren die ausgewählten Dokumente zu lang, als daß sie vollständig abgedruckt werden konnten. Dies gilt insbesondere, aber nicht ausschließlich, für bisher unbekannte Details beschreibende Texte, wie etwa das Zustandekommen eines Vertrages oder die Vorgeschichte einer Studienkommission, oder aber für Texte aus dem kulturellen Bereich, welche insgesamt die Tendenz haben, weit auszuholen. Hier mußten Kürzungen vorgenommen werden, ohne jedoch die wesentliche Argumentationslinie einfach durch- oder gar abzuschneiden. Für den Leser wurden alle Weglassungen durch eine Klammer mit drei Punkten sichtbar gemacht. In einer Anmerkung wird der fehlende Text jeweils kurz zusammengefaßt.

Die Einleitungen bilden den Einstieg in die jeweiligen Kapitel und sind als Orientierungshilfe gedacht. Alle Dokumente werden hier erwähnt, in einen Zusammenhang gebracht und in den historischen Kontext eingeordnet. Unterschiedliche Standpunkte in der Forschung klingen hierbei an und können anhand der aufgeführten Literatur sowie der Hinweise auf weiteres Aktenmaterial vertieft werden. Die Einleitungen sind noch einmal in einzelne, mit Überschriften versehene Abschnitte untergliedert, die dabei helfen sollen, die jeweilige Zeit zu strukturieren und Schwerpunkte zu setzen. Bei den klassischen außen-, militär- und wirtschaftspolitischen Kapiteln bot sich eine chronologische Gliederung an, bei den kultur- und ideengeschichtlichen Kapiteln eine systematische.

In das Personen- und Institutionenverzeichnis wurden nur reale Personen aufgenommen und keine Sagengestalten aus der chinesischen Mythologie. Das Hauptgewicht der biographischen und institutionsgeschichtlichen Angaben in diesem Band liegt naturgemäß auf den 30er Jahren. Angesichts der Fülle nicht nur der Personen, sondern auch der Institutionen, waren weiter ausgreifende Kurzdarstellungen nicht möglich. In dem Anmerkungsapparat finden sich solche Informationen nur dann, wenn sie für das unmittelbare Verständnis des Dokumentes notwendig erschienen.

Im Literaturverzeichnis werden alle Titel aufgeführt, mit welchen in den Einleitungen und in den Anmerkungen gearbeitet wurde. Der Schwerpunkt lag zum einen auf der Einarbeitung der Standardwerke zu den deutsch-chinesischen Beziehungen 1927-37 in westlicher und auch in chinesischer Sprache. Zum anderen wurde versucht, deutsche, chinesische und auch amerikanische Literatur zu Detailfragen und weniger bekannte Literatur, etwa zeitgenössische Artikel aus der *Ostasiatischen Rundschau*, zu integrieren und zu erschließen.

Im Aktenverzeichnis finden sich alle in diesem Band aufgeführten Aktennummern. Hierbei wurde nicht allein die Nummer aufgeführt, sondern immer noch der dahinter stehende Themenbereich angegeben. Der überwiegende Teil der Akten aus dem Zweiten Historischen Archiv stammt aus dem Bestand der Nationalen Ressourcenkommission. Dies hängt damit zusammen, daß während der Recherchen nicht alle Akten zugänglich waren.

Im Abkürzungsverzeichnis finden sich sowohl die in den Dokumenten verwendeten Abkürzungen als auch solche, die heute im allgemeinen gebräuchlich sind. Hierbei wurde alphabetisch verfahren und nicht nach Groß- und Kleinschreibung unterschieden.

Die chinesischen Namen und auch die Ortsangaben in dem vorliegenden Band wurden in der Regel in Hanyu-Pinyin geschrieben. Fünf Ausnahmen sind festzuhalten: Hongkong (Xianggang), Harbin (Haerbin), Kanton (Guangzhou), Konfuzius (Kong Fuzi) und Sun Yatsen (Sun Yixian). Auch Peking wurde beibehalten, obwohl dies in der hier behandelten Zeit 1927-37 Beiping (Stadt des nördlichen Friedens) genannt wurde. Falls eine Person in einem Dokument in einer anderen Umschrift und ohne die Angabe chinesischer Zeichen aufgeführt wurde, war in Einzelfällen eine Identifizierung und damit eine einwandfreie Übertragung in Pinyin nicht möglich. Aus diesem Grund wurden solche Personen mit [k.P.] (kein Pinyin) gekennzeichnet.

DOKUMENTENVERZEICHNIS*

KAPITEL 1

1 Memorandum des chinesischen Aufbauministers Sun Ke, Nanjing (8.6.1928)

Sun Ke weist darauf hin, daß die chinesische Nationalregierung so schnell wie möglich auf das Aufbauprogramm seines Vaters Sun Yatsen zurückgreifen müsse. Um dieses Programm durchführen zu können, sei sie jedoch auf internationale Kooperation angewiesen. Aus diesem Grund werde man eine Gruppe deutscher Industrieller nach China einladen.

2 Aufzeichnung des Chinareferenten Erich Michelsen, AA (10.7.1928)

Michelsen hält fest, daß die deutsche Regierung in der Frage der Anerkennung der Nanjing-Regierung keine Vorreiterrolle spielen, sondern sich abwartend hinter die Großmächte stellen solle. Die Vorbereitungen der von Sun Ke während seines Besuches in Deutschland vorgeschlagenen deutschen Beteiligung am wirtschaftlichen Aufbau sei in den Händen des RDI am besten aufgehoben.

3 Niederschrift einer Besprechung im Reichsverband der Deutschen Industrie, Berlin (12.7.1928)

Im Rahmen dieser Besprechung, an der auch der chinesische Minister Sun Ke teilnimmt, wird beschlossen, eine Sachverständigenkommission nach China zu entsenden, sobald eine Einladung durch die chinesische Regierung erfolgt sei. Einzig die Vertreter der chemischen Industrie reagieren verhalten, da nach ihrer Auffassung die infrastrukturellen Voraussetzungen für eine lebensfähige chemische Industrie in China erst einmal geschaffen werden müßten.

4 Deutsch-chinesischer Vertrag (20.8.1928)

Wortlaut des von dem chinesischen Außenminister Wang Zhengting und dem deutschen Gesandten Herbert von Borch unterzeichneten Zollvertrages.

5 WTB-Meldung Nr. 1373 (24.8.1928)

Die Meldung gibt einen Überblick über die chinesischen Presseberichte bezüglich des Abschlusses des deutsch-chinesischen Vertrages. Es wird festgehalten, daß das Interesse an diesem Vertrag ungewöhnlich groß sei und daß er als Vorbild für bilaterale Kooperationen gelten könne.

* Die Daten beziehen sich auf das Eingangsdatum der Dokumente bzw. auf den Zeitraum des im Dokumententext Beschriebenen, geben also nicht unbedingt den Zeitpunkt der Entstehung des Dokuments wieder.

6 Schreiben des *Waijiaobu* an die Deutsche Gesandtschaft in Peking (11.1.1929)

Auf Vorschlag des Ministers Sun Ke habe der Exekutivyuan beschlossen, die Entsendung einer deutschen Industriekommission nach China zu genehmigen.

7 Protokoll über die erste Sitzung des vorbereitenden Ausschusses zum Empfang der deutschen Industriekommission im Eisenbahnministerium (Bauabteilung), Nanjing (21.1.1929)

In dem Protokoll wird festgehalten, daß der deutschen Industriekommission insofern eine besondere Bedeutung zuzumessen sei, als ihr Bericht weltweit mit großer Aufmerksamkeit gelesen werden würde. Davon sei nicht zuletzt die finanzielle Unterstützung Chinas durch andere Länder, wie etwa England und Amerika, abhängig.

8 Telegramm des Botschaftsrates Otto von Erdmannsdorff, Peking, an das AA (1.2.1929)

Erdmannsdorff betont, daß er es für bedenklich halte, die Industriekommission in offener Konkurrenz zu der Mission des Oberst Bauer zu entsenden. Angesichts des Wettbewerbs mit anderen Nationen müsse jede Zersplitterung unter allen Umständen vermieden werden. Zudem dürfe nicht übersehen werden, daß in China der Einfluß der hohen Militärs auf das Rekonstruktionsprogramm sehr groß sei.

9 Aufzeichnung des Ministerialdirektors Gerhard Köpke, AA (31.12.1929)

Köpke weist darauf hin, daß das AA trotz der Bedenken des Reichsfinanzministeriums auch fortan für die Bereitstellung der Mittel für das Transeurasia-Projekt eintreten werde.

10 Leitartikel aus der *Shishi xinbao*, Shanghai (29.4.1930)

In dem Artikel wird die Meinung vertreten, daß der wirtschaftliche Wiederaufbau Deutschlands nach dem Ersten Weltkrieg Muster und Vorbild für sämtliche chinesischen Aufbaumaßnahmen sein könne.

11 Schreiben des Eisenbahnministers Sun Ke, Nanjing, an Reichsaußenminister Julius Curtius, Berlin (1.11.1930)

In dem Schreiben hebt Sun Ke die Bedeutung einer deutsch-chinesischen Kooperation auf wirtschaftlichem Gebiet hervor. Die Industriekommission solle darauf hinarbeiten, daß diese Zusammenarbeit auch durch die Gewährung von Exportkrediten unterstützt werde.

12 Schlußwort des Berichtes der China-Studienkommission des Reichsverbandes der Deutschen Industrie (November 1930)

Die wirtschaftliche Zusammenarbeit zwischen China und Deutschland solle insofern auf eine breitere Grundlage gestellt werden, als die deutsche Kultur- und Wirtschaftspropaganda stärker gefördert werden müsse als bisher. Eines der wichtigsten Elemente für die Förderung der deutsch-chinesischen Wirtschaftsbeziehungen seien die deutschsprechenden Chinesen, die einst in Deutschland studiert hätten.

13 Brief des Vorsitzenden des China-Ausschusses des Reichsverbandes der Deutschen Industrie, Abraham Frowein, Berlin, an die chinesischen Behörden, Nanjing (o.D., vmtl. Juni 1931)

Frowein hält fest, daß eine China-Studiengesellschaft gegründet worden sei, um als Zentralstelle in allen Fragen der deutsch-chinesischen Zusammenarbeit beratend wirken zu können.

14 Ausführungsvertrag über den Austausch von Rohstoffen und Landesprodukten Chinas gegen Industrie- und sonstige Erzeugnisse Deutschlands (23.8.1934)

Der Vertrag, der auf Verhandlungen zwischen Finanzminister Kong Xiangxi und Hans Klein zurückgeht, wird abgeschlossen, um den Industrie-, Handels- und politischen Aufbau beider Länder durch gegenseitigen Austausch zu fördern. Es werden darin Lieferungen im Wert von 100.000 Mill. RM vereinbart.

15 Denkschrift des Leiters des Statistik-Komitees für Energie und Ressourcen der Militärkommission, Sun Zheng, Nanjing (6.2.1935)

Sun Zheng greift den Vorschlag Otto Wolffs zu einem verstärkten privaten Warenaustausch zwischen China und Deutschland auf. Auf chinesischer Seite sollten verschiedene Organisationen eingerichtet werden, um den Tausch stufenweise zu erweitern.

16 Denkschrift für Jiang Jieshi, o.N. (o.D., vmtl. 1935)

In der Denkschrift wird der Aufbau der deutsch-chinesischen Zusammenarbeit auf der Grundlage des Abkommens für gegenseitigen Warenaustausch beschrieben. Einer Skizzierung der wirtschaftlichen und politischen Situation in Deutschland und China folgt die Feststellung, daß der Abschluß des Austauschvertrages für beide Staaten wichtig sei. Ausdrücklich wird betont, daß der Neubeginn der deutschen Wirtschaft nach dem 1. Weltkrieg nur unter dem Schutzschirm der Armee möglich gewesen sei.

17 Brief des Waffenhändlers Hans Klein, Nanjing, an Weng Wenhao, Leiter der Ressourcenkommission, Nanjing (29.10.1935)

Hans Klein gibt einen Überblick über den deutschen Bedarf an chinesischen Montanrohstoffen und Landesprodukten. Hinsichtlich des Privathandels vertritt er die Ansicht, daß dieser auch in den Warenaustauschverkehr einbezogen werden sollte. Die finanzielle Abwicklung könne ein deutsch-chinesisches Bankenkonsortium übernehmen, was der chinesischen Bankengruppe nicht nur die ausländischen Zahlungsmittel erspare, sondern auch die notwendige Kontrolle über den Handel in einem stärkeren Maße als bisher garantiere.

18 Kreditzusatzvertrag zu dem zwischen der chinesischen Regierung und dem Waffenhändler Hans Klein abgeschlossenen Warenaustauschvertrag (8.4.1936)

Der Kreditzusatzvertrag, eine Ergänzung des Warenaustauschvertrages von 1934, wird abgeschlossen, um Kompensationsgeschäfte auch auf Kreditbasis durchführen zu können.

19 Brief des Reichskanzlers Adolf Hitler, Berlin, an Marschall Jiang Jieshi, Nanjing (13.5.1936)

In diesem Brief bringt Hitler seine Zufriedenheit über die deutsch-chinesische Zusammenarbeit auf wirtschaftlichem Gebiet zum Ausdruck. Die chinesische Kommission unter Gu Zhen habe ihn mit den chinesischen Aufbauplänen, die er unterstütze, vertraut gemacht. Um seine besondere Sympathie für China zu unterstreichen, verleiht er Jiang Jieshi den Ehrensäbel der deutschen Wehrmacht.

20 Brief des Reichswirtschaftsministers Hjalmar Schacht, Berlin, an Finanzminister Kong Xiangxi, Nanjing (15.5.1936)

Schacht weist darauf hin, daß der zwischen der chinesischen Regierung und Hans Klein abgeschlossene Warenaustauschvertrag offiziell vom Reich übernommen worden sei. Den Verrechnungsverkehr, der sich aus dem Vertrag ergebe, werde die Deutsche Golddiskontbank in engster Zusammenarbeit mit der dem Reichskriegsministerium angegliederten reichseigenen Gesellschaft HAPRO durchführen. Auf chinesischer Seite seien die Zentralbank, der Zentraltrust und die Ressourcenkommission zuständig. Schließlich bedankt sich Schacht dafür, daß die chinesische Regierung bereits 2.000 t Wolframerz verschifft habe.

21 Brief des Marschalls Jiang Jieshi, Nanjing, an Reichskanzler Adolf Hitler, Berlin (16.9.1936)

Jiang Jieshi bewertet die Reichenau-Mission positiv und sichert Deutschland noch für dasselbe Jahr chinesische Waren im Wert von 30 Mill. C$ zu. Zudem betont er, daß er sich zur Unterstützung der Reformarbeiten in China die Entsendung eines hochrangigen Militärberaters wünsche.

KAPITEL 2

22 Brief des Rektors der Sun Yatsen-Universität in Kanton, Zhu Jiahua, vmtl. an seinen früheren Lehrer Prof. Conrad Matschoß, Berlin (21.12.1926)

Zhu Jiahua hebt hervor, daß Deutschland China beim Aufbau helfen solle. An der Sun Yatsen-Universität würden bereits mehrere deutsche Professoren arbeiten. Zhu bittet darum, sein Schreiben sowohl an den Verein Deutscher Ingenieure als auch an den Reichsverband Deutscher Industrie weiterzuleiten.

23 Denkschrift von Max Bauer (o.D., vmtl. von 1927)

Reflektionen Bauers über seine zukünftige Tätigkeit in China. Er gibt seiner Erwartung Ausdruck, daß dort ein sogenannter „dritter Weg" zwischen Kapitalismus und Kommunismus beschritten werden könne.

24 Schilderung des kommunistischen Aufstands in Kanton durch Margarete Buber-Neumann, Mitglied der KPD (Dezember 1927)

Buber-Neumann meint, daß der größte Fehler bei der Vorbereitung des Aufstandes von Kanton die fehlende Anteilnahme der Massen gewesen sei. Den Linken sei es nicht gelungen, die Überzeugung zu vermitteln, daß der Kantoner Sowjet nur eingesetzt worden sei, um die Rechte des Volkes zu sichern.

25 Rede des KPD-Funktionärs Heinz Neumann auf der 37. Sitzung des 6. Weltkongresses der Kommunistischen Internationale (18.8.1928)

Neumann hebt hervor, daß das Ziel der chinesischen Revolution nicht die bürgerlich-demokratische, sondern die sozialistische Gesellschaft sei. Er rechtfertigt den Aufstand von Kanton, indem er darauf hinweist, daß seither jeder chinesische Bauer wisse, daß Land, Frieden und Freiheit nur aus den Händen der Arbeiter und damit der Sowjetmacht kämen.

26 Aufzeichnung des Ministerialdirektors Gerhard Köpke, AA, für Reichsaußenminister Gustav Stresemann, Genf (5.3.1929)

Köpke weist darauf hin, daß Generalleutnant Chen Yi, ein Vertrauter Jiang Jieshis, im Sommer 1928 industrielle und öffentliche Einrichtungen in Deutschland besichtigt habe und bei dieser Gelegenheit, unterstützt von Oberst Bauer, dazu übergegangen sei, ehemalige deutsche Offiziere für die Nanjing-Regierung zu engagieren. Allerdings sei Chen Yi von seiten des Auswärtigen Amtes zu verstehen gegeben worden, daß man derartigen Engagements ablehnend gegenüberstehe.

27 Streng vertraulicher Bericht des deutschen Gesandten in Peking, Herbert von Borch, an das AA (28.11.1929)

Borch gibt bekannt, daß in China die Gefahr der Bildung einer Faschistenzelle durch die deutschen Berater nicht bestehe. Es könne jedoch nicht übersehen werden, daß das Zivilelement unter den Beratern Fassade geworden sei, da militärische Beratung und praktische Truppenausbildung Priorität hätten. Der Nachfolger von Oberst Bauer, Oberstleutnant Wilhelm Kriebel, habe nicht die persönliche Autorität seines Vorgängers, weshalb sich in der Beraterschaft Unruhe ausbreite.

28 Artikel aus der Abendzeitung *Geming Wanbao,* Shanghai (7.1.1930)

In dem Artikel, der auf Wang Jingwei zurückgeht, wird Deutschland wegen der Militärberater Einmischung in innerchinesische Angelegenheiten vorgeworfen. In diesem Zusammenhang werden auch die deutschen Waffenlieferungen kritisiert, die die Bestimmungen des Versailler Vertrages unterminierten. Da solche Handlungen eine Gefahr für die deutsch-chinesische Freundschaft darstellten, sei das chinesische Volk verpflichtet, die deutsche Regierung zu warnen.

29 Aufzeichnung des Ministerialdirektors und Leiters der Ostabteilung des AA, Oskar Trautmann (26.1.1931)

Trautmann berichtet, daß das Reichswehrministerium beabsichtige, eine direkte Verbindung zum Beraterstab und damit auch zur Nanjing-Regierung herzustellen.

30 Artikel aus der britischen Zeitung *North China Daily News,* Shanghai (12.2.1932)

Der Artikel gibt einen Brief des deutschen Militärberaters in China, Friedrich von Moellenhoff, wieder, in dem die Gerüchte einer Beteiligung deutscher Militärberater an den chinesisch-japanischen Kämpfen dementiert worden waren.

31 Protokoll der 3. Sondersitzung der Militärkommission, Nanjing (5.9.1932)

In dem Protokoll werden Verfahrensfragen hinsichtlich der Anstellung und des Einsatzes der ausländischen militärischen Berater bei der chinesischen Nationalregierung geregelt. Hierbei wird darauf hingewiesen, daß die Berater Gäste seien und nur eine konsultative Funktion hätten. Auch sollten sie chinesische Soldaten nicht direkt ausbilden.

32 Aufzeichnung des Botschaftsrates Martin Fischer, Peking (o.D., vmtl. 1932)

Fischer gibt einen Überblick über den Aufbau und die Organisation des chinesischen Militärwesens. Er weist auf die herausragende Stellung Jiang Jieshis hin und betont, daß selbst die chinesischen Musterdivisionen sowohl gründlicher technischer Vervollkommnung als auch intensiver technischer Durchbildung bedürften, um bescheidenen europäischen Ansprüchen an die Truppe zu genügen.

33 Brief des Verkehrsministers Zhu Jiahua, Nanjing, an Generaloberst Hans von Seeckt, Berlin (30.9.1933)

Zhu Jiahua beschreibt die Spannungen zwischen General Georg Wetzell und Jiang Jieshi und bittet Seeckt, die Leitung der Militärberaterschaft zu übernehmen.

34 Brief des Generaloberst Hans von Seeckt, Berlin, an den ehemaligen deutschen Kaiser Wilhelm II., Holland (8.2.1934)

Seeckt legt in diesem Brief die Gründe für seinen Entschluß dar, nach China zu gehen. Zum einen werde durch die Militärberater die deutsche Position im Ausland gestärkt; zum anderen könne er im Rahmen der Organisation der chinesischen Armee den Aufbau einer Waffenindustrie in den Weg leiten.

35 Beschluß des ZK der KPCh über die Zusammenfassung des 5. Einkreisungsfeldzuges (8.1.1935)

Nach dem Abschluß des 5. Einkreisungsfeldzuges, der zum Langen Marsch geführt hatte, verurteilt die Führungsspitze der KPCh das eigene militärische Vorgehen, das wesentlich durch die militärstrategische Konzeption von Otto Braun bestimmt worden sei. Es setzt sich die maoistische Überzeugung durch, nach welcher anstelle eines offensiven Vorgehens der Gegner tief in das Sowjetgebiet hineingelockt hätte werden sollen.

36 Brief des Marschalls Jiang Jieshi, Nanjing, an Generaloberst Hans von Seeckt, Berlin (23.11.1935)

Jiang schreibt, daß sich eine Zusammenarbeit zwischen Deutschland und China nicht zuletzt deshalb anbiete, weil beide Länder mit ähnlichen wirtschaftlichen und politischen Schwierigkeiten zu kämpfen hätten. Um die chinesische Armee zu reformieren, benötige er die Erfahrungen Seeckts und die Hilfe der deutschen Regierung.

37 Denkschrift von Otto Braun, Yanan (27.1.1936)

In dieser Denkschrift gibt Braun seiner Befürchtung vor zu großen Bewegungen der Roten Armee in der Äußeren Mongolei Ausdruck. Er geht davon aus, daß die Japaner entsprechende Aktionen als Provokation auffassen könnten und deren militärisches Eingreifen wiederum die Sowjetunion auf den Plan rufen würde. Dies aber würde nach seiner Einschätzung sowohl das Ende der verstärkt diskutierten innerchinesischen Einheitsfront gegen Japan als auch der Friedenspolitik der Sowjetunion bedeuten.

38 Denkschrift von Alexander von Falkenhausen, Hankou, für Marschall Jiang Jieshi, Nanjing (15.12.1937)

Nach dem Fall von Nanjing im chinesisch-japanischen Krieg stellt Falkenhausen Überlegungen darüber an, wie die Japaner militärisch weiter vorgehen könnten. Trotz der starken materiellen Überlegenheit der japanischen Truppen geht er davon aus, daß die Chinesen auf längere Zeit erfolgreich Widerstand leisten könnten, so lange nur jedermann seine Pflicht tue.

39 Leitartikel aus der Tageszeitung *Da Gongbao*, Hankou (26.5.1938)

In dem Artikel wird die Meinung vertreten, daß die deutsche Militärberaterschaft als Beweis der Freundschaft zwischen beiden Ländern erhalten bleiben sollte. Allerdings habe Deutschland seit der Anerkennung Manzhouguos die Linie der Neutralität verlassen. Wahrscheinlich sei es sogar von Japan aufgefordert worden, die Berater zurückzurufen.

KAPITEL 3

40 Waffenofferte, vermittelt durch die Chinafirma Carlowitz & Co., Hankou, für die Armee in Chongqing (29.1.1930)

Neben Mauser-Gewehren bietet die Firma auch ein schweres Maxim-Maschinengewehr sowie ein leichtes Maschinengewehr an. Die in USA $ angegebenen Preise enthalten eine Kommission von 10% für die jeweiligen Käufer und deren chinesischen Freunde.

41 Artikel aus der Tageszeitung *Geming ribao*, Kanton (4.5.1930)

Anläßlich der Entsendung Yu Daweis als Handelsbeirat an die Chinesischen Gesandtschaft nach Berlin wird darauf hingewiesen, daß die dortige Untersuchungsstelle für Industrie und Handel eine vom Kriegsministerium in Nanjing eingerichtete Abteilung sei, die die Aufgabe habe, deutsche militärische Berater zu engagieren und moderne Waffen einzukaufen.

42 Memorandum der Deutschen Gesandtschaft in Peking für den chinesisischen Außenminister Wang Zhengting, Nanjing (26.7.1930)

In dem Memorandum wird unmißverständlich zum Ausdruck gebracht, daß die deutsche Regierung den Ankauf von Kriegsmaterial durch eine Abteilung der Chinesischen Gesandtschaft in Berlin ablehne. Die chinesische Regierung wird aufgefordert, von solchen Bestellungen künftig abzusehen.

43 Bericht des Polizeipräsidenten von Berlin, Albert Grzesinski, an den Reichsinnenminister Josef Wirth, Berlin (5.3.1931)

Grzesinski berichtet über die Überwachung chinesischer Staatsangehöriger in Deutschland und die Lieferung von Kriegsmaterial nach China. Der Waffenhandel mit China stocke zwar im Moment, doch im Sommer des Jahres werde er wieder aufleben.

44 Schreiben des *Waijiaobu*, Nanjing, an die Deutsche Gesandtschaft in Peking (4.6.1931)

Das Außenministerium teilt mit, daß Lieferverträge über Kriegsmaterial zwischen ausländischen Kaufleuten und Lokalregierungen nur dann abgeschlossen werden dürften, wenn die betreffende Lokalregierung in der Lage sei, einen von der Nationalregierung ausgestellten gültigen Waffen-Transportpaß vorzulegen.

45 Aufzeichnung des Legationsrates Heinz Lautenschlager, AA (13.8.1931)

Lautenschlager berichtet über die sogenannte Rickmers-Affäre, welche die deutsch-chinesischen Beziehungen schwer belaste. Durch Androhung von Repressalien und die Zusicherung, Schutz gegen Regreßansprüche zu gewähren, habe die chinesische Zentralregierung die Reederei Rickmers veranlaßt, eine für Kanton bestimmte und schon voll bezahlte Waffenladung an Nanjing auszuliefern.

46 Telegramm von einer in Kanton abgehaltenen Massenversammlung an den Außerordentlichen Zentralrat, die Nationalregierung und andere Stellen (24.8.1931)

Auf einer Massenversammlung am 22. d. M. in Kanton seien folgende Maßnahmen gegen Deutschland beschlossen worden: Zunächst sei eine Warnung auszusprechen, dann müßten die wirtschaftlichen Beziehungen abgebrochen und zuletzt die Deutschen aus dem chinesischen Gebiet vertrieben werden.

47 Stellungnahme Sun Kes, Mitglied der Oppositionsregierung in Kanton, zu den antideutschen Bewegungen (28.8.1931)

Der drohende Boykott sei eine Folge des Verhaltens der deutschen Regierung, die sich nicht für Kanton eingesetzt habe. Für die deutsch-chinesischen Beziehungen sei es notwendig, die deutschen Berater aus Nanjing zurückzuziehen und die Waffenkäufe Jiang Jieshis nicht länger zu unterstützen. Kanton sei bereit, auch weiterhin mit Deutschland zu kooperieren.

48 Brief des Vertreters der Firma Krupp in China, Martin Poethe, Shanghai, an Finanzminister Kong Xiangxi, Shanghai (31.5.1933)

Poethe wirbt für den Bau eines Zentralarsenals durch die Krupp AG, indem er darauf hinweist, daß die bestehenden Arsenale in China vollkommen veraltet und den modernen Anforderungen nicht gewachsen seien.

49 Aufzeichnung des Legationsrates Felix Altenburg, AA (23.11.1933)

In dieser Aufzeichnung hält Altenburg alle Informationen des AA über den Waffenhändler Hans Klein fest. Gegen Kleins Pläne, eine Rüstungsindustrie in Kanton aufzubauen, werden Bedenken zum Ausdruck gebracht. Vom Reichswehrministerium, vor allem dem Waffenamt, erfahre Klein große Unterstützung.

50 Bericht des deutschen Gesandten in Peking, Oskar Trautmann, an das AA (1.3.1934)

Trautmann berichtet, daß Vizeaußenminister Xu Mo die Geschäfte Kleins mit der Regierung von Kanton scharf kritisiert habe. Die Aktivitäten Kleins seien von Jiang Jieshi nicht in offizieller Form gebilligt worden.

51 Streng geheimes Telegramm des Gesandtschaftsrates Heinz Lautenschlager, Peking, an AA (15.2.1935)

Jiang Jieshi habe sich mit dem Nanjing-Projekt Kleins einverstanden erklärt; die Frage des bereits gelieferten Arsenals an Kanton habe hierbei keine Rolle gespielt.

52 Schreiben des deutschen militärischen Generalberaters Alexander von Falkenhausen, Nanjing, an Marschall Jiang Jieshi, Nanjing (1.5.1935)

Falkenhausen betont, daß Klein das volle Vertrauen des Reichswehrministers und des Reichswehrministeriums besitze. Auch habe Klein bei Hitler Vortrag gehalten und positive Ergebnisse erzielt.

53 Telegramm des deutschen Generalkonsuls in Shanghai, Hermann Kriebel, an Reichskanzler Adolf Hitler, Berlin (13.5.1935)

Kriebel schlägt Hitler nachdrücklich vor, alle deutschen Militärberater aus Kanton abzuberufen und sämtliche Waffen- und Arsenalgeschäfte mit dem Süden einzustellen.

54 Bericht Hans Kleins über seine Verhandlungen mit der Südregierung, Kanton, und mit Marschall Jiang Jieshi, Nanjing (o.D., 1935)

Klein berichtet, daß er zunächst mit dem Provinzmachthaber in Kanton, Chen Jitang, Unterredungen wegen eines Austauschvertrages mit der Südregierung geführt und dann mit Jiang Jieshi über den Abschluß eines Vertrages mit der Nationalregierung verhandelt habe. Letzterer sei auf das Projekt in Kanton hingewiesen worden und habe nichts dagegen eingewendet.

55 Telegramm des Generalsekretärs des Exekutivyuans, Weng Wenhao, Nanjing, an Hans Klein, Berlin (19.3.1936)

Weng fragt an, ob es zutreffe, daß deutsche Firmen Giftgas nach Kanton geliefert hätten.

56 Telegramm des Reichswehrministers Werner von Blomberg, Berlin, an Marschall Jiang Jieshi, Nanjing (24.3.1936)

Blomberg versichert Jiang Jieshi, daß nach Kanton lediglich eine Waffenfabrik zur Produktion von Kanonen kleinen Kalibers sowie Munition geliefert worden seien. Von Giftgas könne keine Rede sein. Die HAPRO sei jetzt ein staatliches Unternehmen und stehe unter der Aufsicht des Reichswehrministeriums.

57 Telegramm des Marschalls Jiang Jieshi, Nanjing, an Reichswehrminister Werner von Blomberg, Berlin (28.3.1936)

Jiang Jieshi zeigt sich von der Intervention Blombergs überzeugt und betont seinen guten Willen zur weiteren Zusammenarbeit. Die Gespräche mit Gu Zhen, Leiter einer Militärkommission in Deutschland, sollten fortgesetzt werden.

58 Streng geheimes Telegramm von Jiang Dingwen, Kanton, an die Militärkommission, Nanjing (2.7.1936)

Jiang Dingwen informiert in diesem Telegramm über die Giftgasfabrik und ihre Produktion in Kanton. Die Anlagen seien vor kurzem aus Deutschland importiert worden.

59 Stellungnahme Qian Changzhaos (in Vertretung des Generalsekretärs des Exekutivyuans Weng Wenhao), Nanjing, zu einem Telegramm des Attachés für Handelsangelegenheiten Tan Boyu, Berlin (August 1936)

Wenn man Klein noch einmal nach der Lieferung von Material für die Giftgasproduktion fragen werde, werde es nur Schaden bringen. Es sei vorteilhafter, das Außenministerium lasse die Angelegenheit auf sich beruhen.

KAPITEL 4

60 Telegramm des Staatssekretärs Carl von Schubert, AA, an die Deutsche Botschaft Moskau (18.7.1929)

Die chinesische Regierung habe die Reichsregierung gebeten, den Schutz der chinesischen Angehörigen in ganz Rußland in vollem Umfang zu übernehmen. Deutschland sei damit einverstanden.

61 Bericht des Konsuls Johann Stobbe, Harbin, an die Deutsche Gesandtschaft, Peking (30.8.1929)

Stobbe berichtet von einem Besuch in Songpu, einem chinesischen Lager für sowjetische Kriegsgefangene und stellt deren schlechte Unterbringung und Versorgung dar. Er weist darauf hin, daß er das Lager bald wieder aufsuchen wolle, um festzustellen, ob die von den chinesischen Behörden zugesagten Verbesserungen umgesetzt worden seien.

62 Telegramm des Ministerialdirektors Gerhard Köpke, AA, an die Deutsche Gesandtschaft in Peking (26.9.1929)

Köpke mahnt den Gesandten Borch zur Zurückhaltung. Die deutsche Übermittlung im chinesisch-sowjetischen Konflikt dürfe nicht in Vermittlung übergehen, worunter bereits die Herbeiführung einer vertraulichen Unterhaltung beider Parteien falle. Auch dürfe der chinesischen Seite nicht zum Nachgeben geraten werden, da sich ein solcher Rat später zu einer Belastung der deutsch-chinesischen Beziehungen entwickeln könne.

63 Aide-Mémoire des Staatssekretärs Carl von Schubert, AA, an die Deutsche Gesandtschaft in Peking (7.10.1929)

In dem Mémoire macht die deutsche Regierung in ihrer Funktion als Schutzmacht für die Sowjetinteressen in China und für chinesische Interessen im Gebiet der Sowjetunion praktische Vorschläge, um die Lage der Internierten und Gefangenen zu erleichtern. Sie regt an, grundsätzlich auf Maßnahmen und Gegenmaßnahmen zu verzichten, die sich gegen die Angehörigen des anderen Staates richten.

64 Telegramm des deutschen Gesandten Herbert Borch, Peking, an das AA (19.10.1929)

Es werde immer schwieriger, sich für die Belange der sowjetischen Gefangenen einzusetzen, da die chinesischen Behörden gereizt auf entsprechende Interventionen reagierten. Falls der Konflikt andauere, sei es kaum noch möglich, den Schutz der Gefangenen zu garantieren.

65 Meldung des *Asiatic News Service*: Interview des chinesischen Außenministers Wang Zhengting mit Vertretern der Presse (1.11.1929)

Wang Zhengting erklärt, daß durch die guten Dienste der deutschen Regierung eine neue Wendung in dem chinesisch-sowjetischen Konflikt eintreten könne. Das wichtigste Anliegen der chinesischen Regierung seien klare Kompetenzen hinsichtlich der Verwaltung der Ostchinesischen Eisenbahn.

66 Verbalnote des AA an die Chinesische Gesandtschaft, Berlin (10.11.1930)

Angesichts der Unvereinbarkeit der von der chinesischen Nationalregierung und der von der Sowjetregierung vertretenen Auffassungen bleibe der deutschen Regierung nichts anderes übrig, als die Schutztätigkeit in beiden Ländern zu beenden.

67 Telegramm des Gesandtschaftsrats Enno Bracklo, Nanjing, an das AA (21.9.1931)

Bracklo berichtet von einem Gespräch mit dem chinesischen Außenminister Wang Zhengting, in dem dieser unter Hinweis auf die freundschaftlichen Beziehungen zwischen Deutschland und China um deutsche Unterstützung bei der Behandlung des chinesisch-japanischen Konfliktes im Völkerbund gebeten habe.

68 Botschaft des Marschalls Jiang Jieshi, Nanjing, an den deutschen Außenminister Julius Curtius, Berlin (28.9.1931)

Jiang Jieshi bittet Deutschland, in den Verhandlungen des Völkerbundes seinen Einfluß dahingehend geltend zu machen, daß so schnell wie möglich eine Kommission in die Mandschurei entsandt werde.

69 Brief des Gesandten z.D. Gerhard von Mutius, Paris, an den deutschen Botschafter Ernst Arthur Voretzsch, Tokyo (27.11.1931)

Mutius berichtet über die Völkerbundsverhandlungen in Genf und Paris den Mandschureikonflikt betreffend. Er legt die eher projapanische Haltung der deutschen Delegation dar und beschreibt diesbezügliche Stimmungsbilder in Deutschland, China und Japan. Zudem gibt Mutius Auskunft über die Verhandlungen um Größe und Zusammensetzung der Völkerbundskommission zur Untersuchung der Situation in der Mandschurei.

70 Ganz geheimes Telegramm des deutschen Gesandten Oskar Trautmann, Peking, an das AA (2.12.1931)

Trautmann plädiert für eine Beteiligung Deutschlands an der Mandschureikommission des Völkerbundes. Anstelle des in China als projapanisch geltenden Wilhelm Solf empfiehlt er eine neutrale Persönlichkeit.

71 Bericht von Heinrich Schnee über die Vorgeschichte der Reise der Untersuchungskommission des Völkerbundes in die Mandschurei (1932)

Schnee beschreibt die Gespräche, die er mit Diplomaten und Politikern im Vorfeld seiner Mandschureireise führte. Die hier beschriebenen Details werden in seinem Buch „Völker und Mächte im Fernen Osten" (Berlin 1933) nicht erwähnt.

72 Flugblatt der „Jungen Proletarischen Union von China", Zweig Hubei (5.4.1932)

In diesem Flugblatt wird der Besuch der Untersuchungskommission des Völkerbundes entschieden abgelehnt, da die sogenannten „Friedensboten" ohnehin nur Spione einer internationalen Banditenorganisation seien.

73 Unterredung der Untersuchungskommission des Völkerbundes mit dem japanischen Generalleutnant, Sadao Araki, Tokyo (5.3.1932)

In dieser Unterredung begründet Araki den japanischen Anspruch auf die Mandschurei zum einen historisch-mythisch, zum anderen wirtschaftlich-materiell. Japan wolle Frieden und Ordnung in der Mandschurei, doch die gegenwärtige chinesische Regierung werde das Land zugrunde richten.

74 Unterredung der Untersuchungskommission des Völkerbundes mit Mitgliedern der chinesischen Regierung, Nanjing (29.3.1932)

Im Verlauf des Gesprächs erklärt der Präsident des Exekutivyuans, Wang Jingwei, daß die chinesische Regierung bereit sei, alle legitimen Rechte Japans in der Mandschurei anzuerkennen, sofern diese durch Verträge abgesichert seien. Auch spricht er die vor allem in Schulbüchern zum Ausdruck kommende anti-chinesische Propaganda der Japaner an.

75 Auszug aus den Memoiren des letzten chinesischen Kaisers Pu Yi

In Anwesenheit der japanischen Führungsspitze von Manzhouguo teilt Pu Yi der Völkerbundskommission mit, daß er in die Mandschurei gekommen sei, weil ihn die mandschurische Bevölkerung zu ihrem Oberhaupt gewählt habe. Sein Land sei selbständig und unabhängig von Japan.

76 Geheimes Telegramm des stellvertretenden Staatssekretärs, Gerhard Köpke, AA, an den deutschen Gesandten Oskar Trautmann, Peking, (2.7.1932)

Köpke bittet darum, Schnee darauf hinzuweisen, daß es nicht im deutschen Interesse liege, in der Kommission irgendeine Initiative zu ergreifen oder mit Vorschlägen für eine künftige Lösung des Mandschureiproblems hervorzutreten.

77 Ganz geheimes Telegramm des deutschen Gesandten Oskar Trautmann, Peking, an das AA (4.9.1932)

Trautmann informiert in diesem Telegramm darüber, daß der Studienbericht der Völkerbundskommission nun gezeichnet worden sei. Sämtliche Beschlüsse seien einstimmig gefaßt worden. Schnee habe mit großem Takt und mit Zurückhaltung zur Erreichung des gemeinsamen Ziels beigetragen.

78 Aufsatz von Xu Daolin aus der Zeitschrift *Waijiao pinglun* (Dezember 1932)

Xu Daolin weist zunächst auf die „natürliche" Freundschaft zwischen Deutschland und China hin und führt dann aus, daß es aus diplomatischer, geographischer und wirtschaftlicher Perspektive keinen Konflikt zwischen beiden Ländern geben könne. Scharfe Kritik übt er an der seiner Ansicht nach zu passiven Politik Deutschlands in bezug auf den Mandschureikonflikt.

KAPITEL 5

79 Brief des Rektors der Sun Yatsen-Universität, Zhu Jiahua, Kanton, an den Vizevorsitzenden des Verbandes für den Fernen Osten, Max Linde, Berlin (30.8.1927)

Zhu Jiahua beschreibt die Veränderungen, die der Sturz der Kommunisten für die Sun Yatsen-Universität mit sich gebracht habe. Anschließend gibt er einen vertraulichen Überblick über die an der Universität beschäftigten deutschen Professoren. Er betont, daß ihm die Tongji-Universität nicht gleichgültig sei, auch wenn er sich von Kanton aus nicht für sie einsetzen könne.

80 Brief des deutschen Gesandten, Herbert von Borch, Peking, an das AA (20.11.1929)

Borch gibt seiner Meinung Ausdruck, daß die allgemeine Bildung in China von Amerika geprägt sei. Andere Mächte könnten sich auf diesem Gebiet nur behaupten, wenn sie Qualitätsarbeit leisten würden. Um den deutschen kulturellen Einfluß in Deutschland zu fördern, schlägt Borch eine nachhaltige Unterstützung der Tongji-Universität vor. Auch sollten mehr Stipendien für chinesische Studenten in Deutschland vergeben werden.

81 Niederschrift des Vereins Deutscher Ingenieure, Berlin, über die Sitzung „Unterbringung junger Chinesen in der deutschen Industrie und in deutschen technischen Lehranstalten" (17.2.1931)

In der Niederschrift wird festgehalten, daß andere Staaten, vor allem Frankreich und die USA, große Mittel aufwendeten, um chinesische Studenten zu einer Ausbildung in dem jeweiligen Land zu motivieren. In Deutschland seien Chinesen vor allem in dem Bereich Elektrotechnik vertreten, wohingegen sie in der chemischen Industrie kaum anzutreffen seien. Ihre soziale Situation sei insgesamt eher schlecht, weshalb ein besonderer Fonds zu ihrer Unterstützung geschaffen werden sollte.

82 Erlaß des AA an die Deutsche Gesandtschaft, Peking (14.6.1931)

In diesem Erlaß wird bekannt gegeben, daß die Fonds für das deutsche Schulwesen im Ausland und für die Pflege der kulturpolitischen Schulen im Ausland erheblich gekürzt worden seien. Es folgt eine Auflistung der für deutsche Schulen in China vorgesehenen Beiträge.

83 Brief des ehemaligen preußischen Kultusministers Carl Heinrich Becker, Berlin, an den deutschen Untergeneralsekretär des Völkerbundes, Albert Dufour, Genf (1.6.1931)

Becker erklärt sein prinzipielles Einverständnis, an einer Erziehungsmission des Völkerbundes nach China teilzunehmen. Nachdrücklich hebt er hervor, daß die Lösung des Problems der nationalen Erziehung nur aus der chinesischen Tradition gewonnen werden könne. Eine restlose Amerikanisierung oder Europäisierung lehne er entschieden ab.

84 Brief des Vorsitzenden der Erziehungskommission des Völkerbundes, Carl Heinrich Becker, Nanjing, an seine Familie, Berlin (30.11.1931)

In diesem Brief beschreibt Becker ausführlich die Entstehung des Berichtes der Erziehungskommission des Völkerbundes, wobei er besonders den amerikanischen Einfluß auf die Ausbildung der chinesischen Lehrer scharf kritisiert.

85 Aufzeichnung des deutschen Gesandten Oskar Trautmann, Peking (8.5.1932)

Trautmann berichtet über eine Unterredung mit dem chinesischen Unterrichtsminister Zhu Jiahua bezüglich der Fortführung und der Erweiterung der wissenschaftlichen Arbeit an der Tongji-Universität. Dabei seien auch die finanziellen Schwierigkeiten der Universität angesprochen worden. Zhu zeige ein besonderes Interesse an der Arbeit der Tongji-Mittelschule, aus der seiner Meinung nach eine größere Zahl an Abiturienten hervorgehen sollte.

86 Brief des Erziehungsministers Zhu Jiahua, Nanjing, an den deutschen Gesandten Oskar Trautmann, Peking (15.10.1932)

In diesem Brief drückt Zhu Jiahua seine Zufriedenheit darüber aus, daß mit dem Tropenarzt Peter Mühlens wieder einmal ein deutscher Gelehrter China bereisen werde. Er gehe davon aus, daß die chinesischen intellektuellen Kreise die Vorträge von Mühlens mit großem Beifall aufnehmen würden.

87 Brief des Mitgliedes der Sinomission, Li Ximou, Paris, an Carl Heinrich Becker, Berlin (18.11.1932)

Li fragt an, ob nicht die Möglichkeit bestehe, daß chinesische Chemiestudenten ihre praktische Ausbildung bei der IG Farben erhalten könnten. Er weist darauf hin, daß Siemens und AEG entsprechende Ausbildungsplätze zur Verfügung stellen würden und bittet Becker, seine Anfrage an den Aufsichtsratsvorsitzenden der IG Farben, Carl Duisberg, weiterzuleiten.

88 Brief des ehemaligen preußischen Kultusministers Carl Heinrich Becker, Berlin, an den Vorsitzenden der Sinomission, Cheng Qibao, Chinesische Legation, Wien (21.1.1933)

Becker entschuldigt sich für die schlechte Beurteilung der Massenbewegung von Dingxian, die sich vor allem durch ihre Arbeit im Bereich der Erwachsenenbildung einen Namen gemacht hatte, im Bericht der Erziehungskommission des Völkerbundes.

89 Aufzeichnung des Legationsrates Felix Altenburg, AA (6.2.1933)

Altenburg hält fest, daß sich im Jahr 1933 etwa 320 chinesische Studenten in Deutschland aufhielten, davon allein 240 in Berlin. Die meisten der Studenten seien auf private Kosten gekommen, da Stipendien chinesischer Provinzen die Ausnahme seien. Altenburg schlägt vor, die Stipendien von deutscher Seite zu erhöhen.

90 Bericht von Franz Hilker, Deutsche Pädagogische Auslandsstelle, Berlin (12.5.1933)

In dem Bericht werden nicht nur die Stationen des Deutschlandbesuches der Sinomission 1932, sondern auch ihre Interessenschwerpunkte festgehalten. Im Vordergrund hätten Fragen nach der Volksschule und damit verbunden nach der Schulpflicht gestanden. Die Sekundarschule hingegen sei eher flüchtig betrachtet worden. Wiederholt hätten die Mitglieder der Sinomission den Aufenthalt in Deutschland als Höhepunkt ihrer Erfahrungen bezeichnet. Auch sei der Wunsch geäußert worden, deutsche Pädagogen als Helfer für die Durchführung der Bildungsreform in China zu gewinnen.

91 Artikel des Rektors der Peking-Universität, Jiang Menglin, aus der Zeitschrift *Duli pinglun* (1933)

Jiang Menglin meint, daß der Bericht der Erziehungskommission des Völkerbundes den amerikanischen Einfluß auf das chinesische Erziehungssystem überschätzt habe. Er zeigt auf, daß nicht die Amerikanisierung für die schlechte Mittelschulerziehung verantwortlich sei, sondern das niedrige Niveau der Schulfächer überhaupt. Da die Kommission die Wechselbeziehung von Politik und Erziehung zu wenig berücksichtigt habe, seien die vorgebrachten Thesen zu idealistisch ausgefallen.

92 Bericht des Tropenarztes Peter Mühlens über eine dienstliche Reise nach China (1933)

Mühlens beschreibt seine Erfahrungen in einem bekannten Malaria-Distrikt in und um Nanjing. Die hohe Zahl von Malariafällen veranlaßt ihn, eine gründliche Assanierung der Stadt zu fordern, wenn nötig mit diktatorischen Mitteln. In diesem Zusammenhang beschreibt er die Schwierigkeiten der chinesischen Bevölkerung im Umgang mit der westlichen Medizin.

93 Denkschrift des Beraters der chinesischen Nationalregierung für Verwaltungsreformen, Wolfgang Jaenicke (Dezember 1934)

Jaenicke setzt sich in dieser Denkschrift mit dem Verhältnis zwischen der Provinzialregierung und den untersten Verwaltungsbehörden auf der Kreisebene auseinander. Er schlägt vor, den enormen Verwaltungsapparat in den Provinzhauptstädten zu verkleinern und die Beamtenschaft stattdessen auf Kreisebene einzusetzen. Auf diese Weise könne die Verbindung mit der Bevölkerung gestärkt werden.

94 Artikel des früheren Erziehungsministers Zhu Jiahua aus der Zeitschrift *People's Tribune* (1935)

Zhu weist auf die Notwendigkeit der Modifikation der chinesischen Sekundarerziehung hin, von der die Berufs- und Lehrerausbildung strikt getrennt werden müsse.

95 *Ratgeber für Chinesen, die an deutschen Hochschulen studieren wollen*, von dem Sekretär des Deutschland-Instituts Zhang Tianlin, Peking (1937)

Zhang gibt in diesem Ratgeber einen Überblick über Deutschland und seine Studienbedingungen. Seine Ratschläge für chinesische Studierende sind überwiegend praktischer Natur, so etwa wenn er das Minimum an Lebenshaltungskosten in Deutschland darlegt.

96 Brief des Geschäftsführers des Deutschland-Instituts in Peking, Ernst Schierlitz, an den deutschen Botschafter Oskar Trautmann, Nanjing (1.2.1937)

Schierlitz bittet Trautmann, ihn wegen seiner Arbeitsbelastung aus dem Amt als Leiter des Deutschland-Instituts zu entlassen. In diesem Zusammenhang weist er nicht nur auf die Erfolge des Instituts hin, sondern auch auf die mangelnde Unterstützung von seiten der chinesischen Mitglieder.

KAPITEL 6

97 Rede des Marschalls Jiang Jieshi anläßlich der Eröffnung der Nationalversammlung (5.5.1931)

Jiang Jieshi beschreibt unterschiedliche Regierungssysteme, wobei er dem Faschismus eindeutig den Vorzug gibt. Nur in dem faschistischen System würden sich Staat und Gesellschaft ideal ergänzen. Allerdings könne es für China keine einfache Übernahme der an sich richtigen Politik eines anderen Landes geben. Sun Yatsen habe sich zwar für die Demokratie als Endform entschieden, doch die chinesischen Erfahrungen mit dem Parlamentarismus insgesamt seien schlecht.

98 Artikel von Gu Bing aus der Wochenzeitung *Guowen zhoubao*, Tianjin (1932)

In diesem Artikel werden sowohl die Person Hitler als auch die Grundzüge seiner Politik vorgestellt. Der Antisemitismus sei notwendig, um eine Manipulation der deutschen Politik und der Finanzen zu vermeiden. Das Ziel der NSDAP sei die Errichtung eines neuen Staates, der auf internationaler Ebene akzeptiert werde.

99 Artikel von Hu Hanmin, zu diesem Zeitpunkt oppositioneller Politiker in Kanton, aus der Zeitschrift *Sanminzhuyi yuekan* (1933)

Hu Hanmin übt scharfe Kritik an den Gesellschaften in China, die die *Sanminzhuyi* durch den Faschismus ersetzen wollten. Die Revolution in China dürfe nicht mit solchen Bewegungen zusammengehen. Die faschistische Organisation müsse bekämpft werden. Der Staat sei für die Belange der gesamten Nation zuständig und dürfe nicht nur der Machterweiterung einer einzigen Person dienen.

100 Protestschreiben der Chinesischen Liga für Menschenrechte, dem deutschen Generalkonsul in Shanghai, Richard Behrend, durch Song Qingling und Cai Yuanpei überreicht (14.5.1933)

In dem Schreiben wird dagegen protestiert, daß seit der Etablierung des faschistischen Regimes in Deutschland viele Arbeiter und Intellektuelle verhaftet worden seien. Die Behandlung der Gefangenen beweise, daß in Deutschland Barbarei vorherrsche. Judenverfolgungen und antisemitische Pogrome würden systematisch organisiert und von der deutschen Regierung und der faschistischen Partei nicht nur zugelassen, sondern auch gefördert.

101 Artikel von Jiang Tingfu, Geschichtsprofessor an der Qinghua-Universität in Peking, aus der Zeitschrift *Duli pinglun* (3.7.1933)

Jiang Tingfu weist auf die Vorteile einer Anstellung von in Deutschland entlassenen jüdischen Wissenschaftlern in China hin. Ihre Anstellung sei wesentlich billiger als die kostspielige Ausbildung von chinesischen Studenten in den USA.

102 Artikel des Vorsitzenden der Deutschen Handelskammer Shanghai, Werner Vogel, aus der *Ostasiatischen Rundschau* (16.7.1933)

In dem Artikel wird der Führergedanke als entscheidender Einfluß einer überragenden Persönlichkeit beschrieben, der in China seit langem bekannt sei und am Anfang des chinesischen Staats- und Gesellschaftsleben gestanden habe. Der konfuzianische Führergedanke schließlich habe im chinesischen Beamtentum seinen adäquaten Ausdruck gefunden.

103 Brief des ehemaligen Hamburger Bürgermeisters Max Brauer, auf der Reise nach China, an den Generalsekretär des französischen Gewerkschaftsbundes, Léon Jouhaux, Paris (11.9.1933)

Brauer schreibt, daß er in China im Auftrag der chinesischen Regierung die Verwaltung der Provinzen reorganisieren solle. Da noch andere Genossen nach China berufen werden sollten, sei es notwendig, über seine Reise Stillschweigen zu bewahren, da den betroffenen Personen sonst die Einweisung in ein Konzentrationslager drohe.

104 Memorandum des Geschäftsträgers der Chinesischen Gesandtschaft in Berlin, Tan Boyu (2.11.1933)

Tan erklärt, daß es für China von höchster Bedeutung sei, zu erfahren, ob die deutsche Regierung beabsichtige, die einschränkenden Bestimmungen über die Behandlung farbiger Rassen auch auf in Deutschland lebende chinesische Staatsangehörige anzuwenden.

105 Ausführungen von Marschall Jiang Jieshi über die Bewegung Neues Leben (1934)

Jiang Jieshi hält fest, daß sich die Chinesen auf ihre traditionellen Tugenden besinnen, härter arbeiten und die Korruption bekämpfen sollten. Nur auf diese Weise sei es möglich, die nationale Einheit herbeizuführen und China zu retten. Deutschland und Italien seien nur so stark geworden, weil sie einen vergleichbaren Weg eingeschlagen hätten.

106 Artikel von Song Guobin aus dem *National Medical Journal of China* (Januar 1934)

In dem Artikel wird Sympathie mit den in Deutschland entlassenen jüdischen Ärzten zum Ausdruck gebracht. Juden seien bekanntlich sehr gute Wissenschaftler, weshalb China mit ihrer Anstellung nicht in Gefahr laufe, in die medizinische Zweitklassigkeit abzurutschen. Um jedoch eine Invasion jüdischer Ärzte zu verhindern, sollten ausländische Ärzte generell nur noch nach bestimmten Kriterien hinsichtlich ihrer Qualifikation eingestellt werden.

107 Telegramm des Reichsaußenministers, Konstantin von Neurath, Berlin, an den chinesischen Ministerpräsidenten Wang Jingwei, Nanjing (20.3.1934)

Neurath gibt seinem Bedauern Ausdruck, daß die chinesische Regierung in Deutschland „unerwünschte Persönlichkeiten" als Berater anstelle. Im Interesse der deutsch-chinesischen Beziehungen hoffe er, daß diese Personen so schnell wie möglich entlassen würden.

108 Artikel aus der amerikanischen Zeitung *China Weekly Review,* Shanghai (5.5.1934)

Jiang Jieshi entwickele einen Faschismus à la Chine, dessen Merkmale Massenveranstaltungen sowie militärisches Trainung als Pflichtprogramm für Universitäts- und Collegestudenten sei.

109 Rede des Generals Xu Tingyao, Vorsitzender der militärischen Studienkommission in Deutschland, auf dem Richtstrahlensender nach Nanjing (1.9.1934)

Die Studienkommission sei mit dem, was sie bisher in Deutschland gesehen habe, sehr zufrieden. China könne in manchen Punkten von dem deutschen Volk lernen. Deutschland sei vor allem deshalb aufgeblüht, weil es bedingungslos einem Führer gehorche. Andere Führersysteme in Europa hätten eine ähnliche Entwicklung durchlaufen. Wollten die Chinesen ihr Land wiederaufbauen, so müssten auch sie einen Führer anerkennen.

110 Brief des deutschen Generalkonsuls Hermann Kriebel, Shanghai, an das AA (24.9.1934)

Kriebel berichtet über verschiedene faschistische Vereinigungen in China, die zum Teil zivilen, zum Teil, wie etwa die Blauhemden, militärischen Ursprungs seien. Über die innere Struktur dieser Organisationen würde jedoch nur wenig nach außen dringen. Hingegen sei die Bewegung Neues Leben im Begriff immer weitere Kreise des Volkes zu erfassen.Vermutlich würden alle übrigen Vereinigungen in ihr aufgehen.

111 Vortrag des deutschen Botschafters Oskar Trautmann vor dem Auswärtigen Ausschuß des Gesetzgebungsyuans, Nanjing (3.10.1935)

Trautmann beschreibt den Nationalsozialismus als eine Bewegung, deren wesentliche Ziele die Klassenversöhnung und die Errichtung der Volksgemeinschaft seien. Seine völkische Grundlage habe nichts mit einem Kampf gegen Völker aus anderen Rassen zu tun. Jedes Volk könne seiner Rasse die wichtigste Bedeutung für seinen Staat zuerkennen. Alle Klassen würden gemeinsam am Wohl des Staates arbeiten; den Zusammenhalt garantiere die Volksgemeinschaft.

112 Artikel von M. Kubota aus der Tageszeitung *Manchuria Daily News*, Dalian (9.11.1935)

In diesem Artikel werden die Blauhemden nicht nur als faschistische Organisation unter der Führung Jiang Jiehis bezeichnet, sondern auch als Sammelpunkt des antijapanischen Widerstandes dargestellt. Von den von Sun Yatsen aufgestellten Prinzipien hätten sie sich vollständig abgewendet.

113 Auszug aus dem Buch *Das Dritte Reich* des ehemaligen Botschaftsattachés Wang Jiahong (1935)

Wang Jiahong erwähnt Planungen aus dem Jahr 1933, als ein Eheverbot von Deutschen mit Farbigen, wozu auch die Chinesen gerechnet wurden, durchgesetzt werden sollte. Zwar sei ein entsprechendes Gesetz letztlich nicht erlassen worden, doch Hitler habe in *Mein Kampf* die Chinesen mit den Schwarzen gleichgesetzt. Allein die Japaner nähmen eine Sonderstellung ein, weshalb der Schluß gezogen werden müßte, daß staatliche Stärken und Schwächen die Grundlage der Rassentheorie bildeten.

114 Brief des deutschen Generalkonsuls Wilhelm Timann, Hankou, an die Deutsche Botschaft, Nanjing (31.10.1935)

Timann weist auf das Buch *Das Dritte Reich* von Wang Jiahong hin und kritisiert dessen Darstellung der Rassenfrage. Bei der Lektüre dränge sich der Eindruck auf, daß auch andere Rassen von der deutschen Judenpolitik betroffen seien. Auch werde in dem Buch bedauert, daß Hitler in *Mein Kampf* in einem Zug von Chinesen und Negern gesprochen habe. Der betreffende Passus solle, so Timann, umgearbeitet werden.

115 Schreiben von Wang Shoulin, Mitglied der Militärkommission in Nanjing, an Marschall Jiang Jieshi (10.4.1936)

Nach Wang Shoulin ist die Lage in China mit der Deutschlands nach dem 1. Weltkrieg zu vergleichen. Hitlers Bemühungen um Deutschland seien nachahmenswert und sollten Jiang Jieshi als Vorbild dienen. Jiang solle der Hitler des Ostens und die Chinesen die Germanen des Ostens werden.

KAPITEL 7

116 Aufzeichnung des AA, o.N. (24.2.1933)

In der Aufzeichnung wird festgehalten, daß Deutschland volles Verständnis für Japan habe. Dennoch wolle es politisch in den Fragen des Fernen Ostens keine Partei ergreifen. Ein verstärkte kulturelle Tätigkeit Deutschlands in der Mandschurei sei erwünscht und auch auf wirtschaftlichem Gebiet solle mit der neuen Regierung zusammengearbeitet werden.

117 Geheime Aufzeichnung des Staatssekretärs Bernhard von Bülow, AA (31.7.1933)

Bülow faßt ein Gespräch mit dem italienischen Botschafter zusammen, in dem dieser auf russische Besorgnisse wegen einer Annäherung der NSDAP, insbesondere des Außenpolitischen Amtes, an Japan zu sprechen gekommen sei. Er habe darauf geantwortet, daß diese Nachricht offensichtlich auf einen Bierabend zurückgeführt werden müsse, der Anfang des Jahres in der japanischen Botschaft für das Außenpolitische Amt gegeben worden sei.

118 Aufzeichnung des Ministerialdirektors Richard Meyer, AA (6.11.1934)

Meyer hält fest, daß der chinesische Gesandte gefragt habe, ob an den Gerüchten über politische Abmachungen zwischen Deutschland und Japan etwas Wahres sei. Außerdem habe er den Wunsch geäußert, die jeweiligen Gesandtschaften zu Botschaften zu erheben.

119 Aufzeichnung des Reichsaußenministers Konstantin von Neurath, Berlin (27.6.1935)

Im Anschluß an einen Vortrag des Generaloberst Seeckt habe Hitler beschlossen, die deutsche Gesandtschaft in Peking zu einer Botschaft zu erheben und ihren Sitz nach Nanjing zu verlegen. Damit sei er dem dringenden Wunsch Jiang Jieshis nachgekommen.

120 Schreiben des *Waijiaobu*, Nanjing, an das chinesische Ministerium für Industrie und Handel, Nanjing (11.11.1935)

Das *Waijiaobu* gibt Informationen über die Reise der deutschen Wirtschaftskommission in den Fernen Osten weiter.

121 Entwurf Wilhelm Hacks, eines Vertreters des Außenpolitischen Amtes, Berlin, über eine deutsche Vermittlung zwischen Japan und China (25.11.1935)

Hack berichtet, daß der Generalkonsul von Shanghai, Hermann Kriebel, Hitler auf eine deutsche Vermittlungsaktion zwischen China und Japan angesprochen habe. Hitler sei einverstanden gewesen und habe die Angelegenheit an Ribbentrop weitergeleitet.

122 Aktennotiz Wilhelm Hacks, eines Vertreters des Außenpolitischen Amtes, Berlin (28.11.1935)

Hack hält den Widerstand des AA gegen eine Reorientierung der traditionell sinophilen deutschen Ostasienpolitik fest.

123 Artikel aus den *Basler Nachrichten* (29.11.1935)

Erstmals werden deutsch-japanische Bündnisverhandlungen in einem Zeitungsartikel bestätigt.

124 Schreiben des Beauftragten für Währungsfragen, Guo Bingwen, Nanjing, an Industrieminister Wu Dingchang, Nanjing (6.2.1936)

Der deutsche Gesandte Otto Kiep habe in einem Gespräch den politischen Charakter seiner Mission zurückgewiesen. Drei Aufgaben stünden für ihn im Mittelpunkt: 1) Studium der chinesischen Wirtschaftslage; 2) Erklärung der neuen deutschen Wirtschaftspolitik; 3) Waffenlieferungen Deutschlands nach China.

125 Aufzeichnung des Staatssekretärs Bernhard von Bülow, AA (4.5.1936)

Bülow berichtet über ein Gespräch mit dem chinesischen Botschafter, der im Auftrag seiner Regierung gegen das deutsch-mandschurische Handelsabkommen protestiert habe. Er habe seinen Gesprächspartner darauf hingewiesen, daß Vertragspartner auf deutscher Seite nicht die Reichsregierung, sondern lediglich die Reichsstelle für Devisenbewirtschaftung gewesen sei.

126 Zusammenfassung eines Leitartikels aus der Zeitung *Da gongbao*, Shanghai, durch *Reuters Translation Service* (8.5.1936)

In dem Leitartikel wird die Meinung vertreten, daß das deutsch-mandschurische Handelsabkommen keine politische Bedeutung habe. Den diesbezüglichen deutschen Erklärungen könne geglaubt werden. Es sollte keinen Protest von chinesischer Seite geben, da dies nur zu Schwierigkeiten zwischen beiden Ländern führen werde.

127 Memorandum des *Waijiaobu* zum deutsch-mandschurischen Handelsabkommen, (o.D., vmtl. Juni 1936)

Das *Waijiaobu* bedauert, daß Deutschland mit dem sogenannten „Manzhouguo“, das nichts anderes sei als ein illegitimes Gebilde, ein Handelsabkommen geschlossen habe. Zudem wirft es die Frage auf, ob das Abkommen eine Anerkennung des Staates Manzhouguo impliziere.

128 Aufzeichnung des deutschen Botschafters Oskar Trautmann, Nanjing, für Adolf Hitler, Berlin (10.6.1936)

In dieser Aufzeichnung bezeichnet Trautmann das Verhältnis zwischen Deutschland und China als gut, warnt aber vor einer engeren deutschen Beziehung zu Japan oder Manzhouguo, da China entsprechende Verbindungen mit Mißtrauen betrachten werde. Die Freundschaft zu China und Japan solle gleichmäßig gepflegt und keine Entscheidung zugunsten eines Landes getroffen werden.

129 Geheimes Zusatzabkommen zum deutsch-japanischen Abkommen (25.11.1936)

Im „Antikomintern-Pakt“ verständigen sich Deutschland und Japan darauf, ihre Zusammenarbeit gegen die Aktivitäten der Kommunistischen Internationale zu verstärken. In einem geheimen Zusatzabkommen wird für den Fall, daß einer der beiden Staaten in einen Krieg mit der Sowjetunion tritt, vereinbart, Beratungen über gemeinsam einzuleitende Maßnahmen zu führen.

130 Telegramm des Reichswehrministers Werner von Blomberg, Berlin, an Finanzminister Kong Xiangxi, Nanjing (25.11.1936)

Blomberg betont in dem Telegramm, daß sich der deutsch-japanische Pakt ausschließlich gegen die Kommunistische Internationale richte und die Beziehungen zwischen Deutschland und China nicht beeinträchtigen werde.

131 Artikel des Gouverneurs von Zhejiang, Zhu Jiahua, in der *Zhongyang ribao*, Nanjing (26.11.1936)

Zhu betont, daß China von dem festen Glauben erfüllt sei, daß Deutschland sein bester Freund sei. Er erinnert daran, daß das chinesische philosophische Denken stets darum bemüht war, den Gewalttätigen zu unterdrücken, dem Schwachen beizustehen und sich des ihm zugefügten Unrechts nicht zu erinnern. Der „Antikominternpakt" wird nicht erwähnt.

132 Rede des Marschalls Jiang Jieshi in der Militärakademie, zusammengefaßt in der *Zhongyang ribao*, Nanjing (30.11.1936)

Jiang Jieshi gibt seiner Überzeugung Ausdruck, daß das deutsch-japanische Abkommen nur dazu bestimmt sei, eine Zusammenarbeit zwischen Deutschland und Japan zur Abwehr des Kommunismus herbeizuführen. Es sei undenkbar, daß Deutschland auf seine freundschaftlichen Beziehungen zu China und zu anderen Ländern keine Rücksicht nehme.

133 Bericht des deutschen Botschafters in Nanjing, Oskar Trautmann, an das AA (1.12.1936)

Trautmann berichtet über die Behandlung des deutsch-japanischen Abkommens in der chinesischen Presse. Er schließt mit der Bemerkung, daß erst die Rede Jiang Jieshis in der Militärakademie zu einer gewissen Entspannung geführt habe.

134 Telegramm des Waffenhändlers Hans Klein, Nanjing, an seinen Vertreter in Deutschland, Prinz Heinrich Reuß, Berlin (1.12.1936)

Klein meint, daß es allen Deutschen in China und auch den Ausländern unverständlich sei, wie der deutsch-japanische Pakt zustandekommen konnte. Dieses Abkommen gefährde alle Interessen. Falls Deutschland, ähnlich wie Italien, Manzhouguo anerkennen würde, sei auch Jiang Jieshi nicht mehr in der Lage, die gegen Deutschland herrschende Mißstimmung einzudämmen.

135 Geheime Aufzeichnung des Staatssekretärs Ernst von Weizsäcker, AA (10.7.1937)

Weizsäcker berichtet über ein Gespräch mit Schacht, Blomberg und dem chinesischen Finanzminister Kong. Letzterer habe nach der deutschen Haltung in einer offenen japanisch-chinesische Auseinandersetzung gefragt. Sowohl der Reichsbankpräsident als auch der Reichskriegsminister hätten zu China tendiert.

Einführung

Die deutsch-chinesischen Beziehungen 1927-1937: Gleiche Partner unter ungleichen Bedingungen

In den Jahren zwischen 1927 und 1937 gab es zwischen Deutschland und China Gemeinsamkeiten, die selbst bei einem flüchtigen Blick sofort ins Auge fallen: Zum einen hatten beide Staaten mit „Unrechtsverträgen“ zu kämpfen. Für China bedeutete dies, daß es immer noch die Konsequenzen der im 19. Jahrhundert abgeschlossenen ungleichen Verträge tragen mußte. Deutschland hingegen sah sich mit den Folgen des Versailler Vertrages konfrontiert, der sein Territorium um gut ein Drittel verkleinert hatte und allgemein als „Schandvertrag“ angesehen wurde. Da im Zuge der Friedensbestimmungen auch das Recht zur Weiterführung der deutschen Kolonien verloren gegangen war, besaß Deutschland keine exterritorialen Rechte in China und stellte die chinesische Souveränität nicht in Frage. Die Grundlage der außenpolitischen Beziehungen beider Staaten bildete ein 1921 abgeschlossener und 1928 prinzipiell bestätigter formal gleicher Vertrag. Zum anderen kann sowohl in China als auch in Deutschland eine Umwälzung der gesellschaftlichen Ordnung konstatiert werden, flankiert durch die Verbreitung eines extremen Nationalismus und die Propagierung technisch-ökonomischer Modernisierung. Die Überzeugung, daß soziale Konflikte durch Einleitung staatlich dirigistischer Maßnahmen „von oben“ vermieden werden könnten, war ein Merkmal der Gesellschaftspolitik beider Staaten. Diese Gemeinsamkeiten, die eine auf die externe internationale, die andere auf die interne nationale Situation bezogen, scheinen ein partnerschaftliches Verhältnis per se zu implizieren.

Jener Bereich aber, in dem die Kooperation in den Jahren 1927-37 am ausgeprägtesten war, so daß er geradezu zu einem Synonym für besonders gute und enge deutsch-chinesische Beziehungen geworden ist, der militärische, zeichnete sich durch das Fehlen von Gemeinsamkeiten aus: Gemeinsame deutsch-chinesische politische und strategische Interessen hinsichtlich einer globalen oder regionalen Machtpolitik gab es nicht. Zu militärischen Bündnispartnern wurden Deutschland und China nie.[1] So zeigt die Existenz

1 Vgl. Kirby, in: Kuo / Leutner 1994:230.

der deutschen Militärberaterschaft in China exemplarisch, daß der Topos der Gemeinsamkeiten und Übereinstimmungen offensichtlich nicht ausreicht, um die deutsch-chinesischen Beziehungen der ausgehenden 20er und der beginnenden 30er Jahre hinreichend zu erklären. Um sie aus einer merkwürdig konturlosen und nebulösen, aber im Bedarfsfall sowohl von der deutschen als auch von chinesischen Zeitgenossen gerne konstruierten „Freundschaft" oder „Geistesverwandtschaft"[2], manchmal sogar zur „Schicksalsverbundenheit"[3] gesteigert, herauszulösen, bedarf es offenbar eines genaueren Blicks.

Ähnlich kurz greift auch der Versuch, die Gesamtheit der deutsch-chinesischen Beziehungen ausschließlich mit dem sogenannten Modernisierungsparadigma[4] zu fassen. Modernisierung, greifbarer in der erklärenden Be- und Umschreibung von technischem Fortschritt und *nationbuilding*[5], wird in diesem Ansatz als positiver, ausschließlich von der deutschen Seite verkörperter Wert verstanden. China aber steht für das negative Kehrbild dieser Werte, charakterisiert durch Tradition und Rückständigkeit. Allein sein Bemühen, sich den westlichen Werten wenigstens anzunähern, wird als handlungsleitendes Motiv anerkannt. Eine Gegenseitigkeit oder Gleichheit der Beziehungen ist damit per definitionem ausgeschlossen. Das Modernisierungsparadigma reduziert die Beziehungen China-Deutschland auf *deutsch*-chinesische, indem es von einem agierenden Subjekt Deutschland und einem reagierenden Objekt China ausgeht.[6] China wird auf das kraftlose Nachahmen im Schatten eines übermächtigen Vorbildes beschränkt, denn die Möglichkeit der Initiative und damit der Gestaltungskraft wird ausschließlich der deutschen Seite zugesprochen. Auf die eingangs erwähnten Gemeinsamkeiten wird dabei gerne zurückgegriffen, um Chinas breite Akzeptanz des deutschen nachahmenswerten Vorbildes zu erklären. Doch letztlich kann das Modernisierungsparadigma die deutsch-chinesischen Beziehungen allenfalls in Teilaspekten erfassen und zwängt sie in ein Korsett, das inzwischen zu eng geworden ist und sichtbar aus allen Nähten platzt. In diesem Band geht es weniger um die pauschale Beschwörung einer deutsch-chinesischen Freundschaft oder um die Quantifizierung von Einflußnahme im Rahmen des sogenannten Modernisierungsprozeßes, sondern um eine Analyse des Außenverhaltens zweier Staaten und ihrer Gesellschaften und damit um zwischenstaatliche Interaktionsformen und -bedingungen.

Außenbeziehungen beschreiben die Beziehungen zwischen Staaten, Nationen und Gesellschaften, aber gerade auch die wechselseitige Beeinflussung, Verflechtung, Integra-

---

2 Vgl. Dok. 78 u. 131.

3 Vgl. Dok. 12 und Interview mit General Jiang Weiguo. Sowie Ilgner 1936:13. Zitiert nach Kirby, in: Kuo / Leutner 1994:231.

4 Zu dem Terminus Paradigma, vgl. Leutner, in: dies. 1998: 448-449.

5 Demokratisierung als politische Seite der Modernisierung ist auf die Zeit 1927-37 allerdings nicht anwendbar. Vgl. hierzu Kap. 6.

6 Vgl. Leutner, in: dies. 1998:449-450. - Wenn im folgenden von deutsch-chinesischen (und nicht von chinesisch-deutschen) Beziehungen die Rede ist, so allein deshalb, weil dieser Band in Deutschland entstanden ist.

tion und den Einfluß von Strukturen und Akteuren jenseits des staatlichen Radius.[7] Damit beinhalten sie nicht nur die klassische Außenpolitik- und Diplomatiegeschichte, sondern explizit auch Gesellschafts- und Kulturgeschichte, die sich nicht auf den nationalstaatlichen Kontext einengen lassen. Um die Erweiterung der Außenpolitik hin zu den Außenbeziehungen zum Ausdruck zu bringen, wurde vor einigen Jahren der Begriff der „Internationalen Geschichte“ kreiert.[8] Im Mittelpunkt des Erkenntnisinteresses dieser Form der Geschichtsschreibung steht nicht nur der Staat als autonom Handelnder, sondern ein wesentlich breiteres und bunteres Spektrum an Akteuren und Beziehungsformen. Staatliche Macht- und Interessenpolitik wird nicht aufgehoben, aber aus einer anderen Perspektive betrachtet und damit anders positioniert. Auch externe Faktoren, wie das internationale Beziehungssystem, seine Herausforderungen und Impulse, Antworten und Optionsbeschränkungen, werden dabei berücksichtigt. Dieser Annäherung kommt insofern eine integrierende Funktion zu, als sie das Bekenntnis zu einem *Primat der Innenpolitik* bzw. einem *Primat der Außenpolitik* überflüssig macht und den Akzent von vornherein auf die Interdependenz beider Bereiche legt.

Was nun den Vorgang der zwischenstaatlichen Interaktion selbst betrifft, das heißt die Handlungen und Kommunikationsformen der jeweiligen Akteure, seien sie individueller oder kollektiver Natur, so wird in diesem Band von einem rationalen zweck- und zielgerichteten Handeln aller Akteure ausgegangen. Als kalkulierende Zweck-Mittel-Analyse und damit als Strategie wird jedem Akteur Rationalität unterstellt. Für die deutsch-chinesischen Beziehungen 1927-37 bedeutet dies, daß nicht allein die deutsche Seite rationales Handeln und damit die vernunftgemäße Gestaltung der Beziehungen verkörpert.[9] Neben den zweckrationalen gibt es jedoch noch eine andere Kategorie von Motiven, die ebenso konstitutiv für gegenseitige Beziehungen sein können. Es handelt sich hierbei um die ideellen oder wertrationalen Motive der am Entscheidungsprozeß beteiligten Akteure.[10] Diese Art der Rationalität ist wesentlich schwerer zu fassen, als die der zweckgebundenen Interessen, da die Rationalisierung hier nicht zu vereinheitlichenden Gesichtspunkten und Zielrichtungen unterliegt, so daß es für Rationalität und Irrationalität keine klaren, kulturübergreifenden Kriterien geben kann.[11] Über Interessen und Ideen wiederum stehen die Institutionen, das heißt der zu einer Organisation verdichtete Zusammenschluß, um Durchsetzungskraft zu erreichen. Als soziale Interaktionspunkte eröffnen sie Individuen und Gesellschaften Chancen und Spielräume, legen aber gleichzeitig die Grenzen für deren

---

7 Vgl. Loth, in: ders. / Osterhammel, Einleitung 2000:XI.

8 Vgl. ebd.

9 Vgl. Leutner, in: dies. 1996:450.

10 Vgl. Lepsius 1990: 31-43.

11 Zur Einbeziehung der Kultur in die empirische Analyse der internationalen Beziehungen, vgl. Jetschke / Liese 1998:149-179. - Das heißt nicht, daß globale kulturelle Trends ausgeschlossen werden können. Vgl. Iriye 1989:5 / Osterhammel, in: Loth / ders. 2000:398.

Handlungen fest. Im Zusammenspiel von Interessen, Ideen und Institutionen[12] gilt es, die bilateralen Beziehungen zwischen Deutschland und China zu erfassen.

Der hier vorgestellte Zeitabschnitt der deutsch-chinesischen Beziehungen 1927-37 wurde an äußeren Ereignissen, wie die Errichtung der nominellen Herrschaft der Guomindang über China und der Ausbruch des chinesisch-japanischen Krieges festgemacht. Eine andere, „inneren" Kriterien folgende Aufteilung, wie etwa die Machtverfestigung in China 1932 und der Machtwechsel in Deutschland 1933, wäre durchaus denkbar gewesen. Immerhin zeichnete es sich in jenen Jahren unübersehbar ab, daß es sich auf beiden Seiten um autoritär-repressive Einparteiensysteme handelte, in welchen die Außenpolitik keiner parlamentarischen Kontrolle ausgesetzt war und keine Kompromisse eingehen mußte. Auch wenn es in einem Band über die deutsch-chinesischen Beziehungen nicht darum gehen kann, die Struktur der jeweiligen Herrschaftssysteme detailliert zu untersuchen, so stellt sich doch die Frage, wer in beiden Staaten die relevanten außenpolitischen Entscheidungen treffen und wer sie beeinflussen konnte. Nicht zuletzt infolge der fehlenden Kontrolle durch ein staatliche Gremium ist sowohl für Deutschland als auch für China nach 1932/33 die Tendenz zu einer Personalisierung der Außenpolitik auszumachen. Ab dieser Zeit standen mit Hitler und Jiang Jieshi zwei Personen im Mittelpunkt des Geschehens und es ist wohl kein Zufall, daß sie durch den Austausch von Briefen miteinander kommunizierten. Beide Regierungschefs konnten, insofern sie wollten, auch außenpolitische Entscheidungen in letzter Instanz treffen. Ihre persönlichen zweck- und vor allem wertrationalen Vorstellungen können deshalb nicht einfach übergangen werden. Dennoch agierten sie nicht „in erhabener Einsamkeit"[13], sondern wurden von überwiegend neu geschaffenen Institutionen und den sie leitenden Eliten unterstützt. In China stehen hierfür in erster Linie die von Jiang Jieshi 1932 gegründete und dominierte Militärkommission (*Junshi weiyuanhui*) und die Ressourcenkommission (*Ziyuan weiyuanhui*), die von Weng Wenhao, einem ehemaligen Deutschlandstudenten, geleitet wurde. Für Deutschland kann das Wehrwirtschaftsamt angeführt werden, aber auch das parteigebundene Außenpolitische Amt, das eine zum Auswärtigen Amt konkurrierende Außenpolitik verfolgte, die für den Verlauf der deutsch-chinesischen Beziehungen bedeutungsvoll werden sollte. Gegenüber diesen neuen Organisationen kamen den alten, zivilen Trägern der Außenpolitik, dem Auswärtigen Amt und dem *Waijiaobu*, allenfalls noch beratende Funktionen zu.

Angesichts dieser Dominanz neu geschaffener Strukturen, die auf staatliche Initiative zurückgingen, stellt sich die Frage nach der möglichen Einflußnahme von Interessenverbänden auf die deutsche bzw. chinesische Außenpolitik um so nachdrücklicher. Von Bedeutung ist hierbei, inwieweit nichtstaatliche Organisationen die staatliche Außenpolitik beeinflussten oder gar vorbereiteten. Denkbar ist etwa auch die Variante, daß einzelne Gruppen eine eigene Politik betrieben, Vorreiterfunktionen übernahmen, so daß der Staat nur noch auf den schon fahrenden Zug aufzuspringen brauchte.

---

12 So der Titel des Buches von Lepsius:1990.

13 Vgl. Wehler 1996:262.

Schaut man sich die Ausgangssituation 1927 an, so existierten von privaten Geschäftsleuten aufrecht erhaltene wirtschaftliche Beziehungen zwischen Deutschland und China. Es war dann ausgerechnet Sun Ke, der Sohn Sun Yatsens, der auf einer privaten Weltreise eine Intensivierung der deutsch-chinesischen Wirtschaftsbeziehungen in Form der Entsendung einer deutschen Studienkommission nach China anregte. Als die zwischenzeitlich von Deutschland anerkannte chinesische Nationalregierung schließlich zustimmte, tat sie es weniger um die Kontakte ausgerechnet zu Deutschland zu verstärken als um Vertreter anderer moderner Industriestaaten für China zu interessieren. Nicht die bilaterale Zusammenarbeit stand im Vordergrund, sondern die Hoffnung auf internationale Aufmerksamkeit. Staatliche Stellen beider Länder engagierten sich in den Jahren vor 1932/33 letztlich nur in einem Projekt, dem zivilen Flugunternehmen EURASIA.

Diese klaren Fronten zwischen staatlichem und nichtstaatlichem Engagement begannen mit der Einrichtung der deutschen Militärberaterschaft in China aufzuweichen. Die Beraterschaft wurde von deutschen und chinesischen militärischen Stellen unterstützt, wohingegen das Auswärtige Amt sein Mißfallen wiederholt äußerte und das *Waijiaobu* sogar zur Zurückerhaltung ermahnt werden mußte. Die Grundlage ihrer Tätigkeit bildeten zunächst Privatverträge zwischen der chinesischen Regierung und den jeweiligen Militärberatern. Doch mit der zunehmenden Vermittlung von Waffengeschäften, die von einer Waffenlobby in beiden Ländern gefördert wurde, entwickelte sich allen Protesten der traditionellen Chinawirtschaft zum Trotz der oft beschriebene „militärwirtschaftliche Rüstungskomplex“[14]. Da beide Staaten erkannt hatten, daß auf der Grundlage eines Austauschvertrages die jeweilige Finanzschwäche kompensiert und die Aufrüstung forciert werden konnte, entstand aus einer ursprünglich privaten Initiative eine zwischenstaatliche Kooperation „gleicher“ Partner, die in dem Staatsvertrag 1936 ihren Höhepunkt erreichte. Daß die „Gleichheit“ mehr als nur eine Formalität war, zeigt sich besonders deutlich daran, daß sich Deutschland vertraglich verpflichten mußte, kein veraltetes Rüstungsmaterial nach China zu liefern.

An dem Komplex der Rüstungswirtschaft, dessen verschiedene Ebenen in diesem Band in den Kapiteln „Wirtschaft“, „Militär“ und „Waffen“ analytisch getrennt wurden, wiewohl sie sich in der Realität überlappten, zeigt sich nicht nur die enge Verbundenheit von privaten und staatlichen Interessen, sondern auch das Problem, „staatliche“ Interessenpolitik überhaupt zu bestimmen. Dies war in China insofern noch schwieriger, als es nicht nur eine Verfilzung von wirtschaftlichen und politischen Interessen gab, sondern mehrere konkurrierende Regierungen: Neben der Zentralregierung in Nanjing existierte noch eine Gegenregierung in Kanton sowie eine kommunistische Untergrundregierung in Jiangxi (später in Shaanxi). Sowohl in Kanton als auch in Jiangxi betätigten sich ebenfalls deutsche Militärberater, wenn auch die in Jiangxi nicht von offiziellen deutschen Stellen, sondern von der Kommunistischen Internationale unterstützt wurden. Darüber hinaus wurden mit der Gegenregierung in Kanton ähnliche Waffengeschäfte abgeschlossen wie

14 Vgl. Felber (übersetzt von Chen Qianping) 1994, Nr.1:64-65 / Fu 1985:114-134 / Kirby, in: Martin 201-215 / Ratenhof 1987:357 / Spence (2001):482-483 / Zhou 1995:111-134.

mit der Zentralregierung in Nanjing. Gegen- und Untergrundregierung nutzen jede Gelegenheit, die deutsche Zusammenarbeit mit Nanjing als unzulässige Förderung des Militarismus in Ostasien zu brandmarken. Besonders die medienwirksame Giftgasfrage, das heißt die Frage von deutschen Giftgaslieferungen nach China und dessen Einsatz im innerchinesischen Bürgerkrieg, wurde in diesem Zusammenhang immer wieder aufgeworfen. Dabei handelte es sich weniger um eine Kritik an Deutschland, das schließlich auch ein Geschäftspartner von Kanton war, als um eine Diffamierung der chinesischen Zentralregierung. Es drängt sich der Eindruck auf, als seien die deutsch-chinesischen Beziehungen instrumentalisiert worden, um den inneren Machtkampf in China zu beeinflussen. Doch obwohl es zu vorübergehenden Irritationen kam, änderte dies nichts an der militärwirtschaftlichen Zusammenarbeit zwischen Deutschland und der chinesischen Zentralregierung, die für beide Seiten von Nutzen war.

Überlagert aber wurde die gegenseitige Strategie der Maximierung des Nutzens freilich noch durch ein ganz anderes Motiv, das im wertrationalen Bereich anzusiedeln ist. Es handelt sich hierbei um die Einstellung des Marschalls Jiang Jieshis in bezug auf Deutschland. Jiang Jieshi, der entscheidenden Rückhalt vor allem von den ehemaligen Kadetten der Huangpu-Militärakademie erhielt, zeigte ein persönliches Interesse an der Entwicklung Deutschlands seit dem Ersten Weltkrieg sowie an der Rolle des Militärs in der deutschen Gesellschaft überhaupt. Seine Bewunderung für das deutsche Militär im allgemeinen und für General Hans von Seeckt im besonderen ist hinreichend bekannt.[15] Der in diesem Dokumentenband erstmals abgedruckte Brief des Marschalls an Seeckt aus dem Jahr 1936 zeigt deutlich, daß sich Jiang bezüglich des Aufbaus des Heeres durchaus an Deutschland orientieren wollte. Ja, er ging sogar noch einen Schritt weiter, indem er betonte, daß nur ein starkes Heer den Wiederaufbau garantieren könnte. Dies ist nicht nur ein Hinweis auf seine wie der Guomindang insgesamt im Kern sozial konservativen Ideen[16], sondern auch darauf, daß das Modernisierungsparadigma auf dieser personalen Ebene durchaus Relevanz hat. Persönliche Vorlieben Jiang Jieshis und damit wertrationale Motive gingen Hand in Hand mit zweckrationalen Motiven der militärisch-wirtschaftlichen Eliten.

Allerdings führt es zu weit, die ideellen Motive Jiang Jieshis dahin gehend zu erweitern, daß „ganz China" eine Modernisierung nach deutschem Vorbild anstrebte. Im kulturellen Bereich etwa löste der Bericht einer 1931 entsandten Erziehungskommission des Völkerbundes mit dem ehemaligen preußischen Kultusminister Carl Heinrich Becker an der Spitze eine Diskussion darüber aus, wie das Erziehungs- und Bildungswesen als Grundlage des gesellschaftspolitischen Systems in China aussehen sollte. Während die chinesischen Politiker aus machtpolitischen Gründen einem deutschen Elitenmodell eher aufgeschlossen gegenüberstanden, beurteilten andere Akteure, die Intellektuellen, womit vor allem in die Diskussion eingreifende Universitätsprofessoren der verschiedenen Universitäten in Peking

---

15 Vgl. Dok. 33 / Meier-Welcker, in: Martin 1981:121-124

16 Vgl. Domes 1969:432-436 / Eastman 1974:216-226 / Felber (übersetzt von Chen Qianping) 1994, Nr.1:67.

und Nanjing gemeint sind, genau dieses Modell und seine dahinter stehenden Kultur*werte* äußerst kritisch. Eine „Geistesverwandtschaft" mit Deutschland führte nicht einfach und vorbehaltlos zur Übernahme der von Carl Heinrich Becker vertretenen Ideale. Auch einem bekannten Förderer der deutsch-chinesischen Beziehungen, Erziehungsminister Zhu Jiahua, gelang es nicht, die Vielfalt der Stimmen und Meinungen aus dem erziehungspolitischen Bereich auf einen „deutschen Weg" zu kanalisieren. Dies deutet nicht nur darauf hin, daß hier die Zentralisierung und damit letztlich die Einflußmöglichkeit einer einzigen Person längst nicht so groß war wie im militärisch-wirtschaftlichen, sondern auch auf eine wenigstens auf der Diskussionsebene vermittelte Gleichheit zwischen deutschen, chinesischen und anderen, hauptsächlich amerikanischen, Teilnehmern. Es gab kein dominantes singuläres Modell, das einfach übernommen werden sollte, sondern vielfältige Einzelaktionen auf Staats- Provinz- und regionaler Ebene und ein breites Diskussionsforum, in das unter anderem auch Anregungen von deutscher Seite eingingen.

Gegenstand reger Auseinandersetzungen unter chinesischen Politikern und Intellektuellen war in den 30er Jahren auch der noch nicht definitiv festgelegte staatspolitische Rahmen Chinas, das sich entsprechend der Lehre von Sun Yatsen im Stadium der „Erziehungsdiktatur" befand. Das faschistische System, wie es sich in Deutschland oder auch in Italien darstellte, stand in diesem Zusammenhang im Mittelpunkt des Interesses. Ideologische Kompatibilität brachten neugegründete Organisationen, wie die Bewegung Neues Leben (*Xinshenghuo yundong*) sowie die Blauhemden (*Lanyishe*), zum Ausdruck. Zahlreiche staatliche Kommissionen wurden nach Europa entsandt, um das Phänomen vor Ort zu studieren.[17] Ihnen gemeinsam war jedoch, daß sie weniger der nationalsozialistischen Ideologie an sich Aufmerksamkeit schenkten, als der Anziehungskraft dieser Ideologie für die Massen und den sie vermittelnden Organisationen.

Demgegenüber reflektierten die chinesischen Intellektuellen stärker die Inhalte eines möglichen faschistischen Systems für China. Ihre Informationen bezogen sie im wesentlichen aus Zeitungsartikeln und übersetzten Büchern; in einem direkten Kontakt mit deutschen Kreisen standen sie nicht. Es setzte eine Diskussion ein, bei der es weniger um die Frage ging, „wie viel Faschismus" China benötige, als darum, „wie viel Chinesisches" in ein faschistisches System eingebracht werden müsse. Auch wenn der Machtwechsel in Deutschland und die nachfolgende Einrichtung eines faschistischen Staates die Entstehung einer solchen Debatte gefördert hat, kam es nicht zu einem gegenseitigen Austausch von Argumenten, wie es im erziehungspolitischen Bereich der Fall war. Es handelte sich um eine zwar von außen angestoßene, aber dennoch innerchinesische Debatte. Sie wurde insofern zu einem Schauplatz der deutsch-chinesischen Beziehungen, als dieser sofort von deutschen Wirtschaftsführern und Diplomaten okkupiert wurde, die eifrig darum bemüht waren, aufzuzeigen, daß die chinesische Tradition viele Elemente des faschistischen Gedankengutes aufweise.[18] Aufgrund dieser geistigen Disposition sollte die Notwendigkeit

17 Vgl. Kirby 2002:239.

18 Vgl. Dok. 102 u.111.

der Intensivierung der Beziehungen zwischen Deutschland und China suggeriert werden. So müssen hier zwei Ebenen unterschieden werden, zum einen eine rein chinesische, in der die Debatte um den chinesischen Faschismus als kulturelle Ausdrucksform angesehen werden kann, zum anderen eine deutsche, in der eine Gemeinsamkeit konstruiert wurde, um den eigenen Einfluß zu vergrößern.

Die Stärkung der deutschen Einflußnahme in China war auch das Ziel der vom Auswärtigen Amt verfolgten Kulturpolitik. Die alte Frage, ob der Kultur im Bereich der Außenpolitik nur dienende oder eigenständige Funktion zukomme, kann für die deutsch-chinesischen Beziehungen für die Zeit zwischen 1927-37 leicht beantwortet werden. Die Institutionen, die für die Vermittlung von deutschen Kultur*inhalten* (Literatur, Kunst, Wissenschaften) zuständig waren, zeichneten sich durch eine auffallend hohe Präsenz von Vertretern der deutschen Wirtschaft aus und waren teilweise sogar direkt abhängig von deren finanziellen Zuschüssen. Beispielhaften Ausdruck fand dieses Engagement in dem 1928 herausgegebene Jahrbuch der chinesischen Studenten in Deutschland, das überquillt von Inseraten deutscher, in China tätiger Firmen. Allein die Inserate hatten das Zustandekommen des Buches ermöglicht.[19] Aber auch die deutsch-chinesische Tongji-Universität bei Shanghai hätte niemals ohne die tatkräftige Unterstützung der Wirtschaft weitergeführt werden können. In wirtschaftlichen Kreisen wiederum wurde eine Investition in die deutsch-chinesischen Beziehungen als lohnenswerte Anlage angesehen, um langfristig die Geschäftsgrundlage zwischen Deutschland und China zu verbessern.

Um seine vergleichsweise schwachen Mittel zu bündeln und um in der Konkurrenz mit anderen Nationen wie England, Frankreich, den USA und Japan überhaupt bestehen zu können, ging das Auswärtige Amt im Bereich der Schulpolitik dazu über, aus seiner finanziellen Not eine Tugend zu machen. Es propagierte das Ziel, chinesischen Studenten in kleinerem Rahmen eine gute Ausbildung zu ermöglichen. Sowohl bezüglich des Unterrichts als auch hinsichtlich der Auswahl der Studenten sollte Qualität, nicht Quantität das entscheidende Kriterium sein. Da auffallend viele chinesische Studenten technische Fächer in Deutschland studierten und die dafür notwendige Vorbildung meist in China erhalten hatten, schien sich dieses Konzept durchaus zu bewähren. Nicht „traditionelle Freundschaft" veranlaßte Chinesen zu einem Studium in Deutschland, sondern wissenschaftliche Kompetenz, die ganz gezielt vermittelt wurde.

Mit dem Bereich der Kulturpolitik ist aber unübersehbar erstmals ein Aspekt der Ungleichheit in den deutsch-chinesischen Beziehungen 1927-37 angesprochen worden, denn diese Art der Politik war einseitig auf Deutschland beschränkt. Abgesehen von den Bemühungen des Clubs Chinesischer Studenten, der unter anderem auch der „Förderung kultureller, wissenschaftlicher, wirtschaftlicher und gesellschaftlicher Beziehungen zwischen China und Deutschland"[20] diente, verfolgte China keine Kulturpolitik in Deutschland. Die Bedingungen eines „gleichen" Kulturaustausches waren nicht gegeben - es gab

19 Vgl. Nianjian minguo shiliu nian liude xuehui (Jahrbuch 1927 der Studiengesellschaft der chinesischen Deutschlandstudenten) 1928:Vorwort.

20 Vgl. ebd.

eine „gebende“ Kulturnation, Deutschland und eine „nehmende“ Kulturnation, China. Doch infolge der auf diesem Gebiet konkurrierenden Vorschläge aus verschiedenen Nationen war China in der Lage, eine Auswahl zu treffen und versuchte gerade auf diese Weise, einer kulturimperialistischen Dominanz zu entgehen. Da der Akzent der deutsch-chinesischen Beziehungen im kulturpolitischen Gebiet vornehmlich auf der Weitergabe und Übernahme von technischem Wissen lag, bekamen sie unvermeidbar den Charakter dessen, was heute als technische oder humanitäre „Hilfe“ eines Staates für einen anderen bezeichnet wird. Bei der Betrachtung der deutsch-chinesischen Beziehungen in der Nanjing-Zeit stellt sich somit die allgemeine Frage, ob Kulturbeziehungen zwischen zwei Staaten, die nicht eine ähnlich intensive, gegenseitige Kulturpolitik betreiben, überhaupt „gleich“ sein können.

Doch die Kulturbeziehungen zwischen Deutschland und China sollten nicht nur anhand der offiziellen Kulturpolitik und des hinter ihr stehenden Engagements verschiedenster gesellschaftlicher Gruppen rekonstruiert werden. Die hohe Autonomie des kulturellen Bereiches und damit gerade seine Unabhängigkeit vom Dirigismus staatlicher Stellen beginnen bei der alltäglichen kulturellen Interaktion, das heißt den ganz konkreten Kontakten zwischen Deutschen und Chinesen, worunter zum Beispiel die Gespräche eines deutschen Militärberaters, Waffenhändlers oder Wissenschaftlers mit seinem jeweiligen chinesischen Partner fallen oder aber der wissenschaftliche und private Austausch chinesischer Studenten in Deutschland mit ihren deutschen Professoren und Kommilitonen. Hier wurden feine Netzwerke gesponnen, deren Fäden jedoch nur in Einzelfällen rekonstruierbar sind.[21] Im Unterschied zu dem funktional agierenden Individuum, das eine Institution und die mit dieser verbundene Zielsetzung und Programmatik vertritt, läßt sich der Gestaltungsspielraum eines frei agierenden Individuums nur schwer ausloten. Die Bedeutung solcher interkultureller Kommunikation, die Denk-, Verhaltens- und Handlungsmuster beeinflussen kann, erschwert die Transparenz des kulturellen Bereiches. Inzwischen gibt es jedoch den filigranen Versuch, wenigstens in entscheidungsrelevanten Situationen, etwa während zwischenstaatlicher Verhandlungen im Vorfeld eines Vertragsabschlusses, die das Individuum bestimmenden, handlungsleitenden Faktoren kultureller Bedingtheit herauszufiltern.[22]

Insgesamt lassen sich die deutsch-chinesischen Kulturbeziehungen 1927-37 nicht auf das Modernisierungs- oder Vorbildparadigma reduzieren, auch wenn es, wenigstens auf der Ebene der Vermittlung der Kultur*inhalte*, ungleiche Bedingungen gab. Initiativ wurden der deutsche Staat und verschiedene gesellschaftliche Gruppen überwiegend aus zweckrationalen Motiven. Unter den Nationalsozialisten kam dann noch eine verstärkt einsetzende Kulturpropaganda hinzu, die in der Weimarer Zeit eher abgelehnt worden war.[23] Aber auch die chinesische Seite, wiewohl hier hauptsächlich reagierend, orientierte sich im

21 Thomas Harnisch hat beispielsweise in seiner verdienstvollen Studie solche Fäden aufgegriffen, indem er das Studium und die Kontakte vieler chinesischer Studenten in den 20er und 30er Jahren in Deutschland sowie ihre Tätigkeit nach ihrer Rückkehr nach China detailliert verfolgte.

22 Vgl. Lehmkuhl, in: Loth / Osterhammel 2000: 198-207.

23 Vgl. Düwell, in: ders. / Link 1981:54-55.

wesentlichem an dem Aspekt der Zweckdienlichkeit. Als zweckdienlich angesehen wurde die solide technische Ausbildung eines chinesischen Studenten, da diese in absehbarer Zeit dem Aufbau des Landes zugute kommen würde.

Neben den inneren Bedingungen, bestimmt durch das staatliche Gefüge und die dieses tragenden Gesellschaftsgruppen, sind für bilaterale Beziehungen auch die äußeren Bedingungen konstitutiv. Diese werden diktiert von einem internationalen System, hier verstanden als nicht real, sondern nur in der Wahrnehmung existierendes „Ensemble derjenigen internationalen Akteure (...) zwischen denen Aktionen mit relativer Häufigkeit stattfinden“[24], in das sich jeder Staat mit seiner Interessenpolitik einordnen muß. In diesem System ist sowohl hinsichtlich der deutschen als auch hinsichtlich der chinesischen Außenpolitik eine konstante Größe zu entdecken. Mit dieser Größe sind die außenpolitischen Aktionen Japans gemeint, die sich als so dominant erwiesen, daß aus den bi- zeitweise trilaterale Beziehungen wurden. Mit seiner Besetzung der Mandschurei 1931, die in die Mandschureikrise mündete und seinem Zusammengehen mit Deutschland, das 1936 zum Antikominternpakt führte, wurde Japan zu einem bestimmenden Faktor in der Außenpolitik beider Länder. Die jeweiligen Beziehungen Deutschlands und Chinas zu Japan wirkten auf die deutsch-chinesischen Beziehungen zurück. Sowohl die Leitlinien der deutschen Chinapolitik als auch die der chinesischen Deutschlandpolitik lassen sich nur durch die Folie Japan angemessen beurteilen, das gewissermaßen den Schnittpunkt der Linien der deutsch-chinesischen Außenpolitik 1927-37 bildete.

Die außenpolitischen Kontakte zwischen Deutschland und China bewegten sich nach der Anerkennung der Nationalregierung in üblichen, von tagespolitischen Lageberichten der Gesandten bestimmten Bahnen, sieht man einmal von der Auseinandersetzung um die Einrichtung der Militärberaterschaft ab. Dies hing damit zusammen, daß die Zielsetzungen der jeweiligen Außenpolitik kaum Berührungspunkte aufwiesen. Deutschland, zuerst vertreten durch das Auswärtige Amt, ab 1934 aber zunehmend durch das von der NSDAP bestimmte Außenpolitische Amt, verfolgte eine Politik, die zunächst weniger auf Ostasien als auf die Verbesserung und Stärkung seiner Position in Europa ausgerichtet war. In der Essenz bedeutete dies, daß das Auswärtige Amt in seinen Planungen und Handlungen Rücksicht auf die europäischen Mächte nehmen mußte. Für ein engeres deutsch-chinesisches Zusammengehen aber ließ diese Prämisse letztlich keinen Platz, denn die Interessen der anderen Mächte in China, vor allem Englands und Frankreich, waren groß. Überspitzt ausgedrückt könnte man sagen, daß die ungleichen Verträge der anderen Mächte mit China die äußeren Bedingungen für die deutsch-chinesischen außenpolitischen Beziehungen diktierten, wiewohl zwischen Deutschland und China ein gleicher Vertrag existierte.

China hingegen, zuerst repräsentiert durch das *Waijiaobu* und Außenminister Wang Zhengting, mit dem Beginn der Mandschureikrise vor allem durch Jiang Jieshi, war in erster Linie an einem Aufheben der seine staatliche Souveränität einschränkenden

---

24 Vgl. Kleinschmidt 1998:10.

ungleichen Verträge mit England, Frankreich und Japan interessiert, wobei sein Vertrag mit Deutschland durchaus als Modell gedient haben dürfte.[25] Die Aufhebung der ungleichen Verträge war einerseits in bilateralen Verhandlungen angestrebt worden, andererseits aber auch durch die Einschaltung einer übernationalen Instanz, den Völkerbund. In Genf war es in der zweiten Hälfte der 20er Jahre erstmals zu einer Überschneidung der deutschen und der chinesischen Außenpolitik gekommen, die jedoch die Unterschiede hinsichtlich der Zielsetzung und der Mittel bereits deutlich hervortreten ließ. Während China im Rahmen des Völkerbundes auf ein Zusammengehen mit Deutschland gehofft hatte, das nach seinem Verständnis auch ein Interesse an der möglichen Aufhebung ungleicher Verträge sanktioniert durch die internationale Gemeinschaft haben mußte, reagierten die deutschen Diplomaten äußerst reserviert auf chinesische Vorstösse in diese Richtung. Erst die Mandschureikrise führte 1931 zu einer Wende in der chinesischen Außenpolitik. Fortan wurde eine Rationale verfolgt, die bis dahin undenkbar gewesen war: Der Abschluß von Bündnissen mit den imperialistischen Mächten, um Japan Widerstand zu leisten. Das Einschalten des Völkerbundes und der USA, aber auch die erneute Annäherung an die Sowjetunion haben hier ihren Ursprung. Deutschland wurde weniger als strategischer Partner, denn als mögliche, die chinesischen Pläne fördernde Kontakt- und Vermittlungsstelle zu Japan angesehen.[26]

Während des chinesisch-sowjetischen Eisenbahnkonfliktes 1929 und in noch stärkerem Maße während der Mandschureikrise 1931/32 brachen die Unterschiede in den außenpolitischen Konzeptionen beider Länder auf. China bemühte sich darum, Deutschland in den jeweiligen Konflikt einzuschalten, weil es auf dessen Sympathie, wenn nicht gar Unterstützung hoffte. Die deutschen Diplomaten aber agierten erneut sehr zurückhaltend und erklärten sich schließlich widerwillig zur Übermittlung von Vorschlägen zwischen den streitenden Parteien bereit, wenn auch die immer wieder herausgestellte Neutralität unter keinen Umständen gefährdet werden sollte. Die Zurückhaltung und Passivität des Auswärtigen Amtes wurde in China schnell erkannt und von der Presse scharf kritisiert. Jiang Jieshi hingegen wirkte in dieser Situation wie auch später beim Abschluß des Antikomintern-Paktes eher vermittelnd und war darum bemüht, einer aufkommenden antideutschen Stimmung mäßigend entgegenzutreten. In solchen Krisensituationen wurde von chinesischer Seite auch gerne auf die „traditionelle Freundschaft“ zwischen China und Deutschland hingewiesen, um die Stabilität dieser Beziehungen zu demonstrieren, aber auch um die chinesischen Erwartungen an die deutsche Außenpolitik zu verdeutlichen.

In Deutschland aber waren es nicht nur politisch-strategische Gesichtspunkte, welche die Handlungen bestimmten und schlußendlich ein Zusammengehen mit Japan nahelegten, sondern auch solche, die sich dem wertrationalen Bereich zuordnen lassen. In der Rassenlehre Adolf Hitlers, die auch das Außenpolitische Amt teilte, nahmen die Japaner im Unterschied zu den Chinesen insofern eine Sonderstellung ein, als ihnen der Status einer

25 Vgl. Kirby 1997:440-443.

26 Vgl. Sun 1993:7.

kulturtragenden Rasse zuerkannt wurde. Eine Zusammenarbeit mit Japan war deshalb naheliegender als eine mit China. So traten strategische und wertrationale Gesichtspunkte in Konkurrenz zu den wirtschaftlichen Motiven und begannen sogar, diese zu gefährden. Die Gruppen, die im wirtschaftlichen Bereich mit China zusammengingen (Militär, Schwerindustrie und Teile der Diplomatie), konnten nicht mehr verhindern, daß in außenpolitischer Hinsicht ein anderer Weg eingeschlagen wurde, der schließlich zu einer Neuorientierung in der deutschen Fernostpolitik führte.

Die deutsch-chinesischen Beziehungen 1927-37 nehmen eine Sonderstellung ein, da es sich um Beziehungen zwischen einem europäischen und einem infolge bestehender ungleicher Verträge mit anderen Staaten in seiner Souveränität eingeschränkten fernöstlichen Staat handelte, die sowohl in wirtschaftlicher als auch in politischer Hinsicht auf formal gleichen Verträgen beruhten. Sie zeigen exemplarisch, daß die wirtschaftliche Rückständigkeit des einen Partners nicht zwingend die Voraussetzung für ungleiche, hierarchische Beziehungen war. Im Gegenteil, es entstand eine Zweckgemeinschaft, in der gleiche Partner die jeweiligen Wünsche aufeinander abstimmten. In Deutschland aber traten nach 1933 die wirtschaftlichen Interessen hinter strategisch-politischen und wertrationalen Motiven zurück, wohingegen für China der Faktor Wirtschaft weiterhin eindeutig Priorität besaß. Da wirtschaftliche Interessen- und staatliche Machtpolitik in Deutschland seit der Machtübernahme der Nationalsozialisten nicht mehr kongruent waren, verschoben sich die inneren und die äußeren Bedingungen der deutsch-chinesischen Beziehungen. Auch die formal gleichen Verträge konnten ein Auseinanderdriften beider Partner nicht verhindern.

Neben diesen „klassischen" Faktoren, die bestimmend waren für die Gestaltung der Außenbeziehungen zwischen Deutschland und China sollten jedoch auch andere Faktoren nicht übersehen werden. Hierunter fallen nicht nur die ideologische Übereinstimmung wenigstens in Teilbereichen, sondern auch die Erwartungen an die Tragfähigkeit des gegenseitigen Verhältnisses. Diese Erwartungen waren völlig unterschiedlich: An die „traditionelle Freundschaft" zwischen Deutschland und China wurde von chinesischen Politikern immer dann erinnert, wenn es galt, eine politische Krisensituation zu bewältigen. Im Gegensatz dazu wurde dieses kulturelle Konstrukt von deutschen Politikern eher benutzt, um vor allem in der Zeit des Nationalsozialismus die ideologische Verbundenheit mit China zum Ausdruck zu bringen. So diente die Erinnerung an die gemeinsame, von beiden Seiten positiv bewertete Vergangenheit ganz unterschiedlichen Zwecken. Deutschland benutzte sie stärker zur Betonung innerer Gemeinsamkeiten, China stärker zur Hervorhebung äußerer Erwartungen. Es scheint nicht zu weit hergeholt, daraus den Schluß zu ziehen, daß Deutschlands Bereitschaft zu einer „gleichen" Partnerschaft auf allen Ebenen und damit letztendlich auch das Akzeptieren von Verpflichtungen letzten Endes geringer war als die Chinas.

Kapitel 1

Intensivierung der Wirtschaftsbeziehungen auf der Grundlage des gegenseitigen Warenaustausches

Nach dem Ersten Weltkrieg hatte der 1921 auf der Grundlage der Gleichberechtigung abgeschlossene Vertrag zwischen Deutschland und China zu einer Wiederbelebung des gegenseitigen Handels geführt, der jedoch im wesentlichen auf Inflationsgeschäften beruhte.[1] Während die deutsche Chinawirtschaft verstärkt staatliche Unterstützung forderte, hielt die politische Führung an einer „laissez-faire"-Haltung fest und versuchte auf diese Weise nicht nur den wirtschaftspolitischen Schwierigkeiten im Deutschen Reich selbst, sondern auch der unüberschaubaren innenpolitischen Situation Chinas Rechnung zu tragen. Die Skepsis bezüglich der tatsächlichen wirtschaftlichen Leistungs- und Modernisierungsfähigkeit des chinesischen Staates war groß.

Infolge des Zerfalls der inneren Ordnung und des regionalen Militarismus hatte die Destabilisierung Chinas in den 20er Jahren ihren Höhepunkt erreicht. Jiang Jieshi, der sich am 10. Oktober 1928 zum Vorsitzenden der neuen Nationalregierung wählen ließ, war der Exponent einer rechten Interessenkoalition aus Militärelite, Handels- und Finanzkapital, vornehmlich aus Shanghai, sowie Grundbesitz, die China durch eine Politik der Reformen von oben modernisieren wollte.[2] Mit der Abwendung von der Sowjetunion und der Annäherung an den Westen schien sich eine neue Phase der durchgreifenden Modernisierung Chinas nach westlichem Muster anzubahnen. Allerdings wurden Macht und Durchsetzungsfähigkeit der zentralen Regierungsinstanzen sowohl intern durch zahlreiche Bürgerkriege als auch extern durch territoriale Ansprüche vor allem Rußlands und Japans ständig in Frage gestellt.[3]

Den deutsch-chinesischen Beziehungen hatten neben der erfolgreichen Vertragspolitik Stresemanns auch die Meinungsverschiedenheiten der Großmächte in Ostasien sowie die 1926 erfolgte Aufforderung an Deutschland, dem Neunmächtevertrag beizutreten, neue

1 Vgl. Bd. 2 dieser Reihe.

2 Vgl. Domes 1969:433-434 / Fung, in: ders. / Pong 1985:187. Sowie Coble 1979:2-4, der darlegt, daß sich das Handels- und Finanzkapitel von Shanghai dem rechten Flügel der GMD weniger freiwillig als unter Ausübung starken Drucks unterordnete.

3 Vgl. Tien 1972:5.

Perspektiven eröffnet.[4] Dennoch war das Reich nach wie vor nicht bereit, der deutschen Chinawirtschaft in Form von Exportfördermaßnahmen ähnliche Konditionen einzuräumen wie dem Handel mit Rußland, der im Zuge der deutsch-russischen Rüstungsmaßnahmen aufblühte und oberste Priorität besaß.[5] Auch nach der Ratifizierung des deutsch-chinesischen „Vertrags über Zoll- und verwandte Angelegenheiten" am 21. Januar 1929 behielt die Reichsregierung ihren zurückhaltenden Kurs gegenüber der Nanjing-Regierung vorerst bei. Sowohl das Auswärtige Amt als auch das Reichswirtschaftsministerium distanzierten sich von Ausfallgarantien oder generellen Rahmenkrediten zur Förderung des deutsch-chinesischen Handels.[6]

Erst nach der Machtübernahme durch die Nationalsozialisten avancierte China zu einem idealen Wirtschaftspartner, der durch seine zahlreichen Verstaatlichungs- und Stabilisierungsprogramme nicht nur dem eigenen wirtschaftspolitischen Kurs entsprach, sondern selbst versuchte, die Bindungen mit Deutschland zu stärken.[7] Nachdem sich Jiang Jieshi in China mit seinem rüstungswirtschaftlichen Konzept endgültig durchgesetzt hatte, fand er in der deutschen Militärwirtschaft einen idealen Handelspartner. Sowohl in Deutschland als auch in China bildete sich ein Block von Militärs, Wirtschaftspolitikern und Regierungskreisen, deren primäres Ziel die Aufrüstung war. Der deutsch-chinesische Handel, nunmehr auf der Basis des gegenseitigen Austausches praktiziert, erlebte einen großen Aufschwung. Unstimmigkeiten, die sich aus den Differenzen zwischen der Nanjing- und der konkurrierenden Kanton-Regierung ergaben, wirkten sich auf die Ausweitung der gegenseitigen Wirtschaftsbeziehungen nicht negativ aus.

Deutsch-chinesischer Vertrag vom 20. August 1928

Die Anerkennung der im Juni 1927 proklamierten Nationalregierung erwies sich als problematisch, weil diese darauf bestand, die ungleichen Verträge abzuschaffen und an deren Stelle neue Verträge auf der Grundlage der Gleichberechtigung abzuschließen. Die Großmächte aber lehnten diese Forderung ab und bestanden ihrerseits auf der Übernahme der Vertragsverpflichtungen. Erst als die Nanjing-Regierung im Juli 1928 erklärte, daß die ungleichen Verträge schrittweise aufgehoben werden könnten, kam Bewegung in die erstarrten Fronten.[8]

Die Reichsregierung verhielt sich zunächst zurückhaltend, denn seit Beginn des Nordfeldzuges hatte es im Auswärtigen Amt insofern Übereinstimmung gegeben, als Deutschland in der Frage der diplomatischen Anerkennung der Guomindang-Regierung keine

4 Vgl. Bd. 2 dieser Reihe.

5 Vgl. Zeidler 1994:155-163.

6 Vgl. Ratenhof 1987:371.

7 Vgl. Barkai 1988:68-71 / Fong 1936:1-12 / Osterhammel 1989:307.

8 Vgl. Fung, in: ders. / Pong 1985:191-192.

Vorreiterrolle spielen sollte. (Dok. 2) Um jedoch die Voraussetzungen für eine Anerkennung überhaupt zu schaffen, war Anfang 1928 der deutsche Gesandte in Peking und erklärte Guomindang-Gegner Boyé abgelöst worden.[9] Der neue Gesandte Borch, der bereits den Vertrag von 1921 ausgehandelt hatte, kontaktierte sofort die Nanjinger Regierungskreise und führte Gespräche mit dem Handels- und Industrieminister Kong Xiangxi sowie weiteren Vertretern der Shanghaier Wirtschaft. Doch erst als im Juli 1928 die USA als erste ausländische Macht einen Vertrag mit der chinesischen Nationalregierung abschloß, dessen Besonderheit weniger in der Zustimmung zur chinesischen Zollautonomie als vielmehr in der völkerrechtlichen Anerkennung lag, war auch die deutsche Seite zur Unterzeichnung eines entsprechenden Vertrages bereit. Allerdings sollte das neue Zolltarifabkommen im Gegensatz zu dem amerikanischen nicht zu einem Staatsvertrag ausgebaut werden, sondern nur an den Vertrag von 1921 anknüpfen, der bereits die völlige Gleichberechtigung Chinas festgehalten hatte.[10]

Für eine erneute Anerkennung der chinesischen Zollautonomie, nun auch gegenüber der Nanjing-Regierung, waren die Chinesen bereit, dem Deutschen Reich offiziell die Meistbegünstigung zu garantieren. Letzere war bis dato zwar praktiziert worden, doch nach dem Abschluß des sino-amerikanischen Vertrages erschien es der deutschen Seite riskant, sie vertraglich nicht zu fixieren. Letztlich handelte es sich bei dem „Vertrag über Zoll- und verwandte Angelegenheiten“ vom 17. August 1928 (Dok. 4) eher um einen Zusatzvertrag zu dem Vertrag von 1921, da er in Artikel I die Gleichberechtigung in Zollfragen festhielt und in Artikel II die Möglichkeit des Abschlusses eines eigenständigen Handelsvertrages in Aussicht stellte. Diese vorsichtige Formulierung entsprach den deutschen Interessen, denn die Reichsregierung blieb angesichts der eigenen finanziellen Lage und der politischen Unsicherheit sowie des Wirtschaftspotentials Guomindang-Chinas realistisch genug, die gegenseitigen Beziehungen vornehmlich im Hinblick auf finanzielle Transaktionen nicht zu überfrachten.[11]

In einem Bericht an das Auswärtige Amt hatte der deutsche Gesandte Borch darauf hingewiesen, wie sehr seine chinesischen Ansprechpartner die deutsche Wiederaufbauleistung zu schätzen wüßten und daß sie mehrfach den Wunsch nach enger Zusammenarbeit geäußert hätten.[12] Auch die chinesische Presse hob den Vertrag hervor, doch der Schwerpunkt lag hier weniger auf der Einleitung einer intensiveren wirtschaftlichen Zusammenarbeit zwischen beiden Staaten als auf einer Unterminierung des alten Vertragssystems durch bilaterale Verhandlungen.[13] (Dok. 5) Dem deutschen Beispiel folgten kurz

9 Vgl. Ratenhof 1987:350.

10 Vgl. Burden 1972:90-92.

11 Vgl. Ratenhof 1987:351.

12 Vgl. vertraul. Bericht des deutschen Gesandten in Peking, Borch, an das AA, 30.8.1928, in: ADAP, B IX, Dok. 268:652-655.

13 Vgl. Kirby, in: Robinson / Shambaugh 1995:13-29 / Domes 1969:368-375.

darauf andere europäische Staaten und schlossen entsprechende Verträge mit der chinesischen Nationalregierung ab. Einzig England und Frankreich, die noch Konzessionen in China besaßen, verhielten sich abwartend. Japan verfolgte ohnehin einen anderen Kurs, da sein Interesse nahezu ausschließlich auf die Mandschurei gerichtet war.

Deutsche Industrie-Studienkommission in China

Bereits im Juni 1928 hatte der chinesische Aufbauminister Sun Ke, der Sohn Sun Yatsens, während einer Weltreise bekannt gegeben, daß China das Aufbauprogramm seines Vaters umsetzen werde.[14] (Dok. 1) Die infrastrukturelle Erschließung des Landes sowie die Errichtung einer leistungsstarken Chemie-, Papier- Maschinenbau- und Elektroindustrie standen im Mittelpunkt seiner Pläne. Neben staatlichen Initiativen sollten jedoch auch private finanzielle Aktivitäten gefördert werden. Zwar agierte er nicht im Auftrag seiner Regierung, doch das hinderte ihn nicht daran, in Übersee für Unterstützung des chinesischen Wiederaufbaus zu werben.[15] Im Gegensatz zum linken Parteiflügel unter Wang Jingwei gingen die prowestlichen, rechten Guomindang-Gruppierungen davon aus, daß der wirtschaftliche Aufbau des Landes und damit die Stärkung des chinesischen Einflusses in der Welt nur mit und nicht gegen die Westmächte erreicht werden könne.[16]

Für die deutsche Chinawirtschaft und vor allem für die deutsche Industrie ergaben sich aus diesem Paradigmenwechsel neue, äußerst konkrete Perspektiven. Im Zuge der von Sun Ke angesprochenen verstärkten internationalen Kooperation sollte eine Gruppe deutscher Industrieller zum Studium der wirtschaftlichen Lage sowie der Probleme des industriellen Aufbaus nach China eingeladen werden.[17] Die Diplomaten des Auswärtigen Amtes reagierten zunächst jedoch sehr verhalten auf das Angebot, denn zu diesem Zeitpunkt war die Anerkennung der Nationalregierung von seiten der deutschen Regierung noch nicht erfolgt. Trotz dieser Zurückhaltung beschlossen die Industriellen eine Sachverständigenkommission zu entsenden, sobald eine offizielle Einladung der chinesischen Regierung vorliegen würde. (Dok. 3)

Im Dezember 1928 entschied der Exekutivyuan, den Besuch einer deutschen Industrie-Studienkommission in China zu genehmigen. (Dok. 6) In der wenig später stattfindenden Sitzung des vorbereitenden Ausschusses zum Empfang der Kommission kam deutlich zum Ausdruck, daß das Interesse der chinesischen Seite nicht zuletzt deshalb so groß war, weil sie davon ausging, daß von dem Urteil der führenden deutschen Industriellen auch die finanzielle Unterstützung Chinas durch andere Länder abhängen würde. (Dok. 7) China hoffte nicht nur auf eine Ankurbelung des deutsch-chinesischen Handels, sondern auch auf

14 Vgl. Sun 1922:231-237.

15 Zu den verschiedenen Fraktionen in der chinesischen Regierung, vgl. Kirby 1984:60-63.

16 Vgl. Fung, in: ders. / Pong 1985:189-190.

17 Vgl. Schmidt, in: Kuo / Leutner 1986:69-70 / ders., in: Gransow / Leutner 1989:220-223.

eine günstige Beurteilung, die es im internationalen Rahmen als kreditwürdig ausweisen würde. Was es jedoch unter allen Umständen vermeiden wollte, war eine neue Abhängigkeit in Form einer internationalen Finanzkontrolle. Ähnlich wie bei den Diskussionen um die ungleichen Verträge wurde deshalb auch im wirtschaftlichen Bereich der Aspekt der Gegenseitigkeit stets hervorgehoben.[18]

In Deutschland hatte der Reichsverband der Deutschen Industrie inzwischen ebenfalls einen Ausschuß eingesetzt, der die erforderlichen Schritte hinsichtlich der Zusammensetzung der Kommission und der Gestaltung des Reiseprogramms in die Wege leiten sollte. Ein Vertreter des deutschen Handels als Mitglied der Kommission war nach langen Auseinandersetzungen mit handelswirtschaftlichen Kreisen mit dem Argument abgelehnt worden, daß in China ansässige Handelshäuser ihre Erwartungen auch vor Ort vortragen könnten.[19] Verzögerungen ergaben sich aber auch, weil die Deutsche Gesandtschaft in Peking das Auswärtige Amt nachdrücklich davor warnte, eine Industriekommission in offener Konkurrenz zu der etwa gleichzeitig geplanten Mission des Oberst Bauer zu entsenden.[20] Eine Zersplitterung des wirtschaftlichen Engagements in China in eine zivile und eine militärische Fraktion sollte unter allen Umständen vermieden werden. Auch ließ die Gesandtschaft keinen Zweifel daran, daß es vor allem die hohen Militärs seien, die in China entscheidenden Einfluß auf das Aufbauprogramm nehmen würden. (Dok. 8)

Schlußendlich verging bis zur Abreise der Industrie-Studienkommission über ein Jahr. Unter Führung des Präsidialmitgliedes, Admiral a.D. Heinrich Retzmann, und des Chefredakteurs der *Deutschen Allgemeinen Zeitung*, Theodor M. Strewe[21], hielt sie sich von Ende März bis Juli 1930 in China auf, wobei sie sich vor allem auf schwerindustrielle Projekte und Anlagen konzentrierte. Gerade weil die deutschen Experten Arsenal-, Eisenbahn- und Kraftwerkbau sowie Schiff- und Luftfahrt zum überwiegenden Teil im Stadium der Vorplanung vorfanden, sahen sie in China nicht nur die Möglichkeit eines neuen Absatzmarktes, sondern vor allem die eines umfassenden Technologietransfers.

Auch wenn China an einem solchen Transfer durchaus interessiert war, stießen einzelne Vorschläge [22] der Kommission auf scharfe Kritik in der chinesischen Presse.[23] So etwa die Empfehlung, daß deutsche Firmen bei Beteiligungen in China auf ein Mitverwaltungs- und Kontrollrecht achten sollten, da chinesische Bestimmungen eine Mehrheitsverwaltung nicht zuließen. Noch umstrittener aber war die Aufforderung, daß Kredite durch die Verpfändung öffentlicher Einnahmen (Steuern oder Zölle) gedeckt werden sollten. Dies war nichts

18 Vgl. Fong 1936:80 / Song 1928:9-11 / Kong 1928:12-13.

19 Vgl. Eberstein 2000:83-84.

20 Vgl. Kap. 2 dieses Bdes.

21 Zur Zusammensetzung der Kommission, vgl. Schmidt, in: Kuo / Leutner 1986:72-75.

22 Vgl. Bericht des RDI 1930:91-94.

23 Vgl. Chu 1937:294-296 / Ma 1935:341-347 u. 358 / Zhu, in: DFZZ 1931:9-15.

anderes als eine Übernahme der in den Augen der Chinesen demütigenden, kolonialistischen Praktiken der Großmächte.

Um den chinesischen Exportmarkt für Deutschland zu sichern, kam die Kommission zu dem Schluß, daß das wichtigste Element die Förderung der deutschen Kultur sei, worunter vor allem das Studium chinesischer Studenten an deutschen Universitäten und Technischen Hochschulen verstanden wurde. (Dok. 12) Das greifbarste Ergebnis der Reise der deutschen Industrie-Studienkommission war die Einrichtung der China-Studiengesellschaft im Januar 1931, die als Zentralstelle in Fragen der deutsch-chinesischen wirtschaftlichen Zusammenarbeit wirken sollte.[24] (Dok. 13) Interessierte Firmen mußten 3.000 Reichsmark im Jahr zahlen und konnten dann der Gesellschaft beitreten, die das Wissen um den chinesischen Aufbau sammelte und weitergab. Die Mitgliederliste liest sich wie ein „Who's Who" des deutschen Industrie- und Bankwesens, denn alle großen Firmen und Banken wollten am Gewinn versprechenden Geschäft in China beteiligt sein.[25]

Zwar war in dem Bericht der Industrie-Studienkommission langfristig eine Öffnung des chinesischen Marktes in Aussicht gestellt worden, doch kurzfristig war der Druck groß, so schnell wie möglich zu handeln. Wollte Deutschland im internationalen Vergleich nicht den Anschluß verlieren, waren Kredite vonnöten. Ohne gesicherte Finanzierung waren Großaufträge nicht realisierbar.[26] Auf die Notwendigkeit der Bereitstellung von Krediten wies auch Sun Ke, inzwischen Eisenbahnminister, in einem Schreiben an Außenminister Curtius im November 1930 klar hin. (Dok. 11) Deutschland war nicht einfach nur Vorbild für den chinesischen Wiederaufbau (Dok. 10), sondern es gab auf beiden Seiten handfeste finanzielle Interessen.

Angesichts der auch auf den Chinahandel zurückwirkenden Exportkrise kam der Unterstützung in Form von Reichskrediten durch die deutsche Regierung ein hoher Stellenwert zu. Neben der sporadischen Gewährung von „normalen" Exportkreditversicherungen war bis dahin nur die Deutsch-Asiatische Bank in mäßigem Umfang bereit gewesen, ins private Kreditgeschäft einzusteigen. Eine umfangreiche Modernisierungsanleihe lehnte sie jedoch ab, da die vorgesehenen Reichsausfallgarantien nur ein Drittel des Anleihewertes abdeckten.[27] Trotz des auf die Weltwirtschaftskrise zurückgehenden Konjunkturabschwungs ergriff die Reichsregierung nach wie vor keine nachhaltigen Maßnahmen zur Förderung der deutsch-chinesischen Wirtschaftsbeziehungen. Zwar wurden Reichsgarantien für China nicht grundsätzlich ausgeschlossen, doch die Aufmerksamkeit des Reichswirtschaftsministeriums und der politischen Führung lag auf den Russengeschäften und auf den wieder

24 Vgl. Kirby 1984:70-71. Auch Retzmann, in: OAR, 1.4.1931:177-178.

25 Vgl. ebd. (Kirby) - Zur Reaktion des den Handel unterstützenden OAV auf die Gründung der China-Studiengesellschaft, vgl. Eberwein 2000:84-85.

26 Vgl. Ratenhof 1987:386.

27 Vgl. ebd. 349-52 / Müller-Jabusch 1940:276-290.

aufgenommenen Reparationsverhandlungen mit den Alliierten.[28] Das Auswärtige Amt versuchte, allein die Chinesen für die negative Entwicklung des Chinahandels verantwortlich zu machen. Außenminister Curtius äußerte im Februar 1931 seine Enttäuschung gegenüber dem chinesischen Gesandten Jiang Zuobin: Aufträge seien ausgeblieben, Deutschland werde am chinesischen Wiederaufbau nicht beteiligt und nicht zuletzt werbe China Militärberater an.[29]

In den Jahren 1929/32 waren die bilateralen Handelsbeziehungen an einem Tiefpunkt angelangt, neue Impulse fehlten weitgehend. Die finanzielle Situation des Deutschen Reiches, die Deflationspolitik und nicht zuletzt auch die europazentrierten Pläne Brünings fanden hier ihre konkreten Auswirkungen. In China wiederum bewirkte der Silbersturz neben steigenden Preisen auch einen ständig wachsenden Kaufkraftschwund und gefährdete das Wiederaufbauprogramm.[30] Alle Verhandlungen über industrielle Großprojekte scheiterten an Finanzierungsfragen. Die Halbierung der Ausfuhr aus Deutschland nach China im Zeitraum von 1929 bis 1932 von 185 Millionen auf 82 Millionen Reichsmark und der chinesischen Einfuhren nach Deutschland von 371 auf 177 Millionen Reichsmark gab zu besonderen Sorgen Anlaß.[31]

EURASIA

Das einzige größere Projekt, das China und die Weimarer Republik gemeinsam verwirklichten, war die Gründung einer zivilen deutsch-chinesischen Luftverkehrsgesellschaft (EURASIA; *Ouya hangkong gongsi*), die im Februar 1931 ihre Tätigkeit aufnahm. (Dok. 9) In ihrem Rahmen wurde eine Luftlinie betrieben, die den Personen-, Fracht- und Postverkehr von Shanghai in den Norden und wenigstens bis September 1931 in die Mandschurei umfaßte. Da es sich explizit um kein Unternehmen nur für innerchinesische Linien handelte, wollte die deutsche Seite die Verbindungslücke zwischen der chinesischen Grenze und Moskau durch Verhandlungen mit der Sowjetunion schließen, die jedoch letztlich scheiterten.[32] Für das Auswärtige Amt wie auch für das sehr interessierte Reichwehrministerium standen nicht nur wirtschaftliche Interessen, wie der Absatz von deutschen luftfahrtechnischen Erzeugnissen in China, sondern auch verkehrspolitische Überlegungen im Vordergrund dieses Projektes.[33] Von der chinesischen Regierung aber wurden die Langstreckenflüge als wichtig angesehen, weil sie in dem ausgedehnten und

28 Vgl. ebd. (Ratenhof).

29 Vgl. Aufzeichnung des BR Schoen, AA, 27.2.1931, in: ADAP, B XVI, Dok. 240:604-608.

30 Vgl. Osterhammel 1989:293-295.

31 Vgl. Ratenhof 1987:562 (Tabelle) / Casper 1937:415-417.

32 Vgl. Aufzeichnung des Min.Dir. Köpke, AA, 31.12.1929, in: ADAP, B XIII, Dok. 232:488-490. / RAM Curtius an das RVM, 30.4.1930, in: ebd., B XIV, Dok. 228:552 / ders. an dass., 2.6.1930, in: ebd., B XV, Dok. 59:134-136. Sowie Wiethoff 1975:137-138 / Müller-Jabusch 1940:289.

33 Vgl. Ratenhof 1987:389.

verkehrstechnisch kaum erschlossenen Land die politisch-territoriale Integration erheblich förderten und eine Aufwertung des eigenen Regimes bedeuteten.[34] Tatsächlich entwickelte sich die EURASIA zu einem nützlichen Herrschaftsinstrument der Regierung Jiang Jieshis, da sie aufgrund ihrer Streckenplanung die Herrschaftsschwerpunkte der Guomindang miteinander verband und eine schnelle Kommunikation ermöglichte.[35]

Die EURASIA Korporation basierte auf Prinzipien der sino-ausländischen Kooperation die noch auf Sun Yatsen zurückgingen[36] und stellte anders als das sino-amerikanische Luftverkehrsabkommen von 1929 die chinesische Souveränität nicht in Frage.[37] Es handelte sich um ein nach chinesischem Recht gebildetes und eingetragenes Gemeinschaftsunternehmen gleichberechtigter Partner, bei welchem die Mehrheit der leitenden Positionen in den Händen der Chinesen lag. An der Gesellschaft waren das chinesische Verkehrsministerium mit zwei Dritteln und die Lufthansa mit einem Drittel beteiligt.[38] Auch wenn das Kreditangebot an China den damals üblichen Konditionen entsprach, gilt die EURASIA als Modellprojekt sino-ausländischer Zusammenarbeit.[39]

Abgesehen von diesem Projekt gab es Ende 1931 kaum eine Basis für eine Vertiefung der wirtschaftlichen Beziehungen zwischen China und Deutschland. Nach dem Mandschureizwischenfall im September des Jahres war die deutsche Diplomatie weniger gewillt denn je, aktiv nach Lösungen der Absatzkrise zu suchen. Eine Reise des früheren Handels- und Industrieministers Kong Xiangxi 1932/33 nach Deutschland führte zwar zu intensiven Gesprächen mit wirtschaftlichen Kreisen, doch mit dem Auswärtigen Amt wurden nur „Höflichkeiten" ausgetauscht.[40] Eine Veränderung trat erst ein, als sich nach der nationalsozialistischen Machtübernahme die Reichswehr, die im Zuge ihres Aufrüstungsprogrammes spätestens seit dem Ausbruch der Weltwirtschaftskrise eine eigenständige Außen- und Wirtschaftspolitik verfolgte, als neuer Partner anbot.[41] Erstmals seit dem Krieg begann sich in Deutschland eine militär-industrielle Interessenfront zu formieren, die zu einem offenen Bruch der Versailler Bestimmungen bereit war.[42]

---

34 Vgl. Wiethoff 1975:103-104.

35 Vgl. ebd.:136.

36 In seinen Schriften hatte Sun Yatsen die Luftfahrt als rein militärischen Bereich betrachtet und das Luftverkehrssystem zur Verbesserung der Infrastruktur nicht einbezogen. Das EURASIA-Projekt war jedoch insofern mit seinen Aufbauvorstellungen zu vereinbaren, als ausländische Experten und Fachkräfte grundsätzlich eingesetzt werden durften. Vgl. hierzu Sun 1922:9.

37 Vgl. Wiethoff 1975:119-120. Zu dem sino-amerikanischen Luftverkehrsabkommen, vgl. Xu 1997: 155-162.

38 Vgl. Wiethoff, in: Kuo 1986:193.

39 Vgl. Briessen 1977:95-96 / ders., in: Machetzki 1982:72 / Kirby 1984:76-77.

40 Vgl. Aufzeichnung des VLR Michelsen, AA, 25.11.1932, in: PolArchAA, R 28543 / Aufzeichnung des St.S. Bülow, AA, 9.1.1933, in: ebd., R 29452.

41 Vgl. Geyer, in: Becker / Hildebrand 1980:174-175.

42 Vgl. Bloß 1976:408 / Geyer, in: Martin 1981:63-66. / Martin, in: ebd.:42-44.

Initiativen von militärischen Kreisen in Deutschland und China

In den Reihen der Reichswehr bestand Konsens darüber, daß die Aufrüstung vor allem durch Rohstoffbezug und Absatz von Rüstungsmaterial gefördert werden müsse. Für die Chinapolitik bedeutete dies, daß wirtschaftliche Gesichtspunkte Vorrang vor militärischen Erwägungen haben sollten. Der im September 1934 inaugurierte sogenannte „Neue Plan" des Reichswirtschaftsministers Schacht ermöglichte es, den Außenhandel als Devisenbringer und Rohstofflieferanten für die vermeintlich wirtschaftsstabilisierende Aufrüstung zu sehen. Herausragende Charakteristika dieses Plans waren die Bilateralisierung des gesamten Außenhandels sowie quantitative Importbeschränkungen im Hinblick auf „volkswirtschaftlich notwendige" Einfuhren.[43] Allein bei den rüstungswirtschaftlich wichtigen Rohstoffimporten betrug die Außenabhängigkeit des Deutschen Reiches über 50%, bei Eisenerzen und bei Nichteisenmetallen sogar zwischen 70 und 95%.[44] Mit dem „Neuen Plan" wurde ein zentraler Bereich der deutschen Wirtschaft, die Außenwirtschaft, staatlicher Kontrolle unterworfen. Damit konnte die Prioriät rüstungsnotwendiger und anderer als wichtig eingestufter Einfuhren gesichert und über die staatliche Zuteilung der importierten Rohstoffe an die Unternehmer die Produktion im Inland beeinflußt werden. Mit Hilfe rigoroser Ein- und Ausfuhrregelungen, deren Einhaltung von staatlichen Stellen streng überwacht wurde, sollten im täglichen Außenhandel die Ausgaben die Einnahmen nicht übersteigen. Von großer Bedeutung waren hierbei bilaterale Handelsverträge, die Verrechnungsabkommen oder einen direkten Warenaustausch nach sich zogen und einen allgemeinen Aufschwung des Außenhandels von 1934 bis 1936 um 19% bewirkten.[45] Auch im deutschen Chinahandel zeichnete sich allmählich eine Verbesserung der Situation ab, obwohl er 1933/34 weiter zurückgegangen war und unter den japanischen Billigangeboten genau so zu leiden hatte wie unter den günstigeren Wechselkursen Englands und der Vereinigten Staaten aufgrund des dortigen Währungsverfalls.[46]

Nicht nur auf der deutschen, auch auf der chinesischen Seite waren wirtschaftspolitische Veränderungen auszumachen, die sich positiv auf den deutsch-chinesischen Handel auswirkten. Zur Zeit der Nanjing-Regierung befand sich China nach dem Dreistufenmodell Sun Yatsens im Stadium der Vormundschaft. Für den ökonomischen Bereich wurde dementsprechend 1931 das Ideal der „kontrollierten" Wirtschaft (*Jingji tongzhi*) propagiert.[47] Umstritten aber war, wie und in welchem Maße die Kontrolle ausgeübt werden sollte. Die reformerische Richtung um Finanzminister Song Ziwen wollte dem privaten Unternehmertum einen gewissen Spielraum lassen und strebte ein Wirtschaftssystem an, in welchem

---

43 Vgl. Petzina 1968:18 / ders. 1977:117-124 / Schacht 1934:9-15 / ders. 1953:403 u. 415.

44 Vgl. Volkmann 1979:417.

45 Vgl. Petzina 1968:19.

46 Vgl. Ratenhof 1987:418.

47 Vgl. Fong 1936:1-12 / Zhu 1934:5-15 und v.a. Wright T., in: Fung / Pong 1985:128-131.

privates und öffentliches Eigentum koexistierten. Der Schwerpunkt sollte auf der Leichtindustrie liegen, begleitet von einer Agrarreform.[48] Diesem Programm standen jedoch die konservativen Militärs um Jiang Jieshi gegenüber, die Industrie und Unternehmertum vollständig unter staatlicher Kontrolle haben und den maximalen militärischen Nutzen daraus ziehen wollten. Danach hatte der Aufbau des Landes unter rein militärwirtschaftlichen Vorzeichen zu erfolgen, der Schwerpunkt der Förderung sollte auf der Schwerindustrie und der Kommunikationstechnik liegen. Äußeres Kennzeichen dafür, daß sich dieses Wirtschaftskonzept durchsetzte, war die Einrichtung der 1932 gegründeten Ressourcenkommission (*Ziyuan weiyuanhui*), die Jiang Jieshi und der Militärkommission direkt unterstand.[49] Song Ziwen scheiterte mit seinem reformistischen Konzept spätestens 1933, vor allem auch deshalb, weil es ihm infolge des Zwischenfalls von Shenyang nicht gelang, westliches Kapital heranzuziehen.[50] Jiang Jieshi aber fand die Partner, die er für die Durchführung seines autoritär-militaristischen Wirtschaftskonzeptes benötigte. Einer dieser Partner war neben Italien und den USA das Deutsche Reich[51], dessen wirtschaftlicher Aufschwung nach dem Ersten Weltkrieg in China aufmerksam verfolgt worden war. Eine für Jiang ausgearbeitete Denkschrift aus dem Jahre 1935 wies darauf hin, daß eine solche Entwicklung nur unter Führung einer starken Persönlichkeit und der Armee möglich gewesen sei. (Dok. 16)

Von chinesischer Seite wurde bereits 1933 zur Regelung des deutsch-chinesischen Warenaustausches ein staatlicher Rahmenvertrag vorgeschlagen, dessen wesentlicher Bestandteil revolvierende Kredite sein sollten.[52] Auf der deutschen Seite aber wurden die Wirtschaftsbeziehungen zunächst vornehmlich durch Aktivitäten des Generaloberst von Seeckt und des Waffenhändlers Hans Klein vorangetrieben.[53] Um seine Geschäfte trotz der Ablehnung einer Reichausfallbürgschaft durchzuführen, gründete Klein im Januar 1934 die „Handelsgesellschaft für industrielle Produkte" (HAPRO), welche über ausreichende Sicherheiten zur Durchführung der Projekte verfügte. Ohne Wissen des Auswärtigen Amtes nahm Klein dann, unterstützt von Seeckt, Gespräche mit chinesischen Regierungsvertretern auf, in welchen er die Militarisierungs- und Industrialisierungspläne Guomindang-Chinas, die Devisenschwäche des Deutschen Reiches und seine eigenen Interessen auf einen Nenner brachte. Erst im August 1934 erfuhr der deutsche Botschafter Trautmann, daß die Ausarbeitung eines Vertrages über den Austausch von Industriegütern kurz vor dem

---

48 Vgl. Osterhammel 1989:307 / ders. 1977:226-232.

49 Vgl. Bergère 1986:293-294 / Lu / Fang 199:233-235 / Wu 1988:75-89.

50 Vgl. Osterhammel 1989:308.

51 Vgl. Frey 1995:10-50. - Zu den Auswirkungen der Weltwirtschaftskrise auf China, vgl. Sun 1989: 487-494.

52 Es war Finanzminister Song Ziwen, der diesen Vorschlag im Rahmen einer Europareise, die sich an den Weltwirtschaftsgipfel anschloß, übermittelte. Vgl. Ratenhof 1987:423.

53 Vgl. ebd.:433. Sowie Kap. 2 u. 3 dieses Bdes.

Abschluß stand.[54] Bereits im Juni 1934 hatten sich Vertreter der Reichswehr und des Reichswirtschaftsministeriums in der Reichskanzlei über die Notwendigkeit von Rohstoffimporten ausgetauscht und in diesem Zusammenhang die chinesischen Initiativen von Klein ausdrücklich begrüßt.[55]

Am 23. August 1934 wurde schließlich zwischen Hans Klein und dem chinesischen Finanzminister Kong Xiangxi ein Austauschvertrag geschlossen, der gegenseitige Lieferungen im Wert von 100 Millionen Reichsmark vorsah. (Dok. 14) Noch am gleichen Tag schrieb Kong einen Brief an Klein, in welchem er seiner Hoffnung Ausdruck gab, daß über diesen Vertrag hinaus auch in der Kreditfrage eine Übereinkunft erzielt werden könnte.[56] Er versäumte es in diesem Zusammenhang nicht, Grüße an Reichswehrminister Blomberg und Hitler ausrichten zu lassen. Letzerer trat erstmals im Oktober 1934 persönlich mit chinesischen Vertretern in Kontakt, als er eine chinesische Militär- und Verkehrskommission unter General Xu Tingyao empfing.[57] Allerdings hatte bereits die Ernennung des „alten Kämpfers" Hermann Kriebel im Frühjahr 1934 zum Generalkonsul in Shanghai darauf hingedeutet, daß Hitler in China ganz besondere Pläne verfolgte.[58] Es läßt sich vermuten, daß er ganz bewußt eine Zweigleisigkeit in der deutschen Fernostpolitik anstrebte: Die Chinapolitik im Interesse der deutschen Aufrüstung und die Japanpolitik im Interesse einer Aufhebung der außenpolitischen Isolierung Deutschlands.[59] Gegen eine Interessenkoalition von Blomberg, Schacht und Hitler hatte das Auswärtige Amt naturgemäß schlechte Karten.

Auf der Grundlage des Austauschvertrages von 1934 blühte der deutsch-chinesische Handel auf. Während die deutsche Regierung vornehmlich an Wolfram interessiert war, das wegen seiner Zugfestigkeit und Hitzebeständigkeit eines der wichtigsten Kriegsmetalle überhaupt war[60], ging es der chinesischen in erster Linie um Heeresgerät und industrielle Anlagen.[61] Der traditionelle Chinahandel jedoch hatte mit zunehmenden Schwierigkeiten zu kämpfen. Seit April 1935 war die Zuteilung von Bardevisen im Chinageschäft amtlicherseits überhaupt nicht mehr vorgesehen. Auch die finanzielle Abwicklung für den deutschen

54 Vgl. Schreiben von Trautmann, deutscher Gesandter in Peking, an St.S. Bülow, AA, 28.8.1934, in: ADAP, C III, Dok. 180:352-353. Sowie Bloß, in: Funke 1976:409.

55 Vgl. Ratenhof 1987:437.

56 Vgl. FM Kong Xiangxi an Klein, 23.8.1934. Abschriftlich in: PolArchAA, R 31249 KI.

57 Vgl. Ratenhof 1987:439. In der OAR (1.10.1934:455) war allerdings nicht festgehalten worden, daß Hitler die Kommission empfangen hatte. Es wurde lediglich über einen Empfangsabend berichtet, an dem die Mitglieder der China-Studienkommission sowie zahlreiche Vertreter der Ministerien, der NSDAP, der Wirtschaft und der Ostasienverbände teilgenommen hätten. - Zu Xu Tingyao und der Studienkommission, vgl. auch Dok. 109.

58 Vgl. Bloß, in: Funke 1976:412.

59 Vgl. Martin, in: Knipping / Müller 1983:191-207.

60 Vgl. Jäger 1969:18-20.

61 Vgl. Osterhammel 1989:306.

und den chinesischen Privathandel übernahm fortan ein deutsch-chinesisches Bankenkonsortium. Käufe aus China bzw. Deutschland durften nur noch auf Konten der ausgewählten inländischen Banken entschädigt oder mit behördlicher Genehmigung über private Verrechnungsgeschäfte getätigt werden. Vorteile bot das freilich nur den Firmen, die sowohl im Im- als auch im Exportgeschäft tätig waren. In einem Schreiben, dem er eine Bestelliste der von deutscher Seite gewünschten Rohstoffe anhängte, an seinen chinesischen Ansprechpartner Weng Wenhao[62], Leiter der Ressourcenkommission, bezeichnete Hans Klein die zunehmende Koordination und Kontrolle des Handels als „große Erleichterung und Sicherheit", die dem chinesischen Unternehmertum große Möglichkeiten eröffne. (Dok. 17) Da jedoch in diesem System die Regierungen von vornherein als Käufer und Verkäufer feststanden und die Preise der Lieferungen durch eine halbamtliche Organisation, die HAPRO, bestimmt wurden, bot es den im Zwischenhandelsbereich tätigen Chinakaufleuten kaum Entfaltungsmöglichkeiten. Die Folge war eine schleichende Beseitigung des freien Handels und seine Degradierung zum Verwalter der Staatsinteressen.[63]

Dem Gründer eines der größten deutschen Industriekonzerne, Otto Wolff, war es im April 1934 erstmals gelungen, Austauschgeschäfte auf privater Kapitalbasis mit Nanjing einzuleiten.[64] Für den Bau von strategisch wichtigen Eisenbahnlinien wurde von chinesischen Regierungsstellen und Banken die Zahlung von Devisen oder aber Wolfram- bzw. Zinnlieferungen garantiert. Ein deutsches Bankenkonsortium wiederum erklärte sich bereit, Materialkredite zur Verfügung zu stellen.[65] Die chinesische Regierung, vertreten durch die Ressourcenkommission, begrüßte solche Initiativen und schlug ihrerseits vor, den Tausch auf privater Ebene, der nicht von staatlicher Intervention abhängig sei, stufenweise zu erweitern. (Dok. 15) Dieser Vorschlag kann nicht nur als Maßnahme zur Förderung der deutsch-chinesischen Handelsbeziehungen, sondern auch als Eingeständnis der mangelnden Durchsetzungskraft der chinesischen Regierung gewertet werden, die trotz ihrer Verstaatlichungsbemühungen die geforderten Rohstoffe im eigenen Land erst einmal kaufen mußte.[66] Neben der Unterstützung solcher privaten Tauschgeschäfte von seiten der chinesischen Behörden trug allerdings auch die Gewährung von Exportgarantien durch die Reichsregierung maßgeblich zum Zustandekommen solcher großangelegten Abkommen

---

62 Zu Weng Wenhao, vgl. Dang 1989:6-29 / Kirby 1984:94-99.

63 Vgl. Denkschrift der deutschen Firmen Shanghais, 26.5.1936, in: BA/MA Msg. 160/7 / Helfferich 1969:110.

64 Dokumente zu den Chinageschäften Otto Wolffs sind abgedruckt in: Zhongde waijiao midang 1994:199-208. Dazu auch Fu 1988:66-68 / Kirby 1984:194-198.

65 Vgl. Ratenhof 1987:420 / Fu, in: Martin 1981:196 / Müller-Jabusch 1940:304-305.

66 Vgl. Aufzeichnung des LS Voss, AA, 31.3.1936, in: ADAP, C V, Dok. 239:324-328.

bei. Das Deutsche Reich war jetzt bereit, mit Reichsausfallbürgschaften die Absicherung von 70% des Vertragswertes zu übernehmen.[67]

Am 8. April 1936 wurde der Warenaustauschvertrag durch einen Kreditzusatzvertrag zwischen dem Deutschen Reich und China ergänzt und bestätigt, der - wie in den Vereinbarungen des Jahres 1934 von Klein bereits in Aussicht gestellt - einen revolvierenden Kredit von 100 Millionen Reichsmark vorsah. (Dok. 18) In der Folge war es möglich, Kredite für Kompensationslieferungen zu gewähren, sofortige Devisenzahlungen bzw. Exporte von Rohstoffen waren damit nicht mehr nötig. Das Auswärtige Amt protestierte scharf gegen den Abschluß dieses Vertrages. Seinen Protest begründete es mit dem zu hohen Warenkredit angesichts der wesentlich niedrigeren Wolfram-, Zinn- und Antimonlieferungen seitens Chinas. Da Deutschland jedoch nur so viel exportieren könne, wie China im Gegenzug liefere, könne dies eine Gefährdung des Exports mit sich bringen. Das hohe Kapitalvolumen des Staatsvertrages werde sich auf diese Weise nicht ausschöpfen lassen und möglicherweise lukrativere Großprojekte verdrängen. Die Gefährdung des traditionellen Zwischenhandels war ein weiteres Argument gegen den Vertrag. Neben diesen wirtschaftlichen Gründen wurde auch das zunehmende Mißtrauen der übrigen Mächte, allen voran Japan, angeführt.[68]

Doch solche Argumente konnten sich schlußendlich nicht durchsetzen, denn aufgrund der Devisenknappheit des Reiches sowie des aufrüstungsbedingten Zwanges, wertvolle Rohstoffe importieren zu müssen, boten die Geschäfte der HAPRO in den Augen des Reichsfinanz-, des Reichswirtschafts- und des Reichswehrministeriums die optimale Lösung. Nicht von ungefähr war der 100 Millionen-Kredit aus dem Fonds des Reichskriegsministeriums bereit gestellt worden.[69] Am selben Tag, an dem der Kreditzusatzvertrag abgeschlossen worden war, hatte die HAPRO den Status einer reichseigenen Gesellschaft erhalten. (Dok. 20) In China wiederum bot der Vertrag die finanzielle Basis für den von der Ressourcenkommission lancierten Dreijahresplan.[70]

Mit dem Jahr 1936 war der Höhepunkt des deutsch-chinesischen Warenaustausches unter der Kontrolle des Militärs erreicht. Hitler schrieb im Mai des Jahres einen persönlichen Brief an Jiang Jieshi, in welchem er seine Zufriedenheit über diese Entwicklung sowie seine Sympathie für die chinesischen Aufbaupläne zum Ausdruck brachte. (Dok. 19) Mit der Reise des Generals von Reichenau, dem Kommandeur des VII. Armeekorps, nach China entsprach die deutsche Regierung dem Wunsch Jiang Jieshis nach einer Vertiefung

---

67 Vgl. Ratenhof 1987:421.

68 Vgl. Trautmann, deutscher Gesandter in Peking, an das AA, 22.2.1935, in: ADAP C III, Dok. 504:938. („Wollen wir der Totengräber unseres Handels hier draußen sein, der fast unsere einzige Stärke ausmacht?") / Aufzeichnung des VLR Erdmannsdorff, AA, 31.3.1936, in: ebd., C V, Dok. 238:323-324 / Aufzeichnung des LS Voss, AA, 31.3.1936 (wie Anm. 66).

69 Vgl. Aufzeichnung des VLR Erdmannsdorff, AA, 10.3.1936, in: ebd., Dok. 64:84-85.

70 Vgl. Kirby 1984:206-207.

der rüstungswirtschaftlichen und militärischen Kontakte zwischen Nanjing und Berlin. Auf seiner Mission in China ratifizierte Reichenau den HAPRO-Vertrag zwischen der chinesischen Regierung und Hans Klein offiziell im Namen des Deutschen Reiches. Im Anschluß an die Chinareise Reichenaus sicherte Jiang Jieshi Hitler in einem Brief die Übersendung von chinesischen Waren im Wert von 30 Millionen chinesischen Dollar[71] zu. (Dok. 21)

Die deutsch-chinesischen Wirtschaftsbeziehungen erfuhren zwischen 1928 und 1937 einen tiefgreifenden Wandel. Nach tastenden Annährungsversuchen in Form der Industrie-Studienkommission und des EURASIA-Projektes, intensivierten sich die Kontakte nach der Machtübernahme durch die Nationalsozialisten, wenn auch auf Kosten des traditionellen Chinahandels. Ausschlaggebend hierfür war nicht nur die Finanznot in beiden Ländern, sondern auch, daß sich sowohl in China als auch in Deutschland eine militärwirtschaftliche Interessenkoalition durchgesetzt hatte. Während Jiang Jieshi sein Aufbauprogramm auf diese Weise voranbringen wollte, standen bei Hitler rüstungstechnische und -politische Überlegungen im Vordergrund. Auf dieser pragmatischen Basis konnten Austauschverträge zwischen gleichberechtigten Partnern geschlossen werden. Erst der Ausbruch des chinesisch-japanischen Krieges 1937 und der projapanische Kurs, auf welchen die deutsche Regierung nach einer Zeit der Zweigleisigkeit einschwenkte, bedeuteten ein jähes Ende der prosperierenden wirtschaftlichen Zusammenarbeit zwischen beiden Ländern.

71 Im Dezember 1935 erhielt man für 1 Ch. $ 0,77 RM. Tabelle mit den Wechselkursen von Dez. 1933 bis Dez. 1938, in: Martin 1981:458.

1

Memorandum des chinesischen Aufbauministers Sun Ke, Nanjing (8.6.1928)[1]

Berlin, June 8th 1928

MEMORANDUM ON GERMAN-CHINESE COOPERATION IN THE INDUSTRIAL DEVELOPMENT IN CHINA.

I. With the overthrow of Zhang Zuolin as dictator of North China and the occupation of Peking by the Nationalist forces, China resumes her status as a united country. The period of military disturbances occasioned by the Revolutionary wars which began fifteen years ago comes to a logical conclusion, and the period of reconstruction will begin almost immediately.[2]

II. In the work of economic reconstruction, the comprehensive program laid down by my late father, Dr. Sun Yatsen, in the „International Development of China“[3], will be carried out by the Nationalist Government as far as possible. This extensive scheme embodies the following fundamental projects:

A. Construction of a national system of highways and railways.

B. Development of new ports.

C. Conservancy work on the principal rivers.

D. Development of basic industries to meet the growing needs of the country.

III. In realizing this program of reconstruction and development large sums of capital will be needed, which may be available from budgetary appropriations, but perhaps more so from foreign loans.

IV. The Nationalist Government invites international cooperation in financing and organizing our reconstruction, and especially invites German industrialists to enter into cooperation with us in introducing and organizing the basic industries to be developed.

V. As Minister of Reconstruction and Member of the Nationalist Government, I therefore submit the following preliminary proposals for your consideration:

(a)-- A committee of German industrialists to be organized to consider the best means of cooperating with the Nationalist Government in the economic and industrial development of China.

(b)-- Special consideration should be devoted to the introduction and organization of the basic chemical and electric industries in China.

---

1 Das Memorandum wurde von Sun Ke mit einem kurzen Begleitschreiben am 8.6.1928 an Gerhard Köpke, zu dieser Zeit stellvertr. St.S. im AA, geschickt. In dem Schreiben bat Sun Ke darum, daß RAM Stresemann über die Angelegenheit informiert werde.

2 Gemeint ist die Zeit der sogenannten „Warlords“ und ihre Beendigung durch den von Jiang Jieshi lancierten Nordfeldzug. Vgl. Sheridan, in: CHOC 12:284-321.

3 In Buchform erschienen 1922 in New York.

(c)-- A committee of experts may be sent to China at the invitation of the Nationalist Government to study and report on the possibilities of Sino-German cooperation in industrial development.

(d)-- Preliminary negotiations may be started between German and Chinese representatives with a view of facilitating such cooperation.

VI. I shall be glad to follow up the present memorandum with further elaboration , if necessary. After my departure from Berlin, if necessary, a competent delegate will be designated to continue the preliminary conversations. Final arrangements, however, will be concluded only in China with the formal approval of our Government.

Sun Ke
Member, Central Executive Committee Guomindang;
Member Chinese Nationalist Government; Minister of Reconstruction.

PolArchAA, R 94975.

2

Aufzeichnung des Chinareferenten Erich Michelsen, AA (10.7.1928)[4]

St.S. e.o. IV Chi 1355
D.

Berlin, den 10. Juli 1928

Aufzeichnung.

Seit der Einnahme Pekings durch die Truppen der südlichen Verbündeten und dem Rückzug Zhang Zuolins in die Mandschurei befindet sich das eigentliche China (südlich der Großen Mauer) tatsächlich in der Hand der Nanjing-Regierung und der mit ihr zusammengehenden Generäle.[5] Die Nanjing-Regierung nimmt daher für sich in Anspruch, daß sie die einzige Regierung in China darstellt und ihre Anerkennung als solche seitens der fremden Mächte eine Selbstverständlichkeit sei. Exminister Sun Ke hat sich in einem Presseinterview (Deutsche Allgemeine Zeitung) dahin geäußert[6], daß die Nanjing-Regie-

4 Abgedruckt in: ADAP, B IX, Dok. 18:300-302.

5 Vgl. Pye 1971:132-153 / McCormack 1977, 214-215.

6 Das Interview mit Sun Ke erschien in der DAZ, 27.5.1928, Nr. 245:2. Darin vertrat er die Meinung, daß die Anerkennung der neuen Regierung durch die Fremdmächte selbstverständlich sei, da nach dem Fall Pekings keine anderen Behörden bestehen würden.

rung automatisch an die Stelle der früheren Peking-Regierung getreten sei, eine formelle Anerkennung seitens der Mächte daher irrelevant sei. Diese Äußerung, die für die politische Haltung der Südregierung typisch ist, ist darauf berechnet, das Interesse, das die Südregierung tatsächlich an einer formellen Anerkennung hat, möglichst zu verschleiern. Großbritannien und Japan stehen der Frage der Anerkennung mit äußerster Zurückhaltung gegenüber. Man bezweifelt dort die Stabilität der jetzigen Regierung, da es nicht abzusehen sei, ob die Einigkeit zwischen den Generälen und der Parteiregierung in Nanjing von Dauer sein werde; man befürchtet, daß es über die Machtverteilung in China zu ernsten Konflikten und eventuell zu neuen Feindseligkeiten zwischen den Verbündeten kommen könnte. Außerdem ist für Japan und China die Sorge mitbestimmend, ob die neue Regierung die alten sogenannten ungleichen Verträge[7] respektieren wird, die die Grundlage der Rechtsbeziehungen zwischen diesen Mächten und China bilden. Die Vereinigten Staaten betrachten die Frage der Anerkennung mit größtem Wohlwollen; gleichwohl hat Staatssekretär Kellogg unlängst auf einen Bericht des amerikanischen Gesandten in Peking hin, der unter Hinweis auf die mangelnde Konsolidierung der Verhältnisse in China von einer verfrühten Anerkennung der Südregierung abgeraten hatte, sich entschlossen, diese Frage einstweilen zurückzustellen.[8]

Da unsere Beziehungen zu China durch einen Vertrag (1921) geregelt werden, der auf dem Grundsatz völliger Gleichheit und Gegenseitigkeit beruht, kommt in der Anerkennungsfrage eine Sorge für den Bestand unserer Vertragsrechte nicht in Betracht.[9] Wohl aber werden wir die Anerkennung erst dann aussprechen können, wenn die Aufrichtung einer zentralen Regierungsgewalt in China die Gewähr der Dauer bietet, was gegenwärtig noch nicht der Fall ist. Eine sofortige Anerkennung der chinesischen Regierung würde in China zweifellos sehr sympathisch und beifällig aufgenommen werden, greifbare Vorteile indessen uns kaum verschaffen, auf der anderen Seite aber eine politisch höchst ungünstige Rückwirkung auf unser Verhältnis zu den anderen Mächten ausüben, da wir diese durch unser Vorgehen in der Freiheit ihrer Entscheidung beeinträchtigen würden. Es dürfte deshalb für die deutsche Regierung, die in China nicht eine politische Sonderstellung, sondern wirtschaftliche und kulturelle Interessen verfolgt, zweckmäßig und geboten sein, mit der Anerkennung zu warten, bis eine der großen Vertragsmächte sie ausspricht, dann

---

7 Die sogenannten ungleichen Verträge hatten im 19. Jh. im Vertrag von Nanjing 1842 ihren Anfang gefunden. Sie beinhalteten den chinesischen Verzicht auf Zollautonomie und Exterritorialität für die Fremden (d.h. Konsulargerichtsbarkeit). Zollhoheit bekam die Nanjing-Regierung im Zuge der Anerkennung zugestanden, nicht aber die Aufhebung der Konsulargerichtsbarkeit.

8 Vgl. hierzu: Papers Relating to the Foreign Relations, 1928, Bd. II 1943:179-199. Sowie Borg 1968: 391-396, v.a. 395.

9 Deutschland hatte bereits im Mai 1921 ein Friedensabkommen mit China geschlossen, nach dessen handelspolitischen Bestimmungen beide Länder ihre Zollautonomie grundsätzlich anerkannten. Allerdings sollten die Zölle für die deutschen Einfuhren so lange nach den allgemeinen Zollregelungen mit den anderen Vertragsmächten erhoben werden, bis die autonomen Zollbestimmungen Chinas allgemein angewandt würden. Vgl. Chen 1973:235-237. Sowie Bd. 2 dieser Reihe.

aber die Anerkennung unsererseits sofort folgen zu lassen. Herrn Sun Ke gegenüber ließe sich gegebenenfalls unsere Haltung damit rechtfertigen, daß wir bei größter Sympathie für die Südregierung die Initiative nicht ergreifen würden, da wir uns in den ostasiatischen Fragen nicht in den Vordergrund stellen könnten.

Herr Sun Ke hat gelegentlich seines ersten Besuches Anfang Juni d.J. dem Herrn stellvertretenden Staatssekretär[10] ein Memorandum über eine wirtschaftliche Zusammenarbeit zwischen China und Deutschland überreicht. Hierin führt er aus, daß für den wirtschaftlichen Wiederaufbau Chinas, den die Nationalregierung nach Wiederherstellung der Ordnung im Lande in Angriff nehmen werde, der Bau von Eisenbahnen, Straßen, Häfen usw. sowie die Entwicklung von Schlüsselindustrien in Aussicht genommen sei. Zu diesem Wiederaufbau bedürfe China der finanziellen und organisatorischen Mitarbeit der ausländischen Industrien und erwarte gerade, daß die deutsche Industrie sich an der Gründung der Schlüsselindustrien in China beteiligen werde. Herr Sun Ke schlägt daher in dem Memorandum vor, es solle sich ein Komitee deutscher Industrieller bilden, um darüber zu beraten, in welcher Weise sich die Zusammenarbeit namentlich auf dem Gebiet der chemischen und elektrotechnischen Industrie in China gestalten lasse. Später solle eine Kommission deutscher Sachverständiger auf Einladung der Nationalregierung nach China entsandt werden, um an Ort und Stelle die praktischsten Möglichkeiten der Zusammenarbeit zu studieren. Herr Sun Ke hat dieses Memorandum auch an andere wirtschaftlich interessierte Stellen in Deutschland gesandt. In einer Besprechung bei dem Herrn Reichswirtschaftsminister ist seitens des Auswärtigen Amts darauf hingewiesen worden, daß es zweifelhaft sei, inwieweit die Nanjing-Regierung hinter den Plänen des Herrn Sun Ke stehe, daß diese Pläne ohne fremdes Kapital nicht verwirklicht werden könnten, für Anleihen aber wohl nur Amerika in Frage komme.[11] Solange die Machtposition der Nanjing-Regierung noch nicht geklärt sei, insbesondere die Amerikaner mit ihrer Anerkennung der Nanjing-Regierung zurückhielten, sei daher an eine Verwirklichung des wirtschaftlichen Wiederaufbaus kaum zu denken. Es wurde deshalb beschlossen, in dieser Angelegenheit eine amtliche Tätigkeit vorläufig nicht stattfinden zu lassen. Dagegen wurde es für zweckmäßig gehalten, daß seitens des Reichsverbandes der Deutschen Industrie, an den Herr Sun Ke auch direkt herangetreten war, seine Anregungen freundlich weiter behandelt werden und daß es Herrn Geheimrat Kastl vom Reichsverband der Deutschen Industrie überlassen bleiben sollte, sich um die Zusammensetzung einer Kommission zu bemühen, die möglichst aus Chinakennern bestehen sollte. Diese Kommission würde später für den Fall zur Verfügung stehen, daß tatsächlich von einer ordnungsgemäßen chinesischen Regierung eine Einladung an den Reichsverband der Deutschen Industrie ergeht und die Kosten der Reise von der chinesischen Regierung, wie Herr Sun Ke in Aussicht stellte, wirklich gezahlt werden.

---

10 Gemeint ist Gerhard Köpke. Vgl. Dok. 1, Anm. 1.

11 Sun Ke hatte am 12.7. eine Unterredung mit dem RK geführt, in welcher letzterer betont hatte, daß als Kapitalgeber für China vornehmlich die anderen Mächte in Frage kämen und daß Deutschland die Nanjing-Regierung anerkennen würde, sobald eine der Mächte vorangegangen sei. Vgl. Aufzeichnung des LR Michelsen, AA, 12.7.1928, in: ADAP, B IX, Dok. 138:325-327.

Es ist anzunehmen, daß Herr Sun Ke gelegentlich seines Besuches auf diese Angelegenheit zu sprechen kommen wird.

PolArchAA, R 85453.

3

Niederschrift einer Besprechung im Reichsverband der Deutschen Industrie, Berlin (12.7.1928)

12. Juli 1928

Betrifft: Deutsch-chinesische Zusammenarbeit.

Niederschrift
über die Besprechung im Reichsverband der Deutschen Industrie
am 12. Juli 1928.
Vorsitzender: Geheimrat *Kastl.*
Teilnehmer: s. Anlage I.[12]

Der Vorsitzende, Geheimrat *Kastl*, begrüsst die Herren Minister *Sun Ke* und *Dr. Chen* und gibt seiner Befriedigung darüber Ausdruck, dass durch die Möglichkeit einer Aussprache mit Minister Sun Ke der erste Versuch einer deutsch-chinesischen Zusammenarbeit nach der Neuordnung der chinesischen politischen Verhältnisse gemacht wird. Er gibt weiterhin den Inhalt des Memorandums von Minister Sun Ke vom 8. Juni 1928 wieder, das als Anlage II beigefügt ist.[13] Nach diesem Memorandum verstehe er das Programm der

---

12 Die Anlage umfaßt die Liste der Teilnehmer an der Besprechung: Sun Ke (Mitglied des ZEK der Guomindang, Wiederaufbauminister), Chen Bozhuang (Staatsbeamter), Geheimrat Kastl (Geschäftsführendes Mitglied des RDI), Geheimrat Bücher (Mitglied des Vorstandes der Allgemeinen Elektrizitäts-Gesellschaft), Direktor Reyss (Vorstandsmitglied der Siemens-Schuckert-Werke), F. Ehrhardt (Siemens-Schuckert-Werke, Abteilung Übersee), Dr. Pietrkowski (Geschäftsführender Vorsitzender des Vereins zur Wahrung der Interessen der chemischen Industrie), Voigt (Direktor der IG Farbenindustrie), Dr. Ungewitter (Geschäftsführer des Vereins zur Wahrung der Interessen der chemischen Industrie, G. Arnold (Direktor der Borsig G.m.b.H.), Geheimrat Cuntze (Vorstandsmitglied und leitender Geschäftsführer der Deutschen Wagenbau-Vereinigung), Stroux (Syndikus des Reichsverbandes industrieller Bauunternehmungen), Oberregierungsrat Michaelis (Reichsfinanzministerium), Assessor Hartmann (Abteilungsleiter beim RDI), Assessor Freiherr von Brackel (Mitglied der Geschäftsführung des RDI).

13 Vgl. Dok. 1.

chinesischen Regierung dahin, dass die chinesische Regierung zunächst an den Ausbau der Verkehrsmittel denke, ferner an den Ausbau der Häfen, die Regulierung der wichtigsten Ströme und schliesslich an die Entwicklung der Grundindustrien des Landes. Er bittet Herrn Minister Sun Ke um eine Aeusserung dahin, ob er mit Recht annehme, dass die chinesische Regierung erwarte, dass in Deutschland eine Organisation von deutschen Industriellen geschaffen werde, die nach Klärung der Vorverhandlungen eine Anzahl deutscher Sachverständiger zur Studienreise nach China entsenden sollte.

Sun Ke bestätigt diese Auffassung des Vorsitzenden. Er habe sich mit dem Reichsverband der Deutschen Industrie in Verbindung gesetzt, da derselbe die ganze deutsche Industrie vertrete.

Geheimrat Kastl betont die Bereitwilligkeit des Reichsverbandes der Deutschen Industrie zur Zusammenarbeit mit der chinesischen Regierung und versichert Minister Sun Ke, dass die chinesische Regierung im Reichsverband der Deutschen Industrie sich einer Organisation gegenübersehe, die gern alles Erforderliche für die Verhandlungen veranlassen werde. Insbesondere könne daran gedacht werden, dass innerhalb des Reichsverbandes der Deutschen Industrie ein besonderes Komitee für die Frage der deutsch-chinesischen Zusammenarbeit gebildet werde. Nach den Vorarbeiten, die dieses Komitee zu leisten haben werde, würde alsdann als zweiter Programmpunkt die Expertenreise nach China zur Prüfung der Verhältnisse an Ort und Stelle ins Auge zu fassen sein. - Bei der Auswahl der Sachverständigen nehme er an, dass die chinesische Regierung nicht nur auf die Hinzuziehung von Vertretern der chemischen und der elektrotechnischen Industrie Wert lege, sondern auch auf Sachverständige, die teils aus anderen interessierten Industriebranchen zu entnehmen seien, teils zur Prüfung der allgemeinen Wirtschaftslage geeignet seien.

Sun Ke erklärt seine Zustimmung zu den Ausführungen des Vorsitzenden.

Geheimrat Kastl schlägt nunmehr die Erörterung der Spezialfragen auf dem Gebiete der Chemie und der Elektrotechnik vor und bittet Minister Sun Ke um einen nähere Erläuterung des chinesischen Programms.

Minister Sun Ke hebt hervor, dass das Programm der chinesischen Regierung sei, die industrielle Entwicklung des Landes zu fördern. Er verweist hierzu auf das Vorbild Japans und betont, dass es sich zunächst auf dem Gebiete der Elektrotechnik um die Errichtung elektrischer Kraftstationen und auf dem Gebiete der Chemie um die Herstellung von künstlichem Dünger handeln solle.[14]

Der Vorsitzende stellt daraufhin klar, dass Minister Sun Ke zunächst nicht an die Züchtung einer elektrotechnischen Industrie im Sinne von Maschinen und Apparaten denke, sondern vielmehr zunächst nur an den Bau der Kraftstation. Was die Produktion von

---

14 Hier wich Sun Ke entscheidend von Sun Yatsen ab, der in seinem Buch „The International Development of China“ (vgl. Dok. 1, Anm. 3) die Gebiete der Elektrotechnik und der Chemie ausklammerte und sich weitgehend auf die traditionellen Sektoren Eisenbahn, Bergbau und Wasserwirtschaft stützte. - Sun Ke hatte im Herbst 1928 einen Zehnjahresplan vorgelegt, der u.a. den Bau von zwei chemischen Fabriken vorsah. Vgl. Domes 1969: 412-422.

künstlichem Dünger anbetrifft, so sei zu prüfen, ob es zweckmässig sei, gleichsam mit den Spitzen der chemischen Produktion ein Industrieförderungsprogramm zu belasten.

Dr. Pietrkowski ergänzt diesen Hinweis des Vorsitzenden dahin, dass es nach seiner Auffassung die Voraussetzung für die Schaffung jeder neuen Industrie sein müsse, zunächst den Bedarf für die zu erzeugenden Waren ins Leben zu rufen und zu stabilisieren.

Dr. Chen betont die Wichtigkeit einer chemischen Industrie als nationale Verteidigungsindustrie für die chinesische Regierung.

Direktor Voigt führt aus, dass Voraussetzung dafür, dass eine lebensfähige chemische Industrie geschaffen werde, einmal die Besserung der Verkehrsmittel, dann aber auch neben Massnahmen, die auf die Erzeugung eines Bedarfs abzielten, die Stabilisierung der allgemeinen Verhältnisse seien. Die deutsche chemische Industrie werde der chinesischen Regierung gern zu gegebener Zeit ihren Rat zur Verfügung stellen, und schon jetzt sehe er in Fragen der Beratung und der Erziehung der Landwirtschaft zum Verbrauch von künstlichem Dünger die Ausgangspunkte für eine Zusammenarbeit.

Geheimrat Bücher bringt zum Ausdruck, dass bei der Erörterung davon auszugehen sei, dass China mit der Erreichung der Stabilität der politischen Verhältnisse die Möglichkeit zum Beginn des wirtschaftlichen Wiederaufbaus erhalte. Wenn man in China an die Entwicklung Japans denke, so möchte er darauf aufmerksam machen, dass noch heute Japan ein starker Abnehmer deutscher künstlicher Düngemittel sei. Die Zusammenarbeit mit der deutschen chemischen Industrie könne für China grosse Vorteile bringen. Durch Propagierung des Verbrauchs von Düngemitteln werde zunächst einmal eine gewisse Sicherheit über die Höhe des Konsums geschaffen, was der chinesischen Regierung ermöglichen werde, langfristige und günstige Abschlüsse mit der deutschen chemischen Industrie zu tätigen. Erst wenn allmählich eine Gewöhnung der chinesischen Landwirtschaft an den Verbrauch künstlicher Düngemittel eingetreten sei, und der Bedarf hierfür feststehe, werde man auch in China daran denken können, eine eigene Produktion aufzunehmen.

Direktor Reyss betont die Befriedigung der deutschen elektrotechnischen Industrie darüber, dass Minister Sun Ke den Gedanken einer Zusammenarbeit mit der deutschen Industrie tatkräftig aufgenommen habe. Der Reichsverband der Deutschen Industrie sei das berufene Komitee zur Führung der weiteren Verhandlungen. Die deutsche elektrotechnische Industrie werde in der Frage der Regelung der elektrischen Stromversorgung der chinesischen Regierung gern Sachverständige zur Verfügung stellen. Minister Sun Ke möge überzeugt sein, dass, wenn er nach seiner Heimreise über Amerika in China die Verhandlungen mit der chinesischen Regierung wieder aufnehme und dem Reichsverband der Deutschen Industrie die endgültige Stellungnahme der chinesischen Regierung mitteilen werde, die deutsche Industrie in jeder möglichen Weise mit Rat und Tat mit China zusammenarbeiten wolle.

Geheimrat Kastl fasst das Ergebnis der Aussprache dahin zusammen, dass der Reichsverband der Deutschen Industrie bereit ist,

1.) ein besonderes Komitee für die Fragen der deutsch-chinesischen Zusammenarbeit zu bilden und

2.) eine Sachverständigen-Kommission nach China zu entsenden, sobald eine Einladung durch die chinesische Regierung in Nanjing erfolgt.

Minister Sun Ke nimmt dies zur Kenntnis und erklärt, seinerseits das weitere veranlassen zu wollen.

Geheimrat Kastl schliesst die Besprechung mit seinen besten Wünschen für eine erfolgreiche Reise von Minister Sun Ke und der Hoffnung, dass Minister Sun Ke nach seiner Rückkehr nach China an die praktische Wiederaufbauarbeit gehen werde.

BArch, 0902/3883.

4

Deutsch-chinesischer Vertrag (20.8.1928)[15]

79. Jahrgang. - Nr. 1343
Wolff's Telegraphisches Büro
(W.T.B.)
(Als Manuskript gedruckt, Nachdruck und jede Art Verbreitung ohne Vereinbarung untersagt. Ohne alle Gewähr.)

Berlin, Montag 20. August 1928.
Der Wortlaut des deutsch-chinesischen Vertrages.
Der am 17. d.M. zwischen Deutschland und China abgeschlossene Vertrag hat folgenden Wortlaut:

„Das Deutsche Reich und die Republik China, von dem Wunsche geleitet, die Bande der Freundschaft, die glücklicherweise zwischen beiden Ländern bestehen, weiter zu befestigen, und die Handelsbeziehungen zwischen beiden Ländern auszudehnen und zu erleichtern, haben beschlossen, zu diesem Zweck einen Vertrag abzuschließen, und haben zu ihren Bevollmächtigten ernannt.

Der Präsident des Deutschen Reiches: Herrn H.[16] von Borch, Außerordentlichen Gesandten und bevollmächtigten Minister des Deutschen Reichs für China, der Präsident des Rats der Nationalistischen Regierung der Republik China: Herrn Dr. Wang Zhengting, Minister für auswärtige Angelegenheiten, welche, nachdem sie einander ihre Vollmachten mitgeteilt und diese in guter und gehöriger Form befunden haben, den nachstehenden Vertrag zwischen beiden Ländern vereinbart haben:

15 Der Vertrag wurde veröffentlicht in: RGBl. 1928, Teil II, Nr. 50:646-648.

16 Herbert.

Artikel I.

Die beiden Hohen Vertragschließenden Staaten vereinbaren zum Zweck der Durchführung voller Gleichstellung in Zollangelegenheiten und unter Ergänzung der Vereinbarungen zwischen Deutschland und China vom 20. Mai 1921, daß in allen Zoll- und verwandten Angelegenheiten keiner der beiden Hohen Vertragschließenden Staaten in dem Gebiet des anderen irgendwie gegenüber der Behandlung irgend eines anderen Landes benachteiligt werden soll.

Die Angehörigen der beiden Hohen Vertragschließenden Staaten sollen unter keinen Umständen gezwungen werden, in dem Gebiet des anderen Staates irgendwelche höheren oder andere Zöllen, innere Abgaben oder Steuern bei der Einfuhr oder Ausfuhr von Waren zu zahlen als die von den Angehörigen des Landes oder von Angehörigen irgendeines anderen Landes gezahlten.

Die Bestimmung im Notenwechsel zum deutsch-chinesischen Abkommen vom 20. Mai 1921, wonach deutsche Einfuhrwaren Zölle nach den allgemeinen Zollbestimmungen bezahlen, bis die autonomen Zollbestimmungen allgemein angewendet werden, wird hierdurch aufgehoben.[17]

Artikel II.

Die beiden Hohen Vertragschließenden Staaten werden sobald als möglich in Verhandlungen zwecks Abschlusses eines Handels- und Schiffahrtsvertrages auf der Grundlage vollkommener Gleichberechtigung und Gleichstellung eintreten.

Artikel III.

Der gegenwärtige Vertrag ist in Deutsch, Chinesisch und Englisch abgefaßt; im Falle einer Auslegungsverschiedenheit gilt der englische Text.

Artikel IV.

Der gegenwärtige Vertrag wird sobald als möglich ratifiziert werden und tritt in Kraft mit dem Tage, an dem die beiden Regierungen einander mitgeteilt haben, daß die Ratifikationen vollzogen worden sind."

PolArchAA, R 28541.

---

17 Vgl. Dok. 2, Anm. 9.

5

WTB-Meldung Nr. 1373 (24.8.1928)

Peking, 24. August 28

Die chinesische Presse zum deutsch-chinesischen Vertrag

(Meldung des Sonderkorrespondenten des WTB.) Die chinesische Presse beschäftigt sich in von ungewöhnlichem Interesse zeugenden ausführlichen Artikeln mit dem deutsch-chinesischen Vertrag. Yishihbao, das führende liberale Nichtguomindang-Blatt[18], schreibt: Deutschland hat nach dem Beispiel Amerikas der veränderten Lage sofort Rechnung getragen und schnell entschlossen mit einem Sprung vorwärts durch den Abschluß eines Vertrages die bisher schwachen Punkte seiner Stellung in China verbessert. Es hat andere Mächte, besonders das starr an den alten Gewaltmethoden festhaltende Japan weit hinter sich gelassen. Daher hat Deutschland einen günstigen Vertrag erlangt. Der Artikel schließt zusammenfassend: Japan hat nichts gewonnen, Amerika hat nichts verloren, Deutschland hat alles gewonnen, was es erwarten konnte. In einem zweiten Artikel weist das gleiche Blatt auf die günstigen Wirkungen des Vertrages auf den deutschen Chinahandel und auf die allgemeine Erhöhung des deutschen Ansehens in Ostasien hin. Zhaobao[19], das Organ Feng Yuxiangs, begrüßt den Vertragsabschluß als Morgenröte besserer Zeiten für China. Es erklärt befriedigt, daß nach einer langen Periode, in der fremder Kolonialimperialismus herrschte, eine Erhöhung der internationalen Stellung Chinas eingetreten sei, und sieht in dem Vertrag die Erfüllung langgehegter Hoffnungen auf internationale Gleichstellung sowie einen Ansporn für die chinesischen Staatsmänner, in gleicher Richtung fortzuschreiten. Beijing shibao[20], die alte liberale Zeitung mit Guomindangfärbung, stellt befriedigt der einseitigen Meistbegünstigung der alten Verträge zu ungunsten Chinas die Gegenseitigkeit und das Meistbegünstigungsprinzip des neuen deutschen Vertrages gegenüber, bemerkt aber, daß seine volle Auswirkung allerdings erst eintreten werde, wenn sämtliche ungleichen Verträge beseitigt und die einheimische Industrie erstarkt sei.

PolArchAA, R 85453.

---

18 Bei der *Yishibao* (Soziale Wohlfahrt) handelte es sich um eine Zeitung, die 1915 von einem belgischen Pfarrer in Peking und Tianjin gegründet worden war. Sie entwickelte sich zu der Zeitung der katholischen Kirche in China und war bekannt für ihre kritische Haltung bezüglich der Regierungspolitik. Vorübergehend wurde sie von dem späteren AM Xu Mo herausgegeben.

19 Ein Bild der Zeitung *Zhaobao* (Morgenzeitung) findet sich im Anhang des Buches: Jian 1982, allerdings ohne näheren Kommentar.

20 Zur *Beijing shibao* konnten keine Informationen ermittelt werden.

6

Schreiben des *Waijiaobu* an die Deutsche Gesandtschaft in Peking (11.1.1929)

Abschrift.[21]

Schreiben des Waijiaobu vom 11. Januar 1929.

Im Juni v. J. hat der jetzige Eisenbahnminister der Chinesischen Regierung Sun[22] in Deutschland mit dem Wirtschaftsminister der Deutschen Regierung Curtius, dem Präsidenten des Reichsverbandes der deutschen Industrie Kastl und dem Abgeordneten, ehem. Finanzminister von Raumer[23] Besprechungen abgehalten über die Entsendung einer Industrie-Studienkommission nach China. Man hatte dabei die freundschaftliche Annäherung der industriellen Kreise beider Länder und die gegenseitige Förderung freundschaftlicher Kooperation beider Teile im Auge. Die vorerwähnten Stellen hatten sich hiermit voll und ganz einverstanden erklärt.

Auf Vorschlag Ministers Sun, die Industrie-Studienkommission in entgegenkommender Weise aufzunehmen, hat das Reichsamt für Executive in seiner 9. Sitzung beschlossen, seine Genehmigung zu erteilen und durch offizielle Mitteilung zu erkennen zu geben, dass die Chinesische Regierung die erwähnte Kommission aufrichtig willkommen heisst.

Das Auswärtige Amt bittet, von vorstehendem Kenntnis zu nehmen und weiterhin Mitteilung ergehen zu lassen. Es wäre dankbar, wenn ihm über sämtliche Mitglieder der Kommission hinsichtlich Namen und sonstiger Personalangaben sowie Termine der Abreise nach China Mitteilung gemacht würde.

Schlussformeln.

(Siegel des Waijiaobu).

BArch, 0902/3889.

---

21 Dieses am 31.12.1928 verabschiedete Dekret war am 5.1.1929 in Heft 58 des Regierungsamtsblatts der chinesischen Nationalregierung veröffentlicht worden. Dazu Anl. 1 an den Bericht von BR Erdmannsdorff, DGP, an das AA, 1.2.1929, in: PolArchAA, R 94972.

22 Sun Ke war zu diesem Zeitpunkt nicht mehr Aufbau-, sondern Eisenbahnminister und als solcher Mitglied der Aufbaukommission (*Jianshe weiyuanhui*), die ihre Arbeit am 1.1.1929 aufgenommen hatte. Hierzu Kirby 1984:64 und Lu / Fang 1991: 432-436.

23 Gemeint ist Hans von Raumer, Reichsschatzminister 1920/21 und RWiM 1923.

7

Protokoll über die erste Sitzung des vorbereitenden Ausschusses zum Empfang der Deutschen Industriekommission im Eisenbahnministerium (Bauabteilung), Nanjing (21.1.1929)

Streng vertraulich

Uebersetzung.[24]

21. Januar 1929

Es waren erschienen
vom Ministerium des Auswärtigen: Zhang Xinhai, Zhou Zechun;
vom Finanzministerium: Zhu Tingqi;
vom Ministerium für Industrie und Handel: Wu Jian; Xu Shangxiang, Chiang ch'i [k.P.];
vom Ministerium für Landwirtschaft und Bergwerkswesen: Yang Kung Chao [k.P.];
vom Verkehrsministerium: Zhuang Zhihuan, Qian Chunqi;
vom Eisenbahnministerium: Chen Bozhuang;
von der Wiederaufbaukommission: Chen Youfeng.

Als Vorsitzender wurde Chen Bozhuang[25] (Eisenbahnministerium) gewählt.

Der Vorsitzende berichtet über die Besprechungen, die Eisenbahnminister Sun Ke im Sommer v. Js. mit deutschen Wirtschaftsführern über den Aufbau des neuen China gehabt habe.[26] Er erwähnt die Namen Curtius, Kastl u.v.a. Raumer. Er weist hin auf die enge Verbindung der deutschen Wirtschaft mit der Finanz.

Deutschland habe nach dem Kriege die Beziehungen zu China auf dem Boden voller Gleichberechtigung und Gegenseitigkeit aufgenommen. Nach der Einnahme Pekings durch die Nationalistische Armee habe gerade Deutschland den Ereignissen in China besondere Aufmerksamkeit gewidmet. Nach zuverlässigen Mitteilungen würden als Mitglieder der Kommission Führer des deutschen Wirtschaftslebens nach China kommen, die einen persönlichen Eindruck von Ackerbau, Bergwerkswesen, Industrie und kaufmännischen Betrieben in China zu gewinnen wünschten, um danach die Grundlagen zu Plänen für die gegenseitige Förderung von Industrie und Handel zu haben.

Zweck des Ausschusses sei, die ordentliche Vorbereitung für den Empfang der Kommission.

Wu Jian (Ministerium f. Ind. u. Handel):

---

24 Die Übersetzung war einem Schreiben von BR Erdmannsdorff an das AA angefügt (5.2.1929), in welchem er darauf hinwies, daß GR Wagner Einblick in das Sitzungsprotokoll habe nehmen können, wiewohl es nicht zur Bekanntgabe an die Öffentlichkeit bestimmt gewesen sei, in: PolArchAA, R 94972.

25 Chen Bozhuang hatte Sun Ke 1928 auf dessen Deutschlandreise begleitet (vgl. Dok. 3, Anm. 12).

26 Vgl. ebd.

Die deutsche Kommission ist von sonstigen Besichtigungskommissionen verschieden, da ihr Bericht von der ganzen Welt mit Aufmerksamkeit gelesen werden wird. Zur Zeit nehmen England und Amerika noch eine vorsichtig abwartende Haltung ein, uns für die Entwicklung von Industrie und Handel Gelder zu Verfügung zu stellen. Der Bericht der Kommission wird auch in dieser Hinsicht von besonderer Bedeutung sein. Es ist daher sorgfältigste Vorbereitung notwendig. Auch wird es erforderlich sein, die Mitwirkung deutscher Kreise in China zu erbitten.

Yang Kung Chao [k.P.] (Ministerium f. Landw. u. Bergw.Wesen):

Man wird in Erfahrung bringen müssen, was die deutsche Kommission im einzelnen zu wissen wünscht. Das Material muss sehr sorgfältig zusammengestellt werden. Wir müssen positive Daten bringen und dürfen nicht mit leeren Worten kommen. Auch ist es notwendig, den Geist der chinesischen Revolution klar zu machen und die Hoffnung für die künftige Entwicklung von Industrie und Handel aufzuzeigen.

Chen Bozhuang (Eisenbahnministerium):

Nach zuverlässigen Nachrichten wird die Kommission über Sibirien reisen und die Mandschurei, Peking, Hankou, Nanjing und Shanghai besuchen.[27]

Man könnte in der Mandschurei: Ackerbau, Eisenbahnenbau und die künftige Aufnahmefähigkeit für industrielle und kommerzielle Entwicklung zeigen;

In Peking: Geschichte des alten China und chinesische Kunst;

Auf der Fahrt nach Hankou: Leben der chinesischen Bauern, Möglichkeiten der Landwirtschaft und des Bergwerkwesens in jenen Gegenden, dabei, bei einem Aufenthalt in Kaifeng, die kommunale Aufbauarbeit Feng Yuxiangs[28] und die Erziehung der Bevölkerung zu einem neuen Geist der Zusammenarbeit von Volk und Beamten;

In Hankou: Zentrale des Flussverkehrs;

In Nanjing: Bei einem Aufenthalt von 1 bis 2 Wochen das Regierungssystem und die Stadtbaupläne.

Man sollte ferner der Kommission raten, nach einem Aufenthalt in Shanghai auch Kanton zu besuchen, von wo die revolutionäre Bewegung ausgegangen ist und wo man grosse Fortschritte in der Modernisierung der Kommunalverwaltung gemacht habe.[29]

Zhu Tingqi (Finanzministerium):

Die Zeit ist zu kurz zur Anfertigung genauer Statistiken. Vielleicht ist es besser, dass Spezialbeamte in den einzelnen zu durchreisenden Gebieten die nötigen Auskünfte erteilen.

---

27 Letztlich reiste die Kommission nicht mit dem Zug über Sibirien, sondern mit dem Schiff über Singapur nach China. Zum Reiseweg vgl. Bericht der China-Studienkommission des RDI 1930:11-14. Sowie Schmidt, in: Kuo / Leutner 1986:75.

28 Feng Yuxiang war 1928 Vorsitzender des Zweigbüros Kaifeng des Politischen Rates der GMD (Henan / Shaanxi). Im Mai / Juli 1929 und von Mai bis Dezember 1930 stand er im Aufstand gegen die Nationalregierung. Zu Feng Yuxiang, vgl. Anm. 19. Sowie Sheridan, in: CHOC 12:288.

29 Auch der Deutsche Wilhelm Schrameier, Schöpfer der Qingdaoer Landordnung und einstiger „Chinesenkommissar“ (vgl. Bd. 1 dieser Reihe), hatte in den 20er Jahren im Bereich des Bodensteuergesetzes in der Kommunalverwaltung in Kanton gewirkt. 1924 war er einer Einladung Sun Yatsens in den Süden Chinas gefolgt. Vgl. Matzat 1985:23-28.

Chen Bozhuang: (Eisenbahnministerium):

Es ist zuzugeben, dass es schwer ist, ordentliches statistisches Material in der kurzen Zeit zu beschaffen. Immerhin, wir müssen das Beste versuchen. Die Arbeit ist auf die einzelnen Ministerien zu verteilen.

Yang Kung chao [k.P.] (Landwirtsch. u. Bergw. Wesen):

Regt an, einen Arbeitsplan aufzustellen.

Wu Jian (Industrie und Handel):

Stimmt dem zu und wünscht einen Voranschlag über die Kosten für die Aufnahme der Kommission. Er regt an, das statistische Material im Entwurf bis Ende Februar fertigzustellen.

Chen Bozhuang (Eisenbahnministerium):

Von deutscher Seite ist etwa in 1 bis 2 Wochen eine Antwort zu erwarten, welches die Mitglieder der Studienkommission sein werden.

Zhuang Zhihuan (Verkehrsministerium):

Schlägt die Bildung von 2 Unterkommissionen vor:

a) für Sammlung statistischen Materials
b) für den Empfang der Kommission.

Es wurde beschlossen:

Es werden 2 Unterkommissionen gebildet:

1. Ausschuss für die Redaktion des statistischen Materials u.s.w.
2. Ein Empfangs-Vorbereitungs-Komitee.

Als Mitglieder der Kommission zu 1 werden bestimmt: Chen Bozhuang, Xu Shanxiang, Zhang Xinhai u. Zhuang Zhihuan; Als Mitglieder der Kommission zu 2: Chen Bozhuang, Wu Jian, Zhou Zechun und Zhu Tingqi.

gez. Dr. Wagner

PolArchAA, R 94972.

8

Telegramm des Botschaftsrates Otto von Erdmannsdorff, Peking, an das AA (1.2.1929)

Postchiffré aus Peking
vom 1.2.1929.[30]

30 Es handelt sich um die 2. Anl. des Berichts von BR Erdmannsdorff an das AA, 1.2.1929. Vgl. Dok. 6, Anm. 21.

Es ist hier nicht bekannt, welche Beziehungen zwischen der deutschen Industrie und Oberst Bauer bestehen.[31] Ich möchte in jedem Fall auf die Notwendigkeit hinweisen, das Verhältnis der Studienkommission zu Bauer nach aussen so zu gestalten, dass daraus keine Kompromittierung der Tätigkeit der Studienkommission entsteht. Generalkonsul Thiel hat zwar ganz mit Recht darauf hingewiesen, dass es bedenklich wäre, der Kommission eine Spitze gegen Bauer zu geben; wir müssten im Wettbewerb mit anderen Nationen, die auf Grund ihrer Finanzlage und wegen anderer Imponderabilien sowieso grossen Vorsprung haben, jegliche Zersplitterung vermeiden und dürften nicht ausser acht lassen, dass für's erste der Einfluss der hohen Militärs auch auf das Rekonstruktionsprogramm überragt.[32] Nachdem aber Bauer und seine Mitarbeiter neben sonstigen Plänen, die sie haben mögen, sich offensichtlich rein militärischen Aufgaben zugewandt haben, würde die Kommission, wenn sie zu Bauer irgendwie erkennbare nähere Beziehungen unterhielte, unabweislich mit der militärischen Tätigkeit des Genannten identifiziert werden, was auf offizielles Verhältnis der Gesandschaft zu der Kommission während ihres Aufenthaltes in China nicht ohne Rückwirkung bleiben könnte.
Erdmannsdorff.[33]

PolArchAA, R 94972.

9

Aufzeichnung des Ministerialdirektors Gerhard Köpke, AA (31.12.1929)[34]

II F 4241 Berlin, den 31. Dezember 1929.

R.M. 1958.

Aufzeichnung
betreffend Kabinettsentscheidung über das Projekt
einer Luftverkehrslinie nach dem Fernen Osten
(Transeurasia-Projekt)

---

31 Zu Oberst Max Bauer, vgl. Kap. 2.

32 Zum Einfluß der Militärs in China auf das Rekonstruktionsprogramm, vgl. Domes 1969:432-438.

33 Unter dem Telegramm befinden sich handschriftliche Bemerkungen von LR Lautenschlager, AA, vom 20.2.1929, wonach Bauer die Junkers-Werke als Aushängeschild für seine Tätigkeit benutze. Auch wünsche Reichspräsident Hindenburg in dieser Angelegenheit unterrichtet zu werden.

34 Abgedruckt in: ADAP, B XIII, Dok. 232:488-490.

Das Reichsverkehrsministerium betreibt durch die Deutsche Lufthansa zwei große internationale Luftverkehrsprojekte:

das einer Linie nach dem Fernen Osten über Sibirien (Transeurasia-Projekt) und
das einer transozeanischen Luftlinie nach Südamerika.

Die beteiligten Ressorts (Reichsverkehrsministerium, Auswärtiges Amt, Reichswirtschaftsministerium und Reichspostministerium) haben von jeher den Standpunkt vertreten, daß es für Deutschland von größter wirtschaftlicher und politischer Bedeutung ist, bei der Einrichtung und dem Betriebe der Linie nach dem Fernen Osten ausschlaggebend beteiligt zu sein. Dementsprechend sind auch schon seit über einem Jahre mit Billigung der Reichsregierung vorbereitende Verhandlungen zwischen der Lufthansa und der Sowjetregierung sowie der chinesischen Regierung geführt worden.[35]

Auch das Reichsfinanzministerium hatte bis vor wenigen Monaten keine Einwendungen. Obgleich im Frühjahr d.J. im Haushalt des Reichsverkehrsministeriums die Mittel für den Luftverkehr außerordentlich gekürzt werden mußten, hatte das Reichsfinanzministerium damals nach der Aufbringung der für das Transeurasia-Projekt notwendigen Mittel durch eine Anleihe mit Zinsgarantie des Reiches zugestimmt. Aus praktischen Gründen ist das Anleiheprojekt fallen gelassen worden. Dafür wurde vom Reichsverkehrsministerium mit Einverständnis der Regierungsparteien in den Nachtragshaushalt für 1929 eine Summe von 3.000.000 RM für die beiden großen Projekte eingesetzt.

Im Juli indessen hat das Reichsfinanzministerium seine Haltung zum Transeurasia-Projekt geändert und gefordert, daß von seiner Verfolgung bis auf weiteres abgesehen werde. Die Versuche sämtlicher anderer beteiligten Ressorts, das Reichsfinanzministerium umzustimmen, sind vergeblich geblieben.

Mit dem Zustandekommen der Luftverbindung nach dem Fernen Osten in absehbarer Zeit muß auch dann gerechnet werden, wenn Deutschland sich nicht beteiligt. Die Russen zeigen für diese Linie großes Interesse und haben bereits Teilstrecken in Betrieb genommen. Auch in China ist die dortige Regierung und die ausländische, insbesondere die amerikanische Konkurrenz sehr tätig. Zurzeit ist unsere Stellung dort aber nicht ungünstig, denn es ist dem in China weilenden Vertreter der Lufthansa nach monatelangen Verhandlungen mit den chinesischen Behörden gelungen, mit ihnen einen Vertragsentwurf über die Gründung einer chinesisch-deutschen Gesellschaft zum Betriebe der auf chinesischem Gebiet entfallenden Teilstrecken der Transeurasia-Linie zu vereinbaren, der unseren Wünschen im wesentlichen Rechnung trägt.[36] Voraussetzung für die Unterzeichnung dieses Vertrages würde aber sein, daß die erforderlichen Mittel für die Durchführung bereitgestellt werden. Wenn es nicht alsbald gelingt, den Widerstand des Reichsfinanzministeriums gegen die den Regierungsparteien genehme Bereitstellung der Mittel zu beseitigen, kann der Vertrag mit den Chinesen nicht unterzeichnet werden, und es besteht dann die Gefahr, daß Deutschland dauernd von dem Luftverkehr nach dem Fernen Osten

35 Zu den Verhandlungen mit der Sowjetunion, vgl. Einleitung zu diesem Kap.

36 Zu den Verhandlungen mit China sowie den Kompetenzstreitigkeiten der verschiedenen Ressorts in China, vgl. Wiethoff 1975:116-122.

ausgeschaltet wird. Dies wäre von luftverkehrspolitischen, wirtschaftlichen und allgemeinpolitischen Gesichtspunkten in gleicher Weise zu bedauern.

Bei der geschilderten Sachlage hatte das Reichsverkehrsministerium es für erforderlich gehalten, die Angelegenheit der Entscheidung des Reichskabinetts zu unterbreiten und hatte demgemäß das Schreiben vom 9.d.M. an die Reichskanzlei gerichtet.[37] Auf Grund von Besprechungen, die nachträglich zwischen dem Reichsverkehrsministerium und dem Reichsfinanzministerium stattgefunden haben, hat sich das Reichsverkehrsministerium aber mit der Reichskanzlei wegen der vorläufigen Zurückstellung der Sache im Reichskabinett in Verbindung gesetzt und hat zu einer weiteren Ressortbesprechung am 3. Januar eingeladen. Bei dieser Besprechung wird vom Auswärtigen Amt, wie bisher, für die Bereitstellung der Mittel für das Transeurasia-Projekt eingetreten werden.[38]

1 Abdruck: IV Ru
IV O.A.

Köpke

PolArchAA, R 85376.

10

Leitartikel aus der *Shishi xinbao,* Shanghai (29.4.1930)[39]

<u>Abschrift</u>
<u>Uebersetzung</u>

29.4.1930

Was wir uns von der deutschen Industrie-Studienkommission erhoffen

(...)[40]

China ist ein altes Kulturland, dessen Geschichte man nur mit der von Aegypten und Indien vergleichen kann. China bleibt jedoch in der neuen Kultur zurück. Dies ist eine Schande für

37 Das Schreiben des RVM an die RK (9.12.1929) konnte nicht gefunden werden.

38 Nachdem das RFM die Transeurasia-Anleihe zu Fall gebracht hatte, zog sich auch das RVM unter seinem neuen Minister, von Guérard, aus finanziellen Gründen von dem Projekt zurück. Lediglich das AA unter Curtius hielt daran fest. Vgl. Wiethoff 1975:124.

39 Bei dem Zeitungsartikel handelt es sich um eine Übersetzung, die als 7. Anl. an einen Bericht des Gesandten Borch vom 1.5.1930 an das AA angehängt war, in: BArch, 0902/3884. - Die *Shishi xinbao* (*The China Times*) war eine Zeitung aus Shanghai, die seit 1907 existierte.

40 Auslassung: Der Austausch zwischen den Völkern sei für den internationalen Frieden von Nutzen. Allerdings sollten Reisende keine boshaften Verleumdungen aussprechen. (Vgl. hierzu Anm. 42)

ein altes Kulturland. Daher haben unsere Landesgenossen, die zu Studienzwecken ins Ausland gehen, immer die Verwaltungen und Sitten bevorzugt, die als Muster und Vorbild für China dienen können. Das Gute wird dann zur Nachahmung eingeführt. Die Fremden, die nach China zu Studienzwecken kommen, haben natürlich auch nur die Absicht, die Kultur China's, die seit frühester Zeit bestand, zu suchen. Dabei suchen sie natürlich nur Nutzen für sich selbst. Es gibt jedoch selten Sachen, die für beide Parteien von Nutzen sind. Da jetzt eine Reform der chinesischen politischen Angelegenheiten erfolgt[41], sind nicht wenige Leute anderer Länder nach China gekommen. Man ist aber auch von den Ergebnissen meist enttäuscht. Vor einiger Zeit sind die amerikanischen Korrespondenten gekommen. Sie haben China in ganz kurzer Zeit nur oberflächlich besichtigt. Sie haben aber ganz offenbar nachher in Japan in verächtlicher Weise über China gesprochen.[42] Wir wissen wirklich nicht, welche Absichten sie dabei gehabt haben. Wir scheuen uns nicht, zu sagen, dass China ein junges Land ist. Und wir hoffen auch nicht, dass andere Länder uns schmeicheln. Wir lassen uns aber nicht gerne von anderen beleidigen. Es ist daher den Fremden zu raten, die zu Studienzwecken nach China kommen, dass sie das wirkliche China kennen lernen. Man muss auf subjective Behauptungen verzichten und seine Anschauung auf eine objective Basis gründen. Dann muss man in aufrichtiger Haltung ein offenes Urteil über China abgeben. Dies ist, was wir von den Fremden erhoffen, die zu Studienzwecken nach China kommen.

Die jetzt in China weilende deutsche Industrie-Studienkommission besteht aus 8 Mitgliedern, die alle führende Personen der deutschen Industrie sind. Sie haben alle eine vorzügliche Schulbildung und reiche Erfahrungen. Diese Reise hat grosse Bedeutung für die künftige deutsch-chinesische wirtschaftliche Zusammenarbeit und für die Zukunft des Handels. Wir haben die Reden der Kommission gehört und haben die Herren kennen gelernt. Was besonders in unserer Erinnerung geblieben ist, ist dies, dass die Kommission geäussert hat, Deutschland sei durch den Krieg wie ein Bleichsucht-Kranker geworden, der erst jetzt allmählich seiner Genesung entgegen geht. Die Lasten für Deutschland seien die Entschädigungen und das Unheil für China seien die inneren Kämpfe. Diese Worte sind zwar kurz und einfach, aber ihre Bedeutung ist gross. Die eingehenden Schilderungen über die Entwicklung der Wiederherstellung Deutschland's können als Muster und Vorbild für sämtliche chinesischen Aufbauarbeiten dienen. Diese Anschauung ist durchaus zutreffend und die Haltung der Kommission aufrichtig. Es ist daher selbstverständlich, dass die Kommission von uns freudig empfangen wird.

Was wir von der deutschen Industrie-Studienkommission erhoffen, ist, wie bereits vorgehend geschildert, dass sie, nachdem sie die verschiedenen Plätze besucht und die Fehler

41 Zu den politischen Reformen in China 1930/31, bei denen es im wesentlichen um die Einberufung einer Nationalversammlung ging, vgl. CYB 1931/32:529.

42 Wegen der negativen Berichterstattung der amerikanischen Korrespondenten Hallett Abend (*New York Times*) und Charles Dailey (*Chicago Tribune*) war es 1929/30 zu einer ernsthaften Auseinandersetzung zwischen dem chinesischen Außenministerium und der amerikanischen Regierung gekommen. Vgl. hierzu Papers Relating to the Foreign Relations of the United States 1929, Bd. II 1943:760-768; 1930, Bd. II 1943:564-566.

China's gefunden hat, offen und frei ihr Urteil abgeben wird. Ausserdem ist es uns noch sehr erwünscht, dass die Kommission uns die Aufbau-Pläne mitteilt, damit wir noch mehr lernen können.

BArch, 0902/3884.

11

Schreiben des Eisenbahnministers Sun Ke, Nanjing, an Reichsaußenminister Julius Curtius, Berlin (1.11.1930)

Office of the Minster
Nanjing

NATIONAL GOVERNMENT
OF THE REPUBLIC OF CHINA
MINISTRY OF RAILWAYS
November 1, 1930.

Cable Adress:
„Tiedaobu Nanjing"

Hon Dr. Julius Curtius
Minister of Foreign Affairs,
Berlin, Germany.

Your Excellency:
As Dr. Böhme[43] is returning to Germany, I ask for his courtesy to present you my cordial greetings. Although very much belated, I beg to have the honour to congratulate you for your concurrent assumption of the very important office of Foreign Affairs.

We all sincerely regret the premature death of Dr. Stresemann[44], but we are all sure that you will continue and further add to the good work of your illustrious predecessor and party comrade.

I recall with gratitude and pleasure that it was through Your Excellency's approval and encouragement that the proposal to send a Studien Commission to China was accepted and taken up by the Reichsverband der Deutschen Industrie. Your far-sighted policy must have been a source of strength to the rise of our Sino-German co-operation. As soon as I returned to China, I took up the proposal with my Government which resulted in the formal invitation to the Reichsverband this spring. We are now glad to have received the news that

43 K. Böhme arbeitete in Shanghai und war als Vorsitzender der Studienkommission des RDI im Gespräch gewesen. Vgl. Schmidt, in: Kuo / Leutner 1986:72.

44 RAM Stresemann war am 3.10.1929 gestorben. Zu seinem Nachfolger wurde Julius Curtius ernannt.

the Commission will come to China within these few months, and I can assure you that they will be most enthusiastically welcome.

The setback to German industrial export to China has been largely due to the conquest of long term credit for which the lack of financial investment institutions, in turn, seems to have been responsible. And when complete peace is not yet prevalent over China, perhaps something even more positive is required to start financing and export in large scale. If it is within your policy to grant credit guarantees to nations as you have done for Russia and Jugo-Slovia, I would venture to suggest that this would be a very important problem for the Commission to study and for Your Excellency's sympathetic consideration.[45] As to conditions in China, the most optimistic feature is that everywhere the spirit of regeneration and the desire for peace manifest themselves most strongly and unreservedly. Dr. Böhme will be glad to give you all the first-hand information about the latest development, I am sure; and it is not necessary for me to add details.

We are confident that you will continue to lend your leading assistance to the Sino-German co-operation movement as you have been doing before. I for once having the honour and pleasure of your acquaintance, I am glad to take this opportunity to express my sincere thanks and good hope.

With my best wishes and greetings of our people, I am

Yours faithfully,

Sun Ke

Minister.

PolArchAA, R 94973.

45 Das deutsch-sowjetische Kreditabkommen war 1926 unterzeichnet worden und wurde 1931 neu aufgelegt. Vgl. Teichert 1984:39.

12

Schlußwort des Berichtes der China-Studienkommission des Reichsverbandes der Deutschen Industrie (November 1930)[46]

Für die Beurteilung der Aufnahmefähigkeit des chinesischen Marktes müssen zwei Perioden unterschieden werden. Einmal die gegenwärtige Periode der inneren Wirren[47], in der die natürliche Entwicklung des chinesischen Marktes durch außerhalb der wirtschaftlichen Sphäre liegende politische und militärische Begebenheiten beschränkt und gehemmt wird. Zum Zweiten die Periode der kommenden inneren Befriedung und Konsolidierung, die einen großen Aufschwung der chinesischen Wirtschaft und damit auch des Außenhandels erwarten läßt. Charakteristisch für die erste Periode ist ein im Verhältnis zu der verringerten Aufnahmefähigkeit starkes Anwachsen der internationalen Absatzorganisation auf dem chinesischen Markt. Daraus folgt eine scharfe Konkurrenz, die sich im Gewähren von langfristigen Krediten, außerordentlich günstigen Zahlungsbedingungen und Lieferbedingungen an den chinesischen Käufer auswirkt. Dazu ist das Risiko für die Durchführung abgeschlossener Geschäfte und die Einbringung fälliger Zahlungen bei der Unsicherheit der politischen Verhältnisse und dem ständig wiederkehrenden Bürgerkriege bedeutend größer geworden. Wenn unter diesen Umständen die deutsche Industrie und die Absatzorganisationen, die für den Vertrieb deutscher Industrieerzeugnissen in China in Frage kommen, weder geneigt noch in der Lage sind, schon jetzt eine intensive Bearbeitung des chinesischen Marktes, die größere Kapitalien erfordert, durchzuführen, so ist das von privatwirtschaftlichen Gesichtspunkten aus gesehen verständlich. Um so mehr muß vom nationalwirtschaftlichen Standpunkt aus alles geschehen, um im Zusammenwirken von Regierung, Industrie und Handel jetzt schon eine breitere Grundlage für eine wirtschaftliche deutsch-chinesische Zusammenarbeit für die kommende Periode des wirtschafltichen Wiederaufbaus Chinas zu legen.

Es wird namentlich Aufgabe der Interessenverbände der deutschen Wirtschaft sein, die indirekte Vorbereitung des Geschäftes in China auf dem Gebiete einer nationalen Kultur- und Wirtschaftspropaganda durchzuführen. Genaues Studium der Eigenart des chinesischen Marktes und Erforschung seiner Geschäftsmöglichkeiten, genaue Beobachtung der politischen und wirtschaftlichen Entwicklung und die Unterrichtung der Kreise der deutschen Industrie, für die sich Absatzmöglichkeiten auf dem chinesischen Markt erwarten

46 Der Bericht der China-Studienkommission des RDI war im November 1930 veröffentlicht worden. Abgesehen von diesem Bericht verfaßte die Kommission noch ein 300 Seiten langes China-Memorandum, das im Frühsommer 1931 fertiggestellt und ins Chinesische (*Deguo quanguo shiye xiehui zhongguo kaochatuan chengdi zhongguo guomin zhengfu yijianshu*) übertragen wurde.

47 Die Reise der Kommission fiel zusammen mit dem großen Bürgerkrieg, als die GMD-Linke mit den Militärmachthabern des Nordens Yan Xishan und Feng Yuxiang koalierte. An den Kämpfen nahm eine Gruppe deutscher Militärberater unter dem Interimschef Kriebel teil. Vgl. hierzu Martin 1981:366, Anm. 2. Sowie Dok. 7, Anm. 28.

lassen, sind dringliche Aufgaben. Dabei sind von besonderem Interesse die Fragen der Finanzierung der sich entwickelnden chinesischen Industrie in Verbindung mit der chinesischen Zentralregierung, den Provinzialregierungen und den Stadtverwaltungen sowie dem chinesischen Privatkapital. Weiterhin die Einstellung der deutschen Industrie auf die besonderen Bedürfnisse des chinesischen Marktes, namentlich auf den Gebieten, die einen dauernden und sich mit den Jahren steigernden Absatz versprechen. Hier kommt in erster Linie die Betätigung der Zentralregierung und der Provinzialregierungen auf dem Gebiet der Entwicklung des Verkehrswesens sowie die Tätigkeit der Stadtverwaltungen auf dem Gebiete der Modernisierung der chinesischen Städte und Versorgung der Gemeinden mit Licht, Wasser und sanitären Anlagen in Frage.

Neben der Verbreitung der Kenntnis des chinesischen Marktes und der genauen Beobachtung der mit der fortschreitenden Industrialisierung sich anbahnenden Entwicklung muß eine bessere Orientierung der chinesischen Regierungsbehörden und Wirtschaftskreise über die Leistungsfähigkeit der deutschen Industrie und die bei dem wirtschaftlichen und industriellen Wiederaufbau Deutschlands gemachten Erfahrungen erfolgen. Die Bedeutung der in Deutschland in verhältnismäßig kurzer Zeit geleisteten Wiederaufbauarbeit ist in weiten Kreisen Chinas bekannt und wird gebührend eingeschätzt. Weniger bekannt ist, inwieweit die in Deutschland gemachten Erfahrungen in China für die eigene Industrialisierung ausgenutzt werden können. In diesem Punkte könnten deutsche Sachverständige und technische Berater die besten Vermittler sein, und da sowohl die chinesischen Behörden wie auch die chinesischen Wirtschaftsorganisationen der technischen Beratung und der Einstellung fremder Sachverständiger den größten Wert beilegen, muß diese Frage auch von der deutschen Industrie mit Sorgfalt behandelt werden.

Auf der gleichen Linie liegt das Studium chinesischer Studenten an deutschen Universitäten und Technischen Hochschulen[48] sowie überhaupt der Besuch von Vertretern chinesischer Behörden, Wirtschaftsorganisationen und Firmen in Deutschland, der bisher noch nicht den Umfang angenommen hat, wie in anderen Ländern, namentlich Amerika, England und Frankreich.

Die Kommission konnte feststellen, daß eines der wichtigsten Elemente für die Förderung der wirtschaftlichen Beziehungen zwischen Deutschland und China die deutschsprechenden Chinesen darstellen, die ihre wissenschaftliche und technische Ausbildung in Deutschland genossen haben. Alles, was geschieht, um die Zahl der Chinesen zu vermehren, die eine genaue Kenntnis der Leistungsfähigkeit der deutschen Industrie haben, wird dem Ausbau der deutsch-chinesischen Wirtschaftsbeziehungen zugute kommen. In dieser Beziehung hat der Besuch der Kommission in China bereits eine günstige Wirkung gezeitigt, da sich gerade in den letzten Monaten die Zahl der von den Regierungen in Shenyang und Nanjing nach Deutschland entsandten Studenten bedeutend vermehrt hat. Wenn auch in Deutschland die für diese Zwecke der Kulturpropaganda zur Verfügung stehenden Mittel nicht entfernt so groß sind wie die Mittel, die England, Amerika und Frankreich für diesen Zweck namentlich aufgrund der frei gewordenen Boxerent-

---

48 Zum Studium chinesischer Studenten in Deutschland, vgl. Kap. 5 dieses Bdes.

schädigungen[49] zur Verfügung stehen, so sollten die an dieser Frage interessierten Kreise in Deutschland alles daran setzen, um den chinesischen Studenten jede Möglichkeit für ihre Ausbildung sowohl an den Hochschulen wie auch in der Praxis der Fabriken zu geben.

Die Entwicklung in China verdient noch von einem anderen Gesichtspunkt aus größte Aufmerksamkeit. Die Industrialisierung Chinas und damit auch die Umwandlung der wirtschaftlichen Grundlage wird auch in der Struktur der Absatzorganisation in China eine ähnliche Wandlung durchmachen wie beispielsweise in Japan. Wie in der Industrie so wird im Handel das chinesische Element sich mehr in den Vordergrund drängen. Die Eigenart des chinesischen Marktes, die schwierigen Währungs- und Finanzverhältnisse[50], die politische und wirtschaftliche Unsicherheit gebieten jedenfalls heute noch große Vorsicht bei jedem Geschäft nach China, das mit größeren Krediten verbunden ist.

Deutschlands Verhältnis zu China ist durch die bestehenden Verträge aufgrund der Gegenseitigkeit und Gleichberechtigung geregelt.[51] Das deutsche Fabrikat und der deutsche Kaufmann haben in China einen guten Namen, und die Durchführung des wirtschaftlichen Wiederaufbaus Deutschlands ist die beste Propaganda für die deutsche Industrie gewesen. Weite Kreise Chinas fühlen sich unter dem Druck internationaler Verträge in einer Schicksalsgemeinschaft mit Deutschland. Alles dies hat dazu beigetragen, daß die Neigung, gerade auf wirtschaftlichem Gebiete mit Deutschland zusammenzuarbeiten, in China weit verbreitet ist.

Die Einladung an den Reichsverband der Deutschen Industrie durch die chinesische Regierung, eine industrielle Studienkommission nach China zu entsenden, und die Aufnahme, die diese Kommission in ganz China bei Behörden und in chinesischen Wirtschaftskreisen gefunden hat,[52] war hierfür ein Beweis, der noch unterstrichen wird durch eine Artikel in der offiziellen Wochenschrift der chinesischen Regierung „The China Critic“[53] vom 11. September 1930 in einer Besprechung des Zollberichtes über den Außenhandel. In diesem Artikel heißt es zum Schluß:

49 Die im Boxerprotokoll der chinesischen Regierung auferlegten Zahlungen betrugen 450 Mill. Tael (vgl. Anm. 50) und sollten bis 1940 laufen. Die Gelder wurden seit 1908 für kulturelle Zweck, das heißt vor allem für die Ausbildung chinesischer Studenten verwendet. Deutschland war davon nicht betroffen, denn mit der Kriegserklärung vom 17.8.1917 hatte die chinesische Regierung die Zahlungen eingestellt. Infolge des Ersten Weltkrieges war es dann aller Rechte des Boxerprotokolls verlustig gegangen.

50 In China bestanden verschiedene Währungssysteme nebeneinander: 1) Der Dollar, der in verschiedenen Variationen existierte. Am wichtigsten war der mex. $, der sich nach der Öffnung Kantons für den ausländischen Handel zu der Währung für internationale Geschäft entwickelt hatte. 2) Der Tael (chines. *Liang*), eine Silbermünze, die von Gegend zu Gegend stark variierte. Am häufigsten gebraucht wurde der Haiguan Tael (Zolltael), der auch als Rechnungseinheit fungierte. 1 Tael entsprach 1929 2,70 RM (Vgl. Bericht der China-Studienkommission des RDI 1930:11). 1 Zolltael hatte etwa den Wert von 1,5 mex. $ (Hinz 1973:609). 3) Kupfermünzen für den Kleinhandel. - Zu den chinesischen Finanz- und Währungsverhältnissen, vgl. CYB 1931/32:394-397.

51 Vgl. Dok. 4. Sowie Dok. 2, Anm. 9.

52 Vgl. Dok. 7 u. 10.

53 Die Zeitung *China Critic* erschien einmal in der Woche in Shanghai.

„Aufmerksamkeit verdient der schnelle Fortschritt, den Deutschland in seinem Chinahandel, verglichen mit anderen Ländern, gemacht hat. Die Einfuhr Deutschlands ist von 38.895.000 Haiguan Taels[54] im Jahre 1927, 55.298.000 Haiguan Taels im Jahre 1928, auf 66.753.000 Haiguan Taels im Jahre 1929 gestiegen. Gewiß sind diese Zahlen zurzeit noch niedriger als die Einfuhrzahlen von England, Japan oder den Vereinigten Staaten von Amerika. Aber die schnelle Steigerung der Einfuhr, die von keinem anderen Lande, das mit China Handel treibt, erreicht wird, verdient besondere Beachtung.[55] Wenn man auch gewiß viel über die industrielle und kommerzielle Fähigkeit des deutschen Volkes sagen kann, so muß doch noch besonders betont werden, daß das besondere Gefühl der Freundschaft, das zwischen diesen beiden Völkern als Folge der Regelung ihrer Vertragsverhältnisse auf dem Grundsatz gegenseitiger Gleichberechtigung besteht, viel zugunsten der Entwicklung des deutschen Handels in China beigetragen hat und in Zukunft noch mehr beitragen wird."

Ist somit eine gesunde Basis für die Entwicklung des Handels zwischen Deutschland und China vorhanden, so darf man sich doch nicht der Ansicht verschließen, daß eine gleich günstige Fortentwicklung der wirtschaftlichen Beziehungen zwischen beiden Ländern letzten Endes bedingt wird durch die wirtschaftlichen Vorteile, die sich beide Völker gegenseitig zu bieten haben. Die großen Mittel, die anderen Nationen für eine intensive Wirtschaftspropaganda in China zur Verfügung stehen, und die Möglichkeit, weitgehende Kredite zu gewähren und Kapitalinvestierungen in China vorzunehmen, all diese Umstände verlangen in den nächsten Jahren von Deutschland besondere Arbeit und Anstrengung, um uns einen gebührenden Anteil am chinesischen Handel und der Industrialisierung Chinas zu sichern. Die Reise der deutschen industriellen China-Studienkommission des Reichsverbandes der Deutschen Industrie war ein glücklicher Anfang einer systematischen Wirtschaftspropaganda in China. Es ist nunmehr Sache der deutschen maßgebenden Faktoren, die in China von der Kommission gesammelten Erfahrungen auszunutzen und die dort angeknüpften Beziehungen weiter auszubauen.[56]

Schlußwort des Berichtes der China-Studienkommission des Reichsverbandes der Deutschen Industrie, Berlin 1930, S. 189-191.

---

54 Vgl. Anm. 50.

55 In den Jahren 1927-29 hatte der Export deutscher Fertigwaren nach China eine Steigerung von über 50% erfahren und der gesamte deutsch-chinesische Handel war über 40% gewachsen. Der Anteil chinesischer Produkte am deutschen Gesamtimport lag bei etwa 2%. Bereits 1926 war Deutschland hinter den USA und Großbritannien zur drittstärksten westlichen Handelsmacht avanciert. Vgl. Causey 1942:98-135 / Pang 1937, 46 u. 51-54.

56 Vgl. Dok. 13 und Niederschrift über die Sitzung des China-Ausschusses des RDI am 28.11.1930, in: Martin 1981:368-372. Sowie Schmidt, in: Kuo / Leutner 1986:77-82.

13

Brief des Vorsitzenden des China-Ausschusses des Reichsverbandes der Deutschen Industrie, Abraham Frowein, Berlin, an die chinesischen Behörden, Nanjing (o.D., vmtl. Juni 1931)

Brief an die chinesischen Behörden.[57]

Ich habe die Ehre, Euer Excellenz offiziell von der Gründung der China-Studien-Gesellschaft ergebenst in Kenntnis zu setzen. Über die Veranlassung der Gründung, die Zwecke und Ziele sowie die Zusammensetzung der Gesellschaft erlaube ich mir, noch nachstehend Euer Exzellenz eingehend Mitteilung zu machen.

Die Gründung steht im Zusammenhang mit der Reise nach China der China-Studienkommission des Reichsverbandes der Deutschen Industrie im vorigen Jahre. Bei den vielfachen Verhandlungen und Besprechungen, die von der Studienkommission während der Reise mit Behörden und verschiedenen Wirtschaftskreisen geführt worden sind, wurde wiederholt von chinesischer Seite dem Wunsche Ausdruck gegeben, für die Fortsetzung der durch die Studienkommission angebahnten Zusammenarbeit eine geschäftlich nicht interessierte Vertrauens- und Zentralstelle in Deutschland zu haben, die zwecks Einholung wirtschaftlicher und technischer Informationen über Fragen und Probleme des industriellen Aufbaus Chinas für eine objektive Beratung der chinesischen Regierung, Behörden und Privatinteressenten zur Verfügung steht. Der Reichsverband der Deutschen Industrie war umso eher bereit, diesem Wunsche entgegenzukommen, als sich aufgrund des Berichtes der Studienkommission die Notwendigkeit ergeben hat, auch im Gesamtinteresse der deutschen Industrie eine Organisation zu schaffen, die in allen Fragen deutsch-chinesischer Zusammenarbeit eine Zentralstelle bildet und aufklärend und beratend wirken kann.

Unter der Aegide des Reichsverbandes der Deutschen Industrie wurde dementsprechend von den deutschen interessierten industriellen und finanziellen Kreisen die China-Studien-Gesellschaft gegründet. Zweck und Ziel dieser Gesellschaft ist ein eingehendes Studium des wirtschaftlichen und industriellen Aufbaus Chinas, von dem Gesichtspunkt ausgehend, die Möglichkeit einer engeren deutsch-chinesischen Zusammenarbeit zu erforschen und zu fördern. Die Gesellschaft will durch ihre Arbeit ebenso wie die deutschen Interessen auch die wirtschaftlichen Interessen Chinas verfolgen, indem sie den chinesischen Behörden und privaten Interessenten Gelegenheit bietet, sich die beim wirtschaftlichen und industriellen Wiederaufbau Deutschlands errungenen Erfahrungen zunutze zu machen. Leitender Grundsatz für die Gesellschaft ist daher, nach Möglichkeit dafür Sorge zu tragen, daß die von chinesischer Seite an sie herantretenden Anfragen allgemeiner Natur ebenso wie spezielle Projekte nur in technisch einwandfreier und sachgemäßer, den besonderen Verhältnissen entsprechender Weise bearbeitet werden.

57 Der Brief wurde nur als Abschrift und mit dieser allgemeinen Anrede gefunden.

Die China-Studien-Gesellschaft, die durch Beiträge ihrer Mitglieder finanziert wird, sucht keinen Verdienst durch Abschluß von Geschäften, sondern beschränkt sich neben einer allgemeinen Beratungstätigkeit darauf, vorliegende Projekte bis zur Geschäftsreife vorzubereiten, um die Durchführung der rein geschäftlichen Transaktionen den dem chinesischen Partner genehmen deutschen Industriegruppen zu überlassen.

Zunächst werden von der Gesellschaft diejenigen Projekte weiter verfolgt werden, die der China-Studienkommission auf ihrer Reise in China vorgetragen worden sind, doch erwartet die Gesellschaft, daß sie in Zukunft auch für andere Projekte den chinesischen Behörden sowie auch privaten Interessenten in gleicher Weise wie der deutschen Industrie als Vertrauens- und Vermittlungsstelle dienen kann.[58] Der Reichsverband der Deutschen Industrie und die Mitglieder der China-Studien-Gesellschaft geben sich der Hoffnung hin, daß durch die Gründung dieser Gesellschaft ein geeignetes Instrument für die Förderung deutsch-chinesischer wirtschaftlicher Zusammenarbeit geschaffen ist.

An der Spitze der Gesellschaft steht ein Arbeitsausschuß, der sich vorläufig wie folgt zusammensetzt:

Abraham Frowein (Präsidialmitglied des Reichsverbandes der Deutschen Industrie) Vorsitzender

Direktor Dr. Alfred Jacoby, (Darmstädter und Nationalbank) Stellvertretender Vorsitzender

Direktor Hans Kraemer (Präsidialmitglied des Reichsverbandes der Deutschen Industrie und Mitglied des Wirtschaftsrats)

Direktor Retzmann, (Präsidialmitglied des Reichsverbandes der Deutschen Industrie und Mitglied des Reichswirtschaftsrats)

Direktor Karl Ehrhard (Golddiskontbank)

Direktor Karl Gerwin (Stahlwerksverband)

Direktor Voss (Vertreter der Bauindustrie)

ferner ein Vertreter der Elektrizitätsindustrie, der noch nicht benannt ist.

Die Geschäfte werden von dem Vorsitzenden bezw. dessen Stellvertreter geführt.

Ich verspreche mir von der Gründung der China-Studien-Gesellschaft eine wirkungsvolle Förderung der chinesisch-deutschen Zusammenarbeit auf allen Gebieten der Wirtschaft, wobei ich mich allerdings der angenehmen Hoffnung hingebe, daß Euer Excellenz der neuen Gesellschaft die gleiche Unterstützung angedeihen lassen werden, wie sie von Ihrer Seite der industriellen China-Studienkommission während ihres Aufenthaltes in China in so dankenswerter Weise gewährt wurde. In dieser Hoffnung zeichne ich als

Euer Excellenz ergebenster

gez. Abr. Frowein

BArch, 0902/3885.

58 Kirby sieht die China-Studiengesellschaft als Teil der „Chinalobby", die sich vor allem nach der nationalsozialistischen Machtübernahme zu formieren begann. Vgl. ders. 1984:256.

14

Ausführungsvertrag über den Austausch von Rohstoffen und Landesprodukten Chinas gegen Industrie- und sonstige Erzeugnisse Deutschlands (23.8.1934)[59]

Nachdem Verhandlungen zwischen dem Chef der Militärkommission und Oberbefehlshaber der Chinesischen Armee, Herrn Marschall Jiang Jieshi und seiner Exzellenz, Generaloberst von Seeckt stattgefunden haben, und diese Verhandlungen von Herrn Hans Klein, der durch die Vermittlung von seiner Exzellenz, Herrn Generaloberst von Seeckt nach Guling gekommen ist zu Ende geführt wurden[60], ergab sich Übereinstimmung darin, daß es im Interesse Chinas sowohl wie Deutschlands liegt, durch ein inniges und freundschaftliches Zusammenarbeiten den wirtschaftlichen Wiederaufstieg und den Handel beider Länder zu fördern. Beide Parteien haben die nachstehenden Vertragsbestimmungen im beiderseitigen Interesse festgelegt.

Der Zweck dieses Vertrages ist, den Industrie-, Handels- und politischen Aufbau beider Länder durch den Austausch der Rohstoffe und Landesprodukte von China gegen Industrieprodukte und sonstige Erzeugnisse von Deutschland zu fördern und dadurch die beiden Länder und Völker zu stärken.

Beide Parteien sind sich darüber einig, daß dieser Vertrag vorerst unbedingt streng geheim bleiben muß.[61]

§ 1

Die Chinesische Regierung (in der Folge Ch.R. genannt) liefert in handelsüblicher Form an Hans Klein (in der Folge H.K. genannt) cif. einem deutschen Hafen die für Deutschland notwendigen Montanrohstoffe und Landesprodukte.[62] H.K. liefert in handelsüblicher Form an die Ch.R. cif. einen chinesischen Hafen die für China notwendigen deutschen Industrie- und sonstigen Erzeugnisse.

---

59 Abgedruckt in: Martin 1981:410-413. Als Geheimvertrag fand er keine Aufnahme in das RGBl. - Zur Vorgeschichte des Vertrags, vgl. Aufzeichnung von Seeckt, 21.11.1934, in: ebd. (Martin):413-414.

60 Zu den Gesprächen zwischen Jiang Jieshi und Hans Klein in Guling, vgl. Meier-Welcker, in: ebd.:128 / Wu 1992:180.

61 Die Gründe für diese Geheimhaltung sind nicht eindeutig festzumachen. Hitler hatte Klein am 28.2.1935 empfangen und die Verhandlungsergebnisse sanktioniert (Min.Dir. Meyer, AA, an das GK Shanghai, 1.4.1935, in: ADAP, C IV, Dok. 1:1). Ähnlich wie Jiang Jieshi wollte er wohl verhindern, daß die Japaner zu früh entsprechende Informationen erhielten. Auch ist zu vermuten, daß die Militärs beider Seiten die zivilen Instanzen umgehen wollten.

62 Gemeint war in erster Linie Wolfram. Deutschland nahm über die Hälfte der chinesischen Wolfram-Exporte auf, was einer Deckung des deutschen Bedarfs von 70% entsprach. Vgl. Bloch 1940:28 u. Dok. 17. - CIF (Cost Insurance Fright) bedeutet, daß die Kosten für Verladung, Versicherung und Fracht nicht aufgebracht werden müssen.

§ 2

Die Abnahme von China nach Deutschland gelieferter Montanrohstoffe durch H.K. erfolgt in einem deutschen Hafen. Die Landesprodukte dagegen können von H.K. in einem chinesischen Seehafen übernommen werden.

§ 3

Um eine regelmäßige Verschiffung zu gewährleisten, verpflichtet sich H.K. dafür zu sorgen, daß der Ch.R. der nötige Schiffsraum jeweils rechtzeitig zur Verfügung steht. H.K. ist bereit, im Einvernehmen mit der Ch.R. gemeinsam mit der Ch.R. eine Schiffahrtsgesellschaft[63] ins Leben zu rufen, die dem obigen Zwecke dienen soll.

§ 4

In gegenseitigem Interesse werden beide Parteien noch die Art und Menge der verschiedenen Rohstoffe festlegen, die bei den Lieferungen bevorzugt zu behandeln sind, bzw. bevorzugt abgebaut und verschifft werden sollen.

§ 5

Um vorläufig eine Preisbasis festzulegen, sollen vorerst die internationalen Börsenpreise nicht überschritten werden. Daher werden beide Parteien in noch folgenden Verhandlungen unter sich eine Preisbasis festlegen, die beiden Teilen Rechnung trägt. Beide Parteien sind willens, den Warenaustausch durch ein inniges und freundschaftliches Zusammenarbeiten so zu gestalten, daß möglichst eine Unabhängigkeit vom internationalen Markt geschaffen wird.

§ 6

Um den Abbau der Montanrohstoffe in China sachgemäß und wirtschaftlich zu ermöglichen, wird H.K. der Ch.R. nach ihrem Ermessen die notwendigen Fachleute zur Verfügung stellen, welche ihr mit Rat und Tat zur Seite stehen.[64]

---

63 Die Schiffahrtsgesellschaft wurde nie gegründet. Hans Klein hatte in dieser Angelegenheit am 31.10.1935 einen Brief an Weng Wenhao geschrieben (2. HACh 28(2)-690), in welchem er die Unterstützung des Beauftragten des Reichsführers für Wirtschaftsfragen, Keppler, ankündigte. Mit den Vertretern des Norddeutschen Lloyd und der Hamburg-Amerika-Linie sei ebenfalls schon gesprochen worden. Die deutsche Seite solle den Seeschiffahrtspark, die chinesische Seite den Fluß- und Küstenschiffahrtspark einbringen. Die Beteiligung des Staates sei für beide Seiten von Vorteil, weil sie eine Kontrolle garantiere.

64 Damit war die von Klein am 21.1.1934 gegründete HAPRO angesprochen, die im April 1936 als staatliche Firma übernommen wurde.

Die für die Aufschlußarbeiten und Gewinnung der Montanrohstoffe benötigten maschinellen und sonstigen Einrichtungen, die in China nicht erhältlich sind, liefert H.K. der Ch.R. Er kreditiert ihr deren Gegenwert solange, bis dieser Kredit durch die Lieferung von Rohstoffen und Landesprodukten abgetragen werden kann.

§ 7

Der Gegenwert der gelieferten Rohstoffe und Landesprodukte wird der Ch.R. gutgeschrieben. Die Ch.R. kann über dieses so in Deutschland entstehende Guthaben jederzeit im Sinne des Abkommens nach ihrem Ermessen verfügen durch Ankauf deutscher Industrieprodukte und sonstiger Erzeugnisse.

§ 8

Um diese in § 6 erwähnten Kredite durchzuführen und um der Ch.R. noch weitere Erleichterungen zu schaffen, wird H.K. Verhandlungen führen mit dem Ziele, bereits schon jetzt der Ch.R. einen Kredit zu eröffnen, den die Ch.R. nach seiner Bereitstellung im Sinne des Abkommens durch den Bezug von deutschen Industrieprodukten und sonstigen Erzeugnissen auswerten kann. Dieser Kredit soll sich durch die Lieferung von Roh- und Landesprodukten in laufender Rechnung von selbst abdecken und wieder ergänzen.

H.K. wird in seinen Verhandlungen in Berlin versuchen, einen Kredit für die Ch.R. in Höhe von RM 100.000.000,- (einhundert Millionen Reichsmark) zu erhalten.[65]

§ 9

Der Zinsfuß für die der Ch.R. gewährten Kredite, ebenso die Kreditzinsen für entstehende Guthaben, sollen durch Verhandlungen von H. K. in Berlin festgestellt und mit der Ch.R. festgelegt werden.

§ 10

Der Gegenwert aller nach Abschluß dieses Vertrages an H.K. oder an deutsche Firmen erteilten oder zu erteilenden Aufträge soll durch diesen in § 8 erwähnten Kredit abgedeckt werden.

---

65 RWiM Schacht hatte in einem Schreiben an Finanzminister Kong Xiangxi vom 6.5.1935 einen Kredit über 20 Mill. RM in Aussicht gestellt. (ADAP, C IV, Dok. 76:136-137.) Letztlich wurde jedoch aus dem Fonds des RKM ein Kredit von 100 Mill. RM gewährt. - Dieser Brief sollte eigentlich an Jiang geschickt werden, ging aber dann mit Genehmigung des AA an Kong. Der Satz Schachts „Ich folge dem Wunsche meines Führers, wenn ich die Verwirklichung des Vertrages mit allen mir zu Gebote stehenden Mitteln unterstütze“ wurde von Min.Dir. Meyer in „(...) und bin gern bereit, die Verwirklichung des Vertrages mit den mir zu Gebote stehenden Mitteln zu unterstützen” umgewandelt.

§ 11

Bei Vergebung von Aufträgen der Ch.R. an deutsche Firmen verpflichtet sich H.K. auf Wunsch der Ch.R. zum Schutze gegen Übervorteilungen durch die Lieferfirmen, die Angebote derselben auf ihre Vollständigkeit, Zweckmäßigkeit, sowie die Preiskalkulation gewissenhaft und genau zu prüfen und prüfen zu lassen.

§ 12

H.K. ist bereit, alle notwendigen Spezialisten zur Durchführung dieses Vertrages zur Verfügung zu stellen und ist auch ferner bereit, für alle zu bauenden Kriegsbetriebe diejenigen Vorschriften, Zeichnungen und Unterlagen zur Verfügung zu stellen, die zur Durchführung eines einwandfreien Betriebes notwendig sind. Überhaupt wird H.K. der Ch.R. alle Unterstützungen gewähren, die beiderseitigem Interesse dienen, um die enge freundschaftliche Zusammenarbeit zu vertiefen.

§ 13

Die Ch.R. beauftragt die Vertrauensstelle der Chinesischen Central Bank[66], die durch diesen Vertrag entstehenden Spezialarbeiten durchzuführen. Die Leitung übernimmt eine hohe Persönlichkeit, die auch mit den deutschen Verhältnissen vertraut ist und auch über die nötigen technischen Fähigkeiten verfügt.

§ 14

Zusatzbestimmungen, welche durch die Verhandlungen von H.K. in Berlin und mit der Ch.R. in China sich noch ergeben, sollen in einem Anhang diesem Vertrag beigefügt werden.

§ 15

Sollte innerhalb von zwei Jahren, gerechnet vom Datum dieses Vertrages an, der in diesem Vertrag festgelegte Gedanke des Austausches der gegenseitigen Güter sich nicht vollauf verwirklichen, hervorgerufen durch irgendwelche politischen oder sonstigen Umstände, so verpflichtet sich die Ch.R. den von ihr bis zu diesem Zeitpunkt in Anspruch genommenen Kredit nach Ablauf dieser zwei Jahre innerhalb von drei Jahren zurückzuzahlen.

---

66 Die „Central Bank of China“ (*Zhongyang yinhang*) war 1928 in Shanghai gegründet und mit einigen Zentralbankfunktionen ausgestattet worden. Im Zuge der Währungsreform wurde dann 1935 eine „Zentrale Bankengruppe“ gebildet, die das chinesische Geld- und Finanzwesen dominierte. Vgl. Osterhammel 1989:302-303 / Spence 2001:447.

§ 16

Der Vertrag ist in chinesischer und richtig übersetzt in deutscher Sprache in je zwei Exemplaren ausgefertigt.

§ 17

Beide Parteien sind gehalten, Schwierigkeiten in gegenseitigem Einvernehmen auf freundschaftlicher Grundlage zu beseitigen. Es muß nach Möglichkeit vermieden werden, Streitigkeiten aufkommen zu lassen.

Sollten sich trotzdem solche ergeben, so erkennen beide Parteien an, daß diese Differenzen durch eine Schlichtungskommission geschlichtet werden sollen. Diese Schlichtungskommission soll bestehen aus einem Vertreter beider Parteien, sowie einem Vorsitzenden, der von diesen beiden Vertretern bestimmt wird.

Die Entscheidung dieser Schlichtungskommission ist unter dem Ausschluß des Rechtsweges endgültig und für beide Parteien bindend.

§ 18

Dieser Vertrag tritt mit dem Tage seiner Unterzeichnung in Kraft.

Guling
Nanjing den 23. August 1934

Der Minister des Finanzministeriums der Chinesischen Regierung. Der Präsident der Chinesischen Reichsbank (Central Bank)

gez. *Kong*[67]

gez. *Hans Klein.*

Für die Richtigkeit der Übersetzung:
gez. Qi Jun[68] Dr. Liang[69]

PolArchAA, R 31249KI und 2. HACh, 307-4045.

67 Kong Xiangxi war von 1933-44 FM Chinas und Präsident der Zentralbank (vgl. Anm. 66). Über seine Frau, Song Ailing, einer Schwester Song Ziwens, war er mit der Familie Song, aber auch mit Jiang Jieshi (verheiratet mit Song Meiling) verwandt.

68 Zu Qi Jun, dem deutschen Chefdolmetscher Jiang Jieshis, vgl. Harnisch 1999:130 / Liang 1978:95 u. 211.

69 Liang Ingwen [k.P.], Leiter der Handelsabteilung der CGB.

15

Denkschrift des Leiters des Statistik-Komitees für Energie und Ressourcen der Militärkommission, Sun Zheng, Nanjing (6.2.1935)[70]

6. Februar 1935

Seit den letzten Jahren herrscht ein ökonomischer Nationalismus vor. Die Staaten streben nach Autarkie der Ressourcen und zugleich fördern oder begünstigen sie die Produktion in den Kolonien. Im Hinblick auf die Hauptexportartikel unseres Landes, wie z.B. Tee, Eierprodukte[71], ist England der größte Markt gewesen. Aber seit der Ottawa-Konferenz[72] diskriminiert England diese Produkte und verhängt wiederholt Mengenbeschränkungen für deren Import. Da Länder wie Frankreich und Italien seit kurzem auch in Afrika die Produktion solcher Waren fördern, wird unser Absatz in Europa allmählich verdrängt. Selbst bei solchen Produkten wie China-Heizöl, Seide und Baumwollartikeln dominiert das Bestreben nach Selbstversorgung oder starke Konkurrenz. Ein Blick auf die Exportlage zeigt, daß das Dornengestrüpp auf unserem Weg wächst. Wenn man weiterhin laissez faire-Mittel anwendet, wird unsere Volkswirtschaft sicherlich verarmen. Eine Politik der Autarkie aber können wir nicht durchführen, denn der industrielle Aufbau unseres Landes mittels Naturressourcen ist ohne Fremdkapital und Heranziehung ausländischer Technologie nicht möglich.

Der internationale Handel nimmt täglich ab und entsprechend reduzieren sich die Devisen. Fiskalisch gesehen, strapaziert die Abnahme des Handels zunehmend die Steuereinnahmen, denn die Zölle bilden den wichtigsten Posten für das Steueraufkommen. Obendrein ist die ökonomische Entwicklung hierzulande während der letzten Jahrzehnte hauptsächlich angewiesen gewesen auf Handel und Emigration. Die Ergänzungen der Einkommen in den Küstenprovinzen hängen von den Seidenexporten und den zahlreichen Auswanderern ab.[73] Nicht zuletzt stellen diese Einkommen die Grundlage für die wirtschaftliche Entwicklung des Hinterlandes dar. Die Volkswirtschaft vernetzt sich um das Zentrum Shanghai, wo sich die Industrie konzentriert.[74] Die Zentralregierung nutzt dieses

70 Übersetzt von Li Sujuan. Abgedruckt in: Zhongde waijiao midang 1994:201-202.

71 Vom Niedergang der Tee-Exporte war China insofern hart betroffen, als es keine exotischen Genußmittel produzierte und über Gold, Diamanten oder Kautschuk nicht verfügte. Neben Tee und Eiern lieferte es v.a. Rohbaumwolle, Sojabohnen, Eisenerz, Baumwollgarn und Pflanzenöle. Vgl. Osterhammel 1989:248-249.

72 Auf der Konferenz von Ottawa (Juli-August 1932) war beschlossen worden, den Commonwealth-Ländern Vorzugszölle im Handel zu gewähren.

73 Die Überseechinesen (*Huaqiao*) investierten hauptsächlich in Kanton, Shanghai und in die Provinz Fujian. Der Höhepunkt ihrer Investitionen war zwischen den Jahren 1927-37 erreicht. Dies hing damit zusammen, daß China von den Auswirkungen der Weltwirtschaftskrise von 1929 nur marginal berührt wurde. Vgl. Pan 1999:110 / Wang 2000:79-80.

74 Zur Bedeutung Shanghais als wirtschaftliches Zentrum, vgl. CYB 1931/32:56 / Bergère 1986:138-146 / Freyeisen 2000:20.

Wirtschaftszentrum, um die politische Einheit herbeizuführen. Wenn die Exportwege heute abgeschnitten werden, können die Produkte aus dem Hinterland nicht mehr ausgeführt werden. Erfolgen keine Lieferungen aus dem Hinterland, verringern sich auch die Importmöglichkeiten. Zur Erhaltung der Lebensgrundlage des Volkes wird deshalb zunehmend der Weg der Autarkie begangen. Die Provinzen versorgen sich mit eigenen Produkten. In den letzten Jahren breitet sich dort die Idee einer kontrollierten Ökonomie aus, um so autark zu werden.[75] Diese Entwicklung ist auf die geschilderte Situation zurückzuführen. Auf internationaler Ebene wurden die Investitionen eingestellt und die Handelswege blockiert. Wirtschaftlicher Nationalismus ist aufgekommen. Wenn dieser Trend anhält und man ihm freien Lauf läßt, wird die Volkswirtschaft mit Sicherheit zusammenbrechen. Ein wirtschaftlicher Zusammenbruch würde die politische Zersplitterung fördern. Das gleicht dem Gang auf Eiern, der immer mit Furcht verbunden ist. Will man die Lage retten, kann man nicht einseitig auf den Binnenhandel setzen. Man sollte kein Mittel scheuen, um gleichzeitig den Außenhandel zu fördern.

Aus ökonomischen, finanziellen und politischen Gründen muß deshalb unser Land seine größte Aufmerksamkeit auf die Erhaltung und Ausweitung des Außenhandels richten. Dieser Weg muß, abgesehen von der Stärkung des Währungssystems und der steuerlichen Fördergelder, als reziproke Handelspolitik gestaltet werden. Das heißt, daß einseitige Steuererhöhung oder die Einführung von Importbeschränkungen vermieden werden und stattdessen in Verhandlungen die Gegenseitigkeit als Bedingung vorgeschlagen werden sollte. Mit dem Abschluß von Handelsvereinbarungen auf der Grundlage der Reziprozität müssen die Exportwege gesichert werden. Zur Zeit betreibt kein Staat eine solche Politik. Im Vergleich zu anderen Staaten hat unser Land Exportüberschüsse zu verzeichnen. Bei uns ist die Nachfrage groß, aber wir fragen wenig nach. Die Austauschbedingungen sind günstig für uns, doch die Regierenden zögern und wagen keine Experimente. Vielleicht aus Angst vor starken Nachbarländern und Diktatoren wollen sie auf diese Weise die zerstörerische Politik wirtschaftlicher Gruppierungen verhindern, doch gleichzeitig sind ihre eigenen Maßnahmen unzureichend.

Um dieser Situation zu entgehen, sollte eine Art von industrieller und wirtschaftlicher Vereinigung als privat-juristische Person geschaffen werden. Ihr Austausch mit dem Ausland ist eine wirklich effiziente Methode. Staatliche Maßnahmen können zu außenpolitischen Problemen werden, aber der privatwirtschaftliche Handel kann als private Tätigkeit gelten und fällt damit nicht in den Bereich der staatlichen Intervention.

Was Otto Wolff bezüglich der Organisation eines Konsortiums für Tauschgeschäfte vorschlug[76], entspricht in Wirklichkeit den Bedürfnissen unseres Landes. Allerdings sind

75 Zu den politischen Autarkiebestrebungen in den Provinzen, vgl. Eastman, in: CHOC 13:124-130.

76 Die entsprechende Denkschrift von Otto Wolff bezüglich des Warenaustausches zwischen China und Deutschland (7.9.1934) befindet sich ebenfalls im 2. HACh 28(2)-2133. Sie ist abgedruckt in: Zhongde waijiao midang 1994:199-201. Vgl. hierzu Trautmann, DGP, an das AA, 31.12.1934, in: ADAP, C III, Dok. 404:742-744.

wir kein Land der Organisation und die politischen Kräfte sind zur Zeit noch nicht geeint.[77] Es ist auf einen Schlag nicht möglich, alle relevanten Input- und Outputbetriebe sowie staatlichen und privaten Unternehmen als Ganzes zu organisieren. Außerdem hängt die Regierung den oben gemachten Überlegungen an.[78] Vielleicht sollte eine kleinere Gruppe aus Teilen bedeutender Unternehmen und Finanzinstitute zusammengestellt werden, um dann den Tausch in kleinerem Umfang zu praktizieren und Erfahrungen zu sammeln. Gleichzeitig könnten auch verschiedene Organisationen vorbereitet werden, um den Tausch stufenweise zu erweitern. Dies ist zuverlässiger. Es gibt schon andere Länder, die einen solchen Partialtausch praktiziert haben.[79]

Nach den oben angeführten Gründen könnte die Behörde auf das Ansuchen Herrn Wolffs mit Verhandlungsbereitschaft antworten. In bezug auf die ausführlichen Bedingungen müssen nach seiner Ankunft in China die einzelnen Details in Verhandlungen erarbeitet werden.

Sun Zheng

2. HACh, 28(2)-2133.

16

Denkschrift für Jiang Jieshi, o.N. (o.D., vmtl. Herbst 1935)[80]

A. China

Falls China eine ungehinderte Entfaltung seiner politischen und wirtschaftlichen Möglichkeiten wünscht, dann muß das Land zuerst eine grundlegende Reform seiner militärischen Situation bewerkstelligen, was einen Ausbau der Rüstung beinhaltet. Gleichzeitig muß die

---

77 China war nur nominell geeint.

78 Wahrscheinlich wegen der Schwierigkeit, die von Deutschland geforderten Rohstoffe, im eigenen Land überhaupt zu bekommen.

79 Zum Warenaustausch nach dem „Neuen Plan“ Schachts mit anderen Ländern, vgl. Teichert 1984:42-44.

80 Übersetzt von Hu Qiahua und Rainer Hoffmann. - Der Verfasser des Textes war nicht Jiang Jieshi persönlich, da vor der Nennung seines Namens der Text unterbrochen und eine Freistelle gelassen wurde. Es ist unwahrscheinlich, daß Jiang diese Praxis auf seine Person angewendet hat. Vermutlich handelt es sich um eine von Hans Klein geschriebene und von Qi Jun übersetzte Denkschrift. Es ist anzunehmen, daß sie im Herbst 1935 verfaßt wurde, da die angekündigten Briefe auf den 23.11. datiert waren. Seeckt hatte die Aufgabe, die Briefe persönlich weiterzuleiten, worauf die Zeichen *chuan da* (überbracht von) hindeuten. Allerdings hat er die Briefe nicht persönlich in China in Empfang genommen, da er sich seit März 1935 nicht mehr dort aufhielt. Vgl. hierzu auch Dok. 36.

Einigung der Nation planmäßig und mit aller Kraft verwirklicht werden. All dies ist so dringend, daß es auch nicht einen Tag hinausgeschoben werden darf.

Das so entstehende Gefühl von Sicherheit und Schutz wird die Bevölkerung ermuntern, der Regierung neues Vertrauen entgegenzubringen. Es wird auch dazu beitragen, daß die privaten Unternehmen bei ihrer Aufgabe, den Bedarf der Bevölkerung zu decken, mit Hilfe der politischen Führung einen friedlichen und begeisternden Aufschwung erfahren werden.

Chinas Reichtum besteht erstens in der tief verwurzelten Friedensliebe seiner Bevölkerung, zweitens in seiner immensen Arbeitskraft und drittens in seinen Bodenschätzen.

Da China ein Agrarland ist, hat die überwiegende Mehrheit seiner Bevölkerung ebenfalls eine agrarische Tätigkeit inne, weshalb die landwirtschaftliche Produktionskraft als sehr hoch einzuschätzen ist. Falls es gelingen sollte, einen allgemeinen Landfrieden herbeizuführen und ein Gefühl der Sicherheit aufkommen zu lassen, falls es zudem gelänge, das ganze Land und jede einzelne Provinz mit einem Netz von Eisenbahnen und Fernstraßen zu überziehen, dann würde diese Produktivität noch weiter gesteigert werden.

China ist reich an Montanschätzen, doch sind diese zum größten Teil noch nicht erschlossen. Wenn man es unternähme, diese zu erschließen, könnte China in die Reihe der bedeutenden Erzeuger von Montanprodukten wie Metalle und Kohle aufsteigen.

Gemessen an der Größe des Landes und seiner Bevölkerung besitzt China vergleichsweise wenig Industrien. Es ist aber auch keineswegs erstrebenswert, ganz China in eine Industrienation zu verwandeln. Chinas industrielle Entwicklung sollte sich auf die Bedürfnisse seiner Landwirtschaft konzentrieren. Alle Industrien, welche zum wirtschaftlichen Aufbau beitragen können, sollten selbstverständlich auch einen hohen Stellenwert erhalten. Beim ökonomischen Aufbau muß der Agrarsektor aber vorrangig behandelt werden. Was jedoch die industrielle Entwicklung und die Erschließung der anderen wirtschaftlichen Bereiche angeht, so werden diese ganz von selbst der landwirtschaftlichen Prosperität folgen.

Die hauptsächliche Aufgabe der Regierung besteht nun darin, die übergreifenden Strukturmaßnahmen so zu organisieren, daß eine zentrale Lenkung der Landwirtschaft in den einzelnen Provinzen sichergestellt ist. Zudem müßte sie darangehen, Landwirtschaftsschulen und bäuerliche Musterhöfe zu errichten, die imstände wären, die Landbevölkerung angemessen zu schulen. Dazu sollte auch ein Programm der militärischen Ausbildung gehören, das die Bauern befähigen würde, das Land zu verteidigen.[81]

Die Regierung muß alles daransetzen, die vertrauten Wege der Ausfuhr durch einen Absatzmarkt zu ergänzen, dem die Schlüsselfunktion zufiele, die in der Landwirtschaft und der Montanindustrie anfallenden Überschüsse aufzunehmen. Ein derartiger "Schlüsselmarkt" muß in der Lage sein, die Überschußproduktion auch in Zeiten schlechter Konjunktur zu verkraften. Denn selbst eine kurzfristige Schwankung auf diesem Markt würde hinreichen, um den ökonomischen Strukturen schweren Schaden zuzufügen und ihre Fortentwicklung zu behindern. Wenn sich China eine kontinuierliche Verwirklichung des

81 Alle Unterstreichungen sind auch im Originaltext zu finden. Es könnte sein, daß sie auf Jiang Jieshi zurückgehen.

wirtschaftlichen Aufbaus zum Ziel setzt, dann braucht es einen Partnerstaat, der erstens keinerlei territoriale Ansprüche stellt, und der zweitens imstande ist, seine [Chinas] Bedürfnisse in jeder Hinsicht zu erfüllen. Mit einem solchen Lande freundschaftliche Beziehungen zu entwickeln, würde für beide Seiten von Nutzen sein.

B. Deutschland

Zu Deutschland muß angemerkt werden, daß sich dieser Staat nach der Niederlage im Ersten Weltkrieg und durch den Versailler Vertrag auf allen Seiten von Feinden umgeben sah, die ihn isolierten und unterdrückten. Sein widernatürliches Wirtschaftssystem, das unter den Bedingungen des Parlamentarismus entstanden war, befand sich am Rande des Ruins und war völlig geschwächt. Der Versailler Vertrag hatte seine Wiederaufrüstung verboten und die gesamte wirtschaftliche Struktur wies chaotische und pathologische Züge auf. Das deutsche Volk hatte jegliches Vertrauen in seine Regierung verloren, der Kommunismus wurde jeden Tag frecher, Streiks und Straßenschlachten gehörten zur Normalität. Dann erschien eine Persönlichkeit, die alles rettete, die das Massenbewußtsein weckte und den nationalen Geist aufrüttelte. Das Volk, das diesem Mann grenzenlos vertraute, verlieh ihm die höchste Regierungsgewalt und wählte ihn zum Führer der deutschen Nation. Ohne vor den Drohungen der Vertragsmächte zurückzuschrecken, zersprengte er die Fesseln des Versailler Systems. Der erste Schritt, den er unternahm, war die Bildung einer neuen deutschen Nationalarmee, um dem Volk ein Gefühl der Sicherheit und Ordnung zu geben.

Erst unter dem Schutzschirm dieser neuen deutschen Nationalarmee war es der Wirtschaft möglich, sich zu reformieren und einen neuen Anfang zu machen. Deutschland, das sich in einer Position extremer Schwäche befunden hatte und auf allen Seiten von Feinden umzingelt war, konnte sich in den letzten Jahren geradezu sprunghaft erholen und ist zu einem starken Staat geworden.

Die Wirtschaft erlebte einen Aufschwung und weist nun alle Anzeichen von Gesundung auf. Aber Deutschland ist letztlich doch ein Industriestaat, der unbedingt Absatzmärkte braucht. Weil zudem ein Mangel an Bodenschätzen besteht, müssen diese zum größten Teil vom Ausland eingeführt werden. Selbst bei landwirtschaftlichen Erzeugnissen ist es weiterhin vom Ausland abhängig.

Deutschland tendiert dahin, seine Importbedürfnisse auf dem Wege des Warenaustausches zu befriedigen, einmal, um seine Zahlungsbilanz zu verbessern, zum anderen, um seinen ökonomischen Wiederaufbau auszuweiten.

C. China und Deutschland

Aus dieser Rückbesinnung auf die deutsche und chinesische Situation geht klar hervor, daß die endgültige Unterzeichnung des „Gemeinsamen Abkommens für den gegenseitigen Warenaustausch" für beide Staaten von enormer Bedeutung ist.[82] Die deutsche Regierung

82 Dies ist ein Hinweis darauf, daß die Ratifizierung noch nicht erfolgt war. Sie wurde erst durch den Besuch des Generals von Reichenau in China im Juli 1936 vollzogen.

weiß um die große Wichtigkeit dieses gegenseitigen Abkommens und ist bereit, eng mit China zusammenzuarbeiten, um seinen Modernisierungswillen zu unterstützen. Dies alles hat bereits der deutsche Wirtschaftsminister Dr. Schacht in einem offiziellen Schreiben an den chinesischen Finanzminister Kong und den Vorsitzenden Jiang deutlich und mit großer Genugtuung dargelegt.[83]

Auch der deutsche Reichskriegsminister Generaloberst von Blomberg hat in seinem Schreiben an den Vorsitzenden Jiang sein großes Interesse an einer engen deutsch-chinesischen Zusammenarbeit bekundet.[84] Er hat seine Bereitschaft erkennen lassen, alle chinesischen Unternehmungen zu unterstützen. Schließlich hat auch Generaloberst von Seeckt den Vorsitzenden Jiang telegraphisch wissen lassen, der deutsche Führer Herr Hitler habe den aufrichtigen Wunsch, die Aufbaupläne des Vorsitzenden über den Weg des gegenseitigen Warenaustausches zu unterstützen.[85]

Von deutscher Seite wurden bereits alle Vorkehrungen getroffen, die notwendig sind, um dieses "Gegenseitige Abkommen" Wirklichkeit werden zu lassen. Die deutsche Regierung wartet unterdessen auf die Ankunft eines chinesischen Bevollmächtigten, um das "Warenkreditabkommen" endgültig zu unterzeichnen und um die wichtige Fragen in den beiderseitigen Beziehungen in vertraulichen Gesprächen einer Lösung zuzuführen.

Auch China hat sich entschlossen, sobald wie möglich, den mit Herrn Klein ausgehandelten Vertrag durchzuführen, um so die Grundlage dafür zu schaffen, mit deutscher Hilfe seine bereits beschlossenen Aufbaupläne beschleunigt zu verwirklichen. Gleichfalls besteht einhelliges Einverständnis darüber, welche Agenturen notwendig sind, um das "Gegenseitige Abkommen" in die Tat umzusetzen.

Die chinesische Regierung wird einen Bevollmächtigten nach Berlin schicken, um das Kreditabkommen zu unterzeichnen und andere schwebende Fragen zu klären. Der chinesische Finanzminister Dr. Kong Xiangxi hat schon einen Brief an den deutschen Wirtschaftsminister Dr. Schacht geschrieben, mit dem er dessen offizielles Schreiben beantwortete.[86] Gleichzeitig schrieb er an den Generaloberst von Seeckt, mit der Bitte, drei persönliche Briefe des Vorsitzenden Jiang an die folgenden Personen weiterzuleiten:
1) An den deutschen Führer Herrn Hitler. 2) An den deutschen Reichskriegsminister Generaloberst von Blomberg (Antwortbrief). 3) An den deutschen Wirtschaftsminister Dr. Schacht (Antwortbrief).[87]

---

83 Vgl. Brief von RFM Schacht an FM Kong Xiangxi und Jiang Jieshi, 6.5.1935. Vgl. Dok. 14, Anm. 65.

84 Es handelt sich vmtl. um einen Brief von RKM Blomberg, den Klein Jiang Jieshi überbrachte. Dieser Brief wird erwähnt in dem Brief Jiangs an Blomberg, 23.11.1935. Vgl. Anm. 87.

85 Telegramm von Seeckt an Jiang Jieshi vom 8.7.1935. Das Telegramm selbst konnte zwar nicht gefunden werden, doch es wird in dem Brief Jiangs an Seeckt vom 23.11.1935 erwähnt. Vgl. Dok. 36.

86 Vgl. Brief von FM Kong Xiangxi an RFM Schacht, 7.10.1935, in: ADAP, C IV, Dok. 338:699-700.

87 Vgl. Brief von Jiang Jieshi an Hitler, 23.11.1935 (2. HACh, 28(2)-684, abgedruckt in: Zhongde waijiao midang 1994:6-7). Jiang drückte seine Bewunderung für das deutsche Volk aus, das sich aus schwerster Not emporgearbeitet und sich wieder seinen Platz unter den Völkern erobert habe. Brief von Jiang Jieshi an RKM Blomberg, 23.11.1935 (ebd., 28(2)-685, abgedruckt in: ebd.:7-8). Hier beschwor der Marschall das deutsche Vorbild bei seinem Streben, China auf dem Weg über den

Außerdem ein persönliches Schreiben an den Generaloberst von Seeckt, worin der Vorsitzende Jiang ihm gegenüber seine besonders herzlichen Wünsche bekundet.[88]

Durch den Austausch dieser verschiedenen Briefe sowie die Entsendung einer bevollmächtigten Delegation wurden alle Voraussetzungen geschaffen, um die Zusammenarbeit zwischen China und Deutschland freundlich zu gestalten.

2. HACh, 18-683.

17

Brief des Waffenhändlers Hans Klein, Nanjing, an Weng Wenhao, Leiter der Ressourcenkommission, Nanjing (29.10.1935)[89]

H.K.[90] Nanjing, 29. Oktober 1935

Herr Präsident!

Bezugnehmend auf unsere Unterredungen am 25. und 26. Oktober in Shanghai[91] habe ich Ihren Anregungen entsprechend bei der deutschen Regierung angefragt, welche Arten und Mengen von Rohstoffen im Rahmen von 30 Millionen Reichsmark Deutschland am dringendsten braucht unter Zugrundelegung der von Ihnen im August gegebenen Liste der vorläufigen Lieferungsmöglichkeiten Chinas.[92] Ich erwarte die Antwort von Berlin stündlich.

Deutschlands Bedarf an Montanrohstoffen und Landesprodukten ist ausserordentlich gross und umfasst annähernd alles, was China für einen Export organisieren kann. Die wichtigsten Montanrohstoffe und Landesprodukte sind in beiliegender Liste aufgeführt

a) für Wehrmachtsbedarf als Bevorratung

---

militärischen Aufbau zusammenzuschließen. Brief von Jiang Jieshi an Reichsbankpräsident Schacht (ebd., 28(2)-686). Jiang bedankte sich dafür, daß Schacht den Warenaustauschvertrag anerkennen und durch einen Kredit stützen wolle.

88 Vgl. Brief von Jiang Jieshi an Seeckt, 23.11.1935 (vgl. Dok. 16, Anm. 85), in welchem Seeckt gebeten wurde, die Briefe an Hitler, Blomberg und Schacht (vgl. ebd., Anm. 87) weiterzuleiten. Außerdem sprach sich der Marschall nachdrücklich für einen Aufbau des chinesischen Militärs nach deutschem Muster aus. Vgl. hierzu Dok. 36. - Alle am 23.11.1935 geschriebenen Briefe wurden von Qi Jun ins Deutsche übersetzt.

89 Abgedruckt in: Zhongde waijiao midang 1994:228-230.

90 H.K. steht für Hans Klein.

91 Über die Unterredungen zwischen Hans Klein und Weng Wenhao am 25./26.10.1935 in Shanghai sind keine näheren Informationen bekannt.

92 Diese Liste konnte nicht ermittelt werden.

b) für den laufenden Bedarf der deutschen Wirtschaft innerhalb eines Vierteljahres.

Dieser Bedarf ist mengenmässig nur soviel, als trotz alle Einschränkung eingeführt werden muss. Hierbei sind Schafwolle, Häute, Felle, Ziegenhaare und viele andere Produkte noch nicht angegeben.

Einen Vorschlag für die Preisgestaltung und die Regelung der Transporte habe ich Ihnen in Form eines Vertragsentwurfs überreicht. Ich bitte um Ihr Gutachten.[93]

Betreffend die Aufträge Chinas, die für das erste Jahr in Höhe von 100 Millionen Reichsmark vorgesehen sind, habe ich Ihnen erklärt, dass für die Lieferung keinerlei Schwierigkeiten bestehen. Das Nähere wird mit den technischen Sachverständigen zu besprechen sein, die mit Ihnen die Pläne und Leistungsfähigkeiten für die einzelnen Projekte festsetzen werden. Hierüber kann die chinesische Kommission bereits in Berlin verhandeln.[94] Die Preisgestaltung der deutschen Güter wird sich durch die Methode des staatlichen Güteraustausches wesentlich zugunsten Chinas verschieben.

Zu dem in Ihrem Auftragsprogramm für Deutschland angeführten Bedarf an Elektrofabrikaten, Düngemitteln und sonstigen Fertigwaren zum Wiederverkauf an private Unternehmungen erlaube ich mir, Folgendes zu bemerken:

Im Interesse der Privatwirtschaft und zum Schutze der chinesischen Devisenbewirtschaftung habe ich schon in meinen Ausarbeitungen darauf hingewiesen, dass auch der Privathandel in den Warenaustauschverkehr mit Deutschland eingeschaltet werden soll.[95] Ich habe dieses auch in dem Briefentwurf des Herrn Finanzminister Dr. Kong Xiangxi an Herrn Dr. Schacht ausgeführt.[96]

Der chinesische Privathandel kann seine Aufträge bei beliebigen deutschen Firmen hier in China oder direkt in Deutschland in der üblichen Weise tätigen und die Zahlungsbedingungen nach seinen Möglichkeiten festlegen.[97] Die finanzielle Abwicklung übernimmt das chinesisch-deutsche Bankenkonsortium.

Der chinesische Privathandel, der direkt mit deutschen Firmen in Deutschland in Verbindung steht, zahlt die durch seine Kaufverträge festgelegten Beträge entweder mit Devisen, die sich in seinem Besitz befinden, oder in chinesischer Währung an die chinesische Bankengruppe, welche die Auszahlung in Deutschland durch die deutsche Bankengruppe vornehmen läßt.

Der chinesische Privathandel, der seine Geschäfte mit den deutschen Firmen in China zur Abwicklung bringt, kann auch in der üblichen Weise verfahren, nur dass die deutschen

93 Das Gutachten wurde nicht gefunden.

94 Gemeint ist die chinesische Kommission unter der Führung von Gu Zhen, die über eine Erweiterung des 1934 von Klein geschlossenen Austauschvertrages zu einem Staatsvertrag verhandeln sollte und Ende Februar 1936 von Hitler, Blomberg und Schacht empfangen worden war. Vgl. Eckert 1981:44 / Ratenhof 1987:444.

95 Zu den Versicherungen Kleins, daß er keineswegs die Absicht habe, die Chinafirmen auszuschalten, vgl. Aufzeichnung des LS Voss, AA, 31.1.1935, in: ADAP, C III, Dok. 472:873-874 / Aufzeichnung dess., 31.3.1936, in: ebd., C V, Dok. 239: 324-328. Sowie Helfferich 1969:114-140.

96 Ein Briefentwurf von Klein für Kong an Schacht konnte nicht gefunden werden.

97 Vgl. Anm. 95.

Firmen gehalten sind, ihre finanziellen Verpflichtungen, die sie aus diesen Geschäften in Deutschland haben, ebenfalls durch die deutsch-chinesische Bankengruppe durchzuführen, indem die deutschen Firmen die jeweils in Deutschland fälligen Beträge bei der chinesischen Bankengruppe einzahlen, die sie durch die deutsche Bankengruppe zur Auszahlung bringen lässt.

Dies bedeutet eine sehr grosse Erleichterung und Sicherheit und eröffnet dem chinesischen Handel und Unternehmertum grosse Möglichkeiten. Die chinesische Bankengruppe erspart damit ausländische Zahlungsmittel, erfasst in stärkerem Masse den Geldumlauf, erhöht die notwendige Flüssigkeit und übt mehr als bisher die so notwendige Kontrolle über den Handel aus.

Herr Präsident! Ich bin mit dem Ausdruck ganz besonderer Hochachtung

Ihr ergebener

Hans Klein

Liste zum Brief an Präsident Weng Wenhao, 29.10.1935

Montanrohstoffe und Landesprodukte	Bevorratung für Landesverteidigung in tons à 1.000 kg	Gedrosselter Vierteljahresbedarf der Wirtschaft in tons à 1.000 kg	Jahresbedarf
Antimon	2.000	750	3.000
Asbest	5.000	6.000	24.000
Blei	30.000	25.000	100.000
Eisenerz	2.000.000	2.000.000	8.000.000
Kupfer	150.000	100.000	400.000
Mangan	50.000	100.000	400.000
Molybdän	1.000	1.500	6.000
Nickel	8.000	2.500	10.000
Quecksilber	150	150	600
Wolfram	2.000	2.000	8.000
Zinn	4.000	6.000	24.000
Zink	10.000	55.000	220.000
Zinkerz	-	50.000	200.000
Baumwolle	60.000	170.000	680.000
Hanf	5.000	1.250	5.000
Seide	1.600	1.750	7.000
Tee	-	1.500	6.000
Ölfrüchte aller Art		1.000.000	4.000.000

Ausserdem Kohle und Proviant für deutsche Schiffe in chinesischen Häfen.

2. HACh, 28(2)-690.

18

Kreditzusatzvertrag zu dem zwischen der chinesischen Regierung und dem Waffenhändler Hans Klein abgeschlossenen Warenaustauschvertrag (8.4.1936)[98]

§ 1

Die Chinesische Regierung erklärt sich einverstanden, daß der zwischen der Chinesischen Regierung und Herrn Klein abgeschlossene Waren-Austausch-Vertrag vom 23.8.1934 von der Deutschen Reichsregierung übernommen wird.[99]

§ 2

Die deutsche Reichsregierung eröffnet der Chinesischen Regierung einen Waren-Kredit in Höhe von 100 Mill. RM (in Worten: Hundert Millionen Reichsmark)

§ 3

Diesen Waren-Kredit kann die Chinesische Regierung durch den Bezug von deutschen Industrie- und sonstigen Erzeugnissen gemäß dem Waren-Austausch-Vertrag auswerten.

§ 4.

Der Chinesischen Regierung ebenso der Deutschen Reichsregierung ist es freigestellt, amtliche Zahlungen, die China in Deutschland und Deutschland in China zu leisten hat, durch den Waren-Austausch-Verkehr zu regeln.

§ 5

Durch die Lieferung von chinesischen Landesprodukten und Montan-Rohstoffen gemäß dem Waren-Austausch-Vertrag soll sich dieser Waren-Kredit in laufender Rechnung von selbst abdecken und wieder ergänzen.

§ 6

Der Kredit sowie sonstige entstehende Guthaben stehen zur Verfügung der Chinesischen Regierung oder ihrer Bevollmächtigten.

---

98 Am Tag der Unterzeichnung des Vertrages, am 8.4.1936, traten Klein und ein Mitarbeiter der HAPRO, Steudner, ihre Geschäftsanteile an Kurt Zinnemann ab, der treuhänderisch für das RKM auftrat. Damit erhielt die HAPRO den Status einer reichseigenen Gesellschaft. Vgl. Eckert 1981:37.

99 Vgl. Dok. 14.

§ 7

Die Deutsche Reichsregierung stellt diesen Waren-Kredit in Höhe von 100 Mill. RM bei der Deutschen Golddiskontbank Berlin bereit und beauftragt diese Bank mit der Durchführung des sich aus diesem Kredit und durch den Waren-Austausch ergebenden Zahlungsverkehr.

§ 8

Die Chinesische Regierung beauftragt ihrerseits The Central Bank of China Shanghai mit der Durchführung des durch den Waren-Austausch entstehenden Zahlungsverkehrs.

§ 9

Für die Bereitstellung dieses Waren-Kredits wird eine Bereitstellungsprovision nicht berechnet.

§ 10

Der Zinssatz für den in Anspruch genommenen Kredit, sowie für entstehende Guthaben wird gleichmäßig auf 5% pro Jahr festgesetzt. Spesen und Provisionen werden nicht berechnet.

§ 11

Dieser Kredit-Zusatzvertrag bildet einen Teil des Waren-Austausch-Vertrages und unterliegt somit seinen Bestimmungen. Für die Bildung eines Schiedsgerichts wird § 17 des Austausch-Vertrages[100], auch mit der Wirkung für den Hauptvertrag, in folgender Weise ergänzt:

Für die Benennung des Vertreters im Schiedsgericht hat jede Partei eine Frist von 3 Monaten, von der Absendung des die Aufforderung enthaltenden eingeschriebenen Briefes der Gegenpartei an gerechnet. Die Aufforderung muss zu gleicher Zeit die Benennung des eigenen Vertreters enthalten. Verstreicht die Frist ohne Erfolg, so sind die ordentlichen Gerichte im Lande der nicht säumigen Partei für die Entscheidung des Rechtsfalles zuständig.

Kommt eine Entscheidung über den Obmann nicht zustande, so wird der Obmann durch den Deutschen Reichswirtschaftsminister im Einvernehmen mit dem Chinesischen Finanzminister bestimmt. Den Ort der Tagung bestimmt der Obmann.

---

100 Vgl. ebd.

§ 12

Die Ausfertigung dieses Kreditzusatzvertrages erfolgt in je 2 Exemplaren in deutscher und in chinesischer Sprache. Der chinesische Bevollmächtigte erklärt, daß die chinesische Ausfertigung vollinhaltlich der deutschen Ausfertigung entspricht.

Berlin, den 8. April 1936

PolArchAA, R 31249 KII und 2. HACh, 309-4045.

19

Brief des Reichskanzlers Adolf Hitler, Berlin, an Marschall Jiang Jieshi, Nanjing (13.5.1936)[101]

Der Führer und Reichskanzler Berlin, den 13. Mai 1936.

Hochverehrter Herr Marschall!
Euer Exzellenz!

Seine Exzellenz Herr Generaloberst von Seeckt hat mir Ihr Schreiben vom 23. November vorigen Jahres übergeben[102], wofür ich Ihnen meinen aufrichtigen Dank sage.

Mit großer Befriedigung begrüße ich Ihren Entschluß, das Aufbauwerk Chinas in freundschaftlicher Zusammenarbeit mit Deutschland durchzuführen. Ich verfolge Ihre Arbeiten mit großem Interesse und bin bereit, Ihre Bestrebungen zu unterstützen.

Der Warenaustauschverkehr zwischen China und Deutschland ist für die wirtschaftliche Entwicklung beider Länder von größter Bedeutung. Ich danke Ihnen, daß Sie diesem Umstande Ihre besondere Aufmerksamkeit schenken.

Ich habe die Herren Ihrer Kommission unter Führung des Herrn Dr. Gu Zhen empfangen und durch sie Ihre Gedanken über die wirtschaftliche Zusammenarbeit erfahren.[103]

Ich bin ganz Ihrer Meinung und der festen Überzeugung, daß alle Voraussetzungen für die gegenseitige erfolgreiche Unterstützung unserer beiden Länder gegeben sind und daß ihre enge freundschaftliche Verbundenheit beiden Völkern nur von großem Nutzen sein kann. Aus diesem Grunde begrüße ich ganz besonders den erfolgreichen Abschluß der Verhandlungen.

---

101 In chinesischer Sprache abgedruckt in: Zhongde waijiao midang 1994:4-5.

102 Vgl. Brief von Jiang Jieshi an Hitler, 23.11.1935 (vgl. Dok. 16, Anm. 87).

103 Vgl. Dok. 17, Anm. 94.

Indem ich meine Freude hierüber zum Ausdruck bringe, bitte ich Sie, den Ehrensäbel der deutschen Wehrmacht als ein Zeichen meiner besonderen Sympathie für Sie und Ihr Land entgegennehmen zu wollen.[104]

Mit dem Ausdruck meiner besonderen Verehrung
bin ich Euer Exzellenz ganz ergebener
Adolf Hitler

2. HACh, 28(2) -3652.

20

Brief des Reichswirtschaftsministers Hjalmar Schacht, Berlin, an Finanzminister Kong Xiangxi, Nanjing (15.5.1936)

Abschrift

Berlin, den 15. Mai 1936.

Hochverehrter Herr Minister,
Euer Exzellenz!

Ihr Schreiben vom 7. Oktober 1935 habe ich erhalten. Ebenso Ihr Schreiben vom 26. November 1935[105], das mir durch seine Exzellenz Herrn Generaloberst v. Seeckt ueberreicht wurde, wofuer ich Ihnen besonders danke.

Heute kann ich Ihnen zu meiner grossen Freude und Befriedigung mitteilen, dass der zwischen Ihnen und Herrn Hans Klein geschlossene Waren-Austausch-Vertrag vom 23. August 1934 von der deutschen Regierung uebernommen wurde.

Im Anschluss daran wurde in Zusammenarbeit mit Ihrer bevollmaechtigten Kommission und mit den massgebenden deutschen Ministern der Kredit-Zusatzvertrag, dessen Inhalt Ihnen bekannt ist, zum Abschluss gebracht. Dieser Vertrag ist durch das Reichskriegsministerium und von mir fuer die Deutsche Regierung und von Herrn Dr. Gu Zhen fuer die Chinesische Nationalregierung unterzeichnet worden.[106] Das Reichskriegsministerium hat

---

104 Im kaiserlichen Heer war der Säbel 1890 durch den Infanterie- bzw. Kavalleriedegen ersetzt worden, doch die Reichswehr der Weimarer Republik führte ihn wieder ein. In der Wehrmacht führten berittene und bespannte Truppen den Säbel zum Teil bis 1941. Ehrensäbel waren von den regierenden Fürstenhäusern bis 1918 als besondere Auszeichnungen an Personen ihres Gefolges verliehen worden. Darüber hinaus war es üblich, daß Truppenteile solche Säbel bei der Verabschiedung von hochrangigen Offizieren verschenkten.

105 Zu dem Brief von FM Kong Xiangxi an RFM Schacht vom 7.10.1935, vgl. Dok. 16, Anm. 86. - Der Brief von Kong an Schacht vom 26.11.1935 ist nicht bekannt.

106 Vgl. Dok. 17, Anm. 94.

Herrn Dr. Gu Zhen ein unterfertigtes Exemplar fuer die Chinesische Regierung ausgehaendigt.

Durch den Abschluss des Kreditzusatzvertrages ist der Chinesischen Regierung ein Warenkredit von RM 100.000.000.- (Einhundert Millionen Reichsmark) bei der Deutschen Golddiskontbank eroeffnet, der sich durch die Lieferung von chinesischen Landesprodukten und Montanrohstofen in laufender Rechnung von selbst abdeckt und wieder ergaenzt.

Die Deutsche Golddiskontbank wird den Verrechnungsverkehr, der sich aus dem Waren-Austausch ergibt, durchfuehren und in enger Verbindung mit der dem Reichskriegsministerium angegliederten reichseigenen Gesellschaft Hapro, Handelsgesellschaft fuer industrielle Produkte m.b.H.[107], arbeiten.

Ich habe die Deutsche Golddiskontbank veranlasst, Sie von der Bereitstellung des Kredits zu unterrichten, und bitte Sie, Ihrerseits der Central Bank of China, der chinesischen Exportorganisation - The Central Trust of China - und der chinesischen Importorganisation - National Ressources Commission - entsprechende Anweisung zu erteilen.[108]

Durch den Abschluss des Kreditvertrages ist der im Waren-Austausch-Vertrag niedergelegte Gedanke der gegenseitigen Hilfsbereitschaft zwischen China und Deutschland verwirklicht worden. Ich bin der festen Ueberzeugung, dass hiermit die Grundlage geschaffen ist fuer den Beginn einer erfolgreichen wirtschaftlichen Zusammenarbeit unserer beiden Laender.

Mit besonders grosser Freude nehme ich Ihre Mitteilung zur Kenntnis, dass Deutschland im Warenaustauschverkehr mit China in reichem Maße auf Lieferung von landwirtschaftlichen Produkten und Montanrohstoffen rechnen kann.

Ganz besonders danke ich Ihnen fuer die Nachricht, dass Ihre Regierung den Wunsch des Reichskriegsministeriums erfuellt und zunaechst 2.000 Tonnen Wolframerz zur Verschiffung bringt.[109]

Die von Ihnen angeforderten Experten, besonders fuer die Erschliessung lohnender Erzvorkommen, stehen Ihnen zur Verfuegung und werden die Ausreise antreten.[110]

Ich bin ganz Ihrer Meinung, dass die Entwicklung des Warenaustauschverkehrs fuer die Bewirtschaftung der auslaendischen Zahlungsmittel unserer beider Laender von sehr gros-

107 Vgl. Dok. 18, Anm. 99.

108 Central Trust (*Zhongyang xintuoju*) und Ressourcenkommission (*Ziyuan weiyuanhui*) waren die chinesischen Gegenstücke zur HAPRO: Der Central Trust war für die finanzielle Seite der Geschäfte zuständig, wohingegen die Ressourcenkommission die Entscheidungen über die Lieferungen traf.

109 Das deutsche Kriegsministerium hatte Kong Xiangxi bereits im November 1935 um schnelle Lieferung von 2000 t Wolframerz gebeten (2. HACh 28(2)-693). Anfang 1936 hatte Trautmann den Dank der Reichsregierung für diese erste Lieferung nach dem Abschluß des Austauschvertrages persönlich übermittelt. Vgl. Trautmann, deutscher Botschafter in Nanjing, an das AA, 11.2.1936, in: ADAP, C IV, Dok. 552:1094-1096.

110 Im November 1936 schrieb Klein an die NRK, daß er einen geeigneten Bergbautechniker gefunden habe. Außerdem schlug er vor, daß nicht die Kommission, sondern die HAPRO den Vertrag mit dem Techniker abschließen sollte (16.11.1936), in: 2. HACh, 28(2)-3642. Näheres hierzu ist nicht bekannt.

ser Bedeutung sein wird, und begruesse Ihre Bestrebungen, den Bedarf Chinas und seiner Bevoelkerung an industriellen Produkten in den Austauschverkehr einzuschalten.

Ich freue mich auch, dass beide Laender ihre laufenden amtlichen Zahlungen ueber das Verrechnungskonto regeln koennen, was ja ebenfalls im beiderseitigen Interesse liegt.

Ich bin ganz ueberzeugt, dass durch Ihre tatkraeftige Hilfe und Ihr warmes Interesse fuer den Austauschverkehr mit Deutschland der chinesisch-deutsche Warenaustausch fuer beide Laender ein grosser Erfolg sein wird.

Ich danke Ihnen fuer die liebenswuerdige Einladung, Sie in China zu besuchen, um mit Ihnen einen persoenlichen Gedankenaustausch ueber die weitere Entwicklung der chinesisch-deutschen Wirtschaftsbeziehungen zu pflegen. Diese Anregung entspricht ganz meinem Wunsche, und ich hoffe zuversichtlich, ihn bald verwirklichen zu koennen.

Mit den besten Wuenschen fuer Ihr persoenliches Wohlergehen bin ich

Euer Exzellenz
ganz ergebener
Schacht

Seiner Exzellenz
Herrn Dr. *Kong Xiangxi*
Vize-Ministerpraesident - Finanzminister
Praesident der Central Bank of China
Nanjing.

2. HACh, 28(2)-3652.

21

Brief des Marschalls Jiang Jieshi, Nanjing, an Reichskanzler Adolf Hitler, Berlin (16.9.1936)[111]

Nanjing, 16. September 1936

Zur Kenntnisnahme: Übersendung an den Sekretär des Exekutivyuans, Sun, von Chen Bulei

111 Abgedruckt in: Zhongde waijiao midang 1994:5-6. Dieses Dokument findet sich auch in einer offiziellen Übersetzung im 2. HACh, 28(2)-3655. Da es jedoch inhaltlich und stilistisch von Qi Jun (vgl. Dok. 14, Anm. 68) erheblich verändert worden war, wurde es für diesen Band noch einmal von Li Sujuan übersetzt. - Es handelt sich um die Anwort Jiang Jieshis auf den Brief Hitlers vom 13.5.1936 (vgl. Dok. 19). Das Manuskript stammt von Chen Bulei. Der Brief wurde jedoch von Jiang persönlich unterzeichnet.

Telegramminhalt: Antwort an den deutschen Staatschef Hitler

Sehr geehrter Herr Kanzler Hitler,
ich bin äußerst erfreut, dass Sie mir die Gunst erwiesen haben, General Reichenau nach China zu senden.[112] Die Auswahl seiner Persönlichkeit war nicht nur wegen ihrer hohen Stellung eine große Ehre für mich. Von seiner großartigen Ausstrahlung profitieren auch unsere beiden Länder. Ich wurde bei seiner westwärtigen Abreise in der Abenddämmerung von tiefer Traurigkeit erfüllt.

Über die mir übermittelten Gedanken über die chinesisch-deutsche Zusammenarbeit bin ich sehr erfreut. Ich habe General v. Reichenau die großen Richtlinien meiner Politik in persönlicher Aussprache dargelegt. Der General wird Ihnen sicherlich die Details weiter vermitteln. Die Vereinbarung über den Warentausch bildet lediglich die Grundlage der Zusammenarbeit unserer beiden Länder. Ich hoffe darüber hinaus sehr, dass sie sich über den jetzigen Rahmen hinaus weiterentwickeln wird. Auf unserer Seite hat man bereits mit der Einrichtung von Wirtschaftsorganisationen und -behörden begonnen, um die Leistung der Agrar- und Bergbauproduktion und die Erfassung der chinesischen Bodenschätze zu erhöhen. In Zukunft wird die Möglichkeit der Lieferung von Rohstoffen aus China beträchtlich sein und das vielfältige Angebot an Ihr Land wird Ihre Aufmerksamkeit auf sich ziehen. Bezüglich des Beginns der Transaktion habe ich den zuständigen Behörden die Erlaubnis erteilt, daß innerhalb dieses Jahres Waren im Wert von 30 Millionen an Ihr Land geliefert werden können. Der Aufbau der chinesischen Verteidigung muß noch durchgeführt werden, weshalb ich über große Lieferungen von Rohstoffen aus China lange nachdachte.[113]

Neulich haben sich zwei südwestliche Provinzen der Zentralregierung angeschlossen, so daß die chinesische Einigung vollkommen realisiert werden konnte.[114] Der innenpolitische Aufbau erlaubt keine Atempause und muß zügig durchgeführt werden. Auf politischem, wirtschaftlichem und geistigem Gebiet bedarf es der engsten Zusammenarbeit mit Ihrem Land.

General Reichenau hat im Hinblick auf den Verwaltungsaufbau und die Arbeits- und Befehlsverhältnisse des Militärs Vorschläge gemacht.[115] Vor allem letzeres ist von großer

---

112 Hitler und Blomberg hatten der Bitte des chinesischen Verhandlungsführers Gu Zhen entsprochen, zur Ratifizierung des HAPRO-Vertrages einen hohen Offizier nach China zu schicken, der mit Jiang persönlich über die Vertiefung der rüstungswirtschaftlichen und militärischen Kontakte sprechen sollte. Für diese Mission war General von Reichenau ausgewählt worden. Vgl. Ratenhof 1987:466. - Reichenau sandte Jiang Jieshi am 21.10.1936 ein Telegramm (übermittelt durch Hans Klein) zu dessen 50. Geburtstag. Der deutsche Text wurde sehr frei ins Chinesische übersetzt. Reichenau erhielt eine persönliche Antwort mit einer Kalligraphie von Jiang, in: 2. HACh, 28(2)-3652.

113 Der letzte Satz findet sich in der offiziellen Übersetzung nicht.

114 Bei den beiden Provinzen handelte es sich um Guangdong und Guangxi.

115 Die deutsche Militärberaterschaft sollte in den Rang einer offiziellen Militärmission erhoben und beim Aufbau eines Reichsverteidigungsministeriums in China sowie beim weiteren Ausbau der militärischen Infrastruktur tätig werden. Auf diese Weise hätte sich Deutschland den alleinigen

Bedeutung. Ich bin sehr dankbar und habe die Vorschläge auch bereits aufgenommen und ihre Durchführung angeordnet.

Ihr Land sollte zunächst einen hochrangigen Berateroffizier, der über umfangreiche militärische und politische Kenntnisse verfügt und die Durchführung der Reformarbeiten unterstützt, nach China entsenden.[116] Ich hoffe aufrichtig, daß sich der große Entwurf für die chinesisch-deutsche Zusammenarbeit stets durch Leistung bestätigt und daß die fröhlichen und feierlichen Zusammenkünfte der Gesandten unserer beiden Länder, so wie sie heute stattfinden, beibehalten werden.

Mir wurde ein ehrenvoller und kostbarer Säbel der Wehrmacht Ihres Landes als Geschenk überreicht. Damit wurde der Geist der Kriegskameradschaft und der Freundlichkeit ausgedrückt. Ihr Edelmut und Ihre Weitsichtigkeit werden von mir aus vollem Herzen bewundert. Das sei meine Antwort.

Frieden und Glück wünsche ich Ihrem Land

Jiang Jieshi

2. HACh, 28(2)-3655.

Einfluß auf das chinesische Militär gesichert. Offensichtlich wurde sogar über ein mögliches Bündnis im Rahmen einer eurasischen Front gegen die Angloamerikaner gesprochen. Vgl. Geyer, in: Martin 1981:71.

116 Zur Entsendung eines solchen Sondergesandten kam es nicht mehr, da mit der Unterzeichnung des Antikomintern-Paktes zwischen Deutschland und Japan (26.11.1936, vgl. Kap. 7 dieses Bdes.) die einseitige deutsche Option für China aufgegeben und durch eine auswärtige Politik der Zweigleisigkeit ersetzt wurde, die Japan einschloß. Teilweise nahm Falkenhausen als Chef der deutschen Beraterschaft und enger Vertrauter von Marschall Jiang Jieshi diese Funktion wahr. Vgl. Liang, in: ebd.:135-146.

Kapitel 2

Deutsche Militärberater in den chinesischen Kriegen

Nachdem Sun Yatsen bereits 1923 eine deutsch-chinesische Zusammenarbeit im militärischen Bereich anvisiert hatte, die jedoch vom Auswärtigen Amt im Hinblick auf die Bestimmungen des Versailler Vertrages abgelehnt worden war, kam zunächst unter der Ägide der Kommunistischen Internationalen eine sowjetische Beraterschaft nach China.[1] In einer Einheitsfront wollten Guomindang und KPCh versuchen, das Land zu einen und die europäischen Kolonialmächte sowie Japan zu verdrängen. Ihren Höchststand erreichte diese Beraterschaft, die mit ihrer Arbeit die Grundlage für die Machtübernahme Jiang Jieshis legte, in den Jahren 1925/26 mit etwa 60 Personen.[2] Die Reorganisation der Streitkräfte der nationalen Befreiungsarmee und der Aufbau der Huangpu-Militärakademie bildeten ihre wichtigsten Betätigungsfelder.[3]

Nach dem Bruch der Einheitsfront zwischen Guomindang und KPCh mußte Jiang Jieshi 1927 Ersatz für die zur Ausreise gezwungenen sowjetischen Berater suchen.[4] Vor allem im militärischen Bereich benötigte er ausländische Experten, da die von ihm angestrebte nationale Einigung sowie die darauf folgende sozialökonomische Erneuerung und Umgestaltung des Landes mit Hilfe einer modernen, zuverlässigen Armee als Reformen von oben durchgeführt werden sollten. Bereits seit dem 19. Jahrhundert existierten in militärwirtschaftlicher Hinsicht intensive Beziehungen zwischen dem Deutschen Reich und China.[5] Neben der Anerkennung der militärischen Leistungsfähigkeit und der Bewunderung für den wirtschaftlichen Wiederaufstieg des Deutschen Reiches nach dem Ersten Weltkrieg waren es die im deutsch-chinesischen Abkommen von 1921 verankerte Gleichberechtigung, die sich von den Privilegien der Fremdmächte deutlich abhob, und ein konservativ geprägtes Verständnis von Staatsaufbau und Herrschaftsausübung, die das Engagement von pensio-

---

1 Vgl. Deutsch-chinesisches Abkommen, 21.5.1921, in: Bd. 2 dieser Reihe. Sowie Fass 1968:135-148 / Felber 1988:121-135 u. 136-147 / Mehner 1958/59:23-44.

2 Vgl. Fu 1986:201-207 / Heinzig 1978:162-174.

3 Vgl. hierzu das Sun-Joffe-Abkommen, 26.1.1923, in: Eudin/North 1957:114. Sowie Jacobs 1981:138-142. Zur Huangpu-Akademie, vgl. Jiang 1954:1-12 / Qin 1984:323-365.

4 Vgl. Dubois 1975:182-207 / Kwei 1970:43-59.

5 Vgl. Afflerbach 1994:17-34 / Fu 1973:5-6 / Powell 1955:62-69 / Schmidt 1986:36-41.

nierten Offizieren der kaiserlichen Armee in China förderten. Im Rahmen dieser Kooperation sollte jedoch nicht nur militärisches Fachwissen vermittelt, sondern auch die deutsche Industrie stärker als bis dahin in den wirtschaftlichen Aufbau Chinas miteinbezogen werden. Allerdings brachte es der gegen innere und äußere Feinde geführte Dreifrontenkrieg in China - gegen rebellierende Provinzgouverneure, gegen die Kommunisten und ab 1931 auch gegen Japan - mit sich, daß sich der ursprünglich breit gefächerte Beraterstab mehr und mehr auf den militärischen Bereich beschränkte.

Während die deutsche Militärberaterschaft für die Nationalregierung arbeitete, hielten sich auch zwei deutsche Kommunisten in China auf, welche die KPCh, die nach dem Bruch der Einheitsfront zunächst im Untergrund agierte und sich dann nach Jiangxi zurückzog, unterstützen sollten. Nicht zuletzt der innerchinesische Kampf zwischen Guomindang und KPCh wurde somit auf beiden Seiten erheblich von deutschen Militärexperten beeinflußt. Die Militärberater, egal welcher politischer Zugehörigkeit, waren gewissermaßen Aktivposten der China- und Außenpolitik sowohl des Deutschen Reiches als auch der Kommunistischen Internationale.

Heinz Neumann

Nach dem Bruch mit der Wuhan-Regierung 1927 konnte kein Zweifel mehr daran bestehen, daß die Kommunistische Internationale ihre maßgeblich von Stalin verfolgte Strategie eines Sieges der KPCh in Zusammenarbeit mit der Guomindang aufgeben mußte. Für Stalin, der eben im Begriff war, die trockijstische Opposition niederzuringen, bedeutete das weniger aus weltrevolutionärer als vielmehr aus innenpolitischer Perspektive eine herbe Niederlage. Er stand unter Zugzwang, auf dem 15. Parteitag der Kommunistischen Partei im Herbst 1927 zumindest den Beweis zu erbringen, daß die proletarische Revolution in China nicht etwa zerschlagen, sondern nach wie vor lebendig sei. Es war für ihn nur von Vorteil, wenn die chinesische Revolution weiterging, bis die Opposition endgültig niedergerungen war.[6]

Mit dem neuen Chefberater Besso Lominaze, einem georgischen Funktionär, und Heinz Neumann, dessen Aufstieg in der KPD in den Jahren 1924/25 begonnen hatte, wurden zwei Kominternmitglieder nach China entsandt, die für eine radikale Aufstandspolitik standen. Es folgte eine Reihe von größeren und kleineren Aufständen, teils von den Kominternberatern, teils von der KPCh unter Qu Qiubai initiiert, die jedoch alle scheiterten.[7] Dem Aufstand in Kanton kam insofern ein besonderer Stellenwert zu, als es sich in der Stadt der nationalen Revolution um die letzte Chance handelte, der proletarischen Revolution in China eine neue Wendung zu geben. In Zusammenarbeit mit dem Guangdong-Ausschuß der KPCh übernahm Neumann die Organisation.[8]

6 Vgl. Brandt 1966:163-164 / North 1963:117.

7 Vgl. Höllrich 1989:114.

8 Vgl. Harrison 1972:212-215.

Das Unternehmen, das von Moskau ausdrücklich genehmigt worden war[9], war jedoch gewagt, denn den schwachen militärischen Kräften der Aufständischen standen regierungstreue Truppen gegenüber, die etwa fünf- bis sechsmal so stark waren. Im Besitz der Roten Arbeitergarde befanden sich gerade einmal 29 Mauserpistolen und ungefähr 200 Handgranaten, aber kein einziges Gewehr. Abgesehen von der mangelnden Ausrüstung war auch der Aufstand unter den Einwohnern Kantons nur ungenügend vorbereitet worden, weshalb die Mehrheit der Bevölkerung die Kämpfe nicht zu ihrer eigenen Sache machte und sie gleichgültig, ja apathisch betrachtete. Nach Ansicht von Margarete Buber-Neumanns handelte es sich a priori um ein totgeborenes Unterfangen, das die Diskrepanz zwischen „kommunistischem Wunschdenken und geschichtlicher Realität" überdeutlich hervortreten ließ. (Dok. 24)

Der Aufstand brach schließlich am 11. Dezember 1927 los. Im Zuge erster Anfangserfolge wurde eine Sowjetregierung gebildet, in deren Auftrag improvisierte Volksküchen Reis an die Bedürftigen verteilten. Der erste Punkt des Programms der Kantoner Kommune sah die Einziehung der Vermögens der Großbourgeoisie, der Banken und der Geldverleiher vor. Doch bevor solche Maßnahmen überhaupt realisiert werden konnten, begann die Rückeroberung der Stadt durch die Guomindang-Truppen. Straße für Straße mußte aufgegeben werden. Bis zum 13. Dezember waren alle wichtigen Stellungen wieder in den Händen der Guomindang.[10] Heinz Neumann überlebte nur, weil es ihm gelang, sich in die Ausländerkonzession zu retten.

In Moskau, wo sich Stalin auf dem Parteitag gegen die trockijstische Opposition inzwischen durchgesetzt hatte, wurde die Niederlage mit der Begründung, daß erst durch die Erhebung in Kanton eine Sammlung der Kräfte und ein Neubeginn der KPCh habe stattfinden können[11], in einen Sieg umgewandelt. Im Februar 1928 aber präsentierte das 9. Plenum des Zentralen Exekutivkomitees der Kommunistischen Internationale eine Resolution, welche die Niederlage in Kanton wesentlich kritischer und differenzierter beleuchtete: Fehlende Vorbereitung unter Arbeitern und Bauern, ungenügende subversive Arbeit in den Reihen der feindlichen Kräfte lauteten nur zwei der aufgeführten Punkte. Insgesamt sei der Aufstand zu wenig organisiert gewesen und habe deshalb nicht zum Erfolg führen können.[12] Die unmittelbar bestehende revolutionäre Situation in China wurde freilich nicht

---

9 Erstmalige Veröffentlichung des Telegrammwechsels zwischen Moskau und Neumann, in: KPdSU (B), Komintern und die Sowjetbewegung in China. Dokument, Bd. 3 (1927-1931), Teil 1, 2000: 204-205, 233 u. 238.

10 Vgl. North 1963:119.

11 Vgl. ebd.:120. Allein Buber-Neumann spricht davon, daß Neumann und Lominadze zunächst einer vernichtenden Kritik unterworfen gewesen seien (Dok. 24).

12 Vgl. hierzu „Rede und Schlußwort N.I. Bucharins auf einer Beratung des EKKI", Moskau 31.1.1928, in: Leutner / Titarenko 2000:277-318, v.a. 298-318. Das EKKI-Plenum (9.-25.2.1928) nahm eine Resolution zur chinesischen Frage an, die vorher vom Politbüro des ZK der KPdSU (und damit auch von Stalin) gebilligt worden war. Buber-Neumann erwähnt diese Resolution nicht.

in Frage gestellt.[13] Heinz Neumann, der bereits Anfang 1928 als Kominternagent in China abberufen worden war, rechtfertigte den Aufstand im August des Jahres damit, daß ihm insofern eine große Bedeutung für alle kolonialen Erhebungen zukomme, als erstmals eine Sowjetmacht in einem Land wie China eingerichtet worden sei. Ein neuer Aufstand müsse dort anfangen, wo in Kanton aufgehört worden sei, nämlich mit einer funktionsfähigen Sowjetregierung. Immerhin wüßte nun jeder chinesische Bauer, daß nur auf diese Weise tiefgreifende soziale Veränderungen herbeigeführt werden könnten. (Dok. 25) Damit legte er den Akzent weniger auf die Aufarbeitung der Fehler, die zum Scheitern des Aufstandes geführt hatten, als auf seine welthistorische Bedeutung überhaupt.

Obwohl in der Resolution der Kommunistischen Internationale festgehalten worden war, daß eine Revolution in China nur dann erfolgreich durchgeführt werden könne, wenn es gelingen würde, die Massen zu gewinnen, separate Aktionen zu vermeiden, die agrarische Basis zu stärken und den Aufbau der Roten Armee zu forcieren, setzte in den folgenden Jahren sowohl in ideologischer als auch in taktischer Hinsicht eine Distanzierung der KPCh zu Moskau ein.[14] Die Überlebenden des Kantoner Aufstandes wie auch der anderen Aufstände hatten sich in das Jinggang-Gebirge gerettet, wo Mao Zedong bereits als Politikkommissar tätig war. Zu einem seiner wichtigsten Gegenspieler wurde der in den 30er Jahren ebenfalls im Dienst der Kommunistischen Internationalen stehende ehemalige kaiserliche Soldat Otto Braun.[15]

Otto Braun

Der deutsche Kommunist Otto Braun (Li De; Pseudonym: Hua Fu), ein Absolvent der Moskauer Frunze-Akademie, konnte zwischen Herbst 1932 und Frühjahr 1936 maßgeblichen Einfluß auf militärische Entscheidungen der Führung der KPCh nehmen.[16] Zu seinen Hauptaufgaben zählten Fragen der militärischen Strategie, der operativen und taktischen Führung, des Ausbildungswesens sowie der Organisation der Truppen und der rückwärtigen Dienste. Der Bereich der politisch-ideologischen Fragen hingegen blieb ausgeklammert.[17] Mao Zedong hatte zu diesem Zeitpunkt die beiden höchsten staatlichen Posten des Zentralen Sowjetgebietes inne und gehörte auch der von Zhu De geleiteten revolu-

---

13 Vgl. ebd. (Einleitung):77-78.

14 Vgl. Chen, in: CHOC 13:168-229 / McLane 1958:6-13.

15 Zu Braun in Deutschland, vgl. Litten 1991:171-182. Braun wurde wahrscheinlich nicht von der Komintern nach China entsandt und trat erst vor Ort in ihre Dienste. Vgl. ders. 1992:31-32. Sowie Ma / Qi 1998:137-140.

16 Vgl. Heinzig 1971:275

17 Vgl. ders, in: Martin 1981:156-157. Zu Martins Buch, vgl. Felber 1986:666-667 / ders. (übersetzt von Chen Qianping) 1994:61-70 / Rostek 1983:245-246.

tionären Militärkommission der Räteregierung an, dem einflußreichsten militärischen Gremium.[18]

Zu Beginn des Jahres 1934 gingen die Soldaten der Nationalregierung im Zuge des Fünften Kommunistenfeldzuges mit der sogenannten „Blockhausstrategie“ gegen die sowjetische Enklave vor und zwangen ihr damit die ebenso ungewohnte wie ungewollte Positionskriegführung auf.[19] In der Führungsspitze der Roten Armee herrschte Uneinigkeit darüber, wie man sich der Blockade am erfolgreichsten entziehen könnte. Otto Braun schlug vor, mit den Hauptkräften den Einschließungsring zu durchbrechen und dann den Gegner in seinem Hinterland anzugreifen.[20] Mao aber vertrat die Ansicht, daß der Angreifer tief in das eigene Gebiet hineingelockt und dort überwältigt werden müßte.[21]

Die Militärführung lehnte zunächst beide Vorschläge ab, nahm dann aber einen zweiten Vorschlag Brauns an, der die Taktik der kurzen Überraschungsschläge (*Duancu tuji*) beinhaltete. Auch diese Taktik war mit den Vorstellungen der maoistischen Fraktion nicht zu vereinbaren, da sie zwar die Entfaltung größerer Beweglichkeit voraussetzte, aber letztlich von einer Verteidigung des Sowjetgebietes und damit von einem Stellungskrieg ausging.[22] Nach militärischen Mißerfolgen in Guangchang wurde die Situation jedoch so prekär, daß Braun noch einmal Gelegenheit bekam, seine Ideen der Sprengung des Kessels und der Gewinnung eines freien, operativen Raumes darzulegen. Dieses Mal konnte er sich sowohl im Politbüro als auch in der Militärkommission durchsetzen und begann, den logistischen Rahmen für den Ende Oktober / Anfang November 1934 geplanten Durchbruch zu schaffen.[23] An dem sich anschließenden Langen Marsch nahm Braun als einziger Ausländer teil.

Sein Einfluß auf die militärische Führung war damit jedoch beendet, denn auf einer erweiterten Sitzung des Politbüros im Jahre 1935 in Zunyi (Guizhou) wurde er von Mao beschuldigt, grundlegende Fehler bei der Planung der gegen die Einkreisung zu unternehmenden militärischen Maßnahmen begangen zu haben.[24] (Dok. 35) Zwar wurde Braun zunächst auch weiterhin zu den Sitzungen der politischen und militärischen Führungsgremien zugelassen, doch es war nicht zu übersehen, daß er ins zweite Glied gerückt war.

---

18 Zu Maos Machtzuwachs, vgl. Yang 1990:26-31.

19 Der fünfte Feldzug dauerte von September 1933 bis November 1934. Vgl. Zhang 1979:424-427. Die Blockhausstrategie ging nicht auf Wetzell, sondern auf traditionelle chinesische Methoden der „Banditenbekämpfung“ zurück. Sowie Sutton 1982:398.

20 Vgl. hierzu Denkschrift Braun, Akute Fragen des revolutionären Krieges (April 1934), in: Martin 1981:349-397.

21 Vgl. Heinzig, in: Martin 1981:157.

22 Vgl. Hu 1970:31-46. Allerdings verwendete auch die maoistische Seite den Begriff *Duancu tuji*, verstand hierunter aber eher den mobilen Krieg außerhalb der Blockhauszone. Vgl. hierzu Hu 1980:257-259.

23 Vgl. Braun 1973:98-101, 106-198 u. 115. Dazu Felber 1976:133-136 / Heinzig 1976:829-830.

24 Vgl. Chen 1969:1-38 / Hu 1980:267-268.

In Shaanxi, dem Endpunkt des Langen Marsches, sprach er sich vehement gegen die geplante Ostexpedition in die Nachbarprovinz Shanxi sowie gegen Aktivitäten an der Grenze zur Mongolischen Volksrepublik aus. Braun fürchtete, durch solche Unternehmungen Japan auf den Plan zu rufen, was in seinen Augen ein militärisches Eingreifen der Sowjetunion notwendig gemacht hätte. Er forderte stattdessen, die Konzentration auf den Ausbau des Sowjetgebietes und die Bildung der nationalen Einheitsfront zu lenken. (Dok. 37) Mit dieser Kritik machte er sich keine Freunde. Er wurde mehr und mehr isoliert und mußte seine Tätigkeit auf den Unterricht an der Militärakademie beschränken.

Auch wenn Otto Braun in ideologischer Hinsicht nichts mit den Militärberatern gemeinsam hatte, die für die Nationalregierung tätig waren, teilte er mit ihnen doch die im Ersten Weltkrieg gesammelten Erfahrungen über die Strategie eines Stellungskrieges und frontaler Attacken. Er war im Grunde genommen bereit, die Herausforderung eines „Blockhauskrieges“ anzunehmen, wohingegen Mao gerade dadurch ein Aufreiben der Roten Armee befürchtete. Die Taktik mobiler, weitgehend selbständig agierender Truppenteile und der primär politisch geführte Guerillakampf im Hinterland, blieb allen deutschen Militärberatern fremd.[25]

Max Bauer

Oberst Max Bauer war im Ersten Weltkrieg einer der prominentesten Offiziere in der militärischen Führung gewesen und hatte sich nebenbei auch politisch engagiert.[26] Er schloß sich dann der rechtsnationalen Gruppe um Ludendorff an, die den Kapp-Putsch unterstützte und die Unterminierung des Parlamentarismus der Weimarer Republik anstrebte.[27] Ihre Aktivitäten gingen jedoch über die Grenzen des Deutschen Reiches hinaus, denn als „Weltrevolutionäre“ wollte sie nicht nur den Kommunismus bekämpfen, sondern gleichzeitig auch die Völker des Nahen und Mittleren Ostens von der englischen Herrschaft befreien.[28] Bauer selbst versuchte noch während seiner Tätigkeit als Militärberater in China, die Chinesen für ein Bündnis mit der Türkei und anderen vorderasiatischen Staaten zu gewinnen, um auf dieser Grundlage eine interkontinentale „Befreiungsorganisation“ von Nordafrika über Kleinasien bis nach China zu schaffen.[29] Bei seinem Einsatz in China ging es ihm weniger um materielle Vorteile als um eine breit angelegte „Entwicklungshilfe“ im Rahmen eines antiimperialistischen Sozialismus. Seine diesbezüglichen Gedanken legte Bauer in einer Denkschrift nieder, in welcher er die Vision eines unausweichlichen

---

25 Vgl. Martin, in: ders. 1981:47.

26 Vgl. Vogt, in: ebd.:95. Zum Denken Bauers während des Ersten Weltkrieges, vgl. Kitchen 1975:199-220.

27 Vgl. Bauer 1921:310-315 / Ludendorff 1940:114-119. Sowie Ma 1994:138-139.

28 Der Untertitel der Lebenserinnerungen Ludendorffs lautet: Vom Feldherrn zum Weltrevolutionär und Wegbereiter Deutscher Volksschöpfung.

29 Vgl. Vogt, in: Martin 1981:97.

Zusammenschlusses aller Völker im Geiste des wahren Sozialismus beschwor. (Dok. 23) Einer solchen weltweiten Einheit mußte jedoch in seinen Augen eine „innere Stärkung" der betroffenen Nationen vorangehen, die nur durch Reformen von oben durchgesetzt werden konnte. Für China sah er dieses Stadium durch die von Sun Yatsen propagierte Phase der Vormundschaft bereits erreicht.[30]

Obwohl Bauer das linke Spektrum entschieden bekämpfte, hatte er in den 20er Jahren unter anderem als militärischer Experte für die Sowjetunion gearbeitet. Seine ausgezeichneten Kontakte zu Wirtschaftskreisen sowie sein Wissen über waffentechnische Entwicklungen und hatten ihn aller ideologischen Differenzen zum Trotz zu einem wertvollen Verhandlungspartner werden lassen.[31] Die vom Ludendorff-Kreis vertretenen Gedanken über moderne Kriegführung und autoritär-militaristische Staatsführung stießen auch im modernisierungswilligen China auf großes Interesse. Schon 1923 war man mit einem entsprechenden Angebot an Bauer herangetreten, welches er jedoch wegen der sowjetischen Offerte abgelehnt hatte.[32] Ende 1927 gab es dann neue Vorstöße von chinesisch-kantonesischer Seite, wobei davon ausgegangen werden kann, daß es Ludendorff war, der im Hintergrund die Fäden gesponnen hat.[33]

Doch bereits ein Jahr zuvor war es auf einer ganz anderen Ebene zu Kontakten gekommen, welche beim Zustandekommen der Zusammenarbeit zwischen Deutschland und China auf militärwirtschaftlichem Gebiet eine maßgebliche Rolle gespielt haben könnten. Zhu Jiahua, vormaliger chinesischer Geologiestudent in Berlin und damaliger Vizepräsident der Sun Yatsen-Universität in Kanton, hatte seinen früheren Professor Conrad Matschoß, Vorsitzender des Vereins Deutscher Ingenieure, kontaktiert und um Unterstützung beim technischen Aufbau Chinas gebeten. (Dok. 22) Da dieses Schreiben auch in deutschen schwerindustriellen Kreisen, so etwa der Berliner Vertretung der Krupp AG zirkulierte, liegt die Vermutung nahe, daß auch damit ein Anstoß zu einer deutsch-chinesischen Kooperation gegeben worden war, die sich nicht nur auf militärischem Gebiet abspielen sollte.[34]

Obwohl Bauer den Aufbauplänen der Kantoner Regierung eher zurückhaltend gegenüberstand, unternahm er von November 1927 bis März 1928 eine Reise nach China, um nähere Informationen zu erhalten und seine militärischen und wirtschaftlichen Reformvorschläge vor Ort darzulegen. Auf dieser Reise machte ihn Zhu Jiahua mit Jiang Jieshi bekannt, dem Bauers visionäres Konzept der Schaffung eines nationalistischen Militär-

30 Vgl. Zur Phase der Vormundschaft bei Sun Yatsen, vgl. Kindermann 1963:127-129.

31 Vgl. Vogt, in: Martin 1981:98.

32 Vgl. ebd.

33 Vgl. Fu, in: Martin 1981:164-165 / Ratenhof 1987:373.

34 Vgl. ebd. (Ratenhof):374. Sowie Erinnerungen von Beteiligten: Anwerben und Tätigkeit der Generalberater aus chinesischer Sicht, in: Martin 1981:310-317.

staates bei gleichzeitiger Industrialisierung zusagte.[35] Für die im März 1928 unter den Generalen Chen Yi und Li Nai nach Deutschland ausreisende Kommission der Nationalregierung konnte Bauer sogar als Begleiter gewonnen werden. (Dok. 26).

Das Auswärtige Amt stand der sich anbahnenden Zusammenarbeit auf militärischem Gebiet zunächst nicht ablehnend gegenüber und gab sich nach ausländischen Protesten, vor allem von japanischer Seite, mit der Erklärung Bauers zufrieden, entsprechend dem Artikel 179 des Versailler Vertrages weder deutsche Militärberater anzuwerben noch Kriegsgerät in Deutschland aufzukaufen.[36] Tatsächlich hatte Bauer im März 1928 nicht nur militärische, sondern auch zivile Berater angeworben, die unter seiner Führung in der Landwirtschaft, im Bergbau, im Polizeiwesen und in der städtischen Verwaltung arbeiten sollten.[37] Als sich dann aber 1928/29 der Verdacht verdichtete, daß ein deutscher Militärberaterstab existierte, der in den innerchinesischen Krieg eingriff und über die Handelsabteilung der Chinesischen Gesandtschaft Waffengeschäfte abwickelte, legten die Diplomaten auch bei chinesischen Stellen energischen Protest ein.[38] Die Gesandtschaft in Berlin versuchte das Auswärtige Amt dahingehend zu beruhigen, daß deutsche Offiziere lediglich als Erzieher an Schulen und nicht als Ausbilder im taktischen Bereich eingesetzt würden.[39] Informationen über eine Lehrtruppe unter deutscher Leitung, die an den Feldzügen Jiang Jieshis gegen Wuhan und Henan teilnahmen, widersprachen derartigen verharmlosenden Darstellungen.[40]

Die deutsche Diplomatie hatte gegen eine punktuelle Zusammenarbeit einzelner Militärexperten und Rüstungsfirmen mit chinesischen Vertragspartnern nichts einzuwenden und verurteilte auch nicht grundsätzlich die Kontakte der Reichswehr zu chinesischen Armeekreisen. Aus politischen Gründen verweigerte sie jedoch ihre Zustimmung zu einer Beteiligung der Reichswehr am Aufbau moderner chinesischer Truppen. Außer Protesteingaben bei der Nanjing-Regierung und ähnlich erfolglosen Einwirkungen auf die angeworbenen Offiziere standen ihr allerdings keine Mittel zur Verfügung, um eine Anwerbung zu

---

35 Vgl. Augustin, in: Martin 1981:273-274 / Fox 1970:28 / Vogt 1974:421.

36 Vgl. Ratenhof 1987:376. Sowie Kap. 3.

37 Vgl. Vogt, in: Martin 1981:100.

38 Vgl. Aufzeichnung des VLR Trautmann, AA, 26.10.1928, in: ADAP, B X, Dok. 83:219-221 / Schreiben von Min.Dir. Köpke, AA, an RAM Stresemann, 7.3.1929, in: ebd., B XI, Dok. 116:253-254 / Aide-Mémoire des AA für die CGB als Anlage zur Aufzeichnung des LR Michelsen, 20.3.1929, in: ebd., Dok. 130:283-285.

39 Vgl. Ratenhof 1987:379.

40 Vgl. ebd.:380 / Fox 1970:41-42. - Von 1929 bis 1931 mußte sich Jiang Jieshi in nahezu ununterbrochenen Bürgerkriegen mit den sogenannten Guangxi-Generalen Feng Yuxiang und Yan Xishan auseinandersetzen.

verhindern.[41] Auch der unerwartete Tod von Max Bauer am 5. Mai 1929 änderte nichts an dem sich abzeichnenden Konflikt zwischen zivilen und militärischen Kreisen in Deutschland.

Hermann Kriebel und Georg Wetzell

Nach dem Tod von Bauer übernahm Oberstleutnant a.D. Hermann Kriebel, Hitleranhänger und Teilnehmer am Putsch von 1923, von Juni 1929 bis Mai 1930 die Stelle des Generalberaters. Im Rahmen seiner Amtszeit wurden in der Beraterschaft auffallend viele Nationalsozialisten und damit Personen, welche die Staatsform des Deutschen Reiches entschieden ablehnten, eingestellt, so daß diese Personalpolitik im Auswärtigen Amt mit Besorgnis betrachtet wurde.[42] (Dok. 27) Hinzu kam, daß wirtschaftliche Projekte zunehmend vernachlässigt wurden, wohingegen mit der Erweiterung der Lehrtruppe und Aufsehen erregenden Manövern die Kriegsbereitschaft dieses Truppenteils immer deutlicher zu Tage trat.[43] Scharfe Pressekampagnen sowohl des westlichen Auslandes als auch der linken Gegenspieler, repräsentiert durch Wang Jingwei, gegen die Tätigkeit der deutschen Militärmission waren die Folge.[44] (Dok. 28)

Im Unterschied zum Auswärtigen Amt förderte das Reichswehrministerium spätestens seit 1930 das Engagement früherer Offiziere in China. Dies war die Folge sowohl seines neuen nationalistisch-revisionistischen Kurses in der Innenpolitik als auch der neuen Außenwirtschaftspolitik gegenüber den ökonomisch abhängigen Agrar- und Rohstoffländern in Europa und in Übersee. Im Rahmen der geheimen Aufrüstung, die mit der Planung des Zweiten Rüstungsprogrammes in eine neue Phase trat, erfuhr die gesamte Militär- und Rüstungspolitik eine tiefgreifende Veränderung.[45] Fortan wurde die Beraterschaft in China in deutschen militärischen Kreisen als Aktivposten betrachtet, wenn ihr auch der Status einer offiziellen Mission nach wie vor vorbehalten blieb. Anfang 1931 bemühte sich das Reichswehrministerium darum, eine direkte Verbindung zu der Militärberaterschaft und damit zur Nanjing-Regierung herzustellen. Es wollte auf Lieferungen von Rüstungsmaterial und auch auf die Auswahl der Berater stärkeren Einfluß nehmen. (Dok. 29) Das Auswärtige Amt reagierte ablehnend auf diesen Versuch des Militärs, eine eigene Chinapolitik zu betreiben und hatte zunächst Erfolg mit seinen Demarchen. Noch einmal verzichtete die Reichswehr auf selbständige rüstungswirtschaftliche Unternehmungen in

41 Vgl. Aufzeichnung des AA, o.N. (vmtl. von Lautenschlager, Vizekonsul in der Abt. IV des AA. Die Aufzeichnung trägt die Paraphe von RAM Curtius), 25.4.1930, in: ADAP, B XIV, Dok. 219:527-531. Sowie Seps 1972:182-183.

42 Vgl. ebd. (Seps):175-177.

43 Vgl. ebd.:161-164.

44 Vgl. hierzu Telegramm der Volksvereinigung der Provinz Henan, 12.9.1930, Dok. 43.

45 Vgl. Geyer, in: Martin 1980:60-61 / ders. 1975:159-199 / Dirks / Janßen 1999:34-48.

China und ließ die Kontakte zu den Beratern weiterhin über eine Verbindungsstelle in Berlin laufen.[46]

In dem für die Reichswehrpolitik entscheidenden Jahr 1930 wurde Kriebel durch General a.D. Wetzell abgelöst. Dieser Schritt hing mit Spannungen zusammen, die innerhalb der Beraterschaft entstanden waren: Die kaisertreuen Offiziere hatten sich gegen den Nationalsozialisten Wetzell ausgesprochen, die Zivilberater der Mission verweigerten ihm sogar den Gehorsam, indem sie darauf verwiesen, daß sie niemals in einem dienstlichen Abhängigkeitsverhältnis zu Max Bauer gestanden hätten. Eine mögliche Lösung des Konfliktes in Form einer Dreiteilung der Mission in eine Sektion für Verteidigungsfragen, eine für Ausbildungstätigkeit und eine für zivile Projekte, unter jeweils verschiedenen Leitungen, scheiterte am Widerstand Kriebels, der die Gesamtleitung der Militärberaterschaft nicht abgeben wollte. Als die internen Probleme überhand nahmen und sogar die Existenz der Einrichtung bedrohten, engagierte Jiang Jieshi, wiederum über Zhu Jiahua, einen neuen Missionschef.[47]

Mit Georg Wetzell wurde zum ersten Mal ein prominenter General der Reichswehr führender Berater in China, was bereits darauf hinwies, daß die Militärmission sowohl von deutscher als auch von chinesischer Seite als ausbaufähig angesehen wurde.[48] Wetzell hielt sich gerade dann in China auf, als Jiang Jieshi mit einem Bündnis der Links-Guomindang und der Militärmachthaber des Nordens zu kämpfen hatte.[49] Darüber hinaus fielen 1931 die Japaner in die Mandschurei ein, und von 1931 bis 1935 fanden die fünf Feldzüge gegen die Kommunisten statt. Auch wenn immer wieder dementiert wurde, daß sich die Militärberater aktiv an den Kämpfen beteiligten (Dok. 30), kann doch kein Zweifel daran bestehen, daß sie bei der Kriegführung eine wichtige Rolle spielten, denn neben der Ausarbeitung der jeweiligen Taktik sowie der Teilnahme an vorbereitenden Lagebesprechungen gehörten auch Besuche im Hauptquartier Jiang Jieshis und selbst mehrmonatige Aufenthalte an der Front zu ihrem Aufgabenbereich. Darüber hinaus kam es zu direkten Eingriffen in Kampfhandlungen.[50]

Die chinesische Nationalregierung war sich der Schwierigkeiten, die ein direktes Eingreifen der Deutschen verursachte, durchaus bewußt und betonte in einem Protokoll

---

46 Vgl. Ratenhof 1984:28. - Der Leiter der Verbindungsstelle war Rolf Brinckmann, Oberstleutnant a.D.

47 Vgl. Mehner 1961:64-71 / Seps 1972:184-203.

48 Vgl. Martin, in: ders. 1981:29 / Seps, in: ebd.:109-110.

49 Vgl. Domes 1970:31. - Es handelte sich um den sogenannten „Großen Bürgerkrieg", der am 1. April 1930 ausgebrochen war. In seinem Rahmen versuchten alle oppositionellen Generäle sowie die Links-GMD die Nationalregierung zu stürzen. - Vgl. auch Eingaben Wetzells über die Reorganisation der chinesischen Armee, 14.2. / 23.5.1933. Abgedruckt in: MGDG (zusammengestellt von Dai Xiong) 1988:32-40.

50 Vgl. Martin, in: ders. 1981:45-46 / Sun 1988:128-129 / Walsh 1974: 506-507 / Zhou 1998:253. Zur Beteiligung der Berater an den Feldzügen gegen die chinesische Sowjetrepublik, vgl. Sommer 1971:269-304.

einer Sondersitzung der Militärkommission 1932 ausdrücklich, daß die Militärberater für die Schulung und Ausbildung der Offiziere der verschiedenen Waffengattungen, nicht aber für die der Soldaten zuständig seien. (Dok. 31) Angesichts der nach deutschem Vorbild ausgebildeten Lehrdivision, die sich an den Kämpfen beteiligte, waren solche Aussagen freilich nur Makulatur. Neben solchen Abgrenzungen, die wohl vor allem das Ausland beruhigen sollten, wurde jedoch vorsichtig auch auf Spannungen zwischen Ausbildern und Auszubildenden hingewiesen - so sollten die Berater nur die Stelle eines Gastes einnehmen, der seine Meinung äußern könne. Auch wurde das „große Selbstvertrauen der Germanen" angesprochen, weshalb man bei Kritik höflich und bescheiden miteinander diskutieren und Mißverständnisse vermeiden solle.

Die Berater, die sich angesichts der großen Unterschiede zwischen europäischen und chinesischen Ansprüchen an die Truppe (Dok. 32) durchaus als „militärische" Entwicklungshelfer verstanden, waren kaum bereit, sich den chinesischen Gepflogenheiten und Umgangsformen anzupassen. Obwohl die militärstrategischen Kompetenzen von Wetzell niemals angezweifelt wurden, waren es persönliche Konflikte mit Jiang Jieshi, die schließlich zu der Berufung Hans von Seeckts als Generalberater führten.[51]

Hans von Seeckt

Generaloberst Hans von Seeckt war im Krisenjahr 1923 zum Chef der Heeresleitung ernannt worden und hatte nach seiner Verabschiedung drei Jahre später in Ungarn und Rumänien als Berater in militärpolitischen Fragen gewirkt.[52] Bereits im Mai 1932 trat er in Kontakt mit dem Verbindungsleutnant der Reichswehr zur Militärberaterschaft in China, Brinckmann, und sprach wahrscheinlich auch mit chinesischen Vertretern. Im April 1933 reiste Seeckt das erste Mal nach China. Dort angekommen führte er Verhandlungen in den Provinzen Guangdong und Guangxi, traf aber auch in Guling mit Jiang Jieshi zusammen, der unter anderem die Spannungen innerhalb der Beraterschaft thematisierte.[53] In einer Denkschrift für Jiang, in welcher er seine in China gewonnen Eindrücke sowie die daraus resultierenden militärischen Vorschläge ausführte, regte Seeckt die Schaffung einer kleinen, aber hochwertigen Operationsarmee an, die durch eine Grenzmiliz ergänzt werden sollte. Letztlich strebte er eine Reduzierung der Truppenstärke zugunsten eines gut ausgerüsteten und geschulten Eliteheeres an. Gleichzeitig betonte er die Notwendigkeit des Aufbaus einer leistungsfähigen chinesischen Rüstungsindustrie.[54]

---

51 Vgl. Seps, in: Martin 1981:111-114. - Zur Rolle der Armee in Seeckts Denken, vgl. Guske 1971:131-138.

52 Zu Seeckt als Chef der Heeresleitung, vgl. Meier-Welcker 1969:265-284.

53 Vgl. ders., in: Martin 1981:118-119.

54 Vgl. Epstein 1953:534-543. Hier wurde der Text der Denkschrift, versehen mit einer kurzen Einführung, das erste Mal einem größeren Publikum zugänglich gemacht. Sowie He 1990:277-280.

Am 30. September 1933 wandte sich Verkehrsminister Zhu Jiahua mit der offiziellen Bitte an Seeckt, Wetzells Stelle einzunehmen. (Dok. 34) Seeckt reagierte zunächst zurückhaltend[55], doch nach Gesprächen im Reichswehrministerium und mit Reichsaußenminister Neurath, dem die Chinesen im Falle einer Absage mit der Einstellung eines französischen Offiziers drohten, erklärte er schließlich sein Einverständnis.[56] In einem Brief an den im Exil in Holland lebenden ehemaligen deutschen Kaiser legte er die Gründe für seinen Entschluß dar, nach China zu gehen: Neben einer Stärkung der deutschen Position im Ausland führte er den Aufbau einer chinesischen Waffenindustrie an. (Dok. 35) Anders als Wetzell verstand sich Seeckt von vornherein nicht nur als Ausbilder und Stratege, sondern auch als Vermittler für Wirtschafts- und Rüstungsgeschäfte. Tatsächlich leitete er zusammen mit dem Waffenhändler Hans Klein die auf Gleichberechtigung beider Handelspartner beruhenden deutsch-chinesischen Austauschgeschäfte ein, die sich freilich ausschließlich auf den rüstungswirtschaftlichen Bereich beschränkten.[57]

Die herausgehobene Stellung Seeckts zeigt sich nicht zuletzt daran, daß ihn Jiang Jieshi durch einen Erlaß zum „Beauftragten des Marschalls und Generalberater" ernannte, weshalb der Generaloberst allein dem Marschall für die Führung und Organisation der Beraterschaft verantwortlich war und den einzelnen Beratern nach eigenem Gutdünken ihre Tätigkeitsgebiete zuweisen und ihre Zuteilung zu chinesischen Dienststellen bestimmen konnte. Zudem schlug er allein Einstellungen und Entlassungen vor. Als ausführendes Organ wurde in Nanjing ein in fünf Abteilungen gegliederter Stab eingesetzt, an dessen Spitze ein Offizier stand, der zugleich der Vertreter des Generalberaters war. Als Verbindungsorgan zwischen dem Generalberater und den chinesischen Behörden wurde die „Chinesische Dienststelle für die Beraterschaft" ins Leben gerufen.[58] Die Leitung des deutschen Stabes sowie die Stellvertretung des Generalberaters übernahm ab Mitte Juni 1934 General Alexander von Falkenhausen, dem Seeckt mehr und mehr das Management der Militärmission überließ und sich stattdessen seinem eigentlichen Interessengebiet, den Waffengeschäften, zuwandte.

Seeckts angeschlagener Gesundheitszustand lieferte schließlich im März 1935 den Vorwand, um China zu verlassen. Offiziell hatte er freilich weiter die Stellung des Generalberaters inne, wenn auch ohne Gehalt. Am 26. Juni empfing ihn Hitler zum Vortrag in der Reichskanzlei, wo auch Blomberg, Neurath und Schacht zugegen waren.[59] Jiang Jieshi gab

---

55 Vgl. Meier-Welcker 1967:652.

56 Vgl. ders., in: Martin 1981:116-119. Sowie vertraul. Bericht von Trautmann, DGP, an das AA, 26.8.1933, in: ADAP, C I, Dok. 412:764-767.

57 Vgl. Fu 1985:122-127 / Wu 1994:97-104. Sowie Kap. 1 dieses Bdes.

58 Vgl. Deguo 1969:4-5 / Meier-Welcker, in: Martin 1981:126. Sowie Bestimmungen für die Dienstverhältnisse der Berater, 1.6.1934, in: Martin 1981:403-410.

59 Zu dem Vortrag Seeckts bei Hitler am 26.6.1935, vgl. Meier-Welcker, in: ebd.:132. In den ADAP befindet sich diesbezüglich keine Aufzeichnung.

kurz darauf seiner Hoffnung Ausdruck, mit der Unterstützung von Seeckt und dessen „hohen Freunden" den militärischen und gesellschaftlichen Aufbau Chinas bewerkstelligen zu können. (Dok. 36) Der Marschall teilte grundsätzlich Seeckts Vorstellung eines souverän handelnden und autoritär geführten nationalen Machtstaates, dessen Durchsetzungsfähigkraft nach innen und nach außen von der Armee garantiert werden sollte. Der frühe Tod des Generaloberst 1936 aber setzte allen gemeinsamen Aspirationen ein jähes Ende.

Alexander von Falkenhausen

Bereits im Herbst 1933 war eine Einladung Seeckts an Falkenhausen erfolgt, ihn als designierten Nachfolger nach Nanjing zu begleiten.[60] Seit seinem Ausscheiden aus der Reichswehr 1930 war Falkenhausen als Oberlandesführer des Stahlhelm-Verbandes in Sachsen tätig gewesen und darüber hinaus als Redner der DNVP hervorgetreten, hatte jedoch als überzeugter Monarchist eine klare Distanz zu den extremen deutschnationalen Kreisen um Max Bauer und Hermann Kriebel bewahrt. Falkenhausens Asienerfahrungen beruhten auf dem Boxeraufstand, an dessen Niederschlagung er als Leutnant teilgenommen hatte, und auf seiner Tätigkeit als Militärattaché in Tokyo. Im Februar 1934 ging er schließlich auf das Angebot Seeckts ein, den er während des Ersten Weltkrieges in der Türkei kennengelernt hatte, und reiste nach Rücksprache mit der nationalsozialistischen Führungsspitze nach China.[61]

Unmittelbar nach Falkenhausens endgültiger Übernahme der deutschen Beraterschaft entwickelte er Entwürfe für Jiang Jieshis Militärkommission, in welchen die infrastrukturelle Erschließung des Landes und der Ankauf von ausländischem Rüstungsmaterial im Vordergrund standen.[62] Dann aber begann sich der Schwerpunkt seiner Arbeit mehr und mehr von rüstungswirtschaftlichen auf militärstrategische Fragen zu verlagern. Nachdem er sich zunächst noch für eine weitgehend passive Abwehr des japanischen Angriffs ausgesprochen hatte, stellte er ab August 1935 die bis dahin angewandte Strategie des Zeitgewinns durch Raumabgabe in Frage und versuchte stattdessen, die chinesische Führung für einen aggressiveren Kurs gegen Japan zu gewinnen.[63] Im April 1936 schlug er Jiang Jieshi vor, mit den Vorbereitungen für einen Guerillakrieg in den von Japanern besetzten Gebieten zu beginnen. Zudem bestand er auf Verstärkung der laufenden Nachrichten- und Sabotageaktionen auch außerhalb Chinas, das heißt in der Mandschurei und in Japan. In diesem Zusammenhang legte er sogar einen Plan vor, der die Japaner ganz aus der Provinz Hebei hinausdrängen sollte. Seine Ratschläge zeigen freilich auch, daß er

60 Vgl. Zhou 2000:11-12.

61 Vgl. Liang, in: Martin 1981:139.

62 Vgl. ebd.:140. Sowie Auszug aus einem Schreiben von Falkenhausen an Brinckmann, den Verbindungsoffizier zwischen Beraterschaft und Reichswehr, 29.5.1935, in: Martin 1981:417-423.

63 Vgl. Denkschrift von Falkenhausen für Jiang Jieshi, 20.8.1935, in: MGDG (zusammengestellt von Qi Houjie) 1991:24-29. Sowie Liang 1978: 101-102 / Sutton 1982:401.

die japanischen Interessen weniger in Süd- als in Nordchina, dem Ausgangspunkt eines Feldzuges gegen das kommunistische Rußland, vermutete. Mit dem Ausbruch des chinesisch-japanischen Krieges am 7. Juli 1937 trat diese Fehleinschätzung offen zutage.[64]

Im Verlauf des Krieges hielten sich Falkenhausen und andere Militärberater an verschiedenen Frontabschnitten auf und versuchten, den japanischen Vormarsch wenigstens zu verlangsamen. Offensichtlich wurde der Einfluß der deutschen Offiziere bei den Kämpfen im Raum Shanghai im August 1937, wo die Japaner auf erbitterten Widerstand chinesischer, von deutschen Beratern ausgebildeten Truppen stießen.[65] Auch wenn Falkenhausen nur allzu gut wußte, daß die halbmodernisierten chinesischen Streitkräfte nicht in der Lage sein würden, einem lokalen Sieg eine die Wende bringende Gegenoffensive folgen zu lassen, so beharrte er auch nach dem Fall Nanjings am 13. Dezember auf seiner Ansicht, daß erfolgreich Widerstand geleistet werden könne, so lange nur jeder seine Pflicht tue. (Dok. 38) Dieser Zweckoptimismus dominierte auch die nachfolgenden Denkschriften.[66]

Falkenhausen identifizierte sich so sehr mit seinen Aufgaben in China, daß er Anfang 1938 die sich abzeichnende Abberufung der Militärberaterschaft[67] unter allen Umständen verhindern wollte. Um die Notwendigkeit der Unterstützung der Chinesen durch die deutschen Offiziere unter Beweis zu stellen, übergab er dem deutschen Botschafter in China, Trautmann, einen Dokumentarfilm über die exzessive Plünderung Nanjings durch die japanischen Soldaten.[68] Doch die Chancen für sein Anliegen standen schlecht, denn spätestens seit dem Abschluß des Antikomintern-Paktes 1936[69] war die Militärberaterschaft zum Exponenten der sinophilen Politik der Reichswehr geworden. Die nationalsozialistische Regierung hingegen richtete ihre Fernostpolitik zunehmend auf Japan aus. Ein Revirement an der Spitze der Streitkräfte und des Auswärtigen Amtes führte zur Entlassung der alten Eliten, weshalb China fortan in der deutschen Außenpolitik nur noch eine unbedeutende Rolle spielte.[70] In der chinesischen Presse wurde deshalb sogar der Verdacht geäußert, daß der Rückzug der Beraterschaft auf eine Intervention von seiten Japans zurückgehen würde. (Dok. 39)

Die Abberufung der deutschen Militärberaterschaft in Nanjing beendete ein Kapitel besonders intensiver Zusammenarbeit zwischen Deutschland und China, die sich nicht nur auf die Vermittlung von militärpädagogischem und -strategischem Know-how beschränkte,

---

64 Vgl. Liang, in: Martin 1981:142.

65 Vgl. Liu 1956:162-164 / Martin 1997:9-17. Zur Reaktion Japans, vgl. ganz geh. Telegramm von Dirksen, deutscher Botschafter in Tokyo, an das AA, 23.8.1937, in: ADAP, D I, Dok. 483:616-617.

66 Vgl. Martin, in: ders. 1981:49.

67 Vgl. Bloß, in: ebd. 249-271.

68 Vgl. Liang, in: ebd. 144.

69 Vgl. Kap. 7 dieses Bdes.

70 Das Revirement erfolgte Anfang 1938. Zur Veränderung der deutsch-chinesischen Beziehungen nach dem Abschluß des Antikomintern-Pakts, vgl. Ma 1989:87-96. Sowie Bd. 4 dieser Reihe.

sondern auch gegenseitige rüstungswirtschaftliche Interessen berührte. Während die Beamten des Auswärtigen Amtes sowie die Deutsche Gesandtschaft in Peking in den Militärberatern eher eine Belastung der deutsch-chinesischen Beziehungen sahen, da diese nach ihrer Meinung zu einseitig Einfluß auf die Ereignisse in China nahmen, nutzte die Reichswehr die Berater, die Privatverträge bei der chinesischen Regierung hatten, für ihre eigenen Zwecke. Jiang Jieshi, der sich zeitweilig persönlich um die Anliegen der Beraterschaft kümmerte und sie auch nur widerwillig ziehen ließ, orientierte sich bei dem von ihm anvisierten Aufbau einer chinesischen Armee unübersehbar am deutschen militärischen Modell. Dies war um so wichtiger, als die Armee später als Garant für eine gesellschaftliche Reorganisation dienen sollte. Das persönliche Element, das heißt die individuelle Beziehung zu dem jeweiligen Generalberater, scheint für Jiang eine wichtige Rolle gespielt zu haben, die vielleicht ebenso bedeutend war wie die tatsächliche Arbeit des jeweiligen Beraters. Auch wenn alle Generalberater nicht nur theoretisch, sondern auch praktisch in Kriegssituationen tätig waren, steht es außer Frage, daß ihre Entscheidungsgewalt über einen begrenzten strategisch-operativen Bereich nicht hinausging. Den Grundstein für den Mythos über die große Einflußnahme der deutschen Berater auf Jiang Jieshi legte nicht zuletzt Mao Zedong, der bereits 1933 auf die Tätigkeit von Seeckt, Wetzell und Kriebel hingewiesen hatte.[71] Den nachhaltigsten Einfluß aller deutschen Militärberater übte jedoch der Kommunist Otto Braun aus, da die von ihm entwickelte Taktik der Sprengung des Blockhausgürtels von der Militärführung des chinesischen Sowjetgebietes akzeptiert wurde und im legendären, das Selbstverständnis der KPCh bestimmenden Langen Marsch endete. Demgegenüber hatte Heinz Neumann kaum eigene Akzente setzen können. Sein Einsatz in China war von der Kommunistischen Internationale von vornherein nur als Übergangslösung gedacht gewesen und muß vor dem Hintergrund der innenpolitischen Auseinandersetzungen in der Sowjetunion gesehen werden.

71 Vgl. Appeal of the Central Executive Committee of the Chinese Soviet Republic, unterzeichnet u.a. von Mao Zedong, in: Inprecorr, Bd. 13, Nr. 44, 6.10.1933:970-971. Dazu Wei, in: Martin 1981:176.

22

Brief des Rektors der Sun Yatsen-Universität in Kanton, Zhu Jiahua, vmtl. an seinen früheren Lehrer Prof. Dr. Conrad Matschoß, Berlin (21.12.1926)

Abschrift[1]

Kanton, den 21. Dezember 1926

Sun Yatsen University
Kanton / China.

Aus meinen letzten beiden Depeschen[2] werden Sie ersehen haben, daß ich mich in Kanton befinde. In der Tat bin ich seit Anfang September d.J. von Peking übersiedelt worden, da die politische Lage in Peking für mich unhaltbar wurde. In Peking entstand grosse Schwierigkeit für mich infolge meiner patriotischen Gesinnung, und ich musste meine Tätigkeit dort in der Universität aufgeben. Sie werden gewiss die Ereignisse bei uns aus den Zeitungen sowie durch meinen Neffen[3] erfahren haben. Durch den Rückzug der Guominjun (Nationalarmee) konnten alle Patrioten und Jungchinesen nicht mehr länger in Nordchina bleiben.[4] Ich musste sozusagen aus Peking fliehen, nachdem ich drei Monate lang mich versteckt hatte. Sie können nicht begreifen, was für Unruhe uns seit letztem Jahr bereitet wurde. Ich war froh, als ich bei günstiger Gelegenheit aus Peking fortkam.

Anfangs September kam ich in dem bisherigen Hauptplatz des Freiheitskampfes an, wo ich meine Tätigkeit für die gerechte Sache unbehindert wieder aufnehme. Von Kanton kann ich Ihnen authentische Nachricht übermitteln. Kanton ist durchaus nicht so schrecklich, wie die fremden Zeitungsnachrichten verbreiten. Es herrscht hier Zucht und Ordnung. Die Partei und die Regierung haben die volle Unterstützung des Volkes, das haben besonders die Erfolge des Kampfes im Yangzi-Tal bewiesen. Anfang Juli begann der Kampf gegen

1 Es handelt sich um eine Abschrift, der ein Zettel (12.2.1927) der Friedrich Krupp AG (Vertretung Berlin) an den VLR Trautmann der Ostasienabteilung des AA beigefügt war. Auf diesem war festgehalten worden, daß der Brief dem AA wahrscheinlich bereits von anderer Seite zugegangen sei. Da er vieles enthalte, was von Interesse sein könnte, sei er dennoch weitergeleitet worden. - Der Brief, den Zhu Jiahua bezüglich des Arsenalbaus in Kanton an Conrad Matschoß geschrieben hat (so die Aussage seines Neffen, vgl. Anm. 3) konnte nicht gefunden werden.

2 Die Depeschen, vmtl. vom November, wurden nicht ermittelt. Evtl. ist u.a. der in Anm. 1 angesprochene Brief gemeint.

3 Bei dem Neffen handelte es sich um Zhu Qian, der von 1923 bis 1927 in Berlin Bergbau studierte. Zhu Jiahua hatte zwei Neffen, die er beide später adoptierte. Vgl. Interview mit dem zweiten Neffen Zhu Guoxun 1977 in Taibei, in: Martin 1981:310-317.

4 Der Warlord Feng Yuxiang, der die Provinzen Suiyuan und Shaanxi kontrollierte, hatte seine Truppen 1925 in Volksarmee (*Guominjun*) umbenannt. Er unterhielt Beziehungen zur Komintern, aber auch zur südlichen Regierung in Kanton. Zur Zeit des Nordfeldzuges (*Beifa*), dessen Durchführung am 21.5.1926 beschlossen worden war, kämpfte Wu Peifu zusammen mit Zhang Zuolin gegen die *Guominjun*. Vgl. Chi 1976: 222-232 / Gillin 1967:108-109 / Kuo 1979:147-149.

Feinde, die eine heimliche Unterstützung der Mächte (insbesondere Englands und Japans) haben. Trotz sehr schwieriger und ungünstiger Verhältnisse sind sechs Provinzen in die Hände der Volksarmee gefallen, einige benachbarte Provinzen sind durch die geographische Lage allmählich gezwungen, sich uns anzuschliessen, sodass wir, ausgenommen die Provinz Jiangsu (besonders wichtig Shanghai und Nanjing), wo Feinde sich noch halten, ziemlich alles, was südlich des Yangzijiang liegt, welches wirtschaftlich das bedeutungsvollste Gebiet Chinas ist, bereits in der Hand haben. Sehen wir das Gebiet Nordchinas an, so haben wir grosse Hoffnung, seit Feng Yuxiangs (Führer der Guominjun) endgültigem Beitritt in die Guomindang, die übrigen Provinzen, die noch militärisch mächtig sind, nämlich Zhili, Shandong und die Mandschurei, in absehbarer Zeit auch zu befreien. Allerdings sehen wir grosse Schwierigkeiten vor uns, was die Mandschurei anbelangt, denn Japan wird nicht so leicht seinen Schützling Zhang Zuolin ohne weiteres verdrängen lassen.[5] Aber auch das werden wir langsam, doch sicher überwinden können, denn Recht wird nicht ausbleiben. Nun genug damit.

Es dürfte Sie interessieren, daß die Volksregierung zunächst die Industrialisierung Südchinas, insbesondere Kanton und das Gebiet Guangdong ins Auge fasst. Überhaupt beabsichtigt sie die Acker- und Industriefragen an sich zu ziehen, d.h. man will allmählich die Wirtschaftsprobleme zu lösen versuchen, um das grosse Land zu erschliessen. Diese Probleme hatte Dr. Sun als seine Lebensaufgabe betrachtet, die einen Hauptteil des Programms der Guomindang Partei bildet.[6] Ich glaube, da soll Deutschland als Industrieland mit seinem Überschuss an geistigen Kräften uns helfen, diese wichtige Lebensfrage Chinas günstig zu lösen, da Deutschland sich grosser Sympathie und Ansehen bei unserem Volke resp. bei unserer Partei erfreut.

Was mich persönlich anbelangt, habe ich am Anfang des Briefes erwähnt, daß ich mich jetzt in Kanton sehr wohl fühle. Ich will nicht verfehlen, Ihnen mitzuteilen, daß ich kurz nach meiner Ankunft die Leitung der Sun Yatsen-Universität übernommen habe. Also auch einiges hiervon. Schon seit Oktober habe ich Herrn Prof. Dr. von Schab sechs wissenschaftliche Mediziner und zwei Landforstprofessoren für uns zu gewinnen gebeten. Wir haben nämlich fünf Fakultäten. Es sind die med. phil. jur. naturwissenschaftl. und die Acker-Forst. Die Universität verfolgt das Ziel und die Gedanken Dr. Suns. Sie ist für die Zukunft Chinas sehr massgebend. Wie ich schon Herrn Prof. Berrens mitteilte, beabsichtige ich,

5 Der Vormarsch der Nationalen Revolutionsarmee (*Guomin geming jun*) von Guangdong aus hatte im Juli 1926 begonnen. Wuhan fiel im Oktober 1926, Nanchang im November und Fuzhou im Dezember 1926 in nationalistische Hände. Nach der Einnahme von Shanghai wurde Zhang Zuolin, Warlord im Nordosten, gezwungen, die Provinz Zhili (heute: Hebei) aufzugeben und in die Mandschurei zurückzukehren. Dabei kam es auch zu Zusammenstößen mit japanischen Einheiten. Zhang Zuolin wurde im Juli von Japanern durch ein Sprengstoffattentat getötet. Vgl. Dubois 1975:110-111 / Kuo 1979:154 u. 160 / McCormack 1977:246-249. Sowie Einleitung zu Kap. 4.

6 Vgl. Sun Yatsen 1922:231-237.

eine vollständige technische Abteilung zu errichten.[7] Zu diesem Zwecke und zum Ziel zu kommen, bitte ich ebenfalls um Ihre Unterstützung sowie die des Herrn Prof. Dr. Aumund, den ich vielmals von mir zu grüssen bitte. Wir begrüssen sehr, wenn die deutschen Kreise uns beistehen würden mit Rat und Tat. Es ist sicher ausserordentlich wichtig, die schon bestehende Sympathie und Beziehung zwischen den beiden Völkern zu erweitern und zu festigen. Diese beabsichtigte technische Abteilung wird für die wirtschaftliche Erschliessung Chinas von grosser Bedeutung sein, da die hiesige Universität, wie erwähnt, nach Dr. Sun Yatsens Sinn geleitet wird. In Bedeutung ist sie unvergleichlich wichtiger als die Reichsuniversität in Peking und die Tongji-Universität in Wusong.[8]

Ich bitte Sie, diese Nachricht in Ihrem Verein wie auch im Verband deutscher Industrie weiterzugeben, und ich habe nichts einzuwenden, wenn Sie von diesem Brief Gebrauch machen wollen.

Zum Schluss teile ich Ihnen noch mit, daß die Sun Yatsen Universität finanziell glänzend dasteht. Also besteht kein Bedenken in dieser Hinsicht, was ich besonders betonen möchte.

Mit dem besten Gruß von Haus zu Haus Ihr sehr
ergebener
gez. Zhu Jiahua.

PolArchAA, R 85720.

23

Denkschrift von Max Bauer (o.D., vmtl. von 1927)[9]

Daß die Welt vor einer neuen Epoche steht, die man im Gegensatz zu der imperialistischen-materialistischen als sozial-altruistische bezeichnen kann, dürfte für jeden Sehenden klar sein. Hier liegt der gesunde Teil der Ideen des Bolschewismus, Kommunismus, der Sozial-

7 Der Brief von Zhu Jiahua an Prof. Berrens, den Leiter der naturwissenschaftlichen Abteilung der Tongji-Universität in Shanghai, konnte nicht ermittelt werden. Zur Einrichtung einer technischen Abteilung an der SYU in Kanton, vgl. Dok. 78.

8 Zur Tongji-Universität, vgl. Kap. 5 dieses Bdes.

9 Abgedruckt in: Martin 1981:356-358. - Die Denkschrift ist undatiert. Vermutlich entstand sie, als Bauer im Frühjahr 1927 mit einer aus Kanton entsandten Kommission in Kontakt kam. Sie ist im Zusammenhang mit weiteren Memoranden zu sehen, wie etwa „Vorschläge zur politischen Neugestaltung Chinas“ oder „Militärische Betrachtungen über Militärschulen für das Heer, Militärische Schulen für die Armee“ (Alle Denkschriften in: BA/MA, NL Bauer, Bd. 41).

demokratie usw., aber leider ist bisher fast überall dieser gesunde Gedanke durch Nebengedanken zu Unsinn herabgedrückt.[10]

Sozialdemokratie und Kommunismus lehnen die starken Bande der Volksgemeinschaft ab und wollen international sein, d.h. eine Verbrüderung des Proletariats aller Völker und die Herrschaft des Proletariats haben. Der Bolschewismus ist in Rußland *national*, im Ausland aber stellt er sich auch auf den *internationalen* Boden, ist also damit in sich ein Widerspruch.

Der Erfolg dieser Erscheinung ist, daß in allen Völkern die Kreise, die die Volksgemeinschaft (d.h. den nationalen Gedanken im gesunden Sinn) aufrecht erhalten, im Kampf gegen den Internationalismus stehen. Dadurch ist aber die ganze Lage zum Irrsinn verdreht, denn die nationalen Kreise bekämpfen damit zugleich wohl oder übel den Gedanken des gesunden Sozial-Altruismus, d.h. sie sind unfreiwillig Vorkämpfer des Materialismus und Imperialismus.

Man kann verstehen, daß die Arbeiter in ihrem Kampfe gegen die Ausnutzung durch das Kapital nach internationalen Verbindungen rufen, in der Hoffnung, ihre Macht zu stärken. Beruht doch auch die Macht des Kapitalismus wesentlich auf seiner *Internationalität*. Und doch ist es falsch! Der Kapitalismus ist (wie seine Träger) wirklich international (- ist national gar nicht denkbar -) und saugt alle Völker aus, indem er sie wie Marionetten gegeneinander spielen läßt. Der Arbeiter aber ist ein Glied seines Volkes und ist in seiner Arbeit *national*.

Er muß fordern, daß das Volk, dem er angehört, frei im Kreise der Nationen ist, und, wenn das alle Völker wären, gäbe es von selbst keinen Imperialismus mehr, d.h. die Verbindung der Völker wäre erreicht, und damit ein *Internationalismus, der haltbar sein könnte*.

Im übrigen muß auch dann jedes Volk sich seinen Sozialismus und seine Regierungsform selbst formen, entsprechend seiner Eigenart. Eines paßt nicht für alle!

Es ist das Verdienst Dr. Sun Yatsen's für China einen Weg eingeschlagen zu haben[11], der diesen Grundsätzen entspricht, wenn er Befreiung von den Fesseln, die heute noch fremde Mächte an China anlegen, Stärkung des nationalen Gedankens ohne Feindschaft gegen andere Völker, die Durchdringung des Volkes im sozialen Sinn und die Gleichberechtigung aller ehrlich Arbeitenden, d.h. Ausschluß jeder Klassenherrschaft, fordert. (Ich vermeide den Ausdruck >Demokratie<, weil er in jedem Volk einen andern Begriff hat und vielfach geradezu mit Kapitalismus identisch ist, also der Demokratie Dr. Sun Yatsen's absolut zuwiderläuft.)

Die Guomin-Bewegung wird siegen, denn sie liegt im Sinne natürlicher Entwicklung. Aber zur Zeit hat sie Hindernisse an allen Enden, die fremden Mächte, den Bürgerkrieg,

10 Bauers Weltanschauung enthielt neben national-bolschewistischen Elementen auch Teile des außenpolitischen Programms der nationalsozialistischen Linken. Vgl. Fox 1970:21-44 / Kitchen 1975:199-220.

11 Zur ideologischen Verwandtschaft zwischen Bauer und Sun Yatsen, vgl. Augustin, in: Martin 1981:280-284.

Geldmangel usw., alles wirkt hemmend. Es liegt nahe, Abhilfe zu suchen. Sie muß sich auf die innere und äußere Stärkung Chinas erstrecken. Die innere Stärkung brauche ich hier nicht mehr zu berühren, weise vielmehr auf die betreffenden Denkschriften hin.

Die äußere Stärkung kann abgesehen von einer geschickten Propaganda in der Presse usw. der Welt, nur durch *Gewinnung von Freunden, d.h. Bundesgenossen, erfolgen.*

Als „Bundesgenosse" oder „Freunde" scheiden alle Staaten mit imperialistischer oder kapitalistischer Tendenz (was sich ja meist zusammenfindet) aus. Aber auch die Staaten, die auf internationaler Basis zu marschieren vorgeben, in Wirklichkeit aber den andern ihr Denken und ihr System aufzwingen suchen (wie Rußland es zur Zeit noch tut), sind ungeeignet. So bleiben herzlich wenig Staaten übrig, worauf wir sogleich zurückkommen. Wohl aber sind innerhalb der imperialistischen Staaten große Rassen und Religionseinheiten, die der Befreiung harren, und für die nationalsoziale Volksselbständigkeit reif sind.

Zu den Staaten, die als Freunde für China als wertvoll in Betracht kommen, gehört ganz wesentlich die neue *Türkei*, die zwar hinsichtlich der Religionsform von den Guomin-Ideen zur Zeit noch abweicht, sonst aber in fast jeder Hinsicht den gleichen Kampf im Innern und nach außen kämpft.[12]

Zu den Rassen und Religionseinheiten, mit denen engere Berührung möglich ist, gehört in erster Linie der *Mohammedanismus*. Er umfaßt viele hochstehenden Völker als Perser, Araber, große Teile Indiens usw. Alle warten auf die Befreiung vom englischen Joch und schauen auf die Türkei, die aber allein diese Aufgabe nicht lösen kann.

Der Gedanke eines Zusammenschlusses Chinas mit der mohammedanischen Bewegung liegt als fast selbstverständlich auf der Hand. Und der Weg dazu führt über die *Türkei*, die aus solchem Zusammenschluß eine Stärkung erfahren und der Führerrolle näher gebracht würde.

Glückt dieser Gedanke, so ist von Nordafrika an bis nach China ein breiter Gürtel von Völkern für eine Befreiungs-Organisation gewonnen, der fast eine Milliarde Menschen vereinigt. Der Druck einer solchen Masse ist für die zahlenmäßig schwachen imperialistischen Völker auf die Dauer unerträglich. Aber dieser Druck zwingt auch den auf Irrwegen wandelnden *Internationalismus* zur Umkehr und Einkehr.

Die Frage ist, ob es politisch möglich ist, daß Guomin mit der Türkei in Verhandlungen eintritt[13], ohne daß sie sich einem Fehlschlag aussetzt, und ohne daß es die andern (imperialistischen) Völker merken und verhindern können. Die Frage kann man, glaube ich, bejahen und die Probe könnte sofort gemacht werden.

Ist also die Regierung Nanjing prinzipiell bereit, so würde ich einen konkreten Vorschlag unterbreiten. Hinzufügen möchte ich nur, daß mir von türkischer Seite bereits früher ein ähnlicher Gedanke nahe gelegt ist.

BA/MA, NL Max Bauer, Bd 41.

12 Zur kemalistischen Türkei, vgl. Zürcher 1993:184-212.

13 Hu Hanmin hielt sich 1928 längere Zeit in der Türkei auf. Vgl. Boorman / Howard, Bd. 2, 1968:164.

24

Schilderung des kommunistischen Aufstandes in Kanton durch Margarete Buber-Neumann, Mitglied der KPD (Dezember 1927)

Ein besonderer Umstand veranlaßte die kommunistische Leitung von Kanton, den Tag für den Ausbruch des Aufstandes vom 13. auf den 11. Dezember 1927 vorzuverlegen. Jiang Jieshi waren nämlich Gerüchte über die geplante Erhebung zu Ohren gekommen, und General Zhang Fakui[14] schickte daraufhin ein Truppenkontingent nach Kanton, um die Garnison zu verstärken.

Die strategisch wichtigen Punkte innerhalb des Stadtgebietes von Kanton waren vom Revolutionskomitee[15] schon lange vorher festgelegt worden. Neumann hatte gemeinsam mit den übrigen Kominterndelegierten[16] und den chinesischen Kommunisten Sammelstellen für die Rote Garde bestimmt, wo sie sich einige Zeit vor dem eigentlichen Losschlagen zu versammeln hatte. Am 10. Dezember wurden die Roten Garden[17] an diese Plätze befohlen. Das Aufstandskomitee schickte Befehle an das Kadettenregiment[18], auf dessen Unterstützung zu rechnen war. Alle Maßnahmen waren so weit gediehen, daß nur noch auf den Feuerbefehl gewartet wurde, die Rote Garde lag an den Sammelstellen ver-

---

14 In Kanton gab es im Herbst 1927 drei Parteien, die gegeneinander kämpften: Die Truppen um General Li Jishen, der beim Beginn des Nordfeldzuges beauftragt worden war, Kanton zu halten, die Armee von General Zhang Fakui (vgl. Anm. 18) und die KPCh. Letztere teilte sich in die Rote Garde (vgl. Anm. 17), Arbeiterverbände sowie Soldaten- und Bauerneinheiten. Zhang Fakui, der nicht im Auftrag Jiang Jieshis handelte, hatte im November die Macht übernommen und Kantons Unabhängigkeit von der Nationalregierung proklamiert. (Die Angaben von Hwang, in: Hinz 1973:14 stimmen nur teilweise.)

15 Das fünfköpfige Revolutionskomitee war von dem Guangdong-Ausschuß der KPCh eingesetzt worden. Das Politbüro in Shanghai hat wahrscheinlich seine Zustimmung dazu gegeben. Zur Organisation des Aufstandes, vgl. Hsiao 1967:49-78.

16 Gemeint ist die Kantoner Kominternvertretung und vor allem Heinz Neumann, der Besso Lominadze als Chefberater abgelöst hatte. - Zu den bekanntesten Deutschen, die für die Komintern oder die sowjetischen Nachrichtendienste in China tätig waren, zählen Gerhart Eisler, Arthur Ewert, Friedrich Feyerherd, Paul Rakow, Richard Sorge und Ruth Werner. Vgl. Brief (1.6.1995) von F. Litten an die Hg. Sowie Fabritzek 1973:117.

17 Seit dem April 1927, als Li Jishen den Abfall der Provinz Guangdong von Wuhan bekanntgegeben hatte (vgl. Dok. 25, Anm. 38), wurde von der KPCh versucht, im Untergrund eine Rote Garde zu organisieren. Die Rotgardisten besaßen keine militärische Ausbildung, weshalb sie über keinerlei Grundkenntnisse in der Straßenkampftaktik (etwa beim Barrikadenbau) verfügten. Hierzu Hwang, in: Hinz 1973:8.

18 Das Kadettenregiment setzte sich aus Unteroffizieren und ehemaligen Kadetten der Huangpu-Militärakademie zusammen. Es war Mitte November von General Zhang Fakui wiederbewaffnet worden, weil er es in seinem Kampf gegen Li Jishen (vgl. Anm. 14) benötigte. Von den 1.300 Subalternoffizieren des Regimentes waren etwa 200 Kommunisten. Vgl. ebd. 1973:17.

steckt, die Kadetten standen bereit. (...)[19] Im ganzen blieben die Gegenmaßnahmen der Regierung schwach und zögernd. In der Stadt herrschte Ruhe.

So gegen 3 Uhr 30 am nächsten Morgen stürzten die ehemaligen Kadetten von Huangpu zusammen mit den Unteroffizieren auf den Hof ihrer Kaserne hinaus. Eine Gruppe lief mit wilden Schreien auf die Offiziersunterkunft zu, riß die Schlafenden aus den Betten und führte sie, den Regimentskommandeur an der Spitze, auf den Hof, wo sich die Soldaten inzwischen versammelt hatten. Man forderte den Kommandeur auf, eine Ansprache zu halten und sich zur Sache der Aufständischen zu bekennen. Der Offizier wurde auf ein in aller Hast errichtetes Podium geschoben, aber er hatte kaum den Mund aufgetan, als aus den Reihen der Kadetten ein Schuß fiel und er tot zusammenbrach. Dieser Schuß war das Signal zum Ausbruch des Aufstandes. Noch einige der gefangenen Offiziere wurden auf der Stelle erschossen, die anderen in einen Raum der Kaserne eingesperrt. Dann sprangen die Kadetten auf die schon wartenden Lastkraftwagen und fuhren von der Kaserne, die sich am Nordrand der Stadt befand, in das Stadtinnere, wo sie sich in kleineren Gruppen auf die wesentlichen Kampfpunkte verteilten.

Mit der Ankunft der Kadetten, die genau zur verabredeten Zeit, nämlich um 4 Uhr früh eintrafen, begannen gleichzeitig auch die Roten Garden den Kampf. In kurzer Zeit konnten die Aufständischen weite Teile der Stadt erobern, ohne einem wesentlichen Widerstand zu begegnen. Dieser gute Anfang schien Neumann, der von der Proklamierung des Generalstreiks abgeraten hatte, um überraschend losschlagen zu können, recht zu geben. Von allen Seiten drangen die Revolutionäre erfolgreich gegen die strategisch wichtigen Punkte der Stadt vor. Sie jagten Regierungstruppen in die Flucht, nahmen viele gegnerische Soldaten gefangen und verbesserten dadurch ihre ungenügende Bewaffnung.

(...)[20] Zu einer der ersten Taten der Aufständischen Kantons gehörte die Beschlagnahme der städtischen Reisvorräte, worauf die chinesischen Arbeiterinnen in aller Eile Volksküchen improvisierten und an die Armen der Stadt als erste Errungenschaft der Revolution eine Schale mit Reis verteilten.

Bei Tagesanbruch befand sich der größte Teil der Stadt in den Händen der Aufständischen. Im Polizeipräsidium trat der Sowjet zusammen. Die Kantoner Sowjetregierung wurde ausgerufen. Noch immer aber ging an verschiedenen Stellen der Kampf erbittert weiter. Es war den Revolutionären bisher nicht gelungen, das Hauptquartier des Generals Zhang Fakui und das befestigte Haus des Generals Li Jishen[21] einzunehmen. Trotzdem glaubte die Aufstandsleitung, die Stadt bereits völlig in der Gewalt zu haben. Neumann und Lominadze[22] hielten es für besonders wichtig, der Bevölkerung bekanntzugeben, daß nunmehr eine Sowjetregierung die Geschicke Kantons lenkte. (...)[23]

---

19 Auslassung: Beschreibung der Verhaftung einiger Revolutionäre.

20 Auslassung: Darstellung der Eroberung des Kantoner Polizeipräsidiums.

21 Vgl. Anm. 14.

22 Vgl. Anm. 16.

23 Auslassung: Erörterung der verschiedenen Punkte des Kantoner Manifests.

Der gefährliche Fehler, den die Vorbereiter dieses Kampfes gemacht hatten, wurde schon am ersten Tag offenbar: die Massen der Bevölkerung nahmen weder Anteil am Aufstand noch an dieser Sowjetregierung, die da plötzlich im Polizeipräsidium saß. Es gelang nicht, sie davon zu überzeugen, daß der Kantoner Sowjet eingesetzt worden war, um die Rechte und Forderungen des Volkes zu verwirklichen. Die kommunistische Leitung hatte es unterlassen, die Kulis, Arbeiter und Handwerker vor dem Aufstand darüber aufzuklären. Jetzt aber bestand keine Möglichkeit mehr, das Versäumte nachzuholen, denn die politisch geschulten Männer, die als Agitatoren hätten eingesetzt werden können, kämpften fast ausnahmslos auf den Barrikaden.

Wie gering jedoch die Anteilnahme des Kantoner Proletariats am Aufstand gewesen sein muß und wie schwerwiegend somit der Fehler der Aufstandsleitung war, sollte sich erst richtig erweisen, als die kommunistische Leitung für die Mittagsstunde des 11. Dezember zu einer Massenversammlung aufrief. Obwohl man in der ganzen Stadt stundenlang Flugblätter verteilte, die auf dieses Meeting hinwiesen, fanden sich, wie berichtet wurde, ganze 300 Mann auf dem Platze ein. In aller Hast wurde diese „Kundgebung" in eine Delegiertenversammlung umgewandelt. Jetzt war kein Zweifel mehr möglich: die Aufständischen standen allein. Sie kämpften auf verlorenem Posten.

Der Umschwung kam mit vernichtender Gewalt am Nachmittag des 12. Dezember. Große Truppenkontingente griffen die Stadt an, und bald hatte sie sich in ein riesiges Schlachtfeld verwandelt. Die gesamten Fehler der Aufstandsleitung rächten sich gleichzeitig. Entgegen den Voraussagen der kommunistischen Leitung hatten die feindlichen Generäle Li und Zhang, ohne einen Augenblick zu zögern, ihre Feindseligkeiten eingestellt und sich gemeinsam mit ihren Truppen gegen die Stadt gewandt, die in die Hände der Aufständischen zu fallen drohte. Anstatt im Schatten zweier in einen Bürgerkrieg verwickelter Armeen ungestört den Aufstand zum Siege führen zu können, sahen sich die Revolutionäre auf einmal einem ungeheuren überlegenen, gut ausgerüsteten Feinde gegenüber, der erbarmungslos angriff. Und wie stand es mit den „revolutionären Bauernarmeen", auf deren rechtzeitiges Eintreffen Heinz Neumann so große Hoffnungen gesetzt hatte? Natürlich kamen sie nicht. Vielleicht haben dabei die plötzlichen tropischen Regengüsse, von denen Neumann sprach, auch eine gewisse Rolle gespielt, aber diese Güsse waren es nicht, die ihr Kommen entscheidend verhinderten. Die „Bauernarmeen" waren nicht nur viel zu weit entfernt, sie waren viel zu unbedeutend, um einen wirklichen Einfluß auf die Entwicklung des Kampfes um Kanton ausüben zu können.[24]

Die Aufständischen wurden immer mehr zurückgedrängt. Manche Straßenzüge wechselten so häufig ihren Besitzer, daß selbst die kommunistische Führung bald nicht mehr wußte, welche Teile der Stadt sich noch in ihrer Hand befanden. An einigen Stellen waren Brände ausgebrochen, von denen einer die Zentralbank einäscherte. Diese Brände,

24 Bereits 1921 waren in der Provinz Guangdong (Kreis Haifeng) Bauernverbände gebildet worden. Mao Zedong war 1926 dazu gestoßen. Sein berühmter *Untersuchungsbericht über die Bauernbewegung in Hunan* erschien im März 1927. Vgl. Osterhammel 1997:196-197 / Hofheinz 1977:139-178.

wie auch die Zerstörung durch Artilleriebeschuß, wurden später[25] Heinz Neumann besonders zum Vorwurf gemacht. Es ist jedoch erwiesen, daß nicht die Aufständischen die Urheber dieser Verwüstungen waren, sondern ein Kanonenboot, das vom Perlfluß aus die Stadt mit Granaten beschoß.

(...)[26] Im Laufe des 12. Dezember war das Schicksal des Aufstandes besiegelt. Den Revolutionären stand eine Armee von 45.000 Mann gegenüber. (...)[27] Erst kurz nach Mittag wurde die rote Fahne vom Polizeipräsidium heruntergeholt. Damit war das Zeichen der endgültigen Niederlage gegeben, und die Generäle Li Jishen, Zhang Fakui und Huang Qixiang ließen ihre Soldaten auf Kanton los. Über 5.000 Menschen wurden grausam ermordet.[28]

(...)[29] Mit dem Strom der Europäer, die das blutige Kanton verließen, flüchtete Heinz Neumann am nächsten Tag in den Hafen und traf dort auf Lominadze. Ein Frachtdampfer brachte sie nach Norden. Es sei eine schreckliche Fahrt gewesen, sagte mir Heinz. Aber ich weiß nicht, ob die beiden das schlechte Gewissen über so viel unschuldig vergossenes Blut geplagt hat, oder ob sie nur das Schuldbewußtsein quälte, den Auftrag Stalins so schlecht durchgeführt zu haben und statt mit einem Sieg mit einer Niederlage heimzukehren. (...)[30]

Sie kamen nach Moskau und wurden vernichtender Kritik unterworfen. Auch Stalin rührte zunächst keinen Finger für sie, sondern überließ sie kaltblütig der „Durcharbeitung". Dann jedoch wendete sich das Blatt. Stalin gab das Stichwort dazu. Er deutete die Niederlage des Kantoner Aufstandes in ein „siegreiches Rückzugsgefecht" um, denn erst durch diese Erhebung - behauptete er - habe eine chinesische Rote Armee entstehen können, wodurch die Zukunft der chinesischen Revolution gerettet sei.[31] Noch ein Jahr

---

25 M. Buber-Neumann hielt fest (s. Text weiter unten), daß Neumann und Lominadze in Moskau zunächst scharf kritisiert worden seien. Wenn überhaupt, so kann dies nur intern geschehen sein, denn Lominadze hielt auf dem 15. Kongreß der Kommunistischen Partei der Sowjetunion im Dezember 1927 eine Rede, ohne grundsätzlich angegriffen zu werden. Vgl. Einleitung zu diesem Kap.

26 Auslassung: Darstellung, wie knapp Heinz Neumann während des Aufstandes dem Tod entronnen sei.

27 Auslassung: Beschreibung des Untergangs der Roten Garden.

28 Domes (1969:279) beziffert die Zahl der Opfer, Schätzungen zufolge, auf 600 bis 15.000. Die letztere Zahl dürfte die 5.700 Opfer des Gegenterrors, das heißt getötete Kommunisten, beinhalten.

29 Auslassung: Darstellung der Flucht Heinz Neumanns aus Kanton.

30 Auslassung: Eisenbahnfahrt von Neumann und Lominadze nach Moskau. - Da Lominadze auf dem 15. Kongreß der Kommunistischen Partei der Sowjetunion, der vom 2.-19.12.1927 in Moskau stattfand, eine Rede hielt (vgl. Anm. 25), kann er sich weder während des Aufstandes in Kanton aufgehalten haben noch mit Neumann nach Moskau gefahren sein. Hierzu Harrison 1972:154 / Thornton 1969:4.

31 Es gab 1928 in Moskau drei Fraktionen bzw. unterschiedliche Haltungen in bezug auf China: Die linke, radikale Gruppierung, die eine Revolution um jeden Preis befürwortete (Neumann, Lominadze), eine rechte Gruppierung, die nach wie vor auf das Zusammengehen von GMD und KPCh setzte sowie die mittlere (opportunistische) Gruppierung um Stalin. Vgl. Höllrich 1989:124 / Thornton 1969:3-29. - Die chinesischen Kommunisten feierten den Aufstand trotz der Niederlage als Wendepunkt und eigenständige Aktion. Vgl. Abriß des Berichts über das 6jährige Jubiläum des Kantoner Aufstandes, 8.11.1933, in: Meyer 1982, Dok. 2:34-39.

früher wäre es für Stalin nicht so einfach gewesen, eine Niederlage in einen Sieg umzufälschen, aber nachdem es ihm auf dem XV. Parteitag der KPdSU im Dezember 1927 gelungen war, die trockijstische Opposition endgültig zu zerschlagen, stand seiner Alleinherrschaft kein Hindernis mehr im Wege, und keine kritische Stimme erhob sich gegen eine solche schamlose Geschichtsverdrehung.[32] Seine Chinapolitik führte zu dem katastrophalen Ergebnis, daß insgesamt etwa 100.000 chinesische Arbeiter und Bauern mit ihrem Leben für die Revolution der Guomindang bezahlen mußten. Der Kantoner Aufstand war einer der dramatischsten Höhepunkte dieser Tragödie. Neumann und Lominadze aber wurden rehabilitiert.

Buber-Neumann, Margarete, Von Potsdam nach Moskau, Stuttgart 1957, S. 169-194.

25

Rede des KPD-Funktionärs Heinz Neumann auf der 37. Sitzung des 6. Weltkongresses der Kommunistischen Internationale (18.8.1928)

HEINZ NEUMANN (Deutschland): Genossen! Wir nehmen mit Recht zur Grundlage der Behandlung der Kolonialfrage auf diesem Kongreß die Thesen des II. Weltkongresses.[33] In den acht Jahren, die seitdem vergangen sind, haben wir eine gewaltige Menge praktischen Materials, eine gewaltige Menge von Erfahrungen gesammelt, vor allem die Erfahrung der chinesischen Revolution, die in allen Grundzügen, und man kann beinahe sagen ausnahmslos in allen Einzelheiten, die Richtigkeit dieser Thesen bestätigen. Die chinesischen Ereignisse haben in ihrer Hauptlehre vor allem jenen grundlegenden Gesichtspunkt der Leninschen Thesen bewiesen, daß die kolonialen Revolutionen ein unmittelbarer Bestandteil nicht nur der allgemeinen demokratischen Weltbewegung sind, sondern ein umittelbarer Bestandteil der proletarischen Weltrevolution.[34] Und mehr als das, sie sind nicht nur ein

32 Stalin nutzte die Ereignisse in China, um die innerparteiliche Opposition in China, erst Trockij und dann Bucharin auszuschalten.

33 Nach dem Scheitern der Revolution in Europa hatte die Komintern auf ihrem II. Weltkongreß 1920 beschlossen, mit den nationaldemokratischen Kräften der kolonialen Freiheitsbewegungen ein Bündnis einzugehen. Auf diese Weise sollte der Kapitalismus seiner Basis beraubt und entscheidend geschwächt werden. Der 1921 gegründeten KPCh wurde unter Anerkennung der führenden Stellung der GMD eine Einheitsfront mit den nationalen Kräften nahegelegt. Dies fand im sogenannten Sun-Joffe-Abkommen vom 26.1.1923 seinen Ausdruck. Vgl. Bouissou 1974:144-145 u. 153-155 / Kuo 1979:48-49. Auch Wilbur/How 1989:60-62.

34 Vgl. Lenins Schrift *Der Imperialismus als höchstes Stadium des Kapitalismus*, 1916 im Schweizer Exil in Zürich als neue strategische Leitschrift nach der beim Ausbruch des Ersten Weltkrieges gescheiterten Arbeiterverbrüderung verfaßt.

einfacher quantitativer Bestandteil, sondern sie wirken auch als selbständige Kraft für den Gang der Revolution in den Metropolen des Kapitalismus, sie haben die Rolle eines beschleunigenden Faktors, einer treibenden Kraft. (...)[35]

Es ist klar, daß heute absolut kein Zweifel mehr an der Möglichkeit einer chinesischen sozialistischen Revolution und eines chinesischen Sozialismus vorhanden ist. Heute haben wir nicht mehr die Hegelsche Philosophie, heute haben wir nicht mehr die chinesische Philosophie, sondern die Philosophie des Marxismus und Leninismus, die ebenso wie für Europa und Amerika auch für die Kolonien gilt. Und von diesem großen Gesichtspunkt, der Weltentwicklung aus, der nicht nur theoretische, sondern vor allem praktische Bedeutung hat für die Herausarbeitung der Selbständigkeit der Kommunisten, der Kommunistischen Parteien, der Selbständigkeit der proletarischen Klassen der Kolonien, von diesem großen Gesichtspunkt aus müssen wir auch in dem Programm unserer Kolonialarbeit schon in der Anfangsphase der bürgerlich-demokratischen Etappe der Revolution unsere Parteien auftreten lassen als die Partei, die auch in den Kolonien, in China, in Indien usw. für den Sozialismus als Endziel kämpft. Nur so wird sich unsere Partei in der schwierigen Frage des Hinüberwachsens von der bürgerlich-demokratischen in die sozialistische, die proletarische Revolution, an der schon manche Parteiführung gescheitert ist, zurechtfinden können. Selbstverständlich wäre es eine ganz vulgäre Auffassung anzunehmen, daß die Leninsche Perspektive bedeutet, daß heute auf der Tagesordnung die Aufgabe des direkten Ueberganges in den Sozialismus stände, selbstverständlich wäre es eine trockijstische Feststellung, heute zu sagen, die bürgerlich-demokratischen Möglichkeiten der Revolution in China seien erschöpft, die bürgerlich-demokratische Phase der Revolution sei schon überwunden.[36] (...)[37]

Wir haben noch die bürgerlich-demokratische Revolution, noch nicht die sozialistisch-proletarische Revolution, aber keine einzige der Hauptaufgaben der bürgerlich-demokratischen Revolution ist bisher gelöst worden. Wir haben aber schon nicht mehr die einfache, nackte - wenn man so sagen darf - bürgerlich-demokratische Revolution, wie man von dieser Etappe der Revolution sprechen konnte in der Periode der Nordexpedition bis zur Wuhan-Regierung[38], wir haben heute die Pflicht, zu differenzieren, einen Unterschied

35 Auslassung: Es folgen Zitate von Marx und Lenin, welche beweisen sollen, daß rückständige Länder bestimmte Entwicklungsstufen zum Kommunismus übergehen könnten.

36 Hinsichtlich der Beurteilung der Revolution in China waren Stalin und Trockij zu Todfeinden geworden: Während Stalin nach der klassischen marxistischen Theorie (Feudalismus / Bourgeoisie / Sozialismus / Kommunismus) die Zusammenarbeit mit der GMD befürwortete, meinte Trockij, daß die Revolution auch in der bürgerlich-demokratischen Phase vom Proletariat gelenkt werden müsse. Vgl. Hinz 1973:XLVI-L / Kuo 1979:286-287.

37 Auslassung: In der Folge werden Fehler des Trockijsmus und des 7. Plenums der Komintern durchgespielt.

38 Infolge des Nordfeldzuges (*Beifa*) hatte sich die GMD in einen linken Flügel, der sich unter Wang Jingwei in Wuhan zusammenfand, und einen rechten Flügel unter Jiang Jieshi (Hauptquartier in Nanchang) gespalten. Der endgültige Bruch wurde auf dem 3. Plenum des II. ZEK der GMD im März 1927 in Wuhan vollzogen. Jiang verlor sein Amt als Oberbefehlshaber, wohingegen die Kommunisten in die Linksregierung integriert wurden. Jiang ging kurz darauf gegen die Kommunisten in Shanghai

herauszuarbeiten gegenüber der früheren Etappe der bürgerlich-demokratischen Revolution, heute, nach Kanton, nach dem Verrat der Bourgeoisie. Tun wir das nicht, dann verlieren wir jedes konkrete Merkmal zur Unterscheidung der verschiedenen Etappen und zur Beurteilung der blutigen, für die revolutionären Arbeiter und Bauern mit ungeheuren Opfern verbundenen Wendepunkte, die wir durchlebt haben.

(...)[39] Ich will nicht über Kanton sprechen. Es ist heute eine Banalität geworden, daß der Kantoner Aufstand kein Putsch ist. Aber die positive Seite ist, und das muß die Kommunistische Internationale in Zukunft im Auge behalten: Der Kantoner Aufstand hat eine gewaltige Bedeutung für alle kolonialen Erhebungen. Er bedeutet die Errichtung der Sowjetmacht zum ersten Male in einem solchen Lande.

Seit dem Kantoner Aufstand weiß der chinesische Bauer, daß er Land, Frieden, Freiheit nur aus den Händen der Arbeiter, der Sowjetmacht erhalten kann. Jeder kommende Schritt des kommunistischen Aufstandes in China wird genau dort anfangen, wo der Kantoner Aufstand aufgehört hat, nämlich bei der Losung der Sowjetmacht.

Ich kann nicht schließen, ohne noch mit einem Wort darauf hinzuweisen, unter welch unerhörten schweren Bedingungen unsere chinesische Partei arbeitet. Genosse Strachow hat in seiner ersten Rede gesagt, daß der russischen Sprache die Worte fehlen für die Bedingungen, unter denen die chinesische Partei arbeitet.[40] Unserer Sprache fehlen die Worte, unserer Terminologie fehlen die Begriffe für die Methoden des weißen Terrors, unter denen unsere Partei arbeitet. Wenn wir hier die Arbeit unserer chinesischen Bruderpartei betrachten, so ist es unsere Pflicht anzuerkennen: sie hat eine ungeheure Arbeit geleistet. Unsere Partei muß zu einer geschlossenen Front werden. Die Führung der Kommunistischen Partei darf niemals wieder in die Hand der Vertreter der opportunistischen Politik kommen.[41] Als kürzlich ein Vertreter einer imperialistischen Macht nach Kanton kam, ließ Li Jishen[42] gelben Sand[43] auf die Hauptstraßen von Kanton streuen, um

---

vor und bildete am 18.7.1927 eine Gegenregierung. Als sich auch Wang Jingwei in Wuhan gegen die kommunistischen Verbündeten stellte, war der Weg offen für eine Wiedervereinigung beider Flügel. Diese fand mit der Gründung der Nanjing-Regierung im Oktober 1928 ihren Abschluß. Vgl. Wilbur, in: CHOC 12:603-720.

39 Auslassung: Neumann führte aus, daß China im Übergang von einer bürgerlich-demokratischen zu einer sozialistischen Revolution sei. Gerade das sei die - im Sinne von Marx - „permanente Revolution". Zwar teilte die Komintern nicht unbedingt Neumanns positive Einschätzung in bezug auf die „Politik der bewaffneten Aufstände", doch auch sie vollzog eine Wendung von der Idee des Hinüberwachsens der bürgerlich-demokratischen in die sozialistische Revolution zu der Notwendigkeit einer revolutionär-demokratischen Diktatur des Proletariats und der Bauernschaft. Vgl. hierzu: Leutner / Titarenko 2000:76-77.

40 Strachow (Qu Qiubai) hatte in der 12. Sitzung (27.7.1928) über den Terror der Nanjing-Regierung gesprochen: „Es sind keine einfachen Morde, die sie begehen, sondern sie tun es mit einer unglaublichen asiatischen Barbarei - ich kann in der russischen Sprache überhaupt keine Worte dafür finden", in: Protokoll des 6. Weltkongresses 1928, Bd. I.:357.

41 Anspielung auf die 1. Einheitsfront zwischen der KPCh und der GMD.

42 Gemeint ist Li Jishen, der Chef der Regierung von Kanton, der im November 1927 durch einen Staatsstreich General Zhang Fakuis gestürzt worden war. (Vgl. Dok. 24, Anm. 14). Li hatte Max

ihn zu begrüßen - eine Ehre, die früher nur Kaisern und Königen zuteil wurde. Er ließ gelben Sand streuen auf dieselben Straßen, auf denen wenige Monate vorher die Leichen der ermordeten Rotgardisten buchstäblich zu Bergen lagen. Aber trotz der jetzigen Schwierigkeiten sind bereits Symptome des neuen Aufstandes da. Auf denselben Straßen von Kanton, und nicht nur von Kanton, sondern auch von Shanghai wird unter der Fahne der Kommunistischen Internationale, der Sowjetmacht, der chinesischen Kommunistischen Partei die chinesische Arbeiter- und Bauernrevolution, die Revolution siegreich durchgeführt werden.

Protokoll des 6. Weltkongresses der Kommunistischen Internationale 1928, III. Bd., S. 357-368.

26

Aufzeichnung des Ministerialdirektors Gerhard Köpke, AA, für Reichsaußenminister Gustav Stresemann, Genf (5.3.1929)[44]

Berlin, den 5. März 1929

Aufzeichnung.[45]

Im Sommer v.J. weilte eine chinesische Studienkommission unter Führung des Generalleutnants Chen Yi, eines Vertrauten des Marschalls Jiang Jieshi[46], in Deutschland, um hier industrielle und öffentliche Einrichtungen aller Art zu besichtigen und eine Anzahl Berater für die Nanjingregierung zu engagieren.[47] Hierbei diente ihm Oberst Bauer als

---

Bauer nach Kanton eingeladen, doch unmittelbar nach dessen Ankunft in Kanton wurde er entmachtet. Vgl. Martin, in: ders. 1981:27 / Vogt, in: ebd.:100.

43 Gelb (*Huang*) war die traditionelle Ehrenfarbe, die allein dem Kaiser zustand.

44 Abgedruckt in: Martin 1981:353-355.

45 Bei der Aufzeichnung handelt es sich um eine Anlage zu einem Schreiben des stellvertr. St.S. Köpke an RAM Stresemann vom 7.3.1929. Köpke bat darin um Weisungen, damit die Ausreise ehemaliger Offiziere unterbunden werden könne. Stresemann aber veranschlagte den wirtschaftlichen Gewinn höher und sah von der Androhung von Sanktionen (etwa Stornierung der Pensionen) ab. Zu dem Vorgang, vgl. ebd.:355, Anm. 1.

46 Jiang Jieshi hatte am 10.3.1928 ein Empfehlungsschreiben für die Mitglieder der Kommission an RAM Stresemann geschickt, in: ebd.:351-352.

47 Nachdem Bauer seine Vorarbeiten in China im Frühjahr 1928 beendet hatte, reiste er mit einer vierköpfigen Delegation der Zentralregierung nach Deutschland, um geeignete Mitarbeiter zu gewinnen. Bis zum Herbst 1928 hielt er sich in Europa auf, besichtigte Industrieunternehmen und verhandelte über Lieferbedingungen für die von China benötigten Waffen und Industrieausrüstungen.

Berater und Vermittler. Mit Bauer ist seitens des Ausw. Amts mehrfach Rücksprache genommen worden, um ihn zu veranlassen, von einer Anstellung ehemaliger deutscher Offiziere als Berater in militärischen Dingen abzusehen. Ebenso ist Generalleutnant Chen Yi unmittelbar zu verstehen gegeben worden, daß uns derartige Engagements unbequem sein würden. Oberst Bauer zeigte scheinbar für unseren Standpunkt Verständnis, er erklärte wiederholt uns gegenüber, er selbst halte ein Engagement ehemaliger deutscher Offiziere für inopportun, habe die Chinesen immer auf das Engagement nichtdeutscher Offiziere (Holländer, Schweizer) hingewiesen und werde auch in Zukunft ebenso verfahren. Er für seine Person sei nicht militärischer, sondern industrieller Ratgeber, beziehe kein Gehalt von der Chinesischen Regierung, sondern liquidiere seine Spesen, stehe überhaupt in keinem festen Vertragsverhältnis zu ihr.

In der Folge wurde dann eine Anzahl von Sachverständigen in Deutschland engagiert, die Spezialisten auf technischem und wirtschaftlichem Gebiet sind. Letzthin aber, nachdem sowohl die Studienkommission wie Oberst Bauer wieder in China eingetroffen waren, hat die Chinesische Gesandtschaft in Berlin[48] den Auftrag erhalten, eine Anzahl ehemaliger deutscher Offiziere für die Reorganisation des chinesischen Heeres zu verpflichten. Nach einer Nachricht aus zuverlässiger Quelle will man 10 Offiziere anstellen, und zwar in erster Linie deutsche Offiziere; wenn man bei uns aber auf unüberwindliche Widerstände stoße, werde man versuchen, 10 französische Offiziere zu gewinnen. Einem Bericht der Gesandtschaft in Peking zufolge soll der französische Gesandte der Nanjingregierung nahegelegt haben, eine französische Militärmission zu berufen.

Herr Ministerialdirektor Trautmann hat bei dem Antrittsbesuch des chinesischen Gesandten, Jiang Zuobin, zur Sprache gebracht, daß eine Beschäftigung deutscher Berater mit militärischen Aufgaben zu Schwierigkeiten für Deutschland und vielleicht auch für China führen könne und darauf hingewiesen, daß Oberst Bauer seinerzeit das Engagement von Holländern und Schweizern in Aussicht genommen habe. Der Gesandte erwiderte, die Chinesische Regierung bevorzuge Deutsche, weil man eben nur zu ihnen Zutrauen habe.[49]

Einige Tage darauf suchte der Legationsrat der Chinesischen Gesandtschaft, Herr Liang Long, Herrn Trautmann im Auftrage des Gesandten auf, um ihm zu versichern, daß die deutschen Berater lediglich als Lehrer an Militärschulen, nicht aber mit Truppendienst befaßt werden sollten.[50] Der Gesandtschaft liege eine Instruktion der Nationalregierung vor, falls die Anstellung deutscher Berater auf Schwierigkeiten stoße, mit französischen Offizieren abzuschließen, die dann natürlich nur schwer mit Oberst Bauer arbeiten könnten.

Ende November 1928 übernahm Bauer dann endgültig den Posten des Generalberaters in Nanjing. Vgl. Vogt, in: Martin 1981:100-101.

48 Auf Betreiben Bauers war 1928 in der CGB eine Handelsabteilung eingerichtet worden. Vgl. dazu Kap. 3 dieses Bdes.

49 Dieses Vertrauensvotum könnte unterschiedliche Wurzeln haben: Zum einen die Tradition deutscher Militärberater, die bis ins 19. Jh. zurückreichte, zum anderen die Tatsache, daß zwischen Deutschland und China ungleiche Verträge nicht länger existierten.

50 Das entsprach letztlich nicht den Tatsachen, vgl. Einleitung zu diesem Kap.

Demgegenüber wies Herr Trautmann auf die Bindungen des Versailler Vertrags[51] hin und führte nochmals aus, aus welchen Gründen das Auswärtige Amt jeder militärischen Tätigkeit von deutschen Beratern bei der Nanjingregierung ablehnend gegenüberstehe. Er stelle es der Chinesischen Gesandtschaft anheim, ihm zunächst ein Namensverzeichnis mit genauer Angabe der Tätigkeit der einzelnen deutschen Berater, die angestellt werden sollten, zu überreichen; dann werde sich das Ausw. Amt darüber schlüssig werden, gegen welche Engagements Bedenken bestünden.

Im Verfolg dieser Unterredung teilte der Legationsrat einige Tage darauf mit, es handele sich um

1. Generalmajor a.D. Gudovius, der als Lehrer der Militärgeschichte, und
2. Generalleutnant a.D. Friedrich Lindemann, der als Lehrer der politischen Ökonomie

verpflichtet werden soll. Beide Herren sollten an der Militär-Hochschule in Peking[52] in Lehrstellen tätig sein, die früher von japanischen Offizieren besetzt waren.

Herr Trautmann erklärte dem Legationsrat Liang, er werde die Weisung des Herrn Reichsministers einholen und dann der Chinesischen Gesandtschaft die Stellungnahme des Ausw. Amts mitteilen. Als Herr Trautmann erwähnte, nach einer dem Auswärtigen Amt zugegangenen Mitteilung solle die Chinesische Regierung insgesamt 10 deutsche Offiziere anstellen, bestritt Herr Liang die Richtigkeit dieser Nachricht nicht, ohne sie direkt zuzugeben, auch stellte er nicht direkt in Abrede, daß die Gesandtschaft mit dem Chemiker und Giftgasexperten, Dr. Metzner[53], einen Vertrag abgeschlossen hat.

PolArchAA, R 28541.

---

51 Artikel 179 des Versailler Vertrags verbot Deutschland, Militärmissionen im Ausland zu unterhalten. Vgl. hierzu Einleitung zu Kap. 3.

52 Neben verschiedenen Schulen für die einzelnen Waffengattungen gab es zentrale Ausbildungsstellen in Peking und in Nanjing. (Liu 1956:81-83) An der Kriegsakademie in Peking, die 1932 nach Nanjing verlegt wurde, hatten bereits seit Juni 1929 Generalleutnant a.D. Lindemann, Generalleutnant a.D. Gudovius und Oberst a.D. Lassen ihre Tätigkeit aufgenommen. Ähnliches gilt für die „Zentrale Militärakademie" (vormalige Huangpu-Militärakademie; *Zhongyang junshi xuexiao*), die 1932 ebenfalls in der neuen Hauptstadt wieder eröffnet wurde.

53 Der Chemiker und Giftgasexperte Dr. Walter Metzner war von 1929 bis 1935 Mitglied der deutschen Beraterschaft und arbeitete in Shanghai. - Zur Giftgasherstellung in China, vgl. Kap. 3.

27

Streng vertraulicher Bericht des deutschen Gesandten in Peking, Herbert von Borch, an das AA (28.11.1929)

Peking, den 28. November 1929.

Nr. 4071.
Auf den Erlass vom 23. September d.J.[54]
- Nr. IV Chi 2306.-
2 Durchschläge.

streng vertraulich

Inhalt: Politische Einstellung der deutschen Berater bei Jiang Jieshi.
Steigende Mißstimmung über eigene Stellung und getäuschte Hoffnungen.

Die hinsichtlich der politischen Einstellung der deutschen Offiziere in Nanjing angestellten Ermittlungen haben ergeben, daß die Gefahr der Bildung einer deutschen Faszistenzelle in China und des Aufbaues einer nach Deutschland hinüberreichenden Organisation nicht bestehen dürfte.

Ich habe bisher keine Anhaltspunkte dafür, daß die Nanjinger Berater an innerpolitischen deutschen Bestrebungen weiter aktiven Anteil nehmen. Daß sie alle dem Kreise, zu dem Bauer gehörte und dem auch Kriebel angehört, nahestehen, dürfte keinem Zweifel unterliegen.[55] Nach außen hin ist ihre politische Einstellung hier indessen bisher kaum in Erscheinung getreten, wenn man von Äußerlichkeiten wie dem Tragen von Abzeichen rechtsstehender deutscher Verbände absieht. Sie haben im übrigen in der fast klösterlichen Abgeschiedenheit, in der sich ihr Leben in Nanjing abspielt, überhaupt wenig Fühlung mit der Außenwelt. Der eine und andere von ihnen hat gelegentlich geäußert, daß sie infolge der langsamen Postverbindung und ohne regelmäßigen Bezug deutscher Tageszeitungen das Gefühl haben, den Kontakt mit den Vorgängen in der Heimat mehr und mehr zu verlieren.

Es ist mir durch Mitteilungen von verschiedenen Seiten bekannt geworden, daß unter den Mitgliedern des sogenannten deutschen Beraterstabes in Nanjing sich zunehmende Mißstimmung bemerkbar macht. Das gilt insbesondere von den Zivil-Ratgebern, die darüber klagen, daß sie zu dem Bewußtsein nutzbringender Tätigkeit nicht gelangen können. Sie werden der praktischen Verwaltung ganz fern gehalten und müssen sich begnügen, in

54 Trautmann, AA, hatte am 23.9.1929 einen streng vertraul. Erlaß an die DGP gesandt und darin um Auskunft hinsichtlich der in Nanjing angestellten ehemaligen Offiziere gebeten. Besonders interessierte ihn, ob die politische Einstellung der Offiziere nach außen in Erscheinung getreten sei und ob sie sich im Laufe der Zeit gewandelt habe. Der deutsche Gesandte Borch hatte den Erlaß am 22.10. an GR Fischer in Nanjing weitergeleitet, in: BArch, 0902/2238 u. 2242.

55 Gemeint ist der rechtsnationale Ludendorff-Kreis.

schriftlichen Abhandlungen Ratschläge zu erteilen und Vorschläge zu machen, auf deren Durchführung sie keinerlei Einfluß haben. Ministerialrat Schubart ist der einzige von ihnen, der sich praktisch unmittelbar betätigen kann, weil er einer Verwaltungsbehörde, dem Nanjinger Stadtbauamt, zugeteilt ist.[56]

Ein weiterer Grund der Unzufriedenheit ist das Unterordnungsverhältnis, in dem alle zum Leiter der Beraterstelle, Oberstleutnant Kriebel, stehen, eine Regelung, mit der sich die Zivilisten widerwillig abfinden. Kriebel hat nicht die persönliche Autorität Bauer's und es besteht ihm gegenüber auch nicht das Gefühl persönlicher Verpflichtung, das zu Bauer, dem alle ihre Anstellung verdankten, bestand.[57]

Oberst Bauer hat zu seinen Lebzeiten die Dinge so hinzustellen versucht, daß militärische Beratung als notwendiges Übel mit in Kauf genommen werden müsse, daß der Schwerpunkt der Tätigkeit seiner Kommission jedoch auf dem Gebiete des wirtschaftlichen Aufbaus läge. Jetzt ist eher das Umgekehrte der Fall. Das Zivilelement unter den Beratern ist Fassade geworden, militärische Beratung und praktische Truppenausbildung stehen im Vordergrund. Bis zur aktiven Teilnahme an den inneren Kämpfen war unter diesen Umständen nur ein kleiner Schritt.[58] Immerhin scheint den deutschen Beratern, auch den militärischen, nicht sehr wohl dabei zu Mute zu sein. Es läßt sich nicht verkennen, daß die Reise Kriebel's nach Hankou[59] starke Beunruhigung unter den übrigen Beratern ausgelöst hat, weil man sich darüber im Klaren ist, daß er sie alle damit in eine schiefe Lage bringt; ihre hiesige Existenz wird dadurch ganz auf die Person des Präsidenten gestellt, während sie selbstverständlich mit der Erwartung nach China gekommen sind, der chinesischen Zentralregierung als solcher, nicht einer einzelnen Persönlichkeit zu dienen.

---

56 Min.R. H. Schubart, Berater für Bauwesen und Städtebau, arbeitete vor seinem Aufenthalt in China im preußischen Finanzministerium. Nach der Aufteilung der Beraterschaft in verschiedene Abteilungen (vgl. Anm. 57) leitete er die „wissenschaftlich-wirtschaftliche" Abteilung.

57 Der deutsche Beraterstab war auf Vorschlag Kriebels in drei Abteilungen mit speziellen Aufgabengebieten reorganisiert worden: 1) die wissenschaftlich-wirtschaftliche, zu der auch die Giftgasexperten zählten, 2) die Abteilung zur Landesverteidigung, 3) die Abteilung für militärisches Bildungs- und Erziehungswesen. Neueinstellungen sollten durch die Abteilungsleiter im Einvernehmen mit dem Chef des Beraterstabes vorgenommen werden. (Mehner 1961:66-70) - Probleme, die zivile und die militärische Fraktion der Beraterschaft unter einem Kommando zusammenzuhalten, hatte freilich nicht nur Kriebel. In einem Schreiben an Wetzell vom 24.5.1930 betonte der Berater Schubart (vgl. Anm. 56), daß er bei seiner Einstellung in keinem dienstlichen Verhältnis zu Bauer gestanden habe. Dies sei sowohl durch die Form seines Vertrages als auch durch ein mündliches Übereinkommen mit Bauer gewährleistet gewesen. Zwischen der militärischen und der zivilen Beraterschaft sollte eine äußerliche Trennung herbeigeführt werden. In einem vertraul. Antwortschreiben vom 11.6.1930 verdeutlichte Wetzell, daß er nicht bereit sei, den zivilen Teil der Beraterschaft aus seinem Befehlsbereich zu entlassen. Vgl. Briefwechsel Schubart / Wetzell, in: PolArchAA, R 85700.

58 Kriebel wie auch sein Nachfolger Wetzell hatten sich an der Front aufgehalten. Vgl. Martin, in: ders. 1981:46 / Wuu 1996:136-139.

59 Die Nanjing-Regierung hatte im April 1929 beschlossen, das Gebiet um Hankou zu befestigen. Kriebel, sein Adjutant Moellenhoff und der Artillerieexperte Heise hatten im Herbst 1929 eine Inspektionsreise dorthin unternommen. Vgl. Mehner 1961:73.

Alles in allem wird man nach den Erfahrungen eines Jahres sagen dürfen, daß die Ideen, die Bauer mit seiner Beraterkommission vorgeschwebt haben mögen, sich trotz einzelner Aufträge, die der deutschen Industrie zu Gute gekommen sind, nicht verwirklicht, die Befürchtungen dagegen, mit denen man der Betätigung zahlreicher ehemaliger deutscher Offiziere in chinesischen Diensten entgegensehen musste, sich als begründet erwiesen haben.

Die Frage der festen Anstellung der in Nanjing tätigen Offiziere wird nach Möglichkeit festgestellt werden. Ich darf mir darüber weitere Berichterstattung gehorsamst vorbehalten.

Was die im Erlass vom 23. September d.J. genannten Generale Lindemann und Gudovius angeht, so sind diese, sowie ein Oberst a.D. Lassen, seit Juni d.J. an der hiesigen, Jiang Jieshi unterstehenden Militärakademie als Professoren angestellt.[60] Etwas Nachteiliges ist mir über ihre Betätigung, die sich auf reine Lehrtätigkeit beschränkt und in der Öffentlichkeit bisher nicht besprochen worden ist, nicht bekannt geworden. Bezüglich ihrer Haltung gegenüber der heutigen Staatsform des Deutschen Reiches ist es von Interesse festzustellen, daß sie beide auf meine an alle Deutschen Pekings ergangene Einladung an der Verfassungsfeier am 11. August d.J. in der Gesandtschaft teilgenommen und noch besonders schriftlich ihren Dank für die Einladung ausgesprochen haben.

gez. von Borch

BArch, 0902/2238.

28

Artikel aus der Abendzeitung *Geming Wanbao*, Shanghai (7.1.1930)[61]

7.1.1930

A Warning to Germany

In his political will to the Guomindang, the late Party Leader, Sun Yatsen, said that in order to elevate China to a position of independence and equality among the nations we must bring about a thorough awakening of our own people and ally ourselves in a common struggle with those peoples of the world who treat us on the basis of equality. This is an injunction which all faithful followers of the late Sun Yatsen will forever bear in mind and which the Guomindang of China will always observe as a guiding principle in its dealings with all foreign nations.

60 Vgl. Dok. 26, Anm. 52.

61 Die *Geming wanbao* (Revolutionäre Abendzeitung) aus Shanghai war eine kleine Zeitung linkschinesischer Kreise um Wang Jingwei, der aus der GMD ausgeschlossen worden war. Vgl. Seps 1972:176-177.

Germany has concluded with China a treaty of peace and amity on the basis of equality and reciprocity. The Chinese people regard the German people as their friends. They have manifested their appreciation of the German people's friendliness and spirit of justice and fair play in various ways. All Germans in China, whether business men, officials or in any other capacity, are cordially received and welcome by the Chinese people. Many Germans are employed in various Government and public offices and Germany's trade with China has been increasing year after year by leaps and bounds. The Chinese people believe that such a bond of friendship will not only promote a better mutual understanding and appreciation but will also prove profitable to the two peoples.

But it is a matter for regret that such a friendship is now being abused and exploited to the detriment of the Chinese people. Our experiences with Soviet Russia have taught us a lesson, for as soon as the ulterior motives of Moscow became known, the Guomindang did not hesitate to take the initiative in breaking off relations even with a people who had professed to treat us on a footing of equality.[62] For while welcoming genuine friendship and disinterested interest, we cannot tolerate interference with our internal order of things. We are glad to deal with foreigners on a mutually profitabel basis in various fields of our national life; but we cannot allow them to meddle with Chinese domestic politics.

What are many Germans doing in our country today?

A struggle is now in progress between all faithful followers of the late Guomindang Leader and the influences, personified by the treacherous Jiang Jieshi, which are working towards the extinction of the fundamental principles of the Revolution. Loyal Guomindang members who champion the cause of Democracy as instructed by the late Sun Yatsen are today combining in an attempt to oust their common enemy whose selfish desire to assume the role of a dictator in violation of the Guomindang creed has plunged the country, time and again, into further bloodshed and misery and whose corruption and unscrupulousness surpass even that of the defunct Peking regime. It is a critical struggle - one upon which hangs the fate of the National Revolution. But it is an internal affair of the Chinese people and all friendly foreign peoples should only keep strictly neutral.

The facts are, however, that a number of German military experts have been assisting Jiang Jieshi in his various campaigns of oppression and personal aggrandizement.[63] These German officers are known to have been recommended by the German Government to be employed in China, not as advisers to the National Government, but as personal tools of Jiang Jieshi in his systematic destruction of the Guomindang.

The Chinese people cannot but reflect with abhorence that these same German war experts who had served as willing tools of the Kaiser and had succeeded in reducing Belgium, France and other European countries to ruins as well as taking millions of human lives through their scientific skill and knowledge, are now, through the instrumentality of the German government, serving China's new warlord in taking thousands of innocent

62 Es handelt sich um eine Anspielung auf das Sun-Joffe-Abkommen (vgl. Dok. 25, Anm. 33) und den Bruch der Einheitsfront 1927.

63 Vgl. hierzu Sommer 1971:269-304.

Chinese lives. All loyal members of the Guomindang and the Chinese people cannot remain unconcerned at the horrible manner in which hundreds of their soldiers recently fell victim to the deadly German directed poisonous gas attack near Kanton.[64] What International Law[65] has prohibited between two nations, the German war experts have dared to introduce and used against our Chinese soldiers.

Furthermore, large quantities of arms and ammunitions, war tanks, bombers and other deadly implements of war are known to have been lately imported directly from Germany through the port of Shanghai which is controlled by Jiang Jieshi. Aside from directly prolonging internecine warfare in China, such an act of the part of Germany constitutes a serious violation of the Treaty of Versailles which prohibits Germany from manufacturing arms and ammunitions for the purpose of exportation.[66]

The Chinese people, therefore, must warn the German government and people that such hostility towards the Chinese Nation is not only threatening to destroy the spirit of friendliness of the Chinese people, but is also arousing their bitter enmity. Unless, therefore, Germany immediately ceases to interfere with the domestic affairs of China and refrains from further opposition to the Guomindang's present nation-wide campaign against Jiang Jieshi, the Chinese people will feel constrained to adopt appropriate measures of reprisal in self-defence as well as for the sanctity of International Conventions.

BArch, 0902/2243.

---

64 Diese maßgeblich unter deutscher Beteiligung lancierte Gasattacke bei Kanton wird in keiner anderen Quelle erwähnt.

65 Der Gebrauch von giftigen oder vergifteten Kampfmitteln war bereits 1899 in der 2. Konvention der HLKO (Art. 23 Ia) verboten worden. Nach dem Versailler Vertrag war Deutschland die Herstellung und die Einfuhr von giftigen Gasen nicht erlaubt (Art. 171). Die Washingtoner U-Boot- und Giftgaskonvention, die 1922 zwischen Großbritannien, USA, Frankreich, Italien und Japan abgeschlossen worden war, verbot die Anwendung von Giftgas im Krieg. Da Frankreich den Vertrag nicht ratifizierte, trat er jedoch nie in Kraft. Dagegen war das im Genfer Protokoll vom 17.6.1925 ausgesprochene Verbot der Verwendung von erstickenden, giftigen oder ähnlichen Gasen bindend (RGBl. 1929, Teil II, Nr.19:173). Unter den Signatarstaaten befanden sich Deutschland, Großbritannien und die Sowjetunion, aber nicht die USA und Japan. China trat dem Protokoll am 24.8.1929 bei.

66 Das Verbot für Deutschland, Waffen und Munition zu exportieren, war in Art. 170 des Versailler Vertrages festgehalten worden.

29

Aufzeichnung des Ministerialdirektors und Leiters der Ostabteilung des AA, Oskar Trautmann (26.1.1931)

Berlin, den 26. Januar 1931.

Herr Oberstleutnant *Fischer* vom Reichswehrministerium brachte heute folgendes zur Sprache. - Bisher habe zwischen dem in China befindlichen General von Wetzell und dem Reichswehrministerium lediglich durch den Oberstleutnant Brinckmann, der bei der Flugzeugfirma Arado hier tätig ist, eine indirekte Verbindung bestanden.[67] Wenn bisher Herr Wetzell Anfragen über Lieferungen oder über Leute, die er einstellen wollte, gehabt habe, so seien diese zunächst an Brinckmann gegangen, der sich dann mit den zuständigen Stellen im Reichswehrministerium in Verbindung gesetzt habe. Seit einiger Zeit habe er, Oberstleutnant Fischer, dieses System jedoch insofern geändert, als heute alle diese Anfragen durch ihn gingen.

Nun sei aber der Legationsrat Yu von der Chinesischen Gesandtschaft zu ihm gekommen und habe ausgeführt, daß es für die Chinesische Regierung angenehmer sein würde, eine direkte Verbindung zum Reichswehrministerium zu haben, um mit diesem alle personellen Fragen direkt besprechen zu können, denn es würden sehr häufig nach China Leute geschickt, die sich für China nicht eigneten.

Ich fragte Herrn Fischer, ob es sich bei den neuen, nach China ausreisenden Leuten um eine Vermehrung des Personals der Militärmission oder nur um Ersatz und um wen es sich handele. Herr Fischer erwiderte, augenblicklich seien in China ungefähr 30 Leute; die jetzt herausgingen seien wohl nur Ersatz. Es handele sich um Pioniere und Nachrichtenoffiziere.[68] Ich fragte Herrn Fischer sodann, ob eine solche direkte Verbindung nicht einen vollkommenen Wechsel des bisherigen Systems bedeute. Er verneinte diese Frage und sagte, nach außen hin würde es genau ebenso sein wie bisher, irgendwelche Indiskretionen von den Chinesen, die den Versailler Vertrag nicht anerkannt hätten, wären nicht zu befürchten. Ferner dürfe man auch nicht außer acht lassen, daß doch jetzt ein neues politisches Faktum insofern vorläge, als die Lage in China vollkommen ruhig und die Regierung stabilisiert sei. Das Letztere gab ich zu, machte aber Herrn Fischer darauf

67 Die Flugzeugfirma Arado hatte eine Vertretung im Zentrum Berlins (Budapesterstraße 14), die von Oberleutnant Brinckmann geleitet wurde. Brinckmann war der Verbindungsoffizier zwischen der Beraterschaft und der Reichswehr. Arado diente als Deckadresse für alle diesbezügliche Korrespondenz.

68 Eine Liste aller Berater, die sich jemals in China aufgehalten haben, befindet sich in: Martin 1981:460-471.

aufmerksam, daß die politische Lage, was die Antipathien Japans und Englands gegen unsere Militärs in China angehe, nach wie vor dieselbe sei.[69]

Herr Fischer erwiderte, daß nach außen hin ja keine besonderen Veränderungen einträten. Herr von Hammerstein und Exzellenz Groener seien auch der Ansicht, daß man jetzt diese direkte Verbindung aufnehmen sollte, in der Türkei sei man ebenso verfahren und habe ganz gute Erfahrungen gemacht.[70] Ich habe Herrn Fischer keinen definitiven Bescheid gegeben, sondern ihm nur zugesagt, die Angelegenheit nochmals zu prüfen, um ihm dann unsere endgültige Stellungnahme mitzuteilen.
gez. Trautmann

PolArchAA, R 85701.

30

Artikel aus der britischen Zeitung *North China Daily News*, Shanghai (12.2.1932)[71]

Shanghai, Feb. 12, 1932

German Military Advisers. A Contradiction.

To the Editor of the
„NORTH-CHINA DAILY NEWS."

Sir, - There are lately continuous rumours circulating, partly in local papers, partly in colloquial intercourse in different circles of the community, that the German Military Advisers of the Chinese National Government take part in the fights of the 19th Route

69 Die Japaner fürchteten die Sachkompetenz der deutschen Militärberater beim Aufbau einer leistungsfähigen chinesischen Armee, die den japanischen Expansionsbestrebungen hinderlich sein mußte. Schließlich war die moderne japanische Armee in den 1880er Jahren nach preußischem Vorbild reorganisiert worden. Die Engländer wiederum fürchteten die deutschen Berater als Wirtschaftslobbyisten, die dem britischen Chinageschäft abträglich sein mußten. Britische Diplomaten beobachteten daher die Tätigkeitsfelder der deutschen Militärs sehr genau (vgl. Dok. 30). Das entsprechende Aktenmaterial im Public Record Office in Kent (bei London) ist bislang nur ansatzweise in der Darstellung von Fox (1982) ausgewertet worden.

70 In der Türkei waren deutsche Marineberater und Sachverständige für den U-Boot-Bau tätig. Kontaktstelle in Berlin war ein inaktivierter Marineoffizier, der eine private, handelsgerichtlich eingetragene Firma leitete. Somit gab es keine direkten Berührungspunkte zwischen den Beratern und der Reichswehr. Vgl. Carsten 1964:411.

71 Die *North China Daily News* war eine Zeitung, die seit 1864 in Shanghai herausgegeben wurde. - Eventuell handelte es sich bei dem Dementi um ein von chinesischer Seite bestelltes Schreiben.

Army and Divisions No. 87 and 88 (formerly the „Model Divisions") or other Chinese regular troops around Shanghai against the Imperial Japanese armed forces.[72]

I am in close connection with the greater part of the German Advisers attached to Nanjing, and therefore consider it my duty to contradict these rumours. From absolutely reliable sources I got the information that no German Military Adviser has taken or takes part in the fighting either as adviser or in a leading capacity. Since the beginning of the warlike operations all German Advisers are sent on leave, as their advisory duties had to be interrupted because the troops had to go to the field.

Moellenhoff

BArch, 0902/2239.

31

Protokoll der 3. Sondersitzung der Militärkommission, Nanjing (5.9.1932)[73]

Protokoll vom 5.9.1932 über die Sitzung vom 1.9.1932

Teilnehmer der Sitzung: Chen Hui, Chen Shixu, Li Daicheng, Li Nai, Lin Bosen, Liu Guang, Wan Lun, Wang Jinglu, Wang Jingjiu, Wang Jun, Wei Hanqiao, Wu Defang, Zhang Huafu, Zhang Wuchun, Zhang Xiujing, Zhang Zhizhong, Zhou Bin

A. Über das Anstellungsverfahren und die zuständige Abteilung

1) Für das Anstellungsverfahren ist diejenige Abteilung zuständig, in welcher der Berater arbeiten wird.

2) Unter Berücksichtigung des Bedarfs, der Gründe, der Anzahl und der Frist beantragt die Abteilung zunächst die Anstellung und bittet den Vorgesetzten der Militärkommission[74] um Genehmigung; dann wählt jene Abteilung passende, qualifizierte Kandidaten aus und gibt die Personalvorschläge an die Beraterabteilung des Ministeriums für Militärverwaltung weiter. Letzere ist für das Anstellungsverfahren zuständig.

---

72 Bei den Divisionen 87 und 88 handelte es sich um zwei von drei 1930/31 gebildeten Modelldivisionen, die von deutschen Beratern trainiert und weitest möglich mit deutschem Material ausgestattet wurden. 1933 setzten sie sich aus zwei Infanteriebrigaden zu je 4.500 Mann zusammen, hinzu kam eine Spezialeinheit mit 6.000 Soldaten. 90% der Offiziere dieser Divisionen hatten die Huangpu-Akademie absolviert. Vgl. Martin 1997:5-6 / Sutton 1982:394.

73 Übersetzt von Zhou Xin. Das Dokument ist abgedruckt in: Zhongde waijiao midang 1994:110-115.

74 Gemeint ist Jiang Jieshi, der am 6.3.1932 den Vorsitz der Militärkommission (*Junshi weiyuanhui*), dem obersten militärischen Entscheidungsorgan, übernommen hatte. Diese Kommission, die 1937 auch die Kontrolle über administrative Funktionen der Regierung übernahm, ist zu unterscheiden von dem Kriegsministerium (*Junzhengbu*).

B. Über zu beachtende Punkte bei der Anstellung

1) Die Anzahl der anzustellenden Berater sollte nicht zu hoch sein.
2) Es sollte genau überprüft werden, ob die fachliche Ausbildung des Kandidaten zu dem Aufgabenbereich paßt.
3) Der Bedarf ist das Wichtigste. Nur wenn die Fachkenntnis und die Erfahrung des Kandidaten wirklich besser als die der Einheimischen sind, darf die Person angestellt werden. Falls ein Kandidat die gleiche Qualifizierung aufweisen sollte wie ein Einheimischer, kann von einer Anstellung abgesehen werden.
4) Man sollte die auswärtigen Attachés oder Botschafter beauftragen, die Offiziere, die dienstleistenden jungen Hauptmänner und die Ranghöheren bis hin zu den Generälen sorgfältig zu prüfen. Dabei muß auch auf ihre fachliche Ausbildung geachtet und diese als Maßstab für die Auswahl genommen werden. Man sollte nicht von seiner persönlichen Meinung in bezug auf den Berater abhängig sein und auf dieser Grundlage unsichere Empfehlungen abgeben.
5) Alle Abteilungen, die Anstellungen planen, teilen die erwünschte Qualifikation der Beraterabteilung konkret mit, damit Angebot und Nachfrage aufeinander abgestimmt werden können.
6) Bezüglich der Nationalität soll keine Beschränkung auferlegt werden. Es ist besser, einzelne Kandidaten nach Bedarf auszusuchen.
7) Es sollten vermehrt technische Berater angestellt werden.

C. Punkte, die beim Vertragsabschluß beachtet werden sollten

1) Die Probezeit wird zunächst auf sechs Monate festgesetzt. Läuft die Anstellung dann weiter, sollte der Vertrag jeweils ein Jahr gültig sein. In Einzelfällen kann das aber flexibel gehandhabt werden. Die Regelung muß nicht immer auf die gleiche Weise erfolgen.
2) Die Privilegien sollten einen gewissen Rahmen nicht übersteigen.
3) Was den Titel angeht, sollten die Berater als „Herr Major" oder „Herr Berater" bezeichnet werden. Man braucht sie nicht zu staatlichen Beratern zu ernennen. Die technischen Berater können z.B. als Mechaniker und Techniker bezeichnet werden.
4) Die Bezahlung ist Sache der anstellenden Abteilung.
5) Im Vertrag sollte unmißverständlich zum Ausdruck gebracht werden, daß die Berater ihrer Abteilung jeder Zeit zur Verfügung stehen müssen.
6) Vorschrift zehn im aktuellen Dienstvertrag der Berater muß gestrichen oder korrigiert werden. (Sie lautet: Hat der Berater etwas vernachlässigt, so hat der Hauptberater das Recht, ihn zu verwarnen. Falls sich drei Monate nach der Verwarnung nichts verändert hat, sollte man der chinesischen Regierung die sofortige Kündigung vorschlagen.)[75]

---

75 Ein Dienstvertrag für Militärberater ist abgedruckt in: Martin 1981:452-454.

D. Über die Anstellung

1) Die Anstellung sollte frühzeitig geplant werden, damit sich die betroffene Abteilung den Beratern gegenüber in einer aktiven Position befindet. Die Berater nehmen die Stelle eines Gastes ein. Sie äußern ihre Meinung oder machen Vorschläge.
2) Die Berater sollten in Schulen eingesetzt oder als Ausbildungsteams für verschiedene Waffengattungen organisiert werden; sie sollten Offiziere ausbilden und trainieren. Der überwiegende Teil der Berater sollte in Schulen eingesetzt werden, der kleinere Teil sollte das Übersetzen und Dolmetschen sowie die Erforschung wichtiger Probleme übernehmen. Sie können auch Handbücher für alle Waffengattungen verfassen und übersetzen. Auf jeden Fall sollten die chinesischen Soldaten nicht direkt von den Beratern ausgebildet werden.[76]
3) Für jede Waffengattung sollte man eine Untersuchungskommission entsprechend den technischen Erfordernissen einrichten und diese Kommissionen an der Forschung teilnehmen oder Vorschläge vortragen lassen.
4) Die Ausbildung wird als entscheidender Faktor für die Verteilung an die verschiedenen Abteilungen betrachtet. Die Berater müssen nicht dauerhaft bei einer Abteilung angestellt sein.
5) Die anstellende Abteilung sollte die Berater hinsichtlich des Aufbaus, der Reformen und anderer wichtiger Probleme Lösungen finden und Vorschläge machen lassen.
6) Ob die Vorschläge schlußendlich angenommen werden, sollte im einzelnen überprüft werden. Die staatlichen Umstände bestimmen die Reihenfolge der Umsetzung.
7) Die Einheimischen sollten mit den Beratern zusammenarbeiten und das Ersatzpersonal bilden.

E. Über Verwaltung und Überprüfung

1) Der Vorgesetzte der anstellenden Abteilung trägt die volle Verantwortung für die Überprüfung. Am 12. Juni jeden Jahres sollten die Zensurberichte der Berater bei dem Ministerium für Militärverwaltung vorliegen.
2) Nachdem die Berater den jeweiligen Abteilungen zugeteilt worden sind, sollten sie nicht zu oft versetzt werden, um Schwierigkeiten für die Verwaltung sowie Kosten und Beeinträchtigung ihrer Leistung zu vermeiden.
3) Nach dem Dienstantritt sollten sich die Berater nach den Dienstvorschriften der Abteilung richten und in jeder Woche oder am Ende jeden Monats dem Vorgesetzten einen Arbeitsbericht zur Beurteilung und Überprüfung vorlegen. Im anderen Fall muß der Vorgesetzte Anweisung geben, daß die Berater regelmäßig Verbesserungsvorschläge machen.

---

76 Direkte Ausbildung wurde in der Regel vermieden. Die Masse der deutschen Berater hatte Lehrfunktionen oder gab Ratschläge in Form von Denkschriften. Bei den Kämpfen in Shanghai 1932 und im Herbst 1937 griffen indes einzelne deutsche Berater direkt in die Kampfhandlungen ein. Vgl. Martin 1997:9-16.

4) In bezug auf theoretische Fragen sollte man sich zusammenschließen. Auch müssen die Ausrüstung und das System der Armee berücksichtigt werden. Die Pläne müssen zuerst entworfen und dann zu Denkschriften zusammengestellt werden. Sofern der Vorgesetzte der Behörde damit einverstanden ist, dürfen die Pläne ausgeführt werden.
5) Die Germanen haben großes Selbstvertrauen. Im Falle von Kritik an den Plänen sollte man höflich und bescheiden miteinander diskutieren, um Mißverständnisse und negative Konsequenzen zu vermeiden.[77]
6) Nur wenige Berater sollten in Geheimnisse eingeweiht werden. Abgesehen von der guten Bezahlung sollte der Sicherheitsplan für die Geheimniswahrung geachtet werden.
7) Die Dolmetscher stehen den Abteilungen zur Verfügung. Sie werden genauso wie andere Angestellte der jeweiligen Abteilung bezahlt.

F. Über Arbeitsstellen und Befugnisse
1) Die Berater sind vornehmlich im wissenschaftlichen Bereich zu beschäftigen und sollten nicht für die Verwaltung bürokratischer Angelegenheiten oder exekutive Anweisungen zuständig sein.
2) Sind in einer Behörde bereits mehrere Berater beschäftigt, braucht kein Leiter eingesetzt zu werden.
3) Da es im Gesetz eigentlich keine Begründung gibt, sollte der Titel eines Generalberaters aufgehoben werden.
* Falls doch ein Generalberater eingesetzt wird, sollten seine Kompetenzen und Aufgaben klar geregelt werden, um Mißverständnisse zwischen dem Generalberater und den anderen Beratern oder zwischen den Beratern und der Beraterabteilung zu vermeiden.[78]

G. Über Dolmetscher und Militärtermini
1) Die Anzahl der Dolmetscher sollte doppelt oder wenigstens anderthalb mal so hoch sein wie die der Berater.
2) Die Dolmetscher, die militärische Kenntnisse besitzen, werden bevorzugt angestellt. Sie werden dazu angehalten, die normalerweise verwendeten Militärtermini zu benutzen.
3) Gibt es zu viele Berater (und zu wenig Dolmetscher), sollte man an die Bereitschaft zum Übersetzen appellieren und Dolmetscher ausbilden.

H. Über Auflösung und Verlängerung des Vertrages
1) Die Ansicht des Vorgesetzten der jeweiligen Abteilung ist entscheidend.

---

77 Besonders Wetzell fiel unangenehm auf. Er mußte sich sagen lassen, daß er preußisch unnahbar wirke und sich durch seine Rechthaberei viele Feinde geschaffen habe. Vgl. Trautmann, DGP, an das AA, 30.12.1933, in: ADAP, C II, Dok. 157:284-286. Sowie Seps 1972:260-261.

78 Die gesamte deutsche Militärberaterschaft wurde auf Wunsch Seeckts entsprechend einer Weisung Jiang Jieshis am 1.6.1934 dem neu geschaffenen Posten „Der Beauftragte des Marschalls und Generalberater“ unterstellt. Vgl. die entsprechenden Dienstanweisungen, in: Martin 1981:403-410. Sowie Einleitung zu diesem Kap.

2) Falls während des laufenden Vertrages der Vorgesetzte der Abteilung die Meinung vertritt, daß der Berater unfähig ist oder eine zu schlechte Bewertung erhält, kann man bei der Militärerziehungsabteilung Bestrafung beantragen oder den Betroffenen sofort entlassen.

I. Sonstiges
1) Um Informationen und Kontakte zu ermöglichen, sollten die Namen, die spezifischen Aufgaben und die Anstellungsabteilungen in Heften aufgeführt und verteilt werden
2) Die neuen Handbücher sollten so lange verteilt werden, bis sie sich im Besitz aller Soldaten befinden und diese darin nachschlagen können.
3) Die Hauptausbildung und die Kontrollabteilung sollten umstrukturiert werden. Die Dolmetscher sollten zusammengeführt werden, um die Abfassung und Übersetzung aller militärischen Bücher zu übernehmen.

2. HACh, 773-643.

32

Aufzeichnung des Botschaftsrates Martin Fischer, Peking (o.D., vmtl. 1932)[79]

(...)[80]

Die Truppenmacht im Bereich der Zentralregierung untersteht dem Marschall Jiang Jieshi als Generalissimus in Mittelchina und setzt sich aus 10 Divisionen zusammen, die als eine Art Stammtruppe eine Einheit für sich bilden. Dazu kommen fünf weitere Divisionen, deren Reorganisierung noch nicht in Angriff genommen ist, sowie verschiedene selbständig formierte Sonderabteilungen.

(...)[81]

Was den heutigen Gefechtswert der Jiang Jieshi'schen Truppen anlangt, so stimmen die Urteile ausländischer Sachverständiger darin überein, dass unzweifelhaft schon ganz beachtenswerte Fortschritte erzielt worden sind, die das Nanjinger Militär weitaus an die erste Stelle in China gebracht haben, dass dagegen selbst die sogenannten Musterdivisionen noch gründlicher technischer Vervollkommnung und jahrelanger intensiver Durchbildung

---

79 Die 30 Seiten umfassende Denkschrift wurde als vertraul. Schreiben von dem Gesandten Trautmann und LS Plessen nach Nanjing, an das AA und an die DB Tokyo gesandt. Hier abgedruckt ist ein Auszug aus dem Exemplar für Nanjing, das am 16.1.1933 abgeschickt wurde.

80 Auslassung: Fischer beschrieb die chinesische Armee als ein „Nebeneinander selbständiger, nur lose und äusserlich verbundener Truppenkörper".

81 Auslassung: Im folgenden wird die Gliederung und die Bewaffnung der Divisionen beschrieben.

bedürfen werden, um nach europäischem Masstabe auch nur bescheidenen Ansprüchen an eine Truppe zu genügen. Das Gros der Mannschaften, die zur Einstellung kommen, ist meist wahllos zusammengelesen und rekrutiert sich vielfach aus Arbeitslosen der untersten Stände. Den aus solchem Milieu stammenden Soldaten an straffe Zucht und anstrengenden Dienst zu gewöhnen, ist bei dem Mangel jeder militärischen Tradition in China eine schwere Aufgabe, bei deren Durchführung der Generalissimus von seiten seiner im gewohnten chinesischen Schlendrian grossgewordenen Unterführer nicht immer Verständnis und Unterstützung findet. Erschwerend fällt ferner ins Gewicht, dass der ruhige Gang der Ausbildung in den letzten Jahren beständig durch Verwendung der noch unfertigen Truppen in inneren Wirren gegen die roten Banden unterbrochen wurde;[82] dadurch entstanden Ausfälle (auch infolge Fahnenflucht), die durch Neuanwerbungen ergänzt werden mussten, was wiederum den Ausbildungsstand herabdrückte.

Es war unter diesen Umständen naheliegend, daß Jiang Jieshi sein Augenmerk in erster Linie auf die Ausbildung der Offiziere und des Offiziernachwuchses richtete, um auf diesem Wege den einer Truppe unentbehrlichen festen und dauernden Raum zu schaffen. Für diesen Zweck sind in Nanjing bereits eine ganze Reihe grosser, gut eingerichteter Anstalten geschaffen und andere in der Entstehung begriffen.

Oberstes Bildungsinstitut ist die Kriegsakademie.[83] Sie hatte in Peking lange ein kümmerliches Dasein gefristet, wurde im vergangenen Jahr nach Nanjing verlegt, mit vermehrtem Lehrpersonal ausgestattet und für einen dreijährigen Ausbildungsgang eingerichtet. In der Zentral-Kriegsschule werden Fähnriche und jüngere Offiziere - bis zu 1.000 gleichzeitig - theoretisch und praktisch ausgebildet; sie wurden im Herbst zum ersten Mal zu einer mehrtägigen Übung herangezogen. Die Infanterie, die Kavallerie, die Artillerie haben daneben noch ihre eigenen Schulen, die Ausbildung im Pionierwesen soll demnächst organisiert werden. Der Generalstab wird nach ausländischem Muster aufgebaut.

Den Hauptteil dieser Ausbildungstätigkeit leistet die deutsche Beraterschaft, die mit General Wetzell an der Spitze mittlerweile auf rund 50 Köpfe angewachsen ist.

Der unmittelbare und mittelbare Befehlsbereich des Marschalls erstreckt sich zur Zeit auf die Provinzen Jiangsu, Zhejiang, Jiangxi, Anhui, Hubei, Hunan, Henan sowie (nominell) auf die Provinzen Shaanxi und Gansu. Er ist auf dem Papier Vorsitzender des Zweigbüros des Militär-Komitees in Peking.

BArch, 0902/2235.

---

82 Damit sind die Kommunistenfeldzüge gemeint, die 1930/31 begonnen hatten. Allerdings waren in den ersten beiden Feldzügen ausschließlich Provinzialtruppen eingesetzt worden. Vgl. Sommer 1971:271-273.

83 Vgl. Dok. 26, Anm. 52.

33

Brief des Verkehrsministers Zhu Jiahua, Nanjing, an Generaloberst Hans von Seeckt, Berlin (30.9.1933)

Jiaotongbu
(MINISTRY OF COMMUNICATIONS)

OFFICE OF THE MINISTER

Nanjing, den 30. Sept. 33

Seiner Exzellenz
Generaloberst v. Seeckt,
Berlin.

Hochverehrter Herr General,
Ich bestaetige meine Depesche vom gestrigen Datum, die ich durch Herrn Tan Boyu Ihnen ueberreichen liess.[84] Leider haben wir es im vergangenen Sommer verabsaeumt eine Verabredung ueber die Chiffrierung von Telegrammen zu treffen. Infolgedessen sah ich mich veranlasst, den Text meines Telegramms etwas verschleiert zu halten, ich darf aber hoffen, dass Ihnen der Inhalt verstaendlich war.

Wie Sie wissen, bestand schon seiner Zeit, als Sie noch bei uns weilten, eine gewisse Spannung zwischen Herrn General Wetzell und unserem Marschall und diese Spannung hat sich leider inzwischen noch verstaerkt. Ich habe versucht zwischen den beiden Herren zu vermitteln, um vorhandene Misstimmigkeiten zu beseitigen, aber ich habe leider keinen Erfolg gehabt und heute ist die Lage so, dass es mir zwecklos erscheint in dieser Angelegenheit noch weiter einzugreifen. Eine Loesung des Verhaeltnisses wird sich kaum vermeiden lassen. So sehr ich aus persoenlichen Gruenden das Ausscheiden des Herrn Generals Wetzell, mit dem mich aufrichtige Freundschaft verbindet, bedauere, so glaube ich doch, dass eine erfolgreiche Taetigkeit der deutschen Berater nur moeglich ist, wenn zwischen dem Fuehrer der deutschen Berater und unserem Marschall ein bedingungsloses Vertrauensverhaeltnis besteht.

Unser Marschall hat mir gegenueber eindeutig zum Ausdruck gebracht, dass er durch die persoenlichen Unterredungen mit Ihnen auf das tiefste beeindruckt worden ist und dass er uneingeschraenktes Vertrauen in die ueberragende Macht Ihrer Persoenlichkeit gefasst hat.[85] Er hat mich beauftragt bei Ihnen, hochverehrter Herr Generaloberst, anzufragen, ob

84 Tan Boyu arbeitete seit September 1933 an der CGB. - Zhu Jiahua hatte am 29.9.1933 ein Telegramm an Seeckt geschickt (BA/MA, N 247/133), in welchem er bekannt gab, daß sich die Lage für Wetzell unhaltbar zugespitzt habe. Da Seeckt großes Vertrauen beim Marschall besitze, sei seine Rückkehr dringend notwendig.

85 Die zwei Unterredungen zwischen Jiang Jieshi und Seeckt hatten im Mai 1933 in Guling stattgefunden. Das erste Gespräch am 28.5. wurde von Zhu Jiahua übersetzt. Als Seeckt Anfang Juli

Sie gewillt waeren, das Amt, das bisher Herr General Wetzell geleitet hat, zu uebernehmen, und ich darf hinzufuegen, dass unser Marschall mir diesen Auftrag uebertragen hat mit dem ausdruecklichen Hinweis, dass er ausschlaggebenden Wert auf die Zusammenarbeit mit Ihnen lege. Da ich mir unter den obwaltenden Umstaenden keine Persoenlichkeit ausser Ihnen vorstellen kann, die das Werk der deutschen Berater zum Erfolg fuehren wird, spreche ich hiermit den aufrichtigen Wunsch aus, dass es Ihnen moeglich sein wird, die Strapazen eines laengeren Aufenthaltes in China auf sich zu nehmen und unserm und vielleicht auch Ihrem Vaterlande damit einen unschaetzbaren Dienst zu erweisen.[86] Falls Sie zusagen koennen, bleibt es Ihnen ueberlassen, sich den Stab Ihrer engeren Mitarbeiter in Deutschland auszusuchen und nach China mitzubringen.

Indem ich mich der zuversichtlichen Hoffnung hingebe, von Ihnen eine zusagende Antwort zu erhalten, bleibe ich mit dem Ausdruck meiner aufrichtigen Verehrung

stets Ihr sehr ergebener

Zhu Jiahua

BA/MA, N 247/133.

34

Brief des Generaloberst Hans von Seeckt, Berlin, an den ehemaligen deutschen Kaiser Wilhelm II., Holland (8.2.1934)

An
I.M. den Kaiser
Allerdurchl. Kaiser[87]

ab 8.2.34
über General Dommes

Allergn. Kaiser, König und Herr!

Ihrer Majestät melde ich alleruntert., daß ich mich Anfang März erneut und dieses Mal voraussichtlich auf längere Zeit nach China begeben werde. Da I.M. an meiner ersten Reise gnäd. Interesse genommen haben, glaube ich gleiches auch für diesen Entschluß voraussetzen zu dürfen. Der Marschall Jiang Jieshi, der maßgebende Mann der chines.

---

aus Shanghai abreiste, verabschiedete er sich mit einer grundlegenden, 21 Seiten umfassenden Denkschrift über die in China gewonnenen Eindrücke (Auf den Abdruck wurde verzichtet, da bereits zweimal publiziert in: Epstein 1953:534-543 und Martin 1981:383-402.) Vgl. hierzu Trautmann, DGP, an das AA, 26.8.1933, in: ADAP, C I, Dok. 412:764-767. Sowie Meier-Welcker, in: ebd. (Martin):119.

86 Damit sprach Zhu Jiahua zweifellos die richtige Seite bei Seeckt an (vgl. Dok. 34).

87 Abkürzung für: Allerdurchlauchtester Kaiser, Anrede dann: Allergnädigster Kaiser sowie: Ihre Majestät. - Der ehemalige deutsche Kaiser Wilhelm II. lebte im Exil in Doorn in Holland.

Nationalregierung, den ich bei meinem ersten Besuch kennengelernt hatte, bestand so nachdrücklich auf meinem zweiten Besuch, daß ich durch eine Ablehnung die dort gewonnene deutsche Stellung als gefährdet ansehen mußte, um so mehr als der bisherige älteste dort befindliche Offizier, der General W.[88] zurückkehrt und ein genügender Erfolg für ihn dort nicht vorhanden ist. Die in China gewonnene Position - es sind zur Zeit noch über 60 deutsche Offiziere dort - erscheint mir in der heutigen Zeit, in der für deutsche Betätigung im Ausland nur wenig Gelegenheit ist, für so wichtig, daß ich entgegenstehende Bedenken zurückstellte. Ich hoffe, dort dem deutschen Interesse dienen zu können, wozu ich hier keine Möglichkeit mehr habe.[89] Meine Tätigkeit wird in dem Versuch bestehen, den Chinesen eine kleine, aber leistungsfähige Armee aufzustellen und zugleich den Grund zu einer Waffenindustrie zu legen. Ich bin mir über die Schwierigkeiten der Aufgabe klar und sehe diese auch mehr in der Stärkung des deutschen Einflusses auf allen Gebieten. Ob die Japaner den Chinesen Zeit zu einer Reorganisation lassen werden, steht dahin; daß die Chinesen sich aus einem, von mir für unvermeidlich gehaltenen Konflikt zwischen Rußland und Japan heraushalten, ist in ihrem Interesse zu hoffen. An welthistorischem Interesse mangelt es dem Schauplatz des Fernen Ostens zur Zeit gewiß nicht. Da meine Frau mich begleitet, kann ich mich auf ein längeres Verbleiben einrichten, falls die dortigen Verhältnisse dazu angetan sind.

Ihrer Majestät und der uns stets so gnädig gesinnten Majestät der Kaiserin bitte ich die treuesten Wünsche zu Füßen zu legen und verbleiben zu dürfen
in tiefster Ehrfurcht
Euer Majestät
alleruntertänigster S.

BA/MA, N 247/190.

88 General Wetzell.

89 Damit spielte Seeckt auf seine Verabschiedung als Chef der Heeresleitung am 8.10.1926 an, die auf die Teilnahme von Prinz Wilhelm (dem ältesten Sohn Wilhelm II.) an Übungen eines Infanterieregimentes im September desselben Jahres zurückging. Auch hatte Seeckt seine Tätigkeit als Reichstagsabgeordneter der DVP 1932 beendet.

35

Beschluß des ZK der KPCh über die Zusammenfassung des 5. Einkreisungsfeldzuges (8.1.1935)[90]

(...)[91]

Den Feind im Bewegungskrieg zu vernichten, ist die besondere Fähigkeit unserer Roten Arbeiter- und Bauern-Armee.[92] (...)[93] Aber während des 5. Einkreisungsfeldzuges[94] brachten uns die auf Grund der Panik gegenüber dem Blockhaussystem[95] entstandene reine Defensivlinie sowie die Theorie der „kurzstreckigen Überraschungsschläge" des Genossen Hua Fu vom Bewegungskrieg in den Stellungskrieg hinüber[96], und diese Form des Stellungskrieges war nur günstig für den Feind und äußerst ungünstig für die derzeitige Rote Arbeiter- und Bauernarmee. Zwangsangriffe gegen die Blockhäuser des Feindes sollten bei der gegenwärtigen Technik vermieden werden. Nur dann, wenn das Blockhaus nicht stabil ist oder vereinzelt dasteht - um die Verstärkung des Feindes zu zerschlagen oder

---

90 Dieser Beschluß wurde vor der Konferenz von Zunyi (15.-18.1.1935), einer Sitzung des erweiterten Politbüros, gefaßt. In der Geschichte der KPCh stellt diese Konferenz einen Meilenstein dar: Zum einen übernahm Mao Zedong als Vorsitzender des ZK und des Politbüros sowie des Militärkomitees des ZK die Führung der Partei; zum anderen wurde scharfe Kritik an der bisherigen militärischen Linie von Zhou Enlai und Otto Braun geübt.

91 Auslassung: Entscheidend für die Verteidigung eines Sowjetgebietes sei es, aus der Verteidigung heraus zum Gegenangriff überzugehen.

92 Mao Zedong hatte während seines Aufenthaltes im Jinggang-Gebirge (1928) eine Partisanentruppe aufgestellt, die den Kern der späteren Roten Armee bildete. Als die Soldaten Zhu Des und Peng Dehuais hinzukamen, wurden diese verschiedenen Truppenteile zu einer Gesamtstreitmacht verschmolzen. Vgl. Meyer 1982:32 / Hofheinz 1977:234-262.

93 Auslassung: Auch die Komintern habe vor zwei Jahren (Oktober 1933) darauf hingewiesen, daß die militärischen Aktionen nicht als Stellungs-, sondern als Bewegungskrieg durchgeführt werden sollten. - Zur Zeit des Einkreisungsfeldzuges war der Kontakt mit der Komintern unterbrochen. Einziger Kominternvertreter vor Ort war Otto Braun. (Vgl. Yang 1990:109).

94 Der 5. Einkreisungsfeldzug dauerte von September 1933 bis November 1934. Vgl. Zhang 1979:424-427.

95 Während des 3. Feldzuges gegen die Kommunisten 1931 hatte Wetzell sechs Wochen lang im Hauptquartier Jiangs beratend gewirkt und dabei das Konzept einer Blockade des Sowjetgebietes zusammen mit einer Verbesserung der Verkehrswege in der Etappe verfochten. Indes hat er die Blockhausstrategie, die erst im 4. Feldzug den erhofften Erfolg zeigte, nicht erfunden. Vgl. Einleitung zu diesem Kap., Anm. 19. Sowie Guo 1979:644 / Sommer 1971:299 / Wei, in: Martin 1981:176-182.

96 Der Hauptvorwurf war, daß man dem Feind die Bewegung nicht aufgezwungen, sondern eine „Blockhaus-gegen-Blockhaus-Taktik" und damit eine reine Defensivtaktik angewendet habe. In taktischer Hinsicht ist dies eine unzulässige Vereinfachung der Konzeption Brauns, dessen „mobile Überrschungsschläge" eine Kombination aus beweglicher Verteidigung und offensiver Aktion waren. Sie können nicht nur auf sinnloses Halten der Position und selbstmörderische Angriffe auf Befestigungen reduziert werden. In strategischer Hinsicht freilich vertrat Braun die Auffassung, den Feind vor den Toren des Sowjetstaates abzuwehren und nicht in das eigene Gebiet hineinzulocken. Insgesamt ging es auf der Konferenz weniger um militärische als um machtpolitische Fragen.

um den Feind zur Truppenverlegung zu zwingen -, darf man das Blockhaus angreifen. Während des 5. Einkreisungsfeldzuges wurden stets leichtsinnige Zwangsangriffe auf die Blockhäuser vorgenommen; dass sie keinerlei Erfolge gehabt haben, setzt nicht in Erstaunen, denn da hat man den Krieg als Kinderspiel dargestellt.

Die Einschätzung der Möglichkeit des Bewegungskrieges war während des 5. Feldzuges ungenügend; so trennte man den 5. Einkreisungsfeldzug des Feindes rundweg von den vorhergehenden 4 Einkreisungsfeldzügen[97] ab; so verneinte man rundweg alle Erfahrungen der vorhergehenden Bewegungskriege, verneinte rundweg die Kampfmethode, den Feind hereinzulocken, um ihn zu vernichten; ferner ist man gezwungen, die korrekten Anweisungen der Komintern[98] praktisch abzulehnen; das war ganz selbstverständlich für die Verantwortlichen der reinen Defensive und der „kurzstreckigen Überraschungsschläge".

(...)[99]

Als nächstes, noch Wichtigeres, ist die Aktion unseres Ausbruchs in den Augen des Genossen Hua Fu im wesentlichen weder eine entschlossene noch kämpferische, sondern eine Art von entnervender fluchtartiger und umzugsähnlicher Aktion. Gerade deshalb hat man in dieser großen Wandlung nicht nur die Anweisung der Komintern, die Erläuterungsarbeit bei den Kadern und Roten Kämpfern und Offizieren durchzuführen, nicht eingehalten, sondern sie nicht mal in den Konferenzen des Politbüros in der Diskussion hervorgehoben. Das politische Ziel der Massenbewegung von Millionen Menschen wurde als ein unwichtiges Problem betrachtet. Was die Hauptstreitkräfte der Roten Armee angeht, sind sie von den Sowjetgebieten in die Weißen Gebiete verschoben worden, vom Stellungskriegsfeld ins Bewegungskriegfeld verschoben, statt dass man ihnen die notwendige Erholung und Reorganisation gewährt hat, sind sie Hals über Kopf aufgebrochen.[100] Warum zieht man sich aus den Sowjetgebieten zurück? Was ist die gegenwärtige Aufgabe? Wo gehen wir jetzt hin? Was all diese wesentlichen Fragen, Aufgaben und Methoden angeht, so wurden sie nach wie vor geheim gehalten und nicht bekanntgegeben. Deshalb kann man militärisch, besonders politisch[101], die Aktivität und den Eifer der Roten Kämpfer nicht beleben. Das muß als schwerwiegender Fehler angesehen werden.

---

97 Der erste Einkreisungsfeldzug war im Dezember 1930 durchgeführt worden.

98 Gemeint ist wohl die Anweisung der Komintern vom Oktober 1933 (vgl. Anm. 93).

99 Auslassung: Es folgen Hinweise auf die Veröffentlichungen Otto Brauns in der Zeitschrift *Revolution und Krieg* (*Geming yu zhanzheng*), Bd. 1-4, Nov. 1933 - Mai 1934. Auch wurden die Nachteile des Blockhaussystems detailliert aufgeführt.

100 Dahinter stand der Vorwurf, daß der Lange Marsch, der im Oktober 1934 begonnen worden war, nicht nur eine Flucht, sondern auch das unvermeidliche Resultat der Entwicklung der einseitigen Defensive gewesen sei. Zum Langen Marsch, vgl. die beschreibenden Darstellungen von Wilson 1974:82-93 / Young 2001:189-215.

101 Die Frage nach der militärischen und politischen Bedeutung der Konferenz von Zunyi spielt in der chinesischen Geschichtsschreibung eine wichtige Rolle, da die KPCh in der Folge zum ersten Mal eigenständig marxistisch-leninistische Prinzipien anwandte und sich nicht auf Ausländer und deren Beratung stützte. (Vgl. Litten 1988:76)

(...)[102]

Außerdem ist die Erweiterte Konferenz des Politbüros der Meinung, dass Genosse X[103], besonders die Führungsmethode des Genossen (Braun) äußerst schlecht ist; die gesamte Arbeit des Militärkomitees wurde vom Genossen (Braun) an sich gerissen und allein bestimmt[104]; die kollektive Führung des Militärkomitees wurde völlig liquidiert, der Penalismus hat die weiteste Verbreitung, es gab überhaupt nichts an Selbstkritik; was alle anderen militärischen Ansichten betrifft, wurden sie nicht nur völlig ignoriert, sondern es wurden Maßnahmen ergriffen, sie zu unterdrücken; das Schöpferische und Scharfsinnige der Kommandeure der unteren Schichten wurde ausgemerzt. Unter dem Namen der Auswechslung der Strategie und Taktik wurde eine Menge kostbare Erfahrung und Lehre aus dem revolutionären Krieg der Vergangenheit völlig aufgegeben; sie wurde sogar als „Partisanentum" betrachtet; obwohl eine große Anzahl von Genossen dem Militärkomitee mehr als einmal korrekte Vorschläge vorgetragen haben und öfters heftige Debatten entstanden, sind sie doch für Genossen (Braun) und Genossen X umsonst gewesen. All das hat im Militärkomitee einen äußerst ungewöhnlichen Zustand geschaffen. (...)[105]

Meyer, Hektor (Hg.), Die Entwicklung der kommunistischen Streitkräfte in China von 1927 bis 1949, Berlin 1982, S. 254-265.

36

Brief des Marschalls Jiang Jieshi, Nanjing, an Generaloberst Hans von Seeckt, Berlin (23.11.1935)[106]

23. November 1935

Euer Exzellenz!

---

102 Auslassung: Auch der Transport der schwerfälligen Maschinen habe die Kampfmoral der Roten Armee erheblich geschwächt.

103 Mit Genosse X ist Zhou Enlai gemeint, der als politischer Kommissar der Roten Armee eine führende Position innehatte und eng mit Braun zusammenarbeitete. Auf der Konferenz von Zunyi stellte er sich auf die Seite Maos. Vgl. ebd. (Litten):74.

104 Es war weniger der schlechte Führungsstil Brauns als die mangelnde Kommunikation der Truppenteile untereinander, welche Probleme mit sich brachte. Vgl. ebd.:88.

105 Auslassung: Zur Zusammenarbeit von Politbüro und Militärkomitee.

106 Der Brief wurde von Qi Jun übersetzt. Im Archiv befindet er sich sowohl im chinesischen Original als auch in der deutschen Übersetzung. Abgedruckt in: Zhongde waijiao midang 1994:1-4.

Ihre telegrafische Nachricht vom 8. Juli 1935[107], dass Ihr verehrter Führer und Reichskanzler mit Ihrem Plan, den mir Herr Klein[108] vorgetragen und schriftlich niedergelegt hat, einverstanden ist, erfüllt mich mit großer Freude.

Euere Exzellenz, ich bin Ihnen sehr dankbar.

Hiermit sind unsere gemeinsamen Bestrebungen, Deutschland und China durch enge Freundschaft zu verbinden, verwirklicht worden. Eine Freundschaft, die sich auf festem Grund aufbaut und eine dauernde sein kann.

Im Hinblick auf die bestehenden wirtschaftlichen und politischen Schwierigkeiten unserer beiden Länder ist die Notwendigkeit der engen Zusammenarbeit so klar und einleuchtend, dass alle Kräfte von beiden Seiten hierfür eingesetzt werden müssen.

Nach Erledigung der noch notwendigen Formalitäten in Berlin steht der Durchführung des Austauschvertrages[109], den die Chinesische Regierung mit Herrn Klein im letzten Jahre abgeschlossen hat, nichts mehr im Wege.

Die notwendige Organisation, die eine reibungslose Abwicklung in China ermöglicht, ist in Bildung begriffen, sodass mit Anfang des nächsten Jahres die Lieferungen nach Deutschland beginnen können.

Eine Aufstellung über diejenigen Mengen an Landesprodukten und Montanrohstoffen, die China im Laufe des nächsten Jahres nach Deutschland zur Ausfuhr bringen wird, ist Herrn Klein übergeben.

Es wird nicht schwer sein, die Ausfuhrmengen an Landesprodukten in den weiteren Jahren bedeutend zu erhöhen.

---

107 Dieses Telegramm, das nur in diesem Brief erwähnt wird, konnte nicht ermittelt werden. Am 26.6.1935 war Seeckt von Hitler in der RK empfangen worden. RKM Blomberg, RAM Neurath, RWiM Schacht und Wilhelm Keppler, der „Beauftragte des Führers für Wirtschaftsfragen", waren ebenfalls anwesend gewesen. Das Telegramm an Jiang nahm sicherlich Bezug auf dieses Gespräch.

108 Dieser umfassende Plan, den Klein im Sommer 1935 Jiang Jieshi und Kong Xiangxi vorgelegt hatte, enthielt Ratschläge für den Aufbau Chinas durch die Einrichtung eines Zentralbüros, das die deutsch-chinesische Zusammenarbeit in den Bereichen Militär und Wirtschaft koordinieren sollte. Er ist abgedruckt - wenn auch ohne genaues Datum und ohne Signatur - in: MGDG (zusammengestellt von Dai Xiong) 1991, Nr. 1:29-40. Im Archiv in Nanjing (2. HACh, 28(2)-694) befindet sich ein weiterer Entwurf von Klein, in welchem er Richtlinien für die deutsch-chinesischen Beziehungen festlegte. Ausgangspunkt des Entwurfs war das Programm und die Zusammensetzung der chinesischen Delegation, die 1936 nach Berlin reisen sollte. Es folgte ein Überblick über die Intensivierung der deutsch-chinesischen Militärbeziehungen: So sollten aktive deutsche Offiziere nach China entsandt werden. Umgekehrt sollten chinesische Offiziere und Kadetten verstärkt die Reichswehr sowie militärische Anlagen und die Schlüsselindustrien besichtigen. An den Übungen der Armee und der Marine sollten sie ebenfalls beteiligt werden. Die Aufstellung einer Armee von 100.000 Soldaten wurde vorgeschlagen. Hinsichtlich der Bewaffnung sollten Modelle sowie Geräte und Skizzen für einen Nachbau nach China entsandt werden. Darüber hinaus wurden eine Verstärkung der deutsch-chinesischen Wirtschaftsbeziehungen anvisiert und die eingehende Untersuchung nationalsozialistischer Jugendbewegungen sowie der Massenpropaganda in Deutschland vorgeschlagen. Da auch ein Meinungsaustausch der Innen-, Erziehungs-, Außen-, Verkehrs-, Landwirtschafts- und Arbeitsministerien nicht fehlte, kann man sagen, daß der Plan eine allumfassende Orientierung Chinas an Deutschland unter besonderer Berücksichtigung des militärischen Bereichs vorsah.

109 Vgl. Dok. 14.

Bei den Montanrohstoffen müssen jedoch die bestehenden Bergwerke weiter ausgebaut und vorhandene gute Erzvorkommen erschlossen werden. Zum Teil wird eine Verhüttung notwendig sein.

Weitere Erzvorkommen müssen auf Abbaufähigkeit untersucht werden. Es wird von grosser Wichtigkeit sein, dass berufene Fachleute für Geologie, Bergbau und Hüttenwesen schnellmöglichst nach hier entsandt werden.[110]

Euer Exzellenz, ich habe bei unseren gemeinsamen Besprechungen stets betont, dass ein wirtschaftlicher Aufbau Chinas nur über den militärischen Aufbau erfolgen kann.

Meine Bemühungen seit Jahren, eine gewisse innere Geschlossenheit in China herzustellen, waren von Erfolg gekrönt und der nationale Gedanke der engen Verbundenheit des chinesischen Volkes wächst immer mehr empor.

Die Notwendigkeit gebietet nun, das Errungene zu erhalten und zu festigen.

Die Errichtung einer einheitlich ausgerüsteten, hochwertigen und schlagfertigen, wenn auch kleinen Wehrmacht[111] ist dringend erforderlich.

Ebenso müssen die erforderlichen wehrwirtschaftlichen und industriellen Einrichtungen in einem <u>solchen</u> Umfange geschaffen werden, dass eine gewisse Unabhängigkeit vom Ausland erreicht wird.

Eine derart im Zentrum Chinas aufgebaute Wehrmacht gibt der chinesischen Regierung die Möglichkeit, den von aussen her immer wieder genährten Kommunismus nachhaltig zu bekämpfen. Diese Wehrmacht gibt ferner der Regierung die Autorität, dem Lande die Sicherheit und bildet so die Grundlage für die friedliche Entwicklung der chinesischen Volkswirtschaft.[112]

Euer Exzellenz! Der mir von Herrn Klein vorgetragene und schriftlich niedergelegte Plan entspricht den chinesischen Belangen und deckt sicht mit Ihren und meinen Gedanken.[113]

Die von Herrn Klein weiterhin ausgearbeiteten Organisationsvorschläge im Einzelnen sollen eine Grundlage sein für den wehrwirtschaftlichen, privatwirtschaftlichen und Verwaltungsaufbau Chinas.

Für den Aufbau der Wehrmacht und der Wehrmachtsverwaltung erlaube ich mir, Sie um ihre sachverständigen Vorschläge zu bitten.[114]

---

110 Vgl. Dok. 20, Anm. 110.

111 Hier ist die Anlehnung an Seeckt unverkennbar, der in seiner Denkschrift „eine beschränkte Anzahl, zunächst vielleicht zehn, wirklich brauchbare Divisionen" und damit ein effizientes Eliteheer vorschlug. Vgl. Denkschrift zur Reorganisation der chinesischen Armee, Juni 1933. Abgedruckt in: Martin 1981:383-394. Sowie Anm. 85.

112 Das militärische Primat Jiang Jiehis wird hier deutlich zum Ausdruck gebracht.

113 Vgl. Anm. 108.

114 Es ist nicht bekannt, daß Seeckt danach weitere Denkschriften verfaßt hat. Doch trat er in Berlin weiterhin für die Belange Chinas ein, wie er auch bis zu seinem Tod am 27.12.1936 formal „Generalberater" blieb. Die chinesische Delegation, die sich zur Aushandlung des Kreditvertrages 1936 in Berlin aufhielt, begleitete er selbst zu Hitler. Kurz darauf, am 16.5.1936, schrieb Seeckt „persönlich und vertraulich" an Jiang Jieshi (2. HACh 28(2)-3652) und gab einen Überblick über die zu diesem Zeitpunkt bereits abgeschlossenen Verhandlungen. In diesem Zusammenhang führte er auch General v. Reichenau ein, der das „besondere Vertrauen des Führers" genieße. Reichenau würde

Ich beabsichtige, die grundlegenden Aufbauarbeiten für den Gesamtaufbau Chinas entsprechend den von Herrn Klein vorgezeichneten Richtlinien in drei Zeitabschnitten[115] von je drei Jahren durchzuführen.

Der erste Zeitabschnitt soll der Errichtung des Zentrums einschliesslich der Aufstellung des 100.000 Mann-Heeres[116], einer entsprechenden Luftwaffe, den Vorarbeiten für die Schaffung einer Marine und dem hierfür notwendigen industriellen, wehrwirtschaftlichen und verkehrstechnischen Aufbau dienen.

Im zweiten Abschnitt sollen das Erreichte vervollkommnet und der Aufbau über die Grenzen des Zentrums hinausgeführt werden.

Der dritte Abschnitt dient dem weiteren Ausbau des ersten und zweiten Abschnittes und der Vollendung des im festgelegten Aufbauplan vorläufig Vorgesehenen.

Durch den so errichteten festen Rahmen ist die sichere Grundlage geschaffen, um - gestützt auf Deutschland - den inneren und wirtschaftlichen Aufbau Chinas nach und nach durchzuführen.

Euer Exzellenz! Für die Durchführung dieses grossen Werkes, durch das China zu einem einheitlichen, starken Staat geformt werden soll, bedarf ich Ihrer grossen Erfahrungen und der Hilfe Ihrer Regierung.

Ich bitte Sie, im Einvernehmen mit Ihrem Reichskriegsministerium mir für den militärischen, wehrwirtschaftlichen und wirtschaftlichen Aufbau einen Stab erstklassiger Fachkräfte sowie einen Ausbildungsstab unter Führung eines Generalstabschefs zusammenzustellen.

Im Interesse einer einheitlichen Planung und Durchführung des militärischen Aufbaus werde ich bis zum Eintreffen dieser Stäbe keine Entscheidungen über Fragen treffen, die die Landesverteidigung berühren, wie Beschaffung von Waffen und Gerät, Bau von Eisenbahnen und Fabriken.

Euer Exzellenz, ich bitte Sie deshalb, mich zu benachrichtigen, wann ich ehestens über diese Stäbe verfügen kann.[117]

Von ganz besonderer Bedeutung ist die Ausbildung chinesischer Offiziere und Offiziersanwärter in der deutschen Wehrmacht. Ich würde Ihrer Regierung besonders dankbar

---

Vorschläge zum Aufbau einer chinesischen Kriegsindustrie übermitteln, die mit dem RKM abgesprochen worden seien. Seeckt betonte, daß er selbst diese Vorschläge unterstütze. (Vgl. auch Interview mit Jiang Weiguo in diesem Bd.) Ein deutsch-chinesisches Militärbündnis aber, das Reichenau nach den Erinnerungen von Guan Demao Jiang Jieshi vorschlug (Guan 1997:36-37), erwähnte er nicht.

115 Zu den Zeitabschnitten in Kleins Plan ist nichts bekannt (vgl. Anm. 108). Es ist jedoch anzunehmen, daß der 1936 verkündete rüstungswirtschaftliche Dreijahresplan der NRK damit in Zusammenhang stand.

116 Die Zahl des angestrebten Eliteheeres war an dem im Versailler Vertrag festgeschriebenen Hunderttausendmannheer der Weimarer Republik orientiert.

117 Vgl. Anm. 110.

sein, wenn meine jungen Offiziere und Offiziersanwärter unter Ihrer Protektion ihre militärische Ausbildung in der deutschen Wehrmacht erhalten könnten.[118]

Ich halte es ferner für notwendig, dass eine Möglichkeit für einen ständigen, engen Gedankenaustausch zwischen uns geschaffen wird und bitte Sie, mir auch hierüber einen Vorschlag zu machen.[119]

Die von Herrn Klein schriftlich niedergelegten und von mir anerkannten Vorträge und Organisationsvorschläge werden Ihnen von Herrn Klein überreicht. Ich bitte, diese Ihren hohen Freunden[120] zur Kenntnis zu bringen und mir bei der Durchführung Ihren Rat und Ihre Hilfe zu leihen.

Über die Durchführung des Güteraustausches wird der chinesische Finanzminister Dr. Kong Xiangxi mit Herrn Wirtschaftsminister und Reichsbankpäsident Dr. Schacht die näheren Vereinbarungen treffen.[121]

Zur Regelung der noch schwebenden Fragen in Berlin wird eine Abordnung an Euer Exzellenz entsandt.[122] Ich bitte Euer Exzellenz, die Herren bei Erledigung ihrer Aufgaben zu unterstützen.

Anliegend finden Sie noch meine Schreiben an Herrn Reichsführer und Reichskanzler Adolf Hitler, Herrn Reichskriegsminister Generaloberst von Blomberg und an Herrn Wirtschaftsminister und Reichsbankpräsidenten Dr. Schacht.[123] Ich bitte davon Kenntnis zu nehmen und nehme für die Weiterleitung Ihre Güte in Anspruch.

Euere Exzellenz! Ich hoffe, dass Sie sich der besten Gesundheit erfreuen. Indem ich Ihnen Dank sage für alle Ihre Bemühungen im Interesse meines Landes versichere ich Sie meiner Zuneigung und Ergebenheit.

Ihr Jiang Jieshi

2. HACh, 28(2)-688.

---

118 1934 waren 6 chinesische Offiziere (1 Oberleutnant und 5 Leutnants) bei der Wehrmacht tätig. 6 weitere Offiziere waren bereits zugelassen. Die erforderlichen Anträge wurden von der CGB (vgl. Kap. 3) gestellt, in: Geheimer Entwurf! Richtlinien für die Bearbeitung der Angelegenheiten des deutschen Beraterstabes in China, 9.3.1934, in: BA/MA, N 246/12.

119 Vgl. Anm. 114.

120 Vgl. ebd.

121 Vgl. Dok. 16, Anm. 83. Sowie Dok. 20, Anm. 105.

122 Gemeint ist die Delegation unter der Führung von Gu Zhen, die im Februar in Berlin eintraf. Seeckt selbst stellte sie RKM Blomberg, RWiM Schacht und auch Hitler vor. Vgl. Meier-Welcker, in: Martin 1981:133.

123 Vgl. Dok. 16, Anm. 84.

37

Denkschrift von Otto Braun, Yanan (27.1.1936)[124]

27.1.1936

Über die Kriegsstrategie

(...)[125]

Ich ziehe einige Schlußfolgerungen, die als in Betracht zu ziehende Vorschläge gelten können - obwohl es spät ist. Ich werde vom akzeptierten kriegsstrategischen Plan ausgehen.[126]

(1) Die Kriegstaktik sollte nicht auf der Voraussetzung basieren, daß der russisch-japanische Krieg in diesem Jahr (1936) ausbrechen wird.[127]

(2) Die Kontaktaufnahme zur Sowjetunion sollte nicht das Hauptziel der Kriegstaktik sein. Die Verbindungen auf der kriegstaktischen Ebene sollten als kooperative Aktionen betrachtet werden - ähnlich wie vor dem anzunehmenden Ausbruch des russisch-japanischen Krieges. Vor dem Krieg sollten wir auf unserer Seite alle Aktivitäten vermeiden, die einen russisch-japanischen Konflikt provozieren könnten.

(3) Wir sollten aus dem Kriegsplan die Bestimmung streichen, welche von Suiyuan aus die Annäherung zur Äußeren Mongolei geregelt hat.[128]

---

124 Übersetzt von Li Sujuan und Zhou Xin.

125 Auslassung: Genaue Erörterung der Situation der RA in bezug auf die russische und die japanische Armee.

126 Während des Langen Marsches hatte Mao im September 1935 auf der Ejie-Konferenz, welche zu der Abspaltung der 4. Armee führte, festgehalten, daß man weiter nach Norden bis zur sowjetischen Grenze gehen wolle. (Yang 1990:164-165) Im Dezember desselben Jahres wurde auf der Konferenz von Wayaobao entschieden, daß die Vereinigung aller antijapanischen Kräfte das vorrangige Ziel sei. (Harrison 1972:263-264) Die Möglichkeit einer 2. Einheitsfront, die schließlich nach dem Zwischenfall von Xian Ende 1936 realisiert wurde, deutete sich hier auf kommunistischer Seite erstmals vorsichtig an. Anfang 1936 bestätigte Mao in einer Politbürositzung, an der auch Braun teilnahm, daß es sein Hauptziel sei, von der Sowjetunion technische und materielle Hilfe zu erhalten. Die 1. Rote Armee sollte deshalb in direkten Kontakt mit der russischen Fernostarmee treten. Auch sollte eine neue Basis in der Nachbarprovinz Shanxi geschaffen werden. Braun sprach sich dagegen aus, weil durch Aktionen in Shanxi sowohl die Einheitsfront gegen Japan als auch die Friedenspolitik der Sowjetunion gefährdet würden. Er befürchtete, daß Mao auf Kosten der Sowjetunion einen Krieg gegen Japan entfesseln würde, um so die Weltrevolution einzuleiten. (Braun 1973:217-220) - Braun hat diesen Brief, von dem hier der Schluß veröffentlicht ist, Anfang 1936 unmittelbar vor dem Beginn der Ostexpedition (vgl. Anm. 130) geschrieben. Zu dieser Zeit war er als Lehrer an der Militärakademie tätig. An den Sitzungen des Politbüros nahm er bis April 1936 teil.

127 Durch die Verstärkung der östlichen Sowjetarmeen war es zu Spannungen zwischen Rußland und Japan gekommen. Die Unterzeichnung eines sowjetisch-mongolischen Beistandpaktes (März 1936) verschärfte die Situation. Eine akute Kriegsgefahr bestand allerdings nicht.

128 Die Provinz Suiyuan im Norden Chinas liegt zwischen Shaanxi und der Mongolischen Volksrepublik (Äußere Mongolei). Braun befürchtete, daß Japan die Aktivitäten der Roten Armee in der Mongolei

(4) Zur Zeit sollten wir uns der Lösung unserer eigenen Hauptaufgaben zuwenden:

a) die Schaffung einer Basis zur Konsolidierung der Sowjetgebiete[129], d. h. diese zu entwickeln und sie miteinander zu verbinden;

b) mit dem Krieg gegen die Landesverräter zu beginnen, gegen Yan Xishan vorzugehen und einen Teil von dessen Machtbasis zu vernichten.[130]

(5) Unser taktisches Vorgehen sollte sich darauf richten

a) zwischen dem Fen-Fluß[131] und dem Gelben Fluß eine neue Basis zu schaffen, wo sich die Partei und die Massenorganisationen am besten ausgebildet haben und der Guerillakrieg entwickelt wurde. Die Hauptaktionen sollten sich daran orientieren.

b) einen Teil des Gelben Flusses in unseren Händen zu behalten.

(6) Der direkte Krieg mit Japan sollte nicht so verstanden werden, daß die Verbindung zur Sowjetunion unsere taktische Hauptaufgabe wird:

a) Der antijapanische Krieg sollte sich jetzt zum größten Guerillakrieg entwickeln.

b) Alle Aufmerksamkeiten sollten sich auf die Organisation einer antijapanischen Armee konzentrieren, eine Vereinigung, deren Stärkung und Weiterentwicklung es ermöglichen sollten, einen Krieg gegen Japan zu führen.

Auf das Problem mit dem oben erwähnten russisch-japanischen Krieg muß noch eingegangen werden. Darüber scheint vom Genossen Mao Zedong und der Parteizentrale nicht geredet worden zu sein.[132] Aber je länger ich überlege, desto klarer ist es mir. Die Hauptaufgabe des Kriegsplans liegt darin, daß der Marsch nach Suiyuan und die Annäherung zur Äußeren Mongolei nicht notwendig sind. Somit hätten wir keine militärische Verbindung zur Sowjetunion. Zweitens, denke ich, ich habe es richtig an der ersten Stelle positioniert, obwohl diese Situation noch nicht angezeigt ist.

---

als Vorwand für einen Überfall nehmen könnte. Dies aber hätte ein Eingreifen der Sowjetunion provoziert, da diese gezwungen gewesen wäre, Mao beizustehen. (Braun 1973:220)

129 Am Ende des Langen Marsches (9.000 Km) hatten von ursprünglich 100.000 Soldaten etwa 8.000 Überlebende den Norden der Provinz Shaanxi erreicht. (Zum Marsch, vgl. Anm. 100) Dort waren sie im Oktober 1935 von einer kleinen intakten Sowjetbasis unter Liu Zhidan aufgenommen worden. Daneben bestanden noch weitere verstreute Guerillazentren. Ende Dezember wurde das Hauptquartier nach Yanan verlegt, das sich zum Zentrum der KPCh entwickelte. Zum Alltag in den roten Gebieten, vgl. Snow 1973:217-259.

130 Die sogenannte Ostexpedition begann am 27.2.1936 und endete Anfang Mai. Der Grund für ihre Durchführung dürfte weniger in einer gezielten Provokation der Japaner gelegen haben, als in der schlechten Versorgung der Roten Armee. (Vgl. Harrison 1972:264-265 / Shum 1988:60-70 / Yang 1990:187-188) Braun hatte sich dezidiert gegen diese Expedition ausgesprochen, obwohl er begrenzten Aktionen bezüglich des Machthabers in Shanxi, Yan Xishan, nicht ablehnend gegenüberstand.

131 Der Fen-Fluß (*Fenhe*) entspringt dem Gelben Fluß (*Huanghe*) und bildet die Grenze zwischen den Provinzen Shaanxi und Shanxi.

132 Mao Zedong war seit der Konferenz von Zunyi die führende Persönlichkeit in der KPCh. Vgl. Dok. 35, Anm. 90.

Ich habe sehr schnell geschrieben. Ich habe erfahren, daß am 31. Januar eine Tagung in Yanchang einberufen wird.[133] Die Parteizentrale und die Genossen der Militärkommission lesen bitte meinen Brief. Der Brief soll bitte in die Diskussion aufgenommen werden.

Shi Zhifu / Zhou Wenqi (Hg.), Li De yu zhongguo geming (Otto Braun und die chinesische Revolution), Peking 1987, S.152-153.

38

Denkschrift von Alexander Falkenhausen, Hankou, für Marschall Jiang Jieshi, Nanjing (15.12.1937)[134]

Der Generalberater
Tgb.Nr.8334/I

Hankou, den 15. Dezember 1937
5 Ausfertigungen
5. Ausfertigung

Streng geheim!
Kurze Beurteilung der Lage.

1. *Feindlage:*

Mit der Besitznahme von Nanjing[135] hat der Feind auf dem bisherigen Hauptkriegsschauplatz ein Zwischenziel erreicht, dessen Bedeutung mehr auf politischem, als auf militärischem Gebiet liegt. Für die Fortführung der feindlichen Operationen werden folgende Ziele vor allem in Frage kommen:

a) *im Norden*[136]

Unterbrechung aller Verbindungen Chinas mit Rußland durch Vordringen über Ningxia in Richtung Lanzhou; Besitznahme von Shanxi durch Vertreiben unserer noch in Nord-Shanxi tätigen Kräfte und demnächst Vormarsch von Taiyuan nach Süden, mit den Hauptkräften auf Tongguan; Fortsetzung der Offensive entlang der Jeihan-Bahn, zunächst bis zum Huanghe; Besitznahme von Shandong durch Überschreiten des Huanghe

133 Über diese Konferenz ist nichts bekannt. In seinen Memoiren schrieb Braun, daß er den Brief auf Russisch geschrieben und in einer chinesischen Übersetzung an Zhou Enlai weitergegeben habe. Letzerer teilte ihm kurz darauf mit, daß das Politbüro seinen Standpunkt verurteilen würde, da er den Feind überschätzt, die Rote Armee aber unterschätzt habe. (Braun 1973:221)

134 Vollständig abgedruckt in: Martin 1981:441-450.

135 Zum Massaker von Nanjing, vgl. Chang 1999:68-113 / Wickert 1997:101-135.

136 Die japanische Stoßrichtung zielte aus wirtschaftlichen Motiven primär nach Süden und nicht gegen die Sowjetunion. Der Huanghe wurde am 6.3.1938 erreicht und Suzhou im Mai desselben Jahres eingenommen. In Nordchina stießen die japanischen Besatzungstruppen nur bis Baotou (am oberen Huanghe und am 18.10. besetzt) vor. Ningxia und Lanzhou blieben unbesetzt.

und Vorgehen in Richtung Xufuzhou; mit Landungen in Gegend Haizhou oder nördlich ist zu rechnen.

b) *im Osten*[137]

Fortsetzung der Offensive den Yangzijiang aufwärts mit dem Ziel Wuhan; Hierzu wird zunächst voraussichtlich Hangzhou besetzt werden, um eine genügend breite Basis für die Landoperationen in Richtung Nanchang zu gewinnen. Dann Vorgehen der Hauptkräfte südlich des Yangzijiang auf Nang, unter gleichzeitigem Vordringen der Seestreitkräfte den Yangzijiang aufwärts. Es wird damit zu rechnen sein, daß eine feindliche Angriffsgruppe von Pukou aus entlang der Qingbu-Bahn über Bengbu oder auch über Hefei nach Westen angesetzt wird.

c) *im Süden*[138]

An der Küste von Wenzhou bis Xiamen wird sich der Feind auf eine Verstärkung der Blockade und Schaffung von Basen für seine Luftstreitkräfte durch Besitznahme geeigneter Küstenplätze beschränken. Dagegen erscheint nunmehr Guangdong besonders bedroht. Es ist damit zu rechnen, daß der Feind unter allen Umständen versuchen wird, unsere wichtigste Nachschublinie von Hongkong über Kanton wirksam abzuschneiden und sich in den Besitz von Kanton zu setzen, um von dort aus nach Norden vorzugehen und gleichzeitig auch die Verbindung von Annam über Yongning (Nanning) - Guilin zu unterbinden. Aufgrund der dauernden japanischen Übergriffe gegen England und Amerika kann nicht damit gerechnet werden, daß der Feind diese oder auch die französischen Rechte respektieren wird, wenn sie ihn in seinen militärischen Maßnahmen behindern sollten.

2. *Unsere Lage:*

Durch das Absetzen von Shanghai und die Räumung von Nanjing haben wir militärisch eine größere Handlungsfreiheit erhalten. Die bisherigen Kämpfe, besonders die an der Ostfront, wurden bisher stark von politischen Faktoren beeinflußt. Infolge der starken materiellen Überlegenheit des Feindes und der vielfach ungenügenden Ausbildung und Führung unserer Truppen sind unsere Verluste hoch. Immerhin sind noch zahlreiche Verbände vorhanden, die noch nicht eingesetzt worden sind. An Personal sind fast unerschöpfliche Quellen vorhanden. An Material kann, obgleich unsere Arsenale meist stillgelegt werden mußten, in den nächsten Monaten genügend eingeführt werden, wenn es gelingt, die Zufuhrstraßen noch offen zu halten.

Wir sind also durchaus in der Lage, den Widerstand auf lange Zeit fortzusetzen, wenn es gelingt:

137 Wuhan wurde im Oktober 1938 besetzt, dann Hangzhou und Nanchang 1939.

138 Xiamen wurde am 20.5.1938 von den Japanern besetzt, Wenzhou erst während des pazifischen Krieges. Kanton, der wichtigste Hafen für Rüstungslieferungen des Auslandes, wurde am 21./22.10.1938 eingenommen. Der Nachschub für Nationalchina erfolgte fortan über Französisch-Indochina. Die Verbindungslinie Annam-Guilin wurde durch den japanischen Einmarsch im nördlichen Indochina im September 1940 abgeschnitten. Nanning wurde erst im November 1944 besetzt.

a) durch die Retablierung bewährter Verbände und Aufstellung neuer, kampfkräftiger Truppen weiterhin eine reelle Macht zu schaffen und zu erhalten;

b) die Moral und damit die Widerstandskraft im ganzen Volk und in den zur Zeit durch die Kämpfe erschütterten Verbänden mit allen Mitteln zu heben;

c) den Materialnachschub sicherzustellen.

3. *Dazu sind folgende Maßnahmen erforderlich:*

Zu 2 a) Zurücknehmen der geeigneten, bewährten Verbände weit hinter die Kampfzone, um sie in Ruhe auffüllen, ergänzen, ausbilden und zusammenschweißen zu können; Unterweisung und Übung der noch nicht eingesetzten und neugebildeten Verbände in der modernen Kampfführung, unter Fortlassen von alten, veralteten und theoretischen Formalitäten, die bisher einen viel zu großen Raum eingenommen haben. Dazu gehört auch, daß alle unbrauchbaren Führer aller Grade[139] entfernt werden. Zur Erhaltung der Kampfkraft wird es notwendig sein, in Zukunft mit dem Einsatz der Kräfte ökonomischer zu sein wie bisher. Das schließt natürlich nicht aus, daß da, wo es von Wichtigkeit ist, die Kräfte auch voll eingesetzt werden. Vor allem werden wir eine Anzahl von Divisionen zum Angriff erziehen müssen, da eine rein strategische und taktische Defensive nie zum Ziel führen kann.

Zu 2 b) Zielbewußte Propaganda und schärfstes Vorgehen gegen jede geistige Sabotage; Schnelle, radikale Lösung der sogenannten „Leichtverwundetenfrage"[140] in der wiederholt vorgeschlagenen Form. Alle militärischen und zivilen Stellen müssen persönlich dafür verantwortlich gemacht werden, ohne Rücksicht auf formale Zuständigkeit mit schärfsten Mitteln zuzugreifen. Dann wird es, wie die Erfahrung lehrt, leicht sein, dieser zur Zeit größten inneren Gefahr Herr zu werden. Die Frage der Moral der Truppe ist vornehmlich eine Führerfrage. Ein energischer Führer wird seine Truppe stets schnell wieder fest in die Hand bekommen, wenn seiner Truppe eine gewisse Ruhezeit gegeben wird. Truppenverbände, deren Moral schon vor dem Kriege nicht auf der Höhe war, werden am besten aufgelöst; die guten Leute als Ersatz zu guten Verbänden geschickt, die anderen zu Arbeitstruppen zusammengestellt. Die Zeit ist zu ernst, um jetzt noch persönliche Rücksichten zu nehmen.

Zu 2 c) Solange wie nur möglich Offenhalten der Verbindungen über Lanzhou, Hongkong und Annam. Vorbereitung des Nachschubs über Annam-Yunnan und über Burma; Vorbereitung geeigneter Plätze für Blockadebrechen; sorgsames Haushalten und Erfassen aller im Lande vorhandenen Bestände; Einrichten von Repa-

---

139 Falkenhausen kritisierte in einer weiteren Denkschrift für Jiang Jiehsi (17.1.1938) das Versagen der Offiziere, die er für die bisherigen raschen Niederlagen verantwortlich machte, in: BA/MA, N 246/7.

140 Das Militärsanitätswesen war völlig unzureichend. Leicht- wie Schwerverwundete wurden in der Regel nicht versorgt, sondern zogen in Gruppen ins Hinterland und verstopften die Nachschubstraßen zur Front. Falkenhausen hatte mehrfach die Einrichtung von Sammelstellen für Leichtverwundete vorgeschlagen, um sie nach kurzer ärztlicher Behandlung wieder zur Front zurückzubringen.

raturwerkstätten und Sammelstellen, an die alles Material, das nicht unmittelbar bei der Truppe gebraucht wird, abgeführt werden muß. Hierbei mitzuwirken ist eine der wichtigsten Aufgaben aller militärischen und zivilen Stellen, wie des ganzen Volkes.

(...)[141]

Im Ganzen betrachtet kann festgestellt werden, daß wir durchaus in der Lage sind, auf lange Zeit hinaus erfolgreichen Widerstand zu leisten.[142] Überall bieten sich jetzt die besten Gelegenheiten, dem Feinde schweren Schaden zuzufügen.

Grundbedingungen dafür sind allerdings, daß der feste Wille zum Widerstand auf alle Führer, Soldaten und das ganze Volk übertragen wird, daß alle persönlichen und privaten Wünsche hinter die vaterländischen Forderungen zurücktreten, daß Führer und Truppe Entschlossenheit, Unternehmungsgeist, engstes Zusammenwirken und Verantwortungsbewußtsein in höchstem Maße zeigen, kurz gesagt:

daß jedermann seine Pflicht tut.

BA/MA, N 246/7.

39

Leitartikel aus der Tageszeitung *Da Gongbao*, Hankou (26.5.1938)[143]

Die Berater sind von der deutschen Regierung zurueckberufen. Die offizielle Abberufung der deutschen Berater in China durch die deutsche Regierung ist bereits gestern in den Zeitungen veroeffentlicht worden.

Wir bringen vor allen Dingen das Gefuehl der Traurigkeit ueber den Abschied der deutschen Berater zum Ausdruck. Die deutschen Berater haben seit 10 Jahren mit der Nationalregierung zusammengearbeitet. Die hoechste Zahl der Berater war etwas ueber

141 Auslassung: Im folgenden erläutert Falkenhausen Gesichtspunkte für die weiteren Operationen. Bezüglich der Luftstreitkräfte bemerkte er ausdrücklich, daß ihr Einsatz nicht von taktischen, sondern von technischen Gesichtspunkten abhängig sei.

142 Falkenhausens zweckoptimistische Darlegungen waren stärker zur moralischen Unterstützung der schwer bedrängten Militärführung gedacht. Politisch unterstüzte er die deutschen Vermittlungsversuche im chinesisch-japanischen Krieg. Vgl. Vorsprache Falkenhausen bei Jiang Jieshi, in: ADAP, D I, Dok. 521:638 sowie Bd. 4 dieser Reihe.

143 Der Artikel fand sich ohne weitere Angaben im NL Falkenhausen. Es ist nicht bekannt, von wem er übersetzt wurde. - Die *Da gongbao* (Allgemeine Zeitung) erschien seit 1902 in Tianjin und wurde ab 1935 in Shanghai und ab 1938 in Hongkong herausgegeben.

sechzig, und jetzt steht sie auf ungefaehr 30.[144] Der erste Generalberater war Oberst Bauer. 1934 war auch General v Seeckt einmal in China. Heute ist General von Falkenhausen Generalberater. Alle sind in der Welt bekannte Groessen auf dem Gebiet der Militärwissenschaft. Auch die Herren Berater sind jeder auf seinem Gebiet Fachleute und ehemalige deutsche Offiziere. Diese Berater, die das chinesische Militaer wissenschaftlich und technisch aufbauen, haben alle ihre Pflicht getan. Der Erfolg ist von ganz China anerkannt worden. Wir wissen, dass die deutschen Berater seit Ausbruch der Feindseligkeiten mit Japan Sympathien fuer China haben. Obwohl China in einer sehr schwierigen Lage ist, wollen die deutschen Berater Freunde Chinas bleiben.

Sie haben jetzt Anweisung von ihrer Regierung erhalten, nach Hause zurueckzukehren.[145] Diese Massnahme deckt sich sicherlich nicht mit den Ansichten der Berater. Alle chinesischen Kreise sind ueber diesen Abschied sehr traurig.

Der Abschied der deutschen Berater hat keine nachteilige Rueckwirkung auf das chinesische Militaer. Es ist jetzt Krieg, und es waere ohnehin nicht angaengig, die Berater aufzufordern, an den Kriegshandlungen teilzunehmen. Andererseits ist es aber selbstverstaendlich, dass die Abberufung der Berater in den deutsch-chinesischen Beziehungen eine grosse Aenderung hervorrufen wird.

Rueckblickend sind viele Sachen zu bedauern. Die chinesische Regierung hat in den letzten 10 Jahren eine sehr freundschaftliche Haltung zu Deutschland eingenommen. Auch die deutsche Regierung und das deutsche Volk haben den besten Willen gezeigt, freundschaftliche Beziehungen zu China zu unterhalten. Beide Laender haben auf kulturellem und wirtschaftlichem Gebiet eng zusammengearbeitet, um eine grosse Zukunft vorzubereiten. Die Freundschaft zwischen den beiden Laendern ist besonders durch die Zusammenarbeit auf militaerischem Gebiet (Beraterschaft) bewiesen worden. Die Chinesen haben damit gezeigt, dass sie zu Deutschland volles Vertrauen hatten, und die Deutschen haben damit bewiesen, dass sie ein „warmes Herz“ fuer China haben, und China unterstuetzen wollten. Man kann ohne Uebertreibung sagen, dass die gegenseitigen Beziehungen sehr eng waren. Es ist zu bedauern, dass Deutschland seit der Machtergreifung allmaehlich nach Japan hin abgeschwenkt ist und zu Japan besondere Beziehungen aufgenommen hat.

Im letzten Jahr hat Japan eine grosse Aktion zur Eroberung Chinas eingeleitet, und die deutsche Aussenpolitik hat Japan immer unterstuetzt. Hitler hat in seiner beruehmten Februar-Rede Japan ganz offensichtlich unterstuetzt, und anschliessend ist Manzhouguo von Deutschland anerkannt worden.[146] Das chinesische Volk hat schon damals genau er-

144 Der Höchststand der Beraterschaft war 1930 mit etwas über 70 Personen erreicht. Vgl. Martin, in: ders. 1981:29.

145 Vgl. Einleitung zu diesem Kap.

146 Hitler hatte in der Rede am 20.2.1938 betont, daß er sich in Ostasien mit den Japanern zusammentun werde: „Ganz gleichgültig, in welcher Zeit und wie die Ereignisse in Ostasien ihre endgültige Lösung finden werden, Deutschland wird in seiner Abwehrstellung gegen den Kommunismus Japan stets als ein Element der Sicherheit betrachten und werten. Und zwar der Sicherung der menschlichen Kultur.“ Abgedruckt in: Domarus, Bd. 1, 1965:799.

kannt, dass das heutige Deutschland in seinen Beziehungen zu China nicht mehr das Deutschland von frueher ist.

Seit der Rede ist verschiedentlich das Geruecht aufgetaucht, dass Deutschland seine Berater zurueckziehen werde. Viele Chinesen haben den Glauben nicht aufgeben wollen, dass China die deutsche Beraterschaft als ein Beweis deutscher Freundschaft erhalten bleibe. Aber jetzt ist dieser Glaube in die Brüche gegangen. Deutschland hat die Zurueckziehung der Berater damit erklaert, dass es streng neutral sein wolle. Neutrale Haltung ist gut, aber seit der Anerkennung Manzhouguos kann Deutschland keinen Anspruch mehr darauf erheben. Wahrscheinlich hat Japan Deutschland aufgefordert, die Berater zurueckzurufen. Japan ist seit Mitte letzten Jahres verschiedentlich in Berlin vorstellig geworden. Diese Schritte hat es kuerzlich wiederholt, und Berlin hat jetzt nachgegeben, weil es Japan sehr hoch schaetzt.

Wir erinnern daran, dass Deutschlands Aussenpolitik in den letzten 10 Monaten projapanisch eingestellt war.[147] Wir hofften aber andererseits, dass in Deutschland den freundschaftlichen Beziehungen zu China dadurch kein Abbruch getan werde. Seit Maerz diesen Jahres hat sich die Haltung Deutschlands schrittweise geaendert. Die Nationalsozialisten, die eine Realpolitik zu treiben glauben, wollen, dass China zu Grunde geht und nicht imstande ist, sich wieder zu erheben. Und daher ist eine Schwenkung zu Japan eingetreten. Sollte dies den Tatsachen entsprechen, muessen wir die deutsche Fernostpolitik unter einem besonderen Gesichtswinkel betrachten.

Wir benutzen die Gelegenheit, den Beratern fuer ihre Leistungen unsern besten Dank auszusprechen. Ganz gleich, welchen Kurs die deutsche Politik nimmt, die Freunde Chinas werden wir niemals vergessen. Wenn die deutschen Berater nach Hause kommmen, bitten wir sie, der Deutschen Regierung und dem deutschen Volk zu sagen, dass das chinesische Volk fuer Deutschland, das nach dem Weltkriege Grosses geleistet hat, grosse Sympathien hat. Auch jetzt meinen wir es mit Deutschland gut. Es ist nur unsere Meinung, dass sie nicht unsere Feinde unterstuetzen sollen. Ausserdem bitten wir die Berater, den Massgebenden in Deutschland zu sagen, dass nicht nur die grosse Militaerausruestung Japans das Blickfeld in Deutschland beherrschen solle, sondern dass die Deutschen auch nicht den Geist der 400 Millionen Chinesen vergessen sollen, die um ihre Selbstaendigkeit kaempfen, und dass dieser Geist den Chinesen ein Anrecht auf einen Platz an der Sonne gibt.[148] Die Welt ist durch die neuen Verkehrsmittel eng geworden, und Europa ist naeher an Asien herangerueckt. Der politische Fuehrer eines Staates muss weitsichtig sein und die naechsten 8-10 Jahre in Betracht ziehen. China hat Deutschland immer sehr hoch geschätzt, und es hat die deutsch-chinesische Freundschaft immer gepflegt. Wir hoffen, dass auch die führenden Männer in der nationalsozialistischen Partei die Lage in China nicht gleichgültig beurteilen.

---

147 D.h. seit dem Ausbruch des japanisch-chinesischen Krieges am 7.7.1937.

148 Hier handelt es sich um eine Anspielung auf die Rede des St.S. im RAM Bernhard von Bülow am 6.12.1897 im Reichstag anläßlich der Besetzung von Jiaozhou: „Mit einem Worte: wir wollen niemand in den Schatten stellen, aber wir verlangen auch unseren Platz an der Sonne." Abgedruckt in: Verhandlungen des Reichstages, IX. Legislaturperiode, 5. Session, 1897/98, Bd. 1:60.

Die deutschen Berater sind als Beweis der Freundschaft Deutschlands zu China nach China gekommen, und jetzt hoffen wir, dass sie Deutschland die Freundschaft Chinas zu Deutschland übermitteln. Ferner hoffen wir, dass sie die deutsche Regierung und das deutsche Volk ueber die wirkliche Lage im Fernen Osten aufklären.

Sobald die deutsche Regierung ihre Haltung geaendert hat und bereit ist, wieder bessere Beziehungen zu China zu unterhalten, ist China seinerseits bereit, die Berater wieder willkommen zu heissen. Was die Fortsetzung der Arbeiten deutscher Berater anbelangt, koennen wir versichern, dass die chinesische Regierung schon Vorkehrungen getroffen hat. Die deutschen Berater brauchen deswegen keine Sorgen um China zu haben.

BA/MA, N 246/9.

Kapitel 3

Primat der Rüstung: Waffenhandel im Spannungsfeld von politischen und militärischen Interessen

Nach Artikel 170 des Versailler Vertrages war die Einfuhr von Waffen, Munition und Kriegsmaterial nach Deutschland sowie deren Herstellung und Ausfuhr streng verboten.[1] Eine Verletzung dieses Artikels hätte einen eklatanten Verstoß gegen die Friedensbestimmungen bedeutet, weshalb die deutsche Regierung offiziell jede Art von Waffengeschäften mit China ablehnte.[2] Dieser Leitmaxime zum Trotz waren legale Waffenlieferungen möglich, denn das Kriegsgerätegesetz von 1921, das im Juli 1927 bestätigt und ergänzt worden war[3], verbot zwar die Ausfuhr deutscher Waffen, nicht aber den Transit nichtdeutscher Waffen durch Deutschland. Dies implizierte, daß deutsche Chinafirmen durchaus berechtigt waren, Waffen aus nichtdeutscher Produktion an die chinesische Regierung zu liefern. Da zudem deutsche Waffen auf nichtdeutschen Schiffen oder über ausländische Häfen verschifft werden konnten, waren deutsche Rüstungsgeschäfte mit China durchaus möglich.[4] China aber war zu diesem Zeitpunkt noch nicht geeint und deutsche Waffenlieferungen gingen an alle untereinander konkurrierenden Machthaber. Um dem Protest von seiten der Guomindang und auch der europäischen Staaten zu begegnen, deklarierte das Auswärtige Amt entsprechende Transaktionen vorzugsweise als „einfache

---

1 Vgl. Vertrag von Versailles 1988:215.

2 Vgl. Ratenhof 1984:24.

3 Vgl. RGBl. 1927, Teil I, Nr. 36:239-242 (Gesetz über Kriegsgerät, 27.7.1927). Sowie Chen 1974:125 / Seps 1972:18.

4 Nach der chinesischen Seezollstatistik wurden in China im Jahre 1925 Waffen und Kriegsmunition im Wert von etwa 25 Mill. RM eingeführt. An dieser Einfuhr war Deutschland mit 13 Mill., d.h. mit mehr als der Hälfte des Imports, beteiligt. Berücksichtigt werden muß dabei allerdings, daß es sich bei den Waffen größtenteils um solche handelte, die entweder nicht deutsch oder von den Alliierten nach dem Krieg beschlagnahmt und dann von deutschen Handelsfirmen und Reedereien nach China verschifft worden waren. Die chinesische Seezollstatistik aber machte keinen Unterschied zwischen Ursprungsland und Verladehafen. Vgl. Aufzeichnung über Waffenverschiffung nach China, o.N., AA, 28.1.1928, in: PolArchAA, R 28540.

Geschäfte“ ohne „politischen Hintergrund“[5]. Als aber die Nationalregierung 1927 in Nanjing Rickmers- und HAPAG-Schiffe beschlagnahmte, die Waffen und Munition an die Gegenregierung in Wuhan zu liefern versuchten, war der vorläufige Höhepunkt der Skandale deutscher Rüstungslieferungen nach China erreicht.[6]

Anfang 1928 sahen nicht nur die Engländer, die mittlerweile mit einem Sieg der nationalrevolutionären Kräfte rechneten, sondern auch die Guomindang-Führung selbst wegen der deutschen Waffengeschäfte mit den nördlichen Militärmachthabern die geplante Fortführung des Einigungsfeldzuges in Richtung Peking gefährdet.[7] Da das Auswärtige Amt das Ansehen Deutschlands bei Jiang Jieshi und damit die Aussicht auf größere Geschäfte auf keinen Fall gefährden wollte, wurde schließlich im März 1928 das auch vom Ostasiatischen Verein unterstützte „Gesetz über den Waffenhandel nach China“ verabschiedet, das alle Waffenlieferungen sowohl aus und über Deutschland als auch generell von Deutschen nach China verbot.[8] Das auf ein Jahr befristete Gesetz wurde nach seinem Ablaufen 1929 nicht erneuert, denn in diesem Fall wäre Deutschland der einzige Staat mit einem gegen China gerichteten Ausnahmegesetz gewesen. Hinzu kam, daß im selben Jahr auch das Pekinger Gesandten-Abkommen vom Mai 1919 aufgehoben wurde, in dem sich die Signatarstaaten verpflichtet hatten, bis zur Bildung einer anerkannten Regierung auf Waffenimporte nach China zu verzichten.[9] Von der inzwischen sowohl international als auch von Berlin anerkannten Nanjing-Regierung hätte ein Waffenimportverbot der deutschen Seite als unfreundlicher Akt ausgelegt werden und Deutschland in eine politisch wie wirtschaftlich unerwünschte Sonderrolle abdrängen können.[10]

Die nun aufblühenden Waffengeschäfte fielen in die Zeit der Auseinandersetzung zwischen der chinesischen Zentralregierung und ihren Gegnern in Nordchina. Der Vorwurf der Einmischung in die inneren Angelegenheiten Chinas verbunden mit der Androhung von Repressalien waren die Folge.[11] Das Auswärtige Amt ließ daraufhin vorsichtig sondieren, ob nicht ein internationales Abkommen gegen Waffengeschäfte nach China ausgehandelt werden könnte, doch der Widerstand dagegen begann bereits im eigenen Land. Neben dem Reichswirtschafts- und dem Reichsverkehrsministerium ging auch die Hansestadt Hamburg davon aus, daß eine solche Maßnahme nur Vorteile für die Konkurrenz bringen und dem

---

5 Vgl. Telegramm von Min.Dir. Wallroth, AA, an die DB London, 12.2.1927, in: ADAP, B IV, Dok. 135:294-296.

6 Vgl. Chen 1974:95-96 / Ratenhof 1987:344-345 / Xin 1984:204.

7 Vgl. ebd. (Ratenhof):345. Sowie vertraul. Bericht von GK Bethcke, Shenyang, an die DGP, 29.2.1928, in: BArch, 0902/2237. Bethcke berichtete über neue Kriegsarsenale in Shenyang, die unter starker Beteiligung deutscher Importfirmen gebaut worden seien.

8 Vgl. RGBl. 1928, Teil I, Nr. 19:149 (Gesetz über den Waffenhandel nach China, 31.3.1928).

9 Vgl. Wuu 1996:85.

10 Vgl. Aufzeichnung o.N. (vmtl. des VLR Lautenschlager), AA, 25.4.1930, in: ADAP, B XIV, Dok. 219:527-531. Sowie Ratenhof 1984:25.

11 Vgl. ebd. (Ratenhof)

deutschen Handel Schaden zufügen würde. Ein entsprechender Schritt sei nur zu erwägen, falls in China ein Boykott drohe.[12] So veränderte sich trotz der oftmals proklamierten deutschen Neutralität nichts: Deutsche Firmen und Reedereien verkauften und verschifften Waffen nach China ohne Rücksicht auf die dortigen politischen Verhältnisse.

Die Chinesische Gesandtschaft in Berlin als Zentrale des Waffenhandels

Kurz nach der endgültigen Abreise des militärischen Generalberaters Bauer nach China im November 1928 war dem Auswärtigen Amt bekannt geworden, daß die gerade bei der Chinesischen Gesandtschaft in Berlin eingerichtete Handelsabteilung unter ihrem Leiter Yu Dawei in erster Linie das Anwerben von Militärberatern und den Kauf von Rüstungsmaterial in ganz Europa koordinieren sollte.[13] Bauer hatte sich für die Einrichtung einer solchen Zentralstelle stark gemacht, da die Chinahandelshäuser in seinen Augen überteuertes und unbrauchbares Rüstungsmaterial geliefert hatten.[14] Die bis dahin als Mittelsmänner agierenden deutschen Kaufleute (Dok. 40) vermuteten hinter diesem Schritt ein Komplott der Industrie, die immer häufiger versuche, die Exporteure zu umgehen und eigene Geschäfte zu tätigen. Der Ostasiatische Verein und die Hansestädte wiesen darauf hin, daß Yu nur theoretisch der Kontrolle des Chinesischen Gesandten in Berlin, Jiang Zuobin, unterstehe, in Wirklichkeit aber die zentrale Instanz für die Rüstungseinkäufe von Jiang Jieshi in Europa sei. Die von Yu angeordnete Pflicht zur Einholung einer Genehmigung, der sogenannte Erlaubnisschein (*Huzhao*), für Transport, Transit und Verfrachtung von Kriegsmaterial nach China schädige, so die deutschen Kaufleute, den deutschen Chinahandel, zumal nach der bevorstehenden Aufhebung des Waffenhandelsgesetzes größere Aufträge zu erwarten seien. Die Hamburger Exporteure fürchteten vor allem eine Umwandlung der Handelsabteilung in eine Handelsdelegation nach sowjetischem Muster und damit eine Monopolisierung der Bestellungen sowie eine Ausschaltung des Zwischenhandels. Demgegenüber überwog bei den Industriellen die Auffassung, durch eine unmittelbare Zusammenarbeit mit der chinesischen Handelsabteilung in Berlin bessere Verkaufschancen in China zu haben.[15]

Das Auswärtige Amt zeigte sich über die Klagen des Handels besorgt. Gespräche mit Yu Dawei Mitte 1929 ergaben, daß er kein Monopol anstrebe und nur einzelne Regierungsaufträge über ihn geplant seien.[16] Um den Chinesen dennoch das Ausmaß ihrer Verstimmung zu zeigen, wiesen die Diplomaten den von Yu ausgesprochenen Wunsch zurück, das

12 Vgl. Bloch 1940:14.

13 Vgl. Vogt, in: Martin 1981:100 / Fu, in: ebd.:189-190.

14 Vgl. Mehner 1961:48-52 / Wuu 1996:89.

15 Vgl. Ratenhof 1987:380.

16 Vgl. ebd.:381.

Waffenhandelsgesetz mit China schon vor dem 1. Mai 1929 außer Kraft zu setzen.[17] Mit der Schließung der chinesischen Handelsabteilung und der Abreise Yu Daweis nach dem plötzlichen Tod Bauers am 5. Mai 1929 schien sich das Problem mit der als „Handelsabteilung" getarnten chinesischen Zentrale für die Anwerbung von Militärberatern und den Einkauf von Waffen in Deutschland zunächst von selbst gelöst zu haben.

Doch Mitte 1930 kehrte Yu Dawei als „Spezialdelegierter für Handelsangelegenheiten" nach Berlin zurück, gab seinen zuvor eher konzilianten Kurs auf und ging offen dazu über, die Chinesische Gesandtschaft zur maßgeblichen Stelle für die deutsch-chinesischen Militär- und Rüstungsbeziehungen auszubauen. (Dok. 41) Sein Ziel war der direkte Abschluß möglichst vieler Verträge mit der Industrie, der er drohte, daß sie leer ausgehen werde, falls sie eine Zusammenarbeit mit ihm verweigern würde.[18] In der Folge wurde der Ton zwischen Yu Dawei und dem Auswärtigen Amt frostiger. Nach einer interministeriellen Sitzung[19], in der der Vertreter des Reichswehrministeriums durch Zurückhaltung auffiel, wurde der chinesische Außenminister Wang Zhengting in einem Memorandum aufgefordert, die Nationalregierung solle vom Ankauf von Kriegsmaterial durch ihre Gesandtschaft in Berlin in Zukunft absehen. (Dok. 42)

Solche letztlich ergebnislosen Interventionen wurden von regierungskritischen Kreisen in China als Makulatur abgetan. Neben der oppositionellen Regierung in Kanton sowie der Volksvereinigung der Provinz Henan[20] verurteilte auch die Sektion der Guomindang in Deutschland die Waffenverkäufe, deren Spitze angebliche Giftgasgeschäfte bildeten, aufs Schärfste.[21] Die Kritik richtete sich weniger gegen die Chinesische Gesandtschaft als solche als gegen die Passivität der deutschen Regierung, die durch ihre Haltung den Militarismus in Ostasien fördern würde. Letztere wollte die Situation zwar im Griff behalten, weshalb sie den deutsch-chinesischen Waffenhandel und darin verwickelte chinesische Staatsangehörige beobachten ließ (Dok. 43), doch ihre Verhaltensleitlinien änderte sie nicht. Eine Einigung mit der chinesischen Regierung zeichnete sich ebenfalls nicht ab. Nanjing war überhaupt nicht daran interessiert, Maßnahmen gegen den Waffenhandel der Chinesischen Gesandtschaft in Berlin zu ergreifen, wohl aber daran, den Handel der deutschen Firmen mit anderen Regierungen in China zu unterbinden. Aus diesem Grund verdeutlichte das *Waijiaobu* noch einmal, daß Lieferverträge über Kriegsmaterial zwischen ausländischen Kaufleuten und Lokalregierungen nur dann abgeschlossen werden dürften,

---

17 Vgl. Aufzeichnung des Min.Dir. Trautmann, AA, 11.4.1929, in: ADAP, B XI, Dok. 166:373-374.

18 Vgl. Ratenhof 1987:393-396.

19 Vgl. Aufzeichnung über eine Sitzung die deutschen Waffenlieferungen nach China betreffend, AA, ohne Unterschrift, 8.4.1930, in: ADAP, B XIV, Dok. 197:462-463.

20 Vgl. Telegramm der Volksvereinigung der Provinz Henan an den deutschen Gesandten Borch, 12.9.1930, in: PolArchAA, R 94870.

21 Vgl. Erklärung der GMD-Sektion in Deutschland, in: ebd., R 94869. Der *Verein Chinesischer Studenten in Deutschland* (*Zhonghua minguo liude xueshenghui*) hatte sich ähnlich geäußert. Auffallend ist, daß beide Organe die Position der Links-GMD bezogen.

wenn sie einen Erlaubnisschein der Nationalregierung besäßen.[22] (Dok. 44) Die divergierenden Interessen führten schließlich zu einer schleichenden Verschlechterung der deutsch-chinesischen Beziehungen, die im sogenannten „Rickmers-Skandal" von 1931 ihren Höhepunkt erreichte.

Der Fall Rickmers

Im August 1931 war die Reederei Rickmers gerade dabei, im Auftrag der Firma Siemssen & Co. bereits bezahlte Waffen an die südliche Gegenregierung in Kanton zu liefern, als sie von den Behörden in Nanjing die Anweisung erhielt, unverzüglich alle Gerätschaften nach Shanghai zu transportieren.[23] (Dok. 45) Die Regierung in Kanton reagierte mit Boykottdrohungen gegen Deutschland. Auch England, Frankreich und Japan, auf deren Entgegenkommen die deutsche Seite bei den Reparations- und Abrüstungskonferenzen hoffte, übten massiven Druck auf die Reichsregierung aus, indem sie Berlin Einmischung in die inneren Angelegenheiten Chinas vorwarfen. Dies taten sie freilich nicht, um ihre Solidarität mit China zu dokumentieren, sondern um ihre eigenen Rüstungsgeschäfte vor der deutschen Konkurrenz zu schützen.[24]

Auf den Ernst der Lage in Kanton wies der dortige Generalkonsul Wilhelm Wagner in einem Telegramm hin, aus dem hervorging, daß die Regierung beschlossen habe, alle Beziehungen zu Deutschland abzubrechen.[25] Tatsächlich waren auf einer sogenannten „Massenversammlung" in Kanton Maßnahmen gegen Deutschland gefordert worden: Zuerst sei eine Warnung auszusprechen, dann müßten die wirtschaftlichen Beziehungen abgebrochen und zuletzt die Deutschen aus dem chinesischen Gebiet vertrieben werden. (Dok. 46) Auch Sun Ke, ehedem Initiator des Besuches der deutschen Industrie-Studienkommission in China und nunmehr Oppositionspolitiker in Kanton, bezog klar Stellung und forderte die deutsche Regierung auf, die Militärberater aus Nanjing zurückzuziehen und Jiang Jieshi nicht länger zu unterstützen. (Dok. 47) Seine Stellungnahme deutet darauf hin, daß die entstandene antideutsche Bewegung im Kampf gegen Nanjing instrumentalisiert wurde. Als Begründung des Boykottbeschlusses gegen deutsche Waren diente weniger der Vorfall um die Reederei Rickmers als der Vorwurf der Unterstützung für Jiang Jieshi.

Das Auswärtige Amt reagierte auf den Rüstungsskandal, indem es auf der einen Seite harte Kritik an den deutschen Kaufleuten übte, die oft genug davor gewarnt worden seien, dem Ansehen des Deutschen Reiches zu schaden. Die Diplomaten betonten in diesem

---

22 Ein Memorandum der chinesischen Regierung, das diesen Standpunkt klar zum Ausdruck brachte, war dem AA bereits im März 1930 übermittelt worden. Vgl. Aufzeichnung des BR Schoen, AA, 27.3.1930, in: ADAP, B XIV, Dok. 178: 418-420.

23 Dazu auch Chen 1973:127-128.

24 Vgl. Ratenhof 1987:396-397.

25 Vgl. Telegramm von GK Wagner, Kanton, an die DGP, 16.8.1931, in: PolArchAA, R 94871. Sowie Fabritzek 1973:110-111.

Zusammenhang, daß sie keinerlei Einwirkungsmöglichkeiten auf den Prozeß gegen die Firma Siemssen & Co. in Kanton hätten.[26] Auf der anderen Seite warfen sie Nanjing vor, daß die Nationalregierung noch nicht einmal in der Lage sei, Deutschland vor einer Hetzkampagne zu schützen. Selbst über die Wiederinkraftsetzung des Waffenhandelsgesetzes von 1928 wurde laut nachgedacht. Die chinesische Seite wiederum bemängelte an Deutschland, daß es sich nicht eindeutig hinter die von ihm anerkannte Nanjinger Regierung stellen würde.[27]

Die Lage in Kanton beruhigte sich indessen schnell. Bereits im September teilte Generalkonsul Wagner mit, daß die antideutsche Bewegung im Sande verlaufen werde, falls keine neuen Komplikationen entstünden.[28] Auch wenn der legale und der illegale Waffenhandel nach dem Fall Rickmers kurzfristig spürbar zurückgingen[29], war damit noch lange nicht das grundsätzliche Problem beseitigt, daß Deutschland gegen chinesische Bestimmungen verstieß, indem es beiden Seiten Waffen lieferte. Hartnäckig hielten sich in Kanton immer wieder Gerüchte, daß Deutschland sogar Giftgas an die Zentralregierung liefere.[30] Später wurden diese insofern modifiziert, als nun Kanton und nicht Nanjing der Empfänger von Giftgas sein sollte.[31] Der Gegensatz zwischen Nanjing und der Oppositionsregierung in Kanton führte dazu, daß sich der Waffenhandel sowohl zu einer ernsthaften diplomatischen Belastung der deutsch-chinesischen Beziehungen als auch zu einer Gefährdung der gegenseitigen Geschäftsgrundlage entwickelte. So gesehen war der Fall Rickmers nur ein Vorspiel dessen, was unter Mitwirkung militärischer Kreise Mitte der 30er Jahre folgen sollte.

Die Arsenalpläne der Firma Krupp in China

Bis 1933 scheiterten alle Verhandlungen über rüstungsindustrielle Großprojekte zwischen Deutschland und China an der Finanzierungsfrage, weshalb sich der Waffenhandel in den üblichen, legalen wie illegalen, Bahnen bewegte. Im Zuge der Machtübernahme durch die Nationalsozialisten begannen sich dann in Deutschland die Bedingungen für die Waffengeschäfte mit China zu ändern. Unter Duldung des Auswärtigen Amtes forcierte die Reichswehr ihren Aufrüstungsplan durch Rohstoffbezug auf der einen und Absatz von Rüstungsmaterial zur Erweiterung der eigenen Produktionskapazitäten auf der anderen

26 Mitte 1932 wurde die Firma Siemssen & Co. zur Rückerstattung des Kaufpreises von 100.000 mex. $ verurteilt.

27 Vgl. Ratenhof 1987:396.

28 Vgl. Telegramm von GK Wagner, Kanton, an die DGP, 19.9.1931, in: PolArchAA, R 94872. - Das Abebben der antideutschen Bewegung dürfte auch mit dem Zwischenfall von Shenyang in Zusammenhang gestanden haben. Vgl. hierzu Kap. 4 dieses Bdes.

29 Vgl. Ratenhof 1987:399.

30 Vgl. Telegramm des VLR Schoen, AA, an die DGP, 25.8.1931, in: PolArchAA, R 94871.

31 Vgl. Einleitung zu diesem Kap., Abschnitt: Giftgas für Kanton.

Seite.[32] Das Arsenalprojekt der Firma Krupp[33] stand an einem Wendepunkt in den deutsch-chinesischen Rüstungsbeziehungen. Von seiner Anlage her wies es weit über die bis dahin üblichen Geschäfte hinaus, doch da es nicht auf gegenseitigem Austausch basierte, scheiterte es letztlich an der fehlenden Unterstützung von seiten des deutschen Staates.

Eine Reise des chinesischen Finanzministers Kong Xiangxi 1932/33 durch Deutschland hatte dazu geführt, daß ihn bei seiner Rückkehr nach China Vizeadmiral a.D. Kinzel, der damalige Beauftragte großer deutscher Rüstungskonzerne (Zeiss, Rheinmetall, Krupp, Loewe), begleitete.[34] Damit war ein Anstoß zu einer Intensivierung der Rüstungsbeziehungen gegeben worden, denn bereits im Mai 1933 schickte der Krupp-Vertreter in China, Poethe, eine Denkschrift über den Bau eines Zentralarsenals an den Finanzminister (Dok. 48). Dieses Arsenal sollte es ermöglichen, zehn Divisionen der chinesischen Armee gegen einen modern ausgerüsteten Aggressor, womit Japan gemeint war, zu bewaffnen. Drei der vier in China bestehenden großen Arsenale (Nanjing, Hanyang und Jinan) seien veraltet, weshalb sich ein Um- und Wiederaufbau nicht lohnen würde. Poethe hatte den Plan in Zusammenarbeit mit Yu Dawei erstellt, der inzwischen nach China zurückgekehrt und in der Waffenabteilung des Kriegsministeriums tätig war[35], sowie dem deutschen Militärberater General Karlewski[36], der im Namen der Militärkommission die chinesischen Arsenale inspizierte. Die erwarteten Kosten des neuen Arsenals beliefen sich auf mehr als 50 Mill. Reichsmark.[37]

Der hohe Stellenwert, den das Projekt für die chinesische Seite einnahm, zeigte sich an einem Besuch des scheidenden chinesischen Gesandten in Berlin, Liu Wendao[38], bei Staatssekretär Bülow im September 1933, in dessen Mittelpunkt die Arsenalfrage stand. Liu bezeichnete sie als vertraulich, da sie im Zusammenhang mit der chinesischen Landesverteidigung gesehen werden müsse. Vor allem im Hinblick auf die Reaktion Japans sei nach außen große Zurückhaltung zu wahren. Aus rein politischen Gründen habe Song Ziwen, inzwischen Finanzminister, bisher kein amtliches Memorandum eingereicht.[39] Der zweite Besucher, den Bülow kurz darauf empfing, war Krupp von Bohlen selbst, der vor allem über die Finanzierung des Projektes sprechen wollte, das ihm ohne Reichsaus-

---

32 Vgl. Einleitung zu Kap. 1.

33 Zur Geschichte der Krupp AG vor dem 1. WK, vgl. Gall 2000:318-341.

34 Vgl. Ratenhof 1987:402 u. 428.

35 Vgl. ebd.:399.

36 Generalleutnant Karlewski war 1933 angeworben worden. Vgl. Beraterliste, in: Martin 1981:467.

37 Diese Summe wurde in dem Projektplan des Krupp-Bevollmächtigten in China, Poethe, allerdings nicht angegeben. Sie findet sich in einer Aufstellung (A 204 - China-Arsenal, Krupp, Essen, 7.7.1933) bei den Unterlagen des AA, in: PolArchAA, R 94976.

38 Liu Wendao war am 17.10.1931 zum Gesandten ernannt worden und hatte den Posten bis zum 13.9.1933 inne gehabt.

39 Vgl. Aufzeichnung des St.S. Bülow, AA, 18.9.1933, in: ADAP, C I, Dok. 435:800-801.

fallbürgschaft nicht realisierbar schien. Er unterbreitete den Vorschlag, daß die deutsche Industrie innerhalb der nächsten drei Jahre Erzeugnisse im Wert von 500 Mill. RM auf Kredit an die chinesische Regierung liefern sollte. Im Rahmen dieses Kredits sollte die Firma Krupp Arsenalmaschinen im Wert von 18 Mill. Golddollar[40] (einschließlich Baulichkeiten, Montagekosten und Seefrachten 26,6 Mill.) liefern. Die Kreditfrist sei auf zehn Jahre festgelegt worden. Als Sicherheit wolle die chinesische Regierung Staatswechsel ausstellen, die das Giro der Central Bank of China (*Zhongyang yinhang*) tragen sollten.[41] Bülow reagierte jedoch sehr zurückhaltend und forderte zusätzliche Sicherheiten, da die Bank ein von der chinesischen Regierung abhängiges Organ ohne eigene Finanzkraft sei. Falls Krupp das Arsenalprojekt weiter verfolge, benötige er noch einen anderen finanziellen Rückhalt.[42]

Diese Position wurde nicht mehr revidiert und Mitte 1934 ließ Krupp den chinesischen Finanzminister Kong Xiangxi sowie Yu Dawei, jetzt Leiter des Waffenamtes und energischer Förderer das Arsenalprojektes, wissen, daß ein Kredit von seiten Deutschlands definitiv auszuschließen sei.[43] Da jedoch die chinesische Regierung nicht in der Lage war, die hohen Kosten alleine zu tragen, wurde zunächst beschlossen, das ehrgeizige Projekt in verschiedenen Baustufen zu realisieren[44], dann aber verliefen die Planungen langsam im Sande.[45] Kong machte schließlich 1935 den Vorschlag, das Arsenal durch die Lieferung von Rohmaterialien zu finanzieren.[46] Dennoch kam es nur noch zu einer teilweisen Realisierung des Projektes: Im Juni 1937 wurde zwischen Krupp und der Ressourcenkommission ein Vertrag über den Bau eines Stahlwerkes unterzeichnet.[47] Da die Versorgung des Arsenals durch eigene Stahlwerke ein wesentlicher Punkt des Projektplanes gewesen war[48], war damit nach jahrelangen Verhandlungen allenfalls eine Grundlage für eine solche Großanlage geschaffen worden.

---

40 1 Golddollar entsprach 1,68 RM nach der finanziellen Zusammenstellung des Arsenalprojektes (vgl. Anm. 37).

41 Vgl. auch zwei Briefe von Song Ziwen an Krupp von Bohlen, 24.7.1933, in: PolArchAA, R 94976.

42 Vgl. Aufzeichnung des St.S. Bülow, AA, 27.9.1933, in: ADAP, C I, Dok. 463:853-854. - Bülows finanztechnische Ausführungen beruhten im wesentlichen auf einer Aufzeichnung des VLR Michelsen, AA, 25.9.1933, in: PolArchAA, R 94976. - Eine ähnlich ablehnende Haltung nahm das AA auch bei einer Anfrage von Rheinmetall über eine Lieferung von MG im Wert von 10 Mill. RM nach China ein. Daran änderten auch positive Stellungnahmen von seiten des RWM nichts. Vgl. vertraul. Aufzeichnungen des VLR Michelsen, AA, 30.6. / 10.7.1933, in: PolArchAA, R 31231.

43 Vgl. Brief von Poethe an FM Kong Xiangxi, 22.8.1934, in: 2. HACh, 318(2)-554(2).

44 Vgl. Entwurf eines Briefs des JZB an Poethe, Dez. 1934, in: ebd.

45 Vgl. Briefe von Poethe an FM Kong Xiangxi, 4.1.1935 / 28.8.1935, in: ebd.

46 Vgl. Brief dess. an dens., 8.2.1936, in: ebd.

47 Vgl. Merker, in: Leutner 1996:295.

48 Vgl. Entwurf von Poethe, 20.9.1934, in: 2. HACh 318(2)-554(2).

Der Anstoß für den Bau eines modernen Arsenals war auf der chinesischen Seite von staatlichen Stellen ausgegangen, repräsentiert vor allem durch Kong Xiangxi, wohingegen auf deutscher Seite die nichtstaatliche Firma Krupp involviert war. Noch fehlte in Deutschland jegliche Initiative von seiten des Staates, weshalb solche privaten Projekte keine Unterstützung fanden. Erst mit dem Abschluß des HAPRO-Vertrages 1934 nahm die Alternative des gegenseitigen Austausches auf privater und staatlicher Ebene Gestalt an.

Deutsche Rüstungsgeschäfte zwischen Nanjing und Kanton

Nach der Ernennung Seeckts zum Leiter der Militärberaterschaft liefen die deutsch-chinesischen Waffengeschäfte über ihn und den Waffenhändler Hans Klein. Schon Ende 1933 hatte das Auswärtige Amt begonnen, alle verfügbaren Informationen über Klein zu sammeln. (Dok. 49) Erstmals aufgetaucht war dieser Name im September desselben Jahres, als der deutsche Gesandte Trautmann über den Abschluß des Kanton-Vertrages berichtet hatte.[49] Sein Mißfallen bezüglich des Arrangements mit einer Lokalregierung hatte Trautmann nicht verborgen und darauf hingewiesen, daß durch solche Eskapaden die Beziehungen zur chinesischen Zentralregierung instabil werden könnten. Indem er extreme Vorsicht vorschlug, steuerte er einen ähnlichen Kurs wie das Auswärtige Amt.[50] Kurz darauf wurde bekannt, daß Klein Agent eines Syndikats war, das den Export von Arsenalen nach Kanton erleichtern sollte. Es sickerte auch durch, daß ihn Seeckt in einem Gespräch mit Jiang Jieshi als Verbindungsmann für Waffenfragen vorgeschlagen hatte.[51]

Die Spannungen zwischen den Regierungen von Nanjing und Kanton traten deutlich zutage, als die Chinesische Gesandtschaft in Berlin im Februar 1934 dem Auswärtigen Amt im Namen ihrer Regierung mitteilte, daß die Anstellung militärischer Berater und die Errichtung militärischer Anlagen in der Provinz Kanton der vorherigen Genehmigung der Nationalregierung in Nanjing bedürften.[52] Da die Gesandtschaft zu verstehen gab, daß das Projekt Klein bekannt sei, wurde im Auswärtigen Amt eine Referentenbesprechung einberufen, an welcher neben den Diplomaten auch Vertreter des Reichswehrministeriums, des Reichsfinanzministeriums, des Reichswirtschaftsministeriums und der Reichsbank teilnahmen. Das Reichswehrministerium, vertreten durch General von Reichenau, Chef des Wehrmachtamtes, zeigte wenig Verständnis für die distanzierte Haltung der Diplomaten, da zum einen Nanjing mit den Arsenalplänen von Krupp über ein ähnliches Projekt verfüge und zum anderen auch die Engländer und die Amerikaner in die Modernisierungspläne Chen Jitangs integriert seien.[53] Für die Durchführung des Kleinschen Projektes sprächen

49 Vgl. vertraul. Bericht von Trautmann, DGP, an das AA, 18.9.1933, in: ADAP, C I, Dok. 436:801-803.

50 Vgl. Fox, in: Martin 1981:222-223.

51 Vgl. ebd.:224.

52 Vgl. Aufzeichnung des LR Altenburg, AA, 2.2.1934, in: ADAP, C II, Dok. 235:434-435.

53 Die Amerikaner und Engländer waren im Bereich der Schwefelsäure-, Zucker-, Soda- und Ammoniakfabriken aktiv.

militärische und wirtschaftliche Gründe, da durch Zuführung ausländischer Aufträge die deutsche Rüstungsindustrie in ihrer Leistungsfähigkeit gestärkt werden könne. Der Nanjinger Forderung, das Klein-Projekt aufzugeben, sollte nicht ohne entsprechende Gegenleistung stattgegeben werden. Schlußendlich einigten sich die Diplomaten und die Militärs darauf, daß Seeckt in dieser Angelegenheit eingeschaltet werden und die Zustimmung Jiang Jieshi einholen sollte. Bis dahin sollte das Kantoner Projekt nicht ausgeweitet, sondern dilatorisch behandelt werden.[54] Dies bedeutete nichts anderes als die Weiterführung der Pläne Kleins, zumal deren finanzieller Teil von dem Reichswehrministerium und der Reichsbank bereits genehmigt worden war. Daran vermochte auch der scharfe Protest des chinesischen Vizeaußenministers Xu Mo nichts zu ändern. (Dok. 50)

Allerdings scheint die chinesische Seite zu diesem Zeitpunkt längst nicht so einheitlich agiert zu haben, wie die Interventionen der Gesandtschaft und des Vizeaußenministers zunächst vermuten lassen. Jiang Jieshi, so zumindest der Verhandlungsbericht von Klein, habe der Kanton-Frage keine allzu große Bedeutung beigemessen. (Dok. 54) Auch Seeckt bestätigte, daß das Kantoner Arsenal in den Verhandlungen mit Nanjing im Juni 1934 keine Rolle gespielt habe. (Dok. 51). Eine ausdrückliche Billigung des Geschäfts mit der Südregierung sei nicht erfolgt und auch nicht zu erwarten. Falls der Marschall nicht zu einer Stellungnahme gezwungen werde, sei allenfalls gelegentlich mit seinem formellen Protest zu rechnen. Seeckts Worte erwecken den Anschein, als sei das Interesse Jiang Jieshis ausschließlich auf die militärwirtschaftlichen Kontakte und den am 23. August 1934 abgeschlossene Austauschvertrag[55] zwischen Berlin und Nanjing, nicht aber auf den Bau eines Arsenals in Kanton gerichtet gewesen.

Einen Monat vor dem Abschluß des Austauschvertrages mit Nanjing hatte Klein ein wörtlich identisches Abkommen mit Kanton über 200 Millionen Reichsmark abgeschlossen.[56] Im Juli und September 1934 folgten ein Vertrag über die Lieferung von Eisenbahn- und Werftanlagen und einer über den Bau eines Stahlwerkes, einer Pulver- und Sprengstoffabrik sowie einer Gasmasken- und Giftgasanlage.[57] Das Auswärtige Amt sah sich in seinen Vorbehalten um so mehr bestätigt, als auch die Chinesische Gesandtschaft im November 1934 erneut eine scharfe Verbalnote übersandte, um die Kriegsmateriallieferungen nach Kanton doch noch zu verhindern. Sie wies darauf hin, daß Jiang Jieshi Klein zwar empfangen, aber seine explizite Zustimmung zu den Lieferungen nicht gegeben

---

54 Vgl. Aufzeichnung des GR Kühlborn, AA, 16.2.1934, in: ADAP, C II, Dok. 262: 483-485. Sowie Fox, in: Martin 1981:223-224.

55 Vgl. Dok. 14.

56 Vgl. Ratenhof 1987:438.

57 Vgl. ebd. Sowie geh. Bericht von Voskamp, kommissarischer Leiter des GK Hongkong, an die DGP, 20.10.1934, in: PolArchAA, R 31249 KI. - Der Bau der Giftgasanlage kann heute als gesichert angesehen werden, auch wenn in manchen Dokumenten nur von einer Giftmaskenfabrik die Rede ist. (Vgl. hierzu Dok. 59)

habe.[58] Wiederum scheint es, als sei die Initiative stärker von der Chinesischen Gesandtschaft als von Jiang Jieshi oder der Militärkommission ausgegangen.

Angesichts der drohenden Verärgerung Nanjings ging die deutsche Diplomatie nun dazu über, die Aktivitäten Kleins in Kanton herunterzuspielen. Sie wurde nicht müde, immer wieder die distanzierte Haltung der Reichsregierung zu betonen. Dies kam einer Resignation gleich angesichts der militärisch-wirtschaftlichen Lobby Kleins, welche von Schacht, Präsident der Reichsbank, Oberst Georg Thomas, seit Oktober 1934 Chef des Amtes für Wehrwirtschafts- und Waffenwesen und Wilhelm Keppler, Beauftragter für Wirtschaftsfragen in der Reichskanzlei, unterstützt wurde. Anfang 1935 bestand das Auswärtige Amt schließlich nur noch auf seiner Forderung, bei einer Genehmigung und Weiterführung der Projekte dürfe Klein mit Rücksicht auf Japan unter keinen Umständen als Agent der Reichswehr auftreten. Außerdem müsse er zuerst Jiang für die Kanton-Pläne gewinnen.[59]

Die eigentliche und entscheidende Kritik an dem Kurs des Reichswehrministeriums formulierte schlußendlich nicht das Auswärtige Amt, das trotz aller Einwände und Auseinandersetzungen in Sicherheits- und Rüstungsfragen den Primat der Militärs anerkannte, sondern die Militärberaterschaft in China, die sich durch eine konkurrierende Einrichtung in Kanton übergangen, ja diskreditiert fühlte. Selbst Seeckt, der den Geschäften in Kanton nicht grundsätzlich ablehnend gegenüberstand, wohl aber für ihre Modifizierung eingetreten war, vertrat die Auffassung, daß die im Entstehen begriffene Beraterschaft im Süden dem Ansehen der Offiziere in Nanjing schade.[60] Dessen ungeachtet hatte er vor seiner Abreise nach Deutschland im Frühjahr 1935 Falkenhausen ausdrücklich darauf hingewiesen, daß die Reichsregierung hinter Klein stehe, weshalb er zu unterstützen sei.[61] In diesem Sinne ließ Falkenhausen Jiang Jieshi wissen, daß Klein das volle Vertrauen des Reichswehrministeriums und des Reichskanzlers genieße. (Dok. 52) Den Anstoß zum Stop aller Aktivitäten in Kanton gab schließlich im Mai 1935 der einstige Chef der Militärberater, Kriebel. Der „alte Kämpfer“, nunmehr Generalkonsul in Shanghai, empfahl Hitler, alle Militärberater aus Kanton abzuziehen sowie die Waffen- und Arsenalgeschäfte einzustellen. (Dok. 53) Die Diplomaten aber sprangen auf diesen Zug nicht auf und legten Kriebel stattdessen die volle Unterstützung Kleins nahe. Es wurde die Sprachregelung

58 Vgl. Aufzeichnung des Min.Dir. Meyer, AA, 6.11.1934, in: ADAP, C II, Dok. 301:560-561.

59 Vgl. Aufzeichnung des VLR Erdmannsdorff, AA, über ein Gespräch zwischen Min.Dir. Meyer, AA, und Oberst Thomas, Heereswaffenamt, 14.2.1935, in: ebd., C III, Dok. 491:908-910 / Aufzeichnung o.N., AA, 20.2.1935, in: ebd., Dok. 508:944-947. Die Aufzeichnung wurde am 27.2. dem RFM gesandt. Sowie Fox, in: Martin 1981:230.

60 Vgl. Ratenhof 1987:441-442.

61 Vgl. Brief von Seeckt an Falkenhausen, 4.4.1935, in: BA/MA, Msg 160/7.

ausgegeben, daß die rüstungstechnischen Vorhaben im Süden überprüft werden sollten und die dort agierenden Militärberater ohnehin bald Nanjing unterstellt würden.[62]

Giftgas für Kanton

Die Auseinandersetzungen zwischen Berlin und Nanjing um Kanton gewannen an Brisanz in der Frage einer Giftgasanlage. Hierbei ging es nicht um die Lieferung von bereits produziertem Giftgas nach Kanton, sondern um die Einfuhr von Materialen aus Deutschland, die für den Bau einer solchen Anlage benötigt wurden. Noch Ende 1935 hatte das Reichskriegsministerium dem Auswärtigen Amt mitgeteilt, daß Jiang den Ausbau des Arsenals in Kanton genehmigt habe und sich lediglich die Zusage für den Bau einer Giftgasanlage vorbehalten habe.[63] Bei seinen Gesprächen mit Hitler im Januar 1936 gab Klein aber zu verstehen, daß sich Jiang Jieshi für den Süden und damit für alle diesbezüglichen Geschäfte entschieden habe.[64]

Trotz dieser Ankündigung traten dann Probleme auf, als die Nanjinger Kommission unter Gu Zhen, dem Direktor der Kailuan-Minen, welche in Berlin 1936 über eine Erweiterung des Austauschvertrages verhandelte, Anfang März mit dem Ende sowohl der Verhandlungen als auch der Wolframlieferungen drohte, falls das Kanton-Projekt nicht unverzüglich gestoppt werde. Schon vor der Ankunft der chinesischen Kommission hatte Reichskriegsminister Blomberg Klein gebeten, sich aus den südlichen Geschäften zurückzuziehen, um Entgegenkommen zu signalisieren und angesichts der zunehmenden Machtstärkung Jiang Jieshis keine weiteren Risiken einzugehen.[65] Der Reichskriegsminister war nicht zuletzt durch einen Bericht des deutschen Gesandten in Peking, Trautmann, aufgeschreckt worden, in dem das Mißtrauen des Marschalls in der Kanton-Frage betont worden war.[66]

Im März 1936 fragte schließlich Weng Wenhao, der Vorsitzende der Ressourcenkommission, Hans Klein direkt, ob es zuträfe, daß deutsche Firmen Giftgas nach Kanton geliefert hätten. (Dok. 55) Es war wiederum Blomberg, der auf diese Anfrage reagierte, indem er ein Telegramm an Jiang Jieshi schickte und versicherte, daß nur eine Waffenfabrik zur Produktion von Kanonen kleinen Kalibers sowie von Munition geliefert worden seien. (Dok. 56) In diesem Zusammenhang erwähnte er auch, daß die HAPRO ein staatliches Unternehmen sei, das nun unter der Aufsicht des Reichskriegministeriums stehe. Damit gab er eine inoffizielle Information weiter, denn die HAPRO wurde erst mit der

62 Vgl. Telegramm von Min.Dir. Meyer, AA, an das GK Shanghai, 1.4.1935, in: ADAP, C IV, Dok. 1:1 / ders. an die DGP, 24.5.1935, in: ebd., Dok. 101:190.

63 Vgl. Ratenhof 1987:443.

64 Vgl. Aufzeichnung des VLR Erdmannsdorff, AA, in: ADAP, C IV, Dok. 517:1011-1012.

65 Vgl. Ratenhof 1989:445.

66 Vgl. Schreiben von Trautmann, DGP, an das AA, 11.2.1936, in: ADAP, C IV, Dok. 552:1094-1096.

Unterzeichnung des Kreditzusatzvertrages im April 1936 offiziell vom Staat übernommen. Indessen zeigte das Telegramm die gewünschte Wirkung, denn Jiang Jieshi beauftragte Gu Zhen unverzüglich mit der Weiterführung der Gespräche in Berlin. (Dok. 57) Die Nervosität im Reichskriegsministerium war groß. Der Minister nahm sich der Angelegenheit persönlich an und riß die Initiative in der Chinapolitik an sich, ohne das Auswärtige Amt einzubeziehen.

Das Stocken der Berliner Gespräche hing nicht nur mit Jiang Jieshis Befürchtungen zusammen, daß Kleins Kantoner Vereinbarungen seinen eigenen Vorstellungen zuwiderlaufen könnten[67] oder aber mit Gu Zhens geheimen Widerwillen gegen den Vertrag[68], sondern mit der konkreten Frage nach der Beteiligung des Deutschen Reiches an dem Bau einer Giftgasanlage. Ob das Dementi des deutschen Reichskriegsministers von den Giftgasgeschäften aber ausschlaggebend war für Jiang Jieshis Entscheidung, die Gespräche in Berlin nicht scheitern zu lassen, darf indessen bezweifelt werden. Eher scheint es, daß der Marschall seine Muskeln spielen lassen wollte, um die chinesische Verhandlungsposition in Berlin zu verbessern. Als nämlich die Militärkommission in Nanjing im Juli die Nachricht erhielt, daß doch eine Giftgasfabrik in Kanton im Bau sei[69] (Dok. 58), gab ein Vertreter der Ressourcenkommission an die Chinesische Gesandtschaft in Berlin die Anweisung, Klein nicht noch einmal nach der Lieferung von Material für die Giftgaslieferung zu fragen, da dies nur Schaden bringen würde. (Dok. 59) Es sei vorteilhafter, wenn das *Waijiaobu* die Angelegenheit auf sich beruhen ließe. Hier zeigt sich die Bereitschaft der militärischen Kreise in China, selbst Unklarheiten in der Giftgasfrage hinzunehmen, um ihre eigentlichen Interessen durchzusetzen.

Ähnlich wie in Deutschland hat sich auch in China hinter den Kulissen ein Machtkampf zwischen diplomatischen und militärischen Kreisen abgespielt, dessen Ausgang freilich in beiden Ländern schon von vornherein feststand. In China war die Situation insofern noch prekärer, als auch das militärische Lager nicht einheitlich agierte. Dem Kriegsministerium (*Junzhengbu*) stand die mächtige Militärkommission (*Junshi weiyuanhui*) gegenüber, der wiederum das Waffenamt (*Bingongshu*) und die Ressourcenkommission (*Ziyuan weiyuanhui*) untergeordnet waren. Im November 1935 hatte Kriegsminister He Yingqin dagegen protestiert, daß er hinsichtlich der Waffengeschäfte mit Deutschland weder konsultiert noch informiert worden sei.[70] Dem Waffenamt unter Yu Dawei, an dem viele in Deutschland ausgebildete Spezialisten arbeiteten[71], fiel in den deutsch-chinesischen Rüstungsbeziehungen eine Schlüsselrolle zu.

---

67 Vgl. Ratenhof 1987:442.

68 Vgl. Eckert 1981:44.

69 Vgl. Schreiben des Handelsattachés Tan Boyu, CGB, an Weng Wenhao, NRK, 29.7.1936, in: 2. HACh, 28(2)-3652.

70 Vgl. Schreiben des Kriegsministers He Yingqin an dens., 24.11.1935, in: ebd.

71 Vgl. Harnisch 1999:365-366 / Kirby 1984:124.

Die Waffengeschäfte zwischen Deutschland und China hatten sich nach der Anerkennung der Nationalregierung zunächst in dem legalen Rahmen bewegt, der durch den Versailler Vertrag und das Kriegsgerätegesetz festgelegt worden war. Daneben waren aber auch illegale Geschäfte gang und gäbe. Es waren dies einseitige Geschäfte, denn Deutschland lieferte Waffen und China zahlte dafür. Wirtschaft und Politik ließen sich schon in jener Zeit nicht trennen, da jede deutsche Waffenlieferung an konkurrierende Regierungen von der Zentralregierung als Einmischung in die inneren Angelegenheiten Chinas interpretiert wurde. Bereits vor dem Machtwechsel in Deutschland versuchten hochrangige chinesische Politiker, wie Song Ziwen und Kong Xiangxi, großangelegte Rüstungsprojekte mit deutschen Firmen durchzuführen, doch diese scheiterten an fehlenden finanziellen Sicherheiten. Erst der Austauschvertrag von 1934 öffnete China den Weg zu Werften und Arsenalen, und Deutschland zu Rohstoffen. Die Vorteile lagen nun auf beiden Seiten. Es war ein Geschäft, das auf Gegenseitigkeit beruhte. Dies um so mehr, als das deutsche Kriegsministerium China garantieren mußte, Waffen, Geräte und Munition zu liefern, die auch in der deutschen Armee verwendet und dem Stand der deutschen kriegstechnischen Entwicklung entsprechen würden.[72] So konnte Deutschland seine Beziehungen zu China kaum nutzen, um veraltetes, unbrauchbares Rüstungsmaterial auf bequeme Art loszuwerden. Überschattet wurden die Waffengeschäfte nur durch die vor allem von den zivilen Kreisen herausgestellten politischen Verwicklungen hinsichtlich der Vertragsabschlüsse mit Kanton. Doch die Vorbehalte der Diplomaten konnten sich weder in Deutschland noch in China durchsetzen. Jiang Jieshi ging sogar dazu über, die in der Öffentlichkeit immer wieder diskutierte Giftgasfrage für seine Zwecke zu instrumentalisieren. Aufrüstung und Militarismus führten in beiden Ländern dazu, daß die gegenseitigen Beziehungen auf der Ebene der Entscheidungsträger durch zweckrationale Handlungsmuster dominiert wurden.

72 Vgl. geh. Schreiben des RKM Blomberg an Jiang Jieshi, 13.5.1936, in: 2. HACh, 28(2)-3652.

40

Waffenofferte, vermittelt durch die Chinafirma Carlowitz & Co., Hankou, für die Armee in Chongqing (29.1.1930)[1]

C.& C.
Hankou

Technische Abteilung. Hankou, den 29. Januar 1930

Angebot Kriegsmaterial

1) Mauser-Gewehr Modell 98, Kal. 7.92 mm. neu[2]
einschließlich Seitengewehr, Gewehrriemen
und Mündungsschoner

U.S.A. $ 45.- pro Stück[3]

2) Mauser-Gewehr Modell 98, Kal. 7.92 mm.
gebraucht, aber gut erhalten

U.S.A $ 29.50 pro Stück

3) Patronen 7.92 mm. neu
mit Ladestreifen

U.S.A. $ 52.50 pro 1.000 Stück

4) Patronen 7.92 mm. neu
mit Ladestreifen
Herstellungsjahr 1928

U.S.A. $ 38.80 pro 1.000 Stück

5) Schweres Deutsches Maxim-Maschinengewehr[4]

---

1 Die Waffenofferte schickte Hans Traut, Konsulat Chongqing, an die DGP, 6.1.1931, welche sie als vertraul. Information (GR Fischer) am 25.2.1931 an das AA in Berlin weiterleitete. Die Paraphen von VLR Michelsen und VK Lautenschlager sind vom 18. bzw. 19.3.1931. Traut hatte hinzugefügt, daß kürzlich etwa 120 Lewis-MG für die 21. Armee in Chongqing eingetroffen seien, verkauft durch die englische Firma Arnold & Co. Bei der Offerte handele es sich um einen Versuch der deutschen Seite, mit den hiesigen Kreisen in Kontakt zu kommen. Es sei jedoch noch nichts verkauft worden. - Zu dem Handelshaus Carlowitz & Co., das u.a. Aufträge für die Krupp AG in China vermittelte, vgl. Beutler 1948:70-84.

2 Bei der Mauser handelt es sich um ein 1865 entworfenes Hinterladegewehr mit Selbstspannung. Es wurde als Gewehr 71 (Mausergewehr) im deutschen Heer eingeführt und später zum Mehrladegewehr weiter entwickelt (Gewehr 71/84). Das Modell 98 war eine Weiterführung dieses Mehrladegewehrs.

3 1930 entsprach 1 US-$ 4,19 RM (Information des Historischen Instituts der Deutschen Bank vom 24.5.2002).

Modell 08.
Kal. 7.92 mit Zubehör (einem Reservelauf, einem Schloss mit Schlagbolzen) auf deutscher Vierfusslafette

U.S.A. $ 690.- pro Stück

6) Leichtes Deutsches Maschinengewehr 08/15
auf Dreifuss mit Reserveteilen

U.S.A $ 405.- pro Stück

7) Mauserpistolen, Kal. 7.63
mit hölzernem Anschlagkasten einschliesslich
500 Patronen auf Lederstreifen

U.S.A. $ 50.- pro Stück

Preise: Alle angegebenen Preise gelten CIF-Hankou.[5]
ausschliesslich allen Zöllen und Landungsspesen.
Die Waren sind in Hankou längsseits des einführenden Schiffes abzunehmen.
Die angegebenen Preise enthalten eine Kommission von 10% für Sie und Ihre chin. Freunde.

PolArchAA, R 94871.

4 Man unterscheidet leichte, schwere und überschwere Maschinengewehre. Leichte MG haben das Kaliber eines Gewehres, werden wie dieses gehandhabt und von einer Person getragen. Eine zweite Person trägt in der Regel die Munitionsgurte. Geschossen wird nur liegend, eventuell unter Benutzung einer Gabelstütze. Schwere MG haben ebenfalls Gewehrkaliber, werden jedoch auf dem Marsch zusammen mit der Munition auf besonderen Fahrzeugen befördert. Da sie fester gebaut sind, haben die schweren MG eine höhere Schießleistung als die leichten. - Das MG war 1883 von dem Amerikaner Maxim erfunden und erstmals im Boxerkrieg 1900/01 und vor allem während des russisch-japanischen Krieges 1904/05 eingesetzt worden.

5 Zu CIF, einer Klausel im Überseehandel, vgl. Dok. 14, Anm. 62. Hier verstanden sich die Preise ab dem Moment der Auslieferung in Hankou.

41

Artikel aus der Tageszeitung *Geming ribao*, Kanton (4.5.1930)

Uebersetzung.[6]
Geming ribao vom 4. Mai 1930.

Yu Dawei von Jiang Jieshi nach Deutschland zum Waffenankauf entsandt. $ 5.000.000[7] mitgebracht.

Ankauf von Waffen mit Jiang Zuobin zusammen:

In dem 4. Stockwerk der chinesischen Gesandtschaft in Berlin[8] ist eine Untersuchungsstelle für Industrie und Handel in Deutschland eingerichtet. Diese Stelle hat 2 deutsche Beamte und 2 chinesische Sekretäre angestellt. Der Leiter dieser Stelle ist der aus Zhejiang stammende Yu Dawei, der bisher in Amerika und Deutschland Philosophie studiert hat. Wer von dem eigentlichen Charakter dieser Stelle nichts weiss, wird glauben, dass diese Stelle denselben Charakter wie die Handelsabteilungen der Gesandtschaften in fremden Ländern habe und nur zu dem Zweck errichtet sei, die wirtschaftliche Lage in Deutschland zu beobachten. In Wirklichkeit ist es aber ganz anders. Diese sogenannte Untersuchungsstelle für Industrie und Handel gehört nicht zu dem Ministerium für Industrie und Handel und auch nicht zum Waijiaobu[9] der Jiang Jieshi'schen Regierung. Anstellung der Beamten und Zahlung der Kosten erfolgt vom Kriegsministerium (Generalstab) in Nanjing. Diese Stelle hat speziell die Aufgabe, deutsche militärische Berater zu engagieren und moderne Waffen anzukaufen. Der Abschluss von Verträgen und die Auswahl der Waffen erfolgt durch diese Untersuchungsstelle für Industrie und Handel im Einvernehmen mit dem chinesischen Gesandten in Deutschland Jiang Zuobin und den deutschen militärischen Beratern des Generalstabsministeriums in Nanjing. Yu Dawei ist im letzten Frühling nach China zurückgekehrt.[10] Er wurde von dem Legationssekretär 3. Klasse, Liang Ingwen

6 Der Artikel (übersetzt im GK Shanghai) wurde von dem deutschen Gesandten Borch, als „Einkauf von Kriegsmaterial durch die chinesische Gesandtschaft in Berlin“ am 15.5.1930 an das AA geschickt. Dieses leitete ihn am 4.6.1931 mit folgender handschriftlichen Bemerkung des VLR Michelsen an den OAV weiter: „In der Anlage wird Abschrift einer vom deutschen Generalkonsulat in Peking eingereichten Übersetzung aus der *Geming ribao* über die Entsendung des Herrn Yu Dawei zum Waffenankauf nach Deutschland zur gefälligen Kenntnisnahme übersandt.“ - Die *Geming ribao* (Revolutionäre Zeitung) war eine Zeitung der Kantoner Gegenregierung.

7 Es handelt sich wahrscheinlich um Ch. $, vgl. Dok. 12, Anm. 50.

8 Die CGB war 1910 in Berlin am Kurfürstendamm 218 eingerichtet worden und wurde am 18.5.1935 in eine Botschaft umgewandelt. (Vgl. hierzu Dok. 119.) Jiang Zuobin war von Januar 1929 bis März 1931 als Gesandter tätig.

9 Chinesisches Außenministerium.

10 Nach dem Tod des ersten Leiters der Beraterschaft, Max Bauer, am 5.5.1929 war Yu Dawei zunächst nach China zurückgegangen, kam jedoch schon im Frühjahr 1930 als „Spezialdelegierter für Handelsangelegenheiten“ wieder nach Deutschland. 1933 kehrte er endgültig nach China zurück und übernahm 1934 die Leitung des Waffenamtes (*Bingongshu*). In den folgenden Jahren wurde die

[k.P.], aus Sichuan, vertreten. Als Yu Dawei nach Nanjing zurückgekehrt war, wurde er von Jiang Jieshi zum Ministerialrat des Kriegsministeriums ernannt. Da jetzt das Generalstabsministerium sieht, dass zahlreiche Truppen gegen Jiang Jieshi kämpfen und grosse Schwierigkeiten eintreten werden sowie dass die Lage des Kaisers Jiang Jieshi unsicher geworden ist[11], so hat das Ministerium wieder einen Betrag in Höhe von $ 5.000.000 zum Ankauf von Waffen aufgebracht, obwohl grosse Mengen von deutschen Waffen bereits angekauft und an Jiang's Truppen verteilt worden sind. Yu Dawei ist ferner von dem Ministerium für Industrie und Handel und von dem Waijiaobu zum Spezial-Delegierten für Handelsangelegenheiten in Deutschland ernannt worden. Abgesehen von seiner Beförderung bekommt er ein hohes Gehalt und reichliche Reisekosten. Yu wurde angewiesen, sofort sein Amt in Deutschland anzutreten. Die Gelder werden durch eine Bank an Jiang Zuobin nach Deutschland überwiesen. Nachdem Yu den Auftrag erhalten hatte, wurde er von Jiang Jieshi zur Audienz berufen, wo er verschiedene Aufträge von Jiang persönlich erhielt.[12] Yu hat mit seiner Familie gestern mit dem französischen Dampfer „Angers“ seine Reise angetreten. Bei seiner Abfahrt war unser Korrespondent, der einen Freund begleitete, gerade auch an Bord des Dampfers. Der Korrespondent hat Yu getroffen und ihn aufgefordert, sich für ein Bild zur Veröffentlichung in dieser Zeitung zur Verfügung zu stellen. Sichtlich erschrocken hat Yu den Korrespondenten mehrmals gebeten, die Nachricht nicht zu veröffentlichen. Er sagte, er sei von dem Präsidenten Jiang persönlich beauftragt, ins Ausland zu gehen. Die Reise sollte geheim bleiben. „Wenn Sie meine Spur veröffentlichen, dann habe ich nicht nur gegen den Befehl des Präsidenten Jiang gehandelt, sondern auch die Möglichkeit der Bekämpfung der Rebellen gefährdet.“

PolArchAA, R 94869.

Waffenproduktion durch die Einrichtung neuer Fabriken stark ausgedehnt. Auch legte Yu großes Gewicht auf die Einrichtung von Forschungsabteilungen unter der Aufsicht des Waffenamtes. Vgl. Harnisch 1999:366-367.

11 Im Frühjahr 1930 hatten sich alle oppositionellen Generäle zu einem erneuten Versuch zusammengefunden, Jiang Jieshi zu stürzen, nachdem dieser die Forderung nach seinem Rücktritt am 23.2.1930 abgelehnt hatte. Am 1.4. begann der große Bürgerkrieg in Nordchina. Erst als sich der Warlord der Mandschurei, Zhang Xueliang, der Zentralregierung anschloß, brach der militärische Widerstand zusammen. Vgl. Domes 1970:30-31 / Eastman, in: CHOC 13:127-128. – Die Bezeichnung Jiang Jieshis als Kaiser war wohl ironisch gemeint.

12 Die Vertrauensstellung von Yu Dawei bei Jiang Jieshi wurde bestätigt in einem streng vertraul. Schreiben Borchs, DGP, an das AA, 8.5.1930, in: PolArchAA, R 94869.

42

Memorandum der Deutschen Gesandtschaft in Peking für den chinesischen Außenminister Wang Zhengting, Nanjing (26.7.1930)

Peking, den 26. Juli 1930.

Memorandum.[13]

In der letzten Zeit haben sich die Fälle vermehrt, in denen Kriegsmaterial für die National-Regierung aus deutschen Häfen und auf deutschen Dampfern verschifft worden ist, obwohl dieses Kriegsmaterial nicht aus Deutschland, wo die Herstellung und Ausfuhr von Kriegswaffen und Kriegsmunition verboten ist, stammen konnte. Als Beispiel ist der Dampfer „Bertram Rickmers" anzuführen, der mit einer grossen Ladung Waffen und Munition für die National-Regierung am 15. Juni d.J. Hongkong anlief und auf Weisung aus Nanjing dort den grössten Teil dieser Sendung auf einen chinesischen Dampfer für Shanghai umlud.[14] Fälle wie dieser werden in der Oeffentlichkeit eingehend besprochen und dabei meist angenommen, dass die Waffentransporte aus Deutschland stammten. Sogar die chinesischen Zollbehörden führen in ihrer Statistik derartig eingeführte Waffen als solche deutschen Ursprungs auf.[15]

Die Deutsche Regierung hat wiederholt der Chinesischen Gesandtschaft in Berlin gegenüber zum Ausdruck gebracht, dass ihr diese Waffengeschäfte unerwünscht seien und dass sie es mit Dank erkennen würde, wenn die Chinesische National-Regierung von der Bestellung von Kriegswaffen, Munition u.s.w. in Deutschland absähe.[16] Trotzdem sind andauernd weitere Bestellungen dieser Art erfolgt. Es ist dabei festgestellt worden, dass die Bestellungen von Kriegsmaterial durch eine Abteilung der Chinesischen Gesandtschaft in Berlin selbst erfolgen.

Mit Beziehung hierauf beehrt sich die Deutsche Gesandtschaft im Auftrage des Auswärtigen Amts die National-Regierung darauf aufmerksam zu machen, dass die Bestellung von Kriegsmaterial durch eine Abteilung der amtlichen Chinesischen Vertretung in Deutschland der Deutschen Regierung unerwünscht ist und dass die Deutsche Regierung es mit Dank erkennen würde, wenn die Chinesische Regierung künftig von derartigen Bestellungen absehen würde.

PolArchAA, R 94870.

13 Das Memorandum war eine Anlage des Berichts des deutschen Gesandten Borch an das AA, 26.8.1930. Er bemerkte, daß AM Wang Zhengting in einer Erwiderung darauf hingewiesen habe, daß alle großen deutschen Chinafirmen Waffen importierten. Das WJB habe jedoch keinen Einfluß auf militärische Stellen, welche die Waffenkäufe anordneten.

14 Die zweite „Rickmers-Affäre" folgte 1931. Vgl. Dok. 46 und Einleitung zu diesem Kap., Anm. 4.

15 Gemeint ist die chinesische Seezollstatistik, welche die Ausfuhr nach Deutschland über ausländische Firmen nicht erfaßte. Vgl. Ratenhof 1987:343.

16 Vgl. etwa Aufzeichnung des BR Schoen, AA, 27.3.1930, in: ADAP, B XIV, Dok. 178:418-420.

43

Bericht des Polizeipräsidenten von Berlin, Albert Grzesinski, an den Reichsinnenminister, Josef Wirth, Berlin (5.3.1931)[17]

Abschrift I A 2632/21.4.
Der Polizeipräsident.

Berlin, den 5. März 1931.

TgbNr.248 IA.6.30.
An den Herrn Minister des Innern.
Betr.: Ueberwachung chinesischer Staatsangehöriger in Deutschland und Lieferung von Kriegsmaterial nach China.
Zum Erlaß: vom 10. Mai 1930 - III E 295 - und vom 3. Februar 1931 - III E 295 V -.
Bezug: Vorbericht vom 14. Oktober 1930 - 248 IA 7a.30-.[18]

Der Kommissar des Arsenalamts Yang chi Tseng [k.P.] ist nach seiner am 22. September 1930 erfolgten Abmeldung nicht wieder nach Berlin zurückgekehrt. Die übrigen 3 chinesischen Beamten sind bisher hier nicht zur polizeilichen Anmeldung gelangt. Eine Fahndung nach ihnen in Hotels und Pensionaten war ergebnislos.

Im Verlaufe der nach den chinesischen Beamten angestellten Ermittlungen haben sich weitere Feststellungen über die Lieferung von Kriegsmaterial nach China ergeben. Ich beziehe mich in dieser Angelegenheit auf meine Berichte vom 21. März, 25. April, 30. Mai, 18. Juni 1930 - Tgb. Nr. 972 IA 7.30 - und vom 26. November 1930 - Tgb. Nr. 569 IA 6.30 - auf die Erlasse vom 8. März 1930 - II 1630e -, vom 13. Mai, 22. Oktober und 17. November 1930 - II 1606 -.

Die chinesische Zentralregierung verhandelt augenblicklich mit der Firma Steffen u. Heymann[19] über den Bau von Flugzeughallen und Lieferung von Flugzeugmaterial. Außerdem sucht sie 75.000 Stahlhelme und hat sich zu diesem Zweck mit dem Major

17 Aus dem Dokument geht nicht eindeutig hervor, ob der preußische- oder der Reichsinnenminister gemeint war. Preußischer Innenminister war zu diesem Zeitpunkt Carl Severing.

18 Der Vorbericht wie auch dic im folgenden erwähnten Berichte sind nicht ermittelt.

19 Hinter der Firma Steffen & Heymann standen Gustav Amann (vgl. Dok. 45, Anm. 35) und Firmeninhaber Hans Steffen, welche im November 1930 u.a. über die Lieferung einer Giftgasanlage mit der chinesischen Regierung verhandelt hatten. Diese geplante Fabrik für Gaskampfstoffe gab Anlaß zu weiteren Verhandlungen über ein noch größeres Projekt, nämlich der Anlage einer Luftfahrtversuchsanstalt. Allerdings diente auch dieser Plan vermutlich der Tarnung der Giftgasanlage, da die Chinesen einen Teil der in dem Projekt enthaltenen Luftfahrtanlagen bereits durch Luftverkehrsverträge mit den Amerikanern und der Lufthansa erhalten hatten. Eine Reichsausfallgarantie für das Giftgasprojekt wurden vom RWiM und dem RAM abgelehnt. Vgl. Aufzeichnungen des LR Altenburg, AA, 18.11.1930, 16.12.1930, 20.12.1930, in: PolArchAA, R 94870.

Ubelaker in Wien in Verbindung gesetzt. Major Ubelaker hat durch Vermittlung des Kaufmanns Richard Belling, Berlin, Braunsberger Straße 15 wohnhaft, versucht, diese Stahlhelme aufzutreiben. Es war zunächst beabsichtigt, Stahlhelme, die als Schrott verkauft worden waren, wieder aufzuarbeiten und dann vom Freihafen Hamburg aus nach China auszuführen. Belling ist jedoch, nachdem er sich über die gesetzlichen Vorschriften erkundigt hat, von dem Geschäft wieder zurückgetreten, um nicht mit den Gesetzen in Konflikt zu kommen. Ob es Ubelaker gelungen ist, die Stahlhelme anderweitig aufzukaufen, konnte hier nicht festgestellt werden.

Im übrigen stockt der Handel mit Kriegsmaterial nach China wegen Geldmangels. Nach einer Mitteilung aus Waffenhändler- und Exportkreisen bemüht sich die chinesische Nationalregierung zum Ausbau des Verkehrsnetzes und zur Entwicklung des Handels eine Anleihe von 260 Millionen Dollar aufzunehmen.[20] Aus dieser Anleihe soll für den Ankauf von Kriegsmaterial eine namhafte Summe bereitgestellt werden. Es ist danach nicht ausgeschlossen, daß der Waffenhandel nach China sich zum Sommer d.J. wieder beleben wird.

Unter dem Vorwand, durch seine Verbindungen größere Waffenlieferungen nach China tätigen zu können, ist der Kaufmann Felix Sophus Kröger, gegenwärtig Berlin-Steglitz, Forsterstr. 28 bei Schumacher wohnhaft, mit verschiedenen Waffenfabriken in Berlin und Zella-Mehlis[21] in Verhandlungen eingetreten, zu Waffenlieferungen ist es jedoch in keinem Falle gekommen. Gegen Kröger schwebt bei der Staatsanwaltschaft in Hamburg - Aktenzeichen V 61/28 - ein Verfahren wegen Betruges. Abschrift eines von der Firma E. Friederici & Co.[22], Hamburg, am 1. Oktober 1929 an Kröger gemachten Angebots über Lieferung von Kriegsmaterial nach China füge ich in der Anlage bei.[23]

Die Berliner Handelsabteilung der Chinesischen Gesandtschaft steht mit der Waffenfabrik Neuhausen in der Schweiz zwecks Lieferung von Maschinengewehren in Verbindung. Das Muster eines Maschinengewehrs liegt für die Handelsabteilung gegenwärtig in Berlin unter Zollverschluß.

Die Nachforschungen werden fortgesetzt.

Ueber das Ergebnis werde ich gegebenenfalls berichten.[24]

---

20 Über einen Versuch der Chinesen, eine 260 Mill. Dollar-Anleihe aufzunehmen, ist nichts Näheres bekannt. Zu diesem Zeitpunkt (zwischen 1929 und 1931) befand sich die chinesische Wirtschaft in einer Phase der Prosperität, die auf das von Song Ziwen entwickelte System der Defizitfinanzierung zurück ging. Erst 1931/32, als dieses System im Zuge der Weltwirtschaftskrise zusammenbrach, versuchte Song, die Westmächte zu konkreten finanziellen Hilfsmaßnahmen für China zu bewegen. Doch angesichts der fehlenden Sicherheiten war die Zurückhaltung groß. Einzig die USA gewährten mit ihrer Baumwoll- und Weizenanleihe 1933 einen indirekten Kredit, der jedoch die Probleme nicht löste, sondern vergrößerte. Vgl. Osterhammel 1989:294 u. 299-300.

21 Bei der Fabrik in Zella-Mehlis handelte es sich um das Germaniawaffenwerk.

22 Bei der Firma E. Friederici & Co. handelte es sich vmtl. um eine Speditionsfirma.

23 Nicht ermittelt.

24 Am 25.4.1931 folgte ein weiterer Bericht (PolArchAA, R 94871), nach dem sich der Waffenhandel mit China wieder belebt habe. Allerdings würden die chinesischen Behörden jetzt nur noch fabrikneue Waffen und Waffenfabrikationsmaschinen kaufen. Die chinesische Zentralregierung stehe in

Durchschlag dieses Berichts füge ich bei.
gez. Grzesinski[25]

PolArchAA, R 94871.

44

Schreiben des *Waijiaobu*, Nanjing, an die Deutsche Gesandtschaft in Peking (4.6.1931)

4. Juni 1931

Uebersetzung.[26]

Das Waijiaobu beehrt sich der Gesandtschaft mitzuteilen, dass es vom Oberkommando der gesamten Land-, See- und Luftstreitkräfte ein Schreiben folgenden Inhalts erhalten hat:

„Nach den geltenden Bestimmungen müssen sämtliche Behörden, die mit ausländischen Kaufleuten Kaufverträge über Waffen und Kriegsmaterial abschliessen, im Besitze eines von der Zentralregierung ausgestellten Waffen-Transportpasses sein; erst dann dürfen sie solche Käufe vornehmen.[27]

Verhandlungen mit dem Schilde-Konsortium Berlin, der Schweizerischen Industriegesellschaft in Neuhausen (Schweiz), den Steyr-Werken in Österreich sowie der Schweizer Industrie-Werkzeugfabrik Oerlikon. Ein gewisser Berghaus, der mit Wissen des RWM noch Waffenfabrikationsmaschinen besitze, befände sich zu Verhandlungen in Shanghai. Der Kommissar des Arsenalamtes Yang chi Tseng [k.P.] habe in Holland eine Batterie 15 cm-kalibriger Geschütze gekauft. Die Abmachungen mit der Firma Steffen & Heymann (vgl. Dok. 43, Anm. 19) seien nicht zum Abschluß gekommen.

25 Albert Grzesinski war 1925 Polizeipräsident von Berlin und 1930 preußischer Innenminister geworden. Wegen einer privaten Affäre trat er 1930 zurück und wurde nach kurzer Pause erneut Berliner Polizeipräsident. Als SPD-Mitglied mußte Grzesinksi unmittelbar nach der Machtübernahme der Nationalsozialisten das Land verlassen und wollte zunächst mit der Hilfe des Völkerbundes (vgl. Kap. 6) nach China emigrieren. Dann aber entschied er sich um und ging zuerst nach Frankreich und dann nach New York.

26 Anl. an einen Bericht von GR Fischer, DGP, an AA, 11.6.1931.

27 Die Einführung eines *Huzhao* (Erlaubnisschein) für den Import von Materialien und Geräten für den militärischen Bedarf war von der chinesischen Regierung am 31.12.1929 beschlossen worden. Der *Huzhao* mußte von der chinesischen Armee bei den obersten militärischen Stellen beantragt und von der Chinesischen Gesandtschaft des Landes, in welchem der Verkauf, die Verfrachtung oder die Beförderung stattfinden sollte, noch einmal geprüft und bestätigt werden. Am 12.5.1930 folgten Ergänzungen, da nach wie vor Lieferungen an Lokalregierungen erfolgten. Schließlich schaltete sich neben dem WJB auch das militärische Oberkommando ein. Vgl. Mitteilung der Zentralstelle für Außenhandel, 22.7.1930 (mit Übersetzung aller Bestimmungen), in: PolArchAA, R 94870 / Schreiben

Neuerdings kommt es jedoch vor, dass ausländische Kaufleute aus gewinnsüchtigen Motiven mit den Lokalregierungen Verträge über die Lieferung von Waffen abschliessen, ohne die Ausstellung der Pässe abzuwarten, und diese Verträge sofort ausführen. Ein solches Vorgehen steht durchaus im Widerspruch zu dem bisher üblichen Verfahren und bringt erhebliche Missstände mit sich. Es ist erforderlich, die Ordnung wiederherzustellen und diese Anzeichen der Unordnung zu beseitigen.

Es wird daher gebeten, die Gesandten der fremden Mächte in China zu informieren und sie zu veranlassen, die Kaufleute ihres resp. Landes dahin zu verständigen, dass in Zukunft keine Lokalregierung Verträge über die Lieferung von Waffen und Kriegsmaterial jeder Art in Vertretung (sc. der Zentralregierung) abschliessen darf, wenn sie nicht im Besitze eines von der Zentralregierung formgerecht ausgestellten Passes ist. Es muss klar zum Ausdruck gebracht werden, dass die Militärverwaltung eine hohe Behörde ist, der man die erforderliche Achtung entgegenbringen muss."

Das Waijiaobu beehrt sich, dies der Gesandtschaft mit der Bitte um entsprechende Weiterleitung zur gefälligen Kenntnis zu bringen.

- Schlussformel -

PolArchAA, R 94871.

45

Aufzeichnung des Legationrates Heinz Lautenschlager, AA (13.8.1931)

Berlin, den 13. August 1931.

Aufzeichnung.

Die Rickmers Linie[28] ist hier mündlich in folgender Angelegenheit vorstellig geworden.

„Der Dampfer R.C. Rickmers, der sich zur Zeit kurz vor Manila befinde und von dort über Hongkong und Shanghai nach Kobe gehen solle, habe unter anderem 3 Junkers Flugzeuge im Werte von 27.000 £[29], 84 Kisten Gewehre im Versicherungswert von

---

des WJB an die DGP, 6.12.1930, Anl. zum Bericht des deutschen Gesandten in Peking, Borch, an das AA, 2.1.1931, in: ebd., R 94871.

28 Reederei mit Sitz in Hamburg. Zu Rickmers, vgl. Kludas 1984:41-58.

29 Im Jahr 1931 entsprach 1 Pfund Sterling 19,18 RM (Information des Historischen Instituts der Deutschen Bank vom 24.5.2002).

28.000 £ und 55 Tonnen Trinitrotoluol[30] im Werte von 10.500 £ an Bord. Die Flugzeuge stammten aus Schweden, seien daher vermutlich Kriegsflugzeuge und würden von Siemssen & Co[31] geliefert; die Gewehre stammten aus Brünn in der Tschechoslowakei und würden von der Hamburger Firma Schenker & Co[32] geliefert; das Trinitrotoluol werde von der Hamburger Firma Patzak & Co[33] geliefert. Über die Flugzeuge sei nach Angabe der Firma Siemssen & Co ein Einfuhrpaß der Chinesischen Nationalregierung ausgestellt worden; ob der Paß durch die Chinesische Gesandtschaft in Berlin visiert worden sie, sei jedoch der Rickmers Linie unbekannt. Dagegen seien die Gewehre und das Trinitrotoluol, soweit die Rickmers Linie wisse, nicht durch Einfuhrpaß gedeckt. Die Flugzeuge und die Gewehre sollten nach Hongkong, das Trinitrotoluol sollte zunächst nach Kobe gehen und sei dann nach Macao ummanifestiert worden. Sämtliche Konossemente[34] seien durch die Honkong & und Shanghai Banking Corporation aufgenommen worden. In Wirklichkeit seien Flugzeuge und Gewehre jedoch für die aufständische Regierung in Kanton bestimmt. Die Chinesische Nationalregierung habe von dem Transport - die Beförderung des Trinitrotoluol sei ihr offenbar noch unbekannt - Kenntnis bekommen und verlangt, daß der Dampfer R.C. Rickmers von Manila unmittelbar nach Shanghai bzw. Wusong gehen solle, damit dort die Flugzeuge und das sonstige Kriegsmaterial beschlagnahmt werden könne; bei Nichtbefolgung dieser Aufforderung werde die Rickmers Linie als „Verschwörer gegen die Zentralregierung“ behandelt werden. Die Rickmers Linie habe sich bereit erklärt, der Aufforderung Folge zu leisten, wenn die Nanjing-Regierung 1.500 £ für die Versegelung bezahle und den Ersatz der Schadensansprüche, deren Geltendmachung von Kanton her bereits angedroht sei, durch Hinterlegung eines entsprechenden Betrages garantieren, bzw. das beschlagnahmte Kriegsmaterial in bar bezahlen würde. Die Nanjing-Regierung habe bisher Zahlung der 1.500 £ und Abgabe einer Garantie-Erklärung, aber ohne Hinterlegung des Betrages, zugesagt.

Die Rickmers Linie beantrage nunmehr beim Auswärtigen Amt, Vorstellungen in Nanjing zu erheben, damit die Chinesische Nationalregierung von ihrer Aufforderung, der Dampfer R.C. Rickmers solle zwecks Auslieferung des Kriegsmaterials von Manila aus unmittelbar nach Wusong gehen, Abstand nehme. Sollte dieser Antrag abgelehnt werden, so bitte die Rickmers Linie um Unterstützung ihrer Schritte beim chinesischen Finanz-

30 Trinitrotoluol (TNT) ist der wichtigste militärische Sprengstoff und wird vorwiegend in Granaten und Bomben verwendet. Er entsteht durch die Nitrierung des Toluols und ist wasserunlöslich, ungiftig, lagerbeständig sowie gegen Hitze, Kälte und Stöße kaum empfindlich.

31 Zu Siemssen & Co., einem der ältesten deutschen China-Handelshäuser, vgl. Merker, in: Leutner 1996: 277 u. Möring 1971:105-118.

32 Speditionsfirma.

33 Gemeint ist die Firma Block, Patzak & Co., die auf Warentransporte nach Asien spezialisiert war.

34 Ein Konossement (Seefrachtbrief) wird vom Schiffer nach Empfang der Waren ausgestellt und verpflichtet ihn, die Waren dem berechtigten Inhaber des Konossementes nach Beendigung der Reise auszuhändigen.

minister, mit dem die Verhandlungen geführt würden - auch Herr Amann[35] sei beteiligt -, eine sofortige Barzahlung des an die Nanjing-Regierung abzuliefernden Kriegsmaterials zu erreichen.

Ich habe den Antrag, der durch Herrn Dr. Müllensiefen[36] vorgebracht wurde, vorbehaltlich der Genehmigung durch die vorgesetzten Stellen, mit im wesentlichen folgender Begründung abgelehnt.

Das Kriegsmaterial sei für die aufständische Regierung in Kanton bestimmt. Die Deutsche Regierung könne unmöglich in amtlichen Vorstellungen von der Chinesischen Nationalregierung, die die von deutscher Seite anerkannte Zentralregierung Chinas sei, verlangen, daß sie die Lieferung von Kriegsmaterial an die aufständische Regierung in Kanton zulassen solle. Im übrigen hätten sich die Rickmers Linie und die Lieferfirmen die Schwierigkeiten selbst zuzuschreiben, die sich jetzt aus der Nichtbeachtung der ständigen Warnungen des Auswärtigen Amts vor Waffengeschäften und Kriegsmaterial-Transporten und aus der Nichtbefolgung der allgemein bekannten Vorschriften der chinesischen Zentralregierung ergeben hätten.[37]

Dagegen habe ich die Erfüllung der Bitte, die Schritte auf Barzahlung zu unterstützen, als möglich bezeichnet.

Herr Dr. Müllensiefen wird am 14. d.M. vormittags nochmals hier vorsprechen.

Hiermit

Herrn Dg. Frhr. v. Schoen[38] ergebenst vorgelegt.

Lautenschlager

PolArchAA, R 94871.

---

35 Zu Gustav Amann, vgl. Linke, in: Leutner 1996:259-269. Sowie Dok. 43, Anm. 19. - Amann entwickelte mehrere Industrieprojekte für China, die jedoch alle an der fehlenden Finanzierung scheiterten.

36 Gustav Müllensiefen war im Auftrag von Rickmers in China tätig.

37 Am 17.8. hatte St.S. Bülow, AA, ein Telegramm an die DGP gesandt (PolArchAA, R 94871), in dem er bekannt gab, daß die deutsche Regierung den Waffenhandel mit China zwar mißbillige, aber nicht eingreifen könne.

38 BR Schoen war von 1929-32 Dirigent für Ostasien und Vertreter des Abteilungsleiters IV (China) im AA.

46

Telegramm von einer in Kanton abgehaltenen Massenversammlung an den Außerordentlichen Zentralrat, die Nationalregierung und andere Stellen (24.8.1931)[39]

24. August 1931

Jiang Jieshi hat die Sucht nach der Alleinherrschaft, steht gegen die Guomindang-Partei auf und bringt dem Vaterland Unglück. Neuerdings hat er mit Deutschen einen Vertrag abgeschlossen, wonach eine Menge von Waffen und Giftgas, welches nach dem Kriegsrecht verboten ist, bestellt worden ist.[40] Ferner sind mehr als 100 Deutsche als Berater engagiert worden, welche an die Truppenabteilungen verteilt werden sollen. Hierauf wird Jiang Jieshi versuchen, Befehl zum Widerstand gegen unsere Truppen und zur Unterdrückung des Volkes zu erlassen. Sein Ehrgeiz ist jedem bekannt. Die Deutschen haben ohne alle Rücksichtnahme ein grosses Unrecht begangen. Ihre Begier soll noch grösser sein. Diese Nachrichten haben das revolutionäre Volk sehr empört. Deswegen ist eine Massenversammlung am 22. August in Kanton abgehalten worden, in welcher die folgenden Massnahmen gegen die Deutschen beschlossen worden sind:[41]

Zunächst ist Deutschland eine Warnung zu geben, dann sollen die wirtschaftlichen Beziehungen mit den Deutschen abgebrochen und zuletzt die Deutschen aus dem chinesischen Gebiet vertrieben werden.

Wir bereiten weiterhin vor, die freundschaftlichen Beziehungen zwischen China und Deutschland abzubrechen, bis die Deutschen die mit Jiang Jieshi abgeschlossenen Verträge aufgehoben haben. Gemäss der Meinung des Volkes ist ein Manifest veröffentlicht worden. Wir sind bereit, in dieser diplomatischen Angelegenheit die Regierung zu unterstützen. Der Ausserordentliche Zentralrat und die Nationalregierung haben die wichtigen Sachen der Revolution zu erledigen. Wir erlauben uns, Sie daher zu bitten, den Truppen Befehl zu geben, die Strafexpedition gegen Jiang Jieshi schleunigst durchzuführen. Wir bitten ferner, das Aussenministerium anzuweisen, die von der Massenversammlung gefassten Massnahmen gegen die Deutschen anzunehmen und diese bald ins Werk zu setzen, damit die

---

39 Anlage an den Bericht von GK Wagner, Kanton, an das AA, 21.9.1931, in: PolArchAA, R 94872. Wagner wies darauf hin, dass unter der Ägide der Parteigruppe der Provinz Guangdong und der Stadt Kanton eine Massenversammlung einberufen worden sei. Zunächst sei ein Manifest mit Anklagen gegen die deutsche Hilfe für Jiang Jieshi veröffentlicht worden. Das Manifest sei in den Parteiblättern wie *Guomin ribao* (Volkszeitung) und *Gong pingbao* (Zeitung der Gerechtigkeit) veröffentlicht worden. Die Beschlüsse der Massenversammlung hätten ihren Niederschlag in einem Rundtelegramm gefunden, das ebenfalls von einigen Zeitungen veröffentlicht worden sei. Die Regierung habe die gestellten Anträge zur amtlichen Kenntnis genommen, aber bisher noch keinen formellen Beschluß gefaßt.

40 Zur Anwendung von Giftgas im Krieg, vgl. Dok. 28, Anm. 65.

41 Vgl. Anm. 39.

innere Unruhe und der fremde Zwang vermieden werden. Wir bitten, in der Sache die geeignet erscheinende weitere Veranlassung zu treffen.
Die Massenversammlung aller Kreise des Volkes
aus Guangdong zum Widerstand gegen den Bund
zwischen Jiang Jieshi und den deutschen
Imperialisten zur Ermordung unserer Brüder.

PolArchAA, R 94872.

47

Stellungnahme Sun Kes, Mitglied der Oppositionsregierung in Kanton, zu den antideutschen Bewegungen (28.8.1931)

28. August 31

„Cable received.[42] Impending boycott caused by German Government aid to Jiang Jieshi against Chinese people's wish. German government took no measure to prevent German boat recently deliver to Jiang large consignment arms purchased by Kanton military authorities for bandit suppression. People indignant over German partiality. For Sino-German friendship influence German government withdraw German advisers from Nanjing and suspend arms supply to Jiang.

Willing to cooperate restore good will.
Sun Ke."

PolArchAA, R 94871.

42 Der RDI hatte am 26.8. ein Telegramm an Sun Ke geschickt (PolArchAA, R 94871), in welchem er sein Befremden über den drohenden Boykott deutscher Waren zum Ausdruck gebracht hatte. Die deutsche Wirtschaft sei für den Zwischenfall nicht verantwortlich und strebe einen Ausbau der deutsch-chinesischen Beziehungen an.

48

Brief des Vertreters der Firma Krupp in China, Martin Poethe, Shanghai, an Finanzminister Kong Xiangxi, Shanghai (31.5.1933)

Shanghai, May 31st, 1933.

To His Excellency
Dr. Kong Xiangxi,
Shanghai.

Sir,
I have the honour to submit the following reports to your attention:
1. a summary of the present state of production of war material in the Arsenals of the National Government,
2. my suggestions regarding the producing capacity the different plants of a projected new central arsenal should have, based on the requirements of 10 fully equipped divisions[43] of the Chinese Army.

My reports embody the results of my negociations with the director of the Arms Department Dr. Yu Dawei and with the Head of the Military Commission[44] appointed by him for the inspection of arsenals, General Karlewski[45], as well as the results of my own inspections of the arsenals in Nanjing, Hanyang, Jinan and Kongxian.[46]

---

43 Vermutlich orientiert an der Denkschrift Seeckts (vgl. Dok. 33, Anm. 85), in welcher dieser betonte, daß es ihm besser erscheine, „in einiger Zeit zehn gute Divisionen zu haben, als in der gleichen Zeit zwanzig mittelmäßige aufzustellen". Abgedruckt in: Martin 1981:384.

44 Gemeint ist Jiang Jieshi. Poethe führte jedoch die Verhandlungen zur Errichtung eines Zentralarsenals ausschließlich mit FM Kong Xiangxi und dem Leiter des Waffenamtes, Yu Dawei (vgl. Dok. 41, Anm. 10). Am 15.8.1934 führte Poethe ein persönliches Gespräch mit Kong in Guling. Vgl. Brief von Poethe an Kong, 22.8.1934, in: 2. HACh, 318(2)-554(2). Sowie Dok. 54, Anm. 77.

45 Generalleutnant a.D. Erich Karlewski war im Januar 1933 von der Reichswehr nach China entsandt worden, um Yu Dawei beim Aufbau des Waffenamtes zu helfen. Vgl. Ratenhof 1987:403.

46 Das mit Abstand bedeutendste schwerindustrielle Unternehmen in China befand sich in Hanyang (Hubei) und war ursprünglich als Stahlwerk gegründet worden. Letzteres war jedoch 1922 stillgelegt und die Eisenproduktion 1925 eingestellt worden. Zu Beginn der 30er Jahre mußten die im Arsenal verwendeten Rohmaterialien wie Eisen, Stahl, Kupfer, Blech und auch Sprengstoffe importiert werden. Die zur Verfügung stehenden Maschinen waren überwiegend deutscher oder amerikanischer Herkunft. - Weitere kleinere Arsenale gab es 1931/32 in Baoding, Beiyang (Tianjin, 1928 mit deutschen Maschinen errichtet), Changsha, Chengdu, Dezhou (Shandong), Fuzhou, Hainan, Hangzhou, Jiangnan (Shanghai; demontiert 1932), Jiaozuo (Henan), Kanton, Kaifeng, Zhengjiakou (Kalgan), Shenyang (1928 unter Beteiligung deutscher Importfirmen erweitert), Nanchang, Taiyuan, Xian, Yunnan. Alle Angaben aus CYB 1931/32:584-585 / Osterhammel 1989:270-271.

Summary of the present state of production of war material in the Arsenals of the National Government.

My summary is intended to be only a brief outline of what will be of importance in order to arrive as soon as possible at a satisfactory solution of the Arsenal problem.

All technical observations made on occasion of my inspections of the Arsenals now in operation have been rendered to the Head of the Military Commission to be embodied in his report to the Arms Department.

While contemplating what is being produced in the inspected arsenals I have started from the fact that there are different rules for manufacturing war materials as compared to the manufacture of other products - rules which demand of course special requirements for the equipment of arms and ammunition factories.

I proceed with the consideration of the finished products in war material.

The arsenals of Hanyang and Kongxian are the only two factories for the production of Rifles. The respective plant of the Hanyang Arsenal consists mostly of first class machinery. As the equipment was bought 20 to 30 years ago, the machines are partly out of use and more or less worn out. It is quite astonishing and gives credit to the quality of the machinery and also to the management and the ability of the workmen that there is quite a considerable output of rifles. Under no circumstances, however, are such old plants capable at present and even less so in future to manufacture rifles which meet all requirements.

The rifle factory at Kongxian is a more modern plant, the machinery also being of good quality. But there too much work is done by hand on the machined parts to make them fit for assembling the rifle. Since gauging is insufficiently applied, the parts of the rifles are not interchangeable. Thus the lack of modern working methods still prohibits the manufacture of rifles which are of real use in modern warfare.

The same applies to the manufacture of Machine Guns in Hanyang and Nanjing where the machine gun parts are manufactured on old machines, a portion even by hand, and without the proper application of gauges.

All the machines and installations for the manufacture of Infantry Ammunition in Hanyang, Jinan and Nanjing (such as foundries, brass rolling mills, furnaces for different purposes and machines for making cartridge cases, bullets and rounds) estimated to be 20 to 50 years old, apparently have been used very extensively and consequently are worn out in a way that their accurate working can not be expected. The comparatively high output of cartridges is possible only because the utility for war purposes of the cartridges is disregarded.

Mechanical equipment for the manufacture of Artillery Pieces is to be found only in the Hanyang arsenal; this equipment, however, can not be considered as suitable for the manufacture of modern cannons for several reasons. Should this plant be furnished with additional machinery and equipment it could be turned into quite an efficient repairshop for artillery pieces.

The only plant for the manufacture of Artillery Ammunition is in Kongxian. The pressing plant for shells shows such shortcomings that it will be very difficult to produce unobjectionable shell bodies, even when applying correct working methods. When designing this ammunition plant no care was taken to have the plant working satisfactorily neither from a technical nor from an economical point of view. The machines are inferior and partly not suitable for the manufacture of shells. Most important apparatus for manufacturing and control are not at hand.

The manufacture of Hand Grenades and castiron Shells for trench mortars does not demand as high a grade of accuracy as it is essential with other war material. For years to come, it will, therefore, be possible for the existing arsenals to continue the manufacture of these two lines with the existing old equipment. However, it seems to be advisable to improve the equipment of the foundries.

The Powder Factory in Hanyang includes, besides the old equipment, a few machines of a more up-to-date construction. As the quality of the powder for artillery and infantry ammunition which is produced in Hanyang is not of the required standard, the working process as well as part of the equipment should be improved. Furthermore, it must be stated that even the simplest precautionary measures which are self-understood with such factories elsewhere are neglected to an alarming degree; in case of an explosion it must be taken for granted that the whole factory is doomed to destruction. The output of the factory is insufficient. The production of T.N.T.[47] is nil.

By no means it should be tried to improve the old equipments of the Nanjing, Hanyang and Jinan arsenals by the exchange and replacement of single machines or groups of machines, because these three plants being too antiquated. Experience proves that the modernising of such plants costs enormous sums of money without assuring the expected results. Nevertheless, these old plants will have to pull through until something new has been established. Likewise, the addition of new shops to the existing arsenals is not advisable: in Nanjing from lack of space, in Hanyang also from lack of space and from danger of floods[48], and in Jinan on account of its easily being reached by enemy bombing planes. Regarding Kongxian it seems not to be convenient to extend the existing shops or to add new shops because the arsenal is confined to only one railway line for the supply of combustibles, raw material and other needs for its action and for the delivery of its products.

In order to avoid that old working methods of the existing plants may have an unfavourable influence upon the technical organisation of new projects, it is to be principally recommended that such new works be established separately, forming later a pattern for the reorganisation of the existing old plants.

From the above it will be seen that the National Government is actually in need of a central arsenal in which war material is to be manufactured with new and modern machines and equipment and under modern and scientific management and organisation so that it will

47 Trinitrotoluol, vgl. Dok. 45, Anm. 30.

48 Hanyang liegt am Yangzijiang und war laufend von Überschwemmungen bedroht.

meet all the requirements of modern warfare. This new central arsenal must, as far as possible, be projected in a way so as to make it independant from purchasing semi-manufactured products. As soon as this new arsenal has started to work the old arsenals can be reorganized in cooperation with the new plant which also will have to supply the old plants with semi-manufactured materials.

(...)[49]

Regarding models, types and calibers of the arms and ammunition to be manufactured, upon which the exact projecting of all these shops has to be based, the Director of the Arms Department[50] has kindly promised to furnish me with the technical datas.

It still remains an unsolved problem, where the new central arsenal shall be erected.

Although the producing capacity of the suggested arsenal would not yet cover the third part of what will be required for only ten fully equipped divisions in case of war against a modernly armed aggressor, the program is a wide one. Because of the variety of factories the whole arsenal must be conceived in an uniform and complete scheme to secure the forming of an organic entity. I am conscious of the hard work that must be done for the realisation of a program comprising such a great number of most different manufacturing processes, each of them demanding a great deal of experiences for projecting as well as for running the respective plant.

The successful erection of this arsenal will prove to be of decisive importance for the further development of industry in China.

The firm of Fried. Krupp A.G. has offered to the Chinese National Government their collaboration to make the realisation of this program a success.[51]

Always at your disposal, I beg, Sir, to remain,

very faithfully yours,

M. Poethe

2. HACh, 318(2)-554(2).

---

49 Auslassung: Es folgen detaillierte Ausführungen hinsichtlich der Produktionskapazität (Herstellung von Waffen, Munition, Sprengstoffe, Betriebe, Kraftwerke und Laboratorien) des Zentralarsenals. Hierbei stellte Poethe die tatsächliche Waffenproduktion in China der eigentlich notwendigen gegenüber: Um zehn Divisionen auszurüsten, müßten monatlich 240 leichte und 80 schwere MG produziert werden. Im Moment würden jedoch alle chinesischen Arsenale gerade einmal 55 MG im Monat herstellen. - In einem Schreiben an FM Kong wies Poethe darauf hin, daß die Anlernung von kompetentem Personal einige Jahre in Anspruch nehmen würde. Das aber bedeute, daß die Produktion am Anfang nicht so hoch sein könne wie in dem Plan angenommen worden sei. Vgl. Brief von Poethe an Kong, 22.8.1934, in: 2. HACh, 318(2)-554(2).

50 Yu Dawei.

51 Da jedoch die deutsche Regierung nicht bereit war, die Pläne zum Bau eines Zentralarsenals in China durch eine Reichsausfallbürgschaft zu unterstützen (vgl. Einleitung zu diesem Kap.), was Poethe zu diesem Zeitpunkt noch nicht wußte, konnte das Projekt letztlich nicht zu einem erfolgreichen Abschluß gebracht werden.

49

Aufzeichnung des Legationsrates Felix Altenburg, AA (23.11.1933)[52]

Berlin, den 23. November 1933.

Aufzeichnung

Herr Klein ist der Leiter der „Stamag"[53] und steht dem Reichswehrministerium nahe.[54] In den Kreisen der Industrie, wie z.B. Siemens, war er bisher anscheinend unbekannt. Er ist durch den Ministerialrat de Grahl vom Waffenamt im Auswärtigen Amt eingeführt worden und hat hier Herrn V.L.R. Michelsen, ferner auch Herrn Gesandtschaftsrat Kühlborn und dem Unterzeichneten über eine Geschäftsreise nach Süd-China und über die dort von ihm mit der Regierung der Provinz Guangdong angeblich geschlossenen Verträge betreffend Aufbau einer Rüstungsindustrie in Kanton berichtet. Er ist von hier aus unter Vorbehalt der Prüfung der politischen Seite seiner Pläne zunächst an die Deutsche Revisions- und Treuhand-A.G.[55] sowie an das Reichswirtschaftsministerium verwiesen worden, um mit diesen Stellen seine Pläne nach der wirtschaftlichen Seite hin und im Hinblick auf die von ihm nachgesuchte Reichsausfall-Bürgschaft für ein Objekt von ca. RM 7 Millionen zu besprechen.

Soweit bekannt, ist der Antrag auf Reichsausfall-Bürgschaft zunächst auf die technische Schwierigkeit gestoßen, daß Herr Klein lediglich eine Handelsfirma, nicht eine Industriefirma vertritt. Er ist insbesondere vom Reichswirtschaftsministerium (Oberregierungsrat Köhler) dahin beraten worden, wie er seinen Antrag etwa durch Bildung eines Konsortiums den bestehenden Bestimmungen anzupassen habe.

Im A.A. hat sich Herr Klein nicht weiter gemeldet.

Nach der politischen Seite unterliegt der Aufbau einer Rüstungsindustrie in Süd-China durch deutsche Firmen gewissen Bedenken. Der deutsche Gesandte Herr Trautmann hat mit

---

52 Abgedruckt in: ADAP, C III, Dok. 89:151-152 (allerdings mit Datum vom 27.11.).

53 Über die STAMAG (Stahl- und Maschinengesellschaft m.b.H.) wickelte Klein die militär-industriellen Geschäfte mit der Sowjetunion ab. Vgl. hierzu Meier-Welcker, in: Martin 1981:117 / Ratenhof 1987:308. Vgl. hierzu Entschädigungsstreit des Kaufmanns Hans Klein gegen Berlin, dessen Urteil am 13.3.1957 verkündet wurde (IfZ, Gbo6.28). Klein hatte geklagt, daß ihm sowohl durch die HAPRO als auch durch die STAMAG ein Vermögensschaden entstanden sei. Seine Klage wurde vom Entschädigungsamt Berlin mit folgender Begründung abgewiesen: Klein sei nach seinen Ausführungen nicht wegen politischer Gegnerschaft gegen den Nationalsozialismus, sondern wegen persönlicher Bindungen zu Marschall Jiang Jieshi und seiner Regierung in Konflikt mit Hitler geraten. Hätte Hitler seine wirtschaftlichen Gedankengänge gebilligt, dann wäre der Kläger zu einer Zusammenarbeit mit den Nationalsozialisten bereit gewesen. Deshalb sei er allenfalls mittelbar geschädigt worden.

54 Zu den Beziehungen zwischen dem RWM und Klein, vgl. Fox, in: Martin 1981:217-218.

55 Reichsausfallbürgschaften mußten von der Deutschen Revisions- und Treuhand-A.G. sowie dem RWiM beantragt werden.

Beziehung auf diese und ähnliche Geschäfte wiederholt seine Ansicht dahin deutlich zum Ausdruck gebracht[56], daß Deutschland sich auf dem Gebiet der Rüstungsindustrie und der Arsenallieferungen aus dem China-Geschäft nach Möglichkeit heraushalten solle, einmal wegen des innerpolitischen Gegensatzes zwischen der Chinesischen Zentralregierung in Nanjing und den ziemlich unabhängig gewordenen Provinzialregierungen in Süd-China, vor allem in Kanton, sodann auch im Hinblick auf die Haltung Japans, welches jede Stärkung Chinas auf militärischem Gebiet, insbesondere durch Aufbau einer Rüstungsindustrie, als bedrohlich und daher unerwünscht empfindet.[57] Es ist hier allerdings bekannt, daß die Pläne des Herrn Klein im Reichswehrministerium, namentlich im Waffenamt, eine starke Förderung erfahren.

Im Zusammenhang mit dem Besuch des Herrn Klein in Kanton befinden sich jetzt zwei chinesische Generale aus Kanton in Berlin, von ihnen ist der eine der Direktor des Kantoner Arsenals.[58] Beide wollen angeblich die Waffenfabrikation in Europa im Zusammenhang mit der geplanten Errichtung eines großen Arsenals bei Kanton studieren.

Es dürfte sich für eine etwaige Besprechung mit Herrn Keppler empfehlen, auf die bestehenden politischen Bedenken im Zusammenhang mit der soeben auch amtlich bestätigten Meldung von der Unabhängigkeitserklärung der südchinesischen Provinz Fujian[59] hinzuweisen.

Hiermit über Herrn Ministerialdirektor
Meyer
Herrn Ministerialdirektor Ritter
ergebenst vorgelegt.

Abteilung IV - Ostasien.
gez. Altenburg
PolArchAA, R 94872.

---

56 Vgl. Schreiben des deutschen Gesandten Trautmann an das AA, 18.9.1933, in: ADAP, C I, Dok. 436:801-803.

57 Japan war damit beschäftigt, die Mandschurei zum Satellitenstaat auszubauen. Während der Kämpfe in Shanghai 1932 waren von Deutschen trainierte und mit deutschem Material ausgestattete chinesische Einheiten hervorgetreten. Vgl. Fox, in: Martin 1981:222 / Martin 1997:6.

58 Es handelte sich um Wu Yet Chih [k.P.] und den Arsenaldirektor Tang Yan Chun [k.P.], die im Auftrag der Kanton-Regierung Waffen und Maschinen einkaufen sollten. Beide wurden von der CGB zwar freundlich betreut und an deutsche Firmen empfohlen, ihre Bestellungen aber scharf kontrolliert und wenn möglich behindert. Aufzeichnung des LR Altenburg, AA, 29.1.1934, der seine Informationen von einem Gewährsmann aus der CGB hatte, in: BArch, 0902/2239.

59 Die Provinz Fujian hatte sich im November 1933 unabhängig erklärt und gegen die Zentralregierung in Nanjing rebelliert. Dem Aufstand schlossen sich weder die südwestlichen noch die nordchinesischen Generäle an, dafür aber kam es zu einer Abmachung mit der Roten Armee in Jiangxi, die freilich keine sofortige militärische Kooperation nach sich zog. Der Gegenschlag folgte ab Mitte Dezember, wobei erstmals die Luftwaffe verstärkt eingesetzt wurde. Ende Januar 1934 war die aufständische Provinz besiegt. Vgl. Eastman 1974:104-134.

50

Bericht des deutschen Gesandten in Peking, Oskar Trautmann, an das AA (1.3.1934)[60]

Deutsche Gesandtschaft. Peking, den 1. März 1934

No. 187.
Aktz. 8304/2326/34.
Im Anschluss an den Drahtbericht
- No 38 - vom heutigen Tage.[61]
3 Durchschläge
Inhalt: Waffenlieferungen nach Kanton; Projekt Klein

Vizeaussenminister Xu Mo hat am 24.v.M. Botschaftsrat Fischer in Nanjing folgende Mitteilung gemacht:

„Aus Nachrichten, an deren Zuverlässigkeit kein Zweifel obwalte, sei der Chinesischen Regierung bekannt geworden, dass sich in Deutschland aus verschiedenen Firmen ein Syndikat gebildet habe zu dem Zwecke, für die Kantoner Regierung einen grossen Rüstungsauftrag, bestehend in Kriegsmaterial und Arsenalausrüstung, zur Ausführung zu bringen. Vermittler sei ein Reichsangehöriger Klein, der nach sicherem Vernehmen sich im Sommer vorigen Jahres in Kanton aufgehalten habe. Klein behaupte, im Einverständnis mit dem Reichswehrministerium zu handeln und stehe angeblich mit einem Oberst Stephan in Verbindung; dagegen bestehe Anlass zu der Vermutung, dass das Auswärtige Amt sich der Durchführung des Projektes widersetze.

Klein habe einem Gewährsmann der Chinesischen Regierung zu verstehen gegeben, dass die militärischen Stellen in Kanton sich der Zustimmung des Generalissimus Jiang Jieshi versichert hätten und dass von seiner Seite ein Einspruch nicht zu besorgen sei.[62] Diese Behauptung entbehre jeglicher Begründung.

Die Chinesische Regierung betrachte die durch die vorliegenden Informationen aufgedeckten Rüstungspläne mit ernster Besorgnis, und wenn er sich zu der Bitte veranlasst sähe, unverzüglich die Aufmerksamkeit der Reichsregierung darauf hinzulenken, so handele er damit im ausdrücklichen Einvernehmen mit dem Generalissimus. Der Standpunkt der Chinesischen Regierung hinsichtlich des Handels mit Kriegsmaterial sei aus früheren

---

60 Am 1.3.1934 schickte das AA ein vertraul. Telegramm an die DGP, in welchem alle wesentlichen Informationen zu Klein bekannt gegeben wurden. Auch wurde der ablehnende Standpunkt hinsichtlich der Kanton-Geschäfte Kleins bestätigt, insofern die chinesische Regierung kein Einverständnis signalisiere. Am 2.3. bat AM Xu Mo noch einmal darum, nur im Einvernehmen mit Jiang Jieshi zu handeln. (PolArchAA, R 31249 KI)

61 Nicht ermittelt.

62 Es könnte durchaus sein, daß Jiang Jieshi unverbindliche Äußerungen in diese Richtung gemacht hat, ohne sich jedoch festzulegen. Vermutlich wollte Jiang das Engagement Seeckts, der am 7.3.1934 Deutschland verlassen hatte, um seine Stelle als Generalberater in China anzutreten, unter keinen Umständen gefährden und wich der Kanton-Problematik aus.

Notifikationen bekannt, denen zufolge die Regierung das ausschliessliche Recht der Kontrolle der Einfuhr für sich in Anspruch nähme.[63] Der Umstand, dass aus Kanton keine Anzeige über Verhandlungen und Abschlüsse in Kriegsmaterial vorläge, lasse den Schluss zu, dass eine den Vorschriften zuwiderlaufende Einfuhr beabsichtigt sei. Angeblich sei mit der Verschiffung bereits begonnen worden.

Er wolle seiner Mitteilung die persönliche Bitte hinzufügen, dass die Gesandtschaft auf telegraphischem Wege Bericht erstatten und den Ernst der in Nanjing über die Kantoner Rüstungspläne bestehenden Besorgnisse unterstreichen möchte."

Ich habe Botschaftsrat Fischer gebeten, Herrn Xu Mo zu sagen, dass ich nach Berlin telegraphiert habe und dass das Auswärtige Amt bereits im Sinne der chinesischen Anträge mit dem Reichswehrministerium in Verbindung getreten sei.[64] Vermutlich würde auch die Chinesische Gesandtschaft in Berlin inzwischen zufriedenstellend über die Angelegenheit berichtet haben.

Trautmann

PolArchAA, R 31249 KI.

51

Streng geheimes Telegramm des Gesandtschaftsrates Heinz Lautenschlager, Peking, an AA (15.2.1935)[65]

Telegramm (Geh.Ch.V.)
Nanjing, den 15. Februar 1935. 16.45 Uhr
Ankunft: „ 15. „ „ 14.25 „
Nr. 4. vom 15.2.
Cito! Auf Drahterlaß Nr. 3. (IV Chi 297) vom 12. Februar.[66]

---

63 Vgl. Dok. 45.

64 Damit war eine Referentenbesprechung des AA, RFM, RWM, RWiM und der Reichsbank angesprochen, die am 16.2.1934 stattgefunden hatte. Während das AA sein Mißtrauen bezüglich der beruhigenden Aussagen Kleins zum Ausdruck gebracht und auf die Gefährdung der guten Beziehungen zu der chinesischen Zentralregierung hingewiesen hatte, vertrat General von Reichenau im Auftrag des RWM die Ansicht, daß genau solche Aufträge die Produktionskapazität der Rüstungsindustrie sowie den Absatz deutscher Rüstungsgüter in China enorm steigern würden. Niederschrift von LS Kühlborn, AA, in: PolArchAA, R 94872. Auch Fox, in: Martin 1981:223-224.

65 Abgedruckt in: ADAP, C III, Dok. 493:913-914.

66 Am 12.2.1935 hatte RAM Neurath ein streng geheimes Telegramm an Seeckt geschickt, in welchem er diesen bat, Jiang Jieshis Stellungnahme zu den Nanjing- bzw. den Kanton-Projekten (PolArchAA,

Streng geheime Äußerung Herrn von Seeckts:
„Jiang Jieshi hat sich im Juni vorigen Jahres mir gegenüber mit dem Kleinschen Nanjingprojekt grundsätzlich einverstanden erklärt, im August den Finanzminister zum Abschluß eines Vorvertrags ermächtigt und mir am 31. Januar nochmals sein Einverständnis und den Wunsch nach baldiger Inkraftsetzung des Vertrags ausgesprochen.[67] Er ließ mir am 7. Februar eine von mir erbetene und von ihm geschriebene und unterschriebene Zusammenstellung über sofort oder innerhalb des nächsten Jahres von China zu liefernde Rohstoffe zugehen.[68] Er erwarte Klein im März hier zum Abschluß endgültigen Vertrags und Regelung aller Einzelheiten. Mit Einrichtung einer dauernden Vertretung hier zur Durchführung ist er einverstanden. Die Frage des bereits gelieferten Kantoner Arsenals spielt hierbei keine Rolle.

Ausdrückliche Billigung Kleinschen Kantonprojekts ist von seiten des Marschalls nicht erfolgt und auch nicht zu erwarten. Ich habe daher solches Ansuchen auch nicht gestellt. Der Marschall wird, wenn er nicht zur Stellungnahme gezwungen wird, keine Schwierigkeiten außer vielleicht gelegentlichen formellen Protesten machen. Berliner Gesandter und Vorstand der Handelsstelle[69] gelten hier nicht als zuverlässige Anhänger des Marschalls. Letzterer vertritt nach hiesiger Auffassung Sonderinteresse chinesischer Gruppen.[70] Ich rate Ausführung weiterer Kantonpläne Klein's bis nach Abschluß der hiesigen Verhandlungen zu verschieben oder mit nichtmilitärischen Werft-, Bergwerkseinrichtung, Eisenbahn-, Hafenbauten zu beginnen. Gegen diese und Kreditgewährung ist kein Widerspruch von hier zu erwarten. Ich befürworte den Kredit, nachdem ebenso wie hier festgestellt worden ist, was von Kanton sofort oder innerhalb eines Jahres geliefert werden kann und daß Vorbereitung der Lieferung begonnen hat.

Marschall hat mich bei unserer letzten Unterredung vor seiner Abreise nach Sichuan [gebeten], der Deutschen Regierung seine Bitte um Umwandlung der Gesandtschaft in eine Botschaft zu übermitteln.[71] Er legte Wert darauf, daß Deutschland als Zeichen der besonders guten Beziehungen zwischen den Ländern hierin anderen Ländern vorangehe.

R 31249 KI) darzulegen. Er wollte definitiv in Erfahrung bringen, ob Jiang Jieshi die neuen Kanton-Pläne gebilligt habe.

67 Zu den Verhandlungen, die dem Austauschvertrag vorausgingen, vgl. den Verhandlungsbericht Kleins, Dok. 54.

68 Dies ging auf die Initiative des RWM zurück, das eine Liste derjenigen Rohstoffe zusammengestellt hatte, die aus China importiert werden sollten. Vgl. Aufzeichnung des VLR Erdmannsdorff, AA, über ein Gespräch mit Min.Dir. Meyer und Oberst Thomas vom Heereswaffenamt, 14.2.1935, in: PolArchAA, R 31249 KI.

69 Gemeint ist Liu Chongjie, der von 1934 bis Mitte 1935 als chinesischer Gesandter in Berlin tätig war.

70 Die Gesandtschaft, wie auch das WJB, vertraten nicht unbedingt die militärischen Interessen. (Vgl. Einleitung zu diesem Kap.)

71 Die Gesandtschaften in Peking bzw. Berlin sollten in Botschaften umgewandelt und die Deutsche Botschaft in China zusätzlich von Peking nach Nanjing verlegt werden. Hitler hat dem am 26.6.1935 in einem Gespräch mit Seeckt zugestimmt. Vgl. Meier-Welcker, in: Martin 1981:132. Sowie Dok. 118 u. 119.

Dabei berührte er den Wunsch nach Verlegung der Gesandtschaft beziehungsweise Botschaft nach Nanjing. Bei gleicher Gelegenheit sprach er den Wunsch aus, daß in Deutschland von der Regierung eine Stelle errichtet würde, durch welche das gesamte deutsche Geschäft mit China ginge unter Vermeidung aller unmittelbaren chinesischen Verhandlungen deutscher Privatfirmen. Ich halte diesen letzten Wunsch für sehr ernster Erwägung wert.

von Seeckt."

Lautenschlager

PolArchAA, R 31249 KI.

52

Schreiben des deutschen militärischen Generalberaters Alexander von Falkenhausen, Nanjing, an Marschall Jiang Jieshi, Nanjing (1.5.1935)

Generalberaterstelle.

Nanjing, den 1. Mai 1935.

Tgb.Nr. 2695/IV

An den

Vorsitzenden der Militaer-Kommission

Herrn Marschall *Jiang Jieshi*,

Exzellenz.

Eurer Exzellenz

erlaube ich mir ganz ergebenst folgendes Telegramm zu übersenden, dass ich soeben vom deutschen R.W.M. mit der Weitergabe an Eure Exzellenz erhalte:

„Reichswehrministerium moechte nochmals feststellen:

1) Herr Klein hatte persoenlichen Vortrag beim Fuehrer mit durchaus positivem Ergebnis.[72]

2) Herr Hitler hat Herrn Klein beauftragt, Eurer Exzellenz sein Bild mit Unterschrift zu ueberreichen.[73]

---

72 Klein war am 28.2.1935 von Hitler empfangen worden und hat bei dieser Gelegenheit ein Handschreiben und ein Photo des Generalgouverneurs von Kanton Chen Jitang sowie ein Bild von Jiang Jieshi überreicht. Vgl. Bericht von Lammers, RK, an das AA, 5.3.1935, in: PolArchAA, R 31249 KII.

73 RAM Neurath hatte am 9.3.1935 an die RK geschrieben (in: ebd.), daß Hitler den beiden chinesischen Generälen nicht mit einem eigenen Dankesschreiben antworten sollte. Stattdessen sollte Klein je ein Bild mit Rahmen überbringen und den aufrichtigsten Dank Hitlers für die freundschaftliche Geste aussprechen.

3) Herr Klein besitzt das volle Vertrauen des Reichswehrministers sowie des Reichswirtschaftsministers Dr. Schacht; die deutsche Regierung hat besonderes Interesse fuer das Projekt Klein, auf das sie grossen Wert legt und das sie voll unterstuetzt.
4) Herr Klein hat in Deutschland stets nur im Interesse Chinas und Eurer Exzellenz gesprochen und gehandelt.
5) Bitte, dies Telegramm an den Herrn Marschall weiterzuschicken.“
v. Falkenhausen.

BA/MA, Msg. 160/7.

53

Telegramm des deutschen Generalkonsuls in Shanghai, Hermann Kriebel, an Reichskanzler Adolf Hitler, Berlin (13.5.1935)

Postziffern G.V.

Deutsches Generalkonsulat Shanghai, den 13. Mai 1935.
Shanghai.
Diplogerma Peking.
9/13.

Bitte um Weiterleitung nachstehenden Telegramms über Aussenminister an Führer und Reichskanzler.

„Voraussetzung für Geschäfte deutscher Waffen- und Rüstungsindustrie mit Nanjing-Regierung und damit Hauptgrund Lage vieler deutscher Importhäuser in Shanghai ist Weiterbestand deutscher Militärmission in Nanjing. Alles, was Bestand dieser Mission in Nanjing in Frage stellt, entzieht deutschen Regierungsgeschäften den Boden, damit auch Projekt Klein in Nanjing. Treten an Stelle deutscher Berater in Nanjing zum Beispiel Japaner, dann wird das ganze Geschäft japanisch.

Deutsche Militärberater in Kanton in Verbindung mit Klein's Waffen- und Arsenalgeschäft dort haben deutsche Mission in Nanjing in Gefahrenquelle der Abberufung gebracht. Jiang Jieshi hat nach Mitteilung General F.[74] darüber keinen Zweifel gelassen.

Habe grosse Besorgnis, dass interessiertes Reichswehrministerium diese tatsächliche Lage und die Verhältnisse anerkannter Nanjing-Regierung zu Kanton falsch beurteilt.

74 General von Falkenhausen. - Noch am 2.4.1935 hatte RKM Blomberg in einem Telegramm an Falkenhausen (BArch, 0902/2240) darauf bestanden, daß das Recht zur Anknüpfung von Wirtschaftsbeziehungen nach Kanton gewahrt werden sollte.

Stellung der Nanjing-Regierung und Jiang Jieshis nie fester als jetzt, so dass Kanton kein ernsthafter Konkurrent mehr. Hoffnung, dass künftige Entwicklung Kanton Zerstörung alles bisher in Nanjing Erreichten rechtfertigen könne, ist hinfällig.

Wir brechen Vertrauen Nanjing-Regierung zu uns und laufen Gefahr, uns zwischen zwei Stühle zu setzen, wenn wir glauben, anerkannte Regierung und gleichzeitig deren möglichen Feind von morgen unterstützen zu können.

Vorschlage grosszügige Regelung: Abberufung deutscher Militärberater aus Kanton oder ihre Berufung nach Nanjing und Aufgabe des Kleinschen Waffen- und Arsenalgeschafts in Kanton gegen grosses Geschäft mit Nanjing, das von hier laut dortiger Weisung volle Unterstützung erhält."

Nanjing und Kanton gleichlautend in Postziffern.

Kriebel.

BA/MA, Msg. 160/7.

54

Bericht Hans Kleins über seine Verhandlungen mit der Südregierung, Kanton, und mit Marschall Jiang Jieshi, Nanjing (o.D., 1935)

Verhandlungs-Bericht.

Bei meinen Verhandlungen in China[75] bin ich von dem Gedanken ausgegangen, dass der Neuaufbau Deutschlands nur gelingen, zum wenigsten ausserordentlich erleichtert werden kann, wenn ein enges und freundschaftliches Zusammenarbeiten zwischen Deutschland und China herbeigeführt wird, ein Zusammenarbeiten, welches den Zweck verfolgt: Die wirtschaftlichen Möglichkeiten beider Länder miteinander zu verknüpfen und durch einen gegenseitigen Warenaustausch die schwachen finanziellen Kräfte beider Länder zu schonen, China die Möglichkeit zu geben, seinen ungeheuren Bedarf an ausländischen Industrieerzeugnissen zu beschaffen, und Deutschland in die Lage zu versetzen, seine Industrie zu beschäftigen.

75 Klein ließ in seinem Bericht offen, ob er in offizieller Mission unterwegs gewesen sei oder als Privatmann. Das AA merkte dazu an, daß Klein nichts getan habe, um den bei den Chinesen entstandenen Eindruck, daß er in „geheimer politischer Mission im Auftrag der maßgebenden deutschen Stellen komme, zu zerstreuen". Vgl. Stellungnahme des AA zum Bericht von Hans Klein, o.D, in: PolArchAA, R 31249 KI.

Ich habe diesen Gedanken vor meiner zweiten Ausreise mit dem Reichswehrministerium und mit Herrn Keppler besprochen.[76] Man hat mir zugestimmt, diesen Weg zu beschreiten.

Ebenso habe ich Exzellenz von Seeckt vor seiner Ausreise von Berlin und später noch einmal in Beidaihe in China diese meine Absichten vorgetragen und erhielt auch von ihm volle Zustimmung und das Versprechen, diese Angelegenheit mit dem Marschall Jiang Jieshi zu besprechen.[77]

Die Verhältnisse in Nanjing waren mir unbekannt, so dass ich Nanjing nicht zum Ausgangspunkt meiner Bemühungen wählen konnte. Auch sind die innerpolitischen Verhältnisse Chinas immer noch so gelagert, dass ein Gegensatz zwischen Nanjing und den Südwest-Provinzen besteht. - Wenn diese Differenzen auch nicht so ausserordentlich ernst zu nehmen sind, so sind sie doch vorhanden und liegen hauptsächlich auf militärischem Gebiete. - Wirtschaftlich dagegen ist jede Provinz unabhängig und braucht deshalb auch keine Genehmigung der Zentralregierung für ihren inneren wirtschaftlichen Aufbau.

Ich hätte also, wenn ich mit Nanjing den Gedanken des Austausches zuerst verfolgt und auch zum Abschluss gebracht hätte, doch mit den Südwest-Provinzen verhandeln müssen, denn der Machtbereich Marschall Jiang Jieshi's ist begrenzt und erstreckt sich durchaus nicht über ganz China.

Die Verhältnisse in Guangdong und seinen Nachbarprovinzen waren mir aus den Verhandlungen und Abschlüssen des Vorjahres bekannt.[78] So lag es für mich am nächsten, in Guangdong, der reichsten Provinz Chinas, den ersten Versuch zu machen, und die Guangdong-Regierung für einen Warenaustausch mit Deutschland zu gewinnen. Guangdong und seine mit ihm befreundeten Nachbarprovinzen (Guangxi, Guizhou, Hunan und Yunnan) sind reich an Erzen aller Art, Kohlen und anderen Bodenschätzen. Diese sind zum grössten Teil so gelagert, dass sie ohne allzu grosse Schwierigkeiten auf den zahlreichen Flüssen zu den Verladestellen geschafft werden können.

Ich begann also meine Verhandlungen in Kanton.

Ich glaube sagen zu können, dass ich - unter Berücksichtigung des chinesischen Charakters und der chinesischen Mentalität - mit dem Marschall von Guangdong, Chen Jitang, befreundet bin und bei ihm sehr grosses Vertrauen geniesse. Es gelang mir nach wenigen Unterredungen, ihn für meine Ideen zu gewinnen, indem ich ihm die Vorteile für

---

76 Am 6.11.1934 hatte ein Gespräch zwischen Reichenau, Klein und Min.Dir. Meyer, AA, stattgefunden, in welchem Reichenau das große Interesse des Waffenamtes an den von Klein arrangierten Geschäften bestätigte. Abgedruckt in: ADAP C III, Dok. 301:560-561.

77 Seeckt war im Juni 1934 zum Sommeraufenthalt nach Beidaihe (Hebei) in Nordchina gegangen. Nach den dortigen Besprechungen sandte Seeckt Klein nach Guling zu Jiang Jieshi. Im August wurde dann der Austauschvertrag unterzeichnet (vgl. Dok. 14). Vgl. Meier-Welcker, in: Martin 1981:127-128.

78 In dem Vertrag vom 1.8.1933 war zwischen Klein und Chen Jitang (Kanton) die Einrichtung eines Arsenals in Kanton vereinbart worden. Vgl. Schreiben von Trautmann, DGP, an das AA, 18.9.1933 (wie Dok. 49, Anm. 56). Hingegen scheiterte das geplante Abkommen mit dem Machthaber der Provinz Guangxi, Li Zongren. Vgl. Ratenhof 1987:426. Im Frühjahr 1934 war Klein darüber hinaus an dem Aufbau einer Werft in Kanton beteiligt. Vgl. Eckert 1981:20-21.

seine Provinz und ganz China - nicht nur wirtschaftlich, sondern auch politisch durch die Erstarkung Deutschlands -, klarlegte.

Ich erklärte ihm, dass ein wiedererstarktes Deutschland niemals daran denken würde, in China irgendwelche territoriale Politik zu betreiben, dass sein Interesse vielmehr nur dahin gehen würde, sich in China die wirtschaftlichen Märkte offen zu halten[79], dass andererseits ein aufstrebendes, politisch selbständiges China für Deutschland nur an Wert gewinnen könne.

Als Ergebnis meiner Besprechungen bat mich der Marschall, ihm

einen Vertrag über den Austausch von Rohstoffen und Landesprodukten Südwest-Chinas[80] gegen Industrie- und sonstige Erzeugnisse Deutschlands

auszuarbeiten und vorzulegen.

Diesen Vertrag besprach er mit den massgebenden Persönlichkeiten seiner Regierung und legte ihn anschliessend den Machthabern der 4 befreundeten Nachbarprovinzen[81], die nach Kanton gekommen waren, vor.

Er erhielt ihre Zustimmung, den Vertrag mit mir abzuschliessen. (Im folgenden kurz AV genannt).

In weiteren Verhandlungen legte er mir sein Aufbauprogramm vor und erklärte, dass er gewillt sei, mit mir diesen Aufbau durchzuführen. Auf meinen Rat hin werden nur diejenigen Industrien errichtet, die unbedingt notwendig sind für den wirtschaftlichen Aufbau und für die Selbständigkeit Chinas. Denn China ist ein Agrarland und darf kein Industriestaat werden. Er bat mich weiter, meinen Aufenthalt in China zu nehmen, um ihn wirtschaftlich und politisch zu beraten, und ihm bei dem Aufbau Guangdongs und der Nachbarprovinzen zu helfen. Ich erklärte ihm, dass ich als Deutscher zuerst Deutschland dienen muss mit allen meinen Kräften, denn Deutschland sei im Unglück und müsse wieder frei und gross werden. Aber die politischen und finanziellen Verhältnisse Deutschlands und Chinas seien gleich gelagert, und wenn beide Staaten ihre wirtschaftlichen Kräften austauschen, so entstehe daraus ein enges, freundschaftliches Zusammenarbeiten und Unterstützung auf allen Gebieten. Wenn ich mich also ganz für Deutschland einsetze, so setze ich mich damit ebenso mit allen meinen Kräften für China ein, denn beide Länder seien naturnotwendig aufeinander angewiesen.

Er erhob sich und reichte mir die Hand.

---

79 Anspielung auf die fehlenden Territorialinteressen Deutschlands in China. Deutschland war im Vertrag von Versailles aller Kolonialgebiete, einschließlich Qingdao, verlustig gegangen.

80 Gemeint ist hier die Provinz Guangxi, mit der sich Guangzhou zusammengetan und einen südwestlichen politischen Rat sowie ein südwestliches Hauptquartier des ZEK der GMD gegründet hatte. (Vgl. Eastman, in: CHOC 13:149-150.) Der Austauschvertrag mit Kanton wurde schließlich am 20.7.1934 abgeschlossen (vgl. Ratenhof 1987:438).

81 Es handelte sich um die Provinzen Guangxi (vgl. Anm. 80) sowie die halbautonomen Provinzen Fujian, Hunan und Guizhou, welche eine Art Puffer vor den Südwestprovinzen bildeten. Es ist jedoch nicht sicher, ob Chen Jitang tatsächlich die Zustimmung der anderen Provinzmachthaber einholte. Denkbar ist auch, daß Klein hier mutmaßliche Zeugen anführte, um die Legitimität des Vertrages zu erhöhen.

(...)[82]

Bereits während meiner Verhandlungen in Kanton erhielt ich von Exz. v. Seeckt aus Beidaihe, wo er sich zur Erholung aufhielt, mehrmals die Aufforderung, meine Reise nach dem Norden anzutreten und meinen Weg über Beidaihe zu nehmen. Ich folgte der Aufforderung aber erst, nachdem ich mit Kanton meine Verhandlungen im wesentlichen beendet und den AV sowie 2 weitere Verträge abgeschlossen hatte.[83] Drei weitere Vorhaben musste ich bis zu meiner Rückkehr verschieben.

Ich klärte den Marschall von Kanton über meine Reiseabsichten auf und teilte ihm den Wunsch des Marschalls Jiang Jieshi mit, dass er mich sprechen wolle, und sagte ihm schliesslich, dass ich erst zu Exzellenz von Seeckt reisen wolle, um Näheres zu erfahren. Er war damit einverstanden und riet mir, nur mit dem Marschall allein zu verhandeln und zu allen anderen Regierungsmitgliedern über meine Absichten zu schweigen. Er erkundigte sich nach dem Befinden von Exzellenz v. Seeckt und bat mich, ihm seine Grüsse und seine besten Wünsche für seine Gesundheit zu übermitteln.

In Beidaihe teilte mir Exzellenz v. Seeckt mit, dass der Marschall Jiang Jieshi im Prinzip bereit sei, mit mir über einen Warenaustausch zwischen China und Deutschland zu sprechen. Es interessiere ihn, mich kennen zu lernen, und er wolle auch etwas über meine Tätigkeit in Kanton hören. Inwieweit schon mit einem Abschluss, wie in Kanton, zu rechnen sei, liesse sich nicht im voraus sagen. Exzellenz v. Seeckt stellte mir wegen der Wichtigkeit der Sache seinen Dolmetscher zur Verfügung[84], und ich reiste über Tianjin-Nanjing nach Guling, dem Sommersitz des Marschalls. Infolge Verspätung des Dampfers, der von Nanjing nach Nanchang 2 Tage statt 1 Tag brauchte, traf ich in Guling statt am 4. am 5. August ein.

Der Marschall hatte mich für den 4.8. erwartet und war am 5. früh nach Nanchang ins Lager gereist, so dass ich einige Tage auf seine Rückkehr warten musste. Dann aber wurde ich sofort zu einer Besprechung gebeten. Ich hatte einen grossen Empfang, und der Marschall gab mir sofort Gelegenheit, mit meinem Vortrag zu beginnen. Diesen hatte ich auf dem Dampfer der chinesischen Mentalität entsprechend bereits ausgearbeitet, so dass sich der ausserordentlich geschickte Dolmetscher in die Materie einarbeiten und eine genaue schriftliche Übersetzung niederlegen konnte. Demzufolge ging der Vortrag sehr flüssig vonstatten, sodass der Marschall sich über die Klarheit des Vortrages anerkennend äusserte und erklärte, dass er mit meinem Vorschlage voll und ganz einverstanden sei.

---

82 Auslassung: Klein beschrieb das wirtschaftliche Potential der Provinz Guangdong und versäumte es in diesem Zusammenhang nicht, auf die ausländische Konkurrenz, vor allem von seiten der USA, hinzuweisen. Auch erwähnte er die vorhandenen Montanrohstoffe, die jedoch erst abgebaut werden könnten, wenn Geologen ihre Gutachten abgegeben hätten

83 Am 8.9.1934 waren noch zwei weitere Verträge zwischen Klein und Chen Jitang abgeschlossen worden: Der erste über die Einrichtung einer Pulver- und Sprengstoffabrik, der zweite über den Aufbau einer Gasmaskenfabrik (Leistungsfähigkeit pro Tag: Bis zu 150 Masken; bis zu 150 Atemeinsätze; bis zu 150 Bereitschaftsbüchsen). Abschriften beider Verträge in: PolArchAA, R 31249 KI.

84 Es war Qi Jun, der als Dolmetscher fungierte. Vgl. BA/MA, Msg. 160/6. - Zu Qi Jun, vgl. Dok. 14, Anm. 68.

Er sagte ferner, dass der Gedanke der Zusammenarbeit beider Länder von grosser Bedeutung und Wichtigkeit sei, und dass er diesen Gedanken schon seit langem verfolge.

Dann kam er auf Kanton zu sprechen und erkundigte sich, was ich dort mache. Ich teilte ihm mit, dass ich dort ein Arsenal[85] baue. Ich betonte dabei, dass dieses Arsenal vorbildlich aufgebaut und eingerichtet und nach seiner Vollendung das schönste und beste Werk dieser Art in China sein würde.

Er erkundigte sich noch, wann die Fabrik fertig sein würde, nach der Grösse der Kaliber usw.

Ich klärte ihn auf und sagte, um weitere Fragen abzuschneiden: „Aus allem, was ich Ihnen mitteile, ersehen Sie, dass wir in Deutschland Kanton als einen Teil Chinas betrachten, und dass für uns infolgedessen alles, was dort von uns geschaffen und geliefert wird, als ein Vorhaben der Zentralgewalt gelten muss."

So wird also wohl auch der Marschall von Guangdong über seine Vorhaben in Guangdong, seien sie nun wirtschaftlicher oder militärischer Art, seine vorgesetzte Zentralregierung und seinen obersten Marschall unterrichten.[86]

Er sagte: „So ist es; Kanton ist ein Teil Chinas."

Ich machte den Marschall darauf aufmerksam, dass mir ausserordentlich wenig Zeit zur Verfügung stehe, und bat ihn, die Verhandlungen hintereinander zu führen. Er sagte mir dieses zu, und ich schlug ihm für die nächste Unterredung eine Zeit am Nachmittage oder am Abend des gleichen Tages vor, wozu er seine Zustimmung gab. Leider kam es nicht dazu, denn an demselben Tage erkrankte er. Alle Empfänge wurden abgesagt. Auch ich war zum Warten verurteilt.

Verschiedene Versuche, am Krankenlager empfangen zu werden, wurden abgelehnt mit der Bitte, ich möchte nicht ungeduldig sein und mich noch einige Tage bescheiden. Sobald Herr Marschall irgendwie in der Lage sei, jemanden zu empfangen, so solle meine Sache zuerst erledigt werden.

Da aber in den folgenden Tagen keine Besserung eintrat, erhielt ich die Nachricht, dass der Marschall seinen Schwager, den Finanzminister Kong, mit der Weiterführung der Verhandlungen beauftragt habe. Dieser sei sein Vertrauter, und ich könnte mit ihm alles besprechen.[87]

Ich nahm die Verhandlungen mit dem Minister auf. Auch er erklärte mir nach meinem Vortrage, dass dieser Gedanke des Austausches von Gütern Deutschlands und Chinas und ein freundschaftliches Zusammenarbeiten der beiden Länder, schon lange sein Wunsch sei. Dieser Gedanke müsse unbedingt verwirklicht werden, und es sei der Wunsch des Marschalls, die Verhandlungen schnellmöglichst zu einem Abschluss zu bringen.

---

85 Bei dem Arsenal handelte es sich um eine Anlage zur Herstellung von 7,5 cm Gebirgsgeschützen sowie 10,5 cm Feldhaubitzen mit der dazu gehörigen Munition sowie um eine Maschinengewehrfabrik für leichte MG. Vgl. streng vertraul. Aufzeichnung des GK Altenburg, Kanton, 27.12.1934, in: PolArchAA, R 31249 KI.

86 Spekulative Äußerung.

87 Über Kleins Gespräche mit Kong Xiangxi sind keine weiteren Einzelheiten bekannt.

Um die Sache dauernd in Fluss zu halten, hatte ich inzwischen einen Vertragsentwurf ausgearbeitet, den ich dem Marschall durch den Finanzminister überreichen liess.

Nach meiner Unterredung mit dem Finanzminister hörte ich wieder einige Tage nichts mehr, was mich unruhig machte, zumal Exzellenz v. Seeckt von Beidaihe nach seinem Dolmetscher telegraphierte.

Marschall Jiang Jieshi war noch immer nicht wieder hergestellt, doch hörte ich, dass es ihm besser ginge.

Exzellenz v. Seeckt sandte ein zweites Telegramm, in dem er dringend bat, seinen Dolmetscher nach Beidaihe zu schicken.

Aus begreiflichen Gründen war ich nicht in der Lage, ausführliche Nachricht zu übermitteln und ihn über meine Lage aufzuklären.

Ich entschloss mich nun, diese Gelegenheit zu benützen und alles auf eine Karte zu setzen. Ich schrieb an den Marschall einen Brief, worin ich bedauerte, dass seine Krankheit ihn verhindere, mit mir weiter zu verhandeln. Infolge der Abberufung des Dolmetschers Qi[88] durch Exzellenz v. Seeckt erübrige sich auch mein Aufenthalt in Guling, da ich ohne ihn meine Verhandlungen nicht weiterführen könne.

Noch an demselben Abend wurde mein Dolmetscher Qi zum Marschall ans Krankenlager gerufen. Er erhielt den Auftrag, durch Oberst Heins Exzellenz v. Seeckt telegrafisch zu bitten, den Urlaub um 1-2 Tage zu verlängern und mir zu sagen, dass er mit dem Vertrage voll und ganz einverstanden sei bis auf den letzten Paragraphen, den ich streichen möchte. Er hätte mir doch gesagt, Kanton gehöre zu China, und dieser Vertrag umfasse ganz China. Ich brauchte somit keine besondere Erlaubnis für mein Handeln in Guangdong.

Ich wusste, dass dieser Paragraph, der eine besondere Sanktion meiner Arbeit in Kanton vorsah, nicht in den Vertrag hineingehörte, wusste auch, dass Jiang Jieshi mir keine besondere Sanktion geben konnte, wenn Guangdong zu China gehörte. Ich hatte den Paragraphen nur deshalb unter den Vertrag gesetzt, um noch einmal eine Bestätigung seiner früheren Erklärung zu erhalten.- Von da an wurde über meine Arbeiten in Guangdong nie wieder gesprochen.

Nun ging die Angelegenheit ausserordentlich rasch weiter. Am nächsten Tage wurde ich zum Finanzminister Kong gebeten. Der Vertrag wurde in allen Einzelheiten durchgesprochen, sodass ich ihn schon am Abend mit nur geringfügigen Änderungen vorlegen konnte.

Nach Unterschreibung des Vertrages, die sehr feierlich war, hielt ich eine Ansprache an den Minister Kong, der mir dann in einer längeren ausserordentlich herzlich gehaltenen Erwiderung versicherte, dass es dem Marschall Jiang Jieshi und ihm mit dem Vertrage sehr ernst sei, dass sie viele Erwartungen daran knüpften, und dass wir beide, er und ich, bestrebt sein müssten, ihn mit aller Energie durchzuführen zum Wohle beider Länder und Staaten.

---

88 Gemeint ist Qi Jun, vgl. Anm. 84.

Minister Kong teilte mir noch mit, dass es dem Herrn Marschall besser gehe und dass er mich am selben Abend noch sehen wolle. Aber es war viel zu spät geworden und schon Mitternacht vorbei, so dass mein Besuch für den nächsten Vormittag vereinbart wurde.

Marschall Jiang Jieshi empfing mich ausserordentlich liebenswürdig und herzlich. Er bedauerte, dass durch seine Krankheit unsere persönlichen Verhandlungen ins Stocken geraten waren. Er hoffe aber, dass ich ihm recht bald Nachricht geben könne, dass alles geordnet sei und die Sache ihren Anfang nehme. Er wünschte mir gute Reise und baldige Rückkehr und bemerkte hierzu, dass ich dann alle Verhandlungen deutsch führen könne. Dann überreichte er mir sein Bild für den Reichsführer Adolf Hitler und für den Herrn Minister Generaloberst von Blomberg.[89] Er bat mich, seine Grüsse zu übermitteln. Ich dankte ihm für die schnelle Erledigung der Angelegenheit usw. und sprach die Hoffnung aus, ihm schon im Oktober eine für beide Teile erfreuliche Nachricht übermitteln zu können. Hierauf verabschiedete ich mich.

(...)[90]

PolArchAA, R 31249 Kl.

55

Telegramm des Generalsekretärs des Exekutivyuans, Weng Wenhao, Nanjing, an Hans Klein, Berlin (19.3.1936)[91]

19. März 1936

Sehr geehrter Herr Klein!
Wie Sie wissen, hat die chinesische Regierung in den Verhandlungen über den Waren-Austausch-Vertrag große Aufrichtigkeit an den Tag gelegt. Aber nach einer kürzlich erhaltenen Information hat Deutschland wichtige militärische Geräte und die zur Produktion von Giftgas benötigten Materialien nach Kanton geliefert.

Falls dies der Wahrheit entspricht, sehen wir uns gezwungen, die gegenwärtigen Verhandlungen zu unterbrechen. Wir wollen wissen, wieviel Geräte Deutschland wann nach Kanton ausgeliefert hat. Diese Zahlen mit den genauen Angaben müssen wir dem

89 Vgl. Dok. 52, Anm. 72.

90 Auslassung: Klein legte dar, daß er Chen Jitang in Kanton über seine Verhandlungen mit Jiang Jieshi unterrichtet habe. Chen habe ihm dann sein Bild für Hitler mitgegeben.

91 Übersetzt von Li Sujuan.

Vorsitzenden Jiang melden. Die deutsche Regierung, und auch Herr Gu Zhen[92], sollten Nachforschungen anstellen, welcher Natur die HAPRO-Aktivitäten sind.

Es stellt sich die Frage, weshalb die deutsche Regierung derartige Unternehmungen überhaupt zugelassen hat.

Mit der Bitte um umgehende Antwort[93],
Weng Wenhao

2. HACh, 28(2)-3641.

56

Telegramm des Reichswehrministers Werner von Blomberg, Berlin, an Marschall Jiang Jieshi, Nanjing (24.3.1936)[94]

24. März 1936 [Übersendung durch General von Seeckt]

Sehr geehrter General Jiang,
im Telegramm des Botschafters Trautmann[95] hieß es, beim Abschied hätten Sie erwähnt, daß Klein die Lieferungen nach Kanton noch immer nicht unterbrochen habe. Sie hätten in diesem Fall kein Interesse mehr an den Verhandlungen, die Gu Zhen, Qi Jun und andere Vertreter führen.[96]

Die waffentechnischen Materialien, die über die HAPRO nach Kanton geliefert werden, bedürfen Ihrer Zustimmung. Ich möchte hier darauf hinweisen, daß bereits ein diesbe-

92 Es handelt sich um die Nanjinger Kommission unter Gu Zhen, Direktor der Kailuan-Minen, die sich Anfang 1936 in Berlin aufhielt, um über die Erweiterung des HAPRO-Vertrages zu verhandeln. Vgl. Einleitung zu Kap. 1.

93 Klein antwortete über Qi Jun am 26.3.1936 (2. HACh, 28(2)-3641), daß keine Anlage zur Herstellung von Giftgas nach Kanton geliefert worden sei. Ein ähnliches Telegramm hatte er bereits am 13.2.1936 an Guan Demao geschickt (ebd., 28(2)-3653), einen ehemaligen Deutschlandstudenten, der als Sekretär im Exekutivyuan tätig war.

94 Rückübersetzt von Li Sujuan. Das deutsche Original ist nicht überliefert.

95 Das Telegramm Trautmanns vom 14.2.1936 konnte nicht ermittelt werden. Allerdings schrieb RKM Blomberg am selben Tag ein geh. Telegramm an das AA, in welchem er festhielt, daß Klein zugesichert habe, alle Vorhaben in Kanton mit Jiang Jieshi abzusprechen. Das Arsenal sei im Bau, die Giftgasanlage in Planung. Erst am 19.2. schickte das AA diese Nachricht nach Nanjing (PolArchAA, R 31249 KII). - Trautmann schrieb am 19.3.1936 an das AA (ADAP, C V, Dok. 156:188-189), daß Jiang Jieshi in einem Gespräch gesagt habe, er sei von Klein betrogen worden, weshalb er ihm nicht mehr traue. Nach Jiang habe Klein betont, daß das Arsenal in Kanton ein kleines Unternehmen sei und nur unter diesen Umständen habe er seine Zustimmung zu diesem Projekt gegeben. Eine Gasanlage habe er nie befürwortet.

96 Vgl. Dok. 55, Anm. 92.

zügliches Telegramm am 14. Februar verschickt worden ist.[97] Die HAPRO baut in Kanton eine kleine Waffenfabrik auf, die monatlich 14 Minenwerfer und 9 leichte Feldgeschütze produziert. Hinzu kommen 300 Schuß Artilleriemunition und 200 Mörsergranaten. Das Abkommen wurde im Jahre 1933 geschlossen.[98] Klein hat Ihnen im August des folgenden Jahres davon berichtet.[99] Außerdem wurde Ihnen durch Herrn Generalsekretär Weng am 13. November letzten Jahres (1935) in Nanjing ein Bericht eingereicht, in welchem alle Details beschrieben wurden.[100] Es gibt keine Lieferungen von Waffen und Einrichtungen zur Giftgasproduktion nach Kanton.

Die HAPRO ist eine reichseigene Gesellschaft, deren Geschäftsabwicklungen unter der Leitung meines Ministeriums stehen.

Nach meiner Vermutung könnten Mißverständnisse aus dem Gespräch mit Trautmann[101] entstanden sein, deshalb bitte ich Sie um eine möglichst schnelle Klärung folgender Punkte per Telegramm: Ob das von mir gebilligte Klein-Projekt noch Ihr Vertrauen hat und ob die Gruppe der Delegierten unter Gu noch in Ihrem Auftrag zu Verhandlungen und zum Abschluß des Kreditabkommens bevollmächtigt ist.[102]

Blomberg

2. HACh, 28(2)-3653.

57

Telegramm des Marschalls Jiang Jieshi, Nanjing, an Reichswehrminister Werner von Blomberg, Berlin (28.3.1936)[103]

28. März 1936 [Übersendung durch General von Seeckt]

Sehr geehrter Herr Reichswehrminister General Blomberg,
über Ihr Telegramm vom 24. März bin ich informiert.[104] Auch habe ich Gu Zhen[105] und die anderen Delegierten aufgefordert, über den Fortgang der Verhandlungen zu berichten. Daß

97 Vgl. Anm. 95.

98 Vgl. Dok. 54, Anm. 78 u. 83.

99 Vgl. Dok. 54.

100 Der Bericht Weng Wenhaos vom 13.11.1935 über die Kantongeschäfte Kleins aus dem Jahr 1933 konnte nicht ermittelt werden.

101 Zum Gespräch zwischen Jiang Jieshi und Trautmann, vgl. Dok. 56, Anm. 95.

102 Zur Antwort Jiang Jieshis, vgl. Dok. 57.

103 Übersetzt von Li Sujuan.

104 Vgl. Dok. 56.

diese Angelegenheit von Ihnen klar dargelegt und ernsthaft durchgeführt wird, zeigt den aufrichtigen Willen der deutschen Regierung, mit der Zentralregierung Chinas zusammen zu arbeiten. Ich bin darüber sehr erfreut. Hinsichtlich des Tauschgeschäftes bitte ich Sie unverzüglich ernsthafte Gespräche mit Gu Zhen und den anderen Gesandten zu führen. Alles, was die chinesische Zentralregierung gebilligt hat, wird auch in aller Aufrichtigkeit durchgeführt werden.[106]
Jiang Jieshi

2. HACh, 28(2)-3653.

58

Streng geheimes Telegramm von Jiang Dingwen, Kanton, an die Militärkommission, Nanjing (2.7.1936)[107]

2. Juli 1936

Geheim!
Die Waffenfabrik Pajiangkou[108] hat ein riesiges Ausmaß. Ihr Aufbau, vor Jahren begonnen, ist immer noch nicht abgeschlossen. Jetzt wurde auch eine Giftgasfabrik errichtet, die auf die Herstellung von Giftgas und Gasmasken[109] spezialisiert ist. In 263 Kisten wurden vor kurzem aus Deutschland die Maschinen zur Herstellung von Giftgas geliefert. Nach den Angaben eines Angestellten der Firma Klein[110], die Giftgasmaschinen vertreibt, können diese Maschinen eine Flüssigkeit erzeugen, deren Gift bis zu drei Monate wirksam bleibt und sogar dicke Lederschuhe durchdringt. Nach jedem Kontakt mit ihm ist eine Heilung extrem unwahrscheinlich. Die Regierung in Kanton widmet dieser Sache große

---

105 Vgl. Dok. 55, Anm. 92.

106 Den Willen zur Zusammenarbeit drücken auch zwei weitere Telegramme aus: Weng Wenhao, NRK, an Klein, 1.4.1936 / Jiang Jieshi an RKM Blomberg, 3.4.1936, in: 2. HACh, 28(2)-3653.

107 Übersetzt von Li Sujuan. - Die Militärkommission leitete das Telegramm am 2.7. an das Waffenamt und an das JZB weiter.

108 Pajiangkou (manchmal auch: Pijiangkou, kantonesisch: Par Kong-hou) liegt nördlich von Kanton.

109 Vgl. Dok. 54, Anm. 83.

110 Eine Firma Klein gab es natürlich nicht. Wahrscheinlich hatte Klein die Geschäfte vermittelt.

Aufmerksamkeit. Sie schätzt, daß nach dem Mondkalender bis Ende des Jahres[111] dieses Giftgas produziert werden kann.

2. HACh, 28(2)-3652.

59

Stellungnahme Qian Changzhaos (in Vertretung des Generalsekretärs des Exekutivyuans Weng Wenhao), Nanjing, zu einem Telegramm des Attachés für Handelsangelegenheiten Tan Boyu, Berlin (August 1936)[112]

August 1936

1. Es wird berichtet, daß Li Bai im Namen der Firma Taihe[113] bei der ausländischen Firma Chanchen[114] Gewehre und militärische Ausrüstung bestellt habe. Während die Delegation Deutschland durchreiste[115], wurde der Vorsitzende wiederholt telegraphisch angefragt, ob die Zentralregierung den Kauf der für Guangxi bestimmten Gewehre[116] verantworten könne. Der Sonderbeauftragte Tan Boyu behauptet in seinem Telegramm[117], daß zwischen Guangxi und der Firma HAPRO, die vom deutschen Rüstungsministerium verwaltet wird, Waffen gehandelt werden. (Die Firma HAPRO ist zur Zeit eine staatliche deutsche Firma.

---

111 Nach dem chinesischen Mondkalender wird das Jahr in 24 annähernd gleiche Zeitabschnitte von etwa 15 Tagen eingeteilt. Der 1. Tag des chinesischen Jahres liegt zwischen dem 22.1. und dem 29.2. - Das Giftgas sollte erstmals in diesem Zeitraum hergestellt werden.

112 Übersetzt von Zhou Xin.

113 Nähere Informationen über Li Bai oder die chines. Firma *Taihe* konnten nicht ermittelt werden.

114 Bei der Firma *Chanchen* handelte es sich um die deutsche Firma Siemssen & Co.

115 Vgl. Dok. 55, Anm. 92.

116 Die Regierung der Provinz Guangxi hatte 1936 insgesamt 15.000 Infanteriegewehre einschließlich Munition geordert. Weitere 10.000 sollten bestellt werden. 3.000 dieser Gewehre waren bereits unterwegs, 5.000 sollten in Kürze folgen. Oberst Thomas erklärte, daß das RKM bereit sei, den Auftrag an Nanjing zu geben, falls die Zentralregierung bereit sei, die entstehenden Verluste zu tragen. Eine Antwort der Regierung ist nicht bekannt. Vgl. Telegramme von Gu Zhen nach Nanjing, 5.6.1936 / Weng Wenhao, NRK, an Thomas, 8.6.1936, in: 2. HACh, 28(2)-3652.

117 Tan Boyu, CGB, hatte Weng Wenhao, NRK, am 29.7.1936 über Waffengeschäfte zwischen Deutschland und den Provinzen Kanton und Guangxi berichtet, in: 2. HACh, 28(2)-3652. - Tan hatte 1928/29 an der CGB gearbeitet, war dann aber nach China zurückgekehrt, wo er u.a. einen Posten an der Tongji-Universität übernahm. Seit September 1933 war er erneut in der Gesandtschaft tätig, dieses Mal als LS. 1935 hatte Tan Boyu den Sonderauftrag erhalten, Erkundigungen über die deutsch-chinesischen Rüstungsgeschäfte einzuholen.

Die ausländische Firma Chanchen ist eine gewöhnliche Firma. Ich habe gehört, daß die Sachbearbeiter der Rüstungabteilung der Firma Chanchen mit Klein persönlich gut befreundet seien. Das Telegramm des Sonderbeauftragten Tan beruht wahrscheinlich darauf.) Wenn wir Klein jetzt danach fragen, laufen wir Gefahr, daß die Angelegenheit, wie damals, als die Delegation in Berlin war und die Lieferung von Giftgas nach Kanton diskutiert wurde, noch einmal erwähnt wird. Das würde der ganzen Sache nur schaden.

2. Nachdem die Delegation heimgekehrt war, wurde der Waffenhandel mit Guangxi bis heute aufgeschoben. Sowohl die Bitte des deutschen Rüstungsministeriums an die Zentralregierung, den Kauf zu genehmigen als auch Fragen, wieviel die deutschen Geschäftsleute bis jetzt geliefert hätten und ob es opportun sei, die deutsche Regierung nach Waffenlieferungen an Guangxi zu fragen, sind anders zu beurteilen, als die Sache, die ich im obigen Abschnitt dargelegt habe.

3. Warum unser Außenministerium plötzlich heimlich die Botschaft in Deutschland beauftragt, sich nach diesem Waffenhandel zu erkundigen, ist nicht klar. Momentan fragt man am besten das Außenministerium selbst nach einer Erklärung. Die Komplexität der Situation liegt auf der Hand. Gleichzeitig sollte sich die Diplomatie um eine Lösung bemühen und der Botschaft in Deutschland mitteilen, in dieser Angelegenheit nicht weiter nachzuforschen. Die Antwort auf das Telegramm des Sonderbeauftragten Tan kann wie folgt formuliert werden: Das Außenministerium hat sich bereits mit der Angelegenheit vertraut gemacht und der Botschaft in Deutschland telegraphisch einen Hinweis geschickt.

2. HACh, 28(2)-3652.

Kapitel 4

Diplomatische Interaktion zwischen China und Deutschland: Der sowjetisch-chinesische Eisenbahnzwischenfall 1929 und die Mandschureikrise 1931-1932

In der Zeit der Nanjing-Regierung verbesserte China seine außenpolitischen Beziehungen zu den Westmächten, vor allem zu Großbritannien[1], doch gleichzeitig verschlechterten sich seine Beziehungen sowohl zur Sowjetunion als auch zu Japan. Der chinesisch-sowjetische Eisenbahnzwischenfall 1929 und die Mandschureikrise 1931 können als Höhepunkte der Auseinandersetzung mit den beiden anderen Ostasien bestimmenden Mächten angesehen werden. In beiden Fällen war es Deutschland, dem in den chinesischen Plänen zur Beilegung der Konflikte eine entscheidende Rolle zugedacht war.

Der chinesisch-sowjetische Eisenbahnkonflikt entzündete sich 1929 an der Verwaltung der Ostchinesischen Eisenbahn (*Zhongdong tiedao*) und ging damit letztlich auf den „Eisenbahnimperialismus" des 19. Jahrhunderts zurück.[2] Die Gebiete, welche die Eisenbahnen durchliefen, befanden sich in ausländischer Hand und wurden von nichtchinesischen Sicherheitskräften geschützt. Alle Gewinne flossen nach außen ab. Infolge eines Geheimvertrages von 1896 war die Ostchinesische Bahn von den Russen durch die nordöstliche Provinz Heilongjiang bis nach Vladivostok gebaut worden.[3] Im Verlauf des Boxeraufstandes waren dann große Teile der Mandschurei durch russische Truppen besetzt und die drei Nordostprovinzen faktisch in ein Protektorat umgewandelt worden.[4] Nach ihrem Sieg im russisch-japanischen Krieg übernahmen die Japaner die Kontrolle über die Mandschurei und vor allem über die Südmandschurische Eisenbahn, die in Harbin von der Ostchinesischen Bahn nach Süden abzweigte und bis nach Lüshun (Port Arthur) reichte.[5] Damit war die Mandschurei in eine russische Einflußzone im Norden und in eine

1 Vgl. Pong, in: Steiner 1982:143-144. Pong spricht sogar von einer diplomatischen Offensive der Nationalregierung. Sowie Domes 1969:368-375.

2 Vgl. Osterhammel 1989:218.

3 Vgl. Tang 1959:35-51.

4 Vgl. Glatfelter 1979:247-249 / Second Rapport 1932:36-38.

5 Vgl. Young 1998:25-27.

japanische im Süden aufgeteilt, obwohl sie staatsrechtlich nach wie vor zu China gehörte. Angesichts dieser Machtverhältnisse waren die späteren Konflikte bereits vorgezeichnet.

Nachdem die sowjetische Regierung noch 1919 die Aufgabe aller Sonderrechte und die Rückkgabe der Ostchinesischen Eisenbahn in Aussicht gestellt hatte, verzichtete sie im Mai 1924, als die diplomatischen Beziehungen zwischen China und der Sowjetunion wieder aufgenommen wurden, zwar auf Exterritorialität, Boxerentschädigung und territoriale Konzessionen sowie auf alle Privilegien in der Mongolei, doch einem chinesischen Rückkauf der Ostchinesischen Eisenbahn und der damit verbundenen Rechte in der Mandschurei stimmte sie nur grundsätzlich zu.[6] Es blieb bei der gemischten sowjetisch-chinesischen Verwaltung der Bahn. Bezüglich der Besetzung der Stellen des Bahnpersonals und der Direktoren war jedoch ein Ungleichgewicht zuungunsten der Chinesen auszumachen, so daß es immer wieder zu Spannungen kam.[7] Mit dem Auseinanderbrechen der 1. Einheitsfront zwischen den Kommunisten und der Guomindang wurden die Beziehungen zwischen der chinesischen Nationalregierung und der UdSSR im Dezember 1927 offiziell abgebrochen. Die Regelungen bezüglich der Ostchinesischen Eisenbahn blieben von dieser zwischenstaatlichen Krise erst einmal unberührt.[8]

Nach der Ermordung des Warlords der Mandschurei, Zhang Zuolin, durch die japanische Guangdong-Armee 1928 schlug der „Junge Marschall" Zhang Xueliang einen antijapanischen Kurs ein und erklärte unter Beibehaltung seiner Finanz- und Steuerhohheit seine Loyalität zu Jiang Jieshis Nationalregierung.[9] Für die außenpolitischen Beziehungen der Mandschurei waren fortan das *Waijiaobu* in Nanjing und die Regierung Zhang Xueliangs zuständig. Beide agierten insofern einheitlich, als sie den chinesischen Nationalismus förderten und die volle Souveränität Chinas anstrebten.[10] Den russischen Einfluß auf die Ostchinesische Eisenbahn beobachteten die Lokal- wie die Zentralregierung mit wachsendem Mißtrauen.

Während der chinesisch-sowjetische Bahnkonflikt trotz militärischer Auseinandersetzungen und Verwicklung der Großmächte in seiner Bedeutung den regionalen Rahmen nicht überschritt, hatte die Krise um die Mandschurei, die im September 1931 mit dem Zwischenfall um Shenyang einsetzte, auch Auswirkungen auf das internationale Beziehungsgeflecht der Staaten. Japans Austritt aus dem Völkerbund im Februar 1933 markierte das endgültige Ende des in Versailles geschaffenen Systems der kollektiven Sicherheit und

---

6 Vgl. Cai 1993:113-122. - Zu dem Vertrag mit der Peking-Regierung (31.5.1924) und dem mit der Regierung von Shenyang (20.9.1924) bezüglich der Ostchinesischen Eisenbahn, vgl. Beloff 1952:71 / Tang 1959:156-162.

7 Vgl. Wei 1956:87-88. Zu einer anderen Einschätzung kommt Quested (1984:98), welche meint, daß die Chinesen überhaupt nicht in der Lage gewesen seien, die entsprechenden Stellen mit kompetentem Personal zu besetzen und deshalb vornehmlich auf weißrussische Angestellte zurückgegriffen hätten.

8 Vgl. Domes 1969:375.

9 Vgl. Nish 1990:614 / Spence 2001:469-470.

10 Vgl. Lensen 1974:31.

den Beginn des Aufstiegs der revisionistischen Mächte Deutschland und Japan. Da das Deutsche Reich in China über keinerlei Sonderrechte mehr verfügte und keine direkten Interessen verfolgte, schien es dazu prädestiniert, zwischen den Konfliktparteien zu vermitteln. Allerdings waren die entsprechenden Angebote nicht so uneigennützig wie es auf den ersten Blick scheinen mag. Die deutsche Diplomatie hoffte auf die Unentbehrlichkeit des Reiches bei der Regelung internationaler Fragen, um zu einem günstigen Zeitpunkt Profit aus dieser Politik zu ziehen und Gleichberechtigung zu erlangen. Gleichzeitig hatte dieser Kurs auch eine innenpolitische Dimension: Die alten Eliten in Wirtschaft, Militär und Politik vertraten eine traditionell sinophile Haltung, zu der sich auch das linke Spektrum in Deutschland infolge der japanischen Aggression bald bekennen sollte. Hingegen waren die nationalsozialistische Partei und die ihr nahestehenden Militärs schon vor Hitlers Machtantritt von Japan eingenommen.[11]

Deutsche Vermittlungsdienste im chinesisch-sowjetischen Eisenbahnkonflikt 1929

Mit dem Angriff von Polizeitruppen auf das sowjetische Konsulat in Harbin am 27. Mai 1929 begann die chinesisch-sowjetische Auseinandersetzung um die Ostchinesische Eisenbahn. Unter dem Vorwand, ein konspiratives Treffen der Komintern aufgedeckt zu haben, wurden 80 Personen verhaftet und darüber hinaus Materialien sichergestellt, welche die angebliche Unterwanderung der Bahn und ihrer Gesellschaft durch sowjetische Agenten darlegten.[12] Im Juli gaben die Chinesen dann bekannt, daß alle Anordnungen des russischen Generaldirektors der Ostchinesischen Bahn von einem chinesischen Vizedirektor gegengezeichnet werden müßten. Kurz darauf rief Moskau alle sowjetischen Angestellten aus der Bahnverwaltung zurück und stoppte die Bahnverbindung zwischen beiden Ländern. Zudem wurden die sowjetischen Konsularbeamten aus ganz Nordchina abgezogen und die in der UdSSR befindlichen chinesischen Diplomaten ausgewiesen.[13]

Initiativen zur friedlichen Beilegung des Konflikts scheiterten im August und September an der ablehnenden Haltung der Chinesen, da die unterbreiteten Vorschläge mit ihrer Vorstellung von Souveränität nicht zu vereinbaren waren.[14] Die Verhandlungen mußten abgebrochen werden. Wenig später begannen die Kämpfe.[15] Auf der Grundlage des Briand-Kellogg-Paktes[16] schalteten sich deshalb die USA ein und legten einen Plan vor, demzu-

---

11 Vgl. Martin, in : Leutner 1996:167-168.

12 Vgl. Beloff 1952:72-73 / Lensen 1974:33-37. Auch Hell 1999:57-58.

13 Vgl. Domes 1969:376-377. Aus Sicht der chinesischen Nationalregierung, vgl. Jiang 1957:57-59.

14 Vgl. Lensen 1974:50-57.

15 Zur Rechtfertigung der Kämpfe von russischer Seite, vgl. Dallin 1949:266-267.

16 Mit dem 1928 geschlossenen Briand-Kellogg-Pakt war der Krieg (im Unterschied zur Völkerbundsatzung) als Mittel zur Lösung zwischenstaatlicher Streitigkeiten geächtet worden. Der Pakt ist abgedruckt in: Willoughby 1968:688.

folge ein Angehöriger eines dritten Landes bis zur Regelung aller Streitfragen die Leitung der Bahn übernehmen sollte. An einer möglichen kollektiven Aktion der Mächte wollte Deutschland nicht teilnehmen, da es fürchtete, daß sich jede Einmischung von seiten der Großmächte auf die Verhandlungsbereitschaft der Parteien ungünstig auswirken könnte. Stattdessen forderte Außenminister Stresemann direkte Verhandlungen zwischen den Konfliktparteien.[17] Dessen ungeachtet hatten die deutschen Diplomaten bereits zugesagt, den Schutz der chinesischen Staatsangehörigen und die Vertretung der Interessen Chinas gegenüber der Sowjetunion wahrzunehmen. Zu einem solchen Dienst gehörte auch die Übernahme der Gebäude und Archive der chinesischen Botschaft und der chinesischen Konsulate. (Dok. 60) Um Neutralität zu demonstrieren, war freilich auch ein gleichartiges Ersuchen von Moskau angenommen worden.[18]

Im Zuge dieser Vereinbarungen sandte Johann Stobbe, deutscher Generalkonsul in Harbin, mehrere Berichte über die Behandlung von sowjetischen Kriegsgefangenen in China an die Deutsche Gesandtschaft in Peking, in welchen auch das Verhalten der chinesischen Behörden gegenüber den deutschen Bemühungen beschrieben (Dok. 61 und 64) wurde.[19] Der deutsche Botschafter in Moskau, von Dirksen, hob das Engagement Stobbes hervor, der sich mit größtem, auch von der Sowjetunion anerkannten Nachdruck, für Sowjetbürger in Harbin eingesetzt und eine erhebliche Verbesserung ihrer Lage erzielt habe.[20] Als die militärischen Auseinandersetzungen zwischen China und der Sowjetunion und damit auch die Zahl der Gefangenen im Herbst zunahmen, veröffentlichte Staatssekretär Schubert im Oktober 1929 ein Aide-Mémoire, in welchem die deutsche Regierung in ihrer Funktion als Schutzmacht Vorschläge machte, um die Lage der Gefangenen in China bzw. Rußland zu verbessern. (Dok. 63)

An der Beilegung des Eisenbahnkonfliktes beteiligte sich Deutschland nicht nur durch seinen Einsatz in humanitären Fragen, sondern auch durch die Übermittlung von Verhandlungsvorschlägen und Stellungnahmen.[21] Eine eigentliche Vermittlertätigkeit aber, wie sie zumindest tendenziell von der Deutschen Gesandtschaft in Peking gefordert wurde, lehnte Berlin strikt ab (Dok. 62), da eine aktivere Mitwirkung zu einer Frontstellung anderer Mächte gegen Deutschland hätte führen können.[22] Insgesamt hielten sich alle Staaten

---

17 Vgl. Telegramm von RAM Stresemann an die DB Washington, 3.8.1929, in: ADAP, B XII, Dok. 143:312-313.

18 Vgl. Aufzeichnung des St.S. Schubert, AA, 18.7.1929, in: ebd., Dok. 105:200-232.

19 Über die Behandlung chinesischer Kriegsgefangener in der Sowjetunion war in den Akten nur eine Zusammenfassung des AA über ein Lager in Novosibirsk zu finden. Ein Hinweis darauf findet sich außerdem in einem Artikel der *Jintian shibao* (Aktuelle Zeitung, 29.8.1929), in: BArch, 0902/2380.

20 Vgl. Schreiben von Dirksen, deutscher Botschafter in Moskau, an das AA, 8.9.1929, in: ADAP, B XIII, Dok. 8:17-19.

21 Vgl. Domes 1969:378.

22 Vgl. Telegramm von St.S. Schubert, AA, an die DB Moskau, 19.7.1929, in: ADAP, B XII, Dok. 108:236-237.

(Großbritannien, Frankreich, Italien, Deutschland und Japan) auffallend zurück und unterstützten China nicht gegen Rußland, da sie fürchteten, daß ein Präzedenzfall die Auflösung aller ungleichen Verträge mit sich bringen könnte. Großbritannien hoffte sogar, daß die Sowjetunion ein Exempel an China statuieren würde.[23] Japans Unbehagen war ohnehin extrem groß, da es konkrete Auswirkungen auf die japanisch kontrollierte Südmandschurische Eisenbahn fürchtete. Das Hauptinteresse der japanischen Regierung lag im wesentlichen darin, den Konflikt auszunutzen, um die Loslösung der Mandschurei von Nanjing voranzubringen.[24]

Obwohl die öffentliche Meinung und die Regierungen der anderen Staaten eher zu Moskaus Standpunkt tendierten und eine scharfe Kritik an der Sowjetunion in Genf unwahrscheinlich war, rieten die deutschen Diplomaten den Chinesen im Sommer 1929 davon ab, den Völkerbund anzurufen.[25] Mit Blick auf die deutsch-sowjetischen Beziehungen sah sich Deutschland zum vorsichtigen Agieren veranlaßt, denn der sowjetische Argwohn gegen den deutschen Beitritt zum Völkerbund (1926) war nach wie vor präsent, obwohl die deutschen Vorbehalte bezüglich der Anwendung des Sanktionsartikels der Satzung[26] zu Protokoll gebracht worden waren. Auch der Berliner Vertrag[27], in dessen Zusatzprotokoll sich das Deutsche Reich verpflichtet hatte, etwaigen antisowjetischen Bestrebungen im Völkerbund entgegenzutreten, verfehlte in dieser Hinsicht seine eigentlich intendierte Wirkung. In einer Völkerbundsdebatte hätte Deutschland in eine unangenehme Lage gebracht werden können, falls China dieses Forum genutzt hätten, um scharfe Kritik an dem russischen Vorgehen zu üben. Trotz aller zur Schau getragenen Neutralität lagen die deutschen Sympathien stärker auf der russischen Seite.[28] Als sich jedoch die militärischen Aktionen verstärkten - am 12. November hatten sowjetische Truppen die Stadt Tongjiang unweit des Heilongjiang angegriffen -, wollte die deutsche Diplomatie nicht mehr die Verantwortung dafür übernehmen, die Chinesen an einer Anrufung des Völkerbundes zu hindern.[29] Gleichzeitig aber sollte die Position in bezug auf China nicht definitiv in irgendeine Richtung festgelegt werden. Zur Begründung dieser Haltung wurde die strikte Neutralität genannt, daneben auch die Funktion als Schutzmacht beider Staaten

---

23 Vgl. Fung, in: ders. / Pong 1985:196

24 Vgl. Dallin 1949:265.

25 Vgl. Ganz geh. Telegramm von St.S. Schubert, Genf, an die Min.Dir.en Köpke u. Trautmann, AA, 3.9.1929, in: ADAP, B XII, Dok. 233:539-541.

26 Stresemann hatte in den Locarno-Verhandlungen durchgesetzt, daß das Deutsche Reich in einem gegen die Sowjetunion gerichteten Anwendungsfall der Sanktionen neutral bleiben konnte. - Bei dem Sanktionsartikel handelte es sich um Artikel 16 der Völkerbundssatzung. Vgl. hierzu Pfeil 1976:73.

27 Dieser Vertrag war am 24.4.1926 in Berlin unterzeichnet worden. De facto handelte es sich um eine Bestätigung des Vertrages von Rapallo, wenn auch die Neutralitätsverpflichtungen präzisiert worden waren.

28 Vgl. Aufzeichnung des LS Michelsen, AA, 22.10.1929, in: ADAP, B XIII, Dok. 67, 143-144.

29 Vgl. Ratenhof 1984:23.

sowie die fehlende Kenntnis der chinesischen Anträge an den Völkerbund. Mit der besonderen Stellung des Deutschen Reiches als Schutzmacht sowohl der Chinesen als auch der Russen wurde auch die Teilnahme an einem neuerlichen Vorschlag des amerikanischen Außenministers im November 1929 abgelehnt, beide Staaten auf ihre Verpflichtungen aus dem Kellogg-Pakt hinzuweisen.[30]

Obwohl auf der deutschen Seite die Rücksichtnahme auf das politische Verhältnis zur Sowjetunion überwog, schätzten die Chinesen die deutschen Dienste hoch ein, wie ein Interview des chinesischen Außenministers Wang Zhengting mit Pressevertretern zeigte. (Dok. 65) Wang vertrat darin die optimistische Auffassung, daß durch die Tätigkeit der Deutschen eine Wende in dem Konflikt eintreten könnte. Der deutschen Diplomatie aber kam diese öffentliche Stellungnahme sehr ungelegen, weil darin auf ein chinesisches Manifest angespielt wurde, in welchem behauptet worden war, daß Deutschland eine Formel für eine gemeinsame chinesisch-sowjetische Erklärung aufgestellt und sich informell der Zustimmung beider Seiten vergewissert habe. Dies war jedoch eine Erfindung und sorgte wiederum für Unmut in russischen Kreisen.[31] Allen guten Vorsätzen zum Trotz erwies es sich für die deutschen Diplomaten als äußerst schwierig, nach außen Neutralität zu bewahren. Schließlich beendete das Auswärtige Amt im Herbst 1930 mit dem Hinweis auf die Unvereinbarkeit der Positionen der chinesischen Nationalregierung und der Sowjetregierung seine Schutztätigkeit. (Dok.66)

Der Eisenbahnkonflikt war schon wesentlich früher recht unspektakulär zu Ende gegangen, denn Bürgerkriege und Fraktionskämpfe innerhalb der Guomindang hatten die Nationalregierung gezwungen, auf eine Verstärkung der Truppen Zhang Xueliangs zu verzichten. Hinzu kam, daß die Guomindang in ihrer Haltung zu dem Zwischenfall ohnehin gespalten war. Der linksliberale Flügel, vertreten etwa durch die Frau Sun Yatsens, Song Qingling, sympathisierte mit den Aktionen der Sowjetunion.[32] Auch Finanzminister Song Ziwen hatte schon früh seine Kritik an dem chinesischen Vorgehen geäußert und betont, daß er auch weiterhin mit Rußland in Freundschaft leben wolle.[33] Am 22. Dezember 1929 unterzeichnete Zhang Xueliang in Chabarovsk ein chinesisch-sowjetisches Protokoll, das die Wiedereröffnung der Konsulate und Handelsvertretungen sowie die Freilassung aller Gefangenen vorsah.[34] Die UdSSR sollte ihre Truppen aus der Mandschurei zurückziehen und Zhang die weißrussischen Verbände in seiner Armee entwaffnen. Fragen hinsichtlich

30 Vgl. Telegramm von St.S. Schubert, AA, an die DGP, 10.12.1929, in: ADAP, B XIII, Dok. 189:394-395.

31 Vgl. Telegramm dess. an die DGP, 2.11.1929, in: ebd., Dok. 96, S. 203-204.

32 Vgl. Bericht von Borch, DGP, an das AA, 5.9.1929 über die Haltung der Pekinger Presse in der Frage des chinesisch-russischen Konfliktes und im Verhältnis zu den Parteien, in: BArch, 0902/2380. Zu den chinesischen Kommunisten und dem Eisenbahnzwischenfall, vgl. Lee 1983:95-126.

33 Vgl. Telegramm von Borch, DGP, an das AA, 23.7.1929, in: PolArchAA, R 28541.

34 Zum Protokoll von Chabarovsk, vgl. Tang 1959:242-243.

der Ostchinesischen Eisenbahn sollten auf einer späteren Konferenz erörtert und bis dahin der status quo ante beibehalten werden. Diese Konferenz trat schließlich im Oktober 1930 zusammen, doch die Verhandlungen zogen sich lange hin, um schließlich nach dem Überfall der Japaner auf die Mandschurei erneut verschoben zu werden.

Auf internationaler Ebene hatte China durch sein antirussisches Vorgehen nichts gewonnen, sondern, im Gegenteil, an Ansehen verloren. Der zur Schau gestellte „Antikommunismus" griff nicht, weil die Großmächte ihren Beistand versagten. Auch Deutschland achtete peinlichst darauf, nur als Übermittler, nicht aber als Vermittler tätig zu werden. Im Zusammenhang mit dem chinesisch-sowjetischen Konflikt um die Ostchinesische Eisenbahn ließ sich die deutsche Diplomatie von Überlegungen leiten, die zwei Jahre später während der Mandschureikrise erneut bestimmend sein sollten: Die Reichsregierung vertrat offiziell - international und gegenüber den beiden Kontrahenten - eine unparteiische Haltung, die sie mit ihrer besonderen Rolle begründete. Trotz Rücksichtnahme gegenüber den Chinesen besaß diese Neutralität aus politischen Opportunitätserwägungen heraus eine wohlwollende Färbung gegenüber der anderen Partei. Die Taktik des Sich-nicht-Festlegens ermöglichte es zudem, auf einem für die deutsche Politik nicht so wichtigen Feld gegenüber den anderen Mächten einen relativ eigenständigen Kurs zu verfolgen.

Der Zwischenfall von Shenyang (Mukden)

Die zweite ostasiatische Großmacht, Japan, hatte seit Beginn des Jahrhunderts ihre Sonderstellung in der Mandschurei systematisch ausgebaut.[35] Die drei östlichen Provinzen Heilongjiang, Jilin und Liaoning wurden vor allem aufgrund ihrer geographischen Lage als Grenzland zur Sowjetunion und als Hinterland des bereits annektierten Koreas als besonders wertvoll angesehen. Viel privates und staatliches Kapital war in die Mandschurei geflossen, deren Rohstoffe für die Existenz Japans als unabdingbar betrachtet wurden.[36] Schließlich schien sich nach der infrastrukturellen Erschließung des Gebietes ein großer Absatzmarkt für japanische Waren zu entwickeln. So wurde die Mandschurei aus militärischen, politischen und wirtschaftlichen Überlegungen als „Lebenslinie" für Japan angesehen.[37] Das Instrument zur Durchsetzung der japanischen Interessen war die Südmandschurische Eisenbahngesellschaft, die das Rückgrat der Erschließung der Mandschurei

---

35 Vgl. Domes 1969:380-387 / Morton 1980:25 u. 201. Zu den Hintergründen der japanischen Expansion, vgl. Martin 1983:129-134.

36 Vgl. Li 1992:16-17.

37 Die Verteidigung der Lebenslinie wurde zum Kampfruf des Mandschureizwischenfalls. Der Begriff „Lebenslinie" war im Januar 1931 von dem Diplomaten und Politiker Matsuoka kreiert worden. Vgl. hierzu: Young 1998:88. Sowie Anm. 38.

bildete.[38] Ausgestattet mit vielfältigen Souveränitätsrechten betrieb sie in der Bahnzone ganz unterschiedliche Einrichtungen, die auch den sozialen Bereich wie Krankenhäuser und Schulen abdeckten.[39] Nominell ein Privat-, tatsächlich aber ein Regierungsunternehmen mit politischem Auftrag, guten Beziehungen zur Guangdong-Armee[40] und einem meist dem japanischen Ministerpräsidenten direkt verantwortlichem Präsidenten band die Südmandschurische Eisenbahn den größten Teil des in der Mandschurei investierten japanischen Kapitals und hatte entscheidenden Anteil an der wirtschaftlichen und industriellen Entwicklung des Territoriums.

Sicherung und Ausbau dieser japanischen Einflußsphäre war das Ziel aller Regierungen in Tokyo. Unterschiede in der Umsetzung dieses Zieles waren nur graduell, nicht aber prinzipiell auszumachen. Den extremsten Ausdruck fanden die Expansionsbestrebungen in der Mandschurei als Tanaka Giichi 1927 das Amt des Premierministers übernahm. In dem nach ihm benannten Tanaka-Memorandum, dessen Echtheit nach 1945 in den japanischen Kriegsverbrecherprozessen indirekt bestätigt worden war, hatte er gefordert, die Mandschurei und die Mongolei von China abzutrennen, notfalls durch militärische Intervention.[41] Seit der mandschurische Militärmachthaber Marschall Zhang Xueliang 1928 der Nanjing-Regierung seine Loyalität bekundet hatte, beobachtete Japan mit wachsender Besorgnis die Entwicklung in den nordöstlichen Provinzen Chinas.[42]

Die sino-japanischen Beziehungen waren gekennzeichnet durch einen grundsätzlichen Konflikt zwischen dem chinesischen Nationalismus einerseits und den japanischen Interessen in der Mandschurei andererseits.[43] Nach der japanischen Intervention in Shandong im April 1928, die, so die offizielle Begründung, japanisches Leben gegen undisziplinierte chinesische Soldaten schützen sollte[44], waren die ohnehin schlechten Beziehungen auf einem Tiefpunkt angelangt. Die antijapanischen Gefühle in China entluden sich in Boykotten, Streiks und Demonstrationen in vielen Teilen des Landes. Obwohl sich Außenminister Wang Zhengting darum bemühte, ein Arrangement mit Japan zu treffen, mußte ein solches Verhalten immer kompromittierend für die chinesischen nationalen Interessen sein. Die Guomindang befand sich in dem Dilemma, daß sie einerseits militärisch zu schwach war, um den Besitzansprüchen Japans entgegenzutreten,

38 Vgl. Matsuoka 1938:32-35. „So thus began the history of the development of the South Manchuria Railway, established as a „lifeline" for the furtherance of national policy, forming an aerterial system of railways, ports, harbours, mines, oil, hotels and engaging itself in every variety of activity ranging from transport and communications to economics, industrie and cultural work." (ebd. 34.) Vgl. hierzu: Matsusaka 2001:267-311.

39 Vgl. ders. (Matsuoka) 1938:117-172.

40 Zur Guangdong-Armee, vgl. Weland 1977:74-78.

41 Vgl. Domes 1969:383.

42 Vgl. Li 1992:20-21 / Iriye 1960:33-43.

43 Vgl. Chu, in: Coox / Conroy 1978:61-82.

44 Vgl. Fung, in: ders. / Pong 1985:197 / Iriye 1968:198-201 / Royama 1941:42-43.

daß aber andererseits ihre Glaubwürdigkeit von der konsequenten Verfolgung ihres eigenen nationalistischen Programms abhing.[45] Verschärft wurde die ohnehin angespannte Situation durch den Ende der 20er Jahre von chinesischer Seite begonnenen Bau von Eisenbahnlinien in der Mandschurei, oft parallel zu den Schienensträngen der Südmandschurischen Eisenbahn. Bereits im Dezember 1930 gab es Gerüchte um einen möglichen sino-japanischen Konflikt.[46] Im Jahr 1931 häuften sich schließlich die Nachrichten von japanischen Übergriffen in China.[47]

In der Nacht vom 18. September 1931 explodierte an einer Schienenkreuzung der Südmandschurischen Eisenbahn eine Sprengladung, wobei jedoch der Zugverkehr ungehindert fortgeführt werden konnte. Diesen angeblich von chinesischer Seite provozierten Vorgang nahmen die in der Mandschurei stationierten japanischen Truppen zum Anlaß, den seit längerem bestehenden Plan einer Besetzung dieses Gebietes in die Tat umzusetzen.[48] Der Zwischenfall von Shenyang veränderte sowohl die chinesische als auch die internationale Politik. Er steht zum einen für den Beginn einer neuen Phase in den chinesischen Außenbeziehungen. War bis zu diesem Zeitpunkt das außenpolitische Hauptziel der Nationalregierung die Revision der ungleichen Verträge sowie die Heranziehung von ausländischer Unterstützung für den wirtschaftlichen Aufbau gewesen, so mußte sich nun die Außenpolitik verstärkt auf die Mandschurei und das nordchinesische Problem konzentrieren. Die Priorität der rüstungswirtschaftlichen Rekonstruktion blieb gerade wegen der japanischen Aggression bestehen, doch die Revision der noch existierenden ungleichen Verträge war nurmehr von sekundärer Bedeutung.[49] Zum anderen führte die Mandschureikrise zu territorialen und machtpolitischen Veränderungen in Asien, die schließlich im Krieg zwischen China und Japan 1937 endeten. Drittens schließlich erschütterte sie nachhaltig das durch den Völkerbund repräsentierte und garantierte System der kollektiven Sicherheit.[50]

Für den Völkerbund stellte sich in diesem Zusammenhang das Problem der Berechtigung seiner Mitgliedstaaten, den status quo zu verändern, falls es die jeweiligen Vorstellungen über nationale Sicherheit erforderlich machten. Für die deutsche Regierung war dies insofern von großer Bedeutung, als ihr erklärtes außenpolitisches Ziel ja gerade die Aufhebung der im Versailler Vertrag und der Völkerbundssatzung festgeschriebenen Nachkriegsordnung war.[51] Somit bot sich Deutschland im Rahmen der Mandschureikrise als Bündnispartner für China im Völkerbund an. Noch im September bat der chinesische

---

45 Vgl. Li 1992:20. Zum chinesisch-japanischen Gegensatz, vgl. auch Chu, in: Iriye 1980:74-95.

46 Vgl. Fung, in: ders. / Pong 1985:198.

47 Vgl. Domes 1969:384-385.

48 Zu dem Zwischenfall, vgl. Crowley 1959:56-70 / Ferrell 1955:66-72 / Yoshihashi 1963:159-169.

49 Erst 1944 wurden die letzten ungleichen Verträge mit England und Frankreich aufgehoben.

50 Vgl. Hildebrand 1987:4-7.

51 Vgl. Ratenhof, in: Kreiner / Mathias 1990:110-112.

Außenminister Wang Zhengting um deutsche Unterstützung bei der Behandlung des chinesisch-japanischen Konfliktes in Genf. (Dok. 67) Wenige Tage später wandte sich sogar Jiang Jieshi persönlich an Reichsaußenminister Curtius und fragte diesen, ob er an den Sitzungen des Völkerbundsrates teilnehmen könne, die den chinesisch-japanischen Konflikt beträfen. (Dok. 68) Doch die deutschen Diplomaten ließen sich auf die von höchster chinesischer Stelle signalisierte Bereitschaft zu einer Zusammenarbeit nicht ein. Staatssekretär von Bülow gab stattdessen die unmißverständliche Direktive aus, daß Deutschland auf gar keinen Fall einer antijapanischen Front beitreten dürfe.[52] Diese Zurückhaltung läßt sich dahingehend erklären, daß die deutsche Diplomatie ihre Ziele nur mit den im Völkerbund vertretenen Mächten, aber nicht gegen sie erreichen wollte. Die Mandschureikrise spielte in diesem Plan zwar eine nicht unbedeutende Rolle, doch eine klare Parteinahme für China war nicht vorgesehen. Deutschland versprach sich letztlich mehr davon, seine Loyalität zu den Mächten als seine Solidarität mit China zum Ausdruck zu bringen.

Zu einem Zusammenschluß zwischen China und Deutschland kam es im Verlauf der Mandschureikrise nicht. Vielmehr verwandelte sich die oft beschworene deutsche Neutralität im Verlauf der Krise in eine „wohlwollende" Neutralität gegenüber Japan. (Dok. 69) Die Passivität der Deutschen wurde von den Chinesen bald erkannt und scharf kritisiert. Xu Daolin, ein Berater Jiang Jieshis in Fragen der Deutschlandpolitik,[53] bezog 1932 in einem in der Zeitschrift *Waijiao pinglun* (Kommentar zur Außenpolitik) veröffentlichten Aufsatz pointiert Stellung gegen die passive deutsche Haltung und legte eindringlich dar, daß Deutschland keinesfalls ein Bündnis mit Japan eingehen dürfe. (Dok. 78) Doch obwohl Deutschland 1931 noch keine Wende in seiner Fernostpolitik vollzogen hatte, ließ die Verbindung der Mandschureikrise mit den europäisch-westlichen Nachkriegsproblemen, die über den Völkerbund geschaffen wurde, letztlich keinen Platz für ein deutsch-chinesisches Bündnis.

Die Mandschureikommission des Völkerbundes in China

Daß Nanjing anläßlich des japanischen Einfalls in der Mandschurei überhaupt den Völkerbund anrief, war keine Selbstverständlichkeit, denn in China gab es zum einen Stimmen von Studenten, Kommunisten und einigen Truppenteilen, die forderten, Japan offenen Widerstand zu leisten. Zum anderen gab es Stimmen, wie die japanfreundlichen Kreise um Hu Hanmin und Jiang Zuobin, dem einstigen chinesischen Gesandten in Berlin, der jetzt in Tokyo akkreditiert war, die verlangten, direkte Verhandlungen mit Japan aufzunehmen.[54] Jiang Jieshi aber schaltete den Völkerbund ein und baute damit auf die

52 Vgl. Herre, in: Martin 1981:244-245.

53 Zu Xu Daolin, vgl. Adolphi 1989:214-216. Sowie Ma / Qi 1998:165.

54 Vgl. Fung, in: ders. / Pong 1985:201.

internationale Solidarität. Diese Vorgehensweise verfolgte er aufgrund einer Intervention von Finanzminister Song Ziwen, der gleichzeitig stellvertretender Vorsitzender eines Spezialkomitees war, das das Mandschureiproblem lösen sollte.[55] Song wiederum pflegte enge Kontakte zum Völkerbund und vor allem zu Ludwik Rajchman, dem Direktor der Gesundheitsabteilung des Völkerbundes, der sich gerade in China aufhielt, als die Krise ausbrach.[56] Für die Japaner, welche möglichst unauffällige, direkte Verhandlungen bevorzugt hätten, stand fest, daß China ihre Expansion in der Mandschurei ohne das Eingreifen Rajchmans niemals vor ein öffentliches Forum gebracht hätte.[57] Seitdem betrachteten sie den polnischen Arzt nur noch als überflüssigen Intriganten und Unruhestifter, eine Einstellung, die sie im übrigen mit der deutschen Diplomatie teilten.[58]

Zwei Tage nach seinem turnusmäßigen Zusammentreten am 19. September 1931 wurde der Völkerbundsrat durch den Vertreter der Nanjing-Regierung, Shi Zhaoji, über die Vorgänge in der Mandschurei informiert und zum Eingreifen aufgefordert.[59] Darüber hinaus erfolgte auch ein Appell an die USA als Signatarstaat des Briand-Kellogg-Paktes.[60] Die westlichen Mächte aber tendierten zu einer Haltung, welche eher Japan als China begünstigte. Dies hing mit dem Vertrauen zusammen, das seit der Washingtoner Konferenz von 1922 in die japanische Kooperationspolitik gesetzt wurde.[61] Japan galt als Garant von Ordnung und Sicherheit in Ostasien, wohingegen China als Land des Bürgerkrieges sowie der wirren und unüberschaubaren Verhältnisse angesehen wurde. Schließlich war den Mächten auch aufgrund eigener Wirtschaftsinteressen an guten Beziehungen zur stärksten Fremdmacht in China gelegen. Insgesamt wurde dem Vorgehen der Japaner eine gewisse Berechtigung nicht abgesprochen.[62] Nur allzu gern ließ sich der Rat deshalb durch Erklärungen des japanischen Delegierten Yoshizawa beruhigen, daß es seiner Regierung nur um die Sicherung der legitimen Interessen ihrer Staatsangehörigen in einem der Anarchie verfallenen Gebiet gehe und daß die Truppen in ihre Ausgangsstellungen zurückkehren würden, sobald Recht und Ordnung wiederhergestellt seien.[63] Da zudem die Unterstützung durch die USA und die Sowjetunion ungewiß war und die Weltwirtschaftskrise ihren Höhepunkt noch nicht überschritten hatte, schien es den Ratsmitgliedern angebracht,

55 Vgl. Osterhammel 1979:666.

56 Sun (1992:49-51) geht jedoch davon aus, daß Song Ziwen der Fraktion angehörte, die direkte Verhandlungen mit Japan befürwortete. So meint er, daß es direkte Gespräche zwischen Jiang und Rajchman gegeben haben müsse. Auch Wu (1998 (1):191 u. 1998 (2):241-243) bestätigt Songs anfängliche Bereitschaft, mit Japan zu verhandeln.

57 Vgl. Osterhammel 1979:667.

58 Vgl. Kuß 1998: 436.

59 Vgl. Hell 1999:58 / Wu 1992:148-150. - Die Note ist abgedruckt in: Willoughby 1968:31-32.

60 Zum Text des Briand-Kellogg-Paktes, vgl. Anm. 16.

61 Zur Rolle Japans bei der Washington-Konferenz, vgl. Thorne 1972:27-38.

62 Vgl. Ratenhof, in: Kreiner / Mathias 1990:109-111.

63 Vgl. Pfeil 1976:92.

eine aktive Politik in der Mandschurei, deren Folgen nicht abzusehen waren, zu vermeiden. Der Völkerbundsrat vertagte sich daher erst einmal in der Hoffnung, daß sich die Lage entspannen werde.

Tatsächlich hatte die Guangdong-Armee ihre militärischen Aktionen zunächst reduziert, doch dafür war mit dem Aufbau einer japanisch kontrollierten zivilen Administration begonnen worden. Dann aber kehrten die Militärs zu der Taktik zurück, vollendete Tatsachen zu schaffen, welche die Regierung in Tokyo nur noch sanktionieren konnte.[64] Spätestens mit dem Bombardement der Stadt Jinzhou am 8. Oktober wurde den westlichen Mächten klar, daß Zurückhaltung nicht zu einer Zähmung der aggressiven nationalistischen Kräfte in Japan führen würde.[65] Auf der Grundlage des Briand-Kellogg-Paktes schaltete sich nun Washington ein.[66] Die in der Folge verabschiedete Resolution hatte freilich nur deklamatorischen Charakter, denn Japan drohten keine Sanktionen.[67]

Erst im Dezember 1931 ergriff der Völkerbundsrat die Initiative und beschloß, neutrale Beobachter in das fernöstliche Krisengebiet zu entsenden. Allerdings waren Entschlossenheit und Handlungsbereitschaft auch jetzt nur vorgetäuscht, denn die Einsetzung einer Kommission bedeutete nichts anderes als einen enormen Zeitgewinn, da bis zur Fertigstellung eines Berichtes Wochen und Monate vergehen mußten. Hinter den Kulissen begann nun ein zähes Ringen um Größe, Zusammensetzung, Aufgaben und Reiseroute der Kommission.[68] Die deutschen Diplomaten hatten sich zunächst prinzipiell gegen die Bildung einer Kommission ausgesprochen, denn sie wollten sich auf gar keinen Fall exponieren und damit ihren Kurs der absoluten Neutralität gefährden.[69] Die chinesische Seite wiederum wollte keine Kommission, in welcher die nach wie vor mit Sonderrechten in China ausgestatteten Mächte dominierten. Das Deutsche Reich änderte seine Meinung erst, als die Entsendung eines polnischen Vertreters öffentlich diskutiert wurde[70] und benannte den ehemaligen deutschen Botschafter in Tokyo, Wilhelm Solf, als deutschen Vertreter. Dieser aber stieß wegen seiner japanfreundlichen Tendenzen auf den entschiedenen Widerstand der Chinesen. (Dok. 70) Da der Alternativkandidat Seeckt wiederum als zu chinafreundlich galt, fiel die Wahl schließlich auf den im Fernen Osten wenig bekannten Heinrich Schnee.[71]

---

64 Vgl. Ratenhof, in: Kreiner / Mathias 1990:112-113 / Thorne 1972:170.

65 Vgl. Yoshihashi 1963:203-204.

66 Vgl. Stimson 1936:54-69 / Thorne 1972:152-162.

67 Der Text der nach dem amerikanischen AM Stimson benannten Resolution ist abgedruckt in: Willoughby 1968:114-115.

68 Vgl. Martin, in: Leutner 1996:171 / Nish 1990:93.

69 Vgl. ebd. (Martin):169-170.

70 Vgl. ebd.:171.

71 Zu Heinrich Schnee, vgl. ebd.:172-174 / Fox 1982:11 / Nish 1990:96.

Der ehemalige Gouverneur von Samoa und Deutsch-Ostafrika, Schnee, hatte den Begriff der „Kolonialschuldlüge" geschaffen, was bereits auf sein Engagement in der Koloniallobby der Weimarer Zeit hinweist.[72] In die Mandschureiproblematik mußte er sich erst einmal einarbeiten, weshalb er verschiedene Gespräche mit hohen Diplomaten in Genf und in Berlin führte. Auch Reichskanzler Brüning und Reichspräsident von Hindenburg empfingen ihn vor seiner Abreise nach Asien. (Dok. 71) Vom Auswärtigen Amt wurde er wiederholt auf die Leitlinie strikter Unparteilichkeit und Neutralität eingeschworen. (Dok. 76) An dieser Linie richtete er sich trotz einer leicht sinophilen Grundhaltung auch aus, weshalb er in der fünfköpfigen, von dem Engländer Lord Lytton geleiteten Kommission, kaum hervortrat.[73]

Bis zum Eintreffen der Kommission waren von den Japanern in der Mandschurei vollendete Tatsachen geschaffen worden, indem sie das gesamte chinesische Hoheitsgebiet nördlich der Großen Mauer besetzt und damit begonnen hatten, das Gebiet durch Kollaborationsregierungen politisch zu sichern. Die Militärs waren nicht bereit, auf eine Entscheidung des Völkerbundes zu warten. Am 1. März 1932 wurde aus der Mandschurei der unabhängige Staat „Manzhouguo" mit dem letzten chinesischen Kaiser Pu Yi als Staatsoberhaupt.[74]. Darüber hinaus hatten die Japaner in Shanghai eine neue Front eröffnet, welcher Jiang Jieshis, von deutschen Militärberatern ausgebildete und mit deutschen Waffen ausgerüstete Soldaten erstmals erbitterten Widerstand leisteten. Kurz darauf tauchten in der japanischen Presse Meldungen auf, daß sich deutsche Militärberater sogar aktiv an den Auseinandersetzungen beteiligen würden.[75] Ungeachtet der Hilfe durch deutsche Militärberater eroberte Japan nicht nur Shanghai, sondern auch einen Teil des Yangzijiang-Tales.[76]

Die Kommission indes reiste zunächst über die USA nach Japan, wo sie mit General Araki zusammentraf, um den sich nationalistische Kreise gesammelt hatten und der engste Verbindung zu den Offizieren der Guangdong-Armee unterhielt. Wenige Wochen später wurde er zum Kriegsminister ernannt.[77] Den japanischen Anspruch auf die Mandschurei begründete Araki weniger wirtschaftlich-materiell als historisch-mythisch. (Dok. 73) Der Marionettenkaiser von Manzhouguo, Pu Yi, schließlich ging in seiner Unterredung mit der Völkerbundskommission, in welcher er seinen Memoiren zufolge unter starkem japanischem Druck stand, so weit zu beteuern, daß sein Land selbständig agiere und unabhängig von Japan sei. (Dok. 75) Bei den sich anschließenden Gesprächen in China entstand ein Dissens vor allem über die Frage, ob die 1915 den Japanern unter massivem Druck

72 Vgl. Literaturliste in diesem Bd.

73 Vgl. Chen u.a. 1987:354-365 / Martin, in: Leutner 1996:175-181 / Nish 1993:57-62.

74 Zu Manzhouguo, vgl. ebd. (Nish):86-89 / Beasley 1987:194-197 / Wang 1988:339-470.

75 Vgl. Einleitung zu Kap. 2.

76 Vgl. Hell 1999:108-119 / Nish 1993:90-101.

77 Vgl. ebd. (Nish):108. Sowie Shillony 1973:31-32.

zugestandenen Sonderrechte[78] in der Mandschurei nach wie vor Gültigkeit haben sollten. Ministerpräsident Wang Jingwei bestand darauf, daß China diese erzwungene Konzession nie anerkannt habe, weshalb nach dem Rückzug der Truppen ein neuer Vertrag ausgehandelt werden müsse. China schien bereit, den Japanern wirtschaftliche Präferenzen einzuräumen, beharrte jedoch kompromißlos auf der Wiederherstellung der chinesischen Souveränität. (Dok. 74) Die chinesischen Kommunisten, deren Stellungnahme nicht in Gesprächen, sondern in Flugblättern übermittelt wurde, standen dem Völkerbund und seiner Kommission ablehnend gegenüber, weil sie fürchteten, daß auf diesem Wege nur die Aufteilung Chinas vorangebracht würde. Dementsprechend bezeichnete die „Junge Proletarische Union China", Zweig Hubei, alle Kommissionsmitglieder als Spione einer internationalen Banditenorganisation. (Dok. 72)

Der Bericht der Mandschureikommission des Völkerbundes[79], der im Herbst 1932 zunächst im Rat und dann in der Bundesversammlung diskutiert wurde, spiegelte die Unentschlossenheit der Ratsmitglieder wider. (Dok. 77) Obwohl er in allen wesentlichen Punkten die chinesische Position bestätigte, wurden keine konkrete Maßnahmen gegen Japan, sondern nur moralische Sanktionen vorgeschlagen.[80] Der Bericht brachte China freundliches Verständnis entgegen, ohne wirkliche Zugeständnisse zu machen und fand schnell allgemeine Zustimmung, auch die der neuen Regierung Hitler.[81] Von den japanischen Vertretern wurde er freilich entschieden abgelehnt. Am 27. März 1933 gab Tokyo dem Generalsekretariat des Völkerbundes offiziell den Austritt Japans aus der Genfer Institution bekannt.[82]

Während des chinesisch-russischen Eisenbahnkonfliktes und des Ausbruchs der Mandschureikrise war China auf der Suche nach Bündnispartnern. Das Deutsche Reich, gleichfalls ein Außenseiter von Versailles, schien sich anzubieten, nicht nur weil es über keinerlei Sonderrechte mehr in China verfügte, sondern auch weil es mit Hilfe des Völkerbundes seine revisionistischen Ziele durchsetzen wollte. Waren die deutschen Diplomaten während des Eisenbahnkonfliktes 1929 immerhin noch bereit gewesen, als Übermittler zu agieren, so lehnten sie in der Mandschureikrise jeden Kompromiß mit den chinesischen Interessen ab. Die nach außen vertretene Politik der Neutralität trug sogar unverkennbar projapanische Züge. Da die Revisionspolitik in Europa unter keinen Umständen belastet werden sollte, wurde der Konflikt zwischen China und Japan zum demonstrativen Schulterschluß mit den anderen Mächten genutzt. Ein erster Erfolg dieser Taktik zeigte sich bereits am 11. September 1932, als in Genf die prinzipielle militärische Gleichberechtigung des Deutschen Reiches ausgesprochen wurde. Bei den konservativen

78 Vgl. hierzu Shao 1978:37-51.

79 Sog. Lyttonbericht (vgl. Literaturliste). Auf Chinesisch auszugsweise abgedruckt in: Li 1977:475-508.

80 Vgl. Hell 1999:171-180.

81 Vgl. Ratenhof 1984:248-249.

82 Vgl. Hell 1999:190-191 u. 195-196.

Beamten des Auswärtigen Amtes deutete sich zu diesem Zeitpunkt bereits die Bereitschaft an, die traditionell prochinesische Haltung aufzugeben. So kam es in der Außenpolitik, im Unterschied zum rüstungswirtschaftlichen Bereich, nicht zu der von China angestrebten Zusammenarbeit mit dem Deutschen Reich.

60

Telegramm des Staatssekretärs Carl von Schubert, AA, an die Deutsche Botschaft Moskau (18.7.1929)

Abschrift

zu IV Chi 1481 Ang.II

Berlin, den 18. Juli 1929[1]
1. Diplogerma

Moskau
Nr. 284.

Telegramm i. Ziffern
(Geh. Chiffr. Verf.)

Chinesische Regierung hat Reichsregierung gebeten, Schutz der chinesischen Angehörigen in ganz Russland in vollem Umfange zu übernehmen.

Chinesischer Regierung ist geantwortet worden, dass wir bereit seien, Antrag stattzugeben.[2]

Bitte Sowjetregierung und durch zuständige deutsche Konsulate sowjetische Ortsbehörden von Übernahme des Schutzes Kenntnis zu geben.

Einem Ersuchen um Übernahme der Gebäude und Archive der Chinesischen Botschaft und der Chinesischen Konsulate kann entsprochen werden. Chinesische Botschaft würde alsdann dem Schutz der Deutschen Botschaft unterstehen und wie diese unverletzlich sein. Nötigenfalls wäre zum Schutz deutsche Flagge zu hissen, zweckmässig nach vorherigem Benehmen mit Sowjetregierung.

Wo chinesische Vertreter bereits abgereist sind, bitte ich den Sowjetbehörden gegenüber nach Möglichkeit für Sicherung der Gebäude und Archive Sorge zu tragen. Soweit wie möglich, hätte vor Übernahme förmliche Übergabe Gebäude und Archive durch chine-

---

1 Ein identisches Telegramm war am 18.7. auch an die DGP geschickt worden, die es dann an die deutschen Vertretungen innerhalb Chinas weiterleitete (BArch, 0902/2395).

2 Den Telegrammen vorausgegangen war ein Gespräch von St.S. Schubert mit dem chinesischen Gesandten Jiang Zuobin, in welchem die Bereitschaft Deutschlands ausgedrückt worden war, die chinesischen Interessen in Rußland zu vertreten. Allerdings sei man im Begriff, eine ähnliche Anfrage der russischen Regierung ebenfalls positiv zu beantworten. Vgl. Aufzeichnung des St.S. Schubert, 18.7.1929, in: ADAP, B XII, Dok. 105:230-232. - In einem Telegramm des AA an die DB Moskau vom 19.7. wies Schubert klar darauf hin (ebd., Dok. 108:236-237), daß Deutschland im russisch-chinesischen Konflikt keine Vermittlung übernehmen werde, da diese kaum zu einer Befriedigung der russischen Wünsche führen würde, denn Deutschland könne nicht autoritativ auf China einwirken. In diesem Fall würde man Rußland nur enttäuschen, China gegenüber aber den Anschein erwecken, russische imperialistische Bestrebungen zu unterstützen. Andere Mächte wiederum, wie etwa Japan, könnten durch eine präjudizierende Regelung in Frontstellung gebracht werden.

sische Vertretung und zwar am besten in Anwesenheit Sowjetvertreters zu erfolgen, wobei Verzeichnis versiegelter Behältnisse Archivs aufzunehmen wäre. Begehung sämtlicher Räume wird zweckmässig sein; dagegen bitte ich Übernahme irgendwelcher Gegenstände in deutsche Amtsräume tunlichst zu vermeiden.

Bitte Drahtbericht über Ausführung Auftrags.[3]

Schubert.

PolArchAA, R 28541.

61

Bericht des Konsuls Johann Stobbe, Harbin, an die Deutsche Gesandtschaft, Peking (30.8.1929)

Deutsches Konsulat Harbin

Harbin, den 30. August 1929

- No 147 -

1 Anlage

Inhalt: Besuch im Konzentrationslager Songpu[4]

Gestern ist es mir endlich gelungen, das neu eingerichtete Konzentrationslager, welches sich jenseits des Songhuajiang [Sungari-Fluß] befindet, zu besichtigen. Die Chinesen hatten mich von Tag zu Tag hingehalten mit dem Hinweis darauf, dass das Lager erst einigermassen eingerichtet werden müsste, bevor man es zeigen könnte.[5]

Das Lager ist sehr schwierig zu erreichen. Man muss zunächst einen Teil der chinesischen Vorstadt Fujiadian passieren, dann mit einem Boot etwa 15 Minuten über den Songhuajiang und schliesslich auf fast unpassierbaren Landwegen 5 km landeinwärts fahren. Der ganze Weg nimmt ungefähr 1½ Stunden in Anspruch, sodass der Besuch für die Angehörigen der Gefangenen sehr erschwert ist, insbesondere bei schlechtem Wetter. Zur Zeit befinden sich 948 Personen in dem Konzentrationslager, darunter 38 Frauen und 24 Kinder. Die Unterbringung ist zur Zeit noch viel zu eng, in einzelnen Kammern befinden

3 Nicht ermittelt.

4 Die Ortschaft Songpu befand sich in der Nähe von Harbin, jenseits des Songhuajiang.

5 GK Stobbe hatte sich am 23.8.1929 mit dem Zivilgouverneur über die Situation der an der Eisenbahn verhafteten sowjetischen Staatsangehörigen unterhalten. Dabei gab dieser zu, daß es bei den Verhaftungen zu körperlichen Mißhandlungen gekommen sei. Auch bat er darum, einen Besuch im Konzentrationslager noch aufzuschieben. Vgl. Bericht Stobbe, Konsulat Harbin, an die DGP, 24.8.1929, in: BArch, 0902/2395.

sich 90 Personen eng zusammengedrängt, sodass die Luft schwer zu ertragen ist. Die Verhafteten liegen auf chinesischen Holzlagern, auf ihren eigenen Kissen und Decken, soweit sie über solche verfügen.

(...)[6]

Die Frauen und Kinder sind in zwei besonderen Räumen untergebracht. Unter den Frauen befinden sich mehrere schwangere Personen, darunter eine solche, die in den nächsten Tagen gebären wird. Ich habe veranlasst, dass diejenigen Frauen, bei denen eine gewisse Gefahr vorliegt, noch heute in ein Krankenhaus überführt werden. Ich muss hierzu bemerken, dass die obenerwähnte schwangere Frau von mir bereits im Gefängnis in Harbin besucht worden ist und dass mir dort der anwesende Vertreter des Generalstabs versicherte, sie würde bereits am nächsten Tage, d.h. vor etwa 3 Wochen entlassen werden. Ich habe wegen dieses Falls beim hiesigen Gouverneur besondere Beschwerde erhoben. Leider begegnet es mir fast täglich, dass Vertreter der chinesischen Behörden etwas fest versprechen, was nachher entweder durch ihre eigene Schuld, oder durch Schuld der Unterorgane nicht zur Ausführung gelangt. Ich werde versuchen zu erreichen, dass, wie mir der Zivilgouverneur[7] bereits versprochen hat, sämtliche Frauen und Kinder freigelassen werden.

(...)[8]

Ich werde sobald als möglich wieder in das Lager fahren, um festzustellen, ob die mir zugesagten Verbesserungen gemacht worden sind. Nicht unerwähnt möchte ich lassen, dass der Zivilgouverneur nicht wünschte, dass gestern bereits ein Vertreter des Sowjetkonsulats mich bei meinem Besuch begleitete. Als ich trotzdem darauf bestehen wollte, sagte er mir, er müsse dann erst in Shenyang anfragen. Da ich infolgedessen eine nochmalige Verzögerung befürchten musste und da ich meinen Besuch nur als einen vorbereitenden angesehen habe, um einen allgemeinen Ueberblick zu gewinnen, habe ich meine Forderung zunächst fallen lassen, da der Hauptzweck des Besuchs war, die Zubringung von Lebensmitteln und Kleidungsstücken möglichst bald zu erreichen.

Die Gefängnisverwaltung hat die Regeln für die Gefangenen in jeder Baracke angeschlagen, deren Uebersetzung ich mir beizufügen gestatte.[9] Im allgemeinen werde ich noch den hiesigen Gouverneur bitten, eine möglichst beschleunigte gerichtliche Untersuchung aller einzelnen Fälle anzuordnen. Viele der Gefangenen, besonders der Frauen, wissen gar nicht, weshalb sie verhaftet sind. Auch befinden sich viele unter den Gefangenen, welche nicht an der Eisenbahn beschäftigt waren, sondern nur an einzelnen Stationen einen anderen Beruf ausübten.

Ein schwieriger Punkt ist auch noch die Freilassung gegen Bürgschaft. Die Chinesen wollen, falls ein Gefangener die Bürgschaft von 2 angesehenen hier ansässigen Personen

---

6 Auslassung: Stobbe beschrieb detailliert die Übelstände, welche er feststellen konnte.

7 Vgl. Anm. 5.

8 Auslassung: Es folgen Ausführungen über die Besuchserlaubnis von Angehörigen und den Briefverkehr.

9 Die Regeln für die Gefangenen waren dem Dokument angefügt, sind aber hier nicht abgedruckt.

beibringt, seine Freilassung in Erwägung ziehen. Viele der an Stationen der Eisenbahn Verhafteten sind aber leider gar nicht in der Lage, solche Personen zu bezeichnen. Ich werde versuchen, im Einvernehmen mit den Sowjetmitarbeitern einen Ausweg zu finden, und zwar vielleicht in der Weise, dass hiesige Bürgen, welche für die ihnen bekannten Gefangenen die Bürgschaft übernehmen, diese Bürgschaft auch auf solche Personen ausdehnen, die ihnen nicht bekannt sind.
Stobbe[10]

BArch, 0902/2396.

62

Telegramm des Ministerialdirektors Gerhard Köpke, AA, an die Deutsche Gesandtschaft in Peking (26.9.1929)

Telegramm-Entzifferung

Berlin ab 26. September 1929 nachts 2 h Peking an 26. September 1929 nachmittags 3 h
Diplogerma Peking
Cito Nr. 186 vom 25. September 1929
auf Telegramm Nr. 202[11]

10 Am 23.9.1929 besuchte GK Stobbe das Konzentrationslager zum dritten Mal, wobei er feststellte (Telegramm von Borch, DGP, an das AA, 30.9.1929), daß sich die Lage der Gefangenen verbessert habe. Es gebe 19 Kranke, aber keine Schwerkranken. Stobbe hatte das Lager mehrere Male besucht und sich von den dortigen Zuständen ein Bild gemacht, da in einer Verbalnote des russischen Außenkommissariats vom 6.9. die Bedingungen der Internierten als völlig unzureichend bezeichnet worden waren. Es waren sogar Repressalien gegen in der Sowjetunion wohnende chinesische Staatsbürger in Aussicht gestellt worden, um auf diese Weise Druck auszuüben (Dokumente in: BArch, 0902/2396). - In einem Memorandum vom 25.9. reagierte das WJB auf diese Anschuldigungen (ebd., 0902/2397) und erklärte, daß die Gefängniseinrichtungen zwar nicht vollkommen seien, doch es werde energisch an ihrer Verbesserung gearbeitet. Die Behauptung, daß Gefangene grausam behandelt würden, sei völlig unbegründet und eine reine Verleumdung. Die Sowjetregierung versuche falsche Behauptungen aufzustellen, weil sie ihrerseits die chinesischen Gefangenen schlecht behandle.

11 Das Telegramm Nr. 202 sandte Borch, DGP, am 23.9. an das AA (BArch, 0902/2381). Darin berichtete er, daß der chinesische AM Wang Zhengting den Konsul im deutschen GK Shanghai, Bracklo, um Rat gebeten habe, wie die stagnierenden chinesisch-russischen Verhandlungen wiederbelebt werden könnten. Auch habe Wang gefragt, ob die chinesische Regierung bereit sei, in dem Konflikt zu vermitteln oder als Schiedsrichter zu fungieren. Bracklo habe beide Anliegen abgelehnt.

Wie inzwischen Chinesische Gesandtschaft Staatssekretär mitgeteilt hat, lehnt Nationalregierung inoffizielle Verhandlungen und Vermittlung Zhu ab[12], so dass Schritte in dieser Richtung in Moskau nicht in Betracht kommen.

Dortige Formulierung im Drahtbericht Nr. 202[13] halten wir nicht für geeignet als Ausgangspunkt zu einer Aussprache, da Vorschlag sachlich auf Wiederholung des von Russen bereits abgelehnten Alternativvorschlages hinauskommt. Außerdem würden gute Dienste unserer Missionen zur Herbeiführung von unmittelbarer, vertraulicher Unterhaltung zwischen Sowjetregierung und Nationalregierung trotz losester Form unserer Beteiligung doch eine Vermittlung darstellen, die wir bisher sorgfältig vermieden haben.

Für Festhalten an diesem Standpunkt spricht vor allem Beobachtung, dass Sowjetregierung auf Grund ihrer Beurteilung der inneren Lage in China zu einem Nachgeben jetzt weniger bereit sein wird denn je, zumal da die von China angekündigte, schließlich aber unterbliebene Anrufung Völkerbunds[14] russischerseits als weiteres Zeichen der Schwäche gewertet werden wird.

Unnachgiebige russische Haltung macht es uns auch unmöglich, Nationalregierung freundschaftlichen Rat zu erteilen, um zu schneller, befriedigender Regelung Konflikts zu kommen. Wir würden ihr in jetzigem Zeitpunkt nichts anderes raten können als Annahme bekannter russischer Hauptbedingung (sofortige Einsetzung der Manager).[15] Ob Chinesen hierzu sich schließlich verstehen werden, haengt wohl mit davon ab, ob und in welchem Ausmaß innerpolitische Sorgen auf Entschließungen der Nationalregierung in dieser Frage einwirken. Ein solcher Rat unsererseits erscheint aber auch deshalb bedenklich, weil wir befürchten, dass die Chinesen später versuchen könnten, ihr Nachgeben vor chinesischer Öffentlichkeit mit deutscher Beeinflussung zu rechtfertigen. Das Odium, China eine Beute entrissen zu haben, die es in sicheren Händen glaubte, könnte unsere politische Stellung in China auf unabsehbare Zeit aufs Schwerste belasten. Andererseits verkennen wir auch nicht, dass vollkommen negative Haltung Chinesen stark verstimmen würde.

---

12 Die Rede ist von Zhu Shaoyang, der als Spezialgesandter im Gespräch war. Vgl. ebd. (Borch, DGP, an das AA, 23.9.1929).

13 Vgl. Anm. 11: Borch hatte vorgeschlagen, die guten Dienste der deutschen Missionen in Moskau und Peking zur Herbeiführung einer unmittelbaren, vertraulichen Aussprache in Anspruch zu nehmen, um so eine Verständigung über die Aufnahme von Verhandlungen anzubahnen.

14 In einem Telegramm (3.9.1929) an die Deutsche Delegation in Genf hatte Min. Dir. Köpke bereits festgehalten (ADAP, B XIII, Dok. 1:3-5), daß die Chinesen die Angelegenheit kaum vor den Völkerbund bringen würden: Japan neige eher dem russischen Standpunkt zu, England sei desinteressiert und die französische Haltung könne nicht richtig eingeschätzt werden.

15 Die Hauptforderung der Sowjetregierung im chinesisch-russischen Konflikt war die Ernennung eines russischen Managers und eines Assistenz-Managers gewesen. Ein chinesischer Vorschlag, der dies berücksichtigt hatte, war jedoch nicht auf den Zeitpunkt der Ernennung eingegangen. Die Russen verlangten im Gegenzug dessen sofortige Ernennung, weil sie eine chinesische Verschleppungstaktik befürchteten. Vgl. Min.Dir. Köpke, AA, an die Deutsche Delegation Genf, 3.9.1929 (wie Anm. 14).

Ich bitte Sie deshalb, Außenminister[16] etwa in folgendem Sinne zu antworten: Gegenwärtige versteifte Haltung der Russen scheine uns nicht günstig, um an sie jetzt mit neuem Vorschlag heranzutreten. Wir seien der Überzeugung, dass Russen zur Zeit auf Annahme russischer Hauptbedingung bestehen würden. Wir könnten nicht einmal beurteilen, ob sie sich bereit finden würden, etwaige chinesische Reservationen, welche die Hauptbedingung selbst nicht berührten, anzunehmen. Als gute Freunde Chinas müssten wir uns beschränken, die Nationalregierung auf die tatsächliche Lage hinzuweisen, ohne ihr etwa den Rat erteilen zu wollen, einen neuen Vorschlag den Russen zu unterbreiten.[17]
Köpke

BArch, 0902/2381.

63

Aide-Mémoire des Staatssekretärs Carl von Schubert, AA, an die Deutsche Gesandtschaft in Peking (7.10.1929)[18]

Telegrammentzifferung

- offen -

BERLIN ab 7. Oktober 1929 23 h 30
PEKING an 8. Oktober 1929 2 h 50

Diplogerma Peking
Nr. 204 vom 7. Oktober
Aide-Mémoire[19]

---

16 Wang Zhengting (vgl. Anm. 11), der in den USA studiert hatte und Mitglied der chinesischen Delegation auf der Konferenz von Washington gewesen war.

17 AM Wang Zhengting (vgl. Anm. 11 u. 16) wandte sich aber noch einmal an den Gesandten Borch und meinte, daß Deutschland China nicht im Stich lassen dürfe und klar Stellung beziehen müsse. Vgl. Telegramm von Borch, DGP, an das AA, 8.10.1929, in: BArch, 0902/2381.

18 Borch hatte auf dem Exemplar handschriftlich hinzugefügt (9.10.), welche der diplomatischen Vertretungen in China das Aide-Mémoire erhalten sollten.

19 Das Aide-Mémoire setzte sich mit humanitären Fragen auseinander und befaßte sich mit der Situation der im chinesisch-russischen Konflikt gemachten Gefangenen. Min.Dir. Köpke hatte bereits am 27.9. betont (PolArchAA, R 28541), daß es keine Hinweise auf konkrete Verhältnisse in einem der Staaten geben werde. Es solle nur an die Menschlichkeit beider Regierungen appelliert werden. - Ein Aide-Mémoire gleichen Wortlauts ging auch der Sowjetunion zu.

Der gegenwärtige bedauernswerte Konflikt zwischen der Sowjetunion und der Republik China hat zur Folge gehabt, dass in beiden Staaten zahlreiche Angehörige des anderen Staats interniert oder gefangen gesetzt worden sind. In vielen Fällen werden diese Massnahmen nicht mit einem schuldhaften Verhalten der Internierten und Gefangenen begründet, sondern sind letzten Endes eine tatsächliche Folge des Abbruchs der Beziehungen zwischen den beiden Ländern. Soweit aber die Internierungen und Gefangenhaltungen mit dem Verdacht einer strafbaren Handlung begründet werden, würde selbst erwiesene Schuld wohl milder zu beurteilen sein, weil die Straftat nicht aus persönlichen und eigennützigen Motiven, sondern aus missverstandenem Patriotismus zu erklären wäre. In jedem Falle sind mit Internierungen und Gefangenhaltungen Härten verbunden, die nicht nur für die Internierten und Gefangenen selbst, sondern auch für ihre Familien schwere Folgen haben. Das Deutsche Reich als Schutzmacht für die Sowjetinteressen in China und für chinesische Interessen im Gebiet der Sowjetunion ist heute mit allen Mitteln ständig bestrebt, die Lage der Internierten und Gefangenen zu erleichtern. Wenngleich diese Bemühungen nicht ohne Erfolg gewesen sind und fortgesetzt werden, so vermag doch nur ein grossherziger Entschluss beider Regierungen hier von Grund auf Abhilfe zu schaffen.

Die Deutsche Regierung möchte daher beide Regierungen anregen, dass sie auf Massnahmen und Gegenmassnahmen, die sich gegen die Angehörigen des anderen Staats richten, aus Gründen der Menschlichkeit verzichten. Indem sie gleichzeitig der Ueberzeugung Ausdruck verleiht, dass ein solcher Entschluss auch zu einer Milderung der zwischen den beiden Staaten bestehenden Spannung beitragen würde, beehrt sich die Deutsche Reichsregierung, als die von beiden Staaten mit der Wahrnehmung ihrer Interessen betraute Schutzmacht, der Sowjetregierung und der Chinesischen Nationalregierung die nachstehenden Vorschläge zur Annahme zu empfehlen:

Sämtliche seit dem 1. Mai d. J. aus Anlass oder in Zusammenhang mit dem gegenwärtigen Konflikt internierten, gefangengesetzten oder sonst ihrer Bewegungsfreiheit beraubten oder darin beschränkten Angehörigen des anderen Staats, werden auf freien Fuss gesetzt; soweit sie im Verdacht stehen, sich einer strafbaren Handlung schuldig gemacht zu haben, die in irgendeinem Zusammenhang mit dem gegenwärtigen Konflikt steht, oder soweit sie eine solche strafbare Handlung begangen haben, werden sie gleichzeitig dauernd ausser Verfolgung gesetzt.

Falls der Aufenthaltsstaat den weiteren Verbleib dieser Personen in seinem Gebiet für unerwünscht hält, wird er ihnen eine angemessene Frist zum Verlassen des Gebiets setzen oder sie in angemessener Weise bis zur Grenze ihres Heimatstaats befördern, wo sie von diesem Staat zu übernehmen sind.

Angehörige des anderen Staats, die sich gegenwärtig auf freiem Fuss befinden, können nach eigener Wahl im Gebiet des Aufenthaltsstaats verbleiben oder es verlassen. Das Recht des Aufenthaltsstaats, Angehörige des anderen Staats im Einzelfall als unerwünschte Personen auszuweisen, wird hierdurch nicht berührt. In jedem Falle soll es den Angehörigen des andern Staats freistehen, bei Verlassen des Gebiets ihres bisherigen Aufenthalts zusammen und gleichzeitig mit ihren Familien zu reisen und hierbei ihre bewegliche Habe einschliesslich ihrer Geldmittel unter denselben Voraussetzungen und Bedingungen mitzunehmen, die nach den Gesetzen des Aufenthaltsstaats für die Mitnahme solcher Habe allgemein gelten. Dabei könnte es erwogen werden, dass, soweit aus Anlass oder in Zusammenhang mit dem gegenwärtigen Konflikt Eigentum, Forderungen oder sonstige Rechte der Angehörigen des anderen Staats beschlagnahmt, eingezogen oder sonst irgendwelchen Verfügungsbeschränkungen unterworfen worden sind, diese Massnahmen aufgehoben und die Eigentümer oder Berechtigten in ihre Rechte wieder eingesetzt werden.

Die Deutsche Reichsregierung, welche die vorstehenden Vorschläge mit gleichlautendem Aide-Mémoire der Sowjetregierung hat zugehen lassen, würde eine baldige Erklärung der Chinesischen Nationalregierung darüber begrüssen, ob sie bereit ist, ihre grundsätzliche Annahme zu diesen Vorschlägen unter der Voraussetzung zu erklären, dass auch die Regierung der Sowjetunion sie annimmt. Die Deutsche Reichsregierung vorbehält sich, beiden Regierungen im Fall ihrer Zustimmung weitere Vorschläge für die praktische Durchführung der vorgeschlagenen Massnahmen zu unterbreiten.[20]

Schluss des Aide-Mémoire. Weisung abgeht gleichzeitig mit besonderem Telegramm.[21]
Schubert

BArch, 0902/2381.

64

Telegramm des deutschen Gesandten Herbert Borch, Peking an das AA (19.10.1929)

Peking, den 19. Oktober 1929 zu Nr. 3579

1. Auswärtig Berlin
Tel. i. Z.
Nr. 272 vom 19. Oktober

Sowjetinternierte im Songpu-Lager[22] androhen erneut unbefristeten Hungerstreik um dadurch ihren Protest gegen ihre Inhaftierung in Friedenszeiten ohne Anklage in Gebäuden,

20 Weitere Vorschläge hinsichtlich der praktischen Durchführung der vorgeschlagenen Maßnahmen wurden nicht gefunden.

21 Bei der Weisung handelte es sich um die Information, daß das Aide-Mémoire am Mittwoch übergeben und die Übergabe telegraphisch bekannt gemacht werden sollte. Der wesentliche Inhalt sei dann am Donnerstag durch WTB zu veröffentlichen. Vgl. Zusatz zu einer Abschrift des Mémoires für Moskau (Nr. 535), in: PolArchAA, R 28541.

welche im Winter unbewohnbar seien auch wenn Oefen gebaut würden, zum Ausdruck bringen. Stobbe verhandelt darüber mit chinesischen Behörden.[23]

Ich darf dazu bemerken, dass Vorstellungen deutscher Behörden zu Gunsten Sowjetangehöriger in letzter Zeit immer weniger Gehör bei chinesischen Behörden finden, einmal, weil die Häufigkeit und der Ton von zum Teil unbegründeten Protesten der Sowjetregierung[24], welche unsere Vertreter haben weitergeben müssen, chinesische Behörden in Zustand Gereiztheit versetzt hat, welchen sie nunmehr auch die deutschen Vertreter fühlen lassen, ferner wegen sich mehrender Nachrichten über sehr viel schlechtere Behandlung von mehreren tausend verhafteten Chinesen in Russland.[25] Bei längerer Dauer des Konflikts, der Grenzkämpfe und der russischen Repressalien müssen wir leider damit rechnen, dass unsere Bemühungen die übernommene Aufgabe Gewährung Schutzes zu erfüllen immer weniger Erfolg haben werden und unsere Stellung gegenüber chinesischen Behörden äußerst schwierig werden wird.

Borch

BArch, 0902/2397.

65

Meldung des *Asiatic News Service*: Interview des chinesischen Außenministers Wang Zhengting mit Vertretern der Presse (1.11.1929)

Asiatic News Service

Shanghai, Nov. 1

In an interview with press representatives today, Dr. Wang declared that through the good offices of the German Government who had offered to mediate for a peaceful solution of the Chinese Eastern Railway dispute, a new turn of the Sino-Soviet situation would be expected soon. The Government had already wired to General Jiang Zuobin, Minister at

22 Vgl. Dok. 61.

23 Vgl. ebd., Anm. 10.

24 Vgl. ebd.

25 Anfang September 1929 waren in Novosibirsk die ersten Chinesen verhaftet worden, vornehmlich Händler und kleine Handwerker, deren Waren beschlagnahmt und abtransportiert wurden. Am 16.9. durfte der deutsche Konsul erstmals die im Korrektionshaus Nr. 1 internierten chinesischen Staatsangehörigen besuchen. Die Gefangenen bezeichneten ihre Verpflegung als unzureichend und baten um eine Änderung. Vgl. Zusammenfassung eines Berichts des Deutschen Konsulats in Novosibirsk (vom 19.9.1929) durch das AA, der am 28.10.1929 an die CGB geleitet wurde, in: BArch, 0902/2390.

Berlin, ordering him to thank the German Government for its good offices and to explain the stand of the Chinese Government towards the matter. China is willing to listen to the decision of arbitration and peaceful mediation, provided the Soviet Government cease further bellicose actions at the Manchurian-Siberian borders. Continuing Dr. Wang stated that although no concrete plans for a peaceful solution had yet been received, the Central Government was expecting further reports from Berlin momentarily, but it would not express any views besides demanding the cessation of further fighting and incursions by the Soviet troops into Chinese territories, pending the announcement of concrete plans of mediation by the German Government and the agreement of the Soviet Government towards the German offer.[26] The German Government would be requested to guarantee the non incursion of the Soviet army into Chinese territories before formal negotiations could be opended. The principal object of the Government in the present dispute was the authority in the management of the Chinese Eastern Railway Administration. The Government was willing to abide by the Shenyang-Soviet agreement empowering the authorities of Manchuria to open negotiations with the Soviets for a settlement, on the condition that the General-Manager be appointed by Nanjing.[27] Should the Soviets continue to adhere to their insincere policy and indicate no willingness to accept mediation and arbitration, China

---

26 Am 26.10.1929 hatte der chinesische Gesandte im Auftrag seiner Regierung einen Vorschlag für die Sowjetunion unterbreitet, in welchem sich China bereit erklärte, die Einsetzung einer gemischten Kommission zur Prüfung der Grenzzwischenfälle anzuregen oder, falls dies für die Sowjetregierung nicht annehmbar sei, jede Vereinbarung über ein gleichzeitiges Zurückziehen der beiderseitigen Streitkräfte bis auf 30 englische Meilen von der Grenze zu akzeptieren. Falls die sowjetische Seite beide Vorschläge annehme, könne der gesamte chinesisch-russische Konflikt einer neutralen und unparteiischen Stelle unterbreitet werden. Als Schutzmacht solle Deutschland den Vorschlag an die Sowjetunion übermitteln. (Vgl. Min.Dir. Trautmann, AA, an die DGP, in: BArch, 0902/2390.) Doch zwei Tage später, am 28.10.1929, veröffentlichte die chinesische Nationalregierung ein Manifest, in dem unter anderem festgehalten worden war, daß die deutsche Regierung eine Formel für eine gemeinsame Erklärung von China und der Sowjetunion aufgestellt habe. (Vgl. ders. an dies., 2.11.1929, in: ebd.) Die Fortsetzung der vom chinesischen AM erbetenen freundschaftlichen Bemühungen war mit diesem faux pas in den Augen der deutschen Diplomaten nicht mehr möglich. (Vgl. St.S. Schubert, AA, an die DGP, 2.11.1929, in: ebd.) Auf eine Anfrage der DGP erwiderte AM Wang Zhengting, daß seine Darstellung in völliger Übereinstimmung mit den Meldungen des chinesischen Gesandten in Berlin erfolgt sei. Er habe nach dessen Berichterstattung annehmen müssen, daß die gemeinsame Erklärung auf deutsche Anregungen in Besprechungen mit dem AA unter gleichzeitiger Fühlungnahme mit der Sowjetregierung zustande gekommen sei. Er wolle aber die Angelegenheit auf sich beruhen lassen. (Vgl. Borch, DGP, an das AA, 11.11.1929, in: PolArchAA, R 28542.)

27 Vgl. Dok. 62, Anm. 15.

would be forced to resort to military force to maintain her sovereign rights, Dr. Wang concluded.

BArch, 0902/2382.

66

Verbalnote des AA an die Chinesische Gesandtschaft, Berlin (10.11.1930)

An
die Chinesische Gesandtschaft
Berlin.

Berlin, den 10. November 1930
IV Chi 2305

Verbalnote.

Das Auswärtige Amt beehrt sich der Chinesischen Gesandtschaft in Erwiderung auf die Verbalnote vom 25. Oktober d.J. - Nr. 5829 C.R.30[28] - mitzuteilen, daß die Deutsche Botschaft in Moskau den Inhalt der Verbalnote mündlich zur Kenntnis des Außenkommissariats der Sowjetregierung gebracht und ihm mit Verbalnote vom 5.d.M.[29] auch den Wortlaut der Verbalnote der Gesandtschaft übermittelt hat.

In ihrer Verbalnote vom 5.d.M. hat die Deutsche Botschaft ferner die Erklärung abgegeben, daß der Deutschen Regierung angesichts der Unvereinbarkeit der von der Chinesischen Nationalregierung und von der Sowjetregierung vertretenen Auffassungen nichts anderes übrig bleibt, als die gesamte Schutztätigkeit der deutschen Behörden in der Sowjetunion und in China einzustellen, daß sie diese Behörden entsprechend anweisen wird und das Außenkommissariat um Angabe bittet, an welche Stellen Eigentum und Gebäude, die der Sowjet-Union in China gehören, übergeben werden sollen.

Indem das Auswärtige Amt das Vorstehende zur Kenntnis der Chinesischen Gesandtschaft zu bringen sich die Ehre gibt, möchte es nicht unterlassen, seinem Bedauern darüber Ausdruck zu geben, daß es der Deutschen Regierung unmöglich gemacht worden ist, der

28 Die Chinesische Gesandtschaft hatte am 25.10.1930 den Wunsch der Nationalregierung übermittelt, daß Deutschland den Schutz der chinesischen Interessen in der Sowjetunion bis zur formellen Wiederherstellung normaler diplomatischer Beziehungen zwischen den Konfliktparteien weiterführen sollte (BArch, 0902/2391).

29 Nicht ermittelt.

Bitte der Chinesischen Regierung um Weiterführung des Schutzes der chinesischen Interessen in der Sowjet-Union zu entsprechen.[30]

BArch, 0902/2391.

67

Telegramm des Gesandtschaftsrates Enno Bracklo, Nanjing, an das AA (21.9.1931)

TELEGRAMM aus Nanjing.
Cito.
Nr. 55 vom 21. September 1931.[31]

Aussenminister liess mich heute Abend zu sich bitten und mitteilte folgendes: Chinesischer Regierung war aggressive Haltung japanischen Militärs in Mandschurei bekannt. Sie hat dagegen vor einiger Zeit protestiert und eigenem Militär grösste Zurückhaltung zur Pflicht gemacht. China ist sicherlich nicht der Angreifer gewesen. Selbst wenn aber der japanische Grund - Bahn-Zerstörung - zutreffend ist, wäre doch keine planmässige Besetzung der ganzen Südmandschurei erforderlich gewesen.

Die Lage ist ausserordentlich ernst. China als der schwache Teil wünscht keinen militärischen Konflikt und versucht, Bevölkerung ruhig zu halten. Wie lange das möglich, ist ungewiss. Eile ist daher geboten. Chinesische Regierung ist bemüht, Streit zu lokalisieren und gegebenenfalls durch Dritte entscheiden zu lassen. Zu diesem Zwecke seien der Völkerbund und Kellogg-Pakt angerufen worden.[32]

Unter Hinweis auf unsere freundschaftlichen Beziehungen bittet Aussenminister die Deutsche Regierung, die diesbezüglichen Schritte des chinesischen Vertreters in Genf[33] nachdrücklich zu unterstützen. Aussenminister hinzufügte auf meine Frage, dass die japanische Regierung ihr Bedauern über den Zwischenfall habe aussprechen lassen, den chinesischen Protest aber bisher nicht beantwortet habe. Wie weit die japanische Regierung beteiligt sei, wisse er noch nicht, sie habe aber wohl zweifellos Kenntnis gehabt.

---

30 Im Juni 1931 bedankte sich der chinesische AM Wang Zhengting für die Wahrnehmung der chinesischen Interessen durch die deutsche Regierung 1929/30. Vgl. Bericht von GR Fischer, Peking, an das AA, 17.6.1931, in: BArch, 0902/2391.

31 Der Zwischenfall von Shenyang ereignete sich in der Nacht vom 18.9.1931. Bereits zwei Tage später ging dieses Telegramm an das AA.

32 Vgl. Einleitung zu diesem Kap.

33 Bei dem chinesischen Vertreter in Genf handelte es sich um den Diplomaten Shi Zhaoji.

Aussenminister wäre für sofortige Weitergabe seiner Bitte nach Berlin besonders dankbar.
Bracklo

Entz. Scha/Wo.[34]

BArch, 0902/2166.

68

Botschaft des Marschalls Jiang Jieshi, Nanjing, an den deutschen Außenminister Julius Curtius, Berlin (28.9.1931)[35]

Abschrift IV Chi 2122.
Légation de Chine
à Berlin.
Nanjing, 28. September 1931.

The Chinese Government and people feel thankful for the friendly attitude you have shown to China at the Council of the League of Nations in its deliberations during the past week regarding the situation created in China by the action of Japanese troops.[36] The situation now remains as serious and critical as at beginning and the Japanese troops continue their occupation of our territory and keep on indulging in such outrageous acts as the repeated attacks on passenger trains by bombs and machine gun fire from aeroplanes. We have placed completely and unreservedly our case in the hands of the League of Nations and as an immediate and preliminary step to be taken towards the settlement of the present crisis we have demanded and will insist upon the appointment by the council of an international commission which will proceed at once to the spot to supervise the withdrawal of the Japanese troops.[37] In view of the urgency of the question and the disastrous consequences

34 Entziffert. Scha/Wo. sind vermutlich Abkürzungen für die Namen der Dechiffrierer.

35 Das Schreiben von Jiang Jieshi war RAM Curtius am 29.9. von der CGB übermittelt worden. In seiner Antwort wies Curtius jedoch darauf hin, daß er an den Sitzungen des Völkerbundsrates nicht persönlich teilnehmen könne. Vgl. Brief von BR Schoen, AA, an die DGP (mit dem Schreiben Jiang Jieshis als Anlage), 2.10.1931.

36 RAM Curtius hatte am 22.9. die Debatte über die Mandschureikrise eröffnet und in seiner Rede eindeutig Position für das Handeln des Völkerbundes bezogen. Seine Ausführungen wurden, obwohl vermutlich nicht intendiert, prochinesisch ausgelegt. Vgl. Ratenhof 1984:47-48.

37 China hatte sich bereits im Oktober für die Entsendung einer internationalen Kommission in die Mandschurei ausgesprochen, Japan dagegen. Kurz darauf aber wendete sich das Blatt, denn die

that would ensue from the failure of the League to show its authority, we most earnestly request you to continue to exert the great influence of Germany whom we have come to regard as a trusted friend and collaborator in our national reconstruction, by taking part in person in the deliberations of the Council, thus ensuring the prompt despatch of the commission by the council to Manchuria.

BArch, 0902/2155.

69

Brief des Gesandten z.D. Gerhard von Mutius, Paris, an den deutschen Botschafter Ernst Arthur Voretzsch, Tokyo (27.11.1931)[38]

Paris, den 27. November 1931

Abgesandt: 28. November

Lieber Voretzsch!
Herzlichen Dank für Ihren Brief vom 4.d.M.[39] und die freundliche Beurteilung meines jetzigen Wirkungskreises. Ich möchte dazu nur an den Spruch des Zhuangzi erinnern: Nichts, was nicht groß, nichts, was nicht mein ist.[40]
Schoen, dem ich Ihren Brief zeigte, sagte mir, er habe Ihnen nach Abschluß der Genfer Tagung einiges über die Vorgänge hinter den Kulissen geschrieben. Sein Brief[41] wird sich mit dem Ihrigem gekreuzt haben. Ich will also das von ihm Gesagte nicht wiederholen, sondern gleich auf die weitere Entwicklung der Dinge und Ihre Fragen eingehen.

Unsere Stellungnahme in dem Konflikt läßt sich kurz dahin zusammenfassen, daß wir uns der von Ihnen empfohlenen mimosenhaften Neutralität befleißigt haben, allerdings mit einer leichten Neigung zu pro-japanischen Vorzeichen. Es ist Ihnen bekannt, daß die Delegation und das AA deshalb in Deutschland schärfster Kritik begegnet sind, ganz besonders, als wir in Genf einmal allein für einen japanischen Antrag stimmten.[42]

Japaner erkannten, daß sich die Einsetzung einer Kommission für sie positiv auswirken würde. Vgl. Martin 1996:169-170 / Nish 1990:93.

38 Das Dokument ist abgedruckt in: ADAP, B XIX, Dok. 84:188-190.

39 Zu dem Brief von 4.11., vgl. ebd.:188, Anm. 2.

40 Der chinesische Philosoph Zhuangzi (4. Jh. v. Chr.) war berühmt für seine Gleichnisse, in welchen er daoistische Gedanken vermittelte.

41 Der Brief von Wilhelm Schoen, VLR und Dirigent der Abteilung Fernost, AA, konnte nicht ermittelt werden.

42 Nach der Bombardierung Jinzhous am 8.10.1929 versuchte Japan, die Hinzuziehung der USA mit juristischen Mitteln zu verhindern und erhielt dabei Unterstützung von deutscher Seite. Die deutsche

In der Stellungnahme unserer öffentlichen Meinung sind deutlich zwei Strömungen erkennbar:
1) Sympathie für China, dessen Lage nicht ganz richtig mit der unsrigen verglichen wird, wobei weiter gefolgert wird, daß das, was den Chinesen heute geschieht und uns vor 8 Jahren angetan wurde, Deutschland von einem militärisch starken Nachbarn morgen wieder erleiden könnte.[43]
2) wird der Gedanke verfochten, daß Deutschland als entwaffneter, militärisch ohnmächtiger Staat die Autorität des Völkerbunds um jeden Preis stützen und stärken müsse, weil der Völkerbund den einzigen Schutz der schwachen Staaten darstelle. Es ist nicht uninteressant, daß die plötzliche Begeisterung für den Völkerbund gerade in der Rechtspresse besonders laut zutage tritt, die früher für diesen nur Spott und Hohn übrig hatte. Ob jene Kreise wirklich den Weg nach Damaskus[44] gefunden haben oder ob nur der Wunsch nach Kritik um jeden Preis entscheidend ist, möge dahingestellt sein. Tatsache ist jedenfalls, daß die öffentliche Meinung Deutschlands oder was sich dafür hält, eine viel entschiedenere chinesen- und völkerbundsfreundliche Politik der Reichsregierung sehen möchte und diese es nicht leicht hat, gegen den Strom zu schwimmen.

Befremdlicher ist schon, daß unsere neutrale, aber eher japanfreundliche Haltung, die uns zu Hause und in China heftige Vorwürfe eingetragen hat[45], auch Japan nicht genügt. Es ist ja eine alte Erfahrung, daß Streitparteien die Neutralität eines Dritten fast stets als Parteinahme für den Gegner auffassen. Immerhin ist die Haltung Japans uns gegenüber doch etwas auffallend. Sie äußert sich zur Zeit z.B. in der Frage der Zusammensetzung der geplanten Untersuchungskommission des Völkerbunds.[46] Ich muß vorausschicken, daß wir vollkommen den japanischen Standpunkt teilen, daß die Kommission möglichst klein sein sollte, am besten nicht über 3 Mitglieder, und auch vollkommen damit einverstanden sind, daß nur ganz wenige Mächte, darunter auch die Vereinigten Staaten, in ihr vertreten sind. Wir wissen aber, daß Drummond[47], der bekanntlich nicht unser Freund ist, den Japanern eingeredet hat, wir drängten ebenso wie die Italiener zur Teilnahme an dieser Kommission, obgleich wir in Wirklichkeit uns nur sehr ungern und mehr oder weniger gezwungen an ihr

---

Diplomatie befürwortete zwar eine Mitwirkung der USA, teilte aber die japanischen Bedenken gegen das angewendete Verfahren. Vgl. Ratenhof 1984:71-73 / Dies. 1990:113-114.

43 Dies war zum einen eine Anspielung auf den Gebietsverlust, den Deutschland im Zuge des Vertrages von Versailles hatte hinnehmen müssen, zum anderen auf Frankreich, das als Bedrohung angesehen wurde.

44 Das Damaskus-Erlebnis steht für die Bekehrung des Saulus zu dem christlichen Apostel Paulus.

45 Zu China, vgl. Dok. 79. Zu Deutschland, vgl. Ratenhof 1984:107. - Die deutsche Öffentlichkeit tendierte dazu, das Verhältnis zwischen China und Japan mit dem zwischen Deutschland und Frankreich gleichzusetzen. Der Konflikt um die Mandschurei wurde als Paradebeispiel für die Gefährdung schwach gerüsteter Länder durch militärisch starke Nachbarstaaten angesehen.

46 Zur Zusammensetzung der Untersuchungskommission, vgl. Martin 1996:171-172 / Nish 1990:94-95.

47 Sir Eric Drummond, Generalsekretär des Völkerbundes von 1919-33.

beteiligen würden.[48] Während nun die Japaner, wie wir wissen, gegen eine Teilnahme Italiens, die übrigens von den Italienern tatsächlich besonders gewünscht wird, keine Bedenken haben, sträuben sie sich gegen eine Hinzuziehung Deutschlands, die wir selbst gar nicht wollen! Woher kommt diese ausgesprochen und - wie die Dinge liegen - ganz überflüssige, unfreundliche Einstellung? Spiegelt sich in ihr die Mißstimmung über die törichte Haltung unserer Presse? Das würde den alten Bismarckschen Spruch bestätigen, daß die Völker schließlich die von der Presse eingeschlagenen Fensterscheiben bezahlen müssen. Oder sind die Japaner durch den ihnen wenig willkommenen Bülowschen Vorschlag eines Waffenstillstands[49] verstimmt? Oder spricht gar ein schlechtes Gewissen über vergangene japanische Unfreundlichkeiten gegen uns mit (Oberschlesien!)[50] und die Angst, wir könnten nach japanischem Vorbild auf Rache sinnen? Es würde mich interessieren, Ihre Ansicht darüber zu hören.

Über die Haltung der anderen Mächte werden Sie, wenn diese Zeilen Sie erreichen, längst unterrichtet sein. Soviel läßt sich sagen, daß Briand und Lord Cecil sehr viel völkerbundsfrommer und daher faktisch chinesenfreundlicher sind als ein großer, wahrscheinlich der größte Teil ihrer heimischen Presse und öffentlichen Meinung.[51] Ganz im Fahrwasser der Völkerbundsbegeisterung und Sympathie für China schwimmen Spanien und die kleineren Mächte.

Ich teile vollkommen Ihre Ansicht, daß der bisherige Verlauf der Verhandlungen in Genf und Paris nur den zweifellos vorhandenen Größenwahn der Herrschaften in Nanjing stärken wird und daß dieses Ergebnis keinen Anlaß zur Befriedigung bietet.

Über den weiteren Verlauf der Besprechungen etwas zu prophezeien wäre schon deshalb müßig, weil mein Brief durch die Ereignisse längst überholt sein wird. Zur Zeit machen die Chinesen die größten Schwierigkeiten, und es ist noch nicht zu übersehen, ob man ihrer Herr wird.

Mit vielen herzlichen Grüßen von Haus zu Haus. Ihr aufrichtig ergebener
Mutius

PolArchAA, R 97273.

---

48 Am 26.11.1929 hatte der Gesandte Mutius aus Paris berichtet, daß er es für besser halte, eine deutsche Beteiligung an dem Untersuchungsausschuß zu vermeiden. Zugleich hatte er auch darauf hingewiesen, daß im Falle einer Beteiligung Italiens Deutschland als einzige Großmacht nicht vertreten sein würde. St.S. Bülow reagierte am 28.11., indem er die Direktive ausgab, daß angesichts des japanischen Mißtrauens eine deutsche Teilnahme unter allen Umständen vermieden werden müsse, auch wenn sich der Völkerbundsrat für eine Vergrößerung der Mitgliederzahl entscheiden und Italien seinen Beitritt durchsetzen sollte. Vgl. ADAP, B XIX, Dok. 84:189, Anm. 4.

49 St.S. Bülow, AA, hatte am 26.11. ein Telegramm an die DB Tokyo geschickt, in welchem er die Behauptung zurückwies, einen Waffenstillstandsvorschlag unterbreitet zu haben. Vgl. ebd.:190, Anm. 5.

50 Die Japaner hatten mit den anderen Siegermächten die Volksabstimmungen in Masuren (1920) und Oberschlesien (1921) über den Verbleib der Gebiete bei Deutschland mit überwacht und damit die Politik des Völkerbundes unterstützt.

51 Der französische Außenminister Aristide Briand, Mitverfasser des Kriegsächtungspaktes, und Robert Cecil, der 1937 den Friedensnobelpreis erhielt, galten als überzeugter Anhänger des Völkerbundes.

70

Ganz geheimes Telegramm des deutschen Gesandten Oskar Trautmann, Peking, an das AA (2.12.1931)

Telegramm (G. Ch. Verf.)
Nanjing, den 2. Dezember 1931 17,50 Uhr.
Ankunft, den 2. " " 13,20 Uhr.
Nr. 38 vom 2.12. Für Herrn Staatssekretär persönlich.
x) IV Chi 3185 Auf Telegramm Nr. 15 x)[52]

Glaube, dass nicht nur unsere Stellung als Ratsmacht sondern auch unsere Interessen in China Beteiligung erheischen. Fürchte aber, dass durch geplante Ernennung[53] in China Eindruck einer einseitigen pro-japanischen Festlegung entstehen könnte. Empfehle völlig neutrale Persönlichkeit.
Trautmann.

PolArchAA, R 97273.

71

Bericht von Heinrich Schnee über die Vorgeschichte der Reise der Untersuchungskommission des Völkerbundes in die Mandschurei (1932)

Betr. *Mandschurei - Kommission.*
Am Abend des 4. Dezember 1931 rief mich der Ministerialdirektor *Meyer* vom Auswärtigen Amt telefonisch an und sagte, dass Staatssekretär von *Bülow* mich am anderen Morgen dringend zu sprechen wünschte. Da ich am folgenden Morgen, einem Sonnabend, bereits um 10 Uhr zur Zentralvorstandssitzung der Deutschen Volkspartei[54] nach Hannover reisen musste, vereinbarten wir, dass Meyer noch am gleichen Abend gegen 9 Uhr in meine Wohnung kommen würde. Er traf pünktlich ein und teilte mir mit, dass es sich um die

52 Nicht ermittelt.

53 Gemeint ist Wilhelm Solf, der von 1920-28 deutscher Botschaft in Tokyo gewesen war. Von 1933 bis zu seinem Tode war er Kuratoriumsvorsitzender des Japan-Instituts in Berlin.

54 Schnee war Mitglied der DVP, trat aber nach seiner Fernostreise am 28.10.1932 aus der Partei aus. Vgl. Martin 1996:182.

Ernennung eines Mitgliedes für die zu entsendende Mandschurei-Kommission handele. Ursprünglich sei nur von 3 Mitgliedern, je einem Engländer, Franzosen und Amerikaner die Rede gewesen, Deutschland sei für eine solche beschränkte Kommission gewesen. Dann habe Italien erklärt, dass es auch beteiligt sein müsse. Es sei darauf vom Völkerbundsrat eine Kommission von 5 Mitgliedern beschlossen worden. Deutschland sei vor die Frage gestellt worden, selbst als ständiges Mitglied des Rates eine Beteiligung zu fordern oder darauf zu verzichten, was voraussichtlich die Ernennung eines polnischen Mitgliedes zur Folge gehabt hätte.[55] Unter diesen Umständen habe die Deutsche Regierung sich für die Benennung eines Mitgliedes entschieden, was auch von dem Rat anerkannt sei. Es sollten nun 3 besonders prominente Persönlichkeiten von deutscher Seite benannt werden. Daraus solle eine mit Zustimmung der japanischen und der chinesischen Regierung vom Völkerbundrat gewählt werden. Ich fragte, wer von deutscher Seite ausser mir benannt werden würde. Meyer nannte den früheren Botschafter *Solf* und den Generaloberst von *Seeckt*.[56] Als ich bei der Nennung von Solf's Namen bemerkte, diesen würden die Japaner sicher haben wollen, antwortete Meyer: Das wohl, aber die Chinesen würden ebenso sicher widersprechen, so dass Solf nach seiner Ansicht wenig Chancen habe. Das Telegramm über die Benennung der von deutscher Seite namhaft zu machenden Persönlichkeiten müsse morgen Mittag abgehen.

Ich erbat mir bis morgen früh Bedenkzeit und erklärte meine Entschliessung bis 9 Uhr vormittags Meyer telefonieren zu wollen. Nach Ueberlegung und Besprechung der Sache mit meiner Frau telefonierte ich am folgenden Morgen zur verabredeten Stunde meine Zustimmung.

Bald darauf erschienen in den deutschen Zeitungen die Namen und Bilder von uns dreien als für die Mandschurei-Kommission in Betracht kommend, woraus ich schloss, dass auch die beiden anderen Herren sich zur evtl. Annahme bereit erklärt hatten. Bei Unterredung mit einzelnen Kennern der Verhältnisse wurde es von diesen als wahrscheinlich bezeichnet, dass ich gewählt werden würde, weil die Chinesen auf keinen Fall Solf nehmen würden und andererseits die Japaner kaum einen deutschen General akzeptieren würden. Einige Zeit danach wurde ich von einem Vertreter von Wolff's Telegraphenbüro an-telefoniert wegen meiner Ernennung zum Mitglied der Kommission, die die soeben erscheinende Abendausgabe der DAZ bringe (die ich selbst noch nicht gesehen hatte).[57] Ich antwortete, ich wüsste nichts davon, wollte aber das Auswärtige Amt fragen und dann weitere Nachricht geben. Ministerialdirektor Meyer antwortete auf meine telefonische Anfrage, er wisse von nichts, wolle aber nach Genf telefonieren und mir Bescheid geben. Nach drei Stunden bekam ich dann von ihm die Mitteilung, dass man in Genf nichts wisse. Von dort sei nach Paris telefoniert worden. Nach dem Ergebnis der Erkundigungen sei es höchst wahrscheinlich, aber noch nicht sicher, dass ich ernannt würde. Trotz dieser Ungewissheit

55 Vgl. Dok. 69, Anm. 48.

56 Zu Seeckt, vgl. Kap. 2.

57 Die DAZ hatte am 6.12.1931, Nr. 563:1 erstmals bekannt gegeben, daß neben den USA, England, Frankreich und Italien auch Deutschland einen Vertreter in der Mandschureikommission haben werde.

brachte eine grosse Reihe von Zeitungen die Nachricht von meiner Berufung als Mitglied der Mandschureikommission. Als fremde Mitglieder wurden für England der frühere Aussenminister Sir Austen *Chamberlain*, und für Italien der frühere Aussenminister *Schanzer* genannt.

Dann dauerte es aber eine Weile bis ich eines Tages von dem Mitglied der Pressestelle der Reichsregierung, Generalkonsul *Crull*, (früher lange Jahre in China tätig gewesen) angerufen wurde, der schon früher mir gelegentliche Mitteilungen telefonisch übermittelt hatte. Er sagte mir, dass meine Entsendung nunmehr endgültig vom Völkerbundsrat beschlossen sei und bat mich, ihm ein darauf bezügliches Telegramm an das für den Fernen Osten zuständige Telegraphenbüro zu geben, für dessen Fassung er mir Vorschläge machte. Ich sandte ihm das vorgeschlagene Telegramm zu, nachdem ich vom Auswärtigen Amt über meine erfolgte Berufung offizielle schriftliche Mitteilung erhalten hatte. Mein Telegramm wurde nach Berichten, die das WTB aus Shanghai brachte, von den dortigen Zeitungen in grosser Aufmachung veröffentlicht. Von den Berliner Vertretern der beiden japanischen Zeitungen Asahi Shimbun und Nishi-Nishi wurde ich interviewt. Der erstere erschien mit seiner deutschen Frau, die ihrem sehr schwerfällig deutschredenden Gatten in gewandter Weise behilflich war.

Nun zögerte sich die Sache noch weiter hin. Ich erfuhr, dass die Japaner offiziell die Entsendung von Solf verlangt hätten, und dass die Chinesen ihrerseits diplomatische Vorstellungen dagegen sowohl in Berlin wie in Paris erhoben hätten.[58] Zu meiner Ueberraschung erfuhr ich von verschiedenen Seiten, dass Solf - auch nachdem ich das amtliche Schreiben vom Auswärtigen Amt bereits erhalten hatte - immer noch überall erklärte, dass er, Solf, als Mitglied der Mandschurei-Kommission hinausgehen würde. Ich hatte inzwischen verschiedene Rücksprachen mit den für die Angelegenheit zuständigen Herren des Auswärtigen Amtes, ausser dem Ministerialdirektor Meyer, den Vortragenden Räten von *Schön* und *Michelsen*. Es wurde mir ein Zimmer zur Verfügung gestellt, und ich studierte die Berichte und das sonstige vorhandene Material. Ich orientierte mich weiter durch Rücksprache mit Chinakennern wie Professor *Börschmann* und den bekannten Journalisten *Strewe*[59] sowie andererseits mit Solf. Dieser erzählte mir, die Sache mit meiner Entsendung sei noch nicht sicher gewesen, auch nachdem der Völkerbundsrat den Beschluss gefasst hätte, mich zu wählen, denn Japan hätte nur unter der Bedingung seine Zustimmung zur Entsendung eines deutschen Vertreter gegeben, dass er, Solf, entsandt würde.

Darauf hatte offenbar Solf seine Hoffnungen gebaut, als er überall erklärte, er würde hinausgehen. Aber die Japaner hatten schliesslich ihre Forderungen doch zurückgezogen und sich mit meiner Entsendung einverstanden erklärt.

Am 21. Januar 1932 fand die erste Sitzung der Kommission in Genf in den Räumen des Völkerbundrats statt. Ich hatte mich dazu nach Genf begeben; auch die übrigen drei

58 Zu den Interventionen des chinesischen Geschäftsträgers im AA, vgl. Ratenhof 1984:101-102.

59 Theodor M. Strewe, 1919 aus China repatriiert, war seit 1923 Journalist der DAZ und hatte 1930 die deutsche Industrie-Studienkommission nach China begleitet. Vgl. Einleitung zu Kap. 1.

europäischen Mitglieder waren erschienen, während das amerikanische Mitglied durch einen amerikanischen Diplomaten vertreten wurde.

Das englische Mitglied, Lord *Lytton*, ein vornehm aussehender Engländer von schlanker Figur und weissgrauem Haar, machte in jeder Beziehung einen ausgezeichneten Eindruck. Er ist der Enkel des berühmten Verfassers der „Letzten Tage von Pompeji", Bulwer-Lytton, und Sohn des langjährigen Vizekönigs von Indien.[60] Er selbst war jahrelang Gouverneur von Bengalen gewesen und kurze Zeit auch, wie sein Vater, Vizekönig von Indien.

Das französische Mitglied, General *Claudel*, ein eher kleiner dünner Mann mit einem hageren Gesicht, erschien im Vergleich zu dem zurückhaltenden Engländer ausserordentlich lebhaft und gab sich sehr liebenswürdig. Er war lange Jahre in französischen Kolonien tätig gewesen und ist gegenwärtig Inspecteur der französischen Kolonialarmee. Er kann nicht englisch sprechen. Seinem Antrag entsprechend wird ein französischer Militärarzt, der jahrelang in China tätig war, Dr. Jouvelet, mitgenommen, der dem General als Dolmetscher für englisch dienen soll und gleichzeitig der Kommission als Arzt zur Verfügung steht.

Das italienische Mitglied, Graf *Aldovrandi-Marcescotti*, mir bereits aus seiner Berliner Botschaftszeit bekannt, ist ein gut aussehender, sehr gewandter und liebenswürdiger Mann von schneller Auffassungsgabe. Er spricht französisch und englisch, hat auch aus seiner Berliner Zeit etwas deutsch behalten. Er hat als Kabinettschef das italienische Aussenministerium während der Versailler Verhandlungen [vertreten] und später jahrelang als Botschafter in Berlin eine Rolle gespielt.

Die Sitzung wurde eingeleitet von dem Generalsekretär des Völkerbundes, Sir Eric *Drummond* (dem späteren Lord Perth), der ein Exposé über die Aufgaben der Kommission gab und verschiedene Fragen beantwortete. Vorher hatte ich Drummond, einem grossen gut aussehenden und gewandten Engländer, meinen Besuch gemacht, wobei wir uns hauptsächlich über den japanisch-chinesischen Konflikt unterhielten. Auf Antrag des französischen Delegierten wählten wir Mitglieder der Kommission unter Zustimmung des amerikanischen Vertreters einstimmig Lord Lytton zu unserem Vorsitzenden. Nach Konstituierung der Kommission und Wahl des Vorsitzenden empfahl sich Drummond. Wir berieten hauptsächlich über technische Fragen und über die Einrichtung der Reise. Dabei wurde im Hinblick auf die besonders in der Mandschurei zu erwartenden Schwierigkeiten der Unterbringung beschlossen, von der Mitnahme unserer Frauen abzusehen. Ich bedauerte das, da ich gern meine Frau mitgenommen hätte, die auch ihrerseits gern die Reise mitgemacht hätte.

Nach einer Frühstückspause versammelten wir uns am Nachmittag noch einmal und führten die Beratung zu Ende. Dann erschien der japanische Untergeneralsekretär *Sugimura*, ein dicker Japaner mit einem ewig lächelnden runden Gesicht und begrüsste uns. Anstatt der erwarteten kurzen Begrüssung machte er aber in englischer Sprache lange sachliche Ausführungen, in denen er den japanischen Standpunkt zu dem Konflikt darlegte

---

60 Es handelte sich um Lord Victor Bulwer-Lytton, 1922-27 Gouverneur von Bengalen, 1925 kurzzeitig Vizekönig von Indien.

und uns verschiedene Ratschläge gab. Einige von diesen bezogen sich auf die Reise, u.a. meinte er, wir sollten aus der Mandschurei ab und zu nach dem schönen Badeort Hoshigaura bei Dalian fahren, um uns zu erholen. Andere Vorschläge waren sachlicher Art; z.B. wir sollten in Japan nicht nur mit Regierungsvertretern Fühlung nehmen, sondern auch mit der Opposition. Vor allem riet er uns nachdrücklich, nicht frühzeitig mit irgendwelchen Entschlüssen oder Stellungnahme der Kommission heraus zu kommen, sondern zunächst alles eingehend zu prüfen. (...)[61]

Am folgenden Sonntag, den 24. Januar, war ich mit meiner Frau zum Abendempfang bei Solf eingeladen. Eine grosse Gesellschaft versammelte sich in den weiten, besonders mit japanischen Gegenständen schön ausgestatteten Räumen Solf's in der Alsenstrasse. Er machte mich mit den verschiedenen Mitgliedern der japanischen Botschaft bekannt. Der Botschafter selbst war allerdings nicht anwesend. Beim Abschied sagte mir Solf in seiner humorvollen Art: Wenn Sie in Japan nach mir gefragt werden, so sagen Sie „Solf ist mein Freund", das wird für Sie nützlich sein. Wenn Sie in China nach mir gefragt werden, so sagen Sie lieber „ach, den Kerl habe ich früher mal kennen gelernt".

In den nächsten Tagen machte ich meine Besuche beim japanischen Botschafter und beim chinesischen Gesandten[62] nach vorheriger telefonischer Verständigung. Nach Verabredung eines Besuches bei dem chinesischen Gesandten wurde ich von der Gesandtschaft nochmals antelefoniert mit einer Einladung zum Frühstück auf den 27. Januar und der Bitte, damit gleichzeitig den Besuch als erledigt zu betrachten. Ich ging natürlich gern darauf ein.

Beim japanischen Botschafter *Obata* spielte sich die Sache förmlicher ab. Als ich zum Besuch vorfuhr - am Vormittag des gleichen Tages an dem ich nachher beim chinesischen Gesandten frühstückte - stand am Eingang der Türhüter und an der einen Tür der Diener bereit. Ich wurde zum Botschafter geführt, der mich im Cutaway erwartete, den ich auch meinerseits trug. Der Botschafter, ein Mann mittlerer Grösse mit etwas gebogener Nase, machte einen sehr ernsten und würdigen Eindruck.

Er spricht langsam und etwas mühsam englisch, kann aber doch alles ausdrücken, was er sagen will, wenn auch bisweilen mit Pausen. Obata, der lange Jahre in China als japanischer Diplomat gewesen ist, wiederholte im wesentlichen den japanische Standpunkt, wie ich ihn aus den Verhandlungen vor dem Völkerbundsrat bereits kannte und betonte, dass die Hauptgrundfrage die der Anerkennung der Verträge von chinesischer Seite sei.[63]

61 Auslassung: Schnee führte aus, daß bei den Kommissionssitzungen auch Protokollfragen zur Sprache kamen, etwa anläßlich des in Aussicht gestellten Besuches beim japanischen Kaiser. Auch beschrieb er einen Abend bei dem deutschen Völkerbundsuntergeneralsekretär Dufour-Feronce.

62 Gemeint sind der chinesische Gesandte Jiang Zuobin und der japanische Botschafter Obata Yukichi.

63 Es handelte sich hier sowohl um die 1915 von China unter Yuan Shikai akzeptierten Teile der „21 Forderungen" (auszugsweise abgedruckt in: Stoecker 1968:145-148. Vgl. Inoue 2002:500-501 / Sheng, Bd. II 1991:623-624) als auch um den chinesisch-japanischen Eisenbahnvertrag vom 25.5. 1915, der Japans Rechte in drei Punkten wesentlich erweitert hatte: 1) Verlängerung der Pachtdauer von Guangdong und der Konzessionsdauer für die Südmandschurische Eisenbahn auf 99 Jahre; 2)

An diesen Verträgen werde Japan unter allen Umständen festhalten. Japan denke nicht an Annexionen, es wolle nur das, was ihm von Rechts wegen zustehe. Ich versicherte Obata meinerseits meiner vollen Unparteilichkeit und Unvoreingenommenheit und wies darauf hin, dass Deutschland kein politisches Interesse irgendwelcher Art am Fernen Osten habe, sondern nur das Interesse der Aufrechterhaltung und Pflege der guten wirtschaftlichen und kulturellen Beziehungen zwischen den beiden grossen Völkern.

Ehe ich Obata verliess, fragte er mich nach einer mir angenehmen Zeit für seinen Gegenbesuch. Ich schlug ihm eine auch ihm passende Zeit in meiner Wohnung vor und traf Vorsorge, dass er bereits unten an der Haustür von unserem Diener empfangen und in die Wohnung geleitet wurde. Wir unterhielten uns dann über die inzwischen in der mandschurischen Frage eingetretenen Ereignisse und einiges andere, wobei Obata aus seiner früheren Tätigkeit erzählte. Ich machte ihn dann mit meiner Frau bekannt, mit der er sich auch eine Weile unterhielt. Eine Frühstückseinladung für mich war schon früher verabredet für Montag, den für meine Abreise in Aussicht genommenen Tag.

In weniger formeller Weise spielte sich meine Zusammenkunft mit dem chinesischen Gesandten ab. Ich wurde von ihm und den beiden anderen Herren der Gesandtschaft empfangen, ausserdem nahmen noch einige deutsche Herren, insbesondere auch vom Auswärtigen Amt, daran teil. Der Gesandte ist erst seit Kurzem in Berlin. Er macht einen sehr beweglichen Eindruck, kann aber nur etwas französisch sprechen. Nachdem wir einige Begrüssungsphrasen französisch gewechselt hatten, zog der Gesandte es vor, über die sachlichen Angelegenheiten auf chinesisch zu sprechen, wobei der Gesandtschaftsrat *Liang*, der ziemlich fliessend deutsch spricht, übersetzte. Die politische Unterhaltung wurde beim Frühstück, das in seiner Speisenauswahl halb europäisch und halb chinesisch war und sehr gut mundete, fortgesetzt. Auch der chinesische Gesandte wiederholte im Wesentlichen die Ausführungen, die der Vertreter Chinas beim Völkerbund, *Shi*[64], gemacht hatte. Als ich ihn schliesslich fragte, wie er sich die Erledigung der Sache mit Hilfe der Kommission denke, gab er als seine persönliche Ansicht: Die Chinesen würden bereit sein, mit den Japanern über die Revision der Verträge zu verhandeln, nachdem die Japaner ihre Truppen zurückgezogen haben würden.

Am Freitag, den 29. Januar, war ich beim Staatssekretär von Bülow, dem ich meine Eindrücke aus Genf und aus meinen Unterhaltungen mit dem japanischen und chinesischen Diplomaten mitteilte. Er sagte mir seinerseits, was er an Depeschen und aus einer Unterhaltung mit Litvinov, der eben in Berlin war, über die Mandschurei-Sache Neues erfahren hatte.[65] Er teilte mir weiter mit, dass die Ausreise, wenn möglich, über die sibirische Bahn gehen sollte, wofür wir russische Visa haben müssten. Bülow machte in seiner ruhigen, sachlichen Art einen sehr guten Eindruck auf mich.

Recht japanischer Staatsbürger, Land für gewerbliche und landwirtschaftliche Zwecke auf 30 Jahre zu pachten; 3) Prioritätsrecht Japans bei Aufnahme von chinesischen Eisenbahnanleihen.

64 Shi Zhaoji.

65 Litvinov, Volkskommissar für auswärtige Angelegenheiten, hielt sich im August 1931 und im Januar 1932 in Berlin auf. Am 28.1.1932 wurde er von RK Brüning empfangen.

Am Sonnabend, den 30. Januar früh, liess ich mich im Institut Robert Koch zum zweitenmal gegen Cholera und Typhus impfen (die erste Impfung und die Impfung gegen Pocken war bereits 5 Tage vorher erfolgt).

Unmittelbar im Anschluss daran wurde ich vom Reichspräsidenten von *Hindenburg* empfangen. Vorher erhielt ich in der Reichskanzlei die soeben eingegangenen Depeschen, wonach der Reiseweg der Kommission[66] noch keineswegs sicher und die Ausreise der Kommission selbst zweifelhaft geworden war. Hindenburg befand sich in ausgezeichneter Verfassung und zeigte sich in so guter Stimmung und so lebhaft interessiert, wie ich ihn bei meinen früheren Empfängen durch ihn noch nie gesehen habe. Er hatte sich eine Karte von der Mandschurei vorlegen lassen, auf der alle Truppenstellungen mit Fähnchen ersichtlich gemacht waren. Ich musste ihm den Reiseweg und Sonstiges auf die Einsetzung der Kommission bezügliches erklären. Die Shanghai-Sache[67] war durch japanisches angriffsweises Vorgehen gerade akut geworden. Hindenburg meinte, dass dort der Schlüssel der militärischen Situation läge. Auch über die Impfungen gegen Krankheiten sprachen wir. Hindenburg meinte, er sei auch im Kriege wiederholt geimpft worden. Er hatte scherzweise zu den Ärzten gesagt: sie sollten doch alle Impfstoffe in einen gemeinsamen Topf giessen und dann die Impfung auf einmal vollziehen. Schliesslich entliess mich Hindenburg, nach einer Unterhaltung, die etwa 20 Minuten gedauert hatte, mit seinen besten Wünschen.

Ich stürzte eilig zum Reichskanzlerpalais, da ich von dem Reichskanzler *Brüning* unmittelbar nach der Audienz beim Reichspräsidenten empfangen werden sollte und die dafür festgesetzte Zeit bereits erreicht war. Brüning sah in Anbetracht seiner ungeheuren Arbeitslast gut aus. Wir unterhielten uns über die Mandschureisache, wobei Brüning mich über einige aus amerikanischer Quelle stammende Mitteilungen unterrichtete. (...)[68]

Am Abend erhielt ich ein Telefonat aus Genf und am Sonntag früh Depeschen von Sir Eric Drummond, dass die Kommission am Dienstag in Paris zusammentreten sollte, um über den Reiseweg zu beschliessen. Es sollte noch festgestellt werden, ob die sibirische Bahn, von der Bahnunterbrechung gemeldet wäre, benutzbar sei. Ich drahtete - worum in der Depesche gebeten war - mein grundsätzliches Einverständnis zur Benutzung der sibirischen Bahn zurück.

Am Montag, den 1. Februar vormittags wurde ich von dem sowjetrussischen Botschafter Činčuk empfangen, einem kleinen alten[69], jüdischen, Herrn mit etwas gebogener Nase, der

66 Der Reiseweg der Kommission war eigentlich am 10.12.1931 durch einen Ratsbeschluß festgelegt worden, in: BArch, 0902/2157. Eine Veränderung gab es insofern, als die Kommission nicht, wie ursprünglich geplant, mit der Transsibirischen Eisenbahn, sondern mit dem Schiff über die USA nach Asien reiste und damit den längsten Anfahrtweg wählte.

67 Die Kämpfe in Shanghai hatten am 28.1.1932 mit der Landung japanischer Marinetruppen begonnen und dauerten bis zum 24.3.1933. Shanghai war wesentlich stärker in die internationalen Wirtschaftsbeziehungen verwickelt als die Mandschurei, weshalb die Interessen der Konzessionsmächte von den dortigen Kämpfen direkter betroffen waren. Vgl. Martin 1997:5-6 / Ratenhof 1984:125-149.

68 Auslassung: Schnee gab seine Unterhaltung mit RK Brüning wieder, in der es um Finanz- und Währungsfragen gegangen war.

69 An dieser Stelle befindet sich im Original eine unleserliche, handschriftliche Einfügung.

in seinem geläufigen Deutsch manchmal Wendungen gebrauchte, die an die Sprechweise mancher deutscher jüdischer Bankiers erinnerten. Činčuk erklärte im Verlaufe unserer Unterredung wiederholt, dass er die Lage als ernst ansehe. Es seien in der Mandschurei grosse Zahlen von Weissrussen, darunter viele frühere Offiziere und Soldaten der zaristischen Armee. Diese hätten früher für die Chinesen gekämpft, jetzt würden sie von den Japanern bewaffnet und bezahlt.[70] Ihre Zahl stände nicht genau fest, aber immerhin seien es so viele, dass sie unter den dortigen Verhältnissen eine Macht darstellten. Es sei zu befürchten, dass die Japaner sich ihrer bedienten, um gegen die Sowjets vorzustossen. Auch liege ein Gefahrenmoment darin, dass die Japaner ihre Tätigkeit nicht nur auf Nordmandschurei sondern auch auf die angrenzende Mongolei ausdehnten, an der Russland starke Interessen habe.[71] Die Beteiligung Deutschlands an der Kommission erklärte Činčuk für günstig, da wir ja keine speziellen politischen Interessen dort hätten. Er habe insbesondere von den Chinesen gehört, dass diese sie begrüssten. Als ich sagte, dass auch die Japaner sich einverstanden erklärt hatten, obgleich sie lieber Solf gesehen hätten, meinte Činčuk: Solf sei ja so eine Art japanischer Agent, er sei auch in seinem Wesen zu weich, als für eine solche Aufgabe gut wäre.

Nachher war ich zum Frühstück beim japanischen Botschafter. Es waren ausser einigen Herren der Botschaft noch Solf, Admiral Behncke, Professor Haas als Vorsitzender der Deutsch-Japanischen Gesellschaft, ferner Professor Hoetzsch und die beiden Referenten des Auswärtigen Amtes (Michelsen und v. Schön) anwesend. Solf erfuhr hier erst von mir, dass ich nun doch noch am gleichen Tage nach Paris reisen werde und wahrscheinlich von dort weiter. Es schien, nachdem er auf Grund telefonischer Mitteilung vom Sonnabend, dass der Reiseweg und die Kommission selbst zweifelhaft geworden sei, mit der Aufgabe der ganzen Sache gerechnet hatte, dass die neue Nachricht für ihn ein Schlag war. Er sah bei Tisch, wo er dem Botschafter gegenüber sass, ganz niedergeschlagen, alt und verbittert aus, wie ich ihn noch nie gesehen hatte. Meine Unterhaltung mit dem Botschafter drehte sich um die Ereignisse in Shanghai, wo immer stärkere Kämpfe in Gang kamen. Der Botschafter erklärte die Shanghai-Angelegenheit wiederholt und mit Nachdruck als einen „side issue". Das, worum es sich in der Hauptsache handele, sei die Mandschurei-Angelegenheit. Im Zusammenhange damit hob er hervor, dass für die Japaner eine Haupteigenschaft die manliness sei. Die Mitglieder der Kommission würden lediglich nach ihrem Gewissen zu entscheiden haben. In einer etwas allgemeineren Unterhaltung nach Tisch beklagte sich der Botschafter über die Japan ungünstige Einstellung der deutschen Presse und meinte, sie müsse doch von irgendwoher inspiriert sein. Solf wandte sich gegen die darin liegende Annahme einer Inspiration seitens der deutschen Regierung. Ich hob meinerseits hervor, dass ich sowohl mit dem Reichskanzler Brüning wie mit dem

70 Bereits unter Zhang Zhuolin hatten weißrussische Einheiten in der Mandschurei gekämpft. Zum Einsatz weißrussischer Soldaten in den japanischen Einheiten, vgl. Lensen 1974:189-190.

71 In den Ausgleichsverträgen von 1907, 1910 und 1912 war Japan die Innere Mongolei, die südliche Mandschurei und Korea zugesprochen worden; als russische Interessengebiete wurden die nördliche Mandschurei und die Äußere Mongolei anerkannt.

Staatssekretär von Bülow Unterredungen gehabt habe, aus denen sich die unparteiliche Haltung der deutschen Regierung zur Mandschureifrage ergeben habe. Keineswegs sei eine solche Inspiration von seiten der deutschen Regierung erfolgt. Ich wies weiter darauf hin, dass nur ein Teil der deutschen Presse eine solche Haltung einnehme; ein was die Zahl der Anhänger anbetreffe, sehr gewichtiger Teil, nämlich die nationalsozialistische Presse, vertrete den entgegengesetzten Standpunkt.[72] Admiral Behncke fügte dem hinzu, dass die bisweilen einseitige Informierung der deutschen Presse über entlegene Länder dadurch bedingt sei, dass sie auf das Reuterbüro angewiesen sei. Solf regte seinerseits ein Presseinterview des japanischen Botschafters an und erklärte sich bereit, dazu mitzuhelfen, um ihm die für die deutsche Presse geeignete Form zu geben. Obata griff diesen Gedanken auf und machte auf japanisch Ausführungen zu seinem Botschaftsrat hin, die offenbar als Grundlage für das Interview dienen sollten.

Nachmittags hatte ich noch eine Besprechung mit dem Fraktionsvorsitzenden der Deutschen Volkspartei, Dingeldey, der erst am Abend vorher von einer Reise zurückgekehrt war.

Am Abend des 1. Februar ½ 10 Uhr Abfahrt vom Bahnhof Zoologischer Garten. Auf dem Bahnhof waren ausser meinen Familienangehörigen und verschiedenen Freunden der japanische Botschafter und der chinesische Gesandte, je mit einem Mitglied ihrer Vertretung, erschienen. Einige Photographen wollten ein Bild aufnehmen und baten mich, eine entsprechende Aufstellung herbeizuführen. Da ich nicht wusste, ob eine gemeinsame Aufnahme den Vertretern Japans und Chinas angenehm sein würde, so stellte ich den Photographen anheim, uns in einzelnen Gruppen aufzunehmen, wie wir gerade standen. Als die Photographen sich aufbauten, kam der japanische Botschafter, der sich gerade mit meiner Frau unterhielt, auf meine rechte Seite, während der chinesische Gesandte links von mir stand. So wurden wir photographiert. Obata bemerkte dazu, das sei ein Sinnbild für die Kommission, die als Vermittlerin zwischen den beiden Mächten sich betätigen würde.

(...)[73] Ich verweise wegen der weiteren Reise bis zu meiner Rückkehr nach Deutschland auf mein oben erwähntes Buch „Völker und Mächte im Fernen Osten“ [74].

GSTA PK, I/92 Schnee 24.

72 Zur nationalsozialistischen Presse und der Mandschureifrage, vgl. Ratenhof 1984:115-116.

73 Auslassung: Beschreibung der Abfahrt der Kommission sowie deren Ankunft in den USA.

74 Vgl. Literaturliste in diesem Bd.

72

Flugblatt der „Jungen Proletarischen Union von China", Zweig Hubei (5.4.1932)[75]

Apr. 5, 1932

To Dr. Schnee

A WARNING TO THE LEAGUE ENQUIRY COMMISSION

We Chinese people have long been aggressed by the international imperialism, and oppressed by the feudalistic militarists and compradoric bourgeoisie within. This has caused the nation-spread calamity and unemployment, which directly effect the rapid development of the proletarian revolution of China and the quick collapse of China's ruling class.

Since 1928, the imperialistic powers have heavily been attacked by economical panic; but the U.S.S.R., the only socialistic nation in the world, has succeeded in its five years' plan.[76] The people of Soviet Russia have attained a true life and better enjoyments both spiritually and materially, yet the people of those imperialistic countries have suffered cruel suppression and unbearable starvation. This is why the imperialistic powers, though having latent contradiction and confliction with each other, have schemed a false compromise to cheat the oppressed class of their own. But the background of it is aiming to attack Soviet Russia and unite themselves for the partition of China. The Japanese occupation of Manchuria and bombardment of Shanghai[77] is a precise evidence.

Now the League Enquiry Commission arrived at Hankou yesterday. They were welcomed by their faithful hounds, the Chinese local authority, with colored decorations, beautifully woven slogans and delicious banquets, while the laborious class were driven away who would at least starve for two days. But the fact that the commission closeted with the Inukai Cabinet[78] for a week in Japan and that after its arrival at Shanghai, the Japanese

75 Bemerkung: Einige grammatikalische Fehler wurden korrigiert.

76 Der erste Fünfjahresplan der UdSSR war im Mai 1929 vom fünften Sowjetkongreß gebilligt worden. Er sah vor, die gesamtwirtschaftlichen Investitionen von 1927/28 bis 1932/33 um 250% und die großen staatlichen Industrien um 250% zu steigern. Vgl. Hildermeier 1998:370.

77 Vgl. Dok. 71, Anm. 67.

78 Die Kommission traf am 29.2.1932 in Japan ein. Am 18.2.1932 hatte sich auf Betreiben der japanischen Armee eine Marionettenregierung gebildet, die am 12.3. (als die Kommission noch in Tokyo weilte), den letzten Manzhou-Kaiser als vorläufiges Staatsoberhaupt einsetzte. Das von Ki Inukai (Seiyukai-Partei) geführte Kabinett versuchte diese Entwicklung einer unabhängigen Mandschurei zu bremsen. Es wurde daraufhin durch eine gezielte Mordaktion am 15.5.1932, der auch Premier Inukai zum Opfer fiel, durch revolutionäre Heeresoffiziere beseitigt. Dieses Datum gilt allgemein als Ende der „Taisho-Demokratie", der Herrschaft von Partei-Kabinetten, in Japan. Vgl. Inoue 2002:557.

troops have been still proceeding to bombard the Chinese territory and massacre the Chinese laborious class, proves that they are not the so-called „peace messengers". They are only the spies of the international bandit organisation - the League of Nations. They are the pioneers for the partition of China. They are the enemy of the proletariat of the Chinese people. They are the enemy of the world's oppressed peoples.

From this, we - the oppressed peoples of the world - should, with our own might and strength, unite ourselves in the same war-line to overthrow the reactionary ruling classes respectively, to push down imperialism. Then we can free and relieve ourselves from their bondage.

(1) Down with the League Enquiry Commission - the faithful hounds of imperialism!
(2) Down with the Guomindang government!
(3) Support our father-country - Soviet Russia!
(4) Support the Chinese Soviet Central Government!
(5) Oppose the world-war!

The Young Proletariat Union of China,
Hubei Branch

GSTA PK, I/92 Schnee 75.

73

Unterredung der Untersuchungskommission des Völkerbundes mit dem japanischen Generalleutnant Sadao Araki, Tokyo (5.3.1932)

On Saturday, March 5th 1932, at 10 am., the Commissioners and Mr. Haas went to see the Minister of War, Lieut.-General Araki, in order to hear his views concerning the interests of Japan in Manchuria from a military point of view.

The General said he found it necessary, before dealing with the actual matter, to give some explanations concerning the conception of the Japanese nation, the spirit of its foundation, and its mission in the Orient.

The fundamental basis, he said, of the whole nation was its profound respect for the Imperial Family. This Family kept three sacred treasures of the nation: mirror, jewels and sword, which represent righteousness, love and benevolence, and the carrying out of these high principles.[79] Thus intimately bound up with its Imperial Family, but firmly closed against the outer world, the Japanese people had, during the last three centuries, taught itself to sacrifice everything to the fulfilment of these high principles, and its every action -

79 Vgl. hierzu Antoni 1991:31-59.

even with regard to China and Manchuria, - would have to be considered from this moral point of view.

On the other hand, the complete separation from the outer world had left the country in arrears with regard to all material development and commercial enterprise. Throughout the last three centuries it lived peacefully on a small area of 142.000 sq. miles, as against the 260.000 sq. miles it now holds, which is still an insufficient area for the rapidly increasing population. When, by reason of the needs of this increased population, and with a new comprehension of the value of material development, Japan opened her frontiers some 60 years ago[80], she obtained the help of European countries and of America and began, by means of the three sacred treasures[81], to develop a new national spirit. On the other hand, the country had to contend with difficulties from the beginning of this new era in its history. They came partly from Hokkaido and the smaller islands between Korea and Japan, but chiefly from China, which then held Korea and constituted a menace to the very existence of the Japanese Empire. To a question put by Lord Lytton the General replied that an anti-Japanese spirit was then cultivated in Korea, chiefly through the activities of Yuan Shikai[82], and that even the lives of the Japanese diplomatic representatives were in danger. From a military point of view Japan was at a disadvantage, as she disposed of only two small cruisers of 2.000 tons each, as against China's two battle-ships of 8.000 tons each[83]; but in desperation Japan resorted to war and carried it through with success.

Then, immediately, Russia became involved. The General briefly recalled the intervention of the Three Powers and the retrocession of the leased territory.[84] During the following 10 years Russia became predominant in Manchuria, which was practically abandoned by China. The aggressive methods used by Russia involved the employment of troops in Manchuria, and this constituted a menace to the security of Korea, finally leading to the Russo-Japanese war of 1904-5.

Since that time Japan has regarded it as her national mission to maintain peace and order in the Orient and provide for the exploitation of the natural resources of Manchuria. These national aims provide the fundamental explanation even of the present conflict.

80 Araki bezog sich an dieser Stelle nicht auf die gewaltsame Öffnung Japans durch amerikanische Flotteneinheiten 1853, sondern auf die Meiji-Restauration 1868, die Gründung des modernen Japan mit dem Kaiser an der Spitze. Vgl. Martin, in: Elvert 1992:197-220.

81 Vgl. Anm. 79.

82 Völlig einseitige Argumentation Arakis, da Japan seit 1875 auf eine Annexion Koreas zielte und eine entsprechend aggressive Politik gegenüber China, der tributären Schutzmacht Koreas, führte. Grundlegende Studie hierzu: Wagner 1990:139-188.

83 Im Krieg mit China 1894/1895 waren sowohl die japanische Flotte als auch die japanische Armee den entsprechenden chinesischen Einheiten numerisch unterlegen. Die Ausrüstung der Soldaten war in beiden Ländern ähnlich schlecht. Die japanischen Einheiten waren jedoch im Vergleich zu den chinesischen besser zentralisiert und organisiert. Vgl. Lone 1994:28-29 u. 33.

84 Angesprochen war hier der Ostasiatische Dreibund, zu dem sich Russland, Frankreich und Deutschland nach Chinas Niederlage im chinesisch-japanische Krieg 1894/1895 zusammengeschlossen hatten und damit verhinderten, daß China die Halbinsel Liaodong an Japan abtreten mußte. Vgl. Wippich 1987:129-170.

Furthermore, one could not omit to take economic factors into consideration. Only 15% of the present area of Japan could support a population; and as, everywhere else, the doors were closed to Japan, it became an imperious necessity to win access to the Asiatic Continent and be able to dispose of its natural resources.

Here Lord Lytton inquired if that meant the demand for an area in Manchuria for a population to live in, or an area of the natural resources of which Japan could dispose.

The General replied that it was not the object of his nation to acquire an area where it could extend its population nor an exclusive right concerning Manchurian raw materials. It wanted a state of peace and order in Manchuria, in the interests of the population living there; and it wanted to be able to take its raw materials not only from Manchuria but from the whole world. On being questionned afresh, the General declared that his desire was to see a world without restrictions and frontiers, but that for the moment he wanted such a state of affairs in Manchuria, with free and equal opportunity for everybody. During the last twenty years Japan had tried to maintain peace and order in Manchuria with the object of bringing about such a state of affairs, and it had been successful most of the time. If peace were maintained, all political or strategic demands having national defence in view could be satisfied. But the existing Chinese Government was a maladministration, and China often returned evil for good towards the Japanese Government.

Lord Lytton wished to revert to the strategic demands of which the General had spoken. He asked in what way, from the Japanese point of view, they could be fulfilled.

The General replied that his country's strategic position seemed safe as long as peace was maintained in the Orient; but, for the time being, Japan was the only power to keep the peace. China had no power to do so; and the Russian Communistic propaganda was to be regarded as a menace to peace, inasmuch as it organised invasion of Communistic thought into Manchuria.

Lord Lytton said that he understood, then, that Japan had no special strategic interests so long as peace was assured; but since there might occur a certain menace to peace, were the strategic interests represented by railways, and if not by what?

The general replied that from a technical point of view ways of communication and natural resources (raw materials) were, of course, necessary. In addition to the Russian propaganda, the concentration of troops on the frontier constituted a certain menace. The Bolshevists had never ceased military operations in Siberia, and only recently military forces in the frontier area had been augmented.[85]

Lord Lytton stated that in Japanese opinion there existed certain menaces to her position in Manchuria: it was for the General Staff to consider the situation. He wanted to know whether Japan merely wanted to maintain in Manchuria a Government adopting a friendly attitude towards Japan, or if she wished to obtain by treaty the right to keep her troops and war material within that country.

---

85 Angesichts der japanischen Truppentransporte und des erneuten Gerüchtes um „weißrussische" Aktivitäten (vgl. Dok. 71, Anm. 70) war die Sowjetunion zu Beginn des Jahres 1932 dazu übergegangen, die Fernostarmee zu verstärken. Vgl. Beloff 1952:78-79 / Lensen 1974:207-209.

After a short discussion between the Japanese officers the General asked for the question to be repeated.

Lord Lytton, in explaining his question, said he was not trying to find out any part of a military plan which the Japanese authorities might wish to keep secret, but, it being the task of the Commission to find a peaceful solution acceptable to all parties within both countries, he would like to know - whatever might be the way in which the General wished to give his answer - if, from a military point of view, he simply wished to establish in Manchuria a Government on friendly terms with Japan, or if he desired to obtain the right, by treaty, to maintain Japanese garrisons in that country.

The General replied that he did not attach excessive importance to the question whether the new State would be friendly or unfriendly towards Japan. If the new State possessed real power and was able to maintain peace and order he would be glad to abandon all claims; but if that was not the case, he wished to be entitled to do all that was necessary.

Lord Lytton enquired if that meant that he would declare himself satisfied if the national government were willing and strong enough to carry out all existing treaty obligations; or, this not being the case, whether he wished to dispose of the necessary rights to take, by military means, all requisite steps for the purpose of protection.

General McCoy[86] understood that there was danger from two directions: firstly from China, which had no power to keep the peace, and secondly from Russia, with her propaganda. If all desires as to point on were satisfied, what remained to be done in order to protect Japan against the other menace?

Lord Lytton put a similar question; if, as far as the first point is concerned, there existed a government powerful enough to protect Manchuria and prepared to fulfil its treaty obligations, what were the Japanese desires in regard to protection against the menace from Russia.

The General explained that it was, for him, a question of reliance upon neighbours: in present conditions he could not believe that both China and Russia could be relied upon. He had no confidence in the power of the Chinese Government; and Russia would continue her propaganda: consequently it was the duty of the Japanese authorities to provide for the preservation of peace in the sense of national defence measures. It was not necessary for Russia to maintain so many troops in the Far East; security would come when she withdrew her troops from the east of Siberia.

(...)[87]

GSTA PK, I/92 Schnee 74.

---

86 Der amerikanische General Frank Ross McCoy, ein persönlicher Freund des amerikanischen AM Stimson, war der Kommission als inoffizielles Mitglied beigetreten.

87 Auslassung: Der Vorsitzende Lytton brach die Unterhaltung an dieser Stelle mit dem Hinweis auf andere Verpflichtungen der Kommission ab. Er bot Araki an, die übrigen Gesichtspunkte, vor allem die militärstrategischen, schriftlich oder mündlich zu übermitteln.

74

Unterredung der Untersuchungskommission des Völkerbundes mit Mitgliedern der chinesischen Regierung, Nanjing (29.3.1932)

Zusammenkunft der Studienkommission mit Mitgliedern der chinesischen Regierung, 29. März 1932, 16 Uhr, im Verkehrsministerium, Nanjing[88]

Anwesend:
Alle Mitglieder der Studienkommission,
Wang Jingwei, Präsident des Exekutivyuan,
Marschall Jiang Jieshi, Präsident der Militärkommission,
Zhu Jiahua, Erziehungsminister,
M. Chen Gongbo, Minister für Industrie und Handel,
M. Luo Wengan, Außenminister,
M. Chen Mingshu, Verkehrsminister,
Dr. Gu Weijun,
M. Pelt,
M. von Kotze,
M. Pastuhof

Lord Lytton bemerkt, daß die Studienkommission vom Völkerbund beauftragt worden sei, zunächst eine auf Tatsachen basierende Umfrage vor Ort vorzunehmen und danach eine allgemeine Studie über die Bedingungen zu verfassen, unter welchen die Beziehungen zwischen China und Japan verbessert werden könnten.

Was die Umfrage angehe, so werde diese Arbeit von der Kommission vornehmlich in der Mandschurei durchgeführt werden. Falls jedoch die chinesische Regierung jetzt in der Lage sein sollte, einige bereits bekannte Tatsachen zu präzisieren, sei die Kommission bereit, zuzuhören.

Was den anderen Punkt ihrer Arbeit angehe, so habe sich die Kommission während ihres Aufenthalts in Japan darum bemüht, den japanischen Standpunkt kennenzulernen. Vielleicht wolle die chinesische Regierung aus dem Mund der Kommission hören, welche Klagen die japanische Regierung bezüglich Chinas vorbringe und welche Wünsche sie habe.
(...)[89]

---

88 Der deutsche Text dieses Dokumentes ist im Original in französischer Sprache und wurde von S. Kuß übersetzt.

89 Auslassung: MP Wang Jingwei bekundete sein Interesse an der Haltung der japanischen Regierung. Lytton führte aus, daß China aus der Sicht Japans Verträge verletzt habe, so etwa das Protokoll vom 22.12.1905, nach welchem die Japaner das Recht hätten, sich dem Bau von Parallelstrecken zur Südmandschurischen Eisenbahn entgegenzustellen. - Hier wurde der chinesisch-japanische Mandschurei-Vertrag angesprochen, in dessen Geheimprotokoll die Verpflichtung Chinas aufgenommen worden

Mr. Wang: „The outstanding questions concerning parallel railway lines consist of Japanese demands to which the Chinese Government cannot accede. Details will be given by Dr. Gu[90]. In principle we are willing to recognize all legitimate rights of Japan in Manchuria, as far as they are based on treaty; but we refuse to recognize what is detrimental to the Chinese Government. Legitimate and recognized rights cannot lead to friction, as would rights which others might attempt to impose upon us. In order to find a way out, five important points have to be taken into consideration: 1) Reciprocal respect of rights; 2) Treaty rights imposed by force are not regarded as valid; 3) Both parties adopt a spirit of compromise; 4) It is best to make a new treaty; 5) Both parties respect the rights of other parties: Open Door Policy and Equal Opportunity.

Lord Lytton: „Regarding point 2, do you mean to say that a treaty signed by one party under compulsion shall be regarded as invalid?"

Mr. Wang: „Treaties of that kind lead only to friction. For instance, the treaties of 1915[91] led to internal trouble. At the Washington Conference[92] Japan abandoned some rights of those treaties and later even some of the reservations she had then made. It is, of course, possible to revise these treaties."

Lord Lytton: „Do you mean that as long as they are not revised they are not valid?"

Mr. Wang: „The people never regarded the 1915 treaties as valid, because they were not ratified by Parliament. According to our Constitution ratification is necessary. Treaties are in the first place passed by Parliament, and then signed. The 1915 treaties were not ratified and not published."

Lord Lytton: „So you mean that they are not valid because they have not been ratified?"

Mr. Wang: „The Chinese people regards these treaties as not being in conformity with the law."

Lord Lytton: „Would not the case be similar in respect of every treaty made at the end of the War?"

Mr. Wang: „If you take, for instance, the 1895 treaty[93], by which we lost Formosa and had to pay an indemnity, we never protested against its validity, as it was duly signed and ratified."

---

war, keine Schienen in der Nähe der Bahn oder parallel zu ihr zu verlegen. Der chinesisch-japanische Vertrag vom 25.5.1915 (vgl. Dok. 71, Anm. 63) war eine Nachfolgevereinbarung.

90 Gemeint ist der chinesische Spitzendiplomat Gu Weijun, der China unter anderem bei den Friedensverhandlungen in Versailles vertreten hatte.

91 MP Wang Jingwei sprach an dieser Stelle nicht den Eisenbahnvertrag von 1915, sondern die „21 Forderungen" aus demselben Jahr an.

92 Der Großteil der Forderungen, meist ökonomischer Art, wurde von chinesischer Seite akzeptiert, einiges 1922 in Washington indes revidiert. Hauptstreitpunkt zwischen China und Japan war auf der Konferenz die Rückgabe von Jiaozhou, des ehemaligen deutschen Pacht- und Interessengebietes. Vgl. Iriye 1968:11-12 u. 21 / Nish 1977:133-138.

93 Der Shimonoseki-Vertrag von 1895 beendete den chinesisch-japanischen Krieg, in dem China und Japan um den entscheidenden Einfluß in Korea kämpften. In der Folge mußte China die „Unabhängigkeit" Koreas anerkennen und auf alle seine dortigen Rechte verzichten sowie Taiwan und die Peskadoreninseln abtreten. Vgl. auch Dok. 73, Anm. 83.

Lord Lytton: „So I am to take it that the ground for the non-recognition of the 1915 treaties is not that they were imposed by force but that they were not ratified?"

Mr. Wang: „The Treaties were not passed by Parliament, - that is the reason."

Lord Lytton: „Did there exist a Parliament at that moment?"

Mr. Wang: „Yes.[94] As the 1915 Treaties have already been altered, it would seem to me that the best thing to do would be to arrange for a new Treaty. This would be to the benefit of all concerned."

Lord Lytton: „I presume that Dr. Gu will be able to show us later the terms that the Chinese Government would like to see embodied in such a Treaty?"

Mr. Wang: „Yes. A detailed report on this extremely complicated question of the 1915 Treaties will be submitted to the Commission."

Gen. McCoy: „I think it was provided at Versailles and Washington that Treaties should be deposited either at Washington or at Geneva. Has the Chinese Government done something similar in the case of these Treaties?"

Mr. Wang: „Some treaties have been deposited. The 1915 Treaties were reported and fully discussed at Washington Conference."

Gen. McCoy: „Have the Japanese deposited the 1915 treaties?"

Mr. Wang: „To the best of my knowledge, no. The policy of the Chinese government is not to submit treaties which could only lead to trouble. It is for this reason that it resisted the Japanese demands concerning Manchuria, knowing that these would only lead to trouble."

Lord Lytton: „The Japanese Government has told us that it did not want to bring the Manchurian problem before the League because they thought that it was a matter on which they should negotiate directly with the Manchurian Government. They refused to acknowledge the Chinese Government where Manchurian questions were concerned, because they claimed that Manchuria had always been practically independent."

Mr. Wang: „The Chinese Government cannot under any circumstances admit this contention. All officials in Manchuria are Chinese. In the Provisional Constitution Manchuria was stated to be a part of China, and its authorities had no right to negotiate with foreign Powers except through the central Government."

Lord Lytton: „The Commission will be required, immediately after its arrival in Manchuria, to report to Geneva whether the recommendations of September 30th. last [year] are being complied with or not.[95] I would like to ask if, in case the Japanese troops

94 Das aus zwei Kammern bestehende Parlament war am 8.4.1913 in Peking zusammengetreten und bereits im Januar 1914 von Päsident Yuan Shikai aufgelöst worden. Yuan begann zu diesem Zeitpunkt damit, seine Erhebung zum Kaiser vorzubreiten. Die tatsächliche legislative und exekutive Macht lag in seinen Händen. Vgl. Gray 1990:146-151 / Tung 1964:32-37 u. 60-64.

95 Der Völkerbundsrat hatte am 30.9.1931 eine von China und Japan befürwortete Resolution einstimmig angenommen. Danach sollte der Truppenrückzug so schnell wie möglich vonstatten gehen, bei ausdrücklicher chinesischer Zusicherung, die japanischen Rechte zu wahren. Letztlich wurde der status quo ante angestrebt, ohne jedoch einen definitiven Termin festzusetzen. Vgl. Hell 1999:68 / Ratenhof 1984:56.

withdraw, the Chinese Government is prepared to establish and maintain order in the country."

Mr. Wang: „In such case we are ready to make every effort. We propose to send a special Police Force there."

Lord Lytton: „There remains the question of Civil Administration. I understand that the Chinese Government does not recognize the present administration. What steps would be taken if that Government ceased to exist?"

Mr. Wang: „The Three Eastern Provinces do not differ, as far as administration is concerned, from the rest of China."

Lord Lytton: „In other Provinces, however, there exists at present an administration. If the Manchurian Government is removed there will be nothing."

Mr. Wang: „Competent Civil Officials would be specially sent. The Resolution of September 30th. was appointed to take over the territory after the withdrawal of the Japanese troops has already made certain proposals as to what officials should be sent. The details could even be discussed with Dr. Gu."

Lord Lytton: „For all the steps now proposed for the establishing of law and order in Manchuria, what assistance do you wish to have from the League? I should like to be informed in what way, in your opinion, the League can possibly give its assistance."

Mr. Wang: „Dr. Gu will give all the details concerning this question."

Dr. Gu: „The aforementioned Commission was constituted by virtue of the recommendation of September 30th. to the effect that both parties should enter into negotiations with a view to the withdrawal of the Japanese troops on the one hand and, on the other, the giving by the Chinese Government of a guarantee in respect of the security of Japanese lives and property in Manchuria. The Commission has begun to evolve a scheme for this purpose. It has not yet completed its work, but, as soon as the scheme is drawn up it will be put before the Commission of Enquiry."

Gen. McCoy: „Can the Commission be supplied with proof of Japanese intrigues in this country? I have received from various private sources information to the effect that such intrigues were responsible for the delay in setting up what might be called a stable Government."

Mr. Wang: „We have many proofs, which shall be submitted to the Commission for examination."

Lord Lytton: „The Japanese had also referred to the so-called systematic policy of cultivating hostile feeling against foreigners in general and against the Japanese in particular. They referred more especially to school-books, anti-Japanese societies and organisations, and organisations not in direct contact with the Government."

Mr. Wang: „With regard to anti-Japanese propaganda in Chinese text-books, Minister Zhu has made investigations in Japanese text-books and has found many instances of propaganda not only against the Chinese but against all foreigners. The incriminated passages in Chinese text-books concern encroachments on China made by foreigners."[96]

Lord Lytton: „Complaints are made in every country about the text-books in some other country, but the Japanese complaints in this connexion have gone much further than elsewhere. They think it inadmissible that anti-Japanese societies should be tolerated by the Chinese Government, in the same way that anti-French societies, for instance, would not be tolerated by the British Government."

Mr. Wang: „Before September 18th. no such societies existed in China. I think they might be called a protective measure, and I am sure that as soon as a fair settlement is reached these societies will disappear automatically. But the Japanese are now occupying our territory, seizing Salt and Customs Revenue, and under these circumstances the Government cannot consider itself justified in putting a stop to the activity of these organisations."

Lord Lytton: „I understand you to mean that these organisations represent a kind of answer to much greater unfriendliness on the part of Japan?"

Mr. Wang: „They are a form of passive resistance against what happened on September 18th. without any previous warning. If my house is occupied by thieves I send for the Gendarmes and take at the same time measures of self-defence. We, in the same way, look to our defence whilst at the same time appealing to the League. Before the occurrence of this incident there was a certain unfriendly feeling between the two countries, but no such organisations existed. When, in 1928, the Jinan incident[97] took place, great indignation was aroused in China; but when the matter was settled this hostile feeling rapidly died away and no anti-Japanese movement subsisted. I am sure that the same thing will happen when the present incident is closed."

Count Aldrovandi: „I understand that the Minister of Education knows of anti-Chinese passages in Japanese books. As the Commission receives much documentation from Japanese sources, can it count upon getting these proofs from you?"

Minister Zhu: „A Memorandum on this subject will be handed to the Commission."
Next meeting to be held on March 30th.[98]

GSTA PK, I/92 Schnee 74.

---

96 Vgl. die japanische Propagandaschrift „Anti-Foreign Teachings in Text-books of China", hg. von der League of Nations Association of Japan, Tokyo 1932, in: Seeds of Conflict 1980:395-451.- Zu dem japanischen Bild von China, vgl. Foljanty-Jost 1979:17-20 u.102-108. Zu dem Einfluß ultranationalistischer Kreise auf das japanische Bildungssystem, vgl. Witt 1972:119-122.

97 Die japanische Regierung Tanaka hatte im April 1928 ein ganzes Armeekorps nach Jinan entsandt, angeblich um japanisches Eigentum zu schützen, in Wirklichkeit jedoch, um den Vormarsch der GMD-Truppen und die Einigung Chinas aufzuhalten. Nach langwierigen Verhandlungen konnte der Völkerbund die Japaner am 19.1.1929 zum Abzug ihrer Truppen bewegen.

98 Dieses Gespräch fand um 16 Uhr in Nanjing statt. Das Protokoll (14 Seiten) findet sich in: GSTA PK I/92, Schnee 74. Insgesamt gab es fünf Gespräche mit Mitgliedern der chinesischen Regierung, die vom 29.3.-1.4. sowie am 19.6.1932 stattfanden. MP Wang Jingwei war bei allen Unterhaltungen anwesend.

75

Auszug aus den Memoiren des letzten chinesischen Kaisers Pu Yi

In jenen Tagen wurde eine Untersuchungskommission des Völkerbunds im Nordosten erwartet. Ich wußte, daß die Kommission auf Einladung der Guomindang Regierung nach Nanjing kommen würde. Zheng Xiaoxu hatte mich davon unterrichtet und mir auch erklärt, Jiang Jieshi, der sich davon Hilfe im Völkerbund gegen Japan erhoffe, würde eine Enttäuschung erleben; denn trotz all der lärmenden Sessionen in Genf und Paris sei in Wirklichkeit kein Mitgliedsland des Nationenbundes bereit, es zu einem offenen Zusammenstoß mit Japan kommen zu lassen.[99] Es gehe nur darum zu erreichen, daß auch die westlichen Mächte an der Ausbeutung von Manzhouguo beteiligt würden. Außerdem habe Amerika, das einzige Land, das außer Japan nach dem Ersten Weltkrieg eine wirkliche Großmacht darstellte, Jiang bereits früher zu verstehen gegeben, er solle die Mandschurei an Japan verkaufen und Japan dadurch in direkten Konflikt mit der Sowjetunion bringen.[100]

Tatsächlich hatte Jiang Jieshi nach dem Ausbrechen der chinesich-japanischen Feindseligkeiten am 18. September 1931 erklärt, daß China „Macht mit Recht, Grausamkeit mit Frieden beantworten, seine Demütigung auf sich nehmen, seinen Zorn unterdrücken und das Unakzeptierbare akzeptieren werde, bis die internationale Gerechtigkeit ein Urteil gefällt habe“, und Zhang Xueliang den Befehl erteilt, den in der Mandschurei einrückenden Truppen der Japaner keinen Widerstand zu leisten.[101] Die Guomindang konnte ihre Kräfte nicht im Nordosten verzetteln, wollte sie ihren langjährigen Bürgerkrieg gegen ihre früheren Verbündeten, die Kommunisten, weiterführen.

Am 30. September [das heißt genau 12 Tage nach jenem „Zwischenfall von Shenyang“] hatte Jiangs Delegation im Völkerbund den Antrag eingebracht, eine neutrale Untersuchungskommission in den Nordosten zu schicken, und am 10. Dezember 1931 hatte Japan schließlich seine ablehnende Haltung aufgegeben und der Bildung dieser Kommission zugestimmt.[102]

Die Untersuchungskommission, die sich aus Vertretern von fünf Nationen zusammensetzte - Lord Lytton [Leiter der Kommission] für Großbritannien, Generalmajor Frank Ross[103] für die USA, Generalleutnant Henri Claudel für Frankreich, Graf Aldrovandi für

99 Diese Einschätzung war durchaus richtig. Vgl. Einleitung zu diesem Kapitel. - Zheng Xiaoxu war Berater Pu Yis in Tianjin und wurde später zum ersten MP von Manzhouguo ernannt.

100 Dies konnte nicht verifiziert werden.

101 Jiang Jieshi hatte Zhang Xueliang bereits vor dem Zwischenfall von Shenyang davor gewarnt, sich in militärische Auseinandersetzungen mit Japan verwickeln zu lassen. Auf erneute Anfrage Zhangs bekräftigte Jiang diesen Standpunkt auch nach dem Ausbruch der Feindseligkeiten. Vgl. Hsü 1990:549.

102 Vgl. Dok. 69 u.70.

103 Pu Yi benutzte hier den Vornamen des amerikanischen Mitgliedes McCoy.

Italien und Dr. Heinrich Schnee für Deutschland[104] -, begann ihre Reise am 3. Februar 1932 und erreichte Manzhouguo nach einem Abstecher in andere Teile Chinas und Besprechungen in Japan in den ersten Maitagen. Am 3. Mai erhielt ich Anweisung, den Kommissionsmitgliedern eine Audienz zu gewähren. Die Herren stellten mir zwei Fragen: Wie ich in den Nordosten gekommen wäre und welche Rolle ich bei der Staatsgründung von „Manzhouguo" gespielt hätte.

Bevor ich antwortete, zuckte mir für eine Sekunde der Gedanke durch den Kopf, daß Johnston[105] gesagt hatte, Londons Tore stünden mir jederzeit offen, und ich überlegte, ob diese Leute sich wohl einverstanden erklären würden, mich nach London mitzunehmen, wenn ich ihnen jetzt sagte, daß ich nur aufgrund von Doiharas Falschspiel und Itagakis Drohungen „Regent von Manzhouguo" geworden war. Aber dann kam mir in den Sinn, daß Itagaki und Hashimoto Toranosuke der Stabschef der Guangdong-Armee[106], neben mir saßen. Mit einem Blick auf Itagakis blasses Gesicht sagte ich gehorsam, was man mir zu sagen befohlen hatte: „Ich kam in die Mandschurei, weil mich die mandschurischen Massen zu ihrem Oberhaupt erwählt haben. Mein Land ist vollkommen unabhängig..."

Die Herren nickten und lächelten freundlich - und stellten keine Fragen mehr. Ein Fotograf machte ein Gruppenbild, Champagner wurde aufgetragen, und dann war die Farce zu Ende. Die Audienz hatte genau 15 Minuten gedauert. Lord Lytton interviewte zwar noch Komai den Chef des „Amtes für allgemeine Angelegenheiten", bekam aber auch da nur zu hören, was ihm nicht unangenehm in den Ohren klang: Japan folge dem Präzendenzfall, den Robert Hart zu Ende der Qing Zeit im Namen der britischen Regierung geschaffen habe.[107] So wie es danach zu einer internationalen Administration von Chinas Zoll gekommen sei, würden Japan und Manzhouguo nun in der Verwaltung von Manzhouguo zusammenarbeiten, und jeder Experte, gleich welcher Nationalität, sei willkommen, sofern er die beiden Landessprachen Japanisch und Mandschurisch beherrsche.

(...)[108]

Ich war auf Japan angewiesen, wollte ich meinen Traum von Restauration je verwirklichen.

Pu Yi, Ich war Kaiser von China, hg. und aus dem Chinesischen übersetzt von Richard Schirach und Mulan Lehner, München 1984^4, S. 246-249.

---

104 Vgl. hierzu Schnee 1933:103-107.

105 Der Brite Reginald Fleming Johnston unterrichtete Pu Yi von 1919-1924.

106 Zum Intrigenspiel der Guangdong-Armee (japanische Verbände in der Mandschurei) vor dem Zwischenfall von Shenyang, vgl. Yoshihashi 1963:83-150. Zur antichinesischen und antiwestlichen Ideologie des Offizierskorps der Guangdong-Armee, vgl. Peattie 1975:87-181.

107 Sir Robert Hart war von 1861 bis zu seinem Tode 1911 Generalinspekteur für das chinesische Seezollwesen. Die regelmäßigen Einnahmen aus dem Seezoll waren die sicherste Finanzquelle der Zentralregierung.

108 Auslassung: Kurze Zusammenfassung des Untersuchungsberichtes der Völkerbundskommission (vgl. hierzu Dok. 77) und der japanischen Reaktion darauf.

76

Geheimes Telegramm des stellvertretenden Staatssekretärs Gerhard Köpke, AA, an den deutschen Gesandten Oskar Trautmann, Peking (2.7.1932)[109]

Berlin, den 2. Juli 1932.
Diplogerma Nr. 46

IV Chi 1948.
Telegramm in Ziffern.
(Geh. Chiffr. Verf.)

Geheim!
Für Ges. Trautmann. Mit Bezug auf Brief an Staatssekretär vom 11. Juni.[110]

Ich bitte Exzellenz Schnee darauf hinzuweisen[111], dass es nicht in deutschem Interesse liegt, unsererseits in der Kommission irgendeine Initiative zu ergreifen und mit Vorschlägen für eine künftige Lösung des Mandschurei-Problems hervorzutreten. Die englische Auffassung, dass die Kommission nicht ehrgeizige Ziele haben sollte, wird hier vollkommen geteilt. Die Vorgänge in der Kommission bleiben niemals geheim und etwaige Vorschläge werden, sei es bei den Chinesen oder bei den Japanern nur auf Ablehnung stossen und uns in eine unerwünschte Position bringen. Aus diesem Grunde bitte ich dringend, Schnee zu äusserster Reserve zu veranlassen; jede Initiative muss den anderen Mitgliedern der Kommission überlassen bleiben.
Köpke (Drahtbericht)

PolArchAA, R 86292.

---

109 Abgedruckt in: ADAP, B XX, Dok. 190:417-418.

110 Zum Kontext dieses Tadels aus Berlin am Verhalten von Schnee, vgl. Martin, in: Leutner 1996:178-180. - Trautmann hatte am 11.6. eine Aufzeichnung über ein Gespräch mit Schnee übersandt, wonach Schnee zu selbständig werde und nach Lösungsmöglichkeiten suche (ADAP, B XX, Dok. 190, Anm. 1:417-418).

111 Am 7.7. ließ Schnee, der inzwischen in Tokyo eingetroffen war, dem AA mitteilen (PolArchAA, R 86291), daß er den dortigen Standpunkt teile.

77

Ganz geheimes Telegramm des deutschen Gesandten Oskar Trautmann, Peking, an das AA (4.9.1932)

Telegramm (Geh. Ch. V.)

Peking, den	4. September 1932	19	Uhr	
Ankunft:	4. „	20	„	35 Min.

Nr. 146 vom 4/9.

Ganz geheim!

Bericht Völkerbundskommission[112] heute gezeichnet. Voraussichtliches Eintreffen in Genf am 21. September. Sämtliche Beschlüsse einstimmig, nachdem Divergenz, hauptsächlich zwischen Lytton und Claudel wegen Verantwortlichkeit Japans für Manzhouguo und Beurteilung japanischer Militäraktionen durch Vergleiche überwunden, bei denen Lyttons Standpunkt, sich nicht durch Politik beeinflussen zu lassen, im großen und ganzen gewahrt wurde.

Schnee hat mit großem Takt und Zurückhaltung zur Erreichung gemeinsamen Zieles wesentlich beigetragen.

Bericht besteht aus Einleitung und 10 Kapiteln und folgender, im wesentlichen bereits übersandter Disposition.[113] Gipfelt im Versuch, Weg vorzuschlagen, bei dem Japan und China eventuell unter neutraler Beteiligung Neuordnung Mandschurei aushandeln, unter Wahrung Grundsatzes chinesischer Souveränität, aber weitgehender Berücksichtigung japanischer Wirtschaftsrechte und japanischen militärischen Sicherheitsbedürfnisses. Vorschlag vorsieht, daß, nachdem beide Länder sich durch Vermittlung Völkerbundrats über den Grund nicht geeinigt, Kommission oder Konferenz zusammentreten soll, in der Japan und China vertreten sind und zu der auch Angehörige aus der Bevölkerung Mandschurei von beiden Seiten entsandt werden dürfen. Auf Wunsch dieser Konferenz sollen neutrale Beobachter herangezogen werden können.

Tokyo Postchiffré.

Trautmann

PolArchAA, R 28543.

---

112 Der Lytton-Bericht war am 4.9.1932 in Peking fertiggestellt und am 2.10. in Genf und Washington publiziert worden. Der Völkerbundsrat beriet ab dem 21.11.1932 mehrere Tage lang über den Bericht. Vgl. Hell 1999:163-165 u. 175.

113 Die Gesandtschaft in Peking hatte dem AA mit der Bitte um streng geheime Behandlung den Entwurf einer Disposition für den Bericht vorgelegt, der von dem Vorsitzenden der Kommission angefertigt worden sein sollte. Vgl. geh. Aufzeichnung des Min.Dir. Meyer, AA, über die Tätigkeit der nach der Mandschurei entsandten Völkerbundskommission, 30.8.1932, in: PolArchAA, R 28543.

78

Aufsatz von Xu Daolin aus der Zeitschrift *Waijiao pinglun* (Dezember 1932)[114]

Über die deutsch-chinesischen und die deutsch-japanischen Beziehungen

(...)[115]

II. Der Zwischenfall von Shenyang und der Stand der sino-deutschen außenpolitischen Beziehungen

Wenn die sino-deutsche Beziehung, wie oben beschrieben, bleibt[116], dann sollte uns Deutschland nach dem Zwischenfall von Shenyang - China hat sich bereits außenpolitisch dem Völkerbund angeschlossen - aktiv mit Hilfe beistehen. Man kann dies mit drei Punkten begründen: (1) Der Völkerbund ist zwar ein Repräsentant allgemeingültiger Prinzipien, doch da er von zwei oder drei Mächten dominiert wird, kann es keine Gerechtigkeit geben. Aus diesem Grund wird er von einem Teil der Menschheit kritisiert.[117] Auch der Eintritt Deutschlands in den Völkerbund rief teilweise Mißstimmung hervor.[118] Im Konflikt zwischen China und Japan sind Recht und Unrecht eigentlich offensichtlich. Wenn Deutschland aus Gerechtigkeitssinn für uns eintritt, mit aller Entschlossenheit und allen Kräften China hilft und allgemeingültige Prinzipien aufrecht erhält, dann schützt es gleichzeitig die Autorität des Völkerbundes, welche die Außenpolitik unseres Landes zu bewahren hilft und den zukünftigen Frieden garantiert. (2) Der Konflikt zwischen China und Japan hat viele mittelbare Gründe, unter denen freilich der ungleiche Vertrag von 1915 wesentlich ist.[119] Der Vertrag von Versailles ist den wichtigen ungleichen Verträgen zuzurechnen. Deutschland war unter den Ländern, die eine Modifikation dieses Vertrags

---

114 Übersetzt von Li Sujuan und Zhou Xin.

115 Auslassung: Xu Daolin hatte zunächst „die natürliche Freundschaft zwischen China und Deutschland" beschrieben. Die „Natürlichkeit" sah er vor allem in der gegenseitigen Ergänzung der beiden Volkswirtschaften begründet. Dann hatte er China und Deutschland in außenpolitischer Hinsicht als „Leidensgenossen" dargestellt und sich für ein Kontinentalbündnis Deutschland - Rußland - China ausgesprochen. Vgl. hierzu auch Adolphi 1989:213-214.

116 Vgl. Anm. 115.

117 Vgl. hierzu die Reaktion des ZK der KPCh auf den Lytton-Bericht: „Der Lytton-Bericht ist nichts anderes als eine neue Kette, die die imperialistischen Räuber des Völkerbundes dem chinesischen Volke um den Hals legen." In: Inprekorr, 6.12.1932:3274.

118 Der chinesische Standpunkt war hinsichtlich des Eintritts Deutschlands in den Völkerbund nicht einheitlich: Während die Regierungskreise in der Hoffnung auf Zusammenarbeit eher einer prodeutschen Haltung zuneigten, gab es auch Stimmen, die befürchteten, daß Deutschland nur danach strebe, durch den Völkerbund seine ehemaligen Kolonien zurückzugewinnen. Vgl. Kuß 1998:145.

119 Mit dem ungleichen Vertrag von 1915 sind die „21 Forderungen" angesprochen, vgl. Dok. 71, Anm. 63.

forderten. Im deutschen Interesse sollte es nun sein, der Welt zu zeigen, daß die ungleichen Verträge nicht übertragen werden können. (Der Versailler Vertrag hatte seinen Ursprung in der Beendigung eines Krieges. Ungleiche Verträge können aber auch die Ursache von Kriegen sein. Der Zwischenfall am 18. September ist der beste Beweis dafür.) Die Ärmel hochkrempeln, die Arme erheben und dann aktiv kämpfen. Es ist offensichtlich eine drückende Not entstanden. Der Schutz der allgemeingültigen Prinzipien kann als Anlaß gelten, bezüglich des Unrechts aufmerksam zu sein, den Worten entsprechend und den Prinzipien getreu.

III. Die deutsche Haltung zum Zwischenfall von Shenyang

Die deutsche Haltung zum Zwischenfall von Shenyang freilich, die stets durch Zurückhaltung und Schweigen geprägt war, stößt angesichts solcher Überlegungen besonders auf unser Unverständnis. Der sino-japanische Konflikt steht mit der deutschen Außenpolitik theoretisch in einer sehr engen Beziehung, wie oben dargestellt wurde. Nach dem deutschen Verhalten zu urteilen, scheint es jedoch, als ob Deutschland nicht das geringste damit zu tun hätte.

(1) Während des Zwischenfalls von Shenyang besaß die SPD die Mehrheit im Reichstag und ihre Parteizeitung hatte größten Einfluß in Deutschland. Da die SPD engere Verbindungen zu der Regierung hat, muß sie bei der Äußerung ihrer Meinung vorsichtig sein. Allerdings unterscheidet sich ihr Standpunkt nicht von dem der öffentlichen Meinung: Die militärische Invasion Japans sei unrecht und die chinesische Militärrüstung sei ungenügend. Daß China nicht für sich kämpfe, sei traurig. Doch habe man in den Reihen der SPD Verständnis für den großen Kummer Chinas, da der Rückzug der Franzosen aus dem Rheinland gerade einmal zwei Jahre zurückliege.[120] Man habe einerseits Zweifel am Völkerbund, andererseits aber hoffe man auf seinen Erfolg. Die Parteizeitung der SPD schätzte den Zwischenfall von Shenyang als sehr wichtig ein und schenkte ihm entsprechende Aufmerksamkeit.[121] Doch trotz vieler Nachrichten zu diesem Ereignis wurden nur wenig Kommentare darüber veröffentlicht. In bezug auf die reale Stärke besaß die SPD die Mehrheit im Reichstag.[122] Weil sie zu dieser Zeit mit dem Zentrum im Reichstag koalierte und weil Reichskanzler Brüning die Alleinherrschaft ausübte, konnte die SPD,

120 Gemeint ist die endgültige Räumung des Rheinlandes durch französische Truppen am 30.6.1930, fünf Jahre vor der in Versailles festgelegten Frist.

121 Zur Reaktion der Presse in Deutschland, vgl. das Kap.: Die Aufnahme der Mandschureikrise in der deutschen Öffentlichkeit, in: Ratenhof 1984:107-120. Die *Rote Fahne* und der *Völkische Beobachter* überboten einander im Spott über den Völkerbund. Für den *Vorwärts* war Japan der Friedensstörer, während die völkische Rechtspresse den Erfolg der Japaner begrüßte. - Auszüge aus deutschen Zeitungen über die Mandschureikrise, in: Li 1977:425-433.

122 Nach den Reichstagswahlen vom 14.9.1930, die der NSDAP mit 18,3% (= 107 Mandate) zum Durchbruch als zweitstärkste Partei verhalfen, verfügte die SPD mit einem Stimmenanteil von 24,5% über 143 Mandate von insgesamt 577 Mandaten. Demnach besaß die SPD keinesfalls die Mehrheit im Reichstag. Auch gab es keine Koalition mit dem Zentrum.

trotz ihrer Sympathien für China, politisch wenig ausrichten. Ein chinesischer Student in Berlin hat den Vorsitzenden des damaligen Reichstages, Löbe[123] besucht und auf die chinesisch-japanischen Beziehungen angesprochen. Löbe gab zu verstehen, dass ihm die Hände gebunden seien und verwies ihn an Reichskanzler Brüning, der jedoch ebenfalls nur höfliche Ablehnung vermittelte.

(2) Das Zentrum definiert Recht und Unrecht auf der Grundlage seiner religiösen Überzeugung und stellt sich damit über die anderen Parteien. Da seine politische Position nicht gefestigt ist, hat es viele Schwierigkeiten. Zu dieser Zeit war die Aufmerksamkeit des Reichskanzlers Brüning vollständig von innenpolitischen Problemen in Anspruch genommen, die er für wichtiger erachtete als diplomatische Fragen. Was aber die Diplomatie betraf, so waren die englischen und französischen Angelegenheiten bedeutender als die des Fernen Ostens. Daß das Zentrum uns (China) im Moment nicht weiterhalf, konnten wir gut verstehen. Da diese Partei immer für die Wahrheit eingetreten ist, sind die Ansichten ihrer Parteizeitung die gerechtesten. Sie veröffentlichte Kritik an der Brutalität Japans und machte sich über die Unfähigkeit des Völkerbundes lustig. Wegen der geringen Zahl ihrer Anhänger sind die Aussagen des Zentrums jedoch nicht repräsentativ für die öffentliche Meinung Deutschlands.

(3) Die Kommunistische Partei sieht die Invasion Japans als eine Untat des Imperialismus. Der Zwischenfall von Shenyang wurde von linken Zeitungen heftig kritisiert, Japan als ein Feind der Welt dargestellt und die Sowjetunion für ihr Eintreten für Gerechtigkeit gelobt. Darüber hinaus warfen die Arbeiter in Berlin Steine gegen das japanische Botschaftsgebäude. Die Arbeiter in Hamburg weigerten sich, Waffen nach Japan zu transportieren. Obwohl diese Partei ihre Feindseligkeit gegen Japan öffentlich äußert, ist sie kein echter Freund von China. Ihre Zeitung kritisiert einerseits die Invasion Japans in der Mandschurei, andererseits verurteilt sie die Abhängigkeit Chinas vom Völkerbund. Die Zeitung schimpft heftig über das japanische Militär und verleumdet die Guomindang und die Nationale Regierung. Allerdings schenkt die Kommunistische Partei dem Zwischenfall von Shenyang bedeutend mehr Aufmerksamkeit als die übrigen Parteien. Gerade weil die Kommunistische Partei das Problem zwischen China und Japan untersucht und in öffentlichen Vorträgen die Intrigen Japans entlarvt, ist die politische Situation angespannt. Letztes Jahr hielt ein chinesischer Student eine Vielzahl von Vorträgen in Berlin über die japanische Invasion in der Mandschurei. Die meisten dieser Vorträge wurden von linken Gruppierungen organisiert.[124]

(4) Die nationalsozialistische Partei tritt gegen den Vertrag von Versailles und für die Selbstbestimmung ein. In bezug auf den sino-japanischen Konflikt vertritt diese Partei einige begründete Standpunkte: (a) gegen Verträge, die andere unterdrücken; (b) gegen ausländische Wirtschaftsmonopole; (c) Forderung nach Gleichbehandlung im Bereich der

123 Paul Löbe war von 1920-33 Präsident des Deutschen Reichstages.

124 Auch wenn die Kommunisten in der Tat viele Veranstaltungen organisierten, so bewirkte die Mandschureikrise insgesamt eine stärkere Politisierung der in Deutschland lebenden chinesischen Studenten. Vgl. Yü-Dembski, in: Gransow / Leutner 1989:252-254.

Aufrüstung; (d) Forderung nach Selbstbestimmung. Deshalb gibt es keine Zeitung des rechtsextremen Lagers, die im sino-japanischen Konflikt nicht China unterstützt und bittere Kritik an Japan übt.[125] Allerdings ist die NSDAP eine Organisation, die zwar über reichliche Energie verfügt, der es aber an Intelligenz mangelt. Sie glaubt bedenkenlos an Militarismus und verfolgt keine langfristige Strategie. Im Hinblick auf den sino-japanischen Konflikt ist sie sich über Recht und Unrecht durchaus im klaren. Aber sie bewundert im Geist die Kühnheit Japans und diffamiert die Feigheit und Ohnmacht Chinas. Außerdem hält sie die Flagge des Nationalismus hoch: Man sollte sich nicht in die Sache der anderen einmischen. Obwohl unser Land zwar das Mitleid ihres Parteiorgans erhält, kann es aber nur schwer hoffen, daß diese Partei [uns] politisch unter die Arme greifen wird.

Waijiao pinglun (Kommentar zur Außenpolitik), 2 (1933), Nr. 2, S. 43-55 und 2. HACh, 28(2)-238.

125 Stimmt nicht in dieser Form, vgl. Dok. 69, Anm. 45.

Kapitel 5

Kulturbeziehungen zwischen Wirtschafts-interessen und Expertenhilfe sowie Elitenbildung und Massenausbildung

Die Notwendigkeit einer auswärtigen Kulturpolitik, das heißt Kulturexport als Mittel der Außenpolitik einzusetzen, war in Deutschland erstmals zu Beginn des 20. Jahrhunderts diskutiert worden.[1] Die Initiative dazu war nicht zuletzt von der deutschen Wirtschaft ausgegangen, welche hoffte, in den ausländischen Eliten zukünftige Handelspartner für Deutschland zu gewinnen. Der Nutzen, den eine Verbindung der deutschen Bildungsarbeit im Ausland für die Wirtschaftsinteressen haben konnte, war auch im Bericht der Studienkommission des Reichsverbandes der Deutschen Industrie in China 1930 hervorgehoben worden.[2] Das dahinter stehende kulturpolitische Ideal trug unverkennbar imperialistische Züge, da es sich auf die damaligen „Entwicklungsländer" beschränkte, die auf ihrem Weg in die Moderne mit Hilfe deutscher Kulturleistungen tatkräftig unterstützt werden sollten. China spielte insofern eine wesentliche Rolle, als die chinesische Kultur in ihrem Eigenwert durchaus akzeptiert wurde, weshalb die Ziele einer deutschen auswärtigen Kulturpolitik pointierter definiert werden mußten.[3]

Nach dem Ende des 1. Weltkrieges konnten die kulturpolitischen Aktivitäten Deutschlands aus finanziellen Gründen nicht mehr in der gleichen Intensität betrieben werden wie zuvor.[4] Was China anging, so hatte die Weimarer Republik im Gegensatz zu anderen Ländern nicht die Möglichkeit, Gelder aus dem Boxerfonds für kulturelle Zwecke zu verwenden, da im Versailler Vertrag festgehalten worden war, der chinesischen Seite die Entschädigungszahlungen an Deutschland zu erlassen.[5] Dennoch setzte Außenminister Stresemann 1929 die Bedeutung der Kulturpolitik für Deutschland höher an als je zuvor,

1 Vgl. Kloosterhuis 1981:7-35. Der Begriff der „auswärtigen Kulturpolitik" geht auf Karl Lamprecht zurück, auch wenn seine erstmalige Verwendung nicht genau datiert werden kann. Vgl. hierzu Bruch 1982:200-201.

2 Vgl. Kap. 1 dieses Bdes. Sowie ebd. (Kloosterhuis):15.

3 Vgl. Harnisch 1999:144.

4 Vgl. Entwurf für die Rede des RAM Curtius betr. die Aufgaben der Abteilung VI im AA, Juni 1930 (Auszug), in: Düwell 1976:379-383.

5 Vgl. Mohr 1928:17-31.

da deutsche Weltgeltung gerade jetzt durch dessen kulturelles Ansehen mitbestimmt werde. Die zahlreichen, meist nichtstaatlichen Organisationen, welche zwischen Deutschland und China vermittelten, hielt er an, eng mit dem Auswärtigen Amt zusammenzuarbeiten.[6] Die bekanntesten unter ihnen waren der Ostasiatische Verein Hamburg-Bremen, der Verband für den Fernen Osten, das China-Institut Frankfurt a.M., die Gesellschaft für Ostasiatische Kunst in Berlin, die China-Studiengesellschaft in Berlin, der China-Club der Deutschen Industrie, der Deutsch-Chinesische Ingenieurverein und der Chinesisch-Deutsche Kulturverband.[7] Die meisten dieser Vereine waren bereits vor dem 1. Weltkrieg gegründet worden. Einzig das Deutschland-Institut in Peking fällt aus dieser Liste heraus, denn es wurde erst 1933 zur Zeit des Nationalsozialismus ins Leben gerufen. Mit all seinen staatlichen und nichtstaatlichen Einrichtungen wollte Deutschland in China auf kulturellem Gebiet Einfluß nehmen. Dies bedeutete vor allem die Werbung um chinesische Schüler an deutschen Schulen, die Förderung des Studiums chinesischer Studenten in Deutschland und die Verbreitung deutschen Gedankenguts durch die Übersetzung von deutschen Büchern.

Demgegenüber war China nach dem Zusammenbruch seines konfuzianisch geprägten Staatsprüfungssystems im Jahre 1905[8] erst einmal daran interessiert, strukturell-institutionelle Probleme seines Erziehungswesens zu lösen, das je nach Region durch amerikanische, englisch, französische oder japanische Einflüsse geprägt wurde.[9] Von einer einheitlichen Regelung war die chinesische Republik weit entfernt. Nach der Machtübernahme durch die Guomindang mußten Grundsatzfragen, wie die möglichst schnelle Alphabetisierung der Masse der Bevölkerung, die Gestaltung der Primar- und Sekundarschulen sowie die Lehrerausbildung diskutiert und entschieden werden. Noch im Jahre 1927 schien es, als könne sich das Konzept des ehemaligen Deutschlandstudenten Cai Yuanpei durchsetzen, der die Universitäten zu von der Partei unabhängigen, nur der Forschung verantwortlichen Bildungsträgern machen wollte.[10] Doch auf dem 3. Parteikongreß wurden die „Ziele der Erziehung in der Republik" (*Zhonghua minguo jiaoyu zongzhi*) neu definiert.[11] Danach sollte an den Universitäten großer Wert auf die Vermittlung praktischer Fähigkeiten gelegt und die Studenten zu Exponenten des nationalen Aufbaus werden. Die Universität wurde weniger als Forschungsstätte, denn als berufsvorbereitende Institution angesehen. Das ganze Erziehungswesen sollte an den Bedürfnissen

6 Vgl. Rundschreiben von RAM Stresemann an die Reichsminister, 16.1.1929, in: Düwell 1976:374-375.

7 Vgl. Briessen 1973:6.

8 Vgl. Franke 1959:103-108.

9 Vgl. Neugebauer 1971:47-84.

10 Zu Cai Yuanpei, vgl. Hayhoe 1992:57-60.

11 Der 3. Parteikongreß war am 25.10.1928 vom Ständigen Ausschuß des ZEK auf den 1.1.1929 einberufen worden.

der Gesellschaft orientiert und kein Platz für eine allgemeine Universitätsausbildung eingeräumt werden.[12]

Im Zusammenhang mit der Entscheidung, das Erziehungswesen für den industriellen, wirtschaftlichen und natürlich auch militärischen Bereich zu instrumentalisieren und in erster Linie kompetentes technisch-wissenschaftliches Personal heranzubilden, muß auch die auf chinesische Initiative zurückgehende Einladung an eine Erziehungskommission des Völkerbundes gesehen werden, von der sowohl Ratschläge zur Verbesserung des Erziehungswesens als auch Kontakte zu westlichen Bildungseinrichtungen erwartet wurden. Die 1931 nach China entsandte Kommission wurde von dem deutschen Islamwissenschaftler und einstigen preußischen Kultusminister Carl Heinrich Becker geleitet. Beckers Ideal, das er auch auf China übertrug, war eine gesellschaftliche Ordnung, in welcher die „Bildungsbürger“ die führende Stellung innehaben sollten. Durch das Konstrukt eines einheitlichen, alle Schichten umfassenden Kulturbewußtseins versuchte er gleichzeitig, die Integration der Gesellschaft zu gewährleisten. Seine Idee des gerechtfertigten Führungsanspruches einer kleinen Elite ließ sich mit den Machtambitionen eines Teils der Guomindang in China gut verbinden. Eine solche Übereinstimmung hinsichtlich der Gesellschaftspolitik war von Becker, der als deutscher Bildungsexperte nicht von China angefordert, sondern vom Völkerbund berufen worden war, jedoch eher zufällig formuliert worden. Insgesamt waren die deutsch-chinesischen Kulturbeziehungen zwischen 1927 und 1937 deutlich von wirtschaftlichen Erwartungen sowohl der deutschen als auch der chinesischen Seite geprägt.

Deutsche Schul- und Universitätspolitik in China

Die Bedeutung der deutschen Auslandsschulen[13] in Ostasien lag spätestens seit der nationalsozialistischen Machtergreifung nicht mehr so sehr in der Erfüllung ihrer ursprünglichen Aufgabe, der Erziehung deutscher Kinder oder der Heranführung asiatischer Kinder an die deutsche Kultur, sondern in der Erhaltung, Förderung und Neubelebung des Auslandsdeutschtums. Nach 1933 wurde offen Propagandaarbeit für den Nationalsozialismus geleistet.[14]

Im Jahr 1929 gab es in China acht deutsche Schulen, in welchen Deutsch Unterrichtssprache war (Hankou, Harbin, Jinan, Peking, Qingdao, Shanghai, Shenyang, Tianjin), die von 319 Kindern besucht wurden.[15] Nach den „Richtlinien für die Lehrpläne der höheren Schulen in Preußen“ galten sie als Realschulen; als erste Fremdsprache wurde Englisch, als zweite Französisch gelehrt. Die finanzielle Unterstützung aus Deutschland

12 Vgl. Harnisch 1999:261-262.

13 Zu der Geschichte der deutschen Auslandsschulen, vgl. Kreissler, in: Hayhoe / Bastid 1987:84-85.

14 Vgl. Krutenat, in: OAR, 1.3.1934:106. Sowie Kreissler 1989:65-82.

15 Vgl. Weber, in: ebd. (OAR):96.

war gering (Dok. 84), weshalb sie nur mit Hilfe von Schulgeld existieren konnten, dessen Höhe unterschiedlich war; Hankou hatte die niedrigsten Sätze.[16] Die mit Abstand wichtigste Auslandsschule in China war die Kaiser-Wilhelm-Schule in Shanghai, an der allein fast die Hälfte aller Schüler unterrichtet wurde.[17] Auch nichtdeutsche Kinder besuchten die deutschen Schulen, jedoch handelte es sich weniger um chinesische Kinder als um solche, die aus an Deutschland angrenzenden Ländern kamen.[18] Eine Änderung deutete sich erstmals 1933 an, als mit der Eröffnung der Schule in Nanjing auch ein Vorkurs für chinesische Kinder angeboten wurde.[19]

Neben diesen deutschen Schulen gab es 1929 noch drei sogenannte Deutsch-Chinesische Mittelschulen (Kanton, Jining, Qingdao), an welchen chinesische Schüler von deutschen und chinesischen Lehrern unterrichtet wurden. Ihr Ziel war die Qualifikation für ein Studium in Deutschland oder an einer deutsch geprägten Universität in China. Auch diese Schulen, die den deutschen Reform-Realgymnasien entsprachen, erhielten sogenannte Reichsbeihilfen. (Dok. 82) Die Deutsch-Chinesische Mittelschule in Kanton, an der zu Beginn der 30er Jahre etwa 100 männliche Schüler unterrichtet wurden, nahm insofern eine besondere Entwicklung, als sie von der chinesischen Regierung als höhere Lehranstalt anerkannt wurde. Nach und nach geriet sie unter chinesische Aufsicht und ab 1933, als Deutsch nicht mehr Unterrichtssprache, sondern nur noch erste Fremdsprache war, übten die Deutschen nur noch eine beratende Funktion aus.[20]

Noch geringer war die deutsche Betätigung im Bereich der weiterführenden Schulen und Universitäten: Nachdem vor dem Ersten Weltkrieg mehrere deutsche Schulen gegründet worden waren, in denen technisches Wissen an Chinesen vermittelt werden sollte[21], war nach 1918 nur die Tongji-Universität weitergeführt worden. Im Jahre 1907 als „Deutsche Medizinschule für Chinesen in Shanghai“ gegründet und 1917 durch eine Ingenieurschule erweitert, entwickelte sie sich in den 30er Jahren zusehends zu einem Renommierprojekt der Deutschen in China.[22] Es war die einzige Einrichtung, die in Konkurrenz zu den Projekten der in China tätigen Mächte treten konnte und darüber hinaus hinsichtlich der Qualität der Ausbildung einen guten Ruf genoß.[23] Im Jahr 1934 studierten an ihr etwa 800

---

16 Vgl. Michaelis, in: ebd., 1.3.1934:105.

17 Vgl. ebd.:101.

18 Vgl. ebd.:102. Zur Kategorisierung weißer Kinder, vgl. Kreissler 1989:72-74.

19 Vgl. Artikel über die Eröffnung der Deutschen Schule in Nanjing, in: OAR, 16.12.1933:541

20 Vgl. Kreissler 1989:113-126 (Die von den Missionen geführte Mittelschulen in Jining u. Qingdao werden allerdings nicht erwähnt). Sowie Aufzeichnung des LS Kühlborn, DGP, 28.10.1929, in: BArch, 0902/3366.

21 Vgl. Harnisch 1999:151-154.

22 Zur Gründungsgeschichte der Tongji-Universität, vgl. Bieg-Brentzel 1984:1-59 / Kreissler 1989:141-168 / Reinbothe 1992:141-168 / Weng 1987:1-10 / Zhao 1988:52-54.

23 Vgl. Kreissler, in: Kuo / Leutner 1986:26-27.

chinesische Schüler und Studenten.[24] Um die Chinesen zu befähigen, ihre Ausbildung in deutscher Sprache zu absolvieren, war zur Vorbereitung eine Sprachenschule angeschlossen worden.[25]

Der Fortbestand der Tongji-Universität hatte nur gesichert werden können, weil sie in ein deutsch-chinesisches Gemeinschaftsunternehmen umgewandelt worden war und seit 1927 dem Erziehungsministerium in Nanjing unterstand. Wie für alle anderen Staatsuniversitäten galten für die Tongji von da an die von der chinesischen Regierung erlassenen Gesetze. Die Leitung lag in den Händen eines chinesischen Rektors, der in Unterrichtsfragen von jeweils einem deutschen Dekan aus den beiden Fakultäten unterstützt wurde. Obwohl die Rektoren häufig wechselten, gab es von 1932 bis 1939 unter dem in Deutschland ausgebildeten Mediziner Weng Zhilong eine Phase der Stabilität.[26] Die deutsche Regierung förderte die Tongji-Universität, indem sie immer dann Darlehen gewährte, wenn die Dozentengehälter nicht bezahlt werden konnten.[27] Die Vermittlung der deutschen Dozenten besorgte der Verband für den Fernen Osten, der auch das Lehrmaterial zur Verfügung stellte.[28]

Als im Januar 1932 die Kämpfe zwischen China und Japan um die Wusong-Forts einsetzten, wurden einige Gebäude der Tongji-Universität schwer in Mitleidenschaft gezogen. Die notwendigen Mittel für den Wiederaufbau stellte das Erziehungsministerium unter Zhu Jiahua zur Verfügung. Die zerstörten Geräte und Instrumente hingegen wurden von der deutschen Industrie ersetzt.[29] Infolge des japanischen Angriffs hatte das 25jährige Jubiläum der Universität um ein Jahr verschoben werden müssen. In der aus diesem Anlaß herausgegebenen Festschrift wies Zhu Jiahua, der selbst an der Tongji studiert hatte, auf die Bedeutung der technischen, medizinischen und landwirtschaftlichen Fakultäten für China im allgemeinen und auf den guten Namen der deutschen Medizin und Technik im besonderen hin.[30]

Um die Universität von der durch chronische Not bestimmten finanziellen Situation des chinesischen Staates unabhängiger zu machen, schlug Zhu in einem Gespräch mit dem deutschen Gesandten Trautmann vor (Dok. 85), durch die Einrichtung einer Abteilung zur Herstellung von Waffen die Militärs einzuschalten. In diesem Fall würde auch das Kriegsministerium Geld geben. Dieser Vorschlag wurde sowohl von Rektor Weng Zhilong und den deutschen Professoren der Tongji als auch von den deutschen Wirtschaftskreisen in Shanghai und dem Militärberater General Wetzell unterstützt und 1933 energisch

---

24 Vgl. Linde, in: OAR, 1.3. 1934:112. 1934/35 etwa 1.000 Schüler und Studenten, vgl. Bieg-Brentzel 1984:49.

25 Vgl. Kreissler 1989:167.

26 Von 1927-49 gab es 12 Rektoren, vgl. Bieg-Brentzel 1984:42.

27 Vgl. Kreissler 1989:151.

28 Vgl. Aufzeichnung des LS Kühlborn, DGP, 28.10.1929 (wie Anm. 20).

29 Vgl. Linde, in: OAR, 1.3.1934:112.

30 Vgl. Festschrift 1932:II. Zur Festschrift, vgl. Linde, in: OAR, 16.7.1933:310-311.

vorangetrieben, scheiterte aber letztlich an der ablehnenden Haltung der chinesischen Militärs, die zivilen Stellen keine Mitsprache bezüglich der Ausbildung im Bereich der Waffenkunde einräumen wollten.[31] Stattdessen erhielt die Tongji-Universität eine weniger umstrittene Abteilung für Vermessungswesen. Im Jahre 1937 wurde schließlich noch eine naturwissenschaftliche Fakultät eingerichtet, um so mit drei Fakultäten den Anforderungen an eine chinesische staatliche Universität zu genügen.[32]

Über einen weiteren Aktivposten deutscher Einflußnahme auf das chinesische Bildungswesen verfügten die Deutschen mit der deutschen Professorenschaft an der Sun Yatsen-Universität in Kanton. Die 1924 gegründete Universität, die einst das Zentrum der russisch-kommunistischen Einflußnahme in China gewesen war, hatte eine Modellfunktion übernommen, da sie die wesentlichen drei Elemente des universitären Konzepts der Guomindang exemplarisch in sich vereinte: Erstens ideologische Indoktrination, institutionalisiert durch ein Büro für Politische Erziehung, zweitens materielle kulturelle Güter, etwa in Form von Büchereien und naturwissenschaftlichen Sammlungen, um das wirtschaftliche Wachstum und die technologische Innovationsfreude nach außen zu demonstrieren, und drittens regionale Anbindung, welche den Zusammenhalt von Universität und regionaler Gesellschaft stärken sollte. Insgesamt war dies ein Konzept, das die bestehende soziopolitische Ordnung mit Hilfe einer technokratischen Elite bestätigen und nicht herausfordern sollte.[33]

An diese Modelluniversität hatte Zhu Jiahua als Vizepräsident in den Jahren 1927/28 deutsche Professoren vor allem aus den Bereichen Medizin und Landwirtschaft berufen. (Dok. 79). Die Amtssprache war Chinesisch. Ausländische Professoren trugen in Englisch vor, an der medizinischen Fakultät in Deutsch. Die Vorlesungen wurden von einem Assistenten ins Chinesische übersetzt. Als die medizinische Fakultät Deutschkenntnisse zur Voraussetzung für die Aufnahme erhob, wurde die Dauer des Deutschunterrichts in der Vorbereitungsschule von zwei auf drei Jahre verlängert.[34] Während die deutschen Dozenten Einfluß auf die äußere Gestaltung des Medizinstudiums nehmen konnten[35], wurden jegliche Versuche, Kulturpropaganda zu betreiben, von der Universitätsleitung sofort unterbunden.[36] Theoretisch bestanden nahezu unbegrenzte Möglichkeiten für eine Lehrtätigkeit deutscher Professoren in China, doch praktisch fehlten sowohl dem deutschen als

31 Vgl. Brief von BR Fischer, DGP, an die Zweigstelle in Nanjing, 13.10.1933. Sowie vertraul. Schreiben des deutschen Gesandten Trautmann, Peking, an das AA, 13.6.1933. Beide in: BArch, 0902/3517. - Einzig der VFO hatte sich ausdrücklich gegen eine Waffenabteilung ausgesprochen, um die kulturelle Tätigkeit der Hochschule, die sich für die Wirtschaft auszahlen sollte, nicht zu gefährden. Vgl. Brief des VFO an Carlowitz & Co, 6.12.1932, in: PolArchAA, R 85723.

32 Vgl. Bieg-Brentzel 1984:45-49.

33 Vgl. Yeh 1990:173-176.

34 Vgl. Kudicke, in: OAR, 1.3.1934:116.

35 Vgl. ebd.:118.

36 Vgl. Brief des stellvertr. GK Sakowsky an die DGP, 3.4.1929, in: BArch, 0902/3366.

auch dem chinesischen Staat die dafür notwendigen Mittel.[37] Die Konsequenz war, wie bereits 1929 von dem deutschen Gesandten Borch gefordert (Dok. 80), eine Beschränkung auf wenige, aber eine fundierte wissenschaftliche Ausbildung versprechende Einrichtungen.

Das Deutschland-Institut in Peking

Der Grundstein für die Errichtung eines Deutschland-Instituts war 1931 in Peking von deutschen Sinologen und chinesischen Akademikern mit dem Institut für Deutschlandstudien gelegt worden.[38] Nach dem Vorbild des China-Instituts in Frankfurt wurde es im Mai 1933 in das „Institut für deutsche Kultur" umbenannt und erhielt zwei Jahre später den Namen „Deutschland-Institut" (*Zhongde wenhua xiehui*). Neben dem deutschen Gesandten Trautmann hatte der chinesische Erziehungsminister Wang Shijie die Ehrenpräsidentschaft übernommen. Bekannte chinesische Gelehrte und Deutschlandkenner wie Cai Yuanpei, Päsident der Academia Sinica in Nanjing, Jiang Menglin, Präsident der Universität Beijing, Hu Shi, Dekan der Fakultät für Literatur der Universität Beijing, Hu Shuhua, Rektor der Universität Hunan, Yu Dawei, Direktor des Waffenamtes in Nanjing, und Zhu Jiahua, Verkehrsminister der Nationalregierung in Nanjing, hatten an der Gründungssitzung teilgenommen und waren außerdem zu Mitgliedern des Kuratoriums gewählt worden.[39]

Die wichtigste Aufgabe des Instituts war die Förderung der wissenschaftlichen und kulturellen Zusammenarbeit zwischen Deutschland und China. Im Alltag bedeutete das, Konferenzen, Ausstellungen und Konzerte zu organisieren, Filme zu zeigen, Buchübersetzungen vorzunehmen und eine Abendsprachschule zu führen. Die verschiedenen Foren wurden nicht zuletzt auch zur propagandistischen Arbeit für den Nationalsozialismus genützt.[40] Zudem vergab das Institut Stipendien an Chinesen, die auf dem Gebiet der Deutschlandforschung besonders hervorgetreten waren. Zweimal in der Woche wurde allen an einem Studium in Deutschland interessierten Studenten eine Beratung angeboten.[41] Um letzteren einen Leitfaden in die Hand zu geben, schrieb der Philosophiestudent Zhang Tianlin, der als Sekretär für chinesische Sprache am Deutschland-Institut arbeitete, einen *Ratgeber für Chinesen, die an deutschen Hochschulen studieren wollen*. (Dok. 94) In der Broschüre wurde zunächst ein allgemeiner Überblick über Deutschland gegeben, der von

---

37 Vgl. Aufzeichnung des LR Altenburg, AA, 6.2.1933, in: PolArchAA, R 85723.

38 Die Initiative ging auf Zheng Shoulin zurück, der einen großen Teil seiner deutschsprachigen Bibliothek an das Institut übergab. Zheng hatte in Leipzig Kulturgeschichte studiert und arbeitete in China als Professor an der *Beida* und an der SYU (Kanton). Vgl. hierzu Ding / Li, in: Leutner 1996:314. Sowie Wilhelm, in: OAR, 1.3.1934:113 und Bericht des deutschen Gesandten Trautmann, Peking, an das AA, 30.12.1931, in: PolArchAA, R 85722.

39 Vgl. ebd. (Wilhelm):114 / (Ding / Li):315-316. - Nach dem Vorbild des Deutschland-Instituts wurden sowohl ein England- als auch ein Polen-Institut gegründet.

40 Vgl. hierzu Kap. 6.

41 Vgl. Ding / Li, in: Leutner 1996:315-316.

einem geographischen Profil über das wirtschaftliche Potential der deutschen Großstädte bis zu philosophisch-literarischen Traditionen reichte und dann konkrete Informationen wie Adressen und Studienschwerpunkte der deutschen Universitäten sowie die Kosten für einen Studienaufenthalt in Deutschland vermittelte.[42]

Was die Finanzierung anging, so war China zuerst allein für das Institut verantwortlich. Seit 1935 beteiligte sich auch die deutsche Seite daran und ab 1936 kam nur noch das Auswärtige Amt für die Kosten auf.[43] Das Institut hatte jeweils einen deutschen und einen chinesischen Geschäftsführer, die gemeinsam drei Ausschüsse verwalteten (Allgemeiner Ausschuß, Übersetzungsabteilung und Bibliothek).[44] Im Mai 1935 wurden Ernst Schierlitz, Professor an der Katholischen Universität in Peking, und Feng Zhi, ein bekannter Dichter und Germanist, zu Geschäftsführern gewählt.[45] Feng Zhi zog sich allerdings bald aus der aktiven Arbeit zurück, da er im japanisch besetzten Peking nicht arbeiten wollte. Für die laufenden Angelegenheiten war deshalb Schierlitz allein verantwortlich. Im Jahr 1937 bat er den deutschen Botschafter Trautmann wegen Überlastung um Entlassung aus seinem Amt. (Dok. 96). Um seine schwierige Stellung zu unterstreichen, wies er auch auf die mangelnde Motivation von seiten der chinesischen Mitarbeiter hin, die er jedoch nicht unbedingt auf Desinteresse zurückführte, sondern auch mit der Anwesenheit der Japaner in Zusammenhang brachte. Insgesamt profitierte das Deutschland-Institut von der politischen Situation. Da Deutschland als besonderer Partner Japans galt, konnte die Arbeit unter dem neuen Leiter, dem Sinologen Wolfgang Franke, weitgehend unbehelligt fortgesetzt werden.[46]

Chinesische Studenten in Deutschland

Nach statistischen Zusammenstellungen des Erziehungsministeriums gingen in den Jahren von 1929 bis 1938 insgesamt 7.545 chinesische Studenten ins Ausland. Von diesen finanzierten etwas mehr als 10% ihren Aufenthalt mit einem Stipendium, der Rest aus eigenen finanziellen Mitteln.[47] Als Studienländer wählten die chinesischen Studenten an erster Stelle Japan, gefolgt von den USA. Innerhalb Europas gab es keine erkennbaren Präferenzen in bezug auf England, Frankreich und Deutschland. Hinsichtlich der Vergabe von Stipendien der National- oder einer Provinzregierung spielte jedoch Deutschland eine vergleichsweise große Rolle. Zwischen 1934 und 1948 wurden 194 Stipendien für England

42 Erschienen in chinesischer Sprache als *Deguo liuxue zhidao shu*, 1937. Vgl. hierzu Harnisch 1999:321-322.

43 Vgl. Ding / Li, in: Leutner 1996:319-320.

44 Vgl. Kreissler 1989:187.

45 Vgl. Harnisch 1999:467.

46 Vgl. Kreissler 1989:194-195. - Zu W. Franke, vgl. Ding / Li, in: Leutner 1996:319.

47 Vgl. Harnisch 1999:270-271.

vergeben, 84 für Japan, 82 für Deutschland und 34 für Frankreich.[48] Fast 40% der Studenten, die 1931 nach Deutschland gingen, belegten technische Fachrichtungen.[49] Auch in der Medizin und den Naturwissenschaften war der Anteil der chinesischen Auslandsstudenten hoch. Dies lässt sich sicherlich mit der Arbeit der Tongji-Universität in Shanghai sowie der starken Präsenz deutscher Professoren an der Sun Yatsen-Universität in Kanton erklären, aber auch mit der Vorgabe der chinesischen Regierung, die technische Ausbildung besonders zu fördern.

Nach einer Aufzeichnung des Auswärtigen Amtes studierten 1933 etwa 320 chinesische Studenten in Deutschland, davon allein 240 in Berlin. Die meisten von ihnen seien auf private Kosten gekommen, da die chinesische Seite nur selten Stipendien vergebe. Aus diesem Grund wurde eine Erhöhung der deutschen Stipendien für Chinesen vorgeschlagen. (Dok. 89) Starkes Interesse an chinesischen Studenten hatte nicht nur das Auswärtige Amt, sondern auch die deutsche Wirtschaft signalisiert. Aus einer Protokollniederschrift einer Sitzung des Vereins Deutscher Ingenieure über die „Unterbringung junger Chinesen in der deutschen Industrie und in deutschen technischen Lehranstalten" von 1931 geht hervor, daß die führenden deutschen Industrieunternehmen bereit waren, chinesische Studenten durch Stipendien und Praktikaplätze zu fördern. (Dok. 81) Zu den Teilnehmern gehörten Vertreter des Reichsverbandes der Deutschen Industrie, der Technischen Hochschule Berlin, des Auswärtigen Amtes, der Allgemeinen Elektrizitäts-Gesellschaft, des Ausländer-Instituts Berlin, des Preußischen Kultusministeriums, der Reichsbahn, des Verbandes für den Fernen Osten, des Akademischen Austauschdienstes, der China-Studiengesellschaft und des Ministeriums für Handel und Industrie.[50] Die Förderung chinesischer Studenten wurde kurz darauf um so wichtiger, als die Entwertung des Silbers, die Mandschureikrise und auch die Überschwemmungen am Huanghe zu einer abrupten Verschlechterung ihrer finanziellen Situation führte.[51] In äußersten Notfällen gewährte zwar der Verband für den Fernen Osten Zuschüsse und Darlehen, doch dies war kein Ersatz für eine breiter angelegte Unterstützung. Auffallend ist, daß nach dem Engagement der wirtschaftlichen Kreise auch die Zahl der Stipendien anstieg. Waren in den Jahren 1925 bis 1932 von der Alexander-von-Humboldt-Stiftung 15 ein- bis zweijährige Stipendien an Chinesen vergeben worden, so stieg deren Zahl zwischen 1933 und 1937 auf immerhin 56 an.[52]

---

48 Vgl. ebd.:272.

49 Vgl. ebd.:273. Sowie: Fabritzek 1973:160-161.

50 Vgl. Liang 1975:224 / Yü-Dembski, in: Kuo / Leutner 1991:337.

51 Vgl. Chinesische Studenten in Deutschland, in: OAR 1.5.1932:174. - Hier wird für den Beginn des Jahres 1932 von etwa 275 Studenten gesprochen, davon 180 in Berlin. Geht man von der Gültigkeit dieser und der in Dok. 89 aufgeführten Zahlen aus, so ist bis 1933 eine deutliche Steigerung zu verzeichnen. - Zum Vergleich: 1930 studierten 450 chinesische Studenten in Großbritannien, 1.500 in Frankreich, 2.000 in den USA u. 2.500 in Japan. Vgl. Chinesische Studenten im Ausland, in: OAR, 16.12.1930:760.

52 Vgl. Harnisch 1999:302 u. 307.

Das Alltagsleben der in Berlin lebenden chinesischen Studenten schwankte zwischen fröhlicher Ausgelassenheit und harter Arbeit. Nicht alle nahmen ihr Studium ernst und verbrachten ihre Zeit vorzugsweise außerhalb der Hörsäle.[53] Allerdings ist auch bekannt, daß von den namentlich aufgeführten chinesischen Studenten in Deutschland bis 1945 immerhin 39% eine Doktorarbeit verfaßt haben.[54] Das Gros der Studierenden, die im „Verein der Chinesischen Studenten" organisiert waren[55], kam aus wohlhabenden Familien und gehörte dem Kreis der bürgerlich-konservativen Guomindang an. Die chinesischen Studenten in Berlin reagierten kaum auf den Umsturz in Deutschland, da sie stärker an den politischen Ereignissen und zeitgeschichtlichen Entwicklungen in China interessiert waren.[56] China und nicht Deutschland prägte die Wertorientierung und das Handeln dieser doppelten Hoffnungsträger: Während die deutsche Wirtschaft darauf hoffte, daß die chinesischen Studenten später in Schlüsselpositionen sitzen und als deutsche Interessenvertreter agieren würden, hoffte die chinesische Wirtschaft auf die Ausbildung von Spitzenkräften, die den nationalen Aufbau bewerkstelligen sollten.

Deutsche Experten in China

In den 30er Jahren hielten sich in Nanjing und vor allem im Militärquartier Jiang Jieshis viele ausländische Berater auf.[57] Im Gegensatz zu der großen Gruppe der deutschen Militärberater, die infolge des persönlichen Interesses von Jiang Jieshi eine Sonderstellung einnahmen[58], traten die deutschen zivilen Berater weniger aus der Masse hervor. Dennoch spiegelt auch ihre Tätigkeit eine Facette der deutsch-chinesischen Kulturbeziehungen wider. Ihr jeweiliger Einsatz gibt nicht nur Aufschluß über ihr Selbstverständnis sowie über die interkulturelle Wahrnehmung von Chinesen und Deutschen, sondern auch über die Funktion der Berater im China der Guomindang.[59]

Der Hamburger Tropenmediziner Peter Mühlens, der bereits anläßlich der Niederschlagung des Boxeraufstandes in China gewesen war, hielt sich 1933 zu einer mehrmonatigen Vortragsreise in Ostasien auf und betrieb in diesem Zusammenhang Malariaforschungen in der Nähe von Nanjing.[60] Der chinesische Erziehungsminister Zhu Jiahua zeigte sich sehr zufrieden, daß ein deutscher Gelehrter vom Format Mühlens nach China kommen würde und versprach sich von den Vorträgen über Tropenhygiene, die in nahezu

---

53 Vgl. Ji 1992:38-39 / Liang 1975:224 / Yü-Dembski, in: Kuo 1987:122.

54 Vgl. Harnisch 1999:353.

55 Vgl. Yü-Dembski in: Kuo / Leutner 1991:337.

56 Vgl. ebd. - Zu den kommunistischen Studenten, vgl. Felber / Hübner 1988:157-172.

57 Vgl. Osterhammel 1989:305.

58 Vgl. Kap. 2 dieses Bdes.

59 Vgl. Kirby, in: Kuo / Leutner 1994:231-232 / Linke 1996:260.

60 Vgl. Wulf 1994:78-81.

allen wichtigen medizinischen Einrichtungen gehalten werden sollten, Anregungen für die chinesische Wissenschaft. (Dok. 86). Im Zuge seiner praktischen Arbeit an Ort und Stelle forderte Mühlens angesichts der vielen, durch die Malaria verursachten Todesfälle eine rigorose Bekämpfung der Anophelesmücken. Er sprach sich zunächst für eine gründliche Assanierung der Stadt aus, die nur mit diktatorischen Mitteln durchzuführen sei. Erst dann ging er auf die mentale Umerziehung der Bevölkerung ein, die mit den Ursachen der Malaria vertraut gemacht werden müsse. (Dok. 92)

Mühlens leistete in China auch direkte humanitäre Hilfe, indem er einen Plan für die hygienische und ärztliche Überwachung der bei Straßenarbeiten eingesetzten Arbeiter erstellte. Sein Sofortprogramm, getragen von der kolonialpolitischen Vorstellung, daß der chinesische Kuli zum Arbeiten geboren sei und seine Arbeitskraft unbedingt erhalten bleiben müsse, wurde in allen wesentlichen Punkten umgesetzt.[61] Eine geistige Nähe fühlte Mühlens weniger zu China als zu Japan.[62] Er tat seine Arbeit technisch-mechanisch, so wie sie wahrscheinlich jeder andere Malariaspezialist getan hätte, und war damit ein Vorläufer des übernationalen, humanitären Helfers.

Im Gegensatz zu Mühlens hielt sich der Verwaltungsfachmann Wolfgang Jaenicke, früherer Regierungspräsident von Potsdam, zwei Jahre in China auf und bezog auch sein Gehalt von der chinesischen Regierung.[63] Während seiner Arbeit teilte er nicht das Schicksal vieler anderer Berater, die nur am Schreibtisch saßen und kam sogar in persönlichen Kontakt mit Jiang Jieshi.[64] Jaenicke war der Überzeugung, daß sich in der Kommunalverwaltung, durch eine enge Verbindung zwischen Verwaltenden und Verwalteten, Integration und Identität eines Landes dokumentiere. Die Staatsbürger sollten die Verwaltung ihrer Kommune selbst in die Hand nehmen. In einer Denkschrift führte er aus, daß die Stellung des Kreisvorstehers, ungefähr vergleichbar mit der des Landrates, gehoben werden müsse. Er schlug vor, die riesigen Verwaltungskörper der Provinzregierungen auf einen kleinen Stab zu reduzieren und die Beamtenschaft verstärkt im Lande arbeiten zu lassen. (Dok. 93)

Mit aller Entschiedenheit wandte sich Jaenicke gegen die von der Guomindang-Regierung vertretene Auffassung, daß das chinesische Volk noch nicht reif zur Selbstverwaltung sei. Er meinte, daß es der chinesischen Regierung an Mut fehle, dem Volk größeres Vertrauen entgegenzubringen. Nur praktische Erfahrungen im Bereich der

---

61 Vgl. P. Mühlens, Kurzer vorläufiger Bericht über ärztliche und hygienische Beobachtungen während eines Chinabesuches (Dok. 92, aber dieser Teil wurde nicht abgedruckt):17.

62 Vgl. P. Mühlens, Zweiter Reisebericht:85. - Neben seinem Bericht für den Völkerbund (Anm. 61) verfaßte Mühlens noch einen ersten Reisebericht für die Zeit vom 25.1. bis 2.4.1933 und einen zweiten für die Zeit vom 2.4. bis zum 4.8.1932, die an die Hamburger Hochschulbehörde gingen. Beide in: STAHbg, I 300, Bd. 2.

63 Zu Jaenickes Berufung, vgl. Kuo 1988:125 / Kuß 1998:335-339.

64 Vgl. Brief des deutschen Gesandten Trautmann, Peking, an das AA, 29.6.1934, in: PolArchAA, R 94970. Sowie Kuß 1998:345-346.

Eigenverantwortlichkeit könnten die traditionelle Sippen- und Familiengebundenheit der Chinesen lösen.[65] Damit sprach sich Jaenicke explizit gegen die Bevormundungsdoktrin Sun Yatsens aus. Möglicherweise mußte er deshalb Nanjing verlassen und für die Provinzregierung von Shandong arbeiten. Die dortige Verwaltungsreform im Dezember 1934 wurde zunächst nach seinen Entwürfen umgesetzt.[66] Trotz dieses Erfolges erhielt Jaenicke nicht die von ihm gewünschte Verlängerung seines Vertrages und mußte wider Willen in das nationalsozialistische Deutschland zurückkehren.[67] Für ein Überleben in China fehlte ihm die notwendige Protektion. Seine Kompetenz und sein Können als deutscher Verwaltungsfachmann waren in dem Moment nicht mehr gefragt, als sich in den Regierungskreisen von Shandong Widerstand gegen ihn und seine Ideen zu formieren begann.[68]

Mit Mühlens und Jaenicke wurde jeweils ein Beratertypus vorgestellt, welcher die deutsch-chinesischen Kulturbeziehungen der 30er Jahre entscheidend prägten: Der technisch-bürokratische, der China nicht einmal besondere Sympathien entgegenbrachte, und der engagiert-pragmatische, der ein Leben in China einem in Deutschland vorzog. Carl Heinrich Becker dagegen, der 1931 eine Völkerbundskommisson nach China leitete, repräsentierte den konservativ-idealistischen Typus, dessen Tätigkeit im erziehungspolitischen Bereich den engen Wirkungskreis des klassischen Beraters sprengte und Grundsatzfragen aufwarf.

Völkerbundskommission nach China 1931/32

Der Völkerbund war 1931 von der chinesischen Regierung gefragt worden, ob er bereit sei, eine Expertenkommission für Schul- und Universitätsfragen nach China zu entsenden.[69] Nachdem der Bundesrat seine Zustimmung gegeben hatte, wurde beschlossen, die Kommission noch im selben Jahr einzusetzen. Die Auswahl der Sachverständigen lag allein in den Händen des Völkerbundes, da die chinesische Seite keine personellen Wünsche geäußert hatte. In Genf entschied man, den früheren preußischen Minister für Wissenschaft, Kunst und Volksbildung, Becker, als Vorsitzenden zu berufen. Becker war grundsätzlich bereit, das ihm zugedachte Amt zu übernehmen, machte jedoch zur Bedingung, daß keine Europäisierung oder Amerikanisierung des chinesischen Erziehungswesens angestrebt werde. (Dok. 82)

---

65 Vgl. Memorandum by Wolfgang Jaenicke. Expert in Civil Service. Administration and Organisation:10-11, in: BArch, 0902/2254 u. PolArchAA, R 85824.

66 Vgl. Kuß 1998:356. - Die Provinzregierung in Shandong hatte das entsprechende Gesetz am 14.12.1934 angenommen.

67 Zu Jaenickes Rückberufung, vgl. Kuo 1988:137 u. 141-142.

68 Vgl. Kuß 1998:357.

69 Vgl. dies. 1996:194-195.

Im Zentrum des neuhumanistisch-idealistisch geprägten Denkens des Orientalisten und Politikers Becker stand nicht die Ausbildung der Massen, sondern die Herausbildung einer gesellschaftlichen Elite, die zur Führung des Staates befähigt sein sollte. Zum Kriterium hierfür erhob Becker allein die Bildungsqualifikation. Kulturträger konnte nach ihm niemals die breite Masse sein, sondern nur eine qualitativ höher stehende Bildungsschicht.[70] Durch den Grundschullehrer sollte zwischen der Elite und der Masse vermittelt und so ein einheitliches Kulturbewußtsein garantiert werden.[71] Beckers Engagement für die Gründung der Pädagogischen Akademien zur Vertiefung der Lehrerbildung, die in Preußen erstmals 1926 eingeführt worden waren, muß im Rahmen dieses bildungsaristokratischen Verständnisses gesehen werden. Die bis dahin üblichen Lehrerseminare und Präparantenanstalten lehnte er ab, weil in seinen Augen die Einheit der Kultur nur gewahrt werden konnte, wenn die Grundschullehrer an den Pädagogischen Akademien eine wissenschaftlich fundierte Ausbildung erhielten.[72]

Neben Becker ernannte der Völkerbund noch den französischen Physiker Paul Langevin, den englischen Nationalökonomen Richard Henry Tawney sowie den polnischen Philologen und Direktor des Erziehungsministeriums in Warschau, Marian Falski, zu weiteren Kommissionsmitgliedern.[73] Tawney war der einziger Teilnehmer der Studienkommission, der über Erfahrungen mit und in China verfügte.[74] Einig waren sich die pädagogischen Sachverständigen darüber, daß - wie Tawney bereits in einer Aufzeichnung über das chinesische Erziehungswesen vor der Abfahrt der Kommission geschrieben hatte[75] - der Ausbau des Primarschulwesens unabdingbar war, da bisher Universitäten und höhere Schulen ohne den notwendigen Unterbau geschaffen worden seien. China wurde deshalb mit einer auf die Spitze gestellten Pyramide verglichen.[76] Auch hinsichtlich Empfehlungen, die Zahl der Beamten in der zu zentralisierenden Schulverwaltung zu reduzieren und die weniger effizienten Universitäten aufzulösen, gab es keine Differenzen in der Kommission.[77] Zum Reibungspunkt, vor allem zwischen Becker und Falski, entwickelte sich aber das Kapitel über das Sekundarschulwesen.[78]

Becker, der nach der vorgenommenen Aufteilung für dieses Kapitel federführend zuständig war (Dok. 84), unterzog die in China nach amerikanischem Vorbild übernommene,

---

70 Vgl. Becker 1926:11 / Ringer 1983:15 / Wende 1959:138-139.

71 Vgl. ebd. (Becker):78.

72 Vgl. ebd.:30-31.

73 Vgl. Kuß 1996:199-200.

74 R.H. Tawney hatte im Winter 1930/31 die Probleme der chinesischen Industrie und Landwirtschaft in China selbst studiert und darauf aufbauend das Buch *Land and Labour in China* geschrieben.

75 Vgl. Harnisch 1999:264 / Neugebauer 1971:124-126.

76 Vgl. ebd. (Harnisch).

77 Vgl. Kuß 1996:209.

78 Vgl. ebd.:211-213.

horizontal gegliederte „High School"[79], in welcher Berufsausbildung und allgemeine Bildung nicht voneinander getrennt waren, einer kritischen Überprüfung. Er wies darauf hin, daß dieses System nicht nur zu einem niedrigen Bildungsniveau bei Berufsschülern und Abiturienten, sondern auch zu einer übermäßigen Zahl an Abiturienten führe. Als Gegenmaßnahme empfahl er die Konzentration der finanziellen und personellen Möglichkeiten auf die Berufsschulen. Mit diesem Schritt wollte Becker die steigende Zahl der Abiturienten senken, qualifizierte Arbeitskräfte für die Wirtschaft gewinnen und die Allgemeinbildung von der Berufsausbildung trennen.[80] Sein Ziel war es, die „High School" als eine Art Gymnasium zu erhalten und die Berufsschule, die allen Grundschülern offen stehen sollte, als eine vom Gymnasium unabhängige Einrichtung zu etablieren.[81] Er strebte ein vertikal gegliedertes Schulwesen an, in dem die verschiedenen Schultypen auf der Grundschule basieren sollten. Die selbständige Höhere Schule mit weniger, aber besser ausgebildeten Abiturienten und die für sich stehende Berufsschule wurden der Einheitsschule vorgezogen.[82]

Der Abschlußbericht der Kommission erschien nach einigen Schwierigkeiten im Sommer 1932.[83] Die Reaktion der chinesischen Delegation in Genf war verhalten. Es wurde darauf hingewiesen, daß Chinas Probleme im materiellen Bereich, wie fehlende Klassenräume und mangelndes Unterrichtsmaterial, zu wenig berücksichtigt worden seien. Stattdessen hätten spirituell-idealistische Überlegungen über die charakterliche Bildung zu sehr im Vordergrund gestanden.[84] Auch chinesische Erziehungswissenschaftler hielten in der Folge mit kritischen Bemerkungen nicht zurück. In der chinesischen Zeitschrift *Duli pinglun* (Unabhängige Kritik) wurde ein Artikel des Rektors der Peking-Universität, Jiang Menglin, veröffentlicht, der dem alles überragenden Vorwurf der reinen Imitation des amerikanischen Erziehungssystems entschieden widersprach.[85] Zum einen könne China auch auf der Grundlage dieses Systems zu den Ursprüngen seiner Kultur zurückkehren, zum anderen sei der amerikanische Einfluß von seiten der Kommission überschätzt worden. Auch wenn die Sekundarschulen durchaus vom europäischen Modell lernen könnten, so sei das soziale Hauptproblem doch, daß das Erziehungswesen zwar in der Lage sei, eine privilegierte Schicht auszubilden, nicht aber, die Masse zu erziehen. Die chinesische Erziehung sei der Gesellschaft entfremdet. (Dok. 91)

---

79 Vgl. Domes 1969:38-44 / Neugebauer 1971:78-84.

80 Vgl. Hu 1983:64-67.

81 Vgl. Becker u.a. 1932:105-115.

82 Vgl. ebd.:117.

83 Vgl. Becker u.a., The Reorganisation of Education in China, Paris 1932. In China erschienen als *Zhongguo jiaoyu zhi gaijin*, Nanjing 1932 (Nachdruck Taibei 1962).

84 Vgl. Kuß 1998:287-288.

85 Vgl. Harnisch 1999:264-268.

Auch in anderen Stellungnahmen chinesischer Pädagogen wurde den europäischen Erziehungsexperten unterstellt, daß sie die wirklichen sozialen und wirtschaftlichen Probleme Chinas nicht erfaßt hätten.[86] Besonders scharfe Kritik wurde an dem Kapitel über die Massenerziehungsbewegung von Dingxian geübt, die im Bericht zu kurz gekommen und als vom amerikanischen Geist dominierte Bewegung dargestellt worden sei.[87] Da die Völkerbundskommission diese originär chinesische und damit nationale Bewegung, die auf regionaler Ebene versuchte, Aufbau und Erziehung miteinander zu verbinden, nicht adäquat dargestellt hatte, wurde der Druck auf Becker schließlich so groß, daß er sich für die unzureichende Beschreibung Dingxians entschuldigte. (Dok. 88)

Ganz anders hingegen wurde der Bericht der Studienkommission in den führenden Kreisen der Guomindang aufgenommen. Der Bericht, der im Kern dem Führungsanspruch einer kleinen Elite nichts entgegenstellte, sondern ihn - im Gegenteil - unterstützte, fand hier eher Zustimmung als bei den Pädagogen. Symptomatisch dafür war, daß die Auswahl der Abgeordneten für die anvisierte Nationalversammlung durch einen Bildungszensus getroffen werden sollte. Die Gleichsetzung von Bildungsniveau und politischer Macht wurde mit der Berufung auf die alte Führungsschicht der Mandarine gerechtfertigt, mit der sich die Politiker verglichen und identifizierten.[88] Zudem hatten sowohl Jiang Jieshi als auch Hu Hanmin 1929/39 Äußerungen gemacht, in welchen sie den großen Spielraum, den das amerikanische Bildungssystem der Entscheidung des Einzelnen gewährte, ablehnten. Hu Hanmin war sogar offen gegen die Amerikanisierung der chinesischen Bildung eingetreten.[89] Die Ideen der Studienkommission entsprachen den sozialpolitisch konservativen Vorstellungen der Regierung, da sich mit ihnen die Macht- und Privilegienerhaltung einer Elite legitimieren ließ.

Die im Dezember 1932 in China verabschiedeten Gesetze zur Primar-, Sekundar-, Berufsschul- und Lehrerbildung bestimmten[90], daß parallel zu den Sekundarschulen verstärkt Berufsschulen mit Kursen von ein- bis sechsjähriger Dauer eingerichtet werden sollten. Das Ziel dieser Reformen war demnach eine klare Trennung der Berufsschule von der „High School“. Das aber bedeutete nichts anderes als ein erster Schritt weg von der Einheits- hin zur differenzierten Schule. Zhu Jiahua, der einst in Deutschland studiert hatte und nun Erziehungsminister war, ließ keinen Zweifel daran, daß das Einheitsschulsystem der falsche Weg sei. (Dok. 94)

Selbst wenn man berücksichtigt, daß im Jahre 1931 die japanischen Angriffe auf die Mandschurei sowie die innenpolitischen Schwierigkeiten der chinesischen Regierung eine

86 Vgl. u.a. Hsia 1932:1029-1030.

87 Zu Dingxian, vgl. v.a. Hayford 1990:111-179 / Shi 1990:672-674. Zur Auseinandersetzung um Dingxian, vgl. Neugebauer 1971:187-225.

88 Vgl. Hu 1983:52-58.

89 Vgl. Kuß 1998:292.

90 Vgl. Domes 1969:586-587.

Verzögerung der Reform des Erziehungswesens mit sich brachten, scheint es doch, daß zwischen dem Erscheinen des Berichts der Erziehungskommission im Juli 1932 und der Durchführung der Reformen im chinesischen Schulsystem im Dezember des Jahres ein Zusammenhang besteht. Es ist nicht zu übersehen, daß es Beckers Vorschläge zur Reorganisation des Sekundarschulwesens waren, welche von der chinesischen Seite aufgegriffen wurden. Dem konservativ-idealistischen Becker war es gelungen, die gesellschaftlichen Ideale der Politiker exemplarisch auf den Punkt zu bringen.

Die Sinomission in Europa 1932/33

Becker kam noch einmal mit dem chinesischen Bildungswesen in Berührung, als er in Zusammenarbeit mit der Deutschen Pädagogischen Auslandsstelle die Reiseroute für eine Kommission chinesischer Pädagogen zusammenstellte, die von Juli 1932 bis März 1933 Europa und die USA bereiste. Diese sogenannte Sinomission[91] richtete ihre Aufmerksamkeit in Deutschland vor allem auf die ländliche Volksschule und das damit verbundene Problem der Organisation von Elementarbildung auf dem Lande. Insgesamt war sie jedoch nicht nur an Aufbau- und Verwaltungsfragen des deutschen Schulwesens sowie an Unterrichtsmethoden und Lernzielen, sondern auch an der Einordnung der pädagogischen Arbeit in den Staat überhaupt interessiert. Aufschluß für die Gestaltung des Bildungswesens in China versprach sie sich von einer Untersuchung der Frage, wie die europäischen Völker trotz der Besonderheit ihrer Kultur den bildungspolitischen Aufgaben der Gegenwart gerecht werden konnten. (Dok. 90)

Die fünf chinesischen Erziehungsfachleute Cheng Qibao, Direktor der Pädagogischen Abteilung an der Nationalen Zentralen Universität Nanjing und Leiter der Mission[92], Li Ximou, Rektor der Technischen Abteilung an der Zhejiang-Universität Hangzhou, Yang Lian, Professor für Pädagogik an der *Beida*, und Guo Youshou, Ministerialdirektor der Abteilung für Höhere Schulen im Unterrichtsministerium sowie Li Jiaxiang, ein Schriftsteller, der in Jena und Heidelberg studiert hatte, hoben wiederholt hervor, daß der Besuch in Deutschland den Höhepunkt ihrer Erfahrungen darstelle.[93] Solche Äußerungen dürften nicht nur Rhetorik gewesen sein, denn mit Li Jiaxiang hatte die Sinomission speziell einen Experten für das deutsche Bildungswesen in ihrer Mitte gehabt. Doch nicht nur theoretische Erkenntnisse wurden während der Reise der Sinomission vermittelt. Li Ximou etwa nutzte die Gelegenheit und fragte an, ob chinesische Studenten ihre praktische Ausbildung bei der IG Farben erhalten könnten. (Dok. 87)

Darüber hinaus äußerten die Mitglieder der Mission den Wunsch, deutsche Helfer für die Durchführung der Bildungsreform in China zu gewinnen. Dieser Wunsch war durchaus

---

91 Vgl. Neugebauer 1971:227-239.

92 Vgl. hierzu seine Erinnerungen: Cheng 1968:39-48.

93 Vgl. Brief von Cheng Qibao an Becker, 11.11.1932, in: GSTA PK, VI. HA, NL Becker 106.

ernst gemeint, denn noch 1933 bemühte sich die chinesische Regierung über den Völkerbund, um einen deutschen Experten. Ihre Wahl fiel auf Adolf Grimme, der als Nachfolger Carl Heinrich Beckers preußischer Kultusminister gewesen war. Zu einer Entsendung des aktiven SPD-Mitgliedes Grimmes kam es freilich nicht, da die Nationalsozialisten gegen seine Tätigkeit in China protestierten.[94]

Im Rahmen der Sinomission war Deutschland ein Land unter vielen Ländern, welches die chinesische Delegation bereiste. Dies scheint symptomatisch für die deutsch-chinesischen Kulturbeziehungen zu sein, die niemals den Umfang und die Intensität anderer kultureller Beziehungen, etwa zwischen China und Japan, erreichten. Zwischen 1927 und 1937 zeigte Deutschland mit seiner auswärtigen Kulturpolitik ein großes, wenn auch klar wirtschaftlich dominiertes Interesse an China. Auch China schickte seine Studenten nicht aus freudiger Begeisterung für die deutsche Kultur nach Deutschland, sondern weil es eine solide technische Ausbildung erwartete. Nicht so sehr eine schwer faßbare „Geistesverwandtschaft", sondern wissenschaftliche Kompetenz veranlaßte Chinesen zu einem Studium in Deutschland. Aus diesem Grund konnte ein Studium der Medizin in Japan durchaus zu einer Vertiefung der medizinischen Studien in Deutschland führen, da der Stoff, der in Japan gelehrt worden war, ursprünglich aus Deutschland stammte. Doch obwohl der Kulturaustausch zwischen Deutschland und China damit hauptsächlich wirtschaftlich-technisch motiviert war, bewahrte er insofern eine Eigenständigkeit, als sich die in China tätigen deutschen Lehrer, Wissenschaftler und Ärzte nicht automatisch als Agenten ihres Staates und dessen Wirtschaft verstanden. Carl Heinrich Becker etwa repräsentierte nicht das, sondern sein deutsches Bildungs- und Gesellschaftsmodell. Dieses Modell wiederum wurde in China nicht deshalb rezipiert, weil es die ideale Lösung für das zerklüftete Erziehungswesen anbot, oder weil es eine deutsch-chinesische Verbundenheit besonders gut zum Ausdruck brachte, sondern weil sich mit ihm zumindest vorübergehend Machtansprüche legitimieren und die bestehende sozialpolitische Ordnung zementieren ließen. Technologie und Pragmatismus sind die Kennzeichen der deutsch-chinesischen Kulturbeziehungen der 30er Jahre.

94 Vgl. Kap. 6 dieses Bdes.

79

Brief des Rektors der Sun Yatsen-Universität, Zhu Jiahua, Kanton, an den Vizevorsitzenden des Verbandes für den Fernen Osten, Max Linde, Berlin (30.8.1927)

Kanton, den 30.August 1927[1]

Lieber Herr Doktor Linde!

Nachdem so viele Telegramme in den letzten Monaten zwischen Ihnen und mir gewechselt sind, komme ich heute endlich dazu, Ihnen ausführlich zu schreiben.[2] Sie würden mir die Verzögerung gewiß nicht sehr übel nehmen, wenn Sie meine Lebenslage und meine Beschäftigung hier in Kanton kennenlernen würden. Im Laufe der vergangenen neun Monate habe ich allerlei hier durchgemacht, so daß ich wirklich keine einzige freie Stunde am Tage für mich gefunden habe, um auch nur die dringendsten Briefschulden zu erledigen. Nun zur Sache:

Als ich Anfang Oktober vorigen Jahres die Sun Yatsen-Universität übernahm, war sie ganz heruntergewirtschaftet. Sie werden sich vorstellen können, welche Sorge und Bange ich hatte, um sie wieder aufzurichten. Der Unverstand meiner Vorgänger[3] hatte dafür gesorgt, daß sie weder ein Forschungsinstitut noch eine Lehranstalt, geschweige eine Pflegestätte der Wissenschaft geworden war. Die Verhältnisse und Zustände der letzten Jahre in *Kanton*[4] hatten der Universität die Möglichkeit genommen, sich frei entwickeln zu können. Glücklicherweise trat darin im vergangenen Jahre eine Änderung ein, nachdem der langgehegte Wunsch, eine Einheitlichkeit der Regierung herbeizuführen verwirklicht war.[5]

---

1 Im Laufe des Jahres 1925 war es der GMD gelungen, von Kanton aus, ihre Herrschaft über die ganze Provinz Guangdong auszudehnen. Die Einigung Chinas hatte hier ihren Ausgangspunkt genommen. Darüber hinaus war die Stadt aufs engste mit dem Namen Sun Yatsens verbunden, der auch 1924/25 die Einrichtung einer Universität angeregt hatte.

2 Der VFO fungierte zu diesem Zeitpunkt als Vermittlungsstelle zwischen der SYU und den deutschen Professoren. Zhu Jiahua hatte auch Anfragen an Privatpersonen gerichtet, so etwa an seinen ehemaligen Lehrer Conrad Matschoß (vgl. Dok. 22). Vgl. hierzu Anm. 11.

3 Nachdem die von einem fünfköpfigen Präsidium geleitete SYU im Herbst 1926 vorübergehend geschlossen worden war, übernahmen nach der Wiedereröffnung im März 1927 Dai Jitao, der ehemalige Sekretär Sun Yatsens, das Amt des Präsidenten und Zhu Jiahua das des Vizepräsidenten. Zhu war dann jedoch von 1928-30 in der Provinz Zhejiang als Kommissar für Zivilangelegenheiten tätig. Anschließend kehrte er noch einmal an die SYU zurück und leitete diese für kurze Zeit. Vgl. The National Sun Yatsen University 1937:4 / Bericht von GK Crull, Kanton, an das AA, 12.1.1927, in: PolArchAA, R 85719.

4 Vgl. Anm. 1.

5 Im März 1926 hatte Jiang Jieshi zunächst die Verhaftung eines kommunistischen Kommandeurs eines Kanonenbootes angeordnet und dann unter dem Vorwand, einer Konspiration der Kommunisten zuvorzukommen, Kanton unter Kriegsrecht gestellt. Der anschließend mit den Kommunisten ausgehandelte Kompromiß engte ihren Handlungsspielraum erheblich ein. Da jedoch Stalin in Moskau vor einem entscheidenden Machtkampf stand und sich die völlige Ausschaltung der KPCh nicht leisten

Etwa vor einem Jahre setzte die Nordexpedition ein, die einen beispiellosen Erfolg zu verzeichnen hatte. Doch es kam sehr bald zu Treibereien der Kommunisten und zu Reibungen mit ihnen.[6] Es war keine Kleinigkeit, diese Elemente von der Universität, die bis dahin als Hauptquartier der Kommunisten gedient hatte, zu beseitigen. Für eine wissenschaftliche Arbeit waren bis dahin weder die Dozenten, noch die Studenten, Angestellten, Institutsdiener usw. zu gebrauchen, denn sie waren meistens kommunistisch gesinnt.[7]

Ich kann von Glück sagen, daß ich in verhältnismäßig kurzer Zeit die Disziplin und Ordnung in der Universität wieder hergestellt habe und sie auf neue Bahnen bringen konnte. Meine Bemühungen dürfen trotz aller Schwierigkeit wohl als gelungen bezeichnet werden. Infolge meiner Tätigkeit für die Sun Yatsen-Universität gewann ich Einfluß auf die politische Leitung in *Kanton* und nicht nur in *Kanton*, sondern in Südchina überhaupt, und das hat viel zu dem April-Umsturz[8] beigetragen. Dieser Umsturz hat nicht nur eine Schwächung der Kommunisten in Südchina zur Folge gehabt, sondern er war bestimmend, denn die Macht der Kommunisten ist bis nach Mittelchina hin gebrochen. Sie können sich aus allem ein Bild machen, wie sehr ich in der Zwischenzeit zu tun hatte, und das entschuldigt, warum ich so wenig Zeit besaß, um eine ausgedehnte Korrespondenz zu führen. Seit Ende April mußte ich außerdem noch die Regierungsgeschäfte der Provinz Guangdong vorübergehend führen.[9] Erst vor vier Wochen etwa konnte ich mich wieder von ihnen befreien, einerseits, weil ich tatsächlich nicht mehr in der Lage war, alles zu erledigen, andererseits, weil ich mich, wie das ja in der ganzen Welt vorkommt, verfeindete. Nachdem ich die Kommunisten zur Seite geschoben hatte, traten dagegen die Reaktionäre in Guangdong wieder auf. Wenn die National-Regierung mein wiederholt eingereichtes Rücktrittsgesuch auch noch nicht genehmigt hat, so sehe ich mich doch wegen meiner Gesundheit genötigt, mich vom politischen Leben zurückzuziehen, um meine Kräfte wieder für die Universität zu verwenden. Ich bleibe nur noch Mitglied des Politischen Rates, welcher das höchste bestimmende Organ des politischen Council,

---

konnte, erklärten sich die Partei mit den Bedingungen einverstanden. Vgl. Fitzgerald 1996:278-279 / Spence 2001:421.

6 Die KPCh hatte dem Nordfeldzug von Anfang an skeptisch gegenüber gestanden, da sie in der Provinz Guangdong bleiben wollte, um ihre Machtstellung auszubauen und gegebenenfalls die Führung zu übernehmen. Hinzu kam die Überlegung, daß mit dem Nordfeldzug zwangsläufig eine Zunahme des militärischen Einflusses der nationalistischen Einheitspartei verbunden sein müsse.

7 Im Januar 1926 hatte die KPCh eine Zweigstelle an der SYU gegründet. Bei der Säuberung der Universität im Juni 1927 waren 464 Angehörige der Universität exmatrikuliert worden, darunter auch sechs Professoren. Vgl. Huang 1988:12 u. 90 u. 180.

8 Am 12.4.1927 hatte Jiang Jieshi den von den Kommunisten unterstützten Volksaufstand blutig niedergeschlagen, der beim Anrücken der GMD-Armee in Shanghai ausgebrochen war. Shanghai und Guangdong befanden sich fortan unter Kontrolle der rechten GMD. Den Linken blieb nur Wuhan.

9 Zhu Jiahua war seit 1927 auch Kommissar für Zivilangelegenheiten der Provinzregierung Guangdong. Vgl. Harnisch 1999:196.

Sektion Kanton, bildet.[10] Es bleibt immer noch genug Arbeit für mich zu erledigen, denn außer offiziellen Sitzungen habe ich sehr viele Besprechungen usw. abzuhalten

Nun will ich nicht verfehlen, Ihnen zum Ausdruck zu bringen, daß ich Ihnen zu größtem Danke verpflichtet bin bezüglich der Professoren-Berufungen.[11] Wenn die Herren Professoren und Dozenten auch sehr verspätet hier ankamen und ich dadurch unendlich viel Schwierigkeiten auszustehen hatte, so freue ich mich doch, daß sie alle im verflossenen Sommer-Semester noch Vorlesungen und Übungen abhalten konnten. Was die verschiedenen Herren angeht, so machen sie im großen und ganzen einen guten Eindruck auf mich. Ich muß Ihnen jedoch offen sagen, daß ich unbedingt günstigere Erfahrungen mit gesetzten, wissenschaftlich fortgeschrittenen Herren gemacht habe. Es stimmt nicht, daß junge Wissenschaftler sich bei uns besser einleben und bewähren, wie die meisten China-Kenner behaupten. Nein, im Gegenteil, die jungen Herren stellen hier so hohe Ansprüche und machen so große Schwierigkeiten, daß dadurch unmöglich der gute Ruf und das Ansehen Deutschlands gehoben werden können. Sie können sich kaum vorstellen, was für Schwierigkeiten ich nach der Ankunft der deutschen Herren durchzumachen hatte, obwohl ich für sie jederzeit zugänglich bin und nach jeder Richtung hin für sie sorge. Dennoch stellten sie mir unerfüllbare Bedingungen und zeigten weder zu meinem Lande noch zu meinem Volke die Sympathie, die Sie und ich von ihnen erwartet hatten. Eine entscheidende Ausnahme in dieser Hinsicht macht Herr Professor *Basler*; er ist sehr zufrieden mit allem und zeigte vom ersten Tage seiner Ankunft an wirkliche Sympathie für China und sein Volk. Ich habe ihn zum stellvertretenden Dekan der medizinischen Fakultät ernannt und ihm mein volles Vertrauen geschenkt. Vertraulich füge ich für Sie hinzu, daß die übrigen Herren einschließlich des bereits früher durch Vermittlung unseres gemeinsamen Freundes, Herrn Dr. Li Qifang, engagierten Dr. Ullrich (Suzhou), sich zusammen geschlossen haben, um eine geheime Opposition gegen Herrn Professor Basler zu treiben.[12] Nach meiner Meinung ist dieses Verhalten nicht gerechtfertigt. Die Herren gehen sogar so weit, ihn als stellvertretenden Dekan nicht anzuerkennen. Es wird mir nichts übrig bleiben, als diesen Treibereien baldmöglichst ein Ende zu machen. Die größten Schwierigkeiten macht Herr Dr. Frommolt. Er hat bis heute seinen Vertrag nicht unterzeichnet. Anscheinend will er dadurch Druck auf mich ausüben. Ich will jedoch keineswegs verhehlen, daß er sich

10 Der Politische Rat (*Zhongyang zhengzhiju*) war noch unter Sun Yatsen eingerichtet worden und stand über dem ZEK der GMD. Alle wichtigen Entscheidungen wurden hier getroffen. Auch nach dem Tod Suns behielt der Rat seine starke Stellung bei. Vgl. Fitzgerald 1996:243 u. 384.

11 Bis 1929 nahm die SYU bei der Auswahl der deutschen Professoren keine amtlichen Stellen in Anspruch. Stattdessen nutzte Zhu Jiahua seine Kontakte nach Deutschland aus, um die Stellen zu besetzen. Hierbei hatte er auch den VFO eingeschaltet, der jedoch zu diesem Zeitpunkt keinen offiziellen Auftrag hatte, Professoren nach Kanton zu vermitteln. Erst nach 1931 agierte der VFO bei den Auswahlverfahren der deutschen Dozenten nach China als Organ der Kulturabteilung des AA. Vgl. Brief von GK Wagner, Kanton, an das AA, 22.10.1929, in: PolArchAA, R 85721.

12 Über diesen internen Vorgang ist nichts näheres bekannt. - Eine Auflistung der an der SYU in Kanton angestellten Dozenten findet sich als Anl. eines Briefes von GK Wagner, Kanton, an die DGP, 27.1.1930, in: BArch, 0902/3367.

in seinem Fach sehr gut bewährt und pflichttreu ist, aber es fehlt ihm alles und jedes Verständnis für Land und Volk.

An den wissenschaftlichen Qualitäten der Herren, die Sie und Herr Professor Hartmann hierher sandten[13], ist nicht zu zweifeln, und die wissenschaftlichen Fähigkeiten müssen die sonstigen Mängel, mit denen ich zu kämpfen habe, entschuldigen. Immerhin, ich hoffe sehr, daß sie mit der Zeit Sympathie für China zeigen werden. Im übrigen setze ich meine ganze Kraft daran, ihnen zu helfen, damit ihre Institute sich rasch und voll entwickeln können. Daß ich mich durch die rein persönlich unbefriedigenden Erfahrungen mit den hierher gesandten Herren nicht wesentlich beeinflussen lasse, ersehen Sie daraus, daß ich Herrn Professor Basler gebeten habe, noch einen tüchtigen deutschen Pharmakologen, einen tüchtigen Augenarzt und einen guten Chirurgen für die medizinische Fakultät zu suchen. Die Herren werden sich alle bei Ihnen und Herrn Professor Hartmann vorstellen. Ich wünsche sehr, daß wir in Bezug nicht auf die wissenschaftlichen, sondern auf die persönlichen Qualitäten der Herren mehr Glück haben, als bei den bisher berufenen Dozenten.

Ich habe eine große Bitte an Sie. Würden Sie sich die Mühe machen, für die medizinische Fakultät der Sun Yatsen-Universität eine größere Bibliothek, insbesondere komplette Fachzeitschriften mit älteren Jahrgängen als Stiftung zu beschaffen. Daß wir noch keine ausreichende medizinische Bibliothek zur Verfügung haben, ist ein Hauptmangel. Ich habe bereits Schritte bei Gustav Fock[14] in Leipzig unternommen und nach Maßgabe der mir zur Verfügung stehenden Gelder eine Bestellung aufgegeben. Ich würde Ihnen sehr dankbar sein, wenn Sie sich für die Stiftung einer Bibliothek für die medizinische Fakultät einsetzen würden.

Nun komme ich zu den Land- und Forstleuten: Zu meinem großen Schrecken hinterließ Herr Dr. Wagner[15] bei seinem Antrittsbesuch einen direkt unerträglichen Eindruck. Als ich ihm sagte, daß er seine Vorlesungen in englischer Sprache abzuhalten habe, war er sehr erbost darüber und sagte mir, daß er sofort wieder nach Deutschland zurückfahren wolle, denn es sei ihm ganz unbekannt gewesen, daß als Bedingung und Voraussetzung seiner Berufung, die Beherrschung der englischen Sprache gefordert worden sei. Er scheint, wenn ich mich nicht täusche, auch derjenige zu sein, der die übrigen Herren sehr ungünstig beeinflußt hat. In ihm sehe ich die Verkörperung der Europäer, die vor dem Weltkriege leider so zahlreich bei uns zu treffen waren. Dr. *Wagner* zeigte kein bißchen guten Willen und auch den südchinesischen Landwirtschaftsproblemen gegenüber vermißte ich bei ihm auch nur das geringste Interesse. Ich zerbreche mir heute noch den Kopf, weshalb er überhaupt die Ausreise hierher angetreten hat. Auch seinen chinesischen Kollegen gegenüber legte er eine so merkwürdige Fremdheit in Landwirtschaftsdingen an den Tag, daß ich

---

13 Hartmann arbeitete als Biologe am Kaiser-Wilhelm-Institut in Berlin-Dahlem. Im Auftrag des VFO war er mit der Auswahl von deutschen Dozenten für die SYU in Kanton befaßt.

14 Antiquariat in Leipzig.

15 Bei Wilhelm Wagner handelte es sich um den früheren Leiter der Landwirtschaftsschule in Qingdao. Vgl. hierzu Brief von GK Crull, Kanton, an die DGP, 30.6.1927, in: PolArchAA, R 85720.

ich sehr bezweifle, ob seine wissenschaftlichen Kenntnisse überhaupt noch auf der Höhe sind. Es müssen irgendwelche Mißverständnisse obwalten, denn aus den Kopien der gewechselten Telegramme ersehe ich, daß ich ausdrücklich Beherrschung der englischen Sprache und wissenschaftliche Tüchtigkeit für den Forstmann sowohl wie für den Landwirt als Voraussetzung betont habe. Bei Dr. Wagner war leider beides nicht vorhanden, darum bat er mich, ihn wieder nach Deutschland zurückreisen zu lassen, welcher Bitte ich stattgegeben habe, nachdem er mir schriftlich versichert hat, daß er bei seiner Berufung die oben erwähnten Bedingungen nicht gekannt habe. Ich habe Dr. Wagner 100 Pfund[16] für die Rückreise ausbezahlt, jedoch mit der Maßgabe, daß, falls seine Behauptung sich nicht als zutreffend herausstellen sollte, er seine Aus- und Rückreisekosten an die Sun Yatsen-Universität zurückzubezahlen habe. Ich habe bereits vor einigen Monaten bei Professor Hartmann und Ihnen telegraphisch angefragt, aber Sie haben mein Telegramm entweder nicht verstanden oder Ihre Antwort ging verloren. Wie es auch sei, beim besten Willen konnte ich Dr. Wagner nicht hier behalten. Denn es war von vornherein ausgeschlossen, daß er unter den hiesigen Verhältnissen segensreich sich betätigen oder wirken konnte.

Was Forstrat *Fenzel*[17] anbelangt, so ist er entschieden besser als Dr. *Wagner*. Er ist sehr praktisch eingestellt. Seine englischen Sprachkenntnisse sind zwar nicht hervorragend, doch zeigt er wenigstens Arbeitswillen und Interesse für sein Fach. Aber Herr Fenzel hat sich seit seiner Ankunft sehr verändert. Auch er hat jetzt begonnen, hohe Ansprüche zu stellen und hat die Art und Weise hiesiger Kaufleute angenommen. Leider zu seinem Nachteil. In den letzten Monaten ließ er sich wenig im Institut blicken, während die Mediziner nach wie vor (auch in den Ferien) weiter arbeiteten. In Forstrat Fenzels Vertrag ist vorgesehen, daß er die Arbeiten in den Versuchsfeldern zu leiten habe. Wie ich jedoch erfuhr, ist er bisher nur einmal dort gewesen. Wenn er diese Art nicht bald einer Revision unterzieht, so sehe ich mich leider gezwungen, Schritte gegen ihn zu ergreifen, die ihn belehren würden. Für eine Forschungsreise stellte er sehr hohe Ansprüche und verlangte die Bereitstellung eines Dolmetschers, eines Kochs, eines Dieners usw. Ich glaube, deutsche Professoren daheim hätten solche Forderungen an ihre Universitäten nie gestellt. Ich bin früher selbst häufig mit Geheimrat Pompeckj gereist.[18] Bei Exkursionen fuhren wir stets vierter Klasse und Professor Pompeckj hat ebenso wie seine Studenten wochenlang Massenquartier bezogen. Einen Dolmetscher habe ich Forstrat Fenzel von vornherein mitgegeben. Ich habe auch durchaus Verständnis dafür, daß er hier besser gestellt sein soll

16 Der Kurs betrug Ende der 20er Jahre im Durchschnitt 12 RM pro £.

17 Forstrat Gottlieb Fenzel kam aus dem bayrischen Forstdienst. 1924 hatte er eine Berufung an die forstwissenschaftliche Abteilung der SYU angenommen. Nach der Machtübernahme durch die GMD war er als Berater im Nordwesten Chinas tätig. Allerdings war er der dortigen Arbeit nicht gewachsen, weshalb er sich 1934 das Leben nahm. Vgl. Kuß 1998:254-255.

18 Zhu Jiahua spielte auf seine Studienzeiten in Berlin an. Mit einem Stipendium des Erziehungsministeriums war er 1918 nach Europa gegangen, wo er sich zunächst in Bern und Zürich aufhielt. Vom Sommersemester 1920 bis zum Wintersemester 1922 war er an der Berliner Universität im Fach Geologie immatrikuliert. 1922 hatte er sein Studium mit der Promotion abgeschlossen. - Der Paläontologe Geheimrat Felix Pompeckj war seit 1917 in Berlin tätig.

als in Deutschland. Aber alles hat doch seine Grenzen. Noch eines möchte ich erwähnen: Neulich verlangte er von mir Tagegeld für eine Reise nach Hongkong. Um Ärger zu ersparen, habe ich die Augen zugedrückt. Ich erwähne dies bloß, um Ihnen zu zeigen, wie kleinlich Herr Forstrat Fenzel denkt. Er hat auch merkwürdige Meinungen über chinesische Forstwirtschaft. Er ist der Ansicht, daß eine wissenschaftliche Forstanstalt für China nicht in Frage käme. Sogar die Universität braucht keine eigene Forstfakultät, nach seiner Meinung, einzurichten. Er hält es für genug, wenn für ganz Guangdong sechs Forstakademiker angestellt würden. Mit ihnen könnte Forstwirtschaft schon in großem Maßstabe getrieben werden. Mehr als sechs Forstakademiker könnte die Provinz Guangdong nicht gebrauchen.

Ich habe mich jetzt fest entschlossen, innerhalb von zwei Jahren auch eine Technische Hochschule an die Sun Yatsen-Universität anzugliedern.[19] Sie soll an Umfang größer sein, als die Tongji Technische Hochschule.[20] Die Vorbereitungen dazu sollen nun beginnen, und es wäre mir sehr lieb, wenn Sie mir in dieser Angelegenheit mit Rat und Tat beistehen würden. Die Amerikaner haben uns ihre Unterstützung bereits zugesichert und wollen uns zahlreiche Maschinen zur Verfügung stellen.[21] Ich trage mich mit dem Gedanken, eine große Musterfabrik in Verbindung mit der Technischen Hochschule zu errichten. Auch dafür liegt mir bereits ein weitgehendes amerikanisches Angebot vor. Was mich besonders freudig berührt, ist, daß die Amerikaner keinerlei Bedingungen an ihr Angebot geknüpft haben. Ich bin noch nicht ganz im klaren, ob ich das amerikanische Angebot oder einen Teil desselben annehmen soll. Besonderes Interesse habe ich für Werkzeugmaschinen. Im vergangenen Winter habe ich Herrn Professor *Matschoß* meine Ansichten in Bezug auf die technische Abteilung der Sun Yatsen-Universität eingehend mitgeteilt.[22]

Mir tut es ungemein leid, daß die Tongji-Universität mit fast unüberwindlichen Schwierigkeiten zu kämpfen hat.[23] Von Kanton aus zu helfen, ist leider unmöglich. Herr Professor *Berrens* und die Shanghaier Studenten haben mich wiederholt gebeten, die Leitung der

19 Zur Bedeutung der Technischen Hochschulen im Denken von Zhu Jiahua, vgl. Harnisch 1999:263-265 und Yeh 1990:175-176. - Auch wenn eine TH nicht angegliedert wurde, so erhielt die SYU 1931 eine Abteilung für zivile Technik. Vgl. The National Sun Yat-sen University 1937:5.

20 Im Jahr 1934/35 hatte die Technische Abteilung der Tongji-Universität 198 Schüler. Vgl. Bieg-Brenztel 1984:49.

21 Der Hinweis auf die amerikanische Unterstützung war vermutlich nur ein Druckmittel, um die deutsche Seite zur gewünschten Hilfe zu veranlassen.

22 Vgl. Dok. 22.

23 Dies war eine Anspielung auf den Rücktritt des rein chinesischen Tongji-Komitees, das 1916 von der damaligen Regierung eingesetzt worden war, um unter Aufsicht des Unterrichtsministeriums die Kontrolle der Schule zu übernehmen. Das Komitee war 1927 wegen der Studentenunruhen beim Einzug der nationalistischen Armee in Shanghai zurückgetreten. Nach seinem Rücktritt hingen die abgeschlossenen Verträge, die die Grundlage für die gemeinsame Zusammenarbeit gebildet hatten, in der Luft. Die neue nationalistische Regierung erkannte die Tongji 1927 an und erklärte sich bereit, finanzielle Mittel zur Verfügung zu stellen. Die Rechtsnachfolge des Tongji-Komitees blieb ungeklärt. Vgl. Brief des deutschen Gesandten Trautmann, Peking, an das GK Shanghai, 5.12.1932, in: BArch, 0902/3516.

Tongji-Universität zu übernehmen, aber das ist unmöglich, da ich hier nicht fort kann. Immerhin liegt mir sehr daran, daß die Tongji-Universität erhalten bleibt. Vielleicht kann Herr Professor *Berrens* eine Reise nach hierher ermöglichen, damit ich die ganze Tongji-Angelegenheit mit ihm bespreche.

Die Sun Yatsen-Universität braucht einen tüchtigen Juristen für ihre juristische Fakultät. Es kommt nur ein tüchtiger Zivilrechtler oder eine Kapazität für internationales Recht in Frage. Auch brauchen wir einen tüchtigen Ökonomen. Ich bitte Sie, auch Herrn Professor *Hartmann* davon in Kenntnis zu setzen. Dagegen bitte ich, sich wegen der vier Sachverständigen für das Ministerium des Innern bzw. Kommunalverwaltung nicht mehr weiter zu bemühen. Da ich heute nicht mehr in der Zivilverwaltung stehe, müssen wir diese Berufungen der Zukunft vorbehalten, denn ich kann die Verantwortung nicht dafür übernehmen, ob die zu berufenden Herren unter meinem Nachfolger mit Segen und Erfolg wirken können. Ich nehme an, daß mein Neffe[24] Sie bereits davon in Kenntnis gesetzt hat.[25]

Was ich Ihnen über die Dozenten schrieb, bitte ich sie, vertraulich zu behandeln. Was ich auseinandersetzte, bedeutet keine Undankbarkeit meinerseits gegen Sie, sondern ich wollte Ihnen nur freundschaftlich meine Erfahrungen mitteilen. Und es bedeutet auch nicht etwa, daß ich unzufrieden mit Ihren Bemühungen war.

Nun mach ich Schluß für heute und bitte Sie, Professor *Matschoß*, Professor *Aumund*, Geheimrat *Pompeckj* und sonstige gemeinsame Freunde und Bekannte herzlich von mir zu grüßen. Auch Herrn Professor *Hartmann* gilt mein besonders herzlicher Gruß ebenso wie Ihren lieben Angehörigen. Vor allen Dingen aber seien Sie selber gegrüßt. Ich bin in alter Freundschaft

Ihr treuer

gez. Dr. Zhu Jiahua

P.S. Geben Sie bitte auch Herrn Professor *Hartmann* Einsicht in diesen Brief. Er wird sich sicher für vieles interessieren.

gez. Zhu

PolArchAA, R 85720.

24 Gemeint ist Zhu Qian, der von 1923-27 Bergbau studierte (vgl. Dok. 22, Anm. 3).

25 Der Militärberater Max Bauer sollte auch zivile Berater anwerben. Einige kamen dann unter ihm 1929 nach China. Vgl. Martin, in: ders. 1981:28.

80

Brief des deutschen Gesandten Herbert von Borch, Peking, an das AA (20.11.1929)

Durchschlag.
Deutsche Gesandtschaft.

Peking, den 20. November 1929.

Nr. 4096.
1 Anlage.
3 Durchschläge.

Inhalt: Deutsche Kulturbetätigung in China.

In den Berichten vom 23. September und 22. Oktober d. J. - Nr. 3138 und 3630 - habe ich die französische und angelsächsische Kulturbetätigung in China geschildert.[26] In der Anlage[27] wird eine Aufzeichnung vorgelegt über die deutsche kulturelle Betätigung in China in ihrem gegenwärtigen Umfange.

Aus einem Vergleich der drei Gruppen geht ohne weiteres hervor, daß die angelsächsische, insbesondere die amerikanische Betätigung bereits heute einen Umfang erreicht hat und über Mittel verfügt, welche einen Wettbewerb anderer Mächte schlechthin ausschliessen. Es kann heute keinem Zweifel mehr unterliegen, daß China seine künftige allgemeine Bildung, soweit sie auf westlicher Grundlage beruhen wird, über Amerika beziehen wird.[28] Auf dem Gebiete der Volkserziehung ist kein Raum mehr für die Betätigung irgendeiner anderen Nation.

Möglich ist daher eine erfolgreiche kulturelle Tätigkeit in China für andere Mächte nur auf Spezialgebieten. Es folgt daraus, daß, während die Amerikaner westliche Wissenschaft als Massenartikel einführen, andere Mächte Aussicht auf Absatz ihrer kulturellen Güter nur haben, wenn sie Qualitätsarbeit leisten. Das Beispiel der Amerikaner ist daher für uns von keinem praktischen Wert; eine Nachahmung oder Konkurrenz ist ausgeschlossen.

---

26 Bericht des deutschen Gesandten Borch, Peking, an das AA, 23.9.1929 über die französische kulturelle Betätigung, in: PolArchAA, R 85753. - Bericht dess. an dass. über die englische und amerikanische kulturelle Betätigung in China, in: ebd., R 85752. Vgl. hierzu Bericht dess. an AA über japanische kulturelle Betätigung in China, 17.2.1930, in: R 85753. - Zur japanischen Einflußnahme auf das chinesische Erziehungssystem (v.a. zu Beginn des 20. Jh.), vgl. Hayhoe 1996:41.

27 Bei dieser Anlage handelte es sich um eine stichwortartige Aufzeichnung des LS Kühlborn, DGP, über die wichtigsten deutschen Kultureinrichtungen in China, 28.10.1929: Deutsch-Chinesische Mittelschule Jining; Deutsch-Chinesisches Seminar in Qingdao; Deutsch-Chinesische Mittelschule in Kanton; Staatliche Tongji-Universität in Wusong; Technische Fakultät der Tongji-Universität sowie Werkmeisterschule; Medizinische Fakultät der Tongji-Universität.

28 Zur Einflußnahme der USA auf das chinesische Bildungswesen, vgl. Einleitung, in: Dewey 1973:1-39 / Hayhoe, in: Dies. 1992:55.

Schon eher zeigen uns die Franzosen den Weg, den wir zu gehen haben. Die Franzosen bieten auf ihren Schulen[29] eine wesentlich gründlichere Ausbildung in den Wissenschaften, und zwar nicht so sehr in den praktischen, wie in den Geisteswissenschaften, als die Amerikaner. Sie begnügen sich nicht mit der Ausbildung der Schüler auf ihren Schulen in China, sondern veranlassen sie nach Abschluß ihrer hiesigen Studien zu einem möglichst mehrjährigen Kursus auf Hochschulen in Frankreich. Die Resultate der französischen Ausbildung sind bemerkenswert, einmal durch die vollkommene Beherrschung der französischen Sprache und die eingehende wissenschaftliche Allgemeinbildung der Mehrzahl der auf diese Weise ausgebildeten Chinesen und ferner durch die Tatsache, daß eine im Vergleich zum Umfang der französischen Kulturbetätigung unverhältnismässig grosse Zahl von französisch gebildeten Chinesen sich in hohen, angesehenen Stellungen befindet. (...)[30] Dieser Erfolg der französischen Lehrtätigkeit ist nun allerdings nicht allein ihrem heutigen Unterrichts-System zu verdanken, sondern einmal dem alten hohen Ruf der französischen Wissenschaft und der Stellung der französischen Sprache als Diplomatensprache, und ferner der anderthalb Jahrhunderte umfassenden Lehrtätigkeit der katholischen Mission in China, welche bis vor kurzem ausschliesslich französische Bildung übermittelte.

Wenn auch infolgedessen die französische Kulturtätigkeit einen Vorsprung vor der unseren hat, den wir nicht einholen können, so können wir doch ihre gegenwärtige wissenschaftliche Betätigung in China in einigen Punkten uns zum Muster nehmen, und zwar besonders in folgenden:

Es kommt nicht auf die Zahl der Schüler an, sondern auf ihre Qualität, d.h. darauf, daß die zugelassenen Schüler entweder aus angesehenen Familien mit wissenschaftlicher Tradition stammen oder persönlich hervorragend begabt sind. Auf die Auswahl der Schüler ist also besonders Gewicht zu legen.

Eine nur oberflächliche Ausbildung der Schüler ist nutzlos; wir erhalten für die darauf verwendete Mühe keinen Gegenwert. Nur ein in deutscher Wissenschaft gründlich ausgebildeter Chinese, dem deutsches Wesen zur zweiten Natur geworden ist, ist für uns ein Aktivposten in unseren Beziehungen zu China.

Es ist notwendig, sich auf diejenigen Wissenschaften zu beschränken, in welchen nicht nur wir besonders tüchtiges leisten, sondern auch die darin gründlich ausgebildeten Chinesen Stellungen erringen können, in denen sie einen uns günstigen Einfluss ausüben können.

In diesem besonders wichtigen Punkt haben wir meines Erachtens bisher gewisse Fehler gemacht. Obwohl wir selbst heute noch in der Welt ein uneingeschränktes Ansehen in unserer alten Eigenschaft als „Volk der Dichter und Denker" geniessen, haben wir von Beginn unserer Kulturtätigkeit in China an es vermieden, die reinen Geisteswissenschaften zu lehren, und haben den Chinesen vielmehr die Naturwissenschaften, insbesondere die technischen, zu lehren versucht. Der Grund dafür lag darin, daß wir Kulturpropaganda in

29 Vgl. Anm. 26.

30 Auslassung: Detaillierte Darlegung des französischen Einflusses.

China trieben nicht für kulturelle, nicht für politische, sondern für kommerzielle Zwecke.[31] Es bestand die Ansicht, insbesondere bei unserer Industrie, welche zu den Kosten unserer Lehrtätigkeit in China beitrug, daß wir chinesische Ingenieure ausbilden müssten, weil durch diese unserer Industrie Aufträge zufliessen würden. Diese Annahme hat sich jedoch als falsch erwiesen. Der Umfang der auf diese Weise unserer Industrie zufallenden Aufträge ist gering und steht nicht im Verhältnis zu dem Aufwand an Geld und Arbeit für die Ausbildung der chinesischen Techniker. Es hat sich vielmehr herausgestellt, daß die Vergebung grösserer Aufträge an die Industrien nicht durch die Ingenieure erfolgt, sondern durch die kaufmännischen Leiter der zu beliefernden Werke und bei Regierungsaufträgen durch die Minister und Abteilungsdirektoren der zuständigen Ministerien, durch höhere Offiziere usw.

Nun ist leider festzustellen, daß unter den Ministern und Abteilungsdirektoren der Regierung in Nanjing kein einziger eine deutsche Ausbildung genossen hat. Es sind ferner im Aussenministerium, in dem etwa die Hälfte der Beamten französisch erzogen worden ist, gegenwärtig nur vier oder fünf Beamte mit deutscher Ausbildung tätig, sämtlich in niederen Posten.

Dieser Mangel an höheren Beamten mit deutscher Erziehung und entsprechendem Verständnis und Interesse für Deutschland macht sich für die Führung unserer Politik und die Aufrechterhaltung unseres Prestiges in China jetzt umso empfindlicher fühlbar, als die früher diesen Mangel einigermassen ausgleichenden Faktoren, die aus unserer Machtstellung und Weltgeltung entsprangen, jetzt so gut wie ganz fortgefallen sind. Es bleiben uns noch aus der früheren Zeit unserer militärischen Erziehungstätigkeit in China einige deutschsprechende höhere Offiziere.[32] Wenn diese mit ihrem zunehmenden Alter vom politischen Schauplatz verschwinden, bleibt so gut wie nichts mehr von deutschem Einfluss unter führenden Persönlichkeiten übrig.

Ich glaube jedoch nicht, daß wir es nötig haben, auf diesen Einfluss völlig zu verzichten. Die deutsche Kultur hat auch neben der angelsächsischen und französischen dem chinesischen Volk wertvolle Güter zu geben. Diese Güter bestehen keineswegs nur in der Übermittlung moderner Technik. Es gilt, vielmehr den weiteren Gesichtspunkt voranzustellen, daß wir durch kulturelle Betätigung uns verständnisvolle Freunde in China erwerben wollen und zwar möglichst Freunde in leitenden Stellungen in der Regierung, der Wissenschaft und der Wirtschaft, welche von ihrer Führerstellung aus ihrerseits unter ihren Landsleuten Freunde für Deutschland werben. Daraus werden sowohl der materielle Vorteil für unsere eigene Wirtschaft wie auch wertvolle politische Beziehungen ganz von selbst folgen.

Um dieses Ziel zu erreichen, bedarf es keiner sehr kostspieligen Unternehmungen, die uns in unserer gegenwärtigen Finanzlage unmöglich wären. Ich habe im Folgenden Vorschläge für die Ausgestaltung unserer kulturellen Betätigung in China formuliert, die

---

31 Vgl. Dok. 12.

32 Ab etwa 1880 waren, anfangs privat ab 1884 mit staatlicher Billigung, auch deutsche Militärinstrukteure in China tätig. Von insgesamt 43 ausländischen Militärberatern waren 19 deutsche gewesen. Vgl. Ratenhof 1987:113.

unseren beschränkten Mitteln sowie den oben entwickelten Grundsätzen nach Möglichkeit Rechnung tragen.

(...)[33]

Zusammenfassung.

Zur Ausführung der obigen Vorschläge sind, abgesehen von der Fortsetzung der bisher den chinesischen Schulen in China gewährten Unterstützung, nachstehende Leistungen erforderlich:

A.) von Seiten der Reichsregierung bzw. deren Vertretung in China:

1. Förderung der Bemühungen der Tongji-Hochschule um Erweiterung der Mittelschule in Wusong;[34]
2. Verhandlungen mit der Nationalregierung in Nanjing wegen Errichtung einer rechts- und staatswissenschaftlichen Fakultät an der Tongji-Universität mit deutschen Dozenten, deren Bezahlung von deutscher Seite aus erfolgt;[35]
3. im Falle der Zustimmung der chinesischen Regierung zu 2), Entsendung von zunächst vier staatlich angestellten Dozenten für Rechts- und Staatswissenschaften, deren Gehalt während ihrer Beschäftigung an der Tongji-Universität weitergezahlt wird;
4. Vermittlung und teilweise Finanzierung von Gastvorlesungen bekannter deutscher Professoren der Staatswissenschaften an der Tongji-Universität;
5. amtliche Anregung und Förderung der nachstehend unter B) von privater Seite, insbesondere den am Verkehr mit China interessierten Industrie- und Handelskreisen, erwarteten Leistungen.

B.) Von Seiten privater Kreise:

1. Ueberlassung des Grundstücks der ehemals geplanten Ingenieurschule in Hankou durch den Verband für den Fernen Osten für die Einrichtung einer Deutsch-Chinesischen Mittelschule, als Vorstufe der Tongji-Universität;[36]
2. Stiftung von Fonds zur Bezahlung von Zuschüssen an die deutschen Dozenten der juristischen Fakultät der Tongji-Universität, soweit deren deutsches Gehalt nicht ausreicht (cf. A 2 und 3);

---

33 Auslassung: Borch schlug vor, die Prioritäten folgendermaßen zu setzen: 1) Ausgestaltung des wissenschaftlichen Oberbaus (Dozenten); 2) Erweiterung des wissenschaftlichen Unterbaus (Studenten); Förderung des Studiums an deutschen Hochschulen.

34 Die der Medizin- und Ingenieurschule angeschlossene Vorbereitungsschule, die ursprünglich als Sprachenschule gegründet worden war, hatte sich in den 20er Jahren zu der Tongji-Mittelschule entwickelt, deren Lehrplan etwa dem eines deutschen Realgymnasiums entsprach. Die Schüler konnten mit 14 Jahren eintreten, insofern sie eine Aufnahmeprüfung bestanden. Die Mittelschule, die ursprünglich auf dem Gelände der französischen Konzession stand, zog 1926 nach Wusong um. Vgl. Bieg-Brentzel 1984:29-30.

35 Eine rechts- und staatswissenschaftlichen Fakultät wurde an der Tongji-Universität letztendlich nicht eingerichtet.

36 Vgl. Anm. 34.

3. Stiftung von Stipendien für chinesische Studierende der Rechts- und Staatswissenschaften an deutschen Universitäten.

Die obigen Vorschläge bedürfen für ihre Ausführung noch der Durcharbeitung im einzelnen. Sie erheben auch keinen Anspruch auf eine vollständige Darlegung der deutschen Kulturtätigkeit in China. Ich habe u.a. die Tätigkeit der deutschen Missionen, die auch ausserhalb der religiösen Ziele in vieler Hinsicht dankenswert und nützlich ist, nicht erwähnt, weil sie sich der unmittelbaren amtlichen Beeinflussung entzieht.

Mir kam es zunächst nur darauf an, die wichtigsten Mittel aufzuzeigen, deren nach meiner hier erworbenen Erfahrung die deutsche kulturelle Betätigung in China sich bedienen sollte, wenn sie trotz notwendiger finanzieller Beschränkung sich wenigstens ein gewisses Maß von Einfluss auf die künftige Einstellung führender Männer dieses Landes gegenüber Deutschland sichern will.

Wenn wir nicht imstande sind, selbst in dem obigen beschränkten Umfange an der geistigen Beeinflussung Chinas durch den Westen teilzunehmen, müssen wir uns darüber klar sein, daß ein weiterer erheblicher Teil der Menschheit, das 400 Millionen Volk der Chinesen, nach seinem sich anbahnenden Eintritt in den westlichen Kulturkreis dem deutschen Wesen fremd gegenüberstehen wird.

Ich möchte die gehorsamste Bitte aussprechen, die obigen Vorschläge und Anregungen einer Prüfung zu unterziehen und im Falle der Zustimmung sie mit den für ihre Förderung in Betracht kommenden heimischen Kreisen zu besprechen und mir danach den Auftrag zu erteilen, für ihre Verwirklichung das Erforderliche in China in die Wege zu leiten, insbesondere das Einverständnis und die Mitarbeit der chinesischen Regierung herbeizuführen.[37]

gez. von Borch

PolArchAA, R 85753.

37 Seine Pläne wurden, so weit bekannt, in einem größeren Rahmen nicht diskutiert. Auf dem Bericht befinden sich die Paraphen von Min.Dir. Trautmann, LR Altenburg, LS Lautenschlager und VLR Michelsen.

81

Niederschrift des Vereins Deutscher Ingenieure, Berlin, über die Sitzung „Unterbringung junger Chinesen in der deutschen Industrie und in deutschen technischen Lehranstalten" (17.2.1931)

am: Dienstag, den 17. Februar 1931[38]
in: Berlin NW 7, Ingenieurhaus, Grashof-Zimmer
Verhandlungsleiter: Hr. Matschoss (VdI)
Schriftführer: Hr. Krause (VdI)
Beginn: 4^{10} nachm. Ende: 5^{50} nachm.
Anwesend: Hr. Bauer (Reichsverband), Hr. Boerschmann (T.H.: Berlin), Hr. Döring (Reichsverband), Hr. Ehrhardt (S.S.W.), Hr. Federmann (T.H.Berlin), Hr. Freudenberg (Ausw. Amt), Hr. v. Gontard (Henschel & Sohn, Kassel), Hr. Jolles (T.H.: Berlin), Hr. Kammerer (A.E.G.), Hr. Kartzke (Ausländer-Institut und Kultusministerium), Hr. Küchler (Hauptverwaltung Reichsbahn), Hr. Linde (Verband f. d. fernen Osten), Hr. Michelsen (Ausw. Amt), Hr. Morsbach (Akad. Austauschdienst), Hr. Neumann (A.E.G.), Hr. Peters (Min. f. Handel u. Gewerbe), Hr. Schick (S.S.W.), Hr. Schwarz (VDMA), Frl. Selig (Akad. Austauschdienst), Hr. Spitta (Reichsverband), Hr. Strewe (China-Studienkommission).

Der Verhandlungsleiter eröffnete die Sitzung und gibt den Zweck der Zusammenkunft bekannt, der darin besteht, sich gemeinsam zu überlegen, wie man den jungen Chinesen, die zur Ausbildung nach Deutschland kommen, fachlich helfen kann. Diese Frage ist für die deutsche Industrie und Wirtschaft von größter Bedeutung, da andere Staaten, wie vor allem Frankreich und Amerika, sehr viel tun und oft grosse Mittel aufwenden, um junge Chinesen bei sich für ihren Beruf auszubilden. Wir sind leider nicht in der Lage, reiche Mittel für solche Zwecke zur Verfügung zu stellen, daher muss versucht werden, die Quantität durch die Qualität zu ersetzen.

Auf Anregung des Chinesischen Verbandes des Vereines deutscher Ingenieure war man schon vor dem Kriege dazu übergegangen, Chinesen für die Ausbildung in Deutschland zu empfehlen.[39] Diese Chinesen wurden daraufhin sehr gut bei uns aufgenommen. Es muss daher versucht werden, auch jetzt wieder eine Art Auswahlkommission in China und eine Betreuungskommission in Deutschland ins Leben zu rufen.

---

38 Das Dokument wurde von der Geschäftsstelle des VDI (Conrad Matschoß) am 24.2.1931 an das AA (VLR Michelsen) weitergeleitet (Eingangsstempel vom 26.2.1931).

39 Gemeint ist die „Vereinigung Chinesischer Ingenieure für Bauwesen in Deutschland". Vgl. OAR, 16.12.1932:516.

Im Jahre 1929 sprachen Herren der deutschen Delegation, die am Weltingenieurkongress in Tokyo[40] teilgenommen hatten und dann einige Zeit in China weilten, dort mit chinesischen Stellen über die Ausbildung von jungen Chinesen in Deutschland.

Hr. Ehrhardt teilt dazu mit, dass dabei ins Auge gefasst wurde, dass in jedem Jahr 100 Chinesen in Deutschland ausgebildet werden. Die Verteilung dieser 100 Chinesen dachte man sich folgendermassen: 20 Herren im Städtebau und in Wasserwerken, 10 Herren im Eisenbahnbau und -betrieb, 20 Herren in der Elektrotechnik, 15 Herren im Maschinen- und Schiffbau, 15 Herren in der chemischen Industrie, 10 Herren im Berg- und Hüttenwesen und 10 Herren in der Textilindustrie. Vorbedingung für die Entsendung wäre genügende Beherrschung der deutschen Sprache sowie Ablegung der Abschlussprüfung einer technischen Abteilung einer Universität oder einer technischen Hochschule. Die monatlichen Unterhaltskosten in Deutschland wurden mit Mk. 350.- veranschlagt und wären von den Stellen zu tragen, bei denen der betreffende Chinese untergebracht ist.[41] Bei der augenblicklichen Lage kämen jetzt aber höchsten Mk. 100.- in Frage, die zur Verfügung gestellt werden könnten. Die Dauer der praktischen Arbeit soll 2 Jahre betragen.

Hr. Linde macht Mitteilungen über seine Erfahrungen bei der Stellenbeschaffung für junge Chinesen. Die einzelnen Industrien verhalten sich seinen Bemühungen gegenüber verschieden. In der elektrotechnischen Industrie und in der Maschinenindustrie ist es verhältnismäßig leicht, Chinesen unterzubringen; sehr schwer dagegen ist es z.B. in der chemischen Industrie, in der Papierindustrie und ähnlichen Industrien. Die Praktikanten bewähren sich auch ganz verschieden. Er hält es für zweckmäßig, eine Stelle, z.B. beim Reichsverband der Deutschen Industrie oder Verein deutscher Ingenieure zu schaffen, die jederzeit Praktikantenstellen nachweisen kann. Unter den Chinesen in Deutschland herrscht teilweise grosse Not.[42] Daher wäre die Schaffung eines Fonds zur Unterstützung solcher Chinesen von größter Wichtigkeit. Auf eine Zwischenfrage des Verhandlungsleiters, wieviel Chinesen zu Ausbildungszwecken in Deutschland seien, gibt er für Deutschland für alle Fachrichtungen, nicht nur Technik, rd. 450 Chinesen an, von denen rd. 300 in Berlin leben. Er persönlich rät jedenfalls den Chinesen stets ab, in Berlin zu bleiben, sondern lieber Lehranstalten im Reich zu besuchen, wo die Lebenshaltung meist billiger ist.[43]

---

40 Der Weltingenieurkongreß in Tokyo hatte vom 29.10.-7.11.1929 stattgefunden. Deutschland war mit 30 Delegierten vertreten, von denen einige Teilnehmer anschließend einer Einladung der chinesischen Regierung folgten und China besuchten. Vgl. Matschoß 1930:733.

41 Vgl. Dok. 94.

42 Zur sozialen Situation der in Deutschland lebenden chinesischen Studenten gibt es für die 30er Jahre wenig Informationen. Zwar ist bekannt, daß sie ihr Studium überwiegend privat und nur zu einem geringen Teil durch Stipendien finanzierten, doch es gibt keine Berechnungen darüber, ob und wie die Studenten mit den finanziellen Sätzen auskamen. Die Ratschläge im Studienführer für chinesische Studenten (Dok. 93) lassen jedoch die Schlußfolgerung zu, daß die Stipendien sehr knapp bemessen waren.

43 Zu den in Berlin lebenden Chinesen, vgl. Ji 1989:32-41 / Liang 1978:23-38 / Yü-Dembski, in: Kuo 1987:121-124. Sowie (allerdings stark auf deren politisches Engagement bezogen): dies. 1991:331-341.

Hr. Federmann kennt auch Fälle grosser Not unter den Chinesen, und regt daher ebenfalls an, einen Fonds zu bilden, der von einem zu bestimmenden Kuratorium zu verwalten wäre.

Hr. Boerschmann hat als Kurator für die chinesischen Studierenden die Beobachtung gemacht, dass die pekuniäre Lage bei den einzelnen Herren sehr verschieden sei. Man sollte daher doch versuchen, einen Fonds zu schaffen. Die Zahl der eingeschriebenen chinesischen Studierenden an der Technischen Hochschule Berlin schätzt er auch auf 40-50. Nach seinen Beobachtungen studieren eine ganze Menge Chinesen auch an anderen Hochschulen.[44]

Hr. Morsbach spricht zur finanziellen und kulturellen Seite der Angelegenheit und teilt mit, dass bei der Alexander von Humboldt-Stiftung ein Fonds vorhanden sei, allerdings nicht gross genug, um die Zahl der zu unterstützenden Chinesen wesentlich zu erhöhen.[45] Dieser Fonds sollte mehr als Darlehensfonds aufgezogen werden. Er hat beobachtet, dass Ausländer gern, wenn sie in ihrer Heimat gut bezahlte Stellungen einnehmen, das ihnen in Deutschland gewährte Darlehen zurückzahlen. Auch in Amerika liegen bei der Harmon-Foundation ähnliche Erfahrungen vor. Man rechnet dort, dass deutsche Studenten das Darlehen zu 100, ostasiatische zu 60% zurückzahlen. Man sollte sich nicht nur in finanzieller, sondern auch in gesellschaftlicher Beziehung der Chinesen mehr annehmen. Es ist, besonders an Universitäten ausserhalb Berlins, beobachtet worden, dass sich rein kommunistische Organisationen der Chinesen unterstützend angenommen haben, wobei sie dann ihre Propaganda unter ihnen treiben konnten.[46] Die auf diese Weise beeinflussten Chinesen erwecken dann, in der Heimat zurückgekehrt, einen falschen Eindruck über Deutschland.

Hr. Strewe teilt mit, dass China heute ein grosses Interesse hat, junge Chinesen zur Ausbildung nach Deutschland zu schicken, dass man aber dort das Leben in Deutschland zu teuer finde. Sehr grosszügig gehen die Franzosen vor, um junge Chinesen zur Ausbildung in ihr Land zu bekommen. In Lyon kann ein chinesischer Student nach deutscher Währung mit Mk. 80.- monatlich, die ihm von seiner Heimat zur Verfügung gestellt werden, auskommen. Für etwaige Mehrausgaben steht ein Komitee, das helfend einspringt, zur Verfügung.[47] Die Schiffahrtsgesellschaft „Companies Messageries Maritimes" kommt den

44 Vgl. hierzu (allerdings nicht nach Städten unterschieden) Harnisch 1999:272-275.

45 Obwohl die Alexander-von-Humboldt-Stiftung zur Vergabe von Stipendien an ausländische Studenten 1931 im DAAD aufging, bewahrte sie ihre Eigenständigkeit bezüglich der Einzelvergabe von Stipendien. Vgl. ebd.:300-301.

46 Die chinesische Studentenschaft teilte sich in den 20er Jahren in zwei Lager: Diejenigen, die eher fachlich orientiert waren und diejenigen, die stärker an politischer Arbeit interessiert waren. Auf die 1925 in Berlin gegründete Sektion der GMD nahmen die Kommunisten großen Einfluß. Nach dem Auseinanderbrechen der 1. Einheitsfront in China kam es zwischen den chinesischen Kommunisten und den Vertretern der rechten GMD, die den „Club der Chinesischen Studenten" dominierten, zu Zusammenstößen. Vgl. Harnisch 1999:238-252 / Felber / Hübner 1988:158 u. 169.

47 Zu den chinesischen Studenten in den 20er Jahren in Frankreich, vgl. Spence 2001:393-398 / Wang 1966:105-111. - Der deutsche Gesandte in Peking, Borch, hatte bereits darauf hingewiesen (Dok. 80,

Chinesen bei der Beförderung nach Frankreich ebenfalls sehr entgegen und bringt sie für sehr billiges Geld von China nach Frankreich. Bei den weiteren Verhandlungen über diesen ganzen Fragenkomplex solle man nicht das China von heute zugrunde legen.

Hr. Döring ist der Auffassung, dass die ganze Angelegenheit auf lange Sicht und sorgfältig vorbereitet werden muss. Im Augenblick ist keine befriedigende Lösung zu finden. Wir müssen uns aber dieser Frage mit aller Energie annehmen und zwar in der Reihenfolge, wie der Weg des Chinesen von seiner Heimat nach Deutschland geht, d.h. 1.) Auswahl der geeigneten Chinesen in China, 2.) Beförderung der Chinesen nach Deutschland, 3.) Unterbringung in Deutschland.

Der Verhandlungsleiter hält diesen Weg auch für den richtigen.

Hr. Linde teilt noch zu den Ausführungen des Herrn Morsbach mit, dass auch er mit Chinesen sehr gute Erfahrungen bezüglich Rückzahlung der Darlehen gemacht hat.

Hr. Jolles steht seit 30 Jahren mit chinesischen Studenten in Verbindung und teilt mit, dass die Chinesen sehr fleissig sind und vielfach gute Examen machen. Sie lernen aber leider nur das, was der Deutsche, nicht aber das, was der Chinese braucht. Es ist daher notwendig, dass die Chinesen von einem deutschen Kenner der chinesischen Verhältnisse gesagt bekommen, was China braucht und was sie infolge dessen studieren sollen. Er stellt dann noch fest, dass die Vorbildung der Chinesen vor dem Kriege besser war.

Der Verhandlungsleiter ist der Ansicht, dass er vielen Chinesen, die zur Ausbildung nach Deutschland kommen, raten würde, nicht auf die technischen Hochschulen, sondern auf die höheren Maschinenbauschulen[48] zu gehen. Diese Anstalten sind jetzt ganz ausgezeichnet eingerichtet, was noch viel zu wenig bekannt ist.

Hr. Peters teilt mit, dass der preussische Handelsminister den Chinesen weitgehend entgegenkommen will. So ist Schulgeldherabsetzung ins Auge gefasst, an die Direktoren der einzelnen Lehranstalten werden Anweisungen für etwaige Sonderausbildungen gegeben, ferner wird man sich auch bemühen, die Chinesen zur praktischen Ausbildung in der Industrie unterzubringen.[49]

Hr. Freudenberg ist der Ansicht, dass die Frage „Fachschulen“ oder „Hochschule“ bereits in China zu klären ist. Was die Gebühren anbelangt, so ist es kaum möglich, noch weiter entgegen zu kommen. Man sollte darauf hinwirken, dass die chinesischen Geldgeber die Erteilung von Stipendien von dem Besuch bestimmter Lehranstalten abhängig machen.

Hr. Peters will sich in jeder Beziehung einsetzen für eine Studienerleichterung nach jeder Richtung. Er hält es für dringend notwendig, den ganzen Fragenkomplex möglichst bald in

---

Anm. 26), daß die Franzosen chinesische Studenten in China für die französischen Hochschulen vorbereiten und dann in Frankreich vorbildlich für ihre Fortbildung und Unterkunft sorgen würden.

48 Bei Maschinenbauschulen handelte es sich um Fachschulen für die Heranbildung von Maschinentechnikern. Diese Schulen umfaßten vier Halbjahre und setzten den Besuch der Volks- und Berufsschule sowie Erfahrungen in einer praktischen Tätigkeit voraus.

49 Zu Zulassung und Aufnahme chinesischer Studenten an deutschen Hochschulen, vgl. Harnisch 1999:279-289. - Seit 1927 wurden an deutschen Hochschule keine besonderen Ausländergebühren mehr erhoben.

Angriff zu nehmen, zumal da zahlreiche Privatschulen, die hochklingende Diplome verleihen, sich eifrig bemühen, Ausländer für ihre Institute einzufangen.

Hr. Michelsen ist auch der Ansicht, dass bereits in China entschieden werden muss, welche Lehranstalt für den nach Deutschland zu sendenden Chinesen in Frage kommt. Man solle zur Unterrichtung der Chinesen ein Merkblatt hierüber abfassen, das ins Chinesische zu übersetzen wäre

Hr. Küchler teilt mit, dass die Deutsche Reichsbahn, wie bisher, bereit sei, Ingenieure und Eisenbahnbedienstete auszubilden.

Der Verhandlungsleiter stellt fest, dass Einigkeit darüber bestehe, dass einheitlich geholfen werden solle, geeignete Chinesen zu Ausbildungszwecken in Deutschland unterzubringen. Wir wollen uns zunächst nach China wenden und dort anregen, dass ein Ausschuss zur Auswahl junger Chinesen gebildet wird und dann zwei Merkblätter entwerfen, und zwar eines in Chinesisch zur Unterrichtung der Chinesen drüben, und ein zweites, ausführlicheres in Deutsch, für die deutschen Berater.[50]

(...)[51]

Der Verhandlungsleiter stellt fest, dass so verfahren werden soll.

Beschluss:

Es soll die Bildung eines Ausschusses in China eingeleitet und Merkblätter im Sinne der Verhandlung ausgearbeitet werden.

gez. C. Matschoss	gez. Krause
Verhandlungsleiter	Schriftführer

Berlin, den 24. Febr. 1931

PolArchAA, R 85725.

82

Erlaß des AA an die Deutsche Gesandtschaft, Peking (14.6.1931)

Auswärtiges Amt. Für Nanjing - No. 828/31
VI W 3344

Berlin, den 14.Juni 1931

50 Die Merkblätter konnten nicht gefunden werden.

51 Auslassung: Im folgenden wurde noch darüber diskutiert, ob es angemessen sei, chinesische Studenten in Studentenwohnheimen unterzubringen. Max Linde (VFO) führte aus, daß dies bei den Chinesen den Eindruck erwecken könnte, daß sie nur Studenten zweiter Klasse seien. Dennoch war es durchaus üblich, private Studentenwohnheime für Chinesen einzurichten, so z.B. in Freiburg im Breisgau.

Auf den Bericht vom 26.3. d.J. Nr. 788/31
und auf die Anforderungsberichte für Schulzwecke.[52]

Die Fonds für das deutsche Schulwesen im Ausland und für die Pflege der kulturpolitischen Beziehungen zum Ausland sind, wie der Gesandtschaft bekannt sein dürfte, im laufenden Jahr erheblich gekürzt worden. Es ist daher leider nicht möglich, sämtliche beantragten Beträge in voller Höhe zur Verfügung zu stellen. Zur vertraulichen Information der Gesandtschaft und der Konsularbehörden in China darf ich ferner bemerken, dass eine weitere nachträgliche Kürzung der Fonds noch während des laufenden Rechnungsjahres nicht ausgeschlossen erscheint. Ob sich in diesem Falle eine weitere Herabsetzung der weiter unten bewilligten Beträge vermeiden lässt, kann noch nicht übersehen werden. Ich bitte jedoch die Gesandtschaft und die nachgeordneten konsularischen Vertretungen schon jetzt, auf diese Möglichkeit Rücksicht zu nehmen.

Ferner bitte ich einem Wunsche des Reichsfinanzministeriums entsprechend, die Auszahlungen, soweit dies ohne Schaden für den Bewilligungszweck und ohne finanzielle Mehrforderungen möglich ist, tunlichst auf das zweite Halbjahr zu verschieben.

Im Einzelnen stehen zur Auszahlung durch die Gesandtschaft beziehungsweise die konsularischen Vertretungen in China folgende Beträge zur Verfügung. (Kassenanweisung zu Kap. IV 4 Tit. 7 vom 14.6.31 - VI S 3468 -):

1.) Schule Kanton 6.000.- RM
(Haushaltsüberwachungsliste Nr. 228).

2.) Schule Hankou 3.000.- RM
(Haushaltsüberwachungsliste Nr. 229).

3.) Schule Harbin 5.000.- RM
davon 1 000,- RM zur Erstattung der Ausreisekosten des Lehrers Krutenat[53] laut Erlass VI S 7259 vom 23.11.1930 an Konsulat Harbin.
(Haushaltsüberwachungsliste Nr. 230.)
Ausserdem für die Lehrer- und Schülerbücherei durch die Mittelstelle (200.- RM), ferner ein Abonnement auf „Deutsche Schule im Auslande“[54]).

4.) Schule Shenyang 3.600.- RM
(Haushaltsüberwachungsliste Nr. 231).
Ausserdem ein Bücherspende durch die Mittelstelle (100.- RM).

5.) Schule Peking 5.400.- RM
(Haushaltsüberwachungsliste Nr. 232).

6.) Schule Shanghai 8.000.- RM
(Haushaltsüberwachungsliste Nr. 233).

---

52 Der Bericht vom 26.3.1931 konnte nicht ermittelt werden. - Anforderungsberichte für das AA mußten einmal im Jahr geschrieben und an die kulturpolitische Abteilung geschickt werden.

53 Kurt Krutenat arbeitete als Lehrer an der deutschen Hindenburg-Schule in Harbin.

54 Die *Deutsche Schule im Auslande*, die Zeitschrift der deutschen Lehrer im Ausland, wurde seit 1901 monatlich in Wolfenbüttel herausgegeben.

7.) Schule Tianjin 9.000.- RM
(Haushaltsüberwachungsliste Nr. 234).
8.) Schule Jinan 2.000.- RM
(Haushaltsüberwachungsliste Nr. 235).
9.) Deutsche Schule in Qingdao 4.000.- RM
(Haushaltsüberwachungsliste Nr. 236).
10.) Deutsch-Chinesisches Seminar Qingdao 4.500.- RM
(Haushaltsüberwachungsliste Nr. 238)
11.) Schule Jining 2.500.- RM
(Haushaltsüberwachungsliste Nr. 237).

Ausserdem für die Schule in Jining eine Bücherspende durch die Mittelstelle (100.- RM).

Die Frage der Unterstützung der Institute an der Tongji-Universität ist in dem Erlass vom 20.3.d.J. - VI W 2444 - behandelt worden.[55]

Vor weiterer Entschliessung muss der Eingang der Antwort des Generalkonsulats Shanghai abgewartet werden.

Ich darf in diesem Zusammenhang erwähnen, dass inzwischen als Beihilfe für den Lehrer Glatzer[56] in Wuchang 3.000.- RM und als Beihilfe für die Übersetzungsarbeiten von Dr. Othmer[57] 1.000.- RM bewilligt worden sind.

Die 3 Bücherspenden für Schulen werden von der Mittelstelle für deutsches Auslandsbüchereiwesen zusammengestellt und dieser Stelle von hier aus unmittelbar bezahlt werden.

Die nachgeordneten konsularischen Vertretungen bitte ich entsprechend zu verständigen.

Im Auftrag
gez. Terdenge

BArch, 0902/3371.

55 Der Erlaß vom 20.3.1931 wurde nicht gefunden.

56 Der Lehrer Konrad Glatzer erteilte deutschen Anfangsunterricht an einer Mädchen-Mittelschule in Wuchang. Auch war vorgesehen, daß er den Deutschunterricht in den Vorbereitungsklassen der literarischen und naturwissenschaftlichen Fakultät an der Universität von Wuhan übernehmen sollte. Vgl. Schreiben von Hans Traut, Konsulat Hankou, an die DGP, 17.9.1928, in: PolArchAA, R 85720.

57 Wilhelm Othmer hatte zunächst an der Deutsch-Chinesischen Hochschule in Qingdao gearbeitet und war seit den 20er Jahren an der Vorbereitungsschule der Tongji-Universität tätig.

83

Brief des ehemaligen preußischen Kultusministers Carl Heinrich Becker, Berlin, an den deutschen Untergeneralsekretär des Völkerbundes Albert Dufour, Genf (1.6.1931)

1. Juni 1931

Herrn Albert Dufour
Generalsekretär der Société des Nations,
Genf.

Hochverehrter Herr Dufour,

Ihr freundlicher Brief vom 21. Mai[58] erreichte mich an der englischen Südküste, wo ich auf Einladung der Carnegie Corporation[59] an einer paedagogischen Konferenz teilnahm. Eins der Themata meiner persönlichen Unterhaltung mit Professor Monroe, dem Direktor des International Institute an der Columbia University in New York[60], betraf die Frage, ob ich nicht bereit wäre, im Rahmen eines amerikanischen Komitees auf drei Monate nach China zu gehen, um die chinesische Regierung, bei deren Präsidenten Herr Monroe diesen Plan angeregt hatte, bei der Neugestaltung des Unterrichtswesens zu beraten. Es war ein merkwürdiges Zusammentreffen, dass gerade in diesem Augenblick Ihr Brief mit dem gleichen Projekt bei mir einlief. Herr Monroe war sehr interessiert, als ich ihm kurz von dieser Tatsache Kenntnis gab, und meinte, dass Amerika natürlich zurückzutreten habe, wenn der Völkerbund selbst diese Sache in die Hand zu nehmen wünsche.

Natürlich beschäftigt mich Ihr Angebot sehr lebhaft, und ich habe grundsätzlich grosse Lust zu einer Aufgabe, die von wirklich historischer Bedeutung für eine geistige Entwicklung des Ostens werden könnte. Aber gerade weil ich als gelernter Orientalist eine genaue Kenntnis der Verhältnisse des näheren Ostens besitze - leider nicht des ferneren -, sehe ich auch die vorhandenen Schwierigkeiten vielleicht schärfer als der reine Politiker. Eins möchte ich mit allem Freimut an die Spitze unserer Unterhaltung stellen, dass ich eine solche Aufgabe nur dann übernehmen könnte, wenn ich persönlich die feste Ueberzeugung

58 Vgl. Brief des deutschen Untergeneralsekretärs Albert Dufour-Feronce, Genf, an Carl Heinrich Becker, 21.5.1931, in: GSTA PK, VI. HA, NL Becker 4808. Dieser Brief ist auszugsweise wiedergegeben in: Neugebauer 1971:112. - Becker war gefragt worden, ob er bereit sei, sich an einer Studienkommission des Völkerbundes nach China zu beteiligen.

59 Der amerikanische Stahlindustrielle Andrew Carnegie hatte nach dem Verkauf seiner Firmen sein Vermögen in mehrere Stiftungen eingebracht, u.a. in die *Carnegie Corporation* zur Förderung der Erwachsenebildung.

60 Paul Monroe war seit 1899 Professor am *Teachers College* der Columbia Universität (New York), die als eine der besten amerikanischen Bildungsstätten galt. Viele chinesische Studenten hatten am dortigen *Teachers College* studiert. Vgl. Hayhoe 1992:55.

gewänne, dass aus dieser Unternehmung mehr werden wird als eine Spazierfahrt nach Ostasien auf Kosten des Völkerbundes. Für eine reine Geste, so sehr sie vielleicht in der augenblicklichen Völkerbundspolitik begründet sein könnte, würde ich als Orientalist und Gelehrter nicht viel Sinn übrig haben. Natürlich weiss ich, dass auch der Völkerbund die Durchführbarkeit einer Unterrichtsreform in China nicht garantieren kann. Aber ich würde doch dankbar sein, wenn ich über die dortige Auffassung von der Möglichkeit irgend welcher Reformen bei dem gegenwärtigen Zustand der innerchinesischen Politik näher orientiert werden könnte. Gerade die neuesten Nachrichten aus China - vergl. „Times" vom 26. Mai, S. 13[61] - sind nicht gerade ermutigend.

Ferner scheinen mir gewisse Richtlinien für die zu entsendende Kommission vorher festgestellt werden zu müssen. Als Orientalist habe ich einen tiefen Respekt vor der überlieferten Kultur der orientalischen Völker. Ich weiss, dass der Orient selbst in seinem Urteil über den Wert seiner eigenen Tradition verschiedener Meinung ist. Es gibt Radikale, die alles Heil nur von einem vollkommenen Bruch mit der Vergangenheit erwarten. Musterbeispiel dafür die Türkei, deren jüngste Reformen m.E. geradezu katastrophal sind.[62] Nach manchem, was ich von China gehört habe, gibt es dort auch radikale Kreise, die einer restlosen Amerikanisierung oder Europäisierung das Wort reden. Ich würde nur mitarbeiten können, wenn von vornherein feststeht, dass eine organische Weiterbildung der altchinesischen Kultur und deren Versöhnung mit den Methoden der modernen Wissenschaft und Verwaltung erstrebt wird.

(...)[63] Die Verhältnisse in den einzelnen Provinzen Chinas liegen gewiss sehr verschieden. Ich glaube, dass China mehr damit gedient wäre, wenn wir uns geografisch beschränkten und einen wohl durchgearbeiteten Verwaltungs- und Studienplan für ein oder zwei übersehbare Gebiete vorlegen würden. Dann könnte der Leiter der Expedition einen Ueberblick behalten und die Fachmänner der einzelnen Unterrichtsgebiete wirklich ganze Arbeit tun und zwar nur auf einem Gebiet, das sie wirklich übersehen. Ist dann einmal auf unseren Vorschlag hin in einem beschränkten und namentlich von den Kriegsereignissen verschont gebliebenen Gebiet eine systematische Ordnung eingetreten, so kann die chinesische Regierung mit ihrer fortschreitenden Stabilisierung diese Musterverwaltung auf andere Provinzen übertragen. Welche Gebiete unter diesen Gesichtspunkten für die chinesische Regierung wichtig sind, müsste sie selber entscheiden. Es würde sich wohl empfehlen, ein Gebiet zu nehmen, das noch völlig von dem amerikanischen Schulwesen

---

61 In der *Times* vom 26.5.1931:13 war der Artikel „Cracks in China" abgedruckt. In ihm wurde das fehlende Zusammenspiel der chinesischen Regierungskräfte und die damit zusammenhängende Einrichtung der Gegenregierung in Kanton beschrieben.

62 Becker sprach hier die kulturellen Reformbemühungen 1930/31 in der Türkei an, die vor allem die Schulbildung und den Geschichtsunterricht betrafen. Da die Geschichtsauffassung von Grund auf verändert werden sollte, hatte eine Historikerkommission den Auftrag erhalten, ein neues Lehrbuch über die türkische Geschichte zu verfassen. Daneben wurde auch die Alphabetisierung der Landbevölkerung entscheidend vorangebracht. Vgl. Adanir 1995:44-46.

63 Auslassung: Becker wies darauf hin, wie wichtig die personelle Zusammensetzung der Kommission für eine erfolgreiche Bewältigung der Aufgabe sei.

unberührt ist und daneben ein anderes Gebiet zu untersuchen, in dem sich das Universitäts- und Höhere Schulwesen unter amerikanischem Einfluss schon ziemlich durchgesetzt hat. Sie sehen, dass ich der intensiven Methode im Gegensatz zu der scheinbar beabsichtigten extensiven das Wort rede.

Ich verstehe durchaus, dass Frankreich ein besonderes Interesse an Südchina nehmen würde. Die grosse historische Arbeit der Schule von Hanoi ist mir natürlich bekannt.[64] Die grossartige Leistung Frankreichs auf diesem Gebiet gehört zu den Ruhmestaten der europäischen Bildungsgeschichte in Asien. Auf der anderen Seite haben die Amerikaner, insbesondere die amerikanische Mission, ganz Erstaunliches geleistet, und auch der englische Einfluss von Hongkong und Shanghai aus ist natürlich nicht ohne Wirkung geblieben.[65] Dazu kommt von Norden her neuerdings der japanische und von Russland her der bolschewistische.[66] Es wird ungeheuer schwer sein, eine Synthese zwischen diesen Einflüssen zu finden, und ich bin persönlich der Meinung, dass für China selbst nur eine Lösung des Problems der nationalen Erziehung aus der chinesischen Tradition selbst genommen werden kann. Natürlich ist mir bekannt, dass das chinesische Prüfungswesen, eines der differenziertesten der ganzen Welt, beim Zusammenprall mit der neuen Welt in sich zusammengebrochen ist.[67] Seit diesem Zusammenbruch besteht in China ein Unterrichts-Chaos, und es wird bei der Stärke der bestehenden Einflüsse ausserordentlich schwierig sein, eine wirkliche Einheitlichkeit zu erreichen. Diese Einheitlichkeit wird, da China kein Land, sondern ein Kontinent ist, auf unterrichtlichem Gebiet vielleicht ebenso unmöglich sein wie auf politischem. Deshalb sollte der Völkerbund nichts Unmögliches versuchen, sondern seine Reformen da anbieten und einsetzen, wo diese fremden Einflüsse noch nicht einseitig allmächtig dominieren.

Nach allem, was ich höre, scheint China gerade auf dem Universitätsgebiet schon ganz respektable Leistungen aufzuweisen zu haben. Das entscheidende Problem ist für mich die Volksschule, die man aber wieder nur reformieren kann, wenn man die geeigneten Lehrer hat. Alle bisherigen chinesischen Unterrichtsreformen sind an der Frage der Unmöglichkeit der Lehrerbildung gescheitert.[68] Will man nun wirklich Ernst machen, wird man beim Problem der Lehrerbildung noch energischer einsetzen müssen als beim Problem der Universitätsbildung. Ich glaube nicht, dass es sich empfiehlt, das System irgend eines

---

64 In Hanoi und Saigon gab es jeweils ein *collège* (später *lycée*), das dem Unterrichtsplan in Paris folgte und an dem ausschließlich in Frankreich ausgebildete Lehrer tätig waren. Sowohl französische als auch vietnamesische Kinder wurden hier unterrichtet. Vgl. Kelly, in: Kelly 2000:48.

65 Zum amerikanischen und englischen Kultureinfluß, vgl. Dok. 80, Anm. 26.

66 Zum japanischen Einfluß, vgl. ebd. - Abgesehen von der Gründung der Academia Sinica ist ein explizit russischer Einfluß auf das chinesische Bildungswesen nicht auszumachen. Zum russischen Einfluß auf die SYU, vgl. Dok. 79, Anm. 7.

67 Das chinesische Prüfungswesen war 1905 abgeschafft worden. Wenn auch eine erfolgreich abgelegte Prüfung nicht automatisch die Erlangung eines Amtes garantiert hatte, so zog sie doch den Eintritt in die Gentry, die damals herrschende Elite, nach sich.

68 Die Lehrerausbildung spielte in Beckers Denken eine wichtige Rolle, weil er die Grundschullehrer als Kulturträger zwischen Elite und Masse ansah. Vgl. Einleitung zu diesem Kap.

europäischen Landes zu übernehmen, sondern dass man aus der chinesischen Tradition heraus neue Ideen wird entwickeln müssen. Das ist aber natürlich nur möglich, wenn alle Mitarbeiter der Kommission gewillt sind, der Wiedergeburt Chinas und nicht dem kulturellen resp. politischen Einfluss ihres Heimatlandes zu dienen.

Ehe ich mich zur Uebernahme dieser grossen Arbeit entschliesse, müsste ich mit den massgeblichen Instanzen in Genf einmal ausführlich über dieses Problem geredet haben. (...)[69]

Zum Schluss wäre ich auch gern noch darüber orientiert, ob und in welcher Form für des Chinesischen kundige Dolmetscher gesorgt werden wird. Wenn auch die meisten Chinesen, die sich in leitender Stellung befinden, gewiss alle Englisch können und, wie ich höre, der entscheidende Mann der Nanjinger Unterrichtsverwaltung sogar Deutsch spricht[70], wird es doch eine Reihe von Fällen geben, wo ein Verkehr mit Chinesen, die keiner europäischen Sprache mächtig sind, wünschenswert erscheint. Die Mitnahme eines eigentlichen Sinologen halte ich für bedenklich, weil er im Rahmen der Kommission ein zu starkes Uebergewicht haben würde. Aber es muss natürlich dafür gesorgt werden, dass im Lande selbst gelegentlich Dolmetscher zur Verfügung stehen. Wenn dabei auch auf die Mithilfe der verschiedenen nationalen Gesandtschaften und Konsulate gerechnet werden kann, so eröffnet sich damit natürlich doch auch wieder zugleich die Fehlerquelle der nationalen Ambitionen, auf die ich schon oben hinwies. Jedenfalls wird auch diese Frage bei unserer Besprechung mit erörtert werden müssen.

Endlich möchte ich Ihnen, hochverehrter Herr Dufour, meinen aufrichtigen Dank dafür aussprechen, dass Sie und Ihre Kollegen mich für diese schwierige und ehrenvolle Aufgabe in Aussicht genommen haben. Sie sehen aus dem Vorstehenden, wie ernst ich das Problem nehme. Ich würde mich freuen, wenn wir zu einer Einigung kämen; aber ich kann Ihnen natürlich heute noch keine feste Zusage übermitteln.

In bekannter hoher Verehrung
Ihr Ihnen aufrichtig ergebener[71]

GSTA PK, VI. HA, NL Becker 4808.

69 Auslassung: Im folgenden ging es um organisatorische Fragen der Reise.

70 Gemeint ist Zhu Jiahua, der von 1931-33 das Amt des Erziehungsministers innehatte.

71 Da sich der Brief als Durchschlag im NL Beckers befand, war er nicht unterzeichnet.

84

Brief des Vorsitzenden der Erziehungskommission des Völkerbundes, Carl Heinrich Becker, Nanjing, an seine Familie, Berlin (30.11.1931)

30. Nov. 1931. Nanjing.

Ihr Lieben!

Nun sind wir bereits die dritte Woche in Nanjing. Es waren ruhige Tage ohne irgendwelche amtliche Inanspruchnahme. Ein zwangloses chinesisches Abendessen beim Minister kann nicht als Störung betrachtet werden. Wir haben viel geschrieben und viel beraten, unter uns und auf dem Ministerium mit den massgebenden Ministerialdirektoren. Das Hauptresultat dieser Wochen war die Herausarbeitung gewisser Leitsätze für die von uns vorzuschlagenden Reformen. Ich möchte heute einmal davon berichten, damit Ihr nicht den Eindruck gewinnt, als wäre meine Reise eine reine Vergnügungsveranstaltung. Ich habe lange darüber nachgedacht, wie ich Euch eine Vorstellung vermitteln könnte, ohne unsern ganzen Report, der etwa 100-200 Druckseiten umfassen wird, vorwegzunehmen.[72] Es wird vielleicht etwas trocken werden, ich bitte deshalb diesen Brief unter Umständen ungelesen zu lassen, ich vermute aber, dass sich vielleicht meine ministeriellen Freunde besonders dafür interessieren werden. Da ich nicht die Zeit habe, alles zu übersetzen, gebe ich die englischen oder französischen Schriftsätze im Auszug ohne Übersetzung. Die Hauptsache stelle ich voran: Der Bericht ist <u>kein Kompromiss</u>, sondern wir sind trotz der Verschiedenheit der Herkunft in <u>allen</u> Punkten einig.[73] Der Kampf galt nur der Form, Meinungsverschiedenheiten betrafen nur Details von untergeordneter Bedeutung. Jeder von uns hat sich mit allen Fragen beschäftigt, sodass es eigentlich gleichgültig ist, wer die einzelnen Kapitel nachher schreibt; sie sind doch gemeinsames geistiges Gut. Es war uns allen vorher etwas bänglich zu Mute, jetzt sind wir alle äusserst glücklich und befriedigt. Auch haben wir gewisse Aussichten, dass unsere Pläne verwirklicht werden, wenn auch natürlich sehr allmählich; denn es hat sich herausgestellt, dass nicht nur das Ministerium, sondern auch die massgebenden Pädagogen Chinas in allen wichtigen Punkten unsere Meinung teilen[74], wie wir ja auch unsrerseits nicht nur beobachtet, sondern auch Meinungen gesammelt haben. Die Zeit unseres Hierseins war viel zu kurz, um <u>überall</u> auf <u>reiner</u> Beobachtung zu fussen, aber wir sagen nichts, das wir nicht <u>auch</u> mit eigenen Beobachtungen belegen könnten.

---

72 Der Bericht erschien als *The Reorganisation of Education in China*, Paris 1932 und als *Zhongguo jiaoyu zhi gaijin*, Nanjing 1932 (Nachdruck Taibei 1962).

73 Nach der Rückkehr der Kommission nach Europa hatte Becker allerdings eine heftige Auseinandersetzung mit dem polnischen Mitglied Marian Falski, vgl. Kuß 1998:212-213.

74 An dieser Stelle dürfte es sich um eine zu optimistische Darstellung handeln, da die Chinesen, welche im erziehungspolitischen Bereich tätig waren, ihr Bildungssystem nicht als reine Adaption des amerikanischen betrachteten und die Vorschläge der Kommission durchaus auch kritisch beurteilten. Vgl. Dok. 91. Sowie Harnisch 1999:266-268.

(...)[75] Der Plan des Reports hat folgendes Schema[76]:

Report of the League of Nations Educational Mission to China.

Introduction: (von mir zu schreiben)

1. Preface. Procedure followed by the Mission: Plan of the Report, only suggestions and outlines, scantity and unreliability of underlying material. Acknowledgement for assistance.

2. Summary of conclusions.

a) The promising aspects (hier wird gelobt)
b) The principal weaknesses
c) Proposals (Zusammenfassung der wichtigsten Vorschläge)

Chap. 1. General Considerations (Langevin).

1. The present Chinese educational system, its leading ideas and history; necessity of a unified system to keep together the whole nation; private and state education; Japanese influence on the centralisation of the educational administration (indirekter deutscher Einfluss!)[77] ; American influence on schooltypes, curricula and pedagogics
2. The staff, its position and selection
3. The social selection of the students (bis zur Schulgeldstaffelung und Erziehungsbeihilfen!!)
4. The system of teaching
5. Compulsory education
6. Distribution and utilisation of schools
7. Curricula and textbooks
8. Language and writing
9. Hygiene (Alles das im Einzelnen noch nicht fixiert)

Chap. 2. Primary Schools (Falski)
Chap. 3. Secondary Schools (CHB)
Chap. 4. Universities and Colleges (Tawney)
Chap. 5. Vocational Schools (Langevin)
Chap. 6. Teacher training (CHB)
Chap. 7. Adult Education, Mass- and Social Education (Langevin)
Chap. 8. Administration and Finance (CHB)

---

75 Auslassung: Becker beschrieb die Aufteilung der verschiedenen Kapitel auf die einzelnen Kommissionsmitglieder. Die generellen Fragen sollten in einem umfangreichen ersten Kapitel behandelt werden.

76 Diese Gliederung wurde im großen und ganzen beibehalten, davon abgesehen, daß Langevin seine Kapitel nur teilweise lieferte, weshalb diese von Becker und Falski übernommen wurden. Vgl. Kuß Diss. 283-285 / Neugebauer 1971:171-172.

77 Das gesamte japanische Bildungswesen war von der Volksschule bis zur Universität ab 1882 nach preußischen Vorbildern restrukturiert worden. Vgl. Martin 1995:41-52.

Zum Schluss noch ein Annex über die wichtige Frage der Boxer Indemnities[78] und irgendwo noch ein Kapitel über Privatschulen und Missionen.

(...)[79]

So habe ich mich denn schnell hingesetzt und die folgenden Preliminary Suggestions zu Papier gebracht, die wenigstens unsere Hauptideen enthalten. Um aber ihre Bedeutung zu verstehen, muss man einiges über die hiesigen Verhältnisse wissen. Über die Verwaltungseinteilung in Provinzen, Distrikte (Xian) und Unterdistrikte (Xu) habe ich schon gesprochen.[80] Die Provinzen sind sehr selbständig. Man hat das Prinzip, immer nur den Mann an der Spitze zu ernennen, der sich dann seinerseits seine Mitarbeiter zusammensucht. Das gilt nicht nur für die Gouverneure, sondern auch für die Universitätspräsidenten, ja für jeden Schuldirektor. Es gibt keine Bestimmungen über die Zahl der Beamten und Lehrer, daher eine grenzenlose Überbesetzung. Im Durchschnitt kommen bei den Schulen 20 Schüler auf einen Lehrer, bei den Hochschulen sogar nur 5. Die Lehrer aller Grade, auch die Professoren wie alle Beamten, werden immer nur für ein Jahr angestellt und sind völlig in der Hand des jeweiligen Chefs. Das ist wie alle Welt hier einsieht ein unerträgliches System. Unser Entwurf ist nichts weniger als der erste Versuch, auf dem Gebiet der Unterrichtsverwaltung stabilere Verhältnisse, eine wirkliche Verwaltung einzuführen und sogar den Weg zu einer Art von Selbstverwaltung zu weisen. Wenn irgendwo, ist diese Reform im Unterrichtswesen möglich, da der Drang nach Einheitlichkeit so gross ist, dass selbst beim Abfall des Südens von Nanjing die kulturellen Beziehungen stets aufrecht erhalten blieben, wie ich höre, auch keinerlei Schwierigkeit besteht, dass ich jetzt von Nanjing an Kanton empfohlen werde.[81] Natürlich wird man erst Versuche machen und hat dafür die beiden Provinzen nördlich und südlich von Nanjing Jiangsu und Zhejiang in Aussicht genommen. Gerade sie haben wir auch am intensivsten studiert.

Die chinesischen Universitäten sind höhere Schulen im amerikanischen Stil. Es gibt viel zu viele. Ausserdem sind sie ohne innere Zusammenarbeit an wenigen Orten massiert. Das Studium ist reines Studium antiquierter amerikanischer Textbooks. Am Schlimmsten sieht es im höheren Schulwesen aus - notabene secondary education: „higher education „ heisst immer Universität oder College! -. Es fehlt an Lehrern. Die vorhandenen verstehen entweder nichts von ihren Fächern oder nichts von Pädagogik. Geradezu verheerend hat das

78 Die Verwendung der „Boxergelder“ im kulturellen Bereich wurde von den Westmächten zunehmend praktiziert. Deutschland war dieser Rechte auf chinesische Entschädigungszahlungen 1919 in Versailles verlustig gegangen. (Vgl. hierzu Dok. 12, Anm. 49)

79 Auslassung: Becker beschrieb die Gespräche der Kommission mit chinesischen Beamten und Erziehungsexperten. Auch informierte er darüber, daß die Regierung zur Reorganisation Chinas einen Wirtschaftsrat eingerichtet habe. Eine seiner Unterkommissionen solle das Unterrichtswesen behandeln.

80 Becker bezog sich auf einen seiner vorhergehenden Brief vom 5.11.1931, in: GSTA PK, VI. HA, NL Becker 8478. Zum chinesischen Verwaltungssystem, vgl. Dok. 93.

81 Becker hielt sich vom 18.-21.12.1931 in Kanton auf, wo er u.a. die Pädagogische Abteilung der SYU besuchte. Vgl. Neugebauer 1971:170.

Teachers College in Columbia University (New York), wo ich meine Vorlesungen hielt[82], gewirkt. Ich habe nie den verderblichen Einfluss einer einzigen Anstalt auf einen ganzen Continent so überwältigend erlebt wie den des Teachers College auf China. Wir haben ja selbst bei unseren Pädagogischen Akademien[83] trotz des Abiturs erkannt, dass die Fachkenntnisse schon für den Volksschulunterricht nicht genügen. In Teachers College hat man aber die Pädagogik mit all ihren Unterabteilungen (Psychologie, Soziologie, Verwaltung usw.) zu einer Wissenschaft gemacht, die als Hauptfach auch für die höhere Schule gilt. Das ist natürlich ein riesiger Unfug. Für die nach Amerika reisenden Chinesen hat dies Studium den Vorteil, dass man ohne Vorkenntnisse anfangen kann, während Physik, Chemie, Geschichte, Sprachen usw. eine erhebliche Vorbildung erfordern. In China hat man nun fast überall Educational Colleges etabliert, deren Absolventen Oberlehrer werden, ohne ein Schulfach richtig zu beherrschen. Ich kenne nur eine Ausnahme. Das ist das hiesige Jinling College[84], eine Mädchenuniversität der Mission, von dessen Besuch ich gerade heimkomme. Dort ist Education kein College, sondern ein Department, kann auch nicht als Hauptfach genommen werden, sondern ist ein Zusatzfach bei der naturwissenschaftlichen oder geisteswissenschaftlichen Ausbildung. Das ist natürlich das einzig richtige. Wenn man dann weiter bedenkt, dass auch diese Fachausbildung äusserst ungenügend und namentlich die naturwissenschaftliche ausschliesslich in Leitfadenlektüre besteht, kann man sich vorstellen, welch grundlegende Reform nötig ist. Auf den höheren Schulen kommt noch hinzu, dass die benutzten Leitfäden englisch sind, während die Schüler doch erst anfangen, englisch zu lernen. Die Schaffung echt chinesischer Schulbücher besonders für die Naturwissenschaften ist das A und O jeder Reform. Dabei sind die Studenten und Schüler - beides heisst immer „students", schon im Kindergarten spricht man von students - wirklich fleissig, es herrscht ein grosser Lerneifer, aber er wird durch schlechte, z.T. gewissenlose Organisation in falsche Bahnen gelenkt. Überall fehlt der Kontakt mit der Realität der Dinge.

(...)[85]

Zur Erklärung muss ich noch hinzufügen, dass der Schulaufbau offiziell 4 plus 2 Jahre Volks-, 3 Jahre Junior Middle School (undifferenziert) dann 3 Jahre differenzierter Senior Middle School umfasst. Differenziert heisst, dass ein General branch neben einem Normal

---

82 Zu der Arbeit des *Teachers College* an der Columbia Universität und Reformbemühungen in den 30er Jahren, vgl. Armstrong 1944: 87-92 / 155-164.

83 Die 1926 auf Initiative Beckers gegründeten Pädagogischen Akademien in Preußen waren für die Ausbildung der Grundschullehrer zuständig.

84 Bei dem Jinling College handelte es sich um eine von Missionaren ausschließlich für Frauen geführte Einrichtung in Nanjing.

85 Es folgen auf Englisch *Some Prelimary Suggestions of the League of Nations Educational Mission to China*, die mit unwesentlichen Veränderungen als *Conclusions and Suggestions for Preparatory Measures of Reform* in dem Erziehungsbericht der Kommission (1932:197-200) abgedruckt wurden. In diesem Zusammenhang wurde auch die Entsendung einer chinesischen Erziehungskommission nach Europa empfohlen (vgl. Dok. 90).

branch (Seminar für Volksschullehrer) und verschiedenen Vocational branches besteht (agriculture, commerce usw.)[86], die Isolierung eines einzelnen Zweiges ist auch häufig, daneben willkürliche Combinationen, alles ohne System. Graduierung nach dem amerikanischen Creditsystem[87], durch das jede geschlossene Bildung zerstört wird. Schülerauslese völlig kapitalistisch, selbst die Volksschulen erheben überall Schulgeld. Es gibt keine bessere Schule, bei der nicht mehr Bewerber als Plätze vorhanden wären. Auswahl nach Fähigkeit, Empfehlung, Gesundheit und Geldbeutel. Die Statistik 1 Lehrer = 20 Schüler muss von den Landschulen kommen. Allerdings nötigt das Creditsystem oft zu sehr kleinen Klassen.

Nun aber genug von dieser Materie. Mir hängt sie bald zum Halse heraus, aber ich habe doch manchmal dankbar all meiner Lehrmeister im Ministerium gedacht, besonders Wendes, Landés und Hyllas.

Damit will ich diesen technischen Brief beschliessen. Von unterwegs werde ich dann noch von anderem berichten. Dieser Rundbrief ist wohl der vorletzte, wenn nicht der letzte, der über Sibirien geht. Ich fahre Ende der Woche nach Shanghai, am 14.ten nach Hongkong - Kanton, am 22.ten nach Manila.

Ich grüsse Euch alle herzlich.

Beendet am 1. Dez. 31

Carl.

GSTA PK, VI. HA, NL Becker 8478.

---

86 Am 1.11.1922 hatte das chinesische Erziehungsministerium eine Verordnung zur Reorganisation des allgemeinbildenden Erziehungswesens erlassen, nach der das Muster 6-3-3-4 (6 Jahre Primarschule, 3 Jahre Junior-High School, 3 Jahre Senior-High School und 4 Jahre College). Ansätze zu einer Differenzierung gab es somit erst in der Senior-High-School. Vgl. Kuß 1996:206-207.

87 Nach dem amerikanischen „Credit System" können die Schüler Fächer ihrer Wahl besuchen, da sie am Ende des Schuljahres nur auf eine bestimmte Punktezahl kommen müssen und nicht gezwungen sind, bestimmte Fächer zu belegen.

85

Aufzeichnung des deutschen Gesandten Oskar Trautmann, Peking (8.5.1932)

Nanjing, den 8. Mai 1932

Aufzeichnung[88]

Unterrichtsminister Zhu Jiahua äusserte sich heute in einer mehrstündigen Unterredung, die auf meine Einladung in der Gesandtschaft stattfand und an der die Herren Professoren Dr. Othmer, Dr. List und Dr. Finkeldey sowie Gesandtschaftsrat Kühlborn teilnahmen, über die Fragen der Fortführung der Tongji-Universität wie folgt:

Er nehme an dem Ergehen der Tongji-Universität lebhaften Anteil und habe in den vergangenen Monaten dies bereits dadurch gezeigt, dass er seine Zustimmung zur Zahlung von 15.000 Dollar, d.h. einem Monatsgehalt an die deutschen Dozenten, gegeben habe, obwohl ihm diese Summe vom Finanzminister bei den übrigen Universitäten abgezogen worden sei. Er werde sich auch für die Wiederinstandsetzung der beschädigten Gebäude, die Fortsetzung des Unterrichts in Wusong und die Erweiterung der Universität einsetzen.[89]

Gelder für den Wiederaufbau der Universität unabhängig von dem Wiederaufbau der übrigen zerstörten Shanghaier Hochschulen vom Finanzministerium zu erhalten, sei nicht möglich. Um schnell Geld für den Wiederaufbau zu erlangen, gebe es nur den Weg einer Anleihe. Direktor Hu Shuhua[90] sei beauftragt, in Shanghai sich nach einer solchen Anleihe umzusehen, durch die ausser den Aufbaukosten noch die rückständigen Gehälter und die sonstigen Schulden abgedeckt werden sollten. Für die entstehende Zinsschuld könne im Etat dann Vorsorge getroffen werden. Er könne als Unterrichtsminister nicht selbst eine solche Anleihe für nur die eine Anstalt betreiben, denn dann würden alle Hochschulen das Gleiche von ihm verlangen. Ich selbst äusserte zu diesem Punkt meine Bedenken, ob Herr Hu die Persönlichkeit sei, solche Anleihe durchzusetzen. Seine frühere Idee, dass die Deutsch-Asiatische Bank diese Anleihe geben sollte, hat der Minister nicht berührt. Von

88 Trautmann, der deutsche Gesandte in Peking, schickte die Aufzeichnung am 9.5.1932 an das AA (Eingangsstempel vom 28.5.1932).

89 Infolge des japanischen Angriffs auf Shanghai waren einige Institute der Tongji-Universität, wie z.B. das elektrotechnische, vollständig zerstört worden. Zu den Zerstörungen, vgl. Bericht von GK Rüdt, Shanghai, an die DGP, 15.3.1932 / Schreiben des deutschen Gesandten Trautmann, Peking, an das AA, 12.4.1932, in: PolArchAA, R 85722. Sowie Kreissler 1989:153.

90 Hu Shuhua leitete die Tongji-Universität von 1929-32. Er hatte an der TH Berlin Eisen- und Hüttenkunde studiert und anschließend ein Jahr bei Krupp in Essen gearbeitet. In China hatte er als Professor an verschiedenen Universitäten gelehrt und als Direktor mehrere Industrieunternehmen geleitet, so u.a. die Stahlwerke bei Shanghai. Vgl. Harnisch 1999:192. Sowie Schreiben von Bracklo, GK Shanghai, an das AA, 24.7.1929, in: PolArchAA, R 85720.

uns ist denn auch der andere Punkt eines Wiederauflebens des alten Tongji-Komitees[91] nicht zur Diskussion gestellt worden.

Da nach den chinesischen Bestimmungen eine Universität mindestens drei Fakultäten haben müsse, denkt Zhu Jiahua daran, eine landwirtschaftliche Fakultät der Tongji-Universität anzugliedern. Früher sei an eine naturwissenschaftliche oder auch an eine forstwissenschaftliche Fakultät gedacht worden, doch biete sich jetzt die Gelegenheit, Gelände und Gebäude der ebenfalls in Wusong gelegenen landwirtschaftlichen Hochschule zur Tongji mit hinzuzunehmen. Es sollten dann Beamte für die Regierung dort ausgebildet werden, die auf das Land hinausgehen und den Bauern die neuen landwirtschaftlichen Methoden beibringen.

China brauche neben hochgebildeten Wissenschaftlern vor allem auch Praktiker. Er denke daher daran, nach dem japanischen Beispiel der Fachschule für Medizin Medizinfachschulen einzurichten. Die Werkmeisterschule der Tongji-Universität sei ebenfalls sehr wichtig. Der Bedarf an Landärzten sei sehr gross; die voll ausgebildeten Aerzte aber gingen meist nur in die grossen Städte. Er habe zum Beispiel in seiner Amtszeit als Zivilgouverneur von Zhejiang einmal versucht, je einen für jeden Kreis der Provinz (85) anzuwerben.[92] Es hätten sich aber nur 75 gemeldet, von denen nur etwa 15 den Anforderungen entsprochen hätten. Gegen den Plan von Aerzten 2. Klasse wurden Bedenken geäussert und die Erfahrungen mit der Werkmeisterschule dem Minister vorgetragen. Er schlug vor, der Institution eventuell einen anderen Namen zu geben, dann bestehe keine Gefahr, dass das Niveau und das Ansehen der Universität darunter leiden würden.

Die wissenschaftliche Arbeit an der Universität solle ausgebaut werden; man müsse vor allem die Militärs an der technischen Hochschule interessieren und Leute für Waffenfabrikation vorbereiten.[93] Dann würde auch der Kriegsminister Geld geben. Auch Architektur müsse gelehrt werden und in einer Fachschule Maurermeister ausgebildet werden. Ebenso sei Geologie wichtig. Er werde sich dafür einsetzen, dass die wissenschaftlichen Institute der Universität je einen besonderen Etat bekämen, mit dem sie arbeiten könnten. Der jetzige Etat der Tongji-Universität sei zu klein; er betrage monatlich etwas über 50.000 Dollar. Hiervon könnten unter der jetzigen Finanznot im Mai und im Juni 1932 nur etwa 50% ausgezahlt werden; ab 1. Juli hoffe er aber, wieder den ganzen Etats-Betrag erhalten zu können.[94] An eine Nachzahlung der rückständigen Gehälter aus diesen Mitteln sei nicht zu denken. Für das demnächst beginnende neue Schuljahr müsste sofort ein Voranschlag aufgestellt und eingereicht werden. Dieser neue Voranschlag müsse so reichlich aufgestellt

91 Zum Tongji-Komitee, vgl. Dok. 79, Anm. 23.

92 Zu den Ärzten in China, vgl. Neugebauer 1971:101. Während in den USA und in den führenden europäischen Ländern durchschnittlich ein Arzt auf 1.600 Einwohner kam, betrug die Relation in China 1:80.000 (in absoluten Zahlen: 5.000: 400.000.000).

93 Vgl. auch Einleitung zu diesem Kap.

94 Die ständige Finanznot der Tongji führte dazu, daß Hu Shuhua häufig Rücktrittsgesuche an das Erziehungsministerium richtete, in welchen er darauf hinwies, daß die Universität in der angespannten finanziellen Situation nicht existieren könne. Vgl. Harnisch 1999:192.

werden, dass für die Institute Summen verfügbar würden. Er würde sich für die Erhöhung des gegenwärtigen Etats einsetzen.

Die Frage der Erneuerung der demnächst ablaufenden Verträge mit dem Verband für den Fernen Osten und mit dem Paulun-Hospital[95] wurde berührt. Das Thema konnte aber nicht besprochen werden, da kein Material zur Hand war. Die Frage soll in Shanghai bei der nächsten Anwesenheit des Ministers weiter besprochen werden.

Auf einen Einzelwunsch eingehend, sagte Minister Zhu zu, dass er dazu behilflich sein wolle, dass das Pathologische Institut Seziermaterial erhalte, indem er Herrn Professor Dr. Finkeldey an den Polizeipräsidenten von Shanghai[96] und den Direktor des Gesundheitswesens[97] empfehlen werde.

Es wäre erwünscht, wenn die Universität unmittelbar an das Ministerium schreiben würde, damit er Befehle geben könne. Ausserdem solle ein grösserer Konnex zwischen Tongji und Zentraluniversität hergestellt werden.

Grosses Interesse zeigte der Minister für die Mittelschule[98] und er bedauerte, dass die technische Fakultät so wenig Studenten habe. Er bemühe sich jetzt, an einigen chinesischen Mittelschulen die deutsche Sprache versuchsweise einzuführen. Es wäre aber erwünscht, dass die Tongji-Mittelschule mehr Abiturienten produziere. An den chinesischen Schulen fehle es leider an Lehrern der deutschen Sprache. Deutsche Lehrer kämen nicht in Frage, weil zu teuer. Es sollte der Plan erwogen werden, in Shanghai die jetzige provisorische Mittelschule neben der wiederzueröffnenden Mittelschule in Wusong beizubehalten. Alle diese Pläne werden weiter geprüft werden. Beklagt wurde die Ueberlastung der Mittelschüler mit neuen Fächern (im ganzen 44 Stunden wöchentlich). Der Minister wollte dem abhelfen durch Aufstellung eines Normalstundenplans im Ministerium.

Die gegenwärtige Notlage der Dozenten wurde dem Minister von den Anwesenden selbst geschildert.

In vorsichtiger Weise wurde er über die Persönlichkeit von Hu Shuhua aufgeklärt.[99]

Das Gespräch verlief harmonisch und es wurde von beiden Seiten begrüsst, dass nunmehr unmittelbare Fühlung zwischen dem Ministerium und den Dozenten hergestellt worden ist. Es wird wesentlich sein, diese Fühlung seitens der Dozenten aufrecht zu halten.
gez. Trautmann

PolArchAA, R 85722.

---

95 Das Paulun-Hospital (Tongji-Hospital) war um die Jahrhundertwende zur Behandlung von Chinesen gegründet worden und diente der praktischen Ausbildung der Medizinstudenten an der Tongji. Zur Gründungsgeschichte, vgl. Bieg-Brentzel 1984:8-12 / Kreissler 1989:139.

96 Vmtl. Wen Yingxing.

97 Liu Ruiheng.

98 Zur Tongji-Mittelschule, vgl. Dok. 80, Anm. 34.

99 Evtl. eine Anspielung auf den Generalsekretär der Tongji, Chen Yucang, der 1927 in die KPCh eingetreten war. 1932 gab er seinen Posten in der Tongji auf. Möglicherweise hängt der Rücktritt Hu Shuhuas mit diesem Vorgang zusammen. Vgl. Harnisch 1999:191.

86

Brief des Erziehungsministers Zhu Jiahua, Nanjing, an den deutschen Gesandten Oskar Trautmann, Peking (15.10.1932)

Abschrift

Ministry of Education

Office of the Minister
Nanjing, China, 15. Oktober 1932

Sehr geehrter Herr Minister!
Hiermit bestätige ich den Empfang des Schreibens vom 21.v.M., welches von Ihrem Vertreter, Herrn Botschaftsrat Fischer, unterzeichnet war.[100] Ich freute mich sehr zu hören, dass nun wieder ein deutscher Gelehrter die Gelegenheit wahrnimmt, unser Land zu besuchen. Ich möchte nicht versäumen, in diesem Zusammenhang zum Ausdruck zu bringen, dass die Arbeiten des Prof. Dr. Mühlens hier grosses Interesse erwecken werden, und ich sehr gerne bereit bin, den in Ihrem Schreiben gegebenen Anregungen Folge zu leisten.[101] Ich möchte Sie hiermit benachrichtigen, dass ich Herrn Prof. Mühlens zur Abhaltung von Vorträgen in Nanjing, Peking, Shanghai und Kanton freundlichst einlade und bitte Sie, diese Einladung an Herrn Prof. Mühlens weitergeben zu wollen. Wenn er sowohl sein Eintreffen in China als auch die näheren Daten für die Abhaltung seiner Vorträge an den oben bezeichneten Oertlichkeiten an mich bekannt geben wollte, so wäre ich in der Lage, ein detailliertes Programm für seine Vorträge aufzustellen und die zuständigen Stellen diesbezüglich zu verständigen.[102]

Mit den Gegenständen der Vorträge wie sie von Herrn Prof. Mühlens in Aussicht genommen wurden, erkläre ich mich vollkommen einverstanden und ich bin sicher, dass sie in den chinesischen intellektuellen Kreisen mit grossem Beifall aufgenommen werden. Die Einzelheiten der Verteilung der Vorträge überlassen wir, glaube ich, Herrn Prof. Dr. Mühlens selbst, es wird sich nur nötig erweisen, seine diesbezüglichen Vorschläge an die verschiedenen Institutionen, wo er die Vorträge zu halten hätte, weiterzuleiten, mit denen er dann selbst Fühlung nehmen kann.

Mit der Versicherung meiner ausgezeichneten Hochachtung habe ich die Ehre zu sein
Ihr sehr ergebener Zhu Jiahua

STAHbg, 361-6, I 300, Bd. 2.

---

100 Nicht bekannt. Der deutsche Gesandte in Peking, Trautmann, übermittelte Mühlens in einem Schreiben vom 22.10. sein Interesse an der Reise (STAHbg, 361-6, I 300, Bd. 2).

101 Der Besuch folgender Einrichtungen in China war geplant: 1) Gesundheitsabteilung und Erziehungsministerium in Nanjing; 2) SYU in Kanton; 3) National Medical College der Universität Peking; 4) Peking Union Medical College (von der Rockefeller-Stiftung finanziert); 5) University Medical School in Hongkong; 6) Staatliche Tongji-Universität in Wusong. Vgl. Kuß 1998:324.

102 Es ist nicht bekannt, ob Zhu Jiahua die zuständigen Stellen tatsächlich verständigt und damit Werbung für Mühlens betrieben hat.

87

Brief des Mitgliedes der Sinomission, Li Ximou, Paris, an Carl Heinrich Becker, Berlin (18.11.1932)

Chinese Educational Mission to Europe

Palace Hotel,
1 Rue du Four, Paris,
Nov. 18, 1932.

Minister Dr. Becker,
c/o Dr. Hilker, Zentralinstitut[103]
Berlin W 35, Potsdamer Strasse 120.

Dear Minister Dr. Becker,
We are again busy with our French study program.[104] During the last few days we have been visiting different scientific institutes incorporated with the Sorbonne. Beginning from today we are going to study the primary and the technical vocational education in France, in which we are deeply interested as we have been in all our study tours through different countries in Europe. We believe through universal primary education rigidly carried out the training of citizenship morally, physically and intelligently can be secured; and by adequate vocational training the poverty and the unlawfulness of the masses can be reduced.[105] This is one of the most gigantic problems our country must face and solve before she can lift herself above and free herself from international encroachment.

I hope you will pardon me for bringing up again the question I spoke to you on the evening when I left for Paris - the question of the possibility for the I.G. Fabriken works to take some Chinese students educated in chemical engineering at engineering colleges in our country to be trained in advanced work in their practical technical departments. The Siemens and A.E.G. works at Berlin during the last few years through personal friendship have been making it almost as a practice to take in a few students each year trained in electrical engineering in our schools at home.[106] During the course of training the students are paid with an amount of money just enough to defray their living expenses. It is indeed a high sacrifice on the part of these two concerns and a great favor to us, that even during such business crisis they are still keeping the students. The Siemens works also have

103 Zentralinstitut für Erziehung und Unterricht in Berlin.

104 Die chinesische Studienkommission hielt sich vom 11.11.-6.12.1932 in Frankreich auf. Deutschland besuchte sie zweimal: Das erste Mal vom 12.10.-10.11.1932, das zweite Mal auf der Rückreise von der Sowjetunion im Februar 1933.

105 Li Ximou betonte hier noch einmal, wie wichtig die Primar- und damit die Massenausbildung in den Augen der Studienkommission war.

106 Anlagen der AEG waren von der Sinomission besichtigt worden. Vgl. Dok. 89, Punkt VI, 6.

promised through my personal aquaintance with Mr. Esterer of their oversea department to take on one more of my students from Hangzhou from the beginning of the next year.

Being a chemical factory which, I am fully aware, likes always to keep a certain amount of secrecy I do not want to take for granted that the I.G. Fabriken will also take in foreign students as do the electrical manufacturers. But I am just venturing the idea if the I.G. Fabriken will consider to take in foreign students and train them as chemical technicians so that later on these students can be placed on the services of the I.G. Fabriken works or sales-offices in foreign countries. For example the Siemens companies in Shanghai and other places in China are making use of the services of the Chinese Students engineers trained in Germany very intensively. The matter, therefore, must be looked upon as beneficial to both sides.

I had the pleasure of meeting Dr. Duisberg at Köln when he received us at tea at the immense establishment of his works. Then, however, there was no opportunity for me to convey him my intention. But perhaps the matter can be taken up more appropriately through your good office than by direct communication between Dr. Duisberg and myself. At the same, however, I must assure you, Dr. Becker, that I shall not be disappointed a bit if Dr. Duisberg's answer is negative.

Our study trip through Germany has been most helpful. All forms of activities in this wonderful country of yours have impressed us most deeply; and we only hope that, through carrying out rigid discipline and systematic training of the youth by education our country shall be able, as Germany has been, some day in the near future to develop her natural wealth for the welfare and enrichment of all mankind instead of being a constant source of danger for international conflict on the Pacific.

Words, we feel, cannot express our appreciation adequately for your help given us throughout our study trip in Germany. And we must also convey you our hearty thanks for the assistance and guidance rendered us by Dr. Hilker and Dr. Littmann of the Zentralinstitut.

Our mission shall be in Paris until the 4th. of December and we will be in London from December 5th. to 24th. In either cities mail can reach us by care of the Chinese Legation.

With best regards, I remain,

Yours sincerly,

Li Ximou[107]

GSTA PK, VI. HA, NL Becker 106.

107 Becker übermittelte eine ablehnende Nachricht, die damit begründet wurde, daß die IG Farben dem VFO bereits 1929 erklärt habe, daß sie bereit sei, eine begrenzte Anzahl chinesischer Studenten aufzunehmen. Vgl. Brief des Aufsichtsratsvorsitzenden Carl Duisberg an Li Ximou, 21.12.1933, in: GSTA PK, VI. HA, NL Becker 106.

88

Brief des ehemaligen preußischen Kultusministers Carl Heinrich Becker, Berlin, an den Vorsitzenden der Sinomission, Cheng Qibao, Chinesische Legation, Wien (21.1.1933)

January 21st, 1933

My dear Mr. Cheng!

I thank you so much for you kind letter from January 17th. I learned with the greatest interest that you had long conversations with the Pope and Mr. Mussolini.[108] They are not the only ones who believe in a great future of China. I am looking backward to your visit in Berlin with the greatest satisfaction and I should be very pleased to see you here again. I enclose the photo you asked me for; you would oblige me very much by sending me one of yours occasionally. I speak very often on China. So I give a lecture to-night again in the Verband für den Fernen Osten on the whole journey from Peking to Damascus[109]. I always say that China is the only country in the world which does not fear Japan. You have heard perhaps that a certain discussion took place in America on account of your criticizing the shaping of the new Chinese civilization after the American pattern. The consequence was that the New York Times asked me to explain in a more explicit manner in what the difference between American and European civilisation should consist. This article of mine appeared in New York Sunday the 8th.[110] Unfortunately I have no copy to send it to you but I am quite sure this discussion will be continued. Another point I want to stress upon is the opinion uttered in our report on the Mass-education movement in Dingxian.[111] I don't agree myself with what appeared here under my name. I only tried to smooth the criticism given by one of our colleagues. Unfortunately I was ill so that I could not form an own opinion of what is being done at Dingxian; now I hear at my greatest regret that this part of our report finds a severe criticism in China as well as in America. Mr. Tawney who did not see the text before it appeared was very angry, but we were under such a stress in finishing

---

108 Brief von Cheng Qibao an Becker, 17.1.1933, in: ebd., NL Becker 106. - Zur italienischen Kulturpolitik in China, vgl. Frey 1997:106-170.

109 Im Anschluß an seinen Aufenthalt in China war Becker über Indonesien, Indien und den Vorderen Orient nach Europa zurückgereist.

110 Der hier angesprochene Artikel *New World and Old: An European View. A German Scholar sets out the Contrast as he sees it between Standardization here and Diversity there* findet sich in der 6. Sektion der *NYT* vom 8.1.1933. Becker hatte darin dargelegt, daß die große Tendenz der europäischen Zivilisation die bereits in der nationalen Individualität angelegte kulturelle Differenzierung sei, wohingegen die amerikanische Zivilisation durch Einförmigkeit und Standardisierung geprägt sei.

111 Die auf regionaler Ebene begründete Massenerziehungsbewegung von Dingxian, deren hauptsächliches Ziel die Bekämpfung des Analphabetentums unter Erwachsenen war, war in dem Bericht der Kommission als eine im amerikanischen Geist geführte Bewegung hingestellt worden. Vgl. Becker 1932:188-195 und die deutsche Übersetzung dieser Passage, in: Neugebauer 1971: 346-349.

these last chapters that it was impossible to ask the opinions of all our colleagues before printing this isolated opinion of one of us.[112]

With my best wishes for a successful stay at Vienna, where you will see marvellous things and hoping sincerely to see you in Berlin very soon, I am with kindest regards to you and your colleagues,

Yours very sincerely,[113]

Mr. Cheng Qibao, (Chinese Educational Mission to Europe)
c.o. Chinese Legation,
Wien.

GSTA PK, VI. HA, NL Becker 106.

89

Aufzeichnung des Legationsrates Felix Altenburg, AA (6.2.1933)

Berlin, den 6. Februar 1933 — e.o. IV Chi. 363

Aufzeichnung.

(Chinesische Studenten in Deutschland, Möglichkeiten der Aufnahme weiterer chinesischer Studenten.)

Die Höchstzahl von ca. 1.000 chinesischen Studenten wurde in der Inflationszeit erreicht, gegenwärtig studieren ca. 320 Chinesen hier, davon die grösste Zahl = 240 in Berlin, der Rest von 80 wechselt und verteilt sich auf Frankfurt, Hamburg, Leipzig usw.[114] Von der Gesamtzahl entfallen auf die medizinische Fakultät 35%, auf Ingenieur-Wissenschaften und technische Fächer 35% und der Rest von 30% auf Staatswissenschaften und gewerbliche Spezialfächer, wie Textilwirtschaft, Papierindustrie usw.[115]

Die chinesischen Studenten leben fast ausnahmslos auf private Kosten, nur vereinzelt haben Stipendiaten der chinesischen Provinzen in Deutschland studiert.[116] Da die gegenwärtig geringe Anzahl der Chinesen durch die schlechte wirtschaftliche Lage in China

112 Tawney hatte darauf bestanden, daß seine Verantwortung für dieses Kapitel durch eine amtliche Erklärung aufgehoben wurde. Vgl. Kuß 1998:286 / Neugebauer 1971:192-193.

113 Das Dokument befand sich als Durchschlag im NL Beckers, weshalb es keine Unterschrift hat.

114 1926 waren etwa 500 chinesische Studenten polizeilich in Berlin gemeldet. Vgl. Yü-Dembski, in: Gransow / Leutner 1989:242.

115 Diese Zahlen werden durch die heutige Forschung bestätigt, vgl. Harnisch 1999:273.

116 Vgl. ebd.:271.

bedingt ist, wäre eine Vergrösserung der in Deutschland studierenden Chinesen ohne weiteres dadurch zu erreichen, dass von deutscher Seite Mittel in Form von Stipendien zur Verfügung gestellt würden. Gegenwärtig unterstützt die Humboldt-Stiftung 2 Chinesen, die für die Dauer eines Jahres monatlich 125,- RM und ausserdem Gebührenfreiheit für die Vorlesungen erhalten.[117] Kürzlich hat auch die I.G. Farben ein Stipendium von monatlich 100.- RM für einen chinesischen Studenten der Medizin in Aussicht gestellt. Bei diesen Monatsbezügen ist allerdings Voraussetzung, dass die Studierenden wenigstens noch über kleinere Zuschüsse von zu Hause verfügen. Fehlen diese, so muss mit monatlich 150,- RM gerechnet werden.

Als erster Anfang für eine Vergrösserung der Zahl chinesischer Studierender könnte vorgeschlagen werden: die Bewilligung von etwa 12 Stipendien in Höhe von je 100.- RM monatlich, jedes für die Dauer von 2-3 Jahren fest und bestimmt für die Absolventen der deutschen Tongji-Universität in Wusong-Shanghai. Die Zahl der Stipendien könnte nach Belieben gesteigert werden, da die Chinesen für das Studium in Deutschland, namentlich für Medizin und Technik, eine besondere Vorliebe zeigen.

Altenburg.

PolArchAA, R 85728.

90

Bericht von Franz Hilker, Deutsche Pädagogische Auslandsstelle, Berlin (12.5.1933)

DEUTSCHE PÄDAGOGISCHE AUSLANDSSTELLE
Berlin W 35, Potsdamer Strasse 120

Bericht
über die
Deutschlandreise der Chinesischen Studienkommission

(...)[118]

117 Zu den Bedingungen eines Ausländerstudiums in Deutschland, vgl. ebd.:277-289.

118 Auslassung: Den Anfang des Berichts bildeten Ausführungen zu der Veranlassung der Reise der Sinomission, wobei vor allem auf den Einfluß der Erziehungskommission des Völkerbundes 1931/32 hingewiesen wurde. Darüber hinaus waren alle besuchten und zu besuchenden Länder sowie ein ungefährer Zeitplan festgehalten worden.

II. Studiengesellschaft und Reiseplan.

In Deutschland wurde die Deutsche Pädagogische Auslandsstelle[119] mit der Aufstellung des Reiseplans und der Führung der Reise beauftragt. Sie arbeitete zunächst in Verbindung mit dem Deutschen Akademischen Austauschdienst eine kurze Darstellung des deutschen Bildungswesens aus, die im Druck erschien und der chinesischen Reisegruppe bereits vor ihrer Ankunft in Deutschland übermittelt wurde. Für die Rundreise durch Deutschland stellte die Deutsche Reichsbahngesellschaft Freifahrtscheine (für 5 Chinesen und 1 Begleiter) zur Verfügung, da die Kommission in vier Städten auch die Schulungseinrichtungen der Reichsbahn besichtigen wollte. Ausser dem Aufenthalt in Berlin, wo die Kommission als Gast des Auswärtigen Amts im Harnack-Haus[120] untergebracht wurde, trugen die Chinesen alle Kosten für Unterbringung und Verpflegung selbst. Die für den Begleiter entstehenden Sonderkosten wurden durch eine besondere Beihilfe des Auswärtigen Amts bestritten.

Aus den Berichten der anderen Länder, der deutschen Vertretungen im Ausland und der Presse geht hervor, dass dort in gleicher Weise Gastfreundschaft geboten wurde.

An der Reise nahmen die folgenden chinesischen Herren teil:

1. Cheng Qibao (Vorsitzender)
Ph.D.d. Columbia-Universität New York;
früher Dekan d. Nationalen Südöstlichen Universität;
Direktor d. Pädagogischen Abteilung an der Nationalen Zentralen Universität Nanjing[121].
2. Li Ximou
M.A. d. Harvard-Universität (U.S.A.);
Rektor d. Technischen Hochschule an der Zhejiang-Universität Hangzhou[122].
3. Yang Lian
M.A. d. Columbia-Universität New York;
früher Leiter d. Abteilung für Sozialpädagogik im Unterrichtsministerium zu Nanjing; Prof. für Pädagogik an der Nationalen Universität zu Peking.
4. Guo Youshou
D. Lit. d. Sorbonne;
Ministerialdirektor d. Abteilung für höhere Schulen im Unterrichtsministerium in Nanjing.
5. Li Jiaxiang
(studierte in Jena und Heidelberg)

---

119 Die DPA diente als Zentralstelle für den pädagogischen Austausch mit dem Ausland (Ferienaustausch, Schülerreisen, Lehreraustausch usw.). Pädagogische Fachverbände und Berufsvereinigungen waren ihr als Mitgliedsvereine angeschlossen; auch das RIM, das AA sowie die Unterrichtsbhörden der Länder waren ihr angeschlossen. Finanziert wurde die DPA durch Beihilfen der Reichsbehörden. - Satzung der DPA, in: PolArchAA, R 63592.

120 Das Harnack-Haus war das Gästehaus der Kaiser-Wilhelm-Gesellschaft (später: Max-Planck-Institut) in Berlin-Dahlem.

121 Vmtl. war die Pädagogische Hochschule in Nanjing gemeint.

122 Diese Angabe stimmt so nicht: Es handelte sich um die Abteilung für Ingenieurwesen der Zhejiang-Universität Hangzhou.

Verfasser pädagogischer Werke.

(...)[123]

VI. Erfahrungen und Fragestellungen der Studienreise

Ein Verzeichnis der besichtigten Orte und der für diese Besuche aufgestellten Arbeitspläne ist dem Bericht als Anhang beigefügt.[124] Fassen wir die Erfahrungen und die Fragestellungen, die sich auf der Reise ergaben, zusammen, so zeigt sich, dass die Kommission nicht nur an Aufbau- und Verwaltungsfragen des deutschen Schulwesens, nicht nur an Unterrichtsmethoden und Lehrzielen interessiert war, sondern immer einen offenen Blick für das Erzieherische und für die Einordnung der pädagogischen Arbeit in das Ganze des Staates und des Volkes hatte. Sie war überzeugt, dass die gegenwärtige politische Bedrängnis Chinas ihren Grund habe in einer geistige Krise. Und zwar wurde - wie aus wiederholten persönlichen Gesprächen hervorging - der Grund dieser Krise darin gesehen, dass das chinesische Volk versäumt habe, eine lebendige Beziehung zwischen seiner alten Kultur und den neuen Aufgaben der Gegenwart zu schaffen. Das bisherige Bestreben, den Anschluss an die Gegenwart durch die Übernahme fremdländischer Technik und Methode (Amerika) herzustellen, wird in den führenden Kreisen als gescheitert betrachtet. Man muss die Triebkräfte bodenständiger Kultur, die erstarrt sind, wieder zum Leben erwecken und so an die Aufgaben der Gegenwart herangehen. Die Reise nach Europa sollte darum nicht den Zweck haben, Organisationsformen oder Arbeitsmethoden zu übernehmen, sondern zu studieren, wie die europäischen Völker versuchen, aus der Besonderheit ihrer Kulturlage den Aufgaben der Gegenwart gerecht zu werden. Von diesem Gesichtspunkt aus wurden die Leistungen Deutschlands im Schul- und Erziehungswesen angesehen. Für die einzelnen Gebiete ergaben sich dabei folgende Erfahrungen und Fragestellungen:

1. Volksschule. Bei den Volksschulbesuchen interessierte[n] die Aufstellung und der Inhalt des Arbeitsplanes, seine Abgrenzung gegenüber dem beruflichen und dem höheren Schulwesen, die Aufteilung der Arbeitszeit zwischen sog. formalen und praktischen Fächern, die Hineinstellung der Schularbeit ins Leben, der Anteil, den Werkarbeit, insbesondere auch Gartenarbeit, am Schulunterricht haben. Darüber hinaus wurde immer die Frage nach den Methoden der Charakterbildung, der religiösen Erziehung, der Selbstverwaltung und der Gemeinschaftserziehung gestellt. Grossen Eindruck machte die Lebendigkeit, mit der die Kinder in der Volksschule ihre Arbeitsaufgabe ergriffen. In dieser Hinsicht prägten sich besonders ein die Schule in Woltersdorf b. Erkner und die Landschule in Wallrabenstein im Taunus.

Das Volksschulwesen wurde von den chinesischen Herren als der wichtigste Teil ihrer pädagogischen Aufgabe angesehen. Sie bemühten sich um die Klärung der Frage, in welcher Weise die Elementarbildung in ihrem Land zu organisieren wäre, ob in grossen

123 Auslassung: Es folgt ein Überblick über die pädagogischen Interessengebiete der Mitglieder der Sinomission sowie ein detaillierte Reise- und Arbeitsplan.

124 Dieser Anhang war dem Bericht beigefügt; auf den Abdruck wurde verzichtet.

ländlichen Zentralschulen nach amerikanischem Muster, das sie auch in den neuen Volksschulbestrebungen Polens übernommen sahen, oder nach der deutschen Art, die möglichst in jedem kleinen Dorf eine bodenständige Schule - sei sie auch nur einklassig - zu halten versucht. Die Tagesfahrt durch den Untertaunuskreis gab Gelegenheit, den Vorzug der dorfeigenen Schule, namentlich in ihrer Verbindung mit Fortbildungswesen und Erwachsenenbildung, zu zeigen.

Wiederholt wurde auch die Frage besprochen, in welchem Umfang die Volksschulpflicht in Deutschland durchgeführt sei und in welcher Art sie für China in Betracht käme, wo man in manchen Bezirken sich mit 2-3jährigem Schulbesuch zum Zweck des Schreiben- und Lesenlernens begnügen müsste, während in den Städten eine 6-8jährige Volksschule in Frage käme. Hier wiederum ergab sich die Frage, wie der Vollkursus der Volksschule unterteilt werden könnte (etwa vier 2-Jahreskurse, drei 2-Jahreskurse, zwei 3-Jahreskurse), um so Einheitsgruppen zu schaffen, deren Besuch stufenweise, je nach ländlichen oder städtischen Verhältnissen, zur Pflicht gemacht werden könnte. In diesen Überlegungen wurde immer wieder auf das Beispiel der deutschen Landschule verwiesen, die in beliebiger Klassenaufteilung allen Bildungsbedürfnissen und den jeweiligen Beschulungsmöglichkeiten Rechnung tragen kann. Allerdings ist ihre Leistung in stärkstem Mass abhängig von der Persönlichkeit des Lehrers. So wurde auch die Frage der Lehrerbildung immer wieder angeschnitten.

Die Frage Seminar- oder Akademiebildung ist für das chinesische Bildungswesen z.Zt. nicht wesentlich.[125] Es gibt eine voll ausgebaute Volksschullehrerbildung nach amerikanischem Muster in sog. Teachers Colleges (Pädagogische Akademie) in den grösseren Städten. Aber die Formen der Lehrerbildung verändern und vereinfachen sich auf dem Wege über die Provinzstadt in die ländlichen Bezirke.[126] Hier gibt es eine Menge gänzlich unvorgebildeter Lehrer, die schlecht und recht ihre Aufgabe des Lesen- und Schreibenlehrens erfüllen. Infolgedessen kommt es für die chinesische Unterrichtsverwaltung zunächst mehr auf die Organisation der Lehrerfortbildung als auf die Einheitlichkeit der Lehrerbildung an. Zu diesem Zweck wurde in erster Linie die Einrichtung eines pädagogischen Rundfunks, in zweiter Linie die Betreuung der Lehrerfortbildung durch die pädagogischen Institute in den Provinzstädten angeregt. Mit besonderem Interesse hörte die Studiengesellschaft die Darlegungen des Leiters der Zentralstelle für Schulfunk im Berliner Rundfunkhaus an.

Um ihren Landsleuten daheim einen Eindruck vom deutschen Volksschulwesen verschaffen zu können, bat die Studienkommission um Überlassung von Schulmaterial aller Art. Solches ist in Gestalt von Arbeitsheften, Zeichnungen, Werkarbeiten, Bildern und

---

125 Becker setzte andere Prioritäten. Vgl. Dok. 84.

126 Die Ausbildung der Grundschullehrer war weder in den bestehenden *Teachers Colleges* noch in den übrigen dafür zuständigen Institutionen einheitlich geregelt. Im Idealfall wurde in der normalen Sekundarschule oder einer „Senior Middle School" ein dreijähriger Kurs absolviert. Konnten bereits praktische Erfahrungen vorgewiesen werden, so wurde das Verfahren erheblich verkürzt. Dies hing mit der großen Nachfrage nach Grundschullehrern zusammen: Auf 40 Mill. Kinder kamen 1931/32 gerade einmal 223.279 Lehrer. Vgl. CYB 1931/32:771.

Büchern in dankenswerter Weise von den in der Anlage verzeichneten Schulen und städtischen Schulverwaltungen geliefert und in zwei grossen Kisten an das chinesische Volksbildungsministerium in Nanjing gesandt worden.

Nur in einem Fall konnten wir keine befriedigende Antwort geben, nämlich auf die Frage, wie Deutschland mit dem Analphabetentum fertig würde. Diese Frage, die für Deutschland nicht vorhanden, aber für China sehr wichtig ist, war während des Besuchs in Polen eifrig studiert worden.

2. Mittlere und höhere Schulen.

Das Interesse für das weiterführende (mittlere und höhere) Schulwesen war weniger gross, weil - wie gesagt - die Aufgabe der Elementarbildung in China beherrschend im Vordergrund steht. Häufig gefragt wurde nach den Methoden der Auslese für das höhere Schulwesen sowie nach den Versetzungsbedingungen und Berechtigungen. Starkes Interesse fand auch die Selbständigkeit, die die einzelne Schule in der Aufstellung ihrer Arbeitspläne im Rahmen der staatlichen Richtlinien hat. Die verhältnismässig grosse Zahl verschiedener Schultypen weckte die Frage nach dem allgemeinen Bildungsziel des höheren Schulwesens, das in einer Vormittagssitzung des Zentralinstituts eine ausführliche Besprechung fand. Wie in der Volksschule, so fiel auch in der höhere[n] Schule die Selbsttätigkeit der Schüler, besonders in den naturwissenschaftlichen Fächern, auf. Sehr eindrucksvoll war ein Besuch in der Krupp-Oberrealschule in Essen, wo Direktor und Lehrer es verstanden haben, ohne kostspielige Lehrmittel und Fachräume, mit den einfachsten und billigsten Materialien die Schüler zu eigenen Versuchen und zu selbständiger Urteilsbildung anzuleiten.

3. Berufs- und Fachschulen.

Die Aus- und Fortbildung der Werktätigen in der Zeit von der Beendigung der Volksschulpflicht bis zur selbständigen Stellung im Leben war neben der Volksschulbildung Gegenstand des eifrigsten Studiums. In dem von uns aufgestellten Besuchsplan waren darum alle Formen der Berufs- und Fachschulung vertreten. Es wurde eine ländliche Fortbildungsschule im Taunuskreis besucht, wo der Lehrer die männliche, die Lehrersfrau die weibliche Jugend unterrichtete. Diese einfachste Art der Fortbildung fand grossen Beifall. Im Gegensatz dazu lernten die Herren in Köln eine der grössten und am besten organisierten städtischen Berufsschulen in ihren verschiedenen Abteilungen und in der Verbindung von belehrender und praktisch handwerklicher Fortbildung kennen. Sie hatten auch Gelegenheit, einer Gesellenprüfung im Frisörgewerbe, die von dem Obermeister in der Berufsschule abgehalten wurde, beizuwohnen und so die enge Verbindung zwischen Schule und Handwerk festzustellen.

Auch im Fachschulwesen war für eine aufsteigende Übersicht von kleinen einfachen zu grossen eindrucksvollen Schulformen Sorge getragen. Es wurden u.a. die Fachschule für Handwerker in Düsseldorf, die Handelsschulen in Hamburg, die Meisterschule für das Buchdruckergewerbe in München, die höhere Fachschule für Frauenberufe in Potsdam, die Vereinigten Techn. Staatslehranstalten in Köln, sowie die Bergbauschule in Bochum besucht. Rektor Li Ximou, der selbst Ingenieur von Beruf ist, war erstaunt über die

Vielfältigkeit des Berufs- und Fachschulwesens und die Gründlichkeit, mit der in allen Schularten gearbeitet wurde. Die höheren Fachschulen wurden von ihm als gleichrangig mit technischen Hochschulen im Ausland bezeichnet.

4. Universitäten, Hochschulen und Lehrerbildungsanstalten.

Bei der Besichtigung von Universitäten, Technischen Hochschulen, Landwirtschaftlichen Hochschulen, Kunsthochschulen und Lehrerbildungsanstalten (in Hamburg, Frankfurt/Main, Stuttgart, München und Berlin) war bei den meisten Mitgliedern der Kommission nicht das unmittelbare Interesse zu spüren, wie bei der Besichtigung der Schulen und bei dem Studium der eigentlichen Schulverwaltung. In vorsichtiger Weise hierüber befragt, meinten sie, dass die Erneuerung oder besser der eigentliche Aufbau eines gediegenen Hochschulwesens in China erst die zweite Etappe der Reorganisation ihres Bildungswesens bilden werde und dass sie daher die deutschen Hochschulen nicht so sehr im Hinblick auf die chinesische Reform, als auf die Stellung hin studieren wollten, die sie im Gesamtsystem der deutschen Bildungsorganisation einnähmen. Es kam ferner hinzu, dass eine Einführung in den Geist der deutschen Hochschulen und die ihr eigentümliche Bildungsidee natürlich nicht in einer kurzen Besichtigung von Universitätsinstituten möglich ist. So beschränkten wir uns im wesentlichen darauf, die Organisation der verschiedenen Hochschularten zu zeigen, ihre Verfassung, die rechtliche Stellung der Lehrer, Dozenten und Studenten, und in einem allgemein einführenden Vortrag die Zusammenhänge zwischen der Bildungsidee unserer höheren Schule und der deutschen Universität darzustellen. Ministerialdirektor Guo, dem die Hochschulverwaltung in China untersteht, liess sich darüber hinaus die Verwaltung der Universitäten bis zur Kartothekkarte für den einzelnen Studenten genauestens erklären und bat ausserdem um die Verfassung jeder deutschen Universität und Hochschule.

In nachträglichen Gesprächen kam jedoch wiederholt die Rede auf die Bedeutung der Studentenkorporationen für die charakterliche und staatsbürgerliche Erziehung der akademischen Jugend. Mit grossem Interesse wurde die Frage erörtert, wie Deutschland die Verbindung mit den deutschen Studenten im Ausland aufrecht erhält, weil China einen erheblichen Teil seiner studentischen Jugend in andere Länder schickt. In diesem Zusammenhang wurden auch die Bestrebungen der Erhaltung des Deutschtums im Auslande mit Rücksicht auf die starke chinesische Auswanderung besprochen.

5. Soziale Einrichtungen und Jugendwohlfahrt.

Den Anteil Deutschlands an der Entwicklung der Sozialpädagogik kennen zu lernen, war eine weitere Hauptaufgabe der Kommission. Herr Li Jiaxiang war auf Grund seiner guten Kenntnis der deutschen Verhältnisse lebhaft darum bemüht, seinen Kollegen die Bedeutung der sozialpädagogischen Massnahmen im Zusammenhang mit den politischen und geistigen Gesamtereignissen zu erklären und sie dabei auf die Ähnlichkeit mancher Situation mit der Chinas hinzuweisen. Ganz besonders interessierten daher die Beziehungen zwischen der pädagogischen und politischen Erneuerungsbewegung in Deutschland[127], vor allem die

127 Die Reformpädagogik oder reformpädagogische Bewegung kanalisierte die vor der Wende vom 19. zum 20. Jahrhundert einsetzende Vielfalt zur Erneuerung von Schule und Erziehung. Der als „Stoff-

Bedeutung der Jugendbewegung für die Wiedererweckung starker ethischer und politischer Kräfte. Sie spürten sehr deutlich, dass diese Zusammenhänge in Europa nur in Deutschland und in Italien zu studieren waren, und schenkten daher allen aus dem Geiste der Erneuerungsbewegung der deutschen Jugend stammenden sozialpädagogischen Massnahmen grösste Aufmerksamkeit. Aus diesem Grund machten die Lager des Freiwilligen Arbeitsdienstes grossen Eindruck auf sie. Aber auch allen aus der Jugendbewegung im engeren Sinn und aus ihrem Geist geborene Pädagogik wandten sie ihre Aufmerksamkeit zu: der Einrichtung von Jugendhäusern, Schullandheimen, Landerziehungsheimen, Jugendherbergen, Schulgartenanlagen ebenso wie der amtlichen und freien Organisation der Jugend- und Wohlfahrtspflege. Hier wurde die grosse Beteiligung aller Bevölkerungskreise am Aufbau der Selbstverwaltung in Staat, Gemeinde (Jugendwohlfahrtsgesetz) und den freien Spitzenverbänden (Reichsausschüssen für Leibesübungen und der Jugendverbände, Reichsjugendherbergsverband, Reichsbund der Schullandheime usw.) rühmend hervorgehoben.

6. Deutsche Kultur- und Wirtschaftsstätten.

Das Interesse der Studienkommission beschränkte sich nicht auf die Bildungseinrichtungen Deutschlands, sondern umfasste auch das allgemeine Kultur- und Wirtschaftsleben. Im Reiseplan wurde diesem Interesse soweit als möglich Rechnung getragen. Von den Kulturstätten erregten insbesondere Museen und Theater die Aufmerksamkeit der chinesischen Herren. Es wurden besucht das Deutsche Museum in München, das Hygiene-Museum in Dresden, das Planetarium und das Reichswirtschaftsmuseum in Düsseldorf und das Deutsche Auslandsinstitut in Stuttgart. Auf besonderen Wunsch der Kommission wurde von Stuttgart aus eine Fahrt nach Marbach zu Schillers Geburtshaus veranstaltet. So oft Gelegenheit und Zeit war, besuchten einige oder mehrere Herren der Kommission Schauspiel und Oper. Auch die baulichen Sehenswürdigkeiten in den verschiedenen Städten wurden nicht vergessen: Das Rathaus in Lübeck, der Kölner Dom, die Siedlungsbauten in Hamburg. Von Wirtschaftsunternehmungen wurden Einrichtungen der Hapag, Anlagen der AEG, die Farbwerke Leverkusen, die Franck´sche Verlagshandlung in Stuttgart besichtigt.

Im Zusammenhang damit standen auch mehrere Empfänge, die von kulturellen und wirtschaftlichen Vereinigungen veranstaltet wurden; so von der Deutsch-Ostasiatischen Gesellschaft in Hamburg[128], vom Chinaklub der deutschen Industrie Berlin[129], vom China-Institut in Frankfurt/Main[130] und von der Gesellschaft zum Studium des Ostens[131], Berlin.

---

und Lehrerschule" bezeichneten herkömmlichen Schule wurde ein anderes Modell entgegengesetzt, in dem vor allem auch die psychologischen Aspekte der kindlichen Entwicklung berücksichtigt werden sollten.

128 Gemeint ist wahrscheinlich der *Ostasiatische Verein Hamburg-Bremen*, der Deutschland und die Interessen der deutschen Wirtschaftsorganisationen in China vertreten hat. Vgl. Mohr 1928:78-79.

129 Der *China-Club der Deutschen Industrie* war ein Ableger der China-Studiengesellschaft (vgl. Dok. 13) gegründet worden. Vgl. Kirby 1984:204.

130 Das *China-Institut* war 1925 von dem Sinologen Richard Wilhelm als Zentrum des kulturellen und akademischen Austausches zwischen Deutschland und China ins Leben gerufen worden. Von der Industrie unterstützt kam später noch eine *Gesellschaft der Freunde des China-Instituts* hinzu. Vgl. Kirby 1984:70 u. 204.

VII. Zusammenfassung

Nach Abschluss der Deutschlandreise haben die Mitglieder der Kommission wiederholt aus anderen Ländern geschrieben, dass der Aufenthalt in Deutschland den Höhepunkt ihrer Erfahrungen darstelle. Dass diese Äusserungen nicht nur der Höflichkeit entsprangen, sondern tatsächlichen Grund hatten, geht daraus hervor, dass die Studienkommission die Absicht aussprach, nach Beendigung der Gesamtreise noch einmal nach Deutschland zurückzukehren, um ihre Eindrücke zu vertiefen. Aus besonderen Gründen konnten nur drei Herren diese Absicht verwirklichen und blieben noch einmal acht Tage im Februar in Berlin, wo sie täglich in der Deutschen Pädagogischen Auslandsstelle vorsprachen und ihre Erfahrungen durch persönliche Aussprachen zu ergänzen suchten. Sie äusserten auch den Wunsch, deutsche Pädagogen als Helfer für die Durchführung ihrer Bildungsreform zu gewinnen und Lehrerstudenten nach Deutschland zu senden, sofern die wirtschaftlichen Schwierigkeiten überwunden werden könnten. Obwohl einige von ihnen von den organisatorischen Massnahmen, die in Polen und Russland auf dem Gebiet der Volksbildung durchgeführt werden, einen starken Eindruck empfangen hatten, erkannten doch alle die hohe volkserzieherische Bedeutung der idealistisch gerichteten deutschen Pädagogik. Herr Li Jiaxiang, der von seiner Studienzeit in Deutschland her ein tieferes Verständnis für die deutsche Geistesrichtung besass, äusserte sogar, dass nach seiner Auffassung nur aus der deutschen Pädagogik für den chinesischen Bildungsaufbau Nutzen zu ziehen sei.

Das französische Unterrichtswesen wurde als zu stark schematisiert und als veraltet empfunden, wenngleich seine Leistungen Bewunderung fanden. Über das Unterrichtswesen der übrigen besuchten Länder hat sich die Kommission nicht geäussert.

Dass der Besuch in Deutschland so eindrucksvoll verlief, ist der bereitwilligen Unterstützung, die die Auslandsstelle bei allen staatlichen, städtischen und privaten Stellen fand, sowie der liebenswürdigen Gastfreundschaft der Städte, Verbände und Institute zu verdanken. Ihnen allen sei zum Schluss der Dank der Deutschen Pädagogischen Auslandsstelle und der chinesischen Studienkommission, die uns damit ausdrücklich beauftragt hat, ausgesprochen.

Hilker

BArch, 0902/3369.

131 Über diese Gesellschaft wurden keine Informationen gefunden. Evtl. war die *Gesellschaft für Ostasiatische Kunst* gemeint.

91

Artikel des Rektors der Peking-Universität, Jiang Menglin, aus der Zeitschrift *Duli pinglun* (1933)[132]

Zur Diskussion etlicher Grundprinzipien im Bericht der chinesischen pädagogischen Untersuchungskommission des Völkerbundes

(...)[133]

Die Kommission berichtet, daß die Chinesen früher die alleinige Übernahme ausländischer Wissenschaften und technischer Einrichtungen durch die chinesische Kultur für möglich gehalten hätten[134], um so im Vergleich mit der europäischen und der amerikanischen Kultur Gleichwertigkeit zu erreichen. Der Bericht bezeichnet das jedoch als falschen Weg. Die Fortschritte westlicher Wissenschaften sind das Ergebnis wissenschaftlicher Bildung von mehreren Jahrhunderten. Wenn China die Wissenschaft entwickeln will, sind jahrelange mühsame Forschungen unbedingt notwendig. Diese Forschungen sollten sich mit dem Ursprung unserer Geschichte, Philosophie und Literatur beschäftigen. Ähnlich wie im Zeitalter der Renaissance und Aufklärung im Westen ist eine intensive Beschäftigung [mit der chinesischen Kultur] die Voraussetzung für wissenschaftliches Arbeiten überhaupt. China muß zu den Ursprüngen der eigenen Kultur zurückkehren, um sich wiederzufinden. Dies ist kreative Arbeit und keine Nachahmung. Dies ist wirkliche Entwicklung von innen und keine äußere Imitation.

Das oben Erwähnte ist ein Vorschlag der Untersuchungskommission, der weder mit der Wesen/Zweckmäßigkeit-These Zhang Zhidongs noch mit der „Motor“-Theorie Wu Zhihuis gleichzusetzen ist.[135] Er ist vielmehr aus der Überlegung des kreativen Selbstbewußtseins hervorgegangen. Für diese Orientierung verfügt China bereits über eine solide Basis und hat ebenfalls die Tendenz, diese zu erweitern. Was die Naturwissenschaften betrifft, gibt es

---

132 Übersetzt von Li Sujuan und Zhou Xin.

133 Auslassung: China sei gezwungen gewesen, seine Kulturgüter und die traditionellen Beamtenprüfungen wegen des außenpolitischen Konfliktes aufzugeben. Den Anfang der Reform des chinesischen Ausbildungssystems habe Zhang Zhidong (vgl. Anm. 133) gebildet, doch seine Maxime sei inzwischen nicht mehr gültig. Radikale Kreise würden gar das Verbrennen klassischer chinesischer Bücher fordern.

134 Das Bemühen, westliche technisches Knowhow mit der chinesischen Kultur zu verbinden, war im 19. Jahrhundert von Zhang Zhidong auf die Formel *Zhongti xiyong* (Chinesisches als Substanz, Westliches zum Gebrauch) gebracht worden.

135 Zur Wesen / Zweckmäßigkeit-These Zhang Zhidongs, vgl. Anm. 133. - Wu Zhihui, der ab 1906 in einer Gruppe chinesischer Auslandsstudenten in Paris lebte und zum Wortführer der Anarchisten avancierte, machte die Überlegenheit der europäischen Kultur gerade an der Entwicklung der Technik fest. Visionär beschwor er ein klassenloses Maschinenzeitalter, das von den in den Fabriken arbeitenden Studenten herbeigeführt werden sollte. Vgl. Bauer 1989:480-484.

das Geologische Forschungsinstitut[136] und verschiedene naturwissenschaftliche Institute der Academia Sinica in Peking[137]. Sie betreiben Forschungsarbeit auf der Grundlage des in China befindlichen Materials. Diese beiden Einrichtungen werden bereits im Bericht erwähnt. Naturwissenschaftliche Relevanz haben auch die Wissenschaftliche Gesellschaft[138] und das Jingsheng Biologische Forschungsinstitut[139], das sich mit den Pflanzen in China beschäftigt. Im Bereich der Geschichts- und Sozialwissenschaften sind z.B. die Literaturrevolution von den Professoren der Pekinger Universität um 1919[140], die sich anschließende Bewegung zur Erforschung der Klassiker und die Arbeiten des historischen und sprachwissenschaftlichen Instituts der Academia Sinica sowie des Instituts für soziale Forschung in Peking[141] hervorzuheben. Alle diese Institute verwenden die wissenschaftliche Methode oder das Experiment als Grundlage, um die chinesische Geschichte und Gesellschaft oder die Natur zu erforschen. In den anderen wissenschaftlichen Einrichtungen sind solche Experimente und Untersuchungen zwar auch keine Seltenheit, aber nicht ganz so verbreitet.

Die Suche nach einem Ausweg für die chinesische Wissenschaft verläuft nicht ohne Erfolg. Wenn wir darauf bedacht sind, die neue Methodik ständig zu verbessern und weiter zu entwickeln und sie in den Sozial- und den Naturwissenschaften sowie dem allgemeinen Unterricht anwenden, dann werden wir die Mängel im Erziehungswesen teilweise überwinden. Nun kommen wir zur Diskussion über die Sinisierung des schulischen Unterrichts.

(3) Sinisierung des Unterrichts

Im Bericht wird erwähnt, daß alle Sozialwissenschaften an den chinesischen Universitäten ausländisches Unterrichtsmaterial verwenden. Für wen sind die chinesischen Universitäten eigentlich eingerichtet? Für die ausländischen Studenten in China oder für die chinesischen Studenten zum Studium des Westens? Die Fehler sind offensichtlich. Die chinesischen Absolventen, die sich den Sozialwissenschaften gewidmet haben, kennen mehr oder weniger westliche Ökonomie, Politik und Erziehung, doch was die chinesische Ökonomie, Politik und Erziehung angeht, so wissen sie möglicherweise noch weniger als

136 Das Geologische Forschungsinstitut war zunächst als unabhängige Einrichtung gegründet worden, dann aber mit der Academia Sinica (vgl. Anm. 136) zusammengeschlossen worden.

137 Die Academia Sinica war 1928 von Cai Yuanpei mit einer doppelten Zielsetzung gegründet worden: Einerseits sollte sie die wissenschaftliche Forschungsarbeit voranbringen; andererseits sollte sie die Wissenschaftsprogramme im ganzen Land koordinieren. Vgl. CYB 1935:285.

138 Die Wissenschaftliche Gesellschaft (*Zhongguo kexue she*) bestand seit 1918 mit Büros in Shanghai und Nanjing.

139 Gemeint ist das *Fan Memorial Institute of Biology* (*Jingsheng shengwu diaochasuo*).

140 Bereits 1917 war in der Zeitschrift *Neue Jugend* (*Xin qingnian*) die traditionelle chinesische Sprache und Literatur kritisch beurteilt und eine einfache, allgemeinverständliche Umgangssprache gefordert worden. Seit 1918 wurden dann alle Beiträge in der Neuen Jugend in Umgangssprache verfaßt. Einen weiteren Anstoß erhielten die Befürworter der neuen Sprache, als die publizistische Tätigkeit im Rahmen des Zwischenfalls vom 4.5.1919 zunahm und schließlich zu einer „literarischen Revolution" führte. 1920 wurde die Umgangssprache schließlich offiziell an den Schulen eingeführt. Vgl. Schwarcz 1986:76-93.

141 Das Institut für soziale Forschung (*Shehui diaochasuo*) bestand in den 30er Jahren in Peking.

die Ausländer. Wir sind der Meinung, daß die jetzigen politischen Maßnahmen im Bereich der Verwaltung, des Schulwesens, der Justiz usw. überwiegend auf das Denken und die Konzepte der Auslandsstudenten und derjenigen Universitätsabsolventen zurückgehen, die mit der realen Situation in China nicht vertraut sind und ihre Überlegungen vor einem westlichen Hintergrund entwerfen. Wenn wir die in der Zeitung stehenden Diskussionen und Planungen über die politischen Maßnahmen der Parteiführung sorgfältig lesen, ist dieses Phänomen leicht erkennbar.

Wir sollten mehr Institute einrichten, welche die Forschungsarbeit ernsthaft vorantreiben, egal ob sie an die Universität angebunden sind oder nicht. (...)[142] Wenn wir mehrere solcher Institute einrichten und die Zusammenarbeit mit den relevanten Abteilungen an den Universitäten vorantreiben, werden die Studienfächer an den Hochschulen nach und nach auf eine natürliche Weise sinisiert.

(4) Sozialbezogenheit der Pädagogik

Betrachten wir die Pädagogik aus sozialer Sicht, so müssen wir zurück zum Beginn des Berichts gehen: Die chinesische Erziehung ist der Gesellschaft entfremdet. Die schulischen Institutionen können eine elitäre Klasse ausbilden, aber nicht die Masse erziehen. Wir haben bereits über den Grund diskutiert.[143] Nun wollen wir über die Reformmethoden diskutieren.

Erstens müssen die Unterrichtspläne den Bedürfnissen der chinesischen Gesellschaft entsprechen. Die Unterrichtsmaterialien sollten aus der Geschichte, Gesellschaft und Natur entnommen werden, die sich auf das reale soziale Leben beziehen, damit die Jugend die historischen Hintergründe sowie die Phänomene in Gesellschaft und Natur auch verstehen kann.

Zweitens sollte sich der schulische Unterricht dem Schülerleben anpassen. Die jetzigen Schulfächer der Grund- und Mittelschulen berühren die Lebensbedürfnisse der Schüler zu wenig. Vortrag und Lektüre liefern den Schülern kaum noch nützliche Kenntnisse für das alltägliche Leben. Außerdem überfordert der Unterricht die Schüler, so daß kein Raum für freiwillige Arbeit bleibt. Die Untersuchungskommission schlägt vor, daß die Schule den Schülern die Gelegenheit geben sollte, ihre Sinne zu nutzen und empirische Beobachtung anzustellen.

Nach der Beobachtung der Untersuchungskommission weisen sowohl die Grund- als auch die Mittelschule die oben genannten Mängel auf, wenn sie auch in der Mittelschule noch stärker verbreitet und dementsprechend in ihrer Auswirkung schlimmer sind. Die Kommission meint auch, daß die Erziehung in der Mittelschule viele andere Fehler hat, wie etwa die Betonung der Formalien und die Unterlassung der praktischen Arbeit, des weiteren starker Rückgriff auf die Lehrbücher und das Lehrmaterial und nicht zuletzt die einseitige Betonung des Auswendiglernens. Sie bemüht sich nicht, Neugierde für das Erwerben von Wissen zu erwecken und ignoriert das Zusammenfassen der Erkenntnisse und Gedanken

142 Auslassung: Jiang Menglin führte beispielhaft die Zusammenarbeit zwischen dem Geologischen Forschungsinstitut und der Geologie-Abteilung der *Beida* an.

143 Teil 1 dieser Abhandlung befindet sich in *Duli pinglun* 1933, Nr. 40:10-13.

ebenso wie die Durchführung von Experimenten. Der Initiative der Schüler und der Herausbildung ihres Verantwortungsbewusstseins schenkt die Mittelschule keinerlei Aufmerksamkeit. Sie glaubt nicht, daß das wichtigste Ziel der Mittelschule die Ausbildung von zukünftigen Studenten ist. Doch gerade sie sollte physisch und psychisch gesunde Menschen mit rascher Auffassungsgabe heranbilden, die sich ihrer Umwelt mit Aufmerksamkeit und Arbeitseinsatz widmen.

Drittens sollte Bildung stärker verbreitet sein. Über diese Problematik hat die Untersuchungskommission viel diskutiert. Ihrer Ansicht nach kann eine Ausweitung der Bildung nicht in Angriff genommen werden, bevor eine sorgfältig überlegte Lösung hinsichtlich der Finanzierung vorliegt. Sie ist jedoch der Meinung, dass sich die Anzahl der Schüler innerhalb von ein bis zwei Jahren auch ohne zusätzliche Ausgaben ernorm erhöhen kann, wenn die Nutzung der Schulgebäude und die Arbeitsteilung der Lehrkräfte ökonomischer gestaltet werden.

(5) Die Fachexperten als Ziel der Lehrerausbildung

Die Untersuchungskommission geht davon aus, daß die Ausbildung in den chinesischen pädagogischen Fakultäten und den pädagogischen Hochschulen zu sehr die Methode betone und dass die entsprechende Vermittlung von Grundwissen fehle. Das liege an der Amerikanisierung.[144] Eigentlich ist die Lehrerausbildung in Amerika gar nicht so. Diejenigen, die sich an den amerikanischen Universitäten oder pädagogischen Hochschulen mit Erziehungsgeschichte, Schulverwaltung, Erziehungspsychologie und Didaktik beschäftigen, bereiten sich auf eine Laufbahn als Dozenten der Erziehungswissenschaften oder der Erziehungsverwaltung vor. Man wird die Studenten, die Methodenforschung betreiben, auf keinen Fall als Lehrkräfte für Mathematik, Physik, Chemie, Geschichte oder Geographie in die Mittelschule schicken. Die Lehrer eines bestimmten Faches sind immer Fachspezialisten, die Pädagogik zusätzlich belegt haben. Die Kommission hält die europäische Lehrerausbildung (zum Beispiel in Deutschland und Frankreich) für fachbezogen und die amerikanische für methodenbetont. Beide Systeme haben zwar jeweils verschiedene Schwerpunkte, doch [der Unterschied] ist nur relativ und nicht absolut. Der Unterschied liegt in der prozentuellen Gewichtung des Fachwissens oder der Methodik, aber nicht in dem System selbst.

Die chinesische Lehrerausbildung für die Mittelschule hat dasselbe Ziel wie die in Europa. Die Absolventen der pädagogischen Hochschule sollten die Fächer unterrichten, auf welche sie sich spezialisiert haben. Diejenigen Studenten, welche Pädagogik als Hauptfach belegen, sollten im Verwaltungsbereich oder als Dozenten an den pädagogischen

---

144 Der Vorwurf der reinen Amerikanisierung des chinesischen Erziehungssystems war wiederholt festgehalten wurden: „There should be no misunderstanding here; we do not wish to see European educational methods substitued for those imported from America. We merely wish to emphasize our belief that no form of civilisation which has developed in another land, and in different conditions, can become the cultural tradition of the China that is now entering upon an era of reform. New China must mobilise its forces, and, from its own history, from its own literature, from all that is truly indigenous, extract the materials, for a new civilisation that will be neither American nor European but Chinese." Becker 1932:29.

Hochschulen arbeiten. Die Herren der Untersuchungskommission machen die Betonung der Methode und die Vernachlässigung des Fachwissens für die schlechten Ergebnisse der Mittelschulerziehung verantwortlich. Das ist jedoch nicht die Ursache. Die mangelhafte Qualität der Studienfächer an den chinesischen Universitäten überhaupt ist verantwortlich für den Unterricht in der Mittelschule. (Die meisten Lehrer an der Mittelschule haben ihre Studien an allgemeinbildenden Universitäten und nicht an Pädagogischen Hochschulen absolviert.) Der wirkliche Fehler beruht daher auf mangelhaften Fachkenntnissen und nicht auf der Betonung der pädagogischen Methode.

Das Niveau der amerikanischen Mittelschullehrer ist tatsächlich nicht so hoch wie das der europäischen. Dies hängt damit zusammen, dass das Bildungsziel und der Bildungsstand der amerikanischen Mittelschule anders als in Europa bestimmt werden. Die europäischen (französischen und deutschen) Gymnasien sind für eine bestimmte Klasse geschaffen, weshalb sie für strenge Ausbildung und ein hohes Bildungsniveau stehen. In den USA hingegen ist die Mittelschule für den Bildungsstand der Massen zuständig. Der Unterricht ist unvermeidlich einfacher und oberflächlicher. Aus diesem Grund muß die Qualität der Lehrer nicht so hoch sein wie in Europa. Das erklärt auch, warum amerikanische Mittelschullehrer im Vergleich zu den europäischen Lehrern eine niedrigere soziale Stellung innehaben.

Die Untersuchungskommission schlägt vor, daß die chinesischen Mittelschullehrer in Zukunft Experten in ihren Fächern sein sollten und zugleich über Kenntnisse in der Erziehungsmethodik verfügen sollten. Das ist sicherlich richtig. Nach meiner persönlichen Meinung sollte die Mittelschule in China vom europäischen Modell lernen.[145] Dies bedeutet eine Anhebung des Niveaus und eine Intensivierung der Ausbildung. Gleichzeitig sollte die Lehrerausbildung mehr Gewicht auf die fachbezogene Grundlage legen und die unwichtigen Fächer sollten gestrichen werden. Das gilt auch für alle Fächer an den Universitäten. Doch dies ist ein anderes Problem, das freilich auch von der Untersuchungskommission herausgestellt wurde.

(6) Das System von Einheiten

Im chinesischen Schulwesen besteht bislang kein Benotungssystem von Einheiten (oder Credit-System). Dieses System wurde erstmals im Jahre 1917 bei der Reform der Pekinger Universität eingeführt.[146] Bei der Gründung der pädagogischen Hochschule in Nanjing (um 1917) wurde es ebenfalls übernommen. Seitdem sind nicht mehr als 16 oder 17 Jahre vergangen. Seine Anwendung in der Mittelschule ist von noch kürzerer Dauer und hat zehn Jahre noch nicht überschritten. Mit dem Credit-System wird zu Zeiten komplizierter und chaotischer Unterrichtsplanung eine gleichwertige Gewichtung aller Fächer angestrebt.

145 Dies kann als Annäherung an die Auffassung von Becker verstanden werden. Allerdings handelte es sich nicht um eine grundsätzliche Bejahung der Ideen Beckers, sondern um eine Übereinstimmung in einer Detailfrage.

146 1916 war Cai Yuanpei Präsident der *Beida* geworden. Unter ihm fand sich eine Gruppe Intellektueller verschiedener Überzeugungen zusammen, so auch die späteren Begründer der kommunistischen Bewegung. Vgl. Schwarcz 1986:46-54.

Nach seiner Einführung wurde der Unterricht systematischer und gleichmäßiger, obwohl die alten Fehler immer noch nicht ausgeräumt sind. Diese Art der Benotung ist nicht die Ursache für die Mängel des chinesischen Mittelschulunterrichts. Ganz im Gegenteil ermöglicht sie, das Chaos im Unterricht zu regeln. Mittels dieses Systems kann unter Anleitung eine studentische Forschungsarbeit und eine Abschlußprüfung am Ende des Studiums, wie sie die Untersuchungskommission vorschlägt, ohne Hindernisse durchgeführt werden.

(7) Schlußfolgerung

Was oben diskutiert worden ist, sind grundsätzliche Überlegungen zu dem Bericht. Die unterschiedlichen praktischen Probleme der Grund- und Mittelschule und Universitäten sollen ein anders Mal erörtert werden.[147] An dieser Stelle fasse ich das oben Erwähnte zusammen: (1) Unsere jetzigen Erziehungsmängel haben sich aus der Mischung der jahrhundertelangen Beamtenexamina und dem japanischen Einfluß in den letzten 30 Jahren entwickelt. Der amerikanische Einfluß, der erst seit mehr als zehn Jahren besteht, kann die in Jahrhunderten entstandene Situation nicht verändern. (2) Die Tendenz der chinesischen Erziehung seit zehn Jahren deutet bereits auf den Weg hin, welchen uns die Untersuchungskommission weist. Aber der Bericht macht uns trotzdem auf vieles aufmerksam.

Die Herren der Untersuchungskommission haben mehrere Monate lang kostbare Zeit für diesen wertvollen Bericht aufgewendet. Der Bericht zeigt viele Fehler in der Erziehung auf und hat uns zu einem richtigen Ausweg geraten. Wir sind voller Dankbarkeit und Bewunderung. Leider kann die Problematik aufgrund von Zeitnot nicht weiter im Hinblick auf ihren historischen Hintergrund erforscht werden. Deswegen sind wir gezwungen, die Diskussion auf die jetzige Lage zu beziehen, ohne die Ursprünge zu durchdringen. Wir bedauern das sehr. Außerdem steht die Erziehung mit der Politik in einer Wechselbeziehung. Die Erziehung kann nicht unabhängig von der politischen Situation vorwärtsschreiten. Wenn die Diskussion über Erziehung vom pädagogischen Standpunkt, also ohne Berücksichtigung auf die im Umfeld befindlichen politischen Kräfte geführt wird, sind die Thesen manchmal zu idealistisch. Das ist selbstverständlich nicht zu vermeiden. Wir sollten darauf achten und Verständnis dafür haben.

Duli pinglun (Unabhängige Kritik), 41 (1933), S. 17-21.

147 Ein entsprechender Artikel von Jiang Menglin konnte nicht gefunden werden.

92

Bericht des Tropenarztes Peter Mühlens über eine dienstliche Reise nach China (1933)

Dauer des Aufenthaltes in China: 23.3.-30.5.1933[148]

(...)[149]

Erste Eindrücke über die Malaria in Nanjing und Malariabekämpfung in China.

(...)[150]

Die Malaria ist als eine der wichtigsten Krankheiten, als eine "cause importante de la mortalité", in manchen Provinzen Chinas bekannt (Liu Ruiheng)[151], namentlich wenn daselbst die maligne Form, die sogen. "Tropica" vorherrscht, und ganz besonders zu Zeiten von Ueberschwemmungen, Hungersnot, Krieg und in Massenquartieren (bei Flüchtlingen, in Arbeiterlagern usw.). In manchen Provinzen soll im Sommer-Herbst die Tropica überwiegen: so z.B. ausser in der Hauptstadt Nanjing in den Provinzen Anhui (Dr. Taylor), Zhejiang (Dr. Perkins) und auch in Jiangxi. Mir schien es nicht unwahrscheinlich, dass eine Anzahl rätselhafter Todesfälle unter den Strassenarbeitern im Jahre 1932 durch Malaria bedingt war[152], zweifellos zählen - wie in anderen Tropenländern - eine Anzahl der unter der Diagnose "Meningitis cerebrospinalis" sterbenden Kinder zu den schweren Tropica-Gehirnmalaria-Fällen. Dasselbe konnte ich vor 10 Jahren in Jugoslawien feststellen.[153]

Bei meiner wiederholten Anwesenheit in Nanjing hatte ich Gelegenheit, mit chinesischen Kollegen im Laboratorium sowie in einzelnen Malaria-Distrikten in und um Nanjing zusammenzuarbeiten und mich von ihren guten Arbeits-Methoden zu überzeugen. Das technische Hilfspersonal ist in den Blutuntersuchungsmethoden sowie auch in entomologischen Arbeiten hinreichend vorgebildet und geübt. Der Leiter der Malariastation, Dr.

---

148 Vgl. Einleitung zu diesem Kap., Anm. 61 und 62.

149 Auslassung: In einer Einleitung faßte Mühlens die Aufgaben zusammen, die er vom Völkerbund übertragen bekommen hatte. Er erwähnte, daß er während seines zehnwöchigen Aufenthaltes in China über 40 Vorträge gehalten und in zehn Städten lokale Studien betrieben hatte.

150 Auslassung: Mühlens erwähnte die Zusammenarbeit medizinischer Experten des Völkerbundes mit chinesischen Ärzten.

151 Liu Ruiheng war einer der international bekanntesten Ärzte in China. 1930 war er unter der GMD-Regierung zum Gesundheitsminister berufen worden. Nach der Auflösung des Gesundheitsministeriums wurde Liu Direktor der Gesundheitsabteilung, die dem Exekutivyuan unterstand.

152 Zu den Aufgaben von Mühlens gehörte nicht nur die Untersuchung der Malaria in der Umgebung von Nanjing, sondern auch die Erstellung eines Planes für die hygienische und ärztliche Überwachung der bei den Straßenbauten tätigen Arbeitern, unter denen es 1932 zu einer Reihe unaufgeklärter Todesfälle gekommen war.

153 Mühlens hatte 1920/21 die Hilfsexpeditionen des Deutschen Roten Kreuzes nach Rußland begleitet und 1922 die Malaria in Dalmatien untersucht.

Y.T. Yao [k.P.], war zur Erweiterung seiner Kenntnisse von der Hygiene-Sektion des Völkerbundes ein halbes Jahr lang nach London (Malariakurs), Italien, Palaestina und Aegypten entsandt gewesen und hatte dort seine Kenntnisse wesentlich bereichert.[154]

Gleich bei unserem ersten Besuch eines angeblich im Vorjahre ziemlich stark mit Malaria verseucht gewesenen Vorstadtbezirkes (ausserhalb der Mauern in der Nähe der Minggräber), führte mir Dr. Yao am 8.IV.33 einige Patienten mit Milzschwellungen II-III vor. Unter 4 Blutpräparaten (Stichproben) bei früher festgestellten Parasitenträgern fanden wir: 1 Fall mit Tertiana + Quartana (im Ausstrich bestätigt), auch Gameten von beiden Malaria-Arten, 1 Fall mit ziemlich vielen Quartanaparasiten und 1 Fall von Tropica mit Halbmonden. Die Patienten hatten eine deutliche Milzschwellung.

Auch liessen sich in der Nähe bereits anfangs April Anopheles-Larven nachweisen.[155]

Schon bei diesem ersten Besuch konnte ich mich auch davon überzeugen, wie ungern sich die Landbevölkerung Blut entnehmen liess, obwohl man die chinesischen Aerzte schon kannte. Dr. Yao musste für jede Blutuntersuchung einige Tabletten Chinin geben, gewissermassen als "Entgelt"; ähnlich wie ich das früher in Nord-Argentinien und Dalmatien gesehen habe.[156] Vermutlich wird dieses Chinin weniger eingenommen, als vielmehr für andere Zwecke (z.B. als Valutaartikel) verwertet. Bisher existierte jedenfalls keine Kontrolle des Chinineinnehmens. Dr. Yao hielt eine solche praktisch höchstens in den Schulen (mit Hilfe der Lehrer) für durchführbar.

Auch grössere Versuche der Moskitolarven-Bekämpfung waren bisher nirgends gemacht worden: Petrolisieren soll unmöglich sein, weil das Wasser vielfach im Haushalt und für Vieh gebraucht wird. "Schweinfurtergrün" (sogen. Paris-Grün)[157] war vorhanden, aber auch noch nicht in grösseren Versuchen angewandt worden. Deshalb regte ich Versuche mit Schweinfurtergrün, speziell in Reisfeldern an. Sie wurden mir von Dr. Yao zugesagt.

Ob und inwieweit gerade die Reisfelder mit der Malariafrage zusammenhängen, d.h. ob der Hauptüberträger der Malaria in China, Anopheles hyrcanus, mehr in solchen Feldern oder in anderen stehenden Gewässern, Gräben oder dergleichen brütet, davon konnte ich mich persönlich nicht überzeugen. Jedenfalls ist das weitere Studium dieser Frage für die Bekämpfung sehr wichtig. Ueberhaupt scheint mir die Frage der Anophelesbekämpfung, jedenfalls soweit sie die Brutstätten betrifft, eines der vielen schwierigen Hygiene-Probleme in China zu sein.

Das auf dem Lande und oft auch in Städten (z.B. Nanjing) in Tümpeln, Gräben etc. in der Nähe fast jeden Hauses vorhandene stehende Wasser ist für den Haushalt, das Vieh und die Landwirtschaft unentbehrlich. Mit der Bewässerungsfrage steht und fällt die Landwirtschaft und damit die Grundlage für die Ernährung des Volkes. Eine zwangsweise Ableitung durch Drainage, Zuwerfen der Tümpel oder aehnliches kommt also ohne weiteres nicht in Frage; es

154 Y.T. Yao [k.P.] begleitete Mühlens während dessen Aufenhalt in China.

155 Dies war ungewöhnlich, weil die Regenzeit noch nicht eingesetzt hatte.

156 Mühlens hatte sich zwischen 1926 und 1931 zu verschiedenen Studien und Vortragsreisen in verschiedenen Ländern Mittel- und Südamerikas aufgehalten.

157 Bei Schweinfurter Grün handelt es sich um ein Kupferdoppelsalz mit arseniger Säure und Essigsäure (giftig).

sei denn, dass man andere, nicht als Anopheles-Brutstätten dienende Bewässerungsquellen schaffen könnte. Das scheitert aber vorläufig von vornherein an den enormen Kosten und anderen Gründen. Gegen regelmässiges Petrolisieren bestehen auch erhebliche Widerstände.

So schien mir also auf den ersten Blick eine gründliche Durchführung von Malaria-Vorbeugungs- und Bekämpfungsmassnahmen so gut wie aussichtslos. Der gleichen Ansicht waren auch alle chinesischen Kollegen, mit denen ich über diese Frage sprach, so u.a. auch der Gesundheits-Minister Dr. Liu Ruiheng sowie auch der sehr erfahrene Dr. Berčič mit denen ich gleich bei meinem ersten Besuche das Malaria-Problem besprochen hatte.[158]

Bei dieser Gelegenheit erfuhr ich, dass zur Zeit zwar 2.000 Kilo Chinin für Malaria-Behandlungs- und Prophylaxe-Zwecke zur Verfügung standen. Ueber eine Nutzen und Erfolg versprechende Verwendung war man sich aber noch nicht im klaren. So hielten z.B. auch Dr. Liu Ruiheng und Dr. Berčič eine allgemeine Chininprophylaxe bei den 70.-100.000 Strassenbauarbeitern für undurchführbar aus technischen Gründen sowie auch mit Rücksicht auf die der Anwendung solcher Zwangsmassnahmen gegenstehende chinesische Mentalität.

Ein Chinese, der sich nicht krank fühlt, nimmt keine Medikamente. Wenn man ihn zwingen würde, z.B. Chinin prophylaktisch zu nehmen, so würde er in abergläubischen Vorstellungen jede später event. auftretende Krankheit dem Medikament zuschreiben. Der Aberglaube und Fatalismus spielen ja in China immer noch eine grosse Rolle. Der Chinese fürchtet das Krankwerden und selbst den Tod nicht. Er betrachtet sie als Schicksalsfügungen, die man nicht verhindern kann. Daher kennt der Chinese keine Vorbeugung. Nach seiner Ansicht leben die Toten weiter und deshalb behält man sie in ihren Särgen oft jahrelang in der Familie, im Hause oder auf dem Grundstück, dem Acker in der Nähe des Gehöftes, auf dem sie gelebt und gearbeitet haben: Der Verstorbene ist eben nicht tot, sondern bleibt und lebt nach wie vor mit und in der Familie. Eine moderne Behandlung der Krankheiten kennt der chinesische Bauer nicht. Allenfalls nimmt er "Medizin"-Gemische, die von einheimischen Medizinmännern hergestellt sind, wie man sie vielfach in offenen Läden in den Chinesenvierteln sieht, zum Teil in Rohstoffen der merkwürdigsten Arten. Es wird noch Jahrzehnte dauern, bis die modern ausgebildeten chinesischen Aerztegenerationen mit neueren Behandlungsmethoden sich auf den Lande erfolgreich werden durchsetzen können. In den Grosstädten, namentlich da, wo Berührung mit der europäischen und amerikanischen Kultur besteht, werden natürlich approbierte Aerzte (auch Chinesen) konsultiert. Damit ist aber noch lange nicht gesagt, dass auch ihre Anordnungen befolgt werden.

Der innere Widerstand der in alten Anschauungen befangenen Chinesen gegen das, was wir heutzutage Chemotherapie nennen, ist auch einer der Hauptgründe, warum eine erfolgreiche Malaria-Vorbeugung und Bekämpfung in China zur Zeit so gut wie unmöglich erscheint.

Hinzukommt noch folgendes: Malaria-Bekämpfungsmassnahmen benötigen, - wenn sie wirksam sein sollen -, Geld, viel Geld und nochmals viel Geld. Daran mangelt es zur Zeit in China, auch im Budget des Gesundheitsministers. Allerdings werden bezw. wurden in China in den letzten Jahren viele Millionen Dollar für den Bau von grossen modernen Krankenhäusern

158 Zu Liu Ruiheng, vgl. Anm. 151. - Borislav Berčič, der ehemalige Leiter des Instituts für Hygiene in Zagreb, arbeitete als Völkerbundsexperte im chinesischen Gesundheitswesen.

und Forschungsinstituten verbraucht, die in China früher fast vollständig fehlten. Ich hatte persönlich den Eindruck, dass die schönen, enorm grossen Institute wie das Lester-Institut, das Peking Union Medical College sowie auch eine Anzahl der bereits fertigen und im Bau befindlichen grossen Krankenhäuser der verschiedenen Nationen zwar sicher wissenschaftlich und in der Krankenbehandlung vieles geleistet haben und auch in Zukunft noch leisten werden, dass aber die dafür aufgewandten enormen Summen in keinem Verhältnis zu den Mitteln stehen, die für die so dringend notwendigen praktischen hygienischen Feldarbeiten zur Verfügung stehen und verwendet werden.

(...)[159]

Bisher ist bezüglich einer energischen Malaria-Bekämpfung und -vorbeugung in Nanjing nur wenig geschehen. Die grössten Schwierigkeiten dabei bereiten die Bevölkerung und ihre Lebensweise selbst. Eine gründliche Assanierung von Nanjing[160] - dasselbe gilt auch bezüglich anderer Malariazonen Chinas - ist nur mit diktatorischen Mitteln möglich. Zweifellos werden die zunehmende Bebauung, die bevorstehende zentrale Wasserversorgung und die in nächster Zukunft zu erwartende bessere aerztliche und hygienische Versorgung der Bevölkerung eine allmählich fortschreitende Besserung zur Folge haben. Aber so lange es jedem Haus- und Hofbesitzer erlaubt ist, Anopheles-Brutstätten in der Nähe seiner Wohnstätte zu unterhalten und solange keine energischen Behandlungsmassnahmen (z.B. in Schulen, bei der arbeitenden Landbevölkerung etc.) streng durchgeführt werden, dürfte die Malariagefahr für die Nanjing-Bevölkerung nicht verschwinden. Zu einer wirksamen Bekämpfung ist nach meiner Ansicht vor allem die verständnisvolle Mitwirkung der Bevölkerung und zu diesem Zwecke eine völlige Umstellung der alten chinesischen abergläubischen Mentalität erforderlich: eine Modernisierung der Auffassungs- und Denktätigkeit, vor allem über medizinische und hygienische Fragen. Und das ist nur durch eine Erziehung möglich, die in den Schulen beginnen muss: Was die Kinder in der Schule lernen, haftet für das spätere Leben und wird auch ins Haus hineingetragen: Die Lehre von der Malaria, ihrer Ursache und Uebertragung (ebenso anderer wichtiger Krankheiten) müssen zu Unterrichtsthemen gemacht werden. Auch müssen die in der Malariabekämpfung tätigen Aerzte Demonstrations-Vorträge und -exkursionen in und mit den Schulen machen. Die Zwangsbehandlung der Parasitenträger muss in den Schulen beginnen und von dort auf die Familie übergehen. Auf die Erwachsenen des alten China muss man durch Lichtbilder- (event. Kino-) Vorträge von Malaria-Filmen sowie Belehrungen durch eindrucksvolle Plakate etc. einzuwirken versuchen. Ich habe eine solche Propagandatafel dem Gesundheitsamt vorgeschlagen; sie ist bereits gedruckt und soll in allen Malariazonen verbreitet werden. Schliesslich muss auch das Vertrauen der Bevölkerung zu der modernen Medizin und Chemotherapie gewonnen werden. Zweifellos werden auf diese und ähnliche Weise manche Erwachsene des alten Systems mit seinem Aberglauben für die

---

159 Im folgenden gab Mühlens einen detaillierten Überblick über seine Malariaforschungen während seines zweiten Aufenthaltes in Nanjing (April / Mai 1933).

160 Die Hauptstadt Nanjing wurde in der GMD-Zeit erheblich modernisiert, bevor die Japaner 1937 alles wieder zerstörten. Da sie als Aushängeschild dienen sollte, besaß die Bekämpfung der Malaria Priorität.

Mitarbeit zu haben sein, namentlich dann, wenn sie die Behandlungserfolge an ihren Kindern sehen. Gelang es mir doch auf diese Weise vor 20 Jahren in Jerusalem, in die türkischen und arabischen Familien hineinzukommen und dort an den eigentlichen Herden die Malaria zu bekämpfen.[161]

Die Malaria- und sonstige Seuchenbekämpfung und -vorbeugung in China ist also, - abgesehen von der Kostenfrage -, in erster Linie ein Problem der Erziehung zu modernen medizinischen und hygienischen Anschauungen und Lebensregeln.

Ich erwähnte schon, dass in der Modernisierung des Schulwesens in China ganz enorme Anstrengungen und Fortschritte in den letzten Jahren gemacht worden sind: In verschiedenen Stadt- und Landschulen konnte ich mich davon überzeugen, vor allem am Bildungsgrad der studierenden Jugend und an der Lernbegierde der jüngeren Generationen. Auch schienen die von uns besuchten Lehrer und Lehrerinnen ein grosses Interesse für die hygienischen Probleme zu haben. Sie sind zweifellos zu jeder Zusammenarbeit mit den Aerzten und Hygienikern zu haben. Unterrichts- und Gesundheitsministerium passen also vortrefflich zusammen zu einer glücklichen Ehe, die der Volksgesundheit zum grössten Segen gereichen könnte. Ausserdem müsste auch bei allen Bau- und Landarbeiten in Städten, Strassen, Fluren und Feldern auf hygienische Belange Rücksicht genommen werden. Hierzu gehören die Fragen der Wasserversorgung von Haus und Hof, der Entwässerung sowie der Abfall- und Faekalienbeseitigung, ferner der Beseitigung oder Petrolisierung bezw. Besprayung der Moskitobrutplätze in der Nähe der Wohnungen mit Schweinfurtergrün etc.

Grössere hydraulische Sanierungsprobleme, wie sie in Panama, Italien, auf den Philippinen und in anderen Ländern durchgeführt sind, kommen allgemein für China vorläufig nicht in Frage, alleine schon wegen der enormen Kosten, die sie verursachen würden. China ist zur Zeit arm. Allerdings möchte ich doch glauben, dass ein grösserer Assanierungs-Versuch sich für Nanjing bezahlt machen würde. Auf jeden Fall liessen sich zahlreiche (wenn auch nicht alle) überflüssigen Moskito-Brutplätze daselbst ohne grössere Schwierigkeiten schnell beseitigen bezw. petrolisieren. Die Arbeitslöhne sind ja in China sehr niedrig.

(...)[162]

LONArch, HC, 8A/2300/940.

---

161 Mühlens hatte von 1912-14 an Malaria-Expeditionen nach Palästina teilgenommen. Vgl. Wulf 1994:14.

162 Auslassung: Mühlens beschrieb im folgenden die Beratungen und Besichtigungen bei den Straßenbauarbeitern.

93

Denkschrift des Beraters der chinesischen Nationalregierung für die Verwaltungsreform, Wolfgang Jaenicke (Dezember 1934)[163]

In meinem Gutachten vom Januar dieses Jahres[164] habe ich mir vorbehalten, über die Gestaltung der Provinzialverwaltungen mich erst zu äussern, wenn ich Gelegenheit gehabt haben werde, ihre Tätigkeit in mehreren Provinzen kennenzulernen.

Ich habe die vergangenen Monate dazu benutzt, sechs Provinzen zu besuchen[165] und habe in jeder Provinz eine große Reihe von Verwaltungen gesehen. Bei diesen Besuchen habe ich mich bemüht, nicht nur die äusseren Formen, die Organisation, die Gebäude und die Büros kennenzulernen, sondern ich bin in die Einzelheiten des Geschäftsganges eingedrungen, indem ich verfolgte, in welcher Weise die Eingänge in den Behörden behandelt und bearbeitet wurden. Des Weiteren habe ich sowohl bei den Provinzialverwaltungen als auch bei den Xians[166] mit den Leitern der einzelnen Abteilungen ihre Etats und ihre Verwaltungen durchgesprochen, und ich glaube, auf diese Weise einen gewissen Einblick in die Praxis der Verwaltung in China erhalten zu haben.

Daneben habe ich mich aber besonders mit den Lebensverhältnissen der Bevölkerung befasst. Ich habe zahlreiche Wohnungen in Stadt und Land aufgesucht und mir insbesondere die wirtschaftlichen, hygienischen und sozialen Verhältnisse des Bauerntums angesehen.

Ferner habe ich mein Augenmerk auf das Schulwesen durch den Besuch zahlreicher Schulen gerichtet sowie versucht, das Wiederaufbauwesen kennenzulernen durch Besuch der Lehr- und Versuchs-Institute, durch Einblick in Autobus- und Telephon-Verbindungen, durch Beobachtung des Zustandes der Strassen und Brücken, durch Beschäftigung mit dem Schleusen-, Deich- und Schiffahrtswesen. Endlich habe ich mich mit dem Steuerwesen, mit der Polizei und ihrer Ausbildung sowie mit dem Landwehrwesen beschäftigt.[167]

Die Erkenntnis jedoch habe ich heute schon in einer für mich unzweifelhaften Weise gewonnen. Nämlich, dass der Unterbau der chinesischen Verwaltung, die Xianverwaltung, nicht durchweg den Anforderungen entspricht, die ein moderner Staat an eine Verwaltung

---

163 Jaenicke schrieb verschiedene Denkschriften für die chinesische Nationalregierung. Die hier in Auszügen abgedruckte trug den Titel: Denkschrift betreffend die Provinzial- und *Xian* (Kreis)-Verwaltung in China, Dezember 1934. - Die Denkschriften wurden von einem Jaenicke zur Verfügung stehenden Dolmetscher ins Chinesische übersetzt.

164 Das angesprochene Gutachten vom Januar 1934 ist nicht bekannt.

165 Jaenicke unternahm 1934 Reisen in den Norden des Landes. Dabei versuchte er vor allem, die Kommunalverwaltung auf dem Land näher kennenzulernen. Vgl. Kuß 1998:346.

166 Im zentralisierten Staat waren alle administrativen Einheiten von der Provinz über die Präfektur (*Fu*) und Kreis (*Xian*) von oben kontrolliert worden. Als die GMD an die Macht kam, setzte sich China aus 1.940 Kreisen zusammen. Vgl. Tien 1972:130.

167 Vgl. u.a. Memorandum by Wolfgang Jaenicke. Expert in Civil Service. Administration and Organisation, 1934, in der es um das Polizeiwesen ging, in: PolArchAA, R 85824.

stellen muss, dem das Wohl und Wehe der Bevölkerung direkt anvertraut ist. Die frühere Regierung hat im wesentlichen die Bevölkerung sich selbst überlassen.[168] Die Selbstverwaltung der Familie und der Sippe funktionierte, die Steuereintreibung und das Gerichtswesen waren für die Behörde die Hauptsache. Dieser Standpunkt, den man bei manchem Xianvorsteher heute noch findet, ist nicht mehr aufrecht zu erhalten, seitdem China in den grossen Wirtschaftsprozess hineingerissen ist, der alle Länder der Erde in einen immer schärferen Leistungskampf miteinander hineintreibt. Bei dieser Lage des Chinesischen Reiches müssen daher sowohl an die Behörden, ihre Vorbildung und Einrichtungen, wie an die Bevölkerung selbst höhere Ansprüche gestellt werden als bisher, wenn China diesen Kampf siegreich bestehen und sich zu neuer wirtschaftlicher Blüte erheben soll. Es muss daher schon bei der unteren Verwaltungsbehörde ein vorwärtstreibender Wille für Verbesserungen, eine warmherzige Fürsorge für die Bevölkerung, ein unablässig reges Interesse für ihre wirtschaftlichen Nöte und ihre Bedürfnisse vorhanden sein.

Bei meinen Vorschlägen zur Erreichung dieses Zieles lasse ich mich aber von dem Gedanken leiten, nicht rein Europäisches auf die jetzige chinesische Verwaltung aufzupfropfen, sondern ich möchte chinesische Tradition benutzen und mit der modernen Entwicklung in Einklang zu bringen.

Was nun die Xianverwaltung betrifft, so scheinen mir folgende Gedanken diesem Ziele zu dienen:

Als Leiter der unteren Verwaltungsbehörde, als der am unmittelbarsten mit der Bevölkerung verknüpften Instanz, sollen nur die besten Elemente aus der Verwaltung Verwendung finden.

Eine systematische Vorbildung in Landratsschulen, wie ich sie vereinzelt bereits gefunden habe, ist hierzu besonders geeignet, aber es kommt dabei keineswegs bloss auf den Erwerb von Gesetzeskenntnissen und eines leeren Paragraphenwissens an, sondern vor allem darauf, dass der zukünftige Xianvorsteher die richtige Auffassung von seinem Amte und von seinen Pflichten gegenüber der Bevölkerung hat. Er muss bemüht sein, den schönen, alten Titel „Vater und Mutter des Volkes" mit Recht zu tragen.

(...)[169] Meine Beobachtungen ergeben folgendes Bild der Verwaltung der Provinzen:

Ein Beamtenkörper von oft mehr als 1.000 Köpfen sitzt im Zentralpunkt einer Provinz von der Groesse eines europäischen Landes, die Departements raeumlich getrennt vom Gouverneur und ohne rechte Fühlung miteinander. Dieser umfangreiche Beamtenkoerper kann folgerichtig eine wirkliche innere Verbindung mit der fernen Bevölkerung nicht besitzen und ist daher auch ohne genuegend starke Einwirkung auf sie. Ein ausgedehntes

168 Damit war die kaiserliche Regierung gemeint, die nicht in die Dörfer hineinregierte.

169 Auslassung: Jaenicke schlug vor, die arbeitslosen chinesischen Akademiker, vornehmlich Auslandsstudenten, in die *Xian*verwaltung zu integrieren. Da diese Europa oder Amerika bereits aus eigener Anschauung kennen würden, hätten sie eine Vorstellung von dem anvisierten Ziel. Des weiteren führte er aus, daß die Stellung des *Xian*vorstehers gehoben werden müßte und wirksame Kontrollmaßnahmen eingeführt werden müßten.

Schreibwerk und unzaehliger Kleinkram belasten den Gouverneur und die leitenden Departementschefs und rauben ihnen die Zeit fuer das Durchdenken und Durcharbeiten der wirklich grossen Probleme und fuer das so sehr wichtige Bereisen der Provinz.

Die Bevoelkerung kann daher nur wenig Vertrauen haben zu einer Behoerde, die ihr so fern ist und die sie nicht kennt. Unmittelbar unter dieser Zentrale eines so gewaltigen Gebietes stehen durch Rang und Entfernung weit von ihr getrennt, die Xian-Verwaltungen, die in ihrer Einrichtung, Leistungsfaehigkeit und in der Vorbildung ihrer Beamten den Anforderungen der heutigen Zeit vielfach noch nicht entsprechen.

Aber noch nicht genug damit, dass die hoechste Stelle, die Provinzialregierung, einen unmittelbaren Verkehr mit den untersten Behoerden der Verwaltung hat und somit automatisch mit kleinen Einzelheiten belastet wird, verkehren die vier Departements[170] der Provinzialregierung ausserdem sogar noch unmittelbar mit den einzelnen Abteilungen der Xian-Verwaltungen.

Dies fuehrt zu einer uebermaessig zersplitterten Arbeit, die ausserdem gar nicht einheitlich geleistet werden kann. (...)[171] Die Erkenntnis dieses Nachteiles der Verwaltung ist von der Chinesischen Oeffentlichkeit heute allgemein bekannt. Von den vielen bisher gemachten Vorschlaegen zur Abhilfe schaelen sich im Wesentlichen zwei heraus: Der erste will die uebermässige Ausdehnung der Provinzen durch ihre Verkleinerung oder gar durch ihre Aufhebung beseitigen und an ihre Stelle etwa 100 Bezirke treten lassen.

Die Ausfuehrung dieses Gedankens wuerde meines Erachtens bei der Groesse des Chinesischen Reiches kaum durchfuehrbar sein.

Der zweite Vorschlag geht dahin, die Provinzialverwaltung zwar bestehen zu lassen, aber zwischen die Provinzialregierung und die Xians eine Mittelinstanz einzufuegen.

Gegen diese Regelung ist der nicht unberechtigte Einwand erhoben worden, dass, wenn mit dem Bestehenbleiben der Provinzen zugleich die Provinzialregierungen bleiben, durch eine neue Instanz der an sich schon grosse Beamtenkörper noch vermehrt wuerde und die Kosten dadurch unerschwinglich wuerden.

Um diese schwerwiegende finanzielle Folge zu vermeiden, und indem ich auf das Beispiel meines eigenen Landes blicke[172], komme ich zu einem dritten und anderen Wege, naemlich: Die riesigen Verwaltungskoerper der Provinzialregierungen auf das Minimum eines kleinen Stabes von leitenden Persoenlichkeiten beim Gouverneur zu verkleinern und die bisherige Beamtenschaft draussen auf dem Lande arbeiten zu lassen, sie in Verbindung mit der Bevoelkerung zu bringen und so ihre Kraefte und ihre Arbeit nutzbringender zu gestalten, als ihnen dies jetzt moeglich ist.

---

170 Jaenicke meinte folgende vier Abteilungen: Inneres, Finanzen und Steuer, Schulen und Wiederaufbau.

171 Auslassung: Es folgte eine Auflistung der Schriftverkehrsverbindungen zwischen den *Xian* und der Provinzialregierung.

172 In der preußischen Verfassung vom November 1920 waren der Selbstverwaltung der Provinzen weitgehende Rechte eingeräumt und die Staatsaufsicht genau umgrenzt worden. Parallel zum Reichsrat war ein Staatsrat als Vertretung der Provinzen eingerichtet worden.

Es soll mit anderen Worten der Schwerpunkt der politischen Fuehrung, der gesetzgeberischen und organisatorischen Leitung in der Provinzial-Hauptstadt bei dem Gouverneur und der Provinzialregierung verbleiben, aber es soll der Schwerpunkt der taeglichen Verwaltungs- und Kontrollarbeit hinaus verlegt werden in die Provinz, wo unter selbstaendigen Praefekten, die als Organe des Gouverneurs und der Provinzialregierung dieser direkt verantwortlich sind, eine intensive Kontrolle und Aufsicht ueber 10-12 Xians gefuehrt wird. Damit wird ein Bindeglied zwischen Provinzialregierung und Bevoelkerung geschaffen, das diese an die Provinzialregierung heranbringt.

Ich habe eben gesagt, dass eine solche erhebliche Verkleinerung der Provinzialregierungen als *Endziel* anzustreben ist, ich bin mir aber darueber klar, dass dieses Ziel in China *zur Zeit* noch nicht sofort erreichbar ist, und dass man heute die Provinzialregierungen nicht ohne weiteres aufloesen und auf einen kleinen Stab beschraenken kann. Wohl aber ist es moeglich, die Reform schon jetzt Schritt für Schritt einzuleiten und eine Uebergangsregelung zu treffen. (...)[173]

BArchK, N 1135, Nr. 27 und PolArchAA, R 85824.

94

Artikel des früheren Erziehungsministers Zhu Jiahua aus der *People's Tribune* (1935)

The Reform of Chinese Education in 1932

It is generally appreciated that the policy of the National Government is to effect the regeneration of China through the reform of education throughout the whole country. The role which education can play in the regeneration of China is twofold - to awaken national consciousness, and revive the feeling of confidence in the future of the Chinese race.

Dr. Sun Yatsen said that we should keep pace with modern civilized nations and rouse China from her lethargy. He also said that in order to bring about the rebirth of China it is necessary to achieve the solidarity of the nation, and revive self-confidence in the destiny of China. In other words, China must not lag behind in the march of civilization, but to prevent this it is necessary to work for the salvation of the nation, which in turn necessitates establishing the solidarity of the Chinese people and the creation of a firm belief in the greatness of the Chinese race.

173 Auslassung: Es folgt ein nach Artikeln untergliederter Entwurf einer *Verordnung und Instruktion fuer die Einfuehrung von Praefektur-Bezirken in der Provinz.*

It may be admitted that Chinese society lacks discipline, and that the essentials of collective life are conspicuously absent. To remedy this defect, it is necessary by means of education to foster the growth of national consciousness. Furthermore, in recent years, the rapid introduction of Western civilization has atrophied the power of selection and discrimination, and has led many Chinese to play the sedulous ape to the West, with the result that things with sterling qualities in a foreign country have become worthless trash in China. All this is due to lack of self-confidence on the part of the Chinese people; oblivious of their own cultural background, they naturally cease to exercise discrimination in adopting Western civilization, and lack the solid foundation necessary for the creation of a new culture. And without that foundation, it is impossible to assimilate the civilization of the world. To remedy this defect, it is therefore necessary by means of education to revive confidence in the intrinsic value of the spiritual heritage of China.[174] This is what is meant by the regeneration of China through the reform of education throughout the country.

The progress of Chinese education has been all on the surface, and its development has been lop-sided. Higher education does not follow a definite system, while in the extension of primary education difficulties are encountered. There are more Colleges of Arts and of Law than are actually needed, while Colleges of pure and applied Sciences are in the infancy. The rapid growth of secondary schools does not go hand in hand with adequate vocational education and the training of teachers. Cities are crowded with schools, but the villages are inadequately provided for in this respect. Apart from the one-sided development, schools play more attention to appearances than realities. Their curriculum is drawn up without reference to the basic needs, their equipment is poor and inadequate, their teachers are incompetent, and their students do not observe proper discipline. Thus a vicious circle is created; the thinner the substance, the greater the attention to external appearance by reckless expansion, which in turn reduces the attenuated reality to a most beggarly condition. To remedy these defects it is necessary to introduce reforms in order to regulate the speed of development of these schools, and to give them more substance and reality. These points have been steadily borne in mind in the reorganization of Chinese education, started by the Ministry of Education in February, 1932[175], and which is in process of being carried out.

(...)[176]

Reorganization of Secondary Education

---

174 Die Notwendigkeit des Einklangs der einzuleitenden Erziehungsmaßnahmen mit der chinesischen Tradition hatte Becker 1931 betont. (Vgl. Dok. 83)

175 Folgende Gesetze wurden im chinesischen Bildungs- und Erziehungsbereich verabschiedet: 17.12.1932: Gesetz über die Lehrerbildungsanstalten und Berufsschulgesetz, 24.12.1932: Grundschulgesetz und Sekundarschulgesetz. - Das Ziel der Reformen war eine klare Trennung der Berufsschule und der Lehrerausbildung von der „High School" und damit ein erster Schritt weg von der Einheitsschule und hin zu der differenzierten Schule.

176 Auslassung: Im folgenden sprach Zhu Jiahua über die Verbindung der Schulpflicht mit der Primärerziehung in China. Er ging davon aus, daß - je nach Region - eine vierjährige oder wenigstens einjährige Schulpflicht eingeführt werden sollte.

The existing system of secondary education consists of general secondary education, vocational education, and training of teachers. The junior middle school may have a vocation department, and the senior middle school may, in addition, have a department for training teachers. This system, with its variety of aims, tends to confuse the purpose of secondary education, and as a result we find neither development of secondary education nor progress in teacher-training and vocational education. It was thought that the inclusion of vocational education in secondary schools would supply middle school students with practical knowledge to enable them to make a living, and that the provision of courses for training in middle school would supply primary school teachers. As a matter of fact, the standing of middle school students has been lowered, because the fundamental subjects which they should master are relegated to the background, while a smattering of practical knowledge and superficial acquaintance with pedagogical books are the dubious results of the inclusion of vocational education and teacher-training. It is to be remembered that secondary education has a definite aim, and should not be confused with other kinds of education with different objects. The aim of secondary education is the training of citizens so that they will become the backbone of the nation, and to this end, middle school students should form their character and acquire a general knowledge of science in order that they may be fitted to enter into active life or pursue advanced studies.[177] The existing system, with junior and senior middle school of three years each, is not in close harmony with the aim of secondary education. If the intrusion of other kinds of education is allowed, the uniqueness of its character will be lost.[178] It is therefore necessary to eliminate vocational education and teacher-training from middle schools, to make junior middle school a period of preparation for these two kinds of education, and at the same time to link up closely junior and senior middle schools for the purpose of training citizens ready to enter universities or professional schools. In this way, the unique aim of secondary education will be competely realized.

As to the education of girls, this should also in prinicple be independent because of its characteristic features, while co-education is not to be countenanced. The Ministry of Education has consequently, in pursuit of this aim, revised the regulations governing the organization of middle schools.

Again, though there are 1911 middle schools in China[179], their standard is extremely poor, and this has retarded the progress of higher education. The only way to deal with such schools is to restrict their increase and improve their quality. Examination and training of teachers, strict discipline of students, abolition of the practise of paying teachers by hours,

---

177 Dies hört sich nach einer Übernahme der Ideen Beckers an. Auch wenn Jiang Menglin ebenfalls Defizite in dieser Hinsicht ausgemacht hatte (vgl. Dok. 90), so sah er darin nicht das Grundübel des chinesischen Erziehungswesens.

178 Hier liegt möglicherweise die von Becker geprägte Vorstellung des „kulturellen Bewußtseins“ zugrunde.

179 1933 gab es in China 893 normale Sekundarschulen und 1.920 Mittelschulen nach amerikanischem System. Vgl. Kuß 1998:294.

formation of the character of students, provision of definite reading materials, particularly those relating to the regeneration of China - these are some of the measures taken by the Ministry of Education. Rules have also been made to enable different schools to provide adequate equipment. In this way, secondary education will have a definite aim and system, so that the standing of middle schools may be raised and the object of making their students the backbone of the nation achieved.

(...)[180]

The People's Tribune, 1935, S. 393-419.

95

Ratgeber für Chinesen, die an deutschen Hochschulen studieren wollen, von dem Sekretär des Deutschland-Instituts Zhang Tianlin, Peking (1937)[181]

(...)[182]

D) Minimum an Lebenshaltungskosten

Die Lebenshaltungkosten beinhalten Miete, Licht, Heizung, Essen, Reisen, Kleidung, Duschen und andere Kosten, die mit dem Studium zusammenhängen. Alles hängt vom individuellen Bedarf ab. Im Durchschnitt ist das Leben nicht so teuer, in größeren Städten aber teurer als in kleineren. Ausnahmen sind Bonn und Heidelberg. Normalerweise mieten ausländische Studenten Zimmer mit Möbeln, Licht und Frühstück inklusive, die pro Monat zwischen 30 und 50 RM kosten. Auch braucht man im Winter für die Heizung 4-6 RM. Wohnt man in einer Pension, braucht man pro Tag 5-6 RM, das Essen inklusive. Ißt man im Restaurant, kostet das pro Monat 70-80 RM, in der Mensa 40-50 RM. Für die Wäsche muß man im Monat 10 RM aufwenden, neue Kleidung kostet extra. Für das Duschen muß man im Monat mit 10 RM rechnen. Die Verkehrskosten betragen in der großen Stadt 10-15 RM (die ausländischen Studenten bekommen auch eine Ermäßigung). Für die übrigen Kosten sollte man mit 20 RM rechnen. Wenn ausländische Studenten in Deutschland

180 Es folgen Ausführungen über die Lehrerausbildung, die Berufsschulen und die Reform der Universitäten. Zhu sprach sich für eine klare Trennung der Berufsschulen und der Lehrerausbildung von der „High School" aus. Dies bedeutete nichts anderes als ein erster Schritt weg von der Einheits- und hin zu der differenzierten Schule.

181 Übersetzt von Xie Qinni.

182 Auslassung: Zhang Tianlin hatte vorher die geographischen, wirtschaftlichen und kulturellen Vorzüge Deutschlands gepriesen und einen Überblick über die verschiedenen Universitäten und ihre jeweiligen Studienschwerpunkte gegeben.

ankommen, kennen sie sich nicht aus, weshalb die Ausgaben höher sind. Dann braucht man im Monat 200 RM, nach ein paar Wochen, wenn man Erfahrungen gesammelt hat, reduzieren sich die Ausgaben auf 150-180 RM. Besonders wenn man die Angebote der verschiedenen Studentenorganisationen und -institutionen kennt, kann man viel Geld sparen, zum Beispiel durch Gutscheine für die Mensa, die Wäscherei, den Schuhladen, das Theater, das Konzert und verschiedene Vorträge. Im Vergleich zu anderen Ländern ist Deutschland - wie auch Japan - billig. Rechnet man in deutschem Geld sind 150 RM das Minimum an Lebenshaltungskosten. Manche chinesische Studenten glauben die falsche Information, daß man pro Monat mit 80-90 RM auskommt (in chinesischer Währung 150 Yuan).[183] Dann müssen sie viel leiden. Manche Leute glauben, daß sie eine Arbeit finden können. Arbeiten und gleichzeitig studieren ist unmöglich. Ab und zu kann man Chinesischunterricht geben oder Übersetzungsarbeiten anfertigen, aber die Gelegenheit bietet sich selten.
(...)[184]

Zhang Tianlin, Deguo liuxue zhidaoshu (Ratgeber für Chinesen, die an ausländischen Hochschulen studieren wollen), Peking 1937, S. 43-45.

96

Brief des Geschäftsführers des Deutschland-Instituts in Peking, Ernst Schierlitz, an den deutschen Botschafter Oskar Trautmann, Nanjing (1.2.1937)

An den Deutschen Botschafter in China

Herrn Minister Dr. O. Trautmann, Nanjing   Peking, den 1. Februar 1937

Hochverehrter Herr Minister!
Es war ursprünglich meine Absicht gewesen, Ihnen die in diesem Schreiben ausgesprochene Bitte gelegentlich Ihrer um die Weihnachtszeit geplanten Anwesenheit in Peking

183 Gemeint war hier nicht die Reichsmark, sondern die Registermark, die im Zuge der Devisenbewirtschaftung eingeführt worden war. Als Registermark wurden inländische Reichsmarkguthaben ausländischer Gläubigerbanken bezeichnet, die durch Rückzahlung von Krediten auf sogenannte Registerkonten entstanden waren. Die Registermark stand den Gläubigern nicht zur freien Verfügung, sondern unterlag bestimmten Regeln. Vgl. Harnisch 1999:283.

184 Abschließend wurde noch ein kurzer Überblick über den Aufbau des Deutschland-Institutes gegeben.

mündlich vorzutragen. Da Sie am Kommen verhindert waren, erlaube ich mir heute, Ihnen mein Gesuch auf schriftlichem Wege zu übermitteln.

Als ich zu Anfang des Jahres 1935 von Ihnen mit der Leitung des Deutschland-Institutes betraut wurde[185], war ich mir bewusst, dass ich damit eine sehr verantwortungsvolle Aufgabe übernehmen würde. Ich habe versucht, dieser Aufgabe nach Möglichkeit gerecht zu werden. Da ich im Hauptberuf jedoch noch die Obliegenheiten eines Professors und Bibliothekars der europäischen und chinesischen Abteilungen der Catholic University zu erfüllen hatte, war und ist meine Arbeitskraft bis an ihre Grenzen belastet. Trotzdem habe ich gerade die mit dem Institut verbundenen Pflichten besonders gerne erfüllt und gebe mich der Hoffnung hin, dass auch Sie, hochverehrter Herr Minister, mit den Leistungen des Instituts in den Jahren 1935 und 1936 zufrieden waren.[186] Bei der Bewertung dieser Leistungen erlaube ich mir auf den in meinen Berichten nicht ausgesprochenen Umstand hinzuweisen, dass die aktive Unterstützung der Arbeiten des Instituts von seiten unserer chinesischen Mitglieder nach wie vor sehr zu wünschen übrig lässt und dass meiner Erfahrung nach auch in Zukunft fast alle Initiative und alle tatsächliche Leistung vom deutschen Leiter des Institutes abhängen werden. Der wertvollste Beitrag von chinesischer Seite sind jedoch die aufrichtigen Sympathien, die ein immer grösser werdender Kreis von Freunden seinen Bestrebungen entgegenbringt.

Das Deutschland-Institut ist nun auf einem Punkt seiner Entwicklung angelangt, von dem aus es einen weiteren Schritt nach vorwärts unternehmen könnte. Die neuerdings eingerichtete Abendschule[187], ferner Filmvorführungen, kleine musikalische Veranstaltungen und die kürzlich in Peking und Tianjin abgehaltenen Bilderausstellungen, deren zweite in drei Wochen von über 10.000 chinesischen Interessenten besucht wurde, haben mir wieder gezeigt, welche grossen Möglichkeiten sich dem Institut jetzt, da es innerlich gefestigt ist und auf die freundschaftlichen Gefühle weiter chinesischer und deutscher Kreise zählen darf, aufs Neue eröffnen. Es wäre ein Leichtes, unter Zuhilfenahme eines etwas grösseren Gebäudes zunächst in Peking einen festen Kreis von chinesischen Freunden um das Institut zu sammeln und diesen durch Vorträge, musikalische und gesellige Veranstaltungen im eigenen Heim u.s.w. zu einem lebendigen Mittelpunkt deutsch-chinesischen Lebens in dieser Stadt auszubauen. Auch die Abendschule könnte bedeutend erweitert werden: konnten wir doch aus Raummangel von den 37 Anmeldungen nur 20 berücksichtigen und auch dem Wunsch nach einem Konversationskurs für Fortgeschrittene nicht stattgeben. Ferner haben sich günstige Möglichkeiten für die Veranstaltung von Ausstellungen und Vorträgen in den Städten Tianjin, Qingdao, Jinan und

---

185 Vgl. Ding / Li, in: Leutner 1996:317.

186 Vgl. Jahresbericht des Deutschland-Instituts für 1935/36. In diesem Bericht wurde u.a. festgehalten, daß das aus 64 Mitgliedern bestehende Institut seinen Bücherbestand erweitert, vier Bücher vom Deutschen ins Chinesische übersetzt, eine Ausstellung durchgeführt und ein Stipendium vergeben habe, in: BArch, 0902/3385.

187 Im Jahr 1936 hatte das Institut erstmals Abendkurse zur Erlernung der deutschen Sprache (*Dewen yexiao*) eingerichtet. Vgl. Kreissler 1989:188.

Kaifeng gezeigt, von denen jedoch bisher nur die erstere ausgenutzt werden konnte. Ich erlaube mir dabei zu bemerken, dass eine solche Expansion des Deutschland-Institutes mit einer verhältnismässig geringfügigen Erhöhung seiner Mittel, etwa um 30%, leicht durchführbar wäre, da alle derartigen Unternehmungen umso weniger Kosten verursachen[188], je mehr Energie und Zeit von seiten der Veranstalter zu ihrer Vorbereitung zur Verfügung gestellt werden.

Dies bringt mich zum eigentlichen Thema dieses Schreibens. Ich bin mir zu meinem eigenen Bedauern bewusst geworden, dass ich selbst diesen Mehraufwand von Energie und Zeit aufbringen nicht imstande sein werde und dass es mir nicht einmal mehr möglich sein wird, die Arbeit am Institut in der bisherigen Weise fortzusetzen. Wenn ich Sie, hochverehrter Herr Minister, heute bitten muss, mich etwa im Herbst dieses Jahres (1. Okt. oder 1. Nov.) von meinem Posten als Geschäftsführer des Deutschland-Institutes abzulösen oder in der weiter unten angedeuteten Weise unterstützen zu lassen, so tue ich dies jedoch sehr schweren Herzens. Ich bin in den vergangenen Jahren sehr eng mit dem Institut verwachsen und bin heute stolz darauf, dass mein Name mit seinen an sich zwar noch kleinen, im übrigen aber doch grundlegenden Leistungen verbunden sein wird. Ich weiss auch, dass diese Leistung ohne das mir von Ihnen bewiesene Vertrauen nicht zustande gekommen wären und danke Ihnen an dieser Stelle nochmals für das letztere.

(...)[189]

Ich möchte nun keinesfalls in den Arbeiten des Instituts irgendeine Stockung eintreten lassen und erlaube mir daher, kurz zu der Frage eines Nachfolgers oder einer Hilfskraft Stellung zu nehmen. Die beste Lösung wäre ohne Zweifel die, einen hauptamtlichen und entsprechend besoldeten Leiter[190] anzustellen, der dem Institut seine gesamte Arbeitskraft zur Verfügung stellen kann. Ich halte eine solche Regelung für die Zukunft sogar für unumgänglich. Falls eine solche Stelle bis zum Herbst 1937 nicht geschaffen werden kann, so bliebe die zweite Möglichkeit, ein Stipendium mit dem Institut zu verbinden und einen jungen Sinologen mit den Arbeiten zu betrauen. Ein solcher Nachfolger muss vor allem ausreichende Kenntnis der chinesischen Schrift- und Umgangssprache haben, um Übersetzungen zu überwachen und den mündlichen Verkehr mit Besuchern leiten zu können. Einige bibliothekarische und kaufmännische Erfahrung ist ebenfalls wünschenswert. Ausserdem muss er genügend praktische und organisatorische Veranlagung haben, um alle

---

188 Für das Rechnungsjahr 1935/36 waren folgende Mittel angefordert worden: 1. Allgemeine Abteilung: 5.000 mex. $; 2. Bibliothek: 1.000 mex. $; 3. Übersetzungen: 2.000 mex $; 4. Stipendien: 600 mex. $; 5. Deutscher Geschäftsführer: 3.000 mex. $. Insgesamt: 11.600 mex. $. (Brief von Schierlitz an die DBN, 15.5.1936, in: BArch, 0902/3385.)

189 Auslassung: Schierlitz führte seine Arbeitsüberlastung als wesentlichen Grund für seine Bitte um Entlassung an.

190 Schierlitz bezog sein Gehalt hauptsächlich von der Katholischen Universität Peking, wo er als Bibliothekar tätig war. Das Gehalt des Leiters des Deutschland-Instituts betrug monatlich Ch.$ 250. (Dies entspricht den Angaben in Anm. 187, wo allerdings mex. $ angegeben wurden.) Vgl. Trautmann, deutscher Botschafter in Peking, an das AA, 22.2.1937, in: BArch, 0902/3385. Eine hauptamtliche Stelle mit einem entsprechend besoldeten Leiter war nicht geschaffen worden.

vorkommenden Arbeiten nicht nur anordnen, sondern, was fast immer nötig sein wird, auch selbst ausführen zu können. Um die das Fundament fast aller unserer Arbeit bildenden und sehr wichtigen persönlichen Beziehungen zu den uns nahestehenden chinesischen Kreisen nicht verkümmern zu lassen, wäre ich unter diesen Umständen, bei denen mir der Hauptteil der eigentlichen Arbeit durch einen jüngeren Herren abgenommen werden könnte, auch bereit, die Unternehmungen des Deutschland-Institutes bis zum Zeitpunkt der Anstellung eines neuen Geschäftsführers weiter zu leiten und ihre Ausführung zu überwachen. Ich weiss, dass Herr Professor Haenisch sich für einen ähnlichen Plan interessiert, erlaube mir aber schon jetzt vor der Entsendung eines älteren Herrn zu warnen. Ein solcher, den in erster Linie seine eigenen wissenschaftlichen Absichten nach China führen würden, wäre dem Kleinkram des täglichen Institutsbetriebes und seinen vielen Widerwärtigkeiten wohl kaum gewachsen.[191]

Ihr Einverständnis vorausgesetzt, möchte ich die im Zusammenhang mit dem Deutschland-Institut errichtete Leitung der Mittelstelle der Deutschen Akademie in München auch im Falle meiner Ablösung durch einen hauptamtlichen Leiter behalten. Technische Schwierigkeiten werden sich daraus nicht ergeben, da die Mittelstelle ja nur lose mit dem Institut verbunden ist.

Indem ich, hochverehrter Herr Minister, für eine gelegentliche Antwort auf diese meine Bitte schon jetzt verbindlichst danke, empfehle ich mich Ihnen

In respektvoller Ergebenheit
Heil Hitler!
Curt Schierlitz

BArch, 0902/3385.

---

191 Am 1.10.1937 übernahm Wolfgang Franke das Amt. Vgl. hierzu Ding / Li in: Leutner 1996:320.

Kapitel 6

Die deutsche Volksgemeinschaft als Modell für China - Faschismus à la Chine

Das Jahr 1931 war entscheidend für die Weiterentwicklung der chinesischen Nationalregierung. Der revolutionäre Schwung, der den militärischen Erfolg der Nordexpedition begleitet hatte, war dahin. Versprechungen einer Transformation der chinesischen Nation waren nicht eingelöst worden, weshalb sich vor allem unter den Intellektuellen Ernüchterung und Unruhe ausbreiteten.[1] Auch in den Reihen der Guomindang nahmen die internen Probleme zu. Jiang Jieshi, Vorsitzender der Regierung und des Exekutivyuans, hatte Hu Hanmin unter Hausarrest gestellt. In Kanton war von Wang Jingwei, Sun Ke und anderen prominenten Parteimitgliedern eine separatistische Regierung gebildet worden. Hinzu kamen der wachsende Einfluß der kommunistischen Bewegung in Jiangxi sowie die japanische Okkupation der Mandschurei. Nicht zuletzt hatten gewaltige Fluten in fünf Provinzen entlang des Yangzi- und des Huaiflusses Zerstörung, Not und Hunger gebracht. Um dieser krisenhaften Situation zu begegnen, suchte die Partei nach neuen Konzepten auch im programmatisch-ideologischen Bereich.[2] Jiang Jieshi stellt im Dezember 1931 alle seine Ämter zur Verfügung, kehrte aber bereits im Januar 1932 wieder in die Politik zurück und wurde kurz darauf Vorsitzender der Militärkommission. Sein politischer Neubeginn war gekennzeichnet durch eine geistig-ideelle Erneuerung der Guomindang.

Im Rahmen dieses Neubeginns wurde der Faschismus in China als eine Möglichkeit diskutiert, der Zerrissenheit der Nation sowie den ökonomischen Herausforderungen zu begegnen. Nach der Machtübernahme durch die Nationalsozialisten in Deutschland nahm diese Diskussion an Intensität zu. Jiang Jieshi selbst kam in seinen Reden wiederholt auf die Politik faschistischer Staaten zu sprechen. Er pries sie als Ideal für China, da in ihnen die Volksgemeinschaft verwirklicht worden sei und die Massen widerspruchslos den Beschlüssen der Regierung folgen würden. In seinen Augen hatten Mussolini und Hitler all die Hindernisse beseitigt, die in China noch zu bewältigen waren: die Staatsmacht war gestärkt, das öffentliche Leben diszipliniert, die linke Opposition gebrochen und die

1 Vgl. Bedeski 1971:319.

2 Vgl. Eastman 1974:32-35 / Wakeman 1997:415.

internationale Anerkennung wiederhergestellt worden.[3] Vor allem Hitler habe eine am Boden liegende Nation wiederauferstehen lassen.[4]

Obwohl der Marschall die politische Entwicklung in Deutschland und Italien aufmerksam verfolgte, war es nicht seine Absicht, das nationalsozialistisch-faschistische Staatsmodell einfach auf den chinesischen Staat zu übertragen. Zwar nahm er Anleihen aus den Lehren Hitlers und Mussolinis vor, doch daneben lassen sich in seiner synkretistischen Ideologie auch Elemente aus der konfuzianischen Tradition, der christlichen Ethik sowie des liberalen Denkens finden. Es war weniger die faschistische Ideologie als solche, welche Jiang Jieshi und auch viele der chinesischen Intellektuellen übernehmen wollten, als das Erfolgsmodell an sich. Nicht der Inhalt stand im Vordergrund, sondern die Form. Die zentralen Fragen der chinesischen Seite waren deshalb auch die nach den Methoden, welche in Deutschland bezüglich der Parteidisziplin sowie der Rekrutierung der Jugend angewendet wurden.[5] Um von dieser Politik zu lernen, wurden mehrere chinesische Studienkommissionen nach Europa geschickt.[6]

Die These vom „chinesischen Faschismus“[7] geht im wesentlichen auf zwei von Jiang Jieshi begründete Bewegungen zurück: die Organisation der Blauhemden (*Lanyishe*) und die Bewegung Neues Leben (*Xinshenghuo yundong*), die sich wechselseitig beeinflußten. Ihre Hauptaufgabe lag zunächst darin, der nationalen Revolution neue Anziehungskraft bei den ländlichen und städtischen Massen zu verleihen und die Kontrollgewalt der Guomindang zu festigen. In einem zweiten Anlauf sollte dann auf der Grundlage der drei Volksprinzipien Sun Yatsens, die nationale Einigung, die wirtschaftlich-technische Modernisierung des Landes und die gesellschaftliche Umstrukturierung vorangetrieben werden.[8] Ideologie und Aufbau der beiden Bewegungen waren dem Milieu entnommen, das Jiang Jieshi am vertrautesten war, dem soldatischen. Die Anlehnung an faschistische Kampfbünde der Braun- und Schwarzhemden in Deutschland und in Italien war unverkennbar.[9]

Zwar adaptierte die Guomindang dem europäischen Faschismus vergleichbare Formen nationaler Mobilisierung, doch dies geschah anders als in Deutschland und Italien nicht unter expansiv-aggressiven Vorzeichen. Massenaufmärsche, paramilitärische Erziehung und der hierarchisch gegliederte Partei- und Staatsaufbau sollten vielmehr die Macht in der Hand der Guomindang bündeln und eine erste nationalstaatlich orientierte Sammlung ermöglichen. So wurde ein Faschismus à la Chine entwickelt, dessen besondere Merkmale Massenveranstaltungen sowie militärisches Training als Pflichtprogramm für Universitäts-

---

3 Vgl. Augustin, in: Martin 1981:277.

4 Vgl. Dok. 16.

5 Vgl. Chang 1985:26.

6 Vgl. Eastman 1974:40. Zu den Studienkommissionen in Italien, vgl. Frey 1997:121-131.

7 Vgl. ders. (Eastman) 1972:1-31 / ders., in: Furth 1976:191-210. Sowie Staiger 1974:983.

8 Vgl. Augustin 1980:275.

9 Die Farbe Blau wurde nicht nur ausgewählt, weil sie die dominierende Farbe in der GMD-Flagge war, sondern auch weil sie die Kleidung der gewöhnlichen Leute im traditionellen China geprägt hatte. Vgl. Li 1992:56.

und Collegestudenten waren. (Dok. 108) Eine rigide Kontrolle der Regierungsorgane, geplantes Wirtschaftswachstum sowie die Sensibilisierung der Massen für eine nationale Mission waren die Ziele des „chinesischen Faschismus“. Kurz gesagt, die Prinzipien des machtstaatlichen Autoritatismus sollten erforscht und angewendet werden.

In China wurden mit dem Faschismus diejenigen Attribute verbunden, nach welchen es selbst strebte: Einheit und Größe.[10] Daran änderte auch die nationalsozialistische Rassenlehre nichts, in deren Hierarchie die Chinesen den Platz eine minderwertigen Rasse einnahmen. Überhaupt wurde die Rassenlehre, immerhin ein zentraler Teil der deutschen faschistischen Ideologie, eher als zu vernachlässigende Größe angesehen. So konnte sich Shanghai, trotz der unverkennbaren ideellen Anlehnung Chinas an Deutschland, zu einem Zentrum für jüdische Exilanten entwickeln. China war nicht nur bereit jüdische Wissenschaftler aufzunehmen, sondern gestattete auch politisch Verfolgten die Einreise. Ungeachtet dieser Ambivalenzen erreichten die deutsch-chinesischen Wirtschafts- und Waffengeschäfte Mitte der 30er Jahre ihren Höhepunkt.[11]

Die Volksgemeinschaft

Anläßlich der Eröffnung der chinesischen Nationalversammlung im Mai 1931 bezog sich Jiang Jieshi in einer Rede auf den Faschismus und verglich diesen mit den Staatsformen des Kommunismus und der Demokratie. (Dok. 97) Er führte aus, daß im Faschismus Herrschaft und Gesellschaft ineinander übergehen und damit einen idealen Zustand repräsentieren würden. Nicht der augenblickliche Gewinn, sondern die Fortführung des Volkslebens sei der entscheidende Maßstab. Demgegenüber sei der Kommunismus materiell geprägt, da er die Klasse zwischen Staat und Gesellschaft stelle. Erst nachdem alle Klassen im Zuge des Klassenkampfes beseitigt worden seien, mit Ausnahme der proletarischen, könne die kommunistische Gesellschaft entstehen. Chinas agrarwirtschaftlicher Rückstand und seine traditionelle Moral sprachen nach Jiang gegen dieses Modell. Als Schwachpunkt der liberalen Demokratie machte er hingegen die individuelle Freiheit aus. Gäbe es zu viele Meinungen und keine Verantwortung, könne kein Staat funktionieren.

Aus diese Worten geht hervor, daß Jiang Jieshi dem Faschismus den Vorzug vor der Demokratie und dem Kommunismus gab. Allerdings setzte er sich auch gleich wieder von ihm ab, indem er betonte, daß es keine Übertragung einer absolut richtigen Politik geben könne. Das sei auch der Grund, weshalb der Parteivorsitzende Sun Yatsen einst die chinesische und die ausländischen Lehren miteinander verbunden habe. Diese Synthese gewann Vorbildcharakter für Jiang. Trotz dieses Beharrens auf einem eigenen, „chinesischen“ Weg auch bei Jiang Jieshi ist die Bedeutung, die er der Volksgemeinschaft beimaß, nicht zu übersehen. Die Gemeinschaft aller Volksgenossen aber war ein ganz zentrales Element im nationalsozialistischen Denken. Auch Hitler beschwor, insbesondere nach Kriegsausbruch, oft und gerne die schicksalhaft verbundene Volksgemeinschaft, die

10 Vgl. Kirby, in: Larsen 2001:284.

11 Vgl. hierzu Kap. 1-3 dieses Bdes.

keinen Unterschied zwischen Klassen, Ständen, Berufen und Konfessionen kenne.[12] In das Parteiprogramm der Nationalsozialistischen Partei war diese Grundidee, verkürzt auf den Lehrsatz „Gemeinnutz geht vor Eigennutz", aufgenommen worden.[13] Damit war freilich nicht die Gleichheit aller gemeint, denn die soziale Schichtung der Bevölkerung sollte bestehen bleiben. Hoch und niedrig, oben und unten waren ungeachtet der angestrebten Volksgemeinschaft Eckpfeiler der nationalsozialistischen Ideologie.[14] Auch wer ihr angehören durfte, entschieden allein die Nationalsozialisten. Deutsche jüdische Staatsbürger gehörten nicht dazu.

Für China war die Volksgemeinschaft deshalb eine wichtige Größe, weil sie sich in dem vielfältig zersplitterten Staat, der nur als geeinte Nation in die Moderne gehen konnte, über alle sozialen und ideellen Grenzen als Integrationsfaktor anbot. Dem deutschen Botschafter Oskar Trautmann war dies durchaus bewußt. Er versäumte es daher in einer 1935 gehaltenen Rede vor dem Auswärtigen Ausschuß des Gesetzgebungsyuans in Nanjing über die nationalsozialistische Politik nicht, die Rolle und die Wirkung einer etablierten Volksgemeinschaft herauszustellen. (Dok. 111) Er präsentierte den Nationalsozialismus als national in dem Sinne, daß damit die Befreiung des durch den Frieden von Versailles geknechteten deutschen Volkes gemeint sei, und als sozialistisch in dem Sinne, daß der nicht-marxistische Sozialismus die Lehre von der härtesten Pflichterfüllung sei. Wahrer Sozialismus sei identisch mit höchster Volksgemeinschaft. Nur nationale Freiheit, nicht die individuelle Freiheit zähle. Am Beispiel des harmonischen Zusammenlebens zwischen Arbeitern und Unternehmern versuchte Trautmann aufzuzeigen, daß die Volksgemeinschaft in China nichts substantiell Neues sei, sondern der Verwirklichung eines Ideals gleichkomme, das bereits Konfuzius angestrebt habe.

Hinsichtlich der „völkischen" Grundlage des Nationalsozialismus baute Trautmann den Chinesen eine goldene Brücke und versuchte auf diese Weise, einen möglichen Stolperstein in den deutsch-chinesischen Beziehungen zu entfernen: Die völkische Idee habe nichts mit dem Kampf gegen Völker aus einer anderen Rasse zu tun. Andere Völker könnten selbstverständlich ihrer eigenen Rassen die wichtigste Bedeutung für ihren Staat zuerkennen. Nach Trautmann war „völkisch" nicht mehr als ein Ersatzwort für „national".[15] Mit diesem Verständnis, das die Vorstellungen eines Volkes als Blut- und Artgemeinschaft sowie die darauf aufbauende Wertigkeit und Hierarchisierung der Völker vollständig ausklammerte,

---

12 Vgl. u.a. Rede Hitlers in Berlin zum Heldengedenktag, 10.3.1940, in: Domarus 1968:1478/1479: „Über Klassen und Stände, Berufe, Konfessionen und alle übrige Wirrnis des Landes hinweg erhebt sich die soziale Einheit der deutschen Menschen ohne Ansehen des Standes und der Herkunft, im Blute fundiert, durch ein tausendjähriges Leben zusammengefügt, durch das Schicksal auf Gedeih und Verderb verbunden."

13 Vgl. Artikel 24 des Parteiprogramms, hierzu Hofer 1974:31.

14 Vgl. Schoenbaum 1968:290.

15 Die Nationalsozialisten unterschieden zwischen „Nation" (politisches Konzept, das von außen übergestülpt worden war) und „Rasse" (Hauptquelle der Einheit des Volkes). Die Chinesen aber bezeichneten beides als *minzu*.

konnten sich die Chinesen leichter anfreunden und die Volksgemeinschaft als Ideal akzeptieren.

Der Diktator

Ob die profaschistische Einstellung Jiangs auf die ideelle Einflußnahme der deutschen Militärberaterschaft zurückzuführen ist, läßt sich nicht mehr eindeutig feststellen. Bekannt ist jedoch, daß der Marschall versuchte, von Bauer und insbesondere von dem Hitlerintimus Kriebel Informationen über die Nationalsozialistische Partei zu erhalten.[16] Der Informationsbedarf war allgemein sehr groß, so daß spätestens ab den 30er Jahren eine Fülle von Zeitungs- und Zeitschriftenartikeln über Deutschland, Hitler und den Nationalsozialismus veröffentlicht wurden. Die Tianjiner Wochenzeitung *Guowen zhoubao* (Wöchentliche Nachrichten) etwa stellte 1932 sowohl die Person Hitlers als auch die Grundzüge seiner Politik vor. (Dok. 98) Mitte der 30er Jahre war mit Unterstützung des Deutschland-Institutes in Peking *Mein Kampf* (*Wode fendou*) vom Übersetzungsbüro der Zentralen Militärakademie veröffentlicht worden und in allen großen Buchhandlungen zu kaufen.[17] Auch Leni Riefenstahls Dokumentarfilm *Triumph des Willens* über den Reichsparteitag in Nürnberg 1934 wurde vom Deutschland-Institut mit chinesischen Untertiteln versehen und vor etwa tausend Pekinger Universitätsstudenten und ihren Professoren unter „uneingeschränktem Beifall" vorgeführt.[18]

Allein aus dieser Informationsfülle und dem dahinter stehenden Interesse läßt sich schließen, daß Jiang Jieshi mit seiner Aufgeschlossenheit bezüglich des Faschismus kein Einzelfall war. Tatsächlich forderten auch die Intellektuellen in ihren Zeitschriften *Duli pinglun* (Unabhängige Kritik) und *Dongfang zazhi* (Vermischtes aus Ostasien) wiederholt eine Diktatur, um die bestehenden Probleme Chinas zu lösen. So ging der Politikwissenschaftler Qian Duansheng etwa davon aus, daß der Triumph des Nationalsozialismus in Deutschland und des Faschismus in Italien sowie des Kommunismus in der Sowjetunion die Demokratie entscheidend geschwächt habe und eine „Regierung der konzentrierten Kräfte" die adäquate chinesische Antwort auf diese Entwicklungen sein müsse.[19]

Der Gedanke eines starken Führers, der China den Weg weisen sollte, wurde von der überwiegenden Mehrheit der Intellektuellen befürwortet. Das wesentliche Argument dafür

---

16 Vgl. Eastman 1974:39-40.

17 Vgl. Kirby, in: Larsen: 2001:238 sowie Tätigkeitsbericht über das Deutschland-Institut in Peking für die Jahre 1933-37, von Ernst Schierlitz, in: BArch, 0902/3385. - Zum Deutschland-Institut in Peking, vgl. auch Kap. 5.

18 Vgl. Bericht des Deutschland-Instituts 1935/36, in: BArch, 0902/3385. - Leni Riefenstahl war die filmische Interpretin von NS-Mythen, wie der „nationalen Wiedergeburt" oder des Männlichkeitskultes. Als sie den Auftrag erhielt, einen Dokumentarfilm über einen NS-Parteitag zu drehen, schuf sie gleich zwei: *Sieg des Glaubens* (1933) und *Triumph des Willens* (1934). Indem Riefenstahl Kameratechniken aus der Stummfilmzeit mit der Dramaturgie Wagnerischer Opern verband, setzte sie das Aufgehen des Individuums in der Masse im Medium Film um.

19 Vgl. Kirby, in: Larsen 2001:241.

faßte der Historiker Jiang Tingfu dahingehend zusammen, daß eine starke Persönlichkeit in China Angelegenheiten erledigen müßte, die vom Straßenbau über die Wasserregulierung bis zum Aufbau von Industrien und Schulen reichen würden.[20] Die Bedeutung, die der Diktatur von seiten der Intellektuellen beigemessen wurde, läßt sich auch daraus ersehen, daß eine Verteidigung demokratischer Konzepte unüblich war. Eine Ausnahme bildete lediglich Hu Shi, Philosoph und korrespondierendes Mitglied der Preußischen Akademie der Wissenschaften.[21] Daß die Mehrheit der Chinesen politisch gleichgültig und unfähig war, betrachtete er nicht als Rechtfertigung für die Einrichtung einer Diktatur, sondern als Grund für die Einführung der Demokratie. Zudem sah er sich einer Versammlung von mittelmäßigen Politikern gegenüber und konnte keine herausragende Persönlichkeit ausmachen, welcher die Geschicke Chinas anvertraut werden konnten.[22]

Insgesamt drehte sich das Interesse der Intellektuellen nicht um die Frage, ob China eine Diktatur benötige, sondern welche.[23] Dieses Bedürfnis nach einer starken Person unterstützte auch die *Ostasiatische Rundschau*, indem sie versuchte, die chinesische Vergangenheit mit den modernen politischen Anforderungen in Übereinstimmung zu bringen. Ein Artikel thematisierte den „konfuzianischen Führergedanken", der im chinesischen Beamtentum seinen adäquaten Ausdruck gefunden habe. (Dok. 102) Auf diese Weise wurde der historische Beweis dafür geliefert, daß der Führergedanke zur chinesischen Tradition gehöre und nichts grundsätzlich Neues sei.

Im März 1934 forderten 20 Provinzen und die örtlichen Hauptquartiere der Guomindang öffentlich, daß Jiang die Position eines Generaldirektors der Partei annehmen solle. Obwohl der Marschall nicht abgeneigt war, dieser Forderung nachzukommen[24], scheiterte die Initiative letztlich am Widerstand der südwestlichen Provinzen, die ihre Eigenständigkeit bewahren wollten. Auch die von Wang Jingwei geäußerte Befürchtung, daß der militärische und paramilitärische Apparat um Jiang Jieshi durch einen solchen Schritt zu mächtig werden könnte, spielte hierbei eine Rolle.[25] Gerade in den Kreisen des Militärs war die Unterstützung für eine Diktatur Jiang Jieshis groß.[26] General Xu Tingyao, dem das XXVII. Armeekorps unterstand, betonte auf seiner Deutschlandreise 1934 ausdrücklich, daß China nur wiederaufgebaut werden könnte, wenn es bedingungslos einem Führer gehorche. (Dok.

---

20 Vgl. ebd.:242 / Feng 1998:246-253 / Godley, in: Fung / Pong 1985:103.

21 Hu Shi, Professor der Philosophie und Literaturgeschichte an der Universität Peking und Präsident des Instituts zur Förderung von Kultur und Unterricht war im August 1932 als erster chinesischer Wissenschaftler zum korrespondierenden Mitglied der Preußischen Akademie der Wissenschaften ernannt worden. Vgl. Dr. Hu Shi, in: OAR, 1.9.1932:361 / Schüler, in: ebd. 1.10.1932:398-399.

22 Vgl. Kirby, in: Larsen 2001:242.

23 Vgl. ebd.

24 Vgl. Eastman 1974:43-44.

25 Vgl. ebd.:27. Sowie Godley, in: Fung / Pong 1985:102.

26 Auffallend ist jedoch die Zurückhaltung vor allem kantonesischer Militärs bezüglich der nationalsozialistischen Ideologie. (Vgl. Liang 1978:75-76.) Dies dürfte darin begründet sein, daß sie Jiang Jieshi nicht als Führer einer entsprechenden Bewegung akzeptieren wollten.

109) Ein Brief des Subalternoffiziers Wang Shoulin an Jiang Jieshi (Dok. 115), legt Zeugnis von der starken Fixierung gerade auch der unteren Militärs auf den Marschall ab.[27] Lapidar schlug Wang vor, daß Jiang der Hitler des Ostens werden sollte.

Die Blauhemden

Eine der Bewegungen, die Jiang Jieshi 1932 schuf, um die chinesische Nation zu einen, waren die Blauhemden (*Lanyishe*). Sie rekrutierten sich zum überwiegenden Teil aus den Absolventen der Huangpu-Akademie.[28] Der berühmte „Geist von Huangpu" stand für loyale, furchtlose Kämpfer. Jiang Jieshi war 1924 von Sun Yatsen mit der Führung dieser militärischen Kaderschmiede beauftragt worden und pflegte zeit seines Lebens gute Beziehungen zu ihr. Zwischen ihm und den Kadetten vor allem der ersten drei Klassen bestanden einzigartig enge und tiefe Bindungen.[29] Trotz dieses Reservoirs an potentiellen Mitgliedern erwies sich die Rekrutierung der Blauhemden als äußerst schwierig. Im Jahr 1935 umfaßte die Organisation etwa 14.000 Mitglieder, die in ein geheimes Netzwerk von kleinen Einheiten integriert waren.[30] Insgesamt erinnerten die Blauhemden mehr an eine der in China stark verbreiteten Geheimgesellschaften als an eine politische Bewegung.

Die Militärs die sich unter der Führung Jiangs zu dieser Organisation zusammenschlossen, verstanden sich selbst als Parteielite und waren entschlossen, nicht nur parteiinterne Probleme wie Bürokratismus, Korruption und Machtmißbrauch[31], sondern auch jeglichen Widerstand gegen die Zentralregierung zu bekämpfen. Eine explosive Mischung aus Nationalismus und Militarismus bildete ihre ideologische Grundlage. Führerkult, Hervorhebung kriegerischer Tugenden und Opferbereitschaft traten hinzu. Diese Prinzipien hatten die Blauhemden nicht nur dem Beispiel deutscher und italienischer faschistischer Organisationen entnommen, sondern auch in japanischen Kriegsschulen erfahren, die wiederum nach deutschem Vorbild eingerichtet worden waren. Ihre praktische Tätigkeit umfaßte die Indoktrinierung und Infiltration von Parteizellen, Studentengruppen und der Armeen regionaler Militärmachthaber, Überwachung des politischen Trainings in der Armee, in den Schulen und bei den Pfadfindern, Propaganda in Gebieten, die von den Kommunisten zurückerobert worden waren, Kontrolle der Medien, Umerziehung von

27 Dieser Brief ist nicht nur wegen seines Inhalts, sondern auch wegen seines Stils ein wichtiges Dokument.

28 Im gleichen Jahr war aus den Kreisen der Huangpu-Akademie mit der *Lixingshe* (Gesellschaft für eine kraftvolle Verwirklichung [der drei Volksprinzipien]) noch eine andere Organisation gegründet worden. Sie hatte ihren Ursprung in einer antijapanischen Bewegung unter den Militärs und agierte ausschließlich hinter den Kulissen. Die *Fuxingshe* (Gesellschaft zur Wiedererstarkung), wie die Blauhemden auch genannt wurden, war eine Satellitenorganisation der *Lixingshe*, die in der Öffentlichkeit auftreten und Aufmerksamkeit erregen sollte. Vgl. Feng 1998:167-180 / Li 1994:55-79 / Wakeman 1997:397-415.

29 Vgl. Eastman 1974:37.

30 Vgl. Tien 1972:56-57 / Wakeman 1997:421.

31 Vgl. Eastman, in: Furth 1976:194.

Dissidenten sowie Sicherheitsdienst und Spionage. Politische Feinde wurden verschleppt und häufig getötet.[32] Das Programm und der Aufgabenbereich der Blauhemden, aber auch ihre personelle Zusammensetzung und vor allem die unerschütterliche Loyalität gegenüber Jiang machten sie zum Rückgrat des Repressionsapparates der Nanjing-Regierung.

Infolge der programmatischen und organisatorischen Nähe zu faschistischen Kampfbünden in Europa war die Einordnung der Bewegung auf den ersten Blick einfach. Für die japanfreundliche Presse der Mandschurei handelte es sich um eine von Jiang Jieshi geleitete faschistische Bewegung, deren Ziel die Agitation gegen Japan sei. (Dok. 112) Auch aus den Reihen der Guomindang wurde Kritik geübt. Hu Hanmin, der in Opposition zu Nanjing stand, hatte bereits 1933 allen „faschistischen Organisationen" den Kampf angesagt. Obwohl er kein Demokrat war und eine Einparteienherrschaft nicht grundsätzlich ablehnte, wandte er sich in der von ihm herausgegebenen Zeitschrift *Sanminzhuyi yuekan* (Monatsschrift der drei Volksprinzipien) entschieden gegen diese miteinander verästelten Bewegungen, die größtenteils dem Kreis der Huangpu-Militärakademie entsprangen und deren bekannteste die Blauhemden waren. Hu Hanmin begründete seine Ablehnung vor allem damit, daß sie die drei Volksprinzipien Sun Yatsens (*Sanminzhuyi*) verraten hätten und dessen angestrebtes demokratisches Herrschaftssystem durch ein faschistisches ersetzen wollten. (Dok. 99)

Abgesehen von dem fehlenden Demokratieverständnis der Blauhemden und ihrem Eintreten für Einparteienherrschaft und Führerglorifizierung[33] sprechen noch weitere Punkte für ihre faschistischen Tendenzen[34]: Zum einen die Überhöhung des Staates und dessen totalitäre Kontrolle; zum anderen der übersteigerte Nationalismus, der sich in der Restauration einiger weniger ausgesuchter, traditioneller Werte manifestierte[35]; drittens der Versuch, einen neuen Menschentyp zu schaffen, der seinen individuellen Willen aufgibt und sich der Allgemeinheit vollkommen unterordnet und schließlich viertens die Verherrlichung von Gewalt und Terror.[36] Die Blauhemden waren radikal in ihrer Unzufriedenheit mit der chinesischen Tradition und dem status quo in China, weshalb sie die Gesellschaft vollkommen verändern wollten. Ihre militärischen Führer schätzten Aktion, Disziplin und Effizienz. Da die Bewegung eine starke Basis in Verwaltung, Militär und Partei hatte, entwickelte sie sich zu einer omnipräsenten paramilitärischen Geheimpolizei.

---

32 Vgl. ebd. / Kirby 1984:158. Sowie Augustin, in: Martin 1981:276.

33 Vgl. Eastman 1972:3-8.

34 Vgl. Eastman 1974:80-81. - Chang sieht das anders. Sie meint, daß die Blauhemden zwar faschistische Methoden und Organisationsformen angewendet, aber die Demokratie und damit die Prinzipien Sun Yatsens niemals in Frage gestellt hätten. Vgl. dies. 1985: 28-29.

35 Hierzu auch Eastman, in: Furth 1976:195.

36 Auch hier vertritt Chang eine andere Meinung. Sie hebt hervor, daß Gewalt ab und zu von den Blauhemden eingesetzt worden sei, aber keine zentrale Rolle gespielt habe. Dagegen hätten die Faschisten Gewalt als natürliches Mittel betrachtet und angewendet. Vgl. dies. 1985:20. - Zu der Position Changs, vgl. Rezension von Gasster 1986:715-716.

Die Bewegung Neues Leben

Neben den Blauhemden orientierte sich auch eine andere Fraktion innerhalb der Guomindang an faschistischen Idealen, setzte aber einen anderen Akzent. Die Gruppe, die sich um den Ideologen Chen Lifu konstituierte, richtete ihre besondere Aufmerksamkeit auf den „völkischen" Charakter des Nationalsozialismus. Der diesem Wort inhärente Rückgriff auf die Vergangenheit eines Volkes schien die Voraussetzung für seine Regenerierung zu sein.[37] Ein Volk, daß sich seiner großen Vergangenheit bewußt sei, sei dazu motiviert, eine nationale Renaissance anzustreben.[38] Die konfuzianische Moral wurde zwar nicht als eigenes Ziel angesehen, wohl aber als Mittel, um die Erneuerung der Gesellschaft und die Modernisierung der Nation durchzusetzen.

Auch Jiang Jieshi sprach sich bei der Gründung seiner Bewegung Neues Leben im Februar 1934 für eine Wiederbelebung der alten klassischen Tugenden aus. Konfuzianische Werte sollten die geistige Grundlage für den nationalen Aufbau bilden.[39] In seinem Leitfaden hielt er fest, daß sich die Chinesen auf ihre ureigenen Tugenden besinnen müßten, härter arbeiten und die Korruption bekämpfen sollten. Deutschland und Italien seien nur so stark geworden, weil sie einen vergleichbaren Weg eingeschlagen hätten. (Dok. 105) Allerdings strebte er keine grundlegende soziale Reform der Gesellschaft an, sondern nur eine Veränderung des Verhaltenskodex. Damit wurde der Konfuzianismus seiner philosophischen Tiefe beraubt und auf eine schlagwortartige Aneinanderreihung von Regeln reduziert.

Letztendlich handelte es sich bei der Reformbewegung Neues Leben um einen Maßnahmenkatalog zur angemessenen Bewältigung des täglichen Lebens. Kleinste Details wurden reguliert, von dem richtigen Benehmen bei Mahlzeiten über das Verhalten auf der Straße bis zu Vorschriften hinsichtlich der Kleidung.[40] Nach der Ansicht Jiang Jieshis mußte das chinesische Volk seinen Gewohnheiten und Gepflogenheiten mehr Aufmerksamkeit schenken. Das Allgemeine könne nur aufblühen, wenn sich der einzelne erneuere. Auf entsprechende Beispiele aus der chinesischen Vergangenheit griff man dabei gerne zurück. Die Notwendigkeit des Arbeitsdienstes etwa wurde den Chinesen nahe gebracht unter dem Hinweis auf die in China seit alter Zeit bekannte Kollektivarbeit beim Bau von Deichen und Kanälen und in der Organisierung des Berufslebens in Gilden und Zünften.[41]

Auch wenn die Bewegung Neues Leben gesellschaftsbejahende und damit konservative Züge trug, so war sie doch insofern zeitgemäß und modern, als ihr Ziel eine Beteiligung der

---

37 Vgl. Kirby, in: Larsen 2001:251.

38 Vgl. Eastman, in: Furth 1976:199.

39 Zur Gründung der Bewegung Neues Lebens, vgl. Dirlik 1975:949-950.

40 „Don't smoke or eat when walking! Keep to the left when walking! Look straight ahead! Don't recklessly throw away garbage! Don't go whoring or gambling! Keep yout buttons buttoned! Sit up straight! Don't make noise when drinking! Don't quarrel or fight with others! Don't interrupt others when they are speaking! Be prompt!". Zitiert nach: ebd.

41 Vgl. Wist, in: OAR, 1.10.1934:523.

Massen am politischen Prozeß war.[42] Durch Disziplinierung und Militarisierung sollten Nationalisierung und Mobilisierung der Volksmassen erreicht werden.[43] In ergänzenden Schriften wurde 1936 ausdrücklich betont, daß die Erweckung einer kriegerischen und vaterlandsliebenden Gesinnung der geistige Gesichtspunkt der Bewegung sei.[44] Für die Verbreitung dieser Ideen unter den Volksmassen sorgte der unter dem Vorsitz Jiang Jieshis in Nanchang, dem Ausgangsort der Feldzüge gegen die Kommunisten, gegründete „Verein zur Förderung der Bewegung Neues Leben". Weitere Vereine folgten in allen größeren Städten.[45]

Die Bewegung Neues Leben erreichte ein wesentlich breiteres Publikum als die Blauhemden, da sie zur Instruierung der Massen gedacht war und nicht als jederzeit einsetzbares Instrument zur Erstickung jeglichen Widerstandes. In seinem Bericht über die faschistischen Vereinigungen in China ging Generalkonsul Kriebel 1934 davon aus, daß in dieser Bewegung über kurz oder lang alle übrigen, noch existierenden faschistischen Vereinigungen aufgehen würden. (Dok. 110) Demgegenüber war die Nationalsozialistische Partei Chinas eine vergleichsweise bedeutungslose Einrichtung und wurde bereits 1935 wieder aufgelöst. Sie war im Jahr zuvor von dem ehemaligen Deutschlandstudenten Zhang Junmai gegründet worden, kam aber über eine „Studentenbewegung" mit maximal 200 Mitliedern nicht hinaus.[46]

Die faschistische Bewegung in China war zwar vielgestaltig, verließ aber den Rahmen der Guomindang nicht. Eine Chinesische Nationalsozialistische Partei blieb einflußlos. Die verschiedenen Strömungen innerhalb der Guomindang lassen sich in eine paramilitärische für die gröbere Arbeit und eine zivile für die Umerziehung der Massen einteilen. Diese beiden Strömungen wichen nicht nur in ihrer praktischen Arbeit voneinander ab, sondern auch in ihrer Bewertung des Faschismus für die chinesische Gesellschaft: Während die Blauhemden einen neuen faschistischen Menschentypus schaffen und die Gesellschaft von Grund auf verändern wollten, strebten die Ideologen der Bewegung Neues Leben eine gesellschaftliche Modernisierung auf chinesischer Basis an. Damit erfuhr die seit dem 19. Jahrhundert geführte Diskussion, was China an Eigenem bewahren und was es aus dem Westen übernehmen sollte, hinsichtlich der Übernahme des Faschismus eine Neuauflage.

42 Vgl. Dirlik 1975:947.

43 Vgl. Jiang Jieshi, The Object of the New Life Movement: „By observing these virtues, it is hoped that social disorder and individual weakness will be remedied and that people will become more military-minded." Abgedruckt in: Bary 1960:805.

44 Vgl. „Erste Ausführungsbestimmungen für die Entwicklung der militärischen Ausbildung des Lebens, für die Entwicklung der Produktion und für die Entwicklung der Fähigkeiten und Maßregeln". Abgedruckt in: OAR, 1.10.1936:523.

45 Vgl. Staiger 1974:983-984.

46 Aus diesem Grund wird die Nationalsozialistische Partei Chinas in der Literatur nur selten erwähnt.

Rassenpolitik

Obwohl sich in China ganz unterschiedliche Gruppen dem nationalsozialistischen Staat zuwandten, war mit Beifall für die Gedanken der arischen Herrenrasse nicht zu rechnen. Im Denken Hitlers galten Chinesen, anders als die Japaner, nicht als kulturtragende Rasse und wurden als minderwertig angesehen.[47] Dementsprechend war in *Mein Kampf* festgehalten worden, daß kein Chinese oder Neger jemals Anteil am deutschen Leben haben könne.[48] Ab 1936 durften die Chinesen an den jährlichen Weihnachtsfeierlichkeiten in Berlin nicht mehr teilnehmen.[49] Trotz dieser Ausgrenzungen hielt sich der chinesische Protest dagegen in Grenzen und beschränkte sich weitgehend auf das diplomatische Korps in Deutschland. Generell wurde in China die Idee einer gesunden, dynamischen Rasse positiv gesehen und als notwendig für eine nationale Wiederbelebung betrachtet.[50] In den 20er Jahren hatte sich sogar eine Diskussion über die Verbesserung der chinesischen Rasse entwickelt, in die auch Teile der deutschen Eugeniklehre einflossen.[51]

Nach der Verkündung des Arierparagraphen im Rahmen des Gesetzes zur Wiederherstellung des Berufsbeamtentums im April 1933 kam es noch nicht zu einem diplomatischen Zwischenfall, wohl aber, als im Herbst desselben Jahres bekannt wurde, daß Deutschland beabsichtige, seine Rassengesetzgebung zu verschärfen. Tan Boyu, Geschäftsträger der Chinesischen Gesandtschaft in Berlin, verlangte Auskunft über die geplanten Gesetze. In einem Memorandum erklärte er, daß es für China angesichts seiner alten Kultur von höchster Bedeutung sei, zu erfahren, ob die einschränkenden Bestimmungen über die Behandlung farbiger Rassen auch für in Deutschland lebende chinesische Staatsangehörige gelten würden. Er schloß im Falle einer bestätigenden Antwort Rückwirkungen auf die deutsch-chinesischen Beziehungen nicht aus. (Dok. 104) Das Auswärtige Amt erwiderte, daß man die chinesische Rasse nicht deklassieren wolle, allerdings sei man gegen Rassenvermischung. Bei den neuen Strafgesetzentwürfen handele es sich lediglich um Ausarbeitungen, die noch kein Maßstab seien. Eine Diskriminierung der Chinesen sei auf keinen Fall beabsichtigt.[52]

Die chinesische Seite beobachtete die rechtliche Entwicklung in Deutschland mit um so größerem Unbehagen, als die deutschen Behörden einem chinesischen Professor der Sun Yatsen-Universität in Kanton ohne Angabe von Gründen die Eheschließung mit einer Deutschen verweigert hatten. Nach der Meinung der Chinesischen Gesandtschaft war die Erlaubnis vom preußischen Justizministerium nicht erteilt worden, weil es sich um eine Mischehe handelte.[53] Auch wenn das Auswärtige Amt betonte, daß in diesem Fall kein

---

47 Vgl. Hitler 1938:317-319. Sowie Kap. 7 dieses Bdes.

48 Vgl. ebd.:328.

49 Vgl. Kirby, in: Larsen 2001:258.

50 Vgl. ebd.:259.

51 Vgl. Dikötter 1992:164-190, v.a. 187.

52 Vgl. Aufzeichnung des St.S. Bülow, AA, 8.11.1933, in: ADAP, C II, Dok. 48:82-84.

53 Vgl. ebd. Sowie Kuo 1989:43-44.

Zusammenhang mit der Rassenfrage bestehe, so hatten gemischte Ehen stets mit vielen bürokratischen Hindernissen zu kämpfen, da eine spezielle Genehmigung eingeholt werden mußte, die nur in Ausnahmefällen erteilt wurde.

Die sich anbahnende Herabsetzung der chinesischen Rasse wurde von Wang Jiahong, der Anfang der dreißiger Jahre an der Universität Berlin studiert hatte[54], in seinem Buch *Das Dritte Reich* (*Disan yizhe*) vorsichtig kritisiert. Auch bedauerte er die von Hitler in *Mein Kampf* sanktionierte Gleichsetzung von Chinesen mit Farbigen. Da seiner Meinung nach die Japaner im nationalsozialistischen Denken einen Sonderstatus einnahmen[55], kam er zu dem Schluß, daß allein die Stärken und Schwächen eines Staates die Grundlage der Rassentheorie bilden würden. (Dok. 113) Die deutschen Diplomaten intervenierten in der Folge vor allem gegen die von Wang vorgenommene Gleichstellung von Chinesen und Juden und wiesen ihn 1936 darauf hin, daß in der Arierfrage ein großer Wandel eingetreten sei. (Dok. 114) Die Nichtariergesetzgebung richte sich ausschließlich gegen Juden. In den Ausführungsbestimmungen zu der Nürnberger Rassengesetzgebung 1935 sei der Begriff „Arier" nicht mehr verwendet, sondern nur noch von deutschem und artverwandtem Blut gesprochen worden.[56] Die Diplomaten waren darum bemüht, die nationalsozialistische Rassepolitik auf die Juden zu beschränken und „farbige" Rassen von der Diskussion und Gesetzgebung auszuklammern.

Während es hier letztlich um die Frage der gleichen Behandlung von Juden, Chinesen, Japanern und Schwarzen ging, wurde der eigentliche Kernpunkt der nationalsozialistischen Rassenideologie, der Judenhaß, in China kaum diskutiert. In Artikeln über den deutschen Staat wurde zwar durchaus Sympathie mit der Abneigung bezüglich den Juden gezeigt, da diese Deutschland nur geschadet hätten[57], doch übernommen wurde dieser Antisemitismus nicht. Im Gegenteil, Jiang Tingfu, Befürworter einer starken Führerpersönlichkeit für China, führte aus, daß es Vorteile bringen würde, aus Deutschland entlassene jüdische Wissenschaftler anzustellen. Ihre Anstellung sei wesentlich billiger als die kostspielige Ausbildung von Studenten in Übersee. (Dok. 101) Auch in dem *National Medical Journal of China* wurde die Einstellung von jüdischen Ärzten in China begrüßt und gefordert. (Dok. 106) Juden seien bekanntlich sehr gute Wissenschaftler. Wie Zhu Jiahua dem deutschen Gesandten Trautmann bestätigte, vertrat die chinesische Regierung bezüglich der Anstellung von jüdischen Emigranten einen sehr pragmatischen Standpunkt und wollte diese für ihre eigenen Zwecke einsetzen. Um die deutsche Regierung nicht zu verstimmen,

---

54 Vgl. Harnisch 1999:397.

55 Für den Alltag der in Deutschland lebenden Japaner galt dieser Sonderstatus freilich nicht. Vgl. Hack, in: Haasch 1996:211-215.

56 Auf dem Nürnberger Parteitag der NSDAP waren am 15.9.1935 das sog. Reichsbürgergesetz, durch das alle deutschen Staatsbürger jüdischen Glaubens zu Menschen mit eingeschränkten Rechten herabgestuft wurden, und das sog. Blutschutzgesetz, das die Eheschließung zwischen Nichtjuden und Juden unter Strafe stellte, verkündet worden. Nur Ehen zwischen Menschen „deutschen und artverwandten Blutes" waren noch erlaubt.

57 Vgl. Aktennotiz von H. Rocholl, Referent des VFO, 10.1.1936, in: BArch, 0902/2326.

kam es jedoch nicht zu Masseneinstellungen, sondern nur zu einem Abschluß von individuellen Verträgen.[58]

Bezüglich der Rassenfrage handelte China zum einen infolge der eigenen Betroffenheit. Eine Gleichsetzung mit den Juden und die damit verbundene Deklassierung wollten zumindest die chinesischen Diplomaten in Deutschland nicht einfach hinnehmen. Auch scheint es, daß sich die Chinesen mit der Sonderstellung der Japaner nicht abfinden konnten. Zum anderen reagierte vor allem die chinesische Regierung sehr zweckorientiert und wollte sich die einmalige Chance, die angesehene deutsche Akademiker nach China brachte, nicht entgehen lassen.

China als Exil

Die Machtübernahme Hitlers bedeutete nicht nur eine akute Bedrohung des jüdischen Teils der deutschen Bevölkerung, sondern auch derjenigen, die in der sozialdemokratischen und kommunistischen Partei aktiv gewesen waren. Bereits im Frühsommer 1933 setzte sich die Chinesische Gesandtschaft mit dem deutschen Auswärtigen Amt in Verbindung, um mit Hilfe der deutschen Polizei gegen die kommunistischen Studenten in Berlin vorzugehen. Viele von ihnen wurden wegen staatsfeindlicher Haltung als „unerwünschte Ausländer" ausgewiesen.[59]

In China protestierte allein die Chinesische Liga für Menschenrechte, vertreten durch die Frau Sun Yatsens, Song Qingling, und den bekannten Pädagogen Cai Yuanpei[60] im Mai 1935 gegen die Verhaftungen von Arbeitern und Intellektuellen seit der Etablierung des faschistischen Regimes in Deutschland.[61] Die Behandlung der Gefangenen beweise, daß in Deutschland Barbarei vorherrsche. In diesem Zusammenhang wurde auch öffentlich gegen die systematisch organisierten Judenverfolgungen und antisemitischen Pogrome Stellung bezogen. (Dok. 100) Diese Erklärung, die von der deutschen Diplomatie auf die „sentimentale Urteilslosigkeit"[62] Song Qinglings zurückgeführt wurde, hatte die öffentliche Erklärung zur Folge, daß Deutsche und Ausländer jeder Rasse und jeden Berufs in Deutschland in Ruhe und Frieden leben könnten.[63] Auch die deutschen Institutionen in China, so die Deutsche Handelskammer, die Deutsche Gemeinde sowie die Landesgruppe China und die Ortsgruppe Shanghai der Nationalsozialistischen Partei, sahen sich veranlaßt, in allen größeren Zeitungen - auch den chinesischen - eine Gegendarstellung abzugeben.[64]

58 Vgl. Kuß 1998:469.

59 Vgl. Yü-Dembski, in: Kuo / Leutner 1991:336.

60 Vgl. Kap. 5 dieses Bdes.

61 Vgl. Felber / Hübner 1988:165-166.

62 Vgl. vertraul. Schreiben von BR Fischer (Nanjing) an die DGP, 24.5.1935, in: BArch, 0902/2325.

63 Vgl. Schreiben von GK Behrend (Shanghai) an die DGP, 18.5.1935, in: ebd.

64 Vgl. Schreiben dess. an dies., 22.5.1935, in: ebd.

Trotz der vielfältigen Aktivitäten der Nationalsozialisten in Shanghai[65] entwickelte sich gerade diese Stadt zu einem Fluchtpunkt für Verfolgte des Hitlerregimes, denn für einen Aufenthalt in den ausländischen Konzessionen bestand keine Visumpflicht. Allerdings war Shanghai für die meisten Emigranten nicht das Endziel, sondern nur eine Zwischenstation. Obwohl der große Emigrantenstrom nach China erst ab 1938 einsetzte[66], gab es bereits unmittelbar nach der Machtübernahme die ersten Einreisen. Von diesen frühen Emigranten war die durch den Völkerbund vermittelte Gruppe um Max Brauer, den ehemaligen Hamburger Bürgermeister, die bekannteste.[67] Brauer fand in China als Berater für die Verwaltung der Provinzen eine Anstellung.[68] In einem Brief warnte er davor, über seine Mission zu sprechen, da sonst den Genossen, die gleichfalls nach China berufen werden sollten, die Einweisung in ein Konzentrationslager drohe. (Dok. 103)

Tatsächlich war der deutschen Regierung die Anwesenheit dieser Beratergruppe in China zunächst nur als Gerücht bekannt. Die Namen der Personen drangen nur langsam durch. Trotz mehrfacher Unterredungen der deutschen Diplomaten mit höchsten chinesischen Regierungsvertretern, so unter anderem mit Ministerpräsident Wang Jingwei, zeigte China keine Bereitschaft, die Verträge zu annullieren. Hartnäckig wurde der Standpunkt vertreten, daß die deutsche Seite nur aus politischen Gründen gegen diese Personen vorgehe, obwohl nichts Belastendes vorliege.[69] Das Tauziehen um die „unerwünschten Berater" fand erst ein Ende, als Außenminister Neurath eingriff und betonte, daß deren Verträge im Interesse der deutsch-chinesischen Beziehungen so schnell wie möglich gelöst werden sollten. (Dok. 107) Dies war keine leere Drohung, denn die Wirtschaftsgespräche, die im Vertrag vom Juli 1934 münden sollten[70], liefen gerade an. Wohl aus diesem Grund lenkte die chinesische Regierung ein und löste im Herbst 1934 die Verträge mit der Brauer-Gruppe.

Die „unerwünschten Berater" stellten eine Belastung, aber keine Gefährdung der deutsch-chinesischen Beziehungen dar. Das nationalsozialistische Deutschland war in den Augen der Chinesen attraktiv, weil hier in Form der Volksgemeinschaft ein Modell hinsichtlich der Zusammengehörigkeit und Einheit eines Volkes präsentiert wurde. Andere Modelle lieferten das faschistische Italien und die kemalistische Türkei. Auffallend ist, daß die Chinesen weniger an der nationalsozialistischen Ideologie interessiert waren - weshalb Shanghai eine Emigrationszentrum für Juden und politische Verfolgte werden konnte -, sondern an den Strukturen, die für die Durchsetzung dieser Ideologie geschaffen worden waren. Unter den chinesischen Intellektuellen setzte eine Diskussion ein, die sich mit der

65 Vgl. Freyeisen 2000:106-114 u. 244-249. Sowie McKale 1977:293-295 / Kreissler, in: Gransow / Leutner 1989:265-274.

66 Vgl. Briessen 1977:97-100 / Kreissler, in: Kuo / Leutner 1991:293.

67 Vgl. ebd.:294. Sowie Freyeisen 2000:399-401. - Eine Quantifizierung der deutschen Shanghai-Emigranten ist schwer. Die Zahlen schwanken zwischen 18.-20.000.

68 Zu der Vermittlung dieser Beratergruppe, vgl. Fladhammer / Wildt 1994:31-36 / Freyeisen 2000:79-82 / Kuß 1998:473-479.

69 Vgl. ebd. (Kuß):480-482.

70 Vgl. Kap. 1 dieses Bdes.

inhaltlichen Übernahme einiger Versatzstücke der nationalsozialistischen Lehre durch China beschäftigte und auf die alte Frage zurückführte, wieviel westliches und wieviel chinesisches Gedankengut China für seinen Aufbauprozeß benötige. Außerhalb des akademischen Bereiches kulminierte die ideelle Anlehnung an Deutschland in der Gründung einer elitär-rigiden Schlägertruppe, den Blauhemden, und in der Ausarbeitung von Verhaltensregeln für die breite Masse. Permanente Gewaltandrohung und punktuelle Gewaltanwendung auf der einen Seite sowie Disziplinierung des einzelnen im Dienste der Schaffung des Nationalstaates auf der anderen Seite waren die Charakteristika des „chinesischen Faschismus".

97

Rede des Marschalls Jiang Jieshi anläßlich der Eröffnung der Nationalversammlung (5.5.1931)[1]

(...)[2]

Allgemein betrachtet, kann man die heutigen Regierungen, welche die Länder der Welt beherrschen (obwohl sie verschiedene Formen haben, fordert ihre Staatsdoktrin meistens, den traditionellen Absolutismus abzuschaffen) in drei politische Richtungen aufteilen:

1) Die politische Doktrin des Faschismus hat Transzendenz als geistige Grundlage, den Staat im Sinne eines Organismus als Basis, die Organisation in Gruppen als antreibendes Mittel. Sie erkennt den Staat, der jedes Opfer vom Bürger fordern darf, als die absolut höchste Instanz an. Nicht der augenblickliche Gewinn, sondern die Fortführung des Volkslebens ist der entscheidende Maßstab. Herrschaft und Gesellschaft existieren nebeneinander ohne Rangunterschied. In den verschiedenen Entwicklungsstadien ist derjenige am fähigsten, der dies am effektivsten durchsetzt. Sofern sich das heilige Recht des Staates in jede Richtung willkürlich entwickeln darf, wird auf die internationale Wirkung keinerlei Rücksicht genommen. Man muß kein Weiser sein, um zu wissen, daß dies dem Prinzip des idealen Zustandes von Staat und Gesellschaft [der Großen Gemeinschaft][3] entspricht.

2) Die kommunistische Doktrin nimmt einen materialistischen Standpunkt ein und benutzt den Determinismus als Argumentationsbasis. Der Staat, das Herrschaftssystem und die Klasse sind eine Einheit. Sie geht davon aus, daß früher die Klasse des Kapitalismus alles in Besitz hatte und das Proletariat heute das gleiche tun und alle anderen Klassen gänzlich beseitigen sollte. Nachdem die anderen Klassen beseitigt worden sind, kann die kommunistische Gesellschaft entstehen. Ab diesem Zeitpunkt verschwindet der Staat. Deswegen ist in einem Staat, in dem nur die Partei herrscht, der Klassenkampf noch grausamer. Den Vorgang der Vernichtung des Gegners kann selbst Lenin nicht voraussagen, aber es ist sicher, daß es lange dauern wird. Eine solche grausame Methode ist besonders ungeeignet für Chinas agrarwirtschaftlichen Rückstand und für die traditionelle chinesische Moral. Es ist ganz klar, daß China diese Doktrin nicht braucht.

3) Die liberale demokratische Theorie nimmt das Individuum als Ausgangspunkt und fügt Menschenrechte hinzu, die von einer höheren Instanz verliehen werden. Sie geht davon aus, daß das Recht dem ganzen Volk gehört und betont die individuelle Freiheit. Die Demokratie in England und in den USA hat eine lange Entwicklungsgeschichte. Das Volk kennt sich aus mit seinen Rechten und dessen Ausübung. Unvermeidlich wirkt das Ganze

1 Übersetzt von Li Sujuan und Zhou Xin.

2 Auslassung: Hervorhebung der Bedeutung Sun Yatsens für die Entwicklung Chinas.

3 Die Große Gemeinschaft (*Datong*) war das Endziel der Gesellschaftsordnung, die Sun Yatsen anstrebte. Er knüpfte hier an eine konfuzianische Sozialutopie an, die sich wiederum auf das *Liyun*-Kapitel des *Liji* (Buch der Sitte, 2. vorchristliches Jahrhundert) berief. Vgl. Wilhelm 1994:56-57.

manchmal langsam und schwerfällig, aber es funktioniert trotzdem. Wenn man in einem Land, in welchem es keinen entsprechenden historisch-gesellschaftlichen Hintergrund gibt, diese Politik praktizieren will, dann kann man die Unruhe in Italien vor der faschistischen Herrschaft als Warnzeichen nehmen. Die Schwäche des parlamentarischen Systems in anderen Ländern ist damit ausreichend offen gelegt. Die Freiheit muß parallel zur Pflicht existieren, nur dann hat sie einen Sinn. Wenn es aber zu viele Meinungen gibt und niemand richtig die Verantwortung trägt, läßt das unsere Herzen besonders schmerzen.

Insgesamt gesehen hat jedes Land seine objektive Bedingungen. Es gibt keine absolute Übertragung einer an sich richtigen Politik. Das ist der Grund, warum der *Parteivorsitzende*[4] die chinesische und die ausländische Lehre zusammenfassen und die Lage in China erforschen mußte, um die rare Medizin zur Heilung der Nation bestimmen zu können. Der *Parteivorsitzende* entschied sich persönlich dafür, daß die Souveränität dem gesamten Volk gehört. Das Endziel sei die Demokratie. Um auf den Weg der Demokratie zu gelangen, muß die Periode der Vormundschaft durchlaufen werden.[5] Die Errettung aus dem nationalen Desaster und die Lenkung der Völker, denen es an politischen Erfahrungen mangelt, ist ohne Hilfe einer effektiven Regierung nicht möglich. Da ihre Errichtung klar durch die Erfordernisse der Übergangsperiode bestimmt ist, unterscheidet sie sich selbstverständlich vom Faschismus. Der Nationalismus soll sowohl die Demokratie als auch das Volkswohl unterstützen und bestätigen, falls das Land nicht der Gefahr einer internationalen Invasion ausgesetzt werden soll. Es ist verständlich, daß das Ziel die Große Gemeinschaft ist. Der *Parteivorsitzende* entwickelte die Lehre vom Volkswohl, um den Unterhalt und die Existenz der ganzen Nation zu sichern. Dazu wird das Mittel des Klassenkampfes nicht benötigt.

Auch die Plädoyers für den anglo-amerikanischen Liberalismus aus dem frühen 19. Jahrhundert ziehen große Aufmerksamkeit auf sich.[6] Doch diese Lehre verdient kein großes Interesse. Ihre Konkretisierung geht nicht über den Parlamentarismus hinaus. Die Menschen im Lande erfahren nicht, daß der *Parteivorsitzende* bereits vor 1924 die Parlamentaristen unterstützt hat. Mit seiner Kampagne zum Schutz der Verfassung war er ständig auf der Flucht.[7] Er rief Sonderparlamente in Guangdong und in Sichuan aus.[8] Es

---

4 Gemeint ist Sun Yatsen.

5 Um seine drei Volksprinzipien (vgl. Dok. 99, Anm. 29) zu verwirklichen, sah Sun Yatsen einen Dreistufenplan vor, der von der Periode der Machtergreifung durch revolutionäre Streitkräfte über die Periode der „Erziehungsdiktatur" bis zu einer abschließenden Periode der verfassungsmäßigen Regierung reichte. In der Phase der „Erziehungsdiktatur" sollte die Bevölkerung zur Ausübung ihrer staatsbürgerlichen Rechte unter einer Vormundschaftsregierung der Partei erzogen werden. Vgl. hierzu Kindermann 1963:127-129 / Wells 2001:54-101.

6 Der amerikanische Pädagoge John Dewey hatte in den 20er Jahren zwei Jahre in China gelehrt. Vgl. Einleitung zu Kap. 5. Auch Hsü 1990:497 u. 505.

7 Nach der Machtübernahme durch Yuan Shikai mußte Sun Yatsen im August 1913 erneut in Japan (die *Tongmenghui* war 1905 dort gegründet worden) Exil suchen. Nach dem Tod Yuans kehrte er 1916 nach Shanghai zurück. 1921 wurde er in Kanton zum Präsidenten der lokalen Republik gewählt. Doch bereits 1922 war Sun wieder in Shanghai und wartete auf eine Änderung der Lage in Kanton, wohin er schließlich Anfang 1923 zurückkehrte.

war eine mühevolle Angelegenheit. Nach den Erfahrungen mit dem ersten Parlament[9] gab es wohl kaum jemanden, der keine schmerzhafte Enttäuschung verspürt hätte. Danach verbreitete sich im Zeitraum, angefangen mit dem Ereignis vom Anfu-Parlament[10] bis zum Stimmenkauf Cao Kuns[11] im Parlament, eine allgemeine Verachtung und Antipathie [gegen die Demokratie]. Was ist das Resultat, wenn von der Verfassung die Rede ist, angefangen von der Verfassung Tiantan bis zur Verfassung Cao Kun?[12] Wir sollten solche Erfahrungen nicht ganz vergessen. Wenn man meint, damit die beste Form der Herrschaft erreichen zu können, entspricht dies einer Selbsttäuschung. Man hat dafür auch keine eigenen Ideen oder Pläne. Wie will man auf diese Weise die dringende Aufgabe der Zeit bewältigen? Gar nicht zu reden von der imperialistischen Invasion, dem Verrat der Warlords und der militärischen Aktion der Kommunisten mit ihren russischen Verbündeten im Hintergrund, die allesamt kein Zögern erlauben.[13]

Es war noch nicht die Rede davon, daß das Verhalten der Politiker nicht den Argumenten folgt. Diejenigen, die für die Demokratie plädieren und Lobreden auf die Freiheit halten, haben die Sitze im Parlamente inne. Wenn sie über Frieden und seine Strategie diskutieren und gleich den Westen ins Spiel bringen, sind sie verdächtig. Würde man gegen sie heute nicht zu Felde ziehen und nächstes Jahr keinen Krieg gegen sie führen, so würden die Kommunisten und die Warlords das Kernland[14] beherrschen und noch weiter expandieren. Was heute die ganze Nation verlangt, ist eine effektive Durchsetzung der politischen

8 Aus Protest gegen die Wahl eines „neuen" Parlamentes unter Duan Qirui, der das „alte" Rumpfparlament (vgl. Anm. 9) nicht akzeptierte, war Sun Yatsen mit etwa hundert Parlamentariern und Teilen der chinesischen Marine nach Kanton gegangen und richtete dort ein Gegenparlament ein. Vgl. Chiang 1937:58 / Nathan, in: CHOC 12:265.

9 Das 1. Parlament war 1913 gewählt, doch bereits im Januar 1914 von Yuan Shikai wieder aufgelöst worden. Gleichzeitig kam es zur Auflösung der Provinzversammlungen und der lokalen Verwaltungseinrichtungen. Das seines Amtes enthobene Parlament fand sich jedoch teilweise wieder in Shanghai zusammen. Vgl. Chiang 1937:58 / Spence 2001:349.

10 Das Anfu-Parlament, eine Interessenvertretung der Anfu-Clique, beherrschte das am 12.8.1918 neu gewählte Parlament, das zwei Tage später Deutschland den Krieg erklärte und anschließend in Verhandlungen über die „Nishihara-Anleihe" trat. Die Abgeordneten waren in der Regel gekauft. Vgl. Gray 1990:180 / Hsü 1990:484.

11 Die Wahl Cao Kuns zum Präsidenten von China im Oktober 1923 war durch Stimmenkauf erfolgt. Vgl. Nathan, in: CHOC 12:264.

12 Nach den Bestimmungen der provisorischen Verfassung von 1912 sollte die Verfassung der Republik China durch das Parlament festgelegt werden. Dementsprechend war im Sommer 1913 ein Ausschuß zusammengetreten, der den sog. Verfassungsentwurf von Tiantan ausarbeitete. Da jedoch Yuan Shikai mit dem Entwurf nicht einverstanden war, löste er das Parlament 1914 auf. (Vgl. Anm. 9) Der Verfassungsentwurf von Tiantan ist niemals in Kraft getreten. Nachdem Cao Kun am 5.10.1923 zum Präsidenten gewählt worden war (vgl. Anm. 11), wurde ein revidierter Verfassungsentwurf angenommen. Vgl. Chiang 1937:37-39 u. 59-71.

13 Im Januar 1931 beim 4. Plenum des 6. Zentralkomitees war die Parteispitze ausgewechselt worden. Die sog. 28 Bolschewiki, auf der SYU in Moskau ausgebildete chinesische Jungkommunisten, übernahmen die Parteileitung. Vgl. Höllrich 1989:135-136 / Kagan 1974:79-90.

14 Mit dem chinesischen Kernland ist das Gebiet um die Flüsse Huanghe und Yangzijiang gemeint.

Gewalt, um das Elend des Volkes zu überwinden. Keine andere Partei wie die Guomindang hat mit ihrer großartigen Organisation die Revolution in China zu einer siegreichen Geschichte geführt. Unsere Partei hat unvermeidlich auch Fehler gemacht, aber sie gilt dennoch als gerechtes Revolutionsorgan. Sie dient der Vollendung der Einigung Chinas und trägt die Verantwortung für den Aufbau. Die Bevölkerung darf selbstverständlich nicht außerhalb dieser Bemühungen stehen und ihr gegenüber Verachtung hegen. Unsere Partei ist die nationalistische Partei Chinas. Wenn die Bevölkerung sich nicht an ihr beteiligen will, dann stellt sie sich außerhalb der Partei. Wenn sie jedoch die Partei verachtet, hegt sie für die Zusammenarbeit zum Aufbau keine aufrichtige Treue. Wer zunächst darunter leidet, ist die ganze Nation, d.h. alle und die Nation selbst. Alle diejenigen, die sich zu den „Drei Grundlehren des Volkes" zur Rettung der Nation bekennen, können in unsere Partei eintreten. Die Periode der Vormundschaft[15] ist auf die Mithilfe aller angewiesen, um zum Erfolg zu gelangen. Unsere Partei hat die Rettung der Nation beschlossen. Die Regierung hat den starken Willen, die Verhältnisse zu verbessern. Deshalb scheue ich mich trotz einfacher Worte nicht, mich dafür einzusetzen.

(...)[16]

Zhongguo renmin jiefanghui zhengzhi xueyuan dangshi jiaoyanshi (Institut für Unterricht und Erforschung der Parteigeschichte in der Akademie für Politik der Volksbefreiungsarmee Chinas) (Hg.), Zhonggang dangshi cankao ziliao (Informationsmaterial zur Parteigeschichte der Kommunistischen Partei Chinas), Bd. 5: Di erci guonei geming zhangzheng shizi (Die Zeit des 2. Revolutionären Krieges in China, 1. Teil), Peking, o.J., S. 79-80.

98

Artikel von Gu Bing aus der Wochenzeitung *Guowen zhoubao*, Tianjin (1932)[17]

Über die faschistische Partei in Deutschland[18]

(...)[19]

15 Vgl. Dok. 97, Anm. 4.

16 Auslassung: Es folgt eine Aufzählung der Verdienste der GMD. Jiang Jieshi meint, daß die Rückständigkeit Chinas nur durch Einigkeit und Frieden überwunden werden könnte.

17 Übersetzt von Li Sujuan und Zhou Xin.

18 Die Informationen in dem Artikel basieren auf einer Anfrage bei der NSDAP, zum Teil wurden jedoch Anmerkungen, Kommentare und vor allem Wertungen der Zeitschriftenredaktion beigefügt.

19 Auslassung: Hitler habe in den letzten Jahren nicht diktatorisch gehandelt, denn er habe nur die Wünsche des Volkes umgesetzt.

5) Hitler und die Rassenproblematik

Als Hitler in Wien war, ist er der antijüdischen Bewegung beigetreten.[20] Auch später, als er die nationalsozialistische Arbeiterpartei organisierte, hat er der Rassenproblematik viel Aufmerksamkeit gewidmet. Er hielt es für sehr wichtig, die physische und geistige Gesundheit des Volkes zu erhalten. Die Bewegung Hitlers zielte deshalb auf die grundsätzliche Problematik ab, die Reinheit des ganzen deutschen Volkes zu bewahren. Die NSDAP nahm an, daß das schrankenlose Mischen mit anderen Rassen, insbesondere der im Vergleich mit dem deutschen Volk minderwertigeren Rassen, eine Gefahr für Deutschland darstelle. Sie forderte deshalb, dem Beispiel der USA folgend, ein Einwanderungsgesetz, das die Immigration der Ausländer strenger kontrollieren sollte.[21] Die Einschränkung, die der NSDAP am Herzen lag, galt besonders für die Juden und die osteuropäische Bevölkerung. Mit der Verhinderung der Einwanderung der Juden sollte die jüdische Manipulation der deutschen Politik und der Finanzen vermieden und gleichzeitig der rassischen Verschlechterung des deutschen Volkes vorgebeugt werden. Mit der Begrenzung der Emigranten aus Osteuropa sollte die kommunistische Ausdehnung nach Deutschland verhindert werden.

6) Die Bewegung gegen die Restauration

Der Erfolg der Hitlerschen Bewegung hatte keinerlei Beziehung zur deutschen Restaurationsbewegung.[22] Der NSDAP kam es nicht in den Sinn, das Deutsche Reich wieder so aufzubauen, wie es vor dem Krieg bestanden hatte. Für sie war das Erbe des Deutschen Reichs eher beschämend. Ihre Wunschvorstellung richtete sich auf die Errichtung eines neuen Staates, der auf internationaler Ebene das Recht zum Überleben einfordern sollte. Sie leugnete die deutsche Verantwortung für den Ersten Weltkrieg und wollte die harten, unmoralischen und nicht erfüllbaren Reparationen nicht anerkennen, die die Existenz des deutschen Volkes und seiner Nachkommen beeinträchtigten. Aus Sicht der Nationalsozialisten waren die Aktivitäten der Marxisten und Kommunisten geeignet, das deutsche Volk in eine hoffnungslose Lage zu bringen und die europäische Kultur zu zerstören. Für die Ehre des deutschen Volkes wollen die Nationalsozialisten mit moralischer Kraft den die ganze Welt bedrohenden Zündstoff entschärfen. Kurz gesagt, sie

20 Zum Kreis von Lanz von Liebenfels und den Ostara-Heften, vgl. Daim 1985:23-39.

21 Die restriktiven Einwanderungsgesetze Kaliforniens (1923) gegenüber Japanern und Chinesen waren im Januar 1924 von der amerikanischen Bundesregierung übernommen worden. Das neue Einwanderungsgesetz sah eine Quotierung nach zuwandernden Nationalitäten vor, schloß indes „Farbige“, Japaner und Chinesen von der Immigration in die USA aus. - Im Februar 1934 hielt RIM Wilhelm Frick eine Grundsatzrede, in welcher er u.a. die nationalsozialistische Rassenpolitik mit den Maßnahmen anderer Länder verglich. In diesem Zusammenhang erwähnte er auch die Einwanderungspolitik der USA. Vgl. Hack, in: Haasch 1996:212.

22 Gemeint ist die Wiedereinführung der Monarchie.

betrachten sowohl das Deutsche Reich, wie es sich vor dem Ersten Weltkrieg präsentierte, als auch seine jetztige politische Organisationsform als nicht wünschenswert.

(...)[23]

Guowen Zhoubao, 9 (1932), S. 1-5.

99

Artikel von Hu Hanmin, zu diesem Zeitpunkt oppositioneller GMD-Politiker in Kanton, aus der Zeitschrift *Sanminzhuyi yuekan* (1933)[24]

Über den sogenannten Faschismus

(...)[25]

Ich habe gehört, daß es in China auch sogenannte faschistische Organisationen gibt.[26] Über die Ursprünge und die Inhalte dieser Organisationen möchte ich mich hier nicht auslassen. Ich habe dies im Aufsatz „‚Drei Lehren des Volkes' und die chinesische Revolution" im Heft Nr. 1 dieser Zeitschrift bereits mit einigen Sätze vereinfacht gesagt:[27]

„4) Am schlimmsten sind die diktatorischen Kriegsherren, deren egoistisch ausgerichtete Oligarchie sich im Aufwind befindet. Sie werden mit der Usurpation der Führung der Guomindang nicht gesättigt sein. Sie denken sogar, kraft ihrer alten Strategie - „den Himmel stehlen und die Sonne austauschen"[28] - die *Drei Prinzipien des Volkes* (*Sanminzhuyi*)[29] durch den sogenannten Faschismus zu ersetzen. Obwohl die sogenannte „Gesellschaft der Blauhemden"[30] oder die sogenannte „Gesellschaft zur Rettung des Vaterlandes"[31] sich zu

23 Auslassung: Ausführungen zu Hitlers Einstellung zu den Kriegsentschädigungen und dem angeblichen Ziel seiner Politik, dem Frieden in der Welt.

24 Übersetzt von Li Sujuan.

25 Auslassung: Überblick über die historische Entwicklung des Faschismus.

26 Vgl. Dok. 110.

27 Gemeint ist der Artikel Hu Hanmins in: *Sanminzhuyi yuekan* 1 (1933), Nr. 1:1-8; das hier aufgegriffene Zitat befindet sich auf S. 4.

28 Mit der Redewendung „Den Himmel stehlen und die Sonne austauschen" (*Tou tian huan ri*) wird ein Riesenschwindel umschrieben.

29 Zu den drei Volksprinzipien von Sun Yatsen (Nationale Grundlehre, *Minzuzhuyi*; politische Grundlehre, *Minquanzhuyi*; soziale Grundlehre, *Minshengzhuyi*), vgl. Kindermann 1963:90-119 / Wells 2001:61-101.

30 Vgl. Einleitung zu diesem Kap. Sowie Dok. 110 u. 112.

31 Vermutlich ist die *Lixingshe* (Gesellschaft für eine kraftvolle Verwirklichung) gemeint oder eine ihrer Vorläuferorganisationen. Vgl. Li 1994:59-66. Sowie Einleitung zu diesem Kap., v.a. Anm. 28.

unzähligen Neben- und Unterorganisationen erweitert haben, taugen sie doch nur zur kriminellen Spionage oder zum geheimen Morden. So symbolisiert die Geburt dieser konterrevolutionären Kraft eine Katastrophe für die Zukunft der *Drei Prinzipien des Volkes*!"

Gemäß der Darstellung und Analyse dieses Aufsatzes können wir wenigstens eindeutig erkennen, daß die revolutionäre Bewegung der „Drei Lehren des Volkes" auf keinen Fall mit der reaktionären faschistischen Bewegung zusammengehen darf. Der Nationalismus der Drei Lehren des Volkes richtet sich darauf, den Primat des Staates als Prinzip zu zerstören. Seine Forderung lautet, daß der Staat für die Notwendigkeit der Nation existiert. Und nicht etwa wird die Nation für die abnorme Machtausdehnung einer bestimmten Person zu bestimmter Zeit geopfert. Der Nationalismus verlangt nach einer Koexistenz der gesamten Nation und nicht nach einer Ausdehnung des brutalen Imperialismus. Das Prinzip der Demokratie in den „Drei Lehren des Volkes" soll die Diktatur des Faschismus vereiteln. Aus diesem Grund fordert es die gemeinsame Herrschaft des Volkes. Alle Mitglieder der Gesellschaft leisten Dienst für das Ganze. Sie verwalten die Angelegenheit der Massen und sind nicht dazu da, den herausragenden, weisen Alleinherrscher zu loben. Das Prinzip des Volkswohls wird den kapitalistischen Kollektivismus im Faschismus untergraben. Es stellt die Forderung nach der Existenz der Gesellschaft und der Verteilung der Wohlfahrt unter das Volk. Dieses Prinzip wird die Ausbeutung nicht ideologisch untermauern und läßt die Ausgebeuteten nicht verelenden und jammern. Das Volk wird sich nicht grundlos von ihm abwenden. Deswegen sind die Revolutionäre der „Drei Lehren des Volkes" die Zerstörer des Faschismus. Alle Anhänger der Volkslehren müssen an der klaren Überzeugung festhalten, nicht mit dem Faschismus zusammenzugehen.

Anfang Sommer letzten Jahres brachte mir ein Freund auf dem weiten Weg aus Shanghai das Statut einer chinesischen faschistischen Organisation.[32] Man sagte, es sei sehr zuverlässiges Material. In der Satzung sind etwa die folgenden Themen enthalten: das Prinzip, die Methode sowie die Ziele der Organisation. Im folgenden wird einiges in bezug auf das Prinzip der Organisation aufgezählt:

1) Verzicht auf den scheinheiligen demokratischen Zentralismus, Übertragung der Diktatur des Faschismus auch auf den Vorsitzenden der Gesellschaft - der Vorgesetzte hat keinerlei Verpflichtung gegenüber seinen Untergebenen. Die Untergebenen müssen dem Vorgesetzten absoluten Gehorsam leisten.

2) Der Vorgesetzte verfügt in jedem Punkt über die Mitglieder. Dadurch sollen die Manipulation und die Dominanz einiger Funktionäre, die sich der Kontrolle entziehen können, vermieden werden. - Aufopferung der persönlichen Freiheit, Achtung für die kollektive Freiheit.

3) Die Funktionäre aller Ebenen und die Massen sollen veranlaßt werden, an den einzigen Führer zu glauben. Dies führt zu keinem gegenseitigen Mißtrauen. - Alle wichtigen Angelegenheiten sind durch das kluge Urteil des Vorgesetzten zu entscheiden.

---

32 Da es keine explizit faschistische Organisation in China gab, dürfte es sich um das Statut der *Lixingshe* handeln. Vgl. Anm. 31.

4) Die Talente sollen in eine Richtung gelenkt werden, um Interessenkonflikte zu vermeiden. - Die treuen Genossen sollen angeworben werden, um an praktischen Aktionen teilzunehmen.

Die sogenannte faschistische Organisation entspricht der Nachahmung von Handan „einen Tiger malen wollen, aber nur einen Hund zustande bringen“[33] zu können. Ich glaube nicht, daß China irgendwelchen Faschismus hervorbringen kann. Aber ich bin davon überzeugt, daß die Geburt dieser konterrevolutionären Kraft zweifellos eine weitere Gefahr für die Zukunft der „Drei Lehren des Volkes“ symbolisiert.

Egal, ob eine solche Organisation faschistisch oder nicht faschistisch ist oder ob der gemalte Hund wirklich zum Tiger wird oder doch dem Hunde ähnelt, müssen wir eine solche Organisation ernsthaft bekämpfen, ernsthaft kritisieren und sogar Widerstand gegen sie leisten. Das ist kein Problem des Menschen, sondern ein Problem der Ideologie. Das stellt kein kurzfristiges Abwägen von Gewinn und Verlust dar, sondern ein grundsätzliches Problem im Hinblick auf das ewige Interesse der Nation.

China erzeugt keinen Faschismus. Selbst die Befürworter des Faschismus können zur Zeit keine faschistische Organisation aufbauen. Diese Ansicht von mir kann in vielerlei Hinsicht durch überzeugende Thesen unterstützt werden. Zusammengefaßt sind das folgende:

a) Im ökonomischen Bereich: Die ökonomische Entwicklung und die wirtschaftliche Struktur Chinas unterscheiden sich von den faschistischen Ländern Italien, Deutschland und Japan. Im vorangegangenen Aufsatz erhielten wir einen Einblick in den unterschiedlichen Charakter der italienischen, deutschen und japanischen Wirtschaft.[34] Kurz gesagt, die Entwicklung des Faschismus hängt eng mit dem reaktionären Kapitalismus zusammen. Diese Bewegung, die wie eine lodernde Flamme immer weiter um sich greift, ist der letzte Widerschein vor dem Untergang des Kapitalismus, seine trauernde Totenglocke. Simpler Patriotismus und oberflächliche Ideale machen die ursprünglich reaktionäre Form aus. Die Aktivisten sind die Kriegsherren, die Aristokraten, die Kapitalisten, die Großgrundbesitzer und Mitglieder der alten herrschenden Klassen überhaupt. Ihre Anhänger sind die bankrotten Mittelschichten und die ungebildeten Arbeiter. Alle diese sind nicht imstande, den Kapitalismus zu überwinden. Die chinesische Wirtschaft jedoch, ist nicht kapitalistisch, noch weniger befindet sie sich in der letzten Phase der zusammenbrechenden kapitalistischen Produktionsweise. Sie ist eine halbkoloniale Wirtschaft, die vom Imperialismus kontrolliert wird. Eine faschistische Entwicklung ist daher real nicht

---

33 Mit „Einen Tiger malen wollen, aber nur einen Hund zustande bringen“ (*Hua hu bu cheng fan lei quan*) wird zum Ausdruck gebracht, daß jemand hoch hinaus will und dann doch scheitert. - Handan war zwischen dem 3. und 2. vorchristlichen Jahrhundert die Hauptstadt des Staates Zhao. In Zusammenhang mit dieser Stadt steht eine Erzählung, die auf die Songzeit zurückgeht: Ein junger Mann ging nach Handan, um die Laufart der dortigen Bewohner zu übernehmen. Da er jedoch deren spezielle Laufweise nicht erlernte und zudem die ihm eigene Technik verlernte, mußte er nach Hause kriechen.

34 Nicht verifiziert. Da es sich bei dem hier abgedruckten Artikel um den ersten Aufsatz aus Bd. 1, Nr. 5, 1933 handelt, befindet sich der angesprochene Artikel wahrscheinlich in Nr. 4.

möglich. Die Hintergründe der chinesischen Ökonomie sind deshalb ein Grund, warum bei uns keine faschistische Bewegung entstehen wird.

b) Im politischen Bereich: *Die Entwicklung des Faschismus ist der Gegenangriff des untergehenden Kapitalismus auf die heuchlerische Demokratie (Parlamentarismus).* Das ist zwar nicht der eigentliche Grund für die Entstehung des Faschismus, aber dennoch einer der wichtigen Faktoren. Wird der Kapitalismus erschüttert, wird der Parlamentarismus, der auf dem Kapitalismus beruht, in Mitleidenschaft gezogen. Das ist die Gelegenheit für das Aufkommen des Faschismus. Der faschistische Entwicklungsprozeß ist in Italien, Deutschland und Japan gleich abgelaufen. Zudem ist die Politik des Faschismus absolutistisch und diktatorisch. Der Faschismus fordert, daß das ganze Volk unter strikter, starker und einheitlicher Kontrolle ein ernstes und diszipliniertes Leben führt. Zugleich muß man den Befehlen des sogenannten strengen und weisen Machthabers gehorchen und dabei ernst und ehrfürchtig handeln. Die chinesische Mentalität hat sich an Frieden und Freiheit gewöhnt. Es ist, wenigstens zur Zeit, unmöglich, sie durch Einschüchterung und Strenge unter Kontrolle zu halten oder sie etwa, sogar zu Greueltaten anzustiften. Sun Yatsen sagt: „Tausende von Jahren hatten das chinesische Volk und sein Herrscher nicht viel miteinander zu tun. Deswegen war es gleich, wer der Kaiser war. Das Volk hatte immer nur dieselbe Pflicht: Getreideabgaben und Steuern."[35] Dies ist eine präzise Beschreibung der Denkweise des chinesischen Volkes. In China fordert man, sobald von politischer Ideologie die Rede ist, eine die ganze Welt umfassende Politik und nicht den Primat des Staates. Wenn von politischer Strategie die Rede ist, betont man Toleranz, Menschlichkeit und Gerechtigkeit. Eine Regierung etwa, die auf das Wohl und die Güter des Volkes bedacht ist, heißt Wangzheng (Königliche Regierung)[36]. Das ist das Ideal der Politik. Das Gegenteil ist Wuwei (Nichthandeln).[37] Diese Lehren sind ganz anders als das Wesen des Faschismus. Die reale Politik ist ein Grund dafür, weshalb in China keine faschistische Bewegung entstanden ist.

c) In der Realität: Die Fassade der faschistischen Politik ist zwar diktatorisch und absolutistisch, aber ihr Wesen liegt darin, den sogenannten nationalen Geist zu verbreiten. Deswegen muß der Faschismus erstens seine Regierungsmacht stabilisieren, um seine tatsächliche politische Strategie ausüben zu können. Zweitens muß er das Recht des Staates

---

35 Folgende Stelle ist gemeint: „Zweitausend Jahre hindurch folgten die chinesischen Kaiser einer Politik des laissez-faire und intervenierten nicht in die privaten Bereiche der Bevölkerung, so lange dieselbe dem Thron gegenüber loyal verblieb. Von der Steuerzahlung abgesehen, bestand keine direkte Beziehung zwischen Volk und Kaiser." Vgl. Sun Yatsen, Die Grundlehre von den Volksrechten, in: Kindermann 1963:107.

36 Mit *Wangzheng* (Königliche Regierung) wird in der chinesischen Tradition stets eine ideale und weise Regierung umschrieben.

37 Das Ideal des *Wuwei* (Nichthandeln) stammt aus dem Daoismus und bezeichnet das Geschehenlassen von seiten der Menschen. Nach den Hauptvertretern dieser philosophischen Richtung, Laozi (etwa 600 v. Chr.) und Zhuangzi (370-300 v. Chr.), konnte sich die Gesellschaft nur weiterentwickeln, wenn die Menschen ihre Aktivität aufgaben und die Einheit mit dem kosmischen Ordnungsprinzip anstrebten. Vgl. hierzu Moritz 1990:108-110 / Schwartz 1985:205-215 / Weggel 1992:252.

schützen, um seine Herrschaftsbasis zu sichern. Drittens muß der Faschismus nach außen expandieren, um den Inhalt seiner Ideologie zu festigen.

„Alter Romanismus", „Großer Germanismus" und „Himmlischer höchster Kaiser"[38] müssen alle die genannten drei Phasen durchlaufen, um ihre Existenz zu sichern. So unterdrücken sie im Inneren radikal, leisten aber gleichzeitig radikale Aufbauarbeit. Auch nach außen ist der Imperialismus radikal.

In China ist die Realität aber eine andere: Obwohl die faschistischen Fanatiker die Verwirklichung des Faschismus anstreben, betreiben sie dies nicht auf faschistischem Wege. Sie möchten nur die eigene Macht stärken, doch um herrschen zu können, fehlt es ihnen an Wissen und Fähigkeit. Mühselig handeln sie Tag für Tag wie Banditen, sie „erpressen", „drohen" oder „betrügen". Darum beruht die Regierung dieser Leute auf dem kurzfristigen Zusammenwirken von symbolischer Macht und Reichtum. Da diese Regierung keinen richtigen Halt hat, kann sie gerechtfertigte Interessen des Staates nicht schützen. Diese vorläufige Verbindung hat nur wenig Zukunft, der Untergang läßt nicht lange auf sich warten. Niemand kümmert sich um die Innenpolitik. Gegen den Angriff von außen wird kein Widerstand geleistet. Vor allem anderen paßt dies nicht zu den Kennzeichen des Faschismus. Mussolini sagte: „Ich persönlich habe auf keinen Fall privaten Ehrgeiz. Ich mache alles nur im Auftrag der himmlischen Bestimmung und bemühe mich, meine himmlische Aufgabe zu erfüllen."[39] Obwohl eigentlich übertrieben, ist es doch zur Hälfte wahr. Man sollte ehrenhaft sein und seinen Dienst gut leisten und den Staat tapfer bewachen wie kein anderer. Das alles gehört zu den Eigenschaften eines hervorragenden, weisen *Alleinherrschers*. Die chinesischen faschistischen Fanatiker sind ganz anders. Ihr Köpfe sind erfüllt von egoistischen Gedanken. Bei sich vergessen sie Volk und Staat. Für den eigenen Reichtum lassen sie herzlos zu, daß der Staat verarmt. Für die eigene Stärke lassen sie herzlos zu, daß das Land geschwächt wird. „Kein Widerstand!" ist eine Forderung der faschistischen Fanatiker sowie „Der Staat wird in drei Tagen zugrunde gehen." eine weitere. Sie beuten das Volk aus und geben Schritt für Schritt den angreifenden Fremden nach. Wenn man so über Faschismus spricht, entzieht man den italienischen, deutschen und japanischen Faschisten den Boden. Das ist ein klarer Hinweis darauf, daß in China keine faschistische Bewegung zustande kommen wird.

Die von Sun Yatsen geforderte revolutionäre Bewegung der „Drei Grundlehren des Volkes" ist der einzige Weg für eine Reform der chinesischen Politik. Sein politisches Ziel liegt in der Verwirklichung der Politik des gesamten Volkes, wie sie in seinen Grundlehren beschrieben wird. Diese Politik unterscheidet sich grundlegend von dem parlamentarischen System des Kapitalismus, von dem Klassentotalitarismus der Bolschewiki und auch von der „weisen Diktatur" der Faschisten. Die Politik des gesamten Volkes wird durch Wahlen mit direkter und indirekter Beteiligung der Bürger betrieben, *damit der gemeinsame Besitz des*

---

38 Mit „altem Romanismus" ist Italien gemeint, mit „großer Germanismus" Deutschland und mit „Himmlischer höchster Kaiser" Japan.

39 Dieses Zitat Mussolinis konnte nicht nachgewiesen werden. - *La dottrina del fascismo* war 1932 erstmals publiziert worden.

gesamten Volkes, das gemeinsame Regieren des gesamten Volkes und die gemeinsame Wohlfahrt des gesamten Volkes erreicht wird. Das wäre der Gipfel der Weltpolitik und der Grundstein der politischen Theorie. Meiner Meinung nach bleiben nach der Widerlegung des absolutistischen Weges der Bolschewiki und des kapitalistischen Weges des Faschismus nur die „Drei Grundlehren des Volkes" übrig. Das ist der einzige Weg, den die Weltpolitik in Zukunft nehmen sollte. Aus diesem Grund sind diejenigen, die keine Mitglieder der Nationalen Volkspartei sind und vom Faschismus träumen, die reaktionärsten Gegenrevolutionäre. Die Parteimitglieder, die von Faschismus träumen, sind Verräter der Partei und gleichzeitig auch die reaktionärsten Gegenrevolutionäre. Alle reaktionären Gegenrevolutionäre aber sind Feinde der „Grundlehren des Volkes". Wir müssen sie vernichten, damit wir bei unserer großartigen Aufgabe nicht versagen.

Sanminzhuyi, 1 (1933), Nr. 5, S. 18-20.

100

Protestschreiben der Chinesischen Liga für Menschenrechte, dem deutschen Generalkonsul Richard Behrend in Shanghai durch Song Qingling und Cai Yuanpei überreicht (13.5.1933)

Veröffentlichung der China Press, 14. Mai 1933[40]

„The China League for Civil Rights, which fights against the terror in China, for the civil and human rights of the Chinese people, and which allies itself with progressive forces throughout the world, feels compelled to enter an energetic protest against the brutal terror and reaction prevailing in Germany at the present time.

Germany in Turmoil

„We learn from the most varied and reliable sources, representing all shades of political opinion, that since the Fascist regime was established in Germany 30.000 to 40.000 workers and thousands of working class leaders and intellectuals have been arrested. Prisoners are beaten up and tortured in jails, in the barracks of the Nazi Storm Troops and

40 Das Protestschreiben war im Original in den Akten nicht zu finden. Ein Abdruck des Schreibens aus der *China Press* dient hier als Quelle. - Das Protestschreiben war Konsul Behrend (Shanghai) am 13.5.1933 persönlich von Song Qingling, Cai Yuanpei, Yang Xingfo (Vizepräsident der Academia Sinica) sowie den Schriftstellern Lin Yutang und Lu Xun überreicht worden und sollte an die DGP weitergeleitet werden. Song Qingling nutzte die Gelegenheit, eine Mappe mit Ausschnitten aus deutschen und ausländischen Zeitungen mit Schilderungen von Ausschreitungen vorzulegen. - Die *China Press* war 1911 als amerikanische Zeitung gegründet worden. 1931 wurde sie von einem Konsortium übernommen, das sich aus Geschäftsleuten aus Shanghai und Nordchina zusammensetzte.

Soong Ching Ling, p. 57 ff

in the concentration camps. In the hospitals there are thousands of people with broken limbs, whose condition bear witness to the barbarism now prevailing in Germany. Hundreds have been killed and their corpses often thrown in rivers, lakes or forests. Others are shot and news is given out that they were shot, while trying to escape. Or they committed suicide in their homes or in prison. Needless to say, all these cases are nothing but coldblooded murder.

„The organizations of the working class have been suppressed, their printing plants, property and funds confiscated or stolen by Fascists. The rights of the working class in Germany, gained in decades of struggle, are torn to shreds. There is no freedom of the press, of speech, of assembly, no right of organization, no right to any activity of the masses to better their conditions.

„All progressive intellectual and cultural life in Germany is blocked. The greatest scientists, like Dr. Albert Einstein[41], Magnus Hirschfeld[42], and thousands of others, are persecuted and driven into exile. Famous writers like Ludwig Renn[43] have been reported killed. Others, like Lion Feuchtwanger[44], and the Nobel Prize winner Thomas Mann[45] have been forced to leave the country and their positions in Germany taken by mediocrities. The fate of thousands of others, proletarian and progressive writers, is even worse.

„Great artists like Max Liebermann[46] and Kaethe Kollwitz[47], and great composers or directors like Bruno Walter[48], are deprived of any opportunity to work, are molested and their works smashed and burnt. Libraries are denuded of rich collections of literature and thousands of books burnt in the streets.

---

41 Albert Einstein verließ Deutschland unmittelbar nach der Machtübernahme und erklärte im April 1933 seinen Austritt aus der Preußischen Akademie. Er kehrte nie wieder nach Deutschland zurück.

42 Magnus Hirschfeld emigrierte 1933 nach Frankreich. Seine Werke wurden in Deutschland beschlagnahmt und verbrannt. 1934 wurde ihm die deutsche Staatsangehörigkeit aberkannt.

43 Ludwig Renn war durch die Verarbeitung seiner Kriegserlebnisse in dem Buch *Krieg* (1928) bekannt geworden. Als Mitglied der KPD war er bereits 1932 wegen „literarischen" Hochverrats verhaftet worden. 1933 kam er erneut in Haft. Nach seiner Entlassung aus dem Gefängnis Bautzen 1936 floh er über die Schweiz nach Spanien. - Renn hatte 1931 gegen die Ermordung chinesischer Schriftsteller durch die GMD protestiert. Vgl. Müller, in: Kuo /Leutner 1994:259.

44 Lion Feuchtwanger, bekannt geworden durch *Jud Süß* (1925), ging 1933 während einer Vortragsreise nach New York ins Exil. Er hielt sich zunächst in Frankreich (Sanary-sur-Mer), dann in der Sowjetunion und später in den USA auf.

45 Thomas Mann verließ Deutschland im Februar 1933, um auf eine Vortragsreise zu gehen. Von seiner Kindern gewarnt, kehrte er nicht zurück und lebte zunächst in der Schweiz. Aus Angst, seine Leser zu verlieren, distanzierte er sich erst Anfang 1936 öffentlich vom Nationalsozialismus. 1938 zog Mann in die USA, 1944 wurde er amerikanischer Staatsbürger.

46 Max Liebermann wurde 1933 von den Nationalsozialisten gezwungen, seine Mitgliedschaft und Ehrenpräsidentschaft in der Preußischen Akademie der Künste niederzulegen. Bis zu seinem Tod 1935 lebte er in völliger Zurückgezogenheit.

47 Käthe Kollwitz lehnte den Nationalsozialismus ab und wurde gezwungen, ihr Lehramt aufzugeben.

48 Bruno Walter war als Gewandhauskapellmeister in Leipzig tätig. 1937 wurde er zum Direktor der Wiener Staatsoper ernannt; 1939 emigrierte er in die USA.

Press Censored

„The press exists under the iron heel of the Fascists, the entire working class press, and even such liberal intellectual organs as the Weltbuehne[49] and others of an even milder nature, have been suppressed and their editors imprisoned. Foreign news despatches are rigidly censored before they are permitted to leave the country. Another sign of human and cultural retrogression to the Middle Ages and the darkest days of Czarist Russia, is the persecution of the Jews and the antisemitic pogroms, systematically organized and encouraged by the German Government and the Fascist Party.

„The latest acts of vandalism in burning the books of progressive and proletarian and Jewish writers are acts such as have occurred only during the darkest days of ignorance and barbarism in human history. Such was the fate of great scientists and thinkers in the distant past when they paid for their advanced thinking by being burnt at the stake. These facts, with many others of a similar nature, have been reported by responsible papers in Europe and America. Even such conservative organs as the New York Times have published such reports daily. In its March 15, 20 and 21 issues, the Times further reported the following facts[50]:

„Reports of the torturing of Communists, Socialists, Radical and Jewish deputies, newspapermen, lawyers and writers are daily published in the newspapers of Vienna. Of common occurrence are such instances as that of Deputy Sollmann[51] who was beaten unconscious, his ribs fractured, then he was repeatedly revived by burning the soles of his feet with a torch, only to lose consciousness again.[52]

Brutalities Reported

„ Dr. Ossietzky[53], editor of the Weltbuehne, had his teeth knocked by a revolver butt; the novelist Heinz Pohl[54] was made to eat his own manuscript.[55] The eyes of other prisoners

49 Die *Weltbühne* erschien von 1918 bis 1933 in Berlin. Sie war das führende publizistische Organ der linken Intellektuellen und hatte 1926 eine Auflage von 12.000 Exemplaren. Im Jahr 1927 übernahm Carl von Ossietzky (Anm. 53) die Gesamtleitung. Am 7.3.1933 erschien die letzte Ausgabe.

50 Folgende Artikel sind gemeint: „Charge terrorism by nazi troopers. Refugees in Vienna tell of tortures by Hitler's men in German prisons." Es wurde betont, daß Österreich nur Juden und Liberale, aber keine Kommunisten aufgenommen habe, in: *NYT*, 15.3.1933:10. / „German fugitives tell of atrocities at hands of Nazis. Americans bear out tales of outrages and cruelties in racial „purging". In diesem Artikel wurde darauf hingewiesen, daß in Deutschland eine scharfe Zensur herrsche, weshalb die Informationen vor allem von zurückgekehrten Reisenden stammen würden, in: ebd., 20.3.1933:1. / „Nazis hunt arms in Einstein home. Only a bread knife rewards brown shirts' search for alleged huge cache." Neben Einstein wurde auch Bruno Walter erwähnt, in: ebd., 21.3.1933:10.

51 Wilhelm Sollmann, ehemaliger RIM und SPD-Abgeordneter im RT, war am 9.3.1933 gefangen genommen und schwer mißhandelt worden.

52 Dieses Zitat stammt aus der *NYT* vom 15.3. (vgl. Anm. 50), wobei jedoch zwei verschiedene Stellen zusammengefügt wurden.

53 Carl von Ossietzky, Herausgeber der *Weltbühne* (vgl. Anm. 49) wurde von den Nationalsozialisten in der Nacht des Reichstagsbrandes (27.2.1933) verhaftet und durchlief mehrere Schutzhaftanstalten. Auf Druck der Weltöffentlichkeit wurde er schließlich wegen einer Lungentuberkulose in ein Sanatorium eingewiesen. 1936 durfte er zur Verleihung des Friedensnobelpreisese nicht ausreisen. Ossietzky starb 1938 an den Folgen der Haft.

are gouged out, their hair torn out, hands burnt, heads and bones broken ... mutilated bodies are found in fields and forests ... in the Nazi barracks men are confronted with levelled revolvers and compelled under threats of death to flog each other until they lose consciousness. Among the victims are fathers and sons ... it is not unusual to find almost any morning in the woodlands surrounding Berlin the bodies of men killed by bullets or beatings; three such discoveries were made last week in a single morning. The police reported them as „unidentified suicides!" Berlin proletarian homes have been raided and their occupants mistreated ...

„Lion Feuchtwanger, the great writer in a special article in the New York Times on March 21,[56] reports „despairing stories of women whose husbands and sons have been dragged from bed and inhumanily beaten, and about whom nothing more had been heard or seen ... day after day bodies are discovered mutilated beyond identification ...

„The *Volksrecht* of Switzerland reports among numberless other facts[57]: „There are bourgeois newspapers in Germany which report that corpses of men with gouged out eyes and teeth knocked out have been dragged from the Landwehr Canal in Berlin.

„In the name of the human, social and cultural advancement of mankind, and in an effort to help preserve the social and cultural achievements of men and movements, the China League for Civil Rights protests in the most energetic manner against these facts, reports of which are duplicated in all the press of Europe and America. We protest against this fearful terror against the German working class and progressive thinkers, a terror which is crippling the social, intellectual and cultural life of Germany."

BArch, 0902/2325.

54 Es handelt sich wohl um einen Druckfehler. Gemeint ist vmtl. Gerhart Pohl, der von den Nationalsozialisten Publikationsverbot erhielt. Daß er gezwungen wurde, sein eigenes Manuskript zu essen, konnte nicht verifiziert werden.

55 Die Informationen über die Behandlung von Ossietzky und Pohl finden sich in der *NYT* vom 15.3.1933 (vgl. Anm. 50).

56 Artikel: „Terror in Germany amazes novelist. Lion Feuchtwanger fears civil war if violence is continued in the Reich." In dem Artikel berichtete Feuchtwanger aus Bern über terroristische Aktionen gegen die Juden in Deutschland, in: *NYT*, 21.3.1933:11.

57 Dieses Zitat konnte in der *NYT* nicht nachgewiesen werden.

101

Artikel von Jiang Tingfu, Geschichtsprofessor an der Qinghua-Universität in Peking, aus der Zeitschrift *Duli pinglun* (3.7.1933)

Reuters Translation Service.[58] July 3, 1933.

Chinese Press Editorials.

Duli pinglun.

Sending Students to the U.S.A.

The Ministry of Education has recently ordered Qinghua University[59] to resume the despatch of students to the United States for advanced education. That China should continue to send students to foreign countries for education there is no possible doubt. At the same time it is equally clear that China needs several good universities for the training of our youth nor is it a very economical measure. The Ministry of Education wants Qinghua to send 25 students to America each year for a period of three years, these to be selected by competitive examination. This means that in three years Qinghua has to send 75 students. It is estimated that one student requires at least $ 1.200 Gold[60] a year. For a stay of three Years in the United States he needs $ 3.600, this of course excluding expenses for a trip to the States and back, which requires about $ 1.000. Hence it costs the University at least $ 4.600 Gold to maintain a student in America for three years, and $ 345.000 Gold or $ 1.200.000 mex.[61] to support 75 students. If we used this sum to engage German pro-

58 Der Artikel wurde dem AA als Anhang an ein Schreiben des Gesandten Trautmann übersandt (5.7.1933), in welchem dieser mitteilte, daß der Artikel am 2.7.1933 in der Zeitschrift *Duli pinglun* (Unabhängige Kritik) erschienen und von Reuter's Translation Service übersetzt worden sei. Auf dem Dokument befinden sich Paraphen von GR Kühlborn und LR Altenburg, AA, jeweils vom 26.7. - Jiang Tingfu (vgl. auch Einleitung zu diesem Kap.) war Geschichtsprofessor an der Qinghua-Universität in Peking und gehörte dem wissenschaftlichen Kreis um Hu Shi und des Geologen Ding Wenjiang, (der an der Universität Freiburg in Deutschland studiert hatte) an. Letztere hatten die Wochenzeitschrift *Duli pinglun* 1932 in Peking gegründet.

59 Die Universitäten waren in nationale, regionale und lokale Einrichtungen eingeteilt. Peking-, Qinghua- und Yanjing-Universität im Norden zählten zu den nationalen Universitäten, die Studenten aus ganz China anzogen. Die Qinghua-Universität wurde aus dem amerikanischen Boxerfonds unterstützt. Sie hatte eine große Englischabteilung, bildete aber trotzdem ein Viertel seiner Studenten in chinesischer Literatur und Geschichte aus. Vgl. Yeh 1990:16-17 u. 207.

60 Es handelt sich hierbei vermutlich um die 1931 eingeführte Goldwährung, die nicht den Schwankungen des Silbers unterworfen war. Als China seine Silberwährung 1935 offiziell aufgab (1933 war ein Dollar auf Silberbasis eingeführt worden), standen die Goldeinheiten in einem festen Verhältnis zu den neuen gesetzlichen Zahlungsnoten (*Fabi*), deren Wechselkurse am US-Dollar ausgerichtet waren.

61 Im 19. Jh. war das traditionelle Geldsystem, das aus einer Silber- und Kupferwährung bestand, durch die Einführung von spanischen und mexikanischen Dollars abgewandelt worden. Bis zur Währungsreform 1935 (vgl. Anm. 60) war der mex. $ das meist gebrauchte Zahlungsmittel im Außenhandel und zur Bezahlung der ausländischen Experten, so zum Beispiel der deutschen Militärberater.

fessors, assuming that the maximum salary of a German professor is $ 12.000 mex., we could have the service of 10 first class German scientists and experts for ten years. The reason why we mention German professors is because the anti-semitic movement of the Hitler Government has resulted in the resignation of many good Jewish professors from the leading German universities.[62] This indeed gives us the opportunity of thousand years. Ordinarily, first class foreign professors do not like to come to China to teach for a long period because when they come to China they consider it an exile, intellectually speaking. Now that the policy of Hitler Government is to banish the Jewish intellectuals from Germany, why not make use of them for the development of Qinghua? We fear very much that the education of these 75 students will not prove a great help to the country. We therefore feel that the order of the Ministry of Education will not be of great assistance to the students, although it is sufficient to hinder the development of Qinghua University.

Duli pinglun, 2.7.1933. In englischer Übersetzung in: PolArchAA, R 85723.

102

Artikel des Vorsitzenden der Deutschen Handelskammer Shanghai, Werner Vogel, aus der *Ostasiatischen Rundschau* (16.7.1933)

Der Führergedanke im alten China

Wer sich in die chinesische Mythologie vertieft, wird in der erstaunlichen Fülle der Gestalten und Begebenheiten die höchst bedeutsame Tatsache feststellen, daß Figuren und Wesen, die heute in den Tempeln Chinas als „Gottheiten“ (in Ermangelung eines besseren Ausdrucks) Verehrung finden, durchweg geschichtliche Persönlichkeiten sind. Der Regel nach sind alle Einzelheiten ihrer Lebensgeschichte bekannt und beglaubigt und nicht nur dem Lexikon oder dem Gelehrten vertraut, sondern fast immer auch der Masse, entweder dem ganzen Volke oder doch der Bevölkerung gewisser Landesteile oder den Angehörigen bestimmter Berufsstände. Wenn, in Ausnahmefällen, die Daten der Lebensgeschichte nicht feststehen, so liegt das an der historischen Ferne, in der sich einige besonders geliebte und geheiligte Figuren des chinesischen Mythos bewegen, wie etwa die Kaiser Yao und Shun.[63]

62 Zur Entlassung von jüdischen Professoren an deutschen Universitäten, vgl. Hartshorne 1937:163-165 u. 175-177. (Immer noch die umfassendste Studie zu diesem Thema!). Mit Schwerpunkt Universität Freiburg, vgl. Martin 1995:7-46.

63 Yao und Shun waren weise und tugendhafte Sagenkaiser, die angeblich im 3. Jahrtausend v. Chr. lebten. Jedem werden besondere Kenntnisse zugeschrieben, so soll Yao den Kalender erfunden und Shu die Astronomie weitergegeben haben.

Es sind alles Helden, die man verehrt. Man macht auch kein Hehl daraus; läßt seine Helden weder direkt noch indirekt vom Himmel kommen (auch hier von Ausnahmen abgesehen, in denen etwa ein Drache als Erzeuger angegeben wird), sondern man läßt sie allenfalls, und zwar vor allem in buddhistisch oder taoistisch belebten Mythen, als Übermenschen in eine höhere Form des Daseins aufsteigen. Man verehrt menschliche Vollkommenheiten, Darstellungen gewisser Ideen und Ideale, wie sie die Ethik, vor allem die konfuzianische Ethik des chinesischen Volkes, hervorgebracht hat. Bald sind es Wundertaten der Kindesliebe, bald Hingabe im Dienste des Staates, Uneigennützigkeit und Demut, Menschlichkeit und Liebe im Wirken des Beamten. Yue Fei, um nur ein Beispiel aus Tausenden zu wählen, Feldherr und hoher Beamter unter der Song-Dynastie (9. bis 11. Jahrhundert), zeichnete sich durch siegreiche Kämpfe gegen die nordischen Barbaren aus, fiel aber einer Hofintrige zum Opfer. Nach seiner Hinrichtung fand man auf seinen Schultern die Worte: „Dem Vaterland bis in den Tod getreu" eingebrannt. Kurz darauf wird nach Entlarvung seiner Feinde die Ehre des Helden wiederhergestellt und ihm ein Tempel errichtet.[64]

Der Führergedanke ist uralt in China. Er steht am Anfang der chinesischen Staats- und Gesellschaftskultur. Im mythischen Dunkel verschwinden die Gestalten und Taten großer Beglücker der Menschheit, Erfinder des Feuers, Schöpfer der Seidenkultur, des Ackerbaus. Yao, Shun und Yu sind die großen Kaiser am Anfang geschichtlicher Zeitrechnung; Staatsgründer und -erhalter allein aus dem überragenden, alles entscheidenen Einfluß der Persönlichkeit.[65] Im konfuzianischen Mythos erscheinen sie als die ewigen Vorbilder vollkommenen Herrschertums. Die konfuzianische Ethik - die übrigens nicht eigentlich eine Schöpfung des Konfuzius ist, der selber schon Konfuzianer war - gruppiert sich um den Begriff des Junzi, schlecht mit „Edler" oder gar „Gentleman" übersetzt, in Wahrheit menschlicher Idealtyp, weltanschaulich erkannt und im kosmischen Zusammenhang gesehen.[66] Mensch und All sind im Grunde nicht zweierlei. Der Mensch ist ein Kosmos; die ewigen Gesetze des Weltalls gelten auch für ihn und die menschliche Gesellschaft, die als ein Naturphänomen und darum als natürlichen und unverändlicherlichen Gesetzen unterworfen begriffen wird. Erforschung und Entfaltung dieser ewigen Gesetzmäßigkeit ist daher letzter Zweck, Erlösung und Erfüllung des Menschen und der Gesellschaft; Entfaltung des im Grunde guten menschlichen Wesens; Darstellung des Idealtyps der Gattung Mensch ist es, worauf es ankommt. Der „Heilige" im Konfuzianismus ist ein idealer Mensch und als solcher allein zum Führer berufen. Der Kaiser erscheint in der Fiktion als ein solcher Heiliger, ein vollentfalteter Mensch, daher die in christlichen Länder leicht

64 Yue Fei, ein Feldherr und hoher Beamter aus der Song-Zeit, kämpfte gegen die nordischen Barbaren. Seine große Loyalität wurde in einem Roman aus der Mingzeit „Erzählung für die breite Öffentlichkeit über die Wiedererstarkung der großen Song-Zeit" (*Da song zhongxing tongsu yanyi*) beschrieben.

65 Zu Yao und Shun, vgl. Anm. 63. - Yu, der die chinesische Sintflut bezwungen haben soll, war der Begründer der halblegendären Xia-Dynastie (Mitte des 2. Jahrtausends v. Chr.).

66 Konfuzius bezeichnete den idealen Menschen als *Junzi* (der Edle). Allerdings hatte auch er die Vollkommenheit nicht erreicht, denn allein das ständige Bemühen um Vervollkommnung galt als tugendhaft. Vgl. Moritz 1990:64 / Schwartz 1985:76-78.

mißverständliche Bezeichnung „Himmelssohn“, die nur das Gleichnis der menschlichen Vollkommenheit und ihre innige sittliche Verbundenheit mit dem Weltall zum Ausdruck bringen will. Störungen im kosmischen Geschehen stehen in Beziehung zu menschlichen Verfehlungen, die über menschliche Kreise hinaus die Harmonie des Weltalls beeinträchtigen, und chinesische Kaiser bekennen sich seit ältester Zeit nicht nur nach verlorenen Kriegen, sondern auch bei Dürren, Erdbeben, Sonnenfinsternissen und anderen Offenbarungen gestörter Weltordnung als schuldig und verantwortlich. Der Sturz der Dynastien erscheint im Licht konfuzianischer Geschichtsschreibung als die Folge kaiserlicher Verfehlungen, Abirrungen von der Bahn des vollkommenen Menschen und dem Führertum, das der kosmische Wille vorschreibt.[67] Richtlinie für das Verhalten des einzelnen sind gewisse Grundverpflichtungen, die als ewige Normen menschlichen Verhaltens erkannt werden, und für sein Verhältnis zur Gesellschaft sind die Riten maßgebend, die als natürliche, nicht historische Kategorie, als Ausdruck ewiger Richtschnur seit alters in China eine ungeheure Rolle gespielt haben.

Man höre statt weiterer Ausführungen über die Zusammenhänge dieses tiefsinnigen Systems einige Worte konfuzianischer Weiser. Konfuzius gibt auf die Frage, was den vollkommenen Menschen ausmache, die knappe Antwort: Selbstzucht, ernste erfurchtsvolle Arbeit an der eigenen Persönlichkeit, Selbstentfaltung, um den Frieden unter den Menschen zu verbreiten, Selbstentfaltung, um dem Volk ein Führer zu sein: „Leitet das Volk nicht durch Regieren und bindet es nicht durch Strafgesetze, leitet es vielmehr durch charaktervolles Vorbild, durch Riten und Musik“.[68] Xunzi, ein anderer Großer der konfuzianischen Zeit, verkündet, daß Strafen und Gebote nicht genügen, um die Würde des Staates zu wahren, Charakter und Vorbild der Führer seien die einzig möglichen Lösungen.[69]

Vom Sohn des Himmels[70] herab bis zur Masse des Volkes ist Selbstzucht und Selbstentfaltung in dem vorstehend geschilderten Sinne als die Wurzel aller Dinge erkannt. Der konfuzianische Führergedanke ist im chinesischen Beamtentum auch in der Praxis des Lebens zur außerordentlicher Bedeutung gelangt. Im Beamten erblickte man den gegebenen Führer im konfuzianischen Sinne. Dem Einfluß seiner Persönlichkeit schrieb man letzten Endes alles Heil oder Unheil zu, von ihm hing Segen oder Unsegen in dem Bezirk seines

67 Nach konfuzianischer Auffassung zeigte sich die Berechtigung zur Ausübung des Himmelsmandates allein in der Unterstützung des edlen, moralischen Herrschers durch das Volk. War der Herrscher schlecht, so konnte er durch das Volk gestürzt werden. Dieses Denkelement findet sich bereits bei Konfuzius, wurde jedoch bei Menzius durch die Instrumentalisierung der Menschen durch den Himmel noch stärker betont. Vgl. Moritz 1990:145.

68 Vermutlich handelt es sich um eine freie Auslegung folgenden Spruches aus den *Lunyu* (II,3): „Der Meister sprach: Wenn man das Volk mit Dekreten lenkt und durch Strafmaßnahmen in Bann hält, so wird es den Strafen zu entgehen suchen und doch keine Scham kennen. Lenkt man es aber mit De - mit Tugend -, so wird es nicht nur Scham kennen, sondern auch Charakter haben.“ Vgl. Konfuzius 1987:40.

69 Xunzi betonte das Vorbild des tugendhaften Herrschers, das im Staat normativ ordnend wirken würde. Von der Person und der Integrität des Herrschers hing nach ihm die moralische Qualität der Gesellschaft entscheidend ab. Vgl. Moritz 1990:194.

70 „Sohn des Himmels“ war eine Umschreibung für den chinesischen Kaiser.

Wirkens ab. Er ist „Vater und Mutter“ des Volkes, der die ihm anvertrauten Menschen wie Kinder behütet und erzieht. Selbstverständlich stieß man dabei zwangsläufig auf die Notwendigkeit der geeigneten Erziehung des Beamten selber. Dem geborenen Führer gesellte sich die „Führerschule“ schon frühzeitig in China.[71] Viele Jahrhunderte hindurch hat das bekannte Examenssystem den Nachweis des sittlichen Führertums und die Vorbedingung für die Laufbahn des Beamten liefern müssen. Nicht die Kenntnis der Gesetze, der Verwaltungsordnungen und überhaupt des bestehenden Regierungssystems waren es, die man in erster Linie von ihm erwartete, sondern die Erfassung der klassischen Schriften, die Durchdringung mit dem Glauben an die entfaltete Persönlichkeit und den bestimmenden Einfluß ihres Wirkens, die genaue Kenntnis der chinesischen Geschichte, die sich dem Chinesen der Vergangenheit als Weltgeschichte darstellte und in deren Verlauf sich die konfuzianische Lehre von der Bedeutung der Persönlichkeit immer wieder rechtfertigte.

Ostasiatische Rundschau, 16.7.1933, 14. Jg., Nr. 14, S. 295.

103

Brief des ehemaligen Hamburger Bürgermeisters Max Brauer, auf der Reise nach China, an den Generalsekretär des französischen Gewerkschaftsbundes, Léon Jouhaux, Paris (11.9.1933)[72]

11. September 1933

Lieber Genosse Jouhaux,
in diesem Augenblick, wo ich Europa verlasse, habe ich das Bedürfnis, einige Worte an Sie zu richten, um mich von ganzem Herzen für die großen Dienste zu bedanken, die mir während meines Aufenhaltes in Frankreich erwiesen worden sind.[73]

Als ich aus meinem Vaterland ausgewiesen wurde, gab Frankreich mir Asyl in einer überaus menschlichen Weise; ich danke ganz besonders für das Wohlwollen, mit dem die

71 Das chinesische Prüfungssystem diente der Ausbildung der Beamtenelite und war ein Eckpfeiler des traditionellen kaiserlichen Staates.

72 Der Brief ist in französischer Sprache geschrieben worden und wurde wahrscheinlich von dem Emigranten Rudolf Katz und dessen Frau Agnes übersetzt.

73 Nach der Machtübernahme der Nationalsozialisten im Januar 1933 war Brauer zunächst nach Bayern und Österreich und dann nach Frankreich geflohen. Er hielt sich zuerst in Altkirch (Elsaß) auf, ging dann aber mit seiner Familie nach Paris, wo ihm Ludwik Rajchman (vgl. Kap. 4 dieses Bdes.) zu einer Anstellung in China verhalf.

C.G.T.[74] mich empfing und mir die Mittel zur Verfügung stellte, die es mir und meiner Familie ermöglichten, in der ersten Zeit zu überleben, da ich ganz mittellos war.

Ich verlasse Frankreich, um einer sehr ehrenvollen Berufung nachzukommen. Die chinesische Regierung in Nanjing hat mir die Aufgabe anvertraut, die Verwaltung der chinesischen Provinzen zu reorganisieren. Vorerst werde ich als Generalberater dem Gouverneur der Provinz Jiangsu beigestellt, einer der wichtigsten Provinzen Chinas, wo sich auch die Städte Shanghai und Nanjing befinden, eine Provinz, in der die Bevölkerung die Zahl von 80 Millionen Einwohnern übersteigt.[75]

Darüber hinaus bin ich besonders erfreut, zusätzlich eine Sondermission vom Genfer „International Labour Office"[76] bekommen zu haben. Es möchte von mir Berichte über die Situation der chinesischen Arbeiter erhalten, da es engere Kontakte mit den chinesischen Gewerkschaften aufzunehmen wünscht, und hat mir außerdem einige Wünsche für die Regierung anvertraut, eine allgemeine Zusammenarbeit mit China betreffend.[77]

Da die chinesische Regierung den Wunsch geäußert hat, noch einige Genossen zu verpflichten, die noch immer in Deutschland sind, wäre es unbedingt notwendig, wenig über diese Mission verlauten zu lassen. Ich fürchte, daß die Nazis, sollten sie Kenntnis davon haben, meine Freunde in ein Konzentrationslager einweisen werden.

Sie können sich vorstellen, wie froh ich darüber bin, einen Platz gefunden zu haben, wo ich meine Kräfte nicht nur für die menschliche und soziale Entwicklung, sondern auch für die Interessen der Arbeiterklasse einsetzen kann. - Ich hoffe immer nur, daß Europa in einigen Jahren, nach meiner Rückkehr aus dem Fernen Osten, von der erbärmlichen braunen Pest befreit sein wird, so daß ich dann in der Lage wäre, meine Mitarbeit einzubringen für eine neue soziale Entwicklung und den Kampf für den Fortschritt in einem neuen, republikanischen, sozialistischen und pazifistischen Deutschland.

Ich warte auf den Augenblick, wo ich die Freundschaft mit den französischen Genossen werde erneuern können, denen wir so viel Hilfe in den Monaten des Elends verdanken, und

---

74 Bei der C.G.T. (Confédération Générale du Travail) handelt es sich um den französischen Gewerkschaftsbund.

75 Die Provinz Jiangsu wurde mit der Ausrufung der Nationalregierung der GMD (1927) und der damit einhergehenden Verlegung der Hauptstadt von Peking nach Nanjing zu einer der Kernprovinzen, über welche die volle Kontrolle ausgeübt wurde.

76 Die Gründung der Internationalen Arbeitsorganisation (International Labour Office) war in Teil XIII des Versailler Friedensvertrages festgehalten worden. Obwohl sie ihren Sitz ebenfalls in Genf hatte, war sie vom Völkerbund institutionell unabhängig. Zuständigkeitskonflikte ergaben sich oft aus dem Umstand, daß die sozialen und wirtschaftlichen Aufgaben des Völkerbundes und die entsprechenden Aufgaben der Arbeitsorganisation größtenteils identisch waren.

77 Über die Ausführung dieses Auftrages ist nichts bekannt.

auf den Moment, wo ich Ihnen gegenüber in der Lage sein werde, meinen Dank nicht allein durch Worte, sondern auch durch Taten abzustatten.

Nehmen Sie, lieber Genosse, den Dank und die aufrichtigen Grüße
Ihres
[Max Brauer]

Fladhammer, Christa / Wildt, Michael (Hg.), Max Brauer im Exil, Hamburg 1994, S. 110-111.

104

Memorandum des Geschäftsträgers der Chinesischen Gesandtschaft in Berlin, Tan Boyu (2.11.1933)

zu IV. Chi 2452.

Durchschlag

Berlin, den 2. November 1933.

Memorandum[78]

Wie die Chinesische Gesandtschaft aus gut unterrichteter Quelle gehört hat, ist hier in Deutschland ein Gesetz in Vorbereitung, durch welches farbige Rassen als minderwertig betrachtet von nichtfarbigen unterschieden werden.[79] Da es für China von höchster Bedeutung ist, sobald wie irgend möglich in Erfahrung zu bringen, ob etwa deutscherseits die Absicht besteht, einschränkende Bestimmungen über die Behandlung farbiger Rassen auch auf chinesische Angehörige innerhalb des deutschen Reichs anzuwenden - ein Umstand, der bei der Höhe und bei dem Alter der Kultur Chinas naturgemäss das chinesische Volk auf das schwerste treffen und die schärfsten Rückwirkungen auf die ausgezeichneten deutsch-chinesischen Beziehungen haben müsste - beehrt sich die

---

78 Das Memorandum war angehängt an eine Aufzeichnung des LR Altenburg, AA, vom 3.11.1933. In dieser war festgehalten worden, daß sich Tan Boyu für den chinesischen Professor an der SYU, der eine Deutsche heiraten wollte, eingesetzt habe. In diesem Zusammenhang habe Tan darauf hingewiesen, daß die Möglichkeiten für die Betätigung der deutschen Industrie und des deutschen Handels in China nur unbegrenzt seien, so lange Deutschland und China freundschaftliche Beziehungen unterhielten.

79 Gemeint ist ein Gesetzentwurf, der von dem ehemaligen preußischen Justizminister ausgearbeitet worden war. Vgl. hierzu Dok. 113.

Gesandtschaft das Auswärtige Amt ergebenst um tunlichst baldigen Bescheid in dieser Angelegenheit zu bitten.[80]

PolArchAA, R 85454.

105

Ausführungen von Marschall Jiang Jieshi über die Bewegung Neues Leben (1934)[81]

CONCLUSION

In short the main object of the New Life Movement is to substitute a rational life for the irrational, and to achieve this we must observe „li“, „yi“, „lian“, and „chi“ in our daily activities.[82]

1. By observing these virtues, it is hoped that rudeness and vulgarity will be got rid off, and that the life of our people will be more refined in accordance with cultural and artistic standards. By art, we are not referring to the special enjoyment of the gentry. We mean the cultural standard of all the people. It is the boundary line between civilization and barbarism. In ancient times the Chinese knew the six arts (etiquette, music, shooting, driving, writing and mathematics). It is a pity that most of us have neglected our own arts, for, as a result, we are somewhat behind the western nations in these fields of artistic achievement. A lack of artistic training is specially revealed in the prevailing social conditions to-day. Suspicion, jealousy, hatred, and strife are symptoms of barbarism. To remedy these we have to emphasize art.

2. By observing these virtues it is hoped that beggary and robbery will be removed, and that officials will be honest and patriotic, that corruption will cease, and that people will pursue more productive enterprises. The poverty of our nation is primarily caused by the

---

80 Auf dem Memorandum wurde der Satz „Die Abschrift ist bei Abt. V (Rechtsabteilung) eingetragen“ vermerkt. Eine offizielle deutsche Antwort konnte nicht gefunden werden. Vgl. hierzu Aufzeichnung des St.S. Bülow, AA, 8.11.1934, in: ADAP, C IV, Dok. 48, 82-84.

81 *Outline of the New Life Movement* (geschrieben von Jiang Jieshi, übersetzt von seiner Frau Song Meiling) ist die zentrale Schrift über die Bewegung Neues Leben. Auszüge auch in Bary 1960:801-806 sowie Tao 1936:93-106.

82 Die vier alten konfuzianischen Tugenden *Li* (Riten), *Yi* (Pflicht), *Lian* (Integrität) und *Chi* (Schamgefühl) wurden von Jiang Jieshi in dem Sinne „modernisiert“, daß *Li* eine kontrollierte Haltung, *Yi* das richtige Benehmen (im Einklang mit *Li*), *Lian* die Fähigkeit zur klaren Unterscheidung und *Chi* das wirkliche Selbstbewußtsein beinhaltete. Vgl. Jiang Jieshi, in: ebd. (Bary):800-806.

fact that there are too many consumers and too few producers. Consequently, many people have to live like parasites. To remedy this we have to emphasize the four virtues, and we have to make people work harder and spend less, and the officials be honest. This was the secret of success of the two ancient kingdoms Qi and Chu.[83] It is also primary cause of the strength of present day Italy and Germany.

3. By observing these virtues, it is hoped that social and official disorder will be remedied, and that people will become more military minded. If a country cannot defend itself, it has every chance to lose its existence. The larger its territory, the more attractive it looks to the invaders. There is only one way for national salvation that is, to promote the economic stability of the country and develop the patriotic and fighting spirit of the people. Now, the communists are not yet completely suppressed[84], and our territory shrinks every day in the face of foreign invasion. In order to pass through this crisis successfully, we have to pacify the interior and resist external aggression. To do this we have to rely upon force. Therefore our people must have military training. As a preliminary, we have to aquire the habits of orderliness, cleanliness, simplicity, frugality, promptness, and exactness. We have to preserve order, emphasize organization, responsibility, and discipline, and be ready to die for the country at any moment.

In conclusion, the life of our people will be more refined when we have more artistic training; we will be richer when we are more productive; and we will be much safer when we are more patriotic and better trained and equipped to defend ourselves. This rational life is founded on „li“, „yi“, „lian“, and „chi“. The four virtues, in turn, can be applied to food, clothing, shelter, and action. If we achieve this, we have revolutionalized the daily life of our people, and we have laid the solid foundation for our nation.

Jiang Jieshi, Outline of the New Life Movement, 1934, S. 11/12, in: BArch, 0902/2324.

83 Als China noch nicht geeint war (1. Jahrtausend v. Chr.) existierten zwischen Huanghe und Yangzijiang viele Lehensstaaten (*Guo*). Einer war der südliche Staat Chu (im Gebiet des mittleren Yangzi und in den Tälern von Hubei), der andere der östliche Staat Qi (im Nordwesten von Shandong). Die Herrscher der Chu und die noch formal regierenden Zhou trugen den Titel König (*Wang*). In der Zeit der Streitenden Reiche (*Zhanguo*, 475-221 v. Chr.) setzte sich schließlich der westliche Staat Qin durch und sein Herrscher nahm zuerst den Königs-, später den Kaisertitel an. Vgl. hierzu Gernet 1988:56-61.

84 Der 5. Einkreisungsfeldzug endete im Okt. 1934 mit der Flucht der Kommunisten. Vgl. Einleitung zu Kap. 2 sowie aus kommunistischer Sicht Dok. 35.

106

Artikel von Song Guobin aus dem *National Medical Journal of China* (Januar 1934)[85]

Das Problem der nach China kommenden jüdischen Ärzte

Seit Hitler die Juden vertreibt, sind viele von ihnen arbeitslos geworden. Allein mehr als 20.000 jüdische Ärzte sind davon betroffen. Der Völkerbund schickt die jüdischen Ärzte, die unter diesen Umständen arbeitslos geworden sind, in verschiedene Länder, um sie dort unterzubringen. 200 jüdische Ärzte werden China zugeteilt. Vor kurzer Zeit hat Dr. Rajchman über diese Angelegenheit mit unserer Gesundheitsbehörde diskutiert.[86] Der Gesundheitsminister Liu Ruiheng hat aber dieses Angebot indirekt abgelehnt, nachdem er sich bei den Ärzten in Shanghai nach deren Meinung erkundigt hatte. Er begründete die Entscheidung damit, daß Shanghai bereits von ausländischen Ärzten überfüllt sei.[87] Falls plötzlich 200 jüdische Ärzte hinzukämen, würde dies nicht die ärztliche Versorgung in China beeinträchtigen? Aus der momentanen Lage unseres Landes kann man die Tendenz erkennen, daß es mehr ausländische als chinesische Ärzte geben wird. Es gibt keine andere Wahl, als die Idee des Völkerbundes abzulehnen. Die Juden, die aus Armut und Not gezwungen werden, nach China zu kommen, sind ganz anders als diejenigen, die mit Hilfe von Waffengewalt eine wirtschaftliche Invasion durchführten, doch wir lassen auf keinen Fall zu, daß dieses obdachlose armselige Volk unserem Landes schadet. Allerdings sollten wir Mitleid haben und andere Möglichkeiten für sie finden.

Es ist nicht abzustreiten, daß die europäischen Länder in der technischen Wissenschaft weit entwickelt sind. Seit Jahren nimmt China hinsichtlich der Erziehungsmethode sehr oft Europa als Vorbild. Die Professorenstellen an den Fachhochschulen werden auch oft von europäischen Wissenschaftlern übernommen. Die medizinischen Hochschulen sind ein Beispiel dafür.[88] Überprüft man das genauer, so stellt sich jedoch die Frage, ob diese nach China gekommenen europäischen Lehrkräfte wirklich bekannte Wissenschaftler sind. Die

---

85 Übersetzt von Zhou Xin.

86 Ludwik Rajchman (vgl. Dok. 103, Anm. 73), ein polnischer Arzt, hatte die Zusammenarbeit zwischen China und dem Völkerbund Anfang der 1930er Jahre eingeleitet. Eine herausragende Rolle spielte hierbei der medizinisch-technische Bereich. - 1934 war bekannt geworden, daß durch die Vermittlung des Völkerbundes 200 jüdische Ärzte nach China kommen sollten.

87 1931 praktizierten in der Internationalen Niederlassung von Shanghai 422 Ärzte, 73 Zahnärzte und 11 Tierärzte fremder und chinesischer Nationalität. Darunter befanden sich 12 deutsche Ärzte, von denen 7 in der deutschen Ärzte-Vereinigung zusammengeschlossen waren. Die Zulassung zu einer Praxis in Shanghai wurde von dem Gesundheitskomitee des Stadtrates nach Vorlegung der Approbationsurkunde gegen eine Gebühr von umgerechnet 3 RM erteilt. Vgl. Niederlassung deutscher Ärzte in China, in: OAR, 16.7.1932:294.

88 Zwei Beispiele hierfür liefert die Tätigkeit deutscher Mediziner an der Tongji-Universität in Shanghai und an der SYU in Kanton.

erst- und zweitklassigen Wissenschaftler haben im eigenen Land bestimmt eine hohe Position inne und gehen auf keinen Fall ins Ausland. Nur die dritt- und viertklassigen oder die noch schlechteren nutzen die Schwäche der die Ausländer bewundernden Chinesen aus und reisen nach Osten zu uns. Auf diese Weise werden sie für gut ausgebildete Wissenschaftler gehalten. Unsere Leute sind blind und merken überhaupt nichts. Sie können gar nicht aufhören, diese Wissenschaftler zu bewundern, geschweige denn, daß sie sie einer Prüfung unterziehen und die guten auswählen. Das ist wirklich bedauernswert und traurig.

Die Juden sind ein heimatloses Volk und die jüdischen Wissenschaftler, besonders die Naturwissenschaftler, sind auf der ganzen Welt verstreut. Dieses Mal, unter den 200 vom Völkerbund zugeteilten jüdischen Ärzten, gibt es möglicherweise schon einige rechte Wissenschaftler. Die Rechte unserer Leute werden in der Tat beeinträchtigt, wenn jene eine ärztliche Praxis eröffnen. Aber falls man sie als Professoren anstellt, könnten sie vielleicht doch mehr oder weniger eine Hilfe sein. Wie eine Weisheit aus alter Zeit sagt, wird ein talentierter Mensch in einem anderen Land hochgeschätzt und gebraucht. Beispiele dafür, wie die Legenden von Miao Benhuang und You Yu, stehen in den alten Schriften.[89] Wenn wir die ausländischen, talentierten Spezialisten anstellen wollen, sollten wir darauf achten, ob es aus erhabenem Grund geschieht oder ob die Ausbildung der Experten hervorragend ist, statt von persönlichem Interesse auszugehen und die Stärke oder Schwäche ihres Herkunftslandes zu einer Prämisse zu erheben.

Man fürchtet, daß die guten ausländischen Spezialisten unsere Angebote gar nicht annehmen wollen. Lehnt man das unter Armut und Not leidende, schwache, jüdische Volk ab, ist die Angst vor deren Nachkommen groß.[90] Auch geht es um den internationalen Ruf. Jedenfalls ist ganz sicher, daß die nach China kommenden Juden durchaus nicht vorhaben, China anzugreifen und sie sind auch nicht arrogant. Wenn wir sie anstellen, brauchen wir ihnen nicht, wie den europäischen oder amerikanischen Professoren, ein horrendes Gehalt zu zahlen. Aus diesem Grund ist es doch nicht schlecht, wenn wir die nach China kommenden jüdischen Ärzte genauer prüfen. Falls sie alle nur mittelmäßig sind, bedeutet dies, daß der Völkerbund bereits bei der Zuteilung die böse Absicht hatte, uns zu diskriminieren. Dann können wir immer noch ablehnen. Jedoch selbst wenn sich nur ein oder zwei brillante Wissenschaftler darunter befinden, ist das die beste Gelegenheit, sie anzuwerben. Einerseits weist es auf unsere Gastfreundschaft hin, andererseits ist es eine

---

89 Bei Miao Benhuang und You Yu handelt es sich um legendäre Personen, die in der Zeit der Streitenden Reiche (vgl. Dok. 105, Anm. 83) in einem fremden Staat Asyl erhielten.

90 Die Angst vor den Nachkommen der Juden, falls man das jüdische Volk abweisen würde, läßt sich durch den hohen Stellenwert der Ahnenverehrung in China erklären. *Xiao* (Pietät) sowie die Wertschätzung der Ahnen und der Familie war neben *Li* (Befolgung der Riten und Bräuche) das herausragende Chrarakteristikum des Konfuzianismus.

Rettung für unsere darbende Wissenschaft. Heißt es nicht „Zwei Fliegen mit einer Klappe schlagen"? Hoffentlich wird das Ministerium dieser Meinung zustimmen.[91]

The National Medical Journal of China, 20 (1934), Nr. 1, S. 9-10.

107

Telegramm des Reichsaußenministers, Konstantin von Neurath, Berlin, an den chinesischen Ministerpräsidenten Wang Jingwei, Nanjing (20.3.1934)

20. März 1934

Ich bitte, dem Ministerpräsidenten[92] folgendes mitzuteilen.

Es bleibt ausserordentlich bedauerlich, daß die Chinesische Regierung die uns unerwünschten Persönlichkeiten trotz genauer Kenntnis der Tatsache überhaupt angestellt hat.[93] Wir können deshalb nicht davon abgehen zu betonen, daß es im Interesse der deutsch-chinesischen Beziehungen dringend erwünscht ist, daß diese Personen sobald als nur irgend möglich aus dem chinesischen Dienst entlassen werden. Sollte die chinesische Regierung nach den von ihr eingegangenen Verpflichtungen tatsächlich gezwungen sein, die förmliche Entlassung erst im Oktober einsetzen zu lassen, so könnte sie doch wenigstens die betreffenden Persönlichkeiten schon sehr geraume Zeit vorher beurlauben.[94]

Neurath

BArch, 0902/2254.

---

91 Die Gesundheitsverwaltung lehnte einen solchen groß angelegten Plan vermutlich ab, denn ausländische Ärzte kamen ab 1933 immer nur als Einzelpersonen nach China.

92 Wang Jingwei.

93 Bei den „unerwünschten Persönlichkeiten" handelte es sich um Horst Bärensprung (ehemaliger Polizeipräsident von Magdeburg), Kurt Bloch (Journalist), Max Brauer (ehemaliger Oberbürgermeister von Hamburg), Rudolf Katz (Rechtsanwalt) und Otto Klepper (ehemaliger preußischer Finanzminister).

94 Zu einer Beurlaubung kam es nicht. Die Berater wurden im Herbst 1934 entlassen.

108

Artikel aus der amerikanischen Zeitung *China Weekly Review*, Shanghai (5.5.1934)

Jiang Jieshi Developing a Fascism à la Chine
(By the Review's Hankou Correspondent)

Fascism has definitely taken root in Central China. It savors of Mussolini and Hitler, but has a distinct Chinese flavor.

When Generalissimo Jiang Jieshi broadcasted the rules for the New Life Movement[95] and encouraged the New Cultural Society[96], he set in motion forces that would organize the man in the street and the literati each in a separate organization, but with fascist ideals as a foundation.

It has been very interesting to watch the developments during the past few weeks and to see how things are shaping themselves along lines that resemble the beginnings of a fascist system. Not a little of compulsion is being exercised among the government officials and in the various schools. Mass meetings are frequently being held in the public parks of Wuchang and Hankou. School children of all ages parade through the streets and are taught to march in very orderly fashion. Sometimes a lantern parade is organized. At the mass meetings the leading men of the Wuhan area lecture to the children and youth on the benefits of the New Life. Magistrates and other officials are ordered to organize new branches of the New Life Movement in the respective areas.[97]

Another interesting angle is the compulsory military training for university and college students recently introduced in the eight provinces of Shandong, Jiangsu, Zhejiang, Anhui, Fujian, Hubei, Henan, and Hebei. All graduates must take a month's military training this summer at one of the three military training centers, Luoyang, Hankou, and Nanjing, according to an order received from General Jiang Jieshi by the Inspectorate-General of Military Training. Moreover, in Jiangxi province graduates of Junior and Senior Middle Schools will not receive their diplomas until they have completed a three months' course in military training.[98] (...)[99]

The China Weekly Review, 5.5.1934, Bd. 68, Nr. 10, S. 387.

---

95 Zur Bewegung Neues Leben, vgl. Einleitung zu diesem Kap.

96 Mit „New Cultural Society" war vmtl. keine konkrete Organisation, sondern die chinesische Gesellschaft überhaupt gemeint.

97 Dahinter standen die „Gesellschaften zur Förderung der Bewegung Neues Leben".

98 Vgl. *New Curriculum for General Department of the Senior Middle School* (1929), in welchem das Militärtraining bereits als Schulfach mit 6 credits (Einheiten) aufgeführt war, in: CYB 1931/32:771. Sowie Mackerras, in: Fung / Pong 1985:157 / Tang 1935:301-302.

99 Auslassung: Es folgen Ausführungen zu dem Verbot von Gewerkschaften in einigen Provinzen und zu der Anerkennung, die sich Jiang Jieshi bei westlich erzogenen Chinesen in Wuhan erworben habe.

109

Rede des Generals Xu Tingyao, Vorsitzender der militärischen Studienkommission in Deutschland, auf dem Richtstrahlensender nach Nanjing (1.9.1934)[100]

Xu Tingyao.[101]

Die Mitglieder der militärischen Kommission sind mit dem, was sie bisher gesehen haben, sehr zufrieden. Wir sind jetzt schon zwei Wochen in Deutschland[102], und wir haben vieles von dem Deutschen Volke gesehen, was wir sehr beherzigen und befolgen müssen. Ich will einige von diesen Punkten anführen für meine 400 Millionen Volksgenossen.

1. Alle deutschen Volksgenossen haben einen unendlichen Arbeitswillen und eine unendliche Arbeitskraft, die alle Arbeit vorwärts bringt. Dies muss jeden Menschen mit Bewunderung erfüllen. Den Begriff „Das ist zu schwer", kennt der Deutsche nicht; er arbeitet, arbeitet und hat daher überall seine Erfolge.

Wir sind in China noch in vielen Gebieten sehr weit zurück. Daher müssen wir doppelt arbeiten, und auch dann wird es ungeheuer schwer sein, wenn wir unser Ziel erreichen wollen. Wir müssen übermenschlich arbeiten, um unser Vaterland aus seiner Not zu erretten.

2. Das Zweite, was ich bewundern muss, das ist die Vaterlandsliebe der Deutschen.

Für alle Leute gilt in erster Linie der Gemeinnutz; immer kommt zuerst der Gemeinnutz und dann erst der Eigennutz. Jeder Deutsche ist heute durchdrungen von der Liebe zu seinem Vaterland, und all das, was er heute an Leiden erdulden muss, betrachtet er als Volksleid und Volksnot, von der auch er wie alle seinen Anteil auf seinen Schultern tragen muß.

Wir müssen erkennen, dass es so auch in China werden muss.

3. Die Deutschen haben aus der Reihe ihrer Wissenschaftler und Gelehrten mehrere Spezialisten herausgebildet. Diese Leute wiederum arbeiten sehr tüchtig, um immer weiter vorwärts zu kommen in dem Streben, die wirtschaftlichen Produkte immer weiter zu

---

100 Die Rede des Generals ist Anlage eines Schreibens (29.8.1934), das der Verband Deutscher Reeder e.V. an LR Weber (Hamburgisches Staatsamt, Konsulatsabteilung) schickte. Darin bedankte er sich auch für die Zusendung der Tagesordnung für den Besuch der chinesischen Delegation.

101 Xu Tingyao war der zweite Redner. Vor ihm hatte bereits Vizeverkehrsminister Yu Feipeng gesprochen und hervorgehoben, daß Deutschland wesentlich größere Fortschritte als Italien gemacht habe.

102 Die Kommission hatte China im Mai 1934 verlassen und zunächst zwei Monate in Italien verbracht. Um den 10.8. kam sie in Berlin an; am 17.8. begab sie sich nach Leipzig. Am 24.8. wurde die Kommission in Berlin empfangen. Am 25.8. flogen einige chinesische Besucher mit dem Junkers-Flugzeug G 38 „Generalfeldmarschall von Hindenburg" nach Dessau und besichtigten die Junkers-Werke. Für den 31.8. war ein Besuch in Hamburg geplant, der vor allem der Besichtigung der Hafen- und Verkehrsanlagen dienen sollte. Vgl. OAR, 1.9.1934:407-408 / Fox 1982:113.

vermehren. Deutschland ist ein elektrifiziertes und motorisiertes Land geworden, so dass die Arbeitssteigerung und Leistung um das hundertfache vermehrt werden kann. Was die Wissenschaftler für das deutsche Volk geschaffen haben, ist sehr zu bewundern. Unsere chinesischen Wissenschaftler, die in den letzten Jahren ihre Spezialwissenschaft aufgegeben haben, um sie mit der Politik zu vertauschen, haben einen grossen Fehler gemacht.

4. Das gesamte Deutschland gehorcht seinem Führer bedingungslos, sodass die Regierung ungestört ihr Programm durchführen kann. Widerspenstige werden von dem gesamten Volke ausgestossen. [Diese Menschen können] nicht mehr im Staats- und Privatdienst weiter arbeiten. Daher ist Deutschland zur Zeit in starkem Vorwärtskommen.

In Europa erkennen noch einige Länder das Führersystem an, wie Italien, die Türkei, Sowjetrussland, und in all' diesen Staaten sieht man ein Aufblühen.[103] - Wenn wir unser chinesisches Vaterland wieder aufbauen wollen, dann müssen wir genau wie die anderen nur dem einen Führer gehorchen! Dann können wir hoffen.

Das ist alles, was ich Euch heute sagen möchte.

STA Hbg, 132-III / I B 1 f 2[93].

110

Brief des deutschen Generalkonsuls, Hermann Kriebel, Shanghai, an das AA (24.9.1934)

Shanghai, den 24. September 1934

Nr. B. 316.[104]

Akt.Z.: Po.7.
5726/34.

Betrifft: Faschistische Vereinigungen in China. Neue Lebensbewegung.

- 4 Durchschläge -

Dem Auswärtigen Amt beehre ich mich im Folgenden einige interessante Angaben über eine Art von faschistischer Bewegung zu übermitteln, die mir von befreundeter chinesischer Seite mitgeteilt worden sind:

---

103 Die GMD sah nicht nur in Deutschland und Italien, sondern auch in der kemalistischen Türkei ein Vorbild. Hu Hanmin hatte sich im Frühjahr 1928 längere Zeit in der Türkei aufgehalten. Vgl. Dok. 23, Anm. 13.

104 Dem Bericht des GK Kriebel vorangestellt war ein kurzes Schreiben der DGP an das AA (4.10.1934).

Mit der Ausdehnung der faschistischen Idee in Europa kam der Gedanke einer solchen Bewegung auch nach China. Er faßte hier Fuß vorerst in der Huangpu-Kadettenschule[105], zu einer festen Organisation kam es jedoch zunächst noch nicht.

Erst im letzten Jahre traten die Kadetten unter der geistigen Führung eines gewissen Deng Wenyi[106] mit einem klaren und festen Plane an Marschall Jiang Jieshi heran, der seine Einwilligung zur Durchführung des Planes gab. So entstand Chinas erste faschistische Vereinigung, die Wenhua xuehui „Kulturelle Studienvereinigung“[107], die ihren Hauptsitz in Nanjing hat.

Diese von Jiang Jieshi begünstigte Bewegung blieb seiner unmittelbaren Umgebung natürlich nicht verborgen. Zwei seiner engsten Mitarbeiter, Chen Guofu, der Präsident der Provinzialregierung von Jiangsu, und sein Bruder Chen Lifu, Mitglied der Nationalregierung[108], schufen von der Idee überzeugt, zugleich aber als Gegengewicht gegen die rein militärische Wenhua xuehui ihrerseits die Wenhua xiehui „Kulturelle Studienvereinigung“[109] mit dem Hauptsitz in Nanchang. Diese zweite faschistische Bewegung hat einen raschen Aufschwung genommen. Es sind Ortsgruppen in fast jeder Stadt vorhanden und in fast jedem Regierungsamt sitzen als führende Beamte leitende Mitglieder dieser Vereinigung. So sind die Führer dieser Bewegung in Shanghai in erster Linie Wu Xingya, Direktor des Amtes für soziale Angelegenheiten, ferner Pan Gongzhan, Direktor des Unterrichtsamtes, und Wu Kaixian, Präsident des Shanghaier Guomindang-Büros.

Während die letztgenannte Bewegung ziviler Art ist, in sämtlichen Zivilbehörden ihre Stützen hat, Übelstände und Durchstechereien in diesen Behörden an ihre oberste Leitung berichtet, und durch eine mehr geistige Propaganda immer mehr neue Mitglieder heranzuziehen sucht, ist - wie gesagt - die erste Bewegung rein militärischen Charakters. Sie trägt auch die Bezeichnung „Blauhemden“.[110] Noch vor ihrer festen Organisation haben

---

105 Die Blauhemden (vgl. Anm. 110) rekrutierten sich im wesentlichen aus den Reihen der ehemaligen Kadetten der Huangpu-Militärakademie.

106 Deng Wenyi war 1931 nicht nur Jiang Jieshis Sekretär, sondern auch in den Geheimdienst involviert. Vgl. Li 1994:59. - Nach Li war Deng freilich nur in die Gründung der *Lixingshe*, nicht aber der *Wenhua xiehui* (vgl. Anm. 109) verwickelt.

107 Die *Wenhua xuehui* (Kulturelle Studienvereinigung) gehörte organisatorisch zu den Blauhemden. - In dem Schreiben Kriebels sind die jeweils angegebenen chinesischen Schriftzeichen für die Organisationen nicht identisch mit der Übersetzung. Für den Abdruck in diesem Bd. erfolgte eine Orientierung an den Schriftzeichen. Die Richtigkeit dieser Lesart wird bestätigt durch einen Brief von GK Behrend an das AA, 31.1.1935, in: BArch, 0902/2323.

108 Chen Guofu hatte zunächst als Instrukteur an der Huangpu-Akademie gearbeitet und war dann Parteibeauftragter für die Gegend Zhejiang / Jiangsu geworden, wo er Kadetten rekrutieren sollte. Sein Bruder Chen Lifu, der in den USA studiert hatte, arbeitete als persönlicher Sekretär von Jiang Jieshi.

109 Ebenso wie die *Wenhua xuehui* (vgl. Anm. 107) gehörte die *Wenhua xiehui* (Kulturelle Vereinigung), deren voller Name *Zhongguo wenhua jianshe xiehui* (Kulturelle Vereinigung zum Aufbau Chinas) lautete, organisatorisch zu den Blauhemden. Vgl. Kirby, in: Larsen 2001:250.

110 Dies ist insofern richtig, als sich die „Blauhemden“ (*Lanyishe*) aus verschiedenen Gruppen zusammensetzten. (Vgl. Anm. 107 u. 109). Die „Kulturelle Studienvereinigung“ (*Wenhua xuehui*) steht jedoch für den militanten Teil der Blauhemden, der nach außen am bekanntesten geworden ist. Ein

die Kadetten im Jahre 1932 einen der gefährlichsten politischen Gegner Jiang Jieshis, Yang Xingfo, der die geistige Stütze der Sun Yatsen-Bewegung war, beseitigt. Der Kadett, der ausersehen war, den Todesstoß zu führen, erschoß sich nach vollbrachter Tat.[111]

Neben den Versuchen, alle Unzulänglichkeiten bei der Armee (Bestechung usw.) auszumerzen, haben sich die Kadetten vor allem auf dem Gebiete der Kommunisten-Bekämpfung große Verdienste erworben. Es gibt in ihren Reihen eine besondere Abteilung, die sich ausschließlich dieser Aufgabe widmet und ihre Mitglieder in die gefährlichsten Kommunistengegenden mit Erkundigungsaufträgen entsendet. Auch gibt es in fast jeder größeren Stadt mehrere Anhänger der Bewegung, die in engster Zusammenarbeit mit der Ortspolizei an der Kommunisten-Bekämpfung teilnehmen.

Beide Bewegungen treten für die Diktatur Jiang Jieshis ein, für die jetzt ganz stark und offen geworben wird. Ich werde demnächst darüber berichten.[112] Über die innere Organisation der beiden Bewegungen ist nur sehr schwer etwas zu erfahren. Soviel bekannt ist, herrscht das Führerprinzip. Der Führer wählt sich seine eigenen Anhänger, deren jeder einzelne wiederum eine Zelle gründet. Dabei ist beachtlich, daß der zweite, dritte usw. Führer nicht wissen, wer über ihnen Führer ist. Dieses Geheimwesen ist eingeführt worden, um den Feinden der Bewegung keine Gelegenheit zu geben, die einzelnen Führer etwa herauszugreifen und unschädlich zu machen. Der Nachteil dieses Geheimwesens ist jedoch der, daß der obere Führer keine strenge Kontrolle über die Auswahl von Mitgliedern durch seine Unterführer hat, und daß dadurch zumal in Shanghai auch manche unsauberen Elemente in die Bewegung gekommen sind. Neuerdings tritt die „Kulturelle Studienvereinigung“ auch in der Öffentlichkeit hervor. So hat Chen Lifu kürzlich eine Propagandareise durch ganz China unternommen, und es ist beabsichtigt, in Shanghai eine große Buchhandlung zum Vertrieb von Literatur der Bewegung zu eröffnen.

Ein Beispiel für die Umsetzung der Grundsätze dieser Bewegung in die Tat ist die folgende Begebenheit: Eine hiesige große deutsche Firma erhielt vor etwa einem Jahre den Besuch von mehreren hohen Offizieren Jiang Jieshis, die in seinem Auftrage einen großen Posten optischer Instrumente kaufen wollten. Als der chinesische Shroff[113] der Firma vom Rechnungsbetrage die in China bisher übliche Einkaufsprovision für die unmittelbaren Einkäufer in Abzug bringen wollte, wurde dies von den Offizieren höflich, aber auf das bestimmteste mit dem Bemerken abgelehnt, daß diese Zustände in China nunmehr ein Ende finden sollten, und daß man für diesen Betrag lieber bessere Ware haben wollte.

---

anderer Name für die Oberorganisation der „Blauhemden“ ist *Fuxingshe* (Gesellschaft für die kraftvolle Verwirklichung), weshalb die Begriffe *Lanyishe* und *Fuxingshe* dasselbe bezeichnen. Zu den „Blauhemden“, vgl. Einleitung zu diesem Kap., v.a. Anm. 28.

111 Yang Xingfo, der ehemalige Sekretär Sun Yatsens, hatte als Mitglied der Chinesischen Liga für Menschenrechte 1933 dem deutschen Generalkonsulat in Shanghai ein Protestschreiben überreicht. Vgl. Dok. 100, Anm. 40.

112 Dieser Bericht ist nicht bekannt.

113 Bei einem Shroff (engl.) handelte es sich um einen Geldprüfer oder Wirtschaftssachverständigen in China und Japan, sozusagen die modernere Variante des Kompradors.

Während diese faschistische Bewegung bisher noch nicht sehr stark in der Öffentlichkeit hervorgetreten ist, macht eine andere Bewegung seit einiger Zeit sehr viel von sich reden. Es ist dies die sogenannte Bewegung „Neues Leben", die weiteste Kreise des chinesischen Volkes zu erfassen beginnt. Diese Bewegung ist von zwei alten erprobten Politikern aus der unmittelbaren Umgebung Jiang Jieshis, dem Sekretär des Militärausschusses Yang Yongtai, und dem Vorsitzenden des Politischen Rates für Nordchina, Huang Fu, ins Leben gerufen worden. Beide halten sich vorläufig im Hintergrunde, die Bewegung selbst aber hat sich mit großem Schwunge über ganz China verbreitet. Es unterliegt wohl keinem Zweifel, daß Jiang Jieshi ihr sehr wohlwollend gegenüber steht.

Der Grundgedanke dieser Bewegung ist im wesentlichen der gleiche wie der der faschistischen Vereinigung: „Die nationale und sittliche Erneuerung Chinas". Die hohen sittlichen Ideen einer jahrtausendealten Kultur, insbesondere die Lehre des Konfuzius sollen nach einer langen Zeit des Niedergangs zu neuem Leben erweckt werden. Die Bewegung wendet sich an den einzelnen Menschen und stellt für ihn in einfacher, überzeugender Form eine Fülle von Regeln bezüglich Lebenshaltung, Benehmen, Kleidung, Körperpflege usw. auf. Die alten acht höchsten Tugenden: Gute Sitten, Rechtschaffenheit, Unbestechlichkeit, Ehrgefühl, Elternliebe, Bruderliebe, Staatstreue und Wahrhaftigkeit werden den Anhängern der Bewegung zur Pflicht gemacht. Durch entsprechende Anordnungen der Regierung wird die Bewegung gefördert. In jeder Stadt, jedem Orte werden Ortsgruppen gegründet, deren Aufgabe es ist, für die Durchführung der neuen Grundsätze Sorge zu tragen. In Zeitungen und Zeitschriften wird starke Propaganda gemacht. Die mit amtlicher Förderung überall in Erscheinung tretende Rückkehr zu alten chinesischen Bräuchen - Feiern an Konfuzius Geburtstag unter Beteiligung der Regierung - in Verbindung mit dem Wiedererwachen des religiösen Lebens dürfte in erster Linie auf die Bewegung zurückzuführen sein.

Bei der raschen Ausbreitung dieser Bewegung und ihrer tatkräftigen Förderung durch die Behörden scheint es nicht ausgeschlossen, daß die beiden anderen faschistischen Vereinigungen, zwischen denen zudem eine gewissen Spannung bestehet, allmählich in ihr aufgehen werden. Neuerdings wird sogar davon gesprochen, daß die Neue Lebensbewegung anstrebe, die alte Guomindang langsam aufzusaugen.

Ich leite diesen Bericht über die Gesandtschaft in Peking, die - ebenso - wie die Dienststelle in Nanjing Abschrift erhält.

gez. Kriebel.

BArch, 0902/2323.

111

Vortrag des deutschen Botschafters Oskar Trautmann vor dem Auswärtigen Ausschuß des Gesetzgebungsyuans, Nanjing (3.10.1935)[114]

Meine Herren!
Es ist für mich eine grosse Ehre, Ihrer Einladung folgen zu dürfen, Ihnen einiges über die politischen und wirtschaftlichen Massnahmen der deutschen Regierung im Wiederaufbau Deutschlands durch die Nationalsozialistische Regierung unter Adolf Hitler zu berichten. Ich kann dabei nur die grossen Grundzüge berücksichtigen und nur die Haupttatsachen erwähnen. Es ist auf *allen* Gebieten in Deutschland in den letzten Jahren soviel Neues geschaffen worden, dass es sehr viel Zeit in Anspruch nehmen würde, über dies alles zu berichten.

Ich werde mich bemühen, ein objektives Bild, namentlich von dem gesetzgeberischen Schaffen in Deutschland zu geben, weil ich glaube, dass Sie dies als Gesetzgeber am meisten interessiert.

Dazu muss ich ein kurzes Wort über die Lage in Deutschland vor der Machtergreifung durch Hitler vorausschicken.

(...)[115]

Damit Sie das Wesen der nationalsozialistischen Partei richtig verstehen, muss ich ein paar Worte über sie sagen.

Ihre Grundlage ist einerseits *national*, d.h. ihr Ziel bestand darin, das durch den Frieden von Versailles geknechtete deutsche Volk von seinen aussenpolitischen Fesseln zu befreien, und andererseits *sozialistisch*. Dieser Sozialismus war aber direkt entgegengesetzt dem Ideal des marxistischen Sozialismus. Der Marxismus und Kommunismus wollen *Klassenkampf*, der Nationalsozialismus will Klassenversöhnung und *Volksgemeinschaft*. Hitler hat einmal gesagt, dass der wahre Sozialismus die Lehre von der härtesten *Pflichterfüllung* ist. Er wünscht in seinem Staate eiserne *Gerechtigkeit*. Der Arbeiter soll durch bewusstes Heben seiner sozialen und kulturellen Lage so gefördert werden, dass die sozialen Unterschiede überbrückt werden sollen. Wahrer Sozialismus ist höchste Volksgemeinschaft. Die Stände im Staate sollen sich wieder achten lernen, der Arbeiter der Stirn den Arbeiter der Faust und umgekehrt. Der Arbeiter soll nicht mehr in Opposition gegen den Staat stehen, sondern er soll in die deutsche Nation zurückgeführt werden, der Hass gegen den Staat sollte zu einer Mitarbeit an dem Staat umgewandelt werden. Der Deutsche sollte wieder *national* gemacht werden.

---

114 Der Vortrag des Botschafters Trautmann war dem AA von BR Fischer (Nanjing) am 16.10.1935 übersandt worden. Er wurde außerdem in den *Deutsch-chinesischen Nachrichten* vom 10.10.1935 veröffentlicht.

115 Auslassung: Trautmann ging kurz auf die politischen Verhältnisse der Weimarer Republik ein.

Das Volk aber ist kein abstrakter Begriff, es ist eine Substanz aus Fleisch und Blut. Es ist *die gleiche Rasse*, die das Volk ausmacht, daher ist es die Aufgabe des Staates, die Rasse zu schützen, auf der er beruht, d.h. *in Deutschland die deutsche Rasse*, die deutsche Familie, die deutsche Ehe, die deutsche Frau als Mutter und Hüterin der Familie und alles zu bekämpfen, was zu einer Schwächung der Rasse oder zu ihrem Niedergang führen kann. Diese „völkische" Grundlage des Nationalsozialismus hat nichts zu tun etwa mit einem Kampf gegen *andere Völker*, die aus einer anderen Rasse bestehen. Wir nahmen als selbstverständlich an, dass die anderen Völker ihren eigenen Rassen ebenfalls die wichtigste Bedeutung für ihren Staat zuerkennen.[116]

Von diesen Gesichtspunkten des nationalen, sozialistischen und völkischen sind alle Massnahmen aus zu begreifen, die die Regierung Adolf Hitlers in Deutschland getroffen hat.

(...)[117]

Man kann es als eine für die ganze Welt bedeutungsvolle Tat ansehen, dass der Kommunismus in Deutschland ausgerottet worden ist. Man hat viel im Auslande über die Konzentrationslager in Deutschland gesprochen, in welchen viele der unversöhnlichen Gegner der nationalsozialistischen Partei in Haft gehalten wurden. Aber die nationalsozialistischen Führer wiesen daraufhin, dass es besser sei, wenn einige Tausende Feinde des Staates festgehalten wurden, als wenn 66 Millionen Deutsche zugrunde gehen. Der Nationalsozialismus nimmt für sich das Recht in Anspruch, die Freiheit des Individuums, auch die Freiheit der Presse, insoweit einzuschränken, als sie sich mit der Freiheit der Nation in Widerspruch befindet. Der Minister Goebbels hat gesagt: „Kein Einzelmensch, er mag hoch oder niedrig stehen, kann das Recht besitzen, auf Kosten des nationalen Freiheitsbegriffes von seiner Freiheit Gebrauch zu machen. Denn nur die Sicherheit des nationalen Freiheitsbegriffes verbürgt ihm auf die Dauer auch persönliche Freiheit."[118]

Es ist ungefähr dasselbe, was Sun Yatsen meint, wenn er im „Sanminzhuyi" von dem „Missbrauch der Freiheit des Individuums" spricht, und wenn er die Notwendigkeit der Disziplin an die erste Stelle vor die Freiheit stellt.[119]

Nachdem die sozialdemokratischen und kommunistischen Organisationen beseitigt waren und namentlich die Gewerkschaften aufgelöst, die die hauptsächlichsten Machtpositionen der Marxisten im alten Staate gewesen waren, konnte der neue Staat an die Erfüllung seiner sozialistischen Aufgabe, d.h. an die Herstellung der *vollkommenen Volksgemeinschaft* gehen. Die anderen bürgerlichen Parteien des alten Reichstags

---

116 Zweckbehauptung, um die Chinesen nicht zu düpieren.

117 Auslassung: Trautmann beschrieb das Gesetz über den Neuaufbau des Reiches. Das Ideal der sozialistischen Volksgemeinschaft hätte ohne die Zerschlagung der marxistischen und kommunistischen Organisationen niemals durchgeführt werden können.

118 Hierzu Goebbels am 15.9.1935 auf dem Reichsparteitag in Nürnberg: „Das Hakenkreuz ist (...) für uns alle das Symbol der Freiheit", in: Domarus 1965:538.

119 Sun Yatsen lehnte eine zu große Freiheit des Individuums ab und sprach sich stattdessen für die konfuzianisch geprägte „Kultivierung der Persönlichkeit" aus. Vgl. Sun, Die Grundlehre vom Volkstum, in: Kindermann 1963:91-94 / Wells 2001:74-75.

bereiteten ihm keine Hindernisse. Sie sahen ihre vollkommene Machtlosigkeit bald selbst ein und lösten sich von selber auf. Der *autoritäre Staat*, in dem die vollkommene Macht sich in den Händen der nationalsozialistischen Partei befindet, die wiederum ihre Weisungen von ihren Führern oder vielmehr von ihrem obersten Führer Hitler erhält, war begründet.
(...)[120]

Diese Neuorganisation ist aber *keine Umwälzung* alles historisch gewordenen, wie z.B. der Kommunismus, der das Eigentum abschafft, die Familie als Grundlage des Staates bedroht und die Staatsangehörigen zu Angestellten und Arbeitern des Staates macht, der als einzig grosser Kapitalist an Stelle der vielen kleinen Kapitalisten tritt, die früher vorhanden gewesen sind.

Der Nationalsozialismus lässt das Eigentum bestehen, aber er will es veredeln. Er hat das Wort aufgestellt, dass *Gemeinnutz vor Eigennutz*[121] geht, d.h. massgebend soll in allem das Interesse des ganzen Volkes und nicht das des Einzelnen sein. Die Klassen des Volkes bleiben bestehen: Es gibt weiter Unternehmer und Angestellte, Fabrikarbeiter und Bauern, aber die Klassen sollen sich nicht ausbeuten und bekämpfen, sondern zusammen für das Wohl des Staates arbeiten.

Dieser Gesichtspunkt tritt vor allem zu Tage in dem Gesetz zur Ordnung der nationalen Arbeit.[122] Nach diesem Gesetz gibt es keine Unternehmer mehr, die die Arbeiter ausbeuten und denen die Arbeiter feindlich gegenüberstehen. Der Betrieb ist eine Einheit, in dem es den einen Führer gibt und eine Gefolgschaft, die gemeinsam arbeiten sollen zur Förderung der Betriebszwecke und zum gemeinen Nutzen von Volk und Staat. Der Führer sorgt für das *Wohl* der Arbeiter, die Arbeiter haben ihm die *Treue* zu halten. In grossen Betrieben treten aus der Gefolgschaft dem Führer *Vertrauensmänner* beratend zur Seite. Das *soziale* Verhalten ist der Leitstern für alle, die im Betriebe arbeiten. Der Unternehmer, der die Arbeiter ausnutzt oder ihre Ehre kränkt, der Arbeiter, der den Frieden des Betriebes stört, hetzt oder unbefugte Eingriffe in die Betriebsführung vornimmt, begeht einen Verstoss gegen die soziale Ehre, für den eine Bestrafung vorgesehen ist. Diese Strafe geht von Verweis und Verwarnung bis zur Entfernung aus dem Betriebe und zwar sowohl für den Unternehmer wie für den Arbeiter. Auch jetzt gibt es wie früher in den Fabriken Betriebsordnungen und Lohntarife, aber es gibt keine kämpfenden Parteien mehr, die zu ihrer Festsetzung bis zum äussersten eine Machtprobe durchführen. Es gibt auch jetzt keine Streiks und Aussperrungen mehr, welche die dauernden Krisen der Industrie bedingten. Wenn Meinungsverschiedenheiten bestehen, so gibt es für grössere Wirtschaftsgebiete die sogenannten *Treuhänder* der Arbeit. Sie sind Reichsbeamte und haben für die Erhaltung des Arbeitsfriedens zu sorgen. Will ein Unternehmer grössere Arbeiterentlassungen vornehmen, gibt es Lohnstreitigkeiten, die nicht im Betriebe selbst überbrückt werden können, so entscheidet der Treuhänder.

---

120 Auslassung: Ausführungen zum Führerprinzip.

121 *Gemeinnutz geht vor Eigennutz* war Punkt 24 des Parteiprogramms der NSDAP.

122 Verabschiedet am 20.6.1934.

Sie sehen, wie hier alles getragen ist von einer grossen Idee: nämlich von der Idee, aus dem Zusammenleben zwischen Unternehmern und Arbeitern eine Gemeinschaft zu machen, eine Gemeinschaft ähnlich wie sie dem grossen chinesischen Weisen Konfuzius vorgeschwebt hat. Dieser hat die Ansicht geäussert, dass „Ren" (freundliche Sympathie) oder „Shu" (Reziprozität) die Beziehungen der Menschen im Geschäftsleben zueinander beherrschen sollte.[123]

Um dieser Gemeinschaft, diesem Aufeinander-Angewiesen-Sein einen Ausdruck für das ganze Volk zu geben, hat der Nationalsozialismus eine grosse *Organisation* begründet, die *deutsche Arbeitsfront.*

(...)[124]

BArch, 0902/3370.

112

Artikel von M. Kubota aus der *Manchuria Daily News*, Dalian (9.11.1935)[125]

BLUE SHIRTS ATTEMPT STRANGLEHOLD ON CHINA.

Secret Society, formed at Time of Manchurian Incident, aims at terroristic Control of Country and acts against Japan and Manzhouguo
By M. Kubota. Manchuria Daily News Staff Writer

So much has been written and said about the Blue Shirt Society of China that it is hardly necessary to explain what this organization is and what it has done and is doing in the realm of Chinese politics.

Of late, another Chinese political organization of this sort, that is, the CC Society[126], has come under the spotlight of Japanese vernacular papers in connection with the deeprooted,

123 *Shu* bedeutet im Konfuzianismus die Fähigkeit, vergeben zu können. In der chinesischen Philosophie entwickelte sich daraus die soziale Tugend, an andere nur den Maßstab anzulegen, den man an sich selbst anlegt.

124 Auslassung: Ausführungen Trautmanns zur Arbeitsfront.

125 Bei der *Manchuria Daily News* handelte es sich um eine englischsprachige japanische Zeitung, die seit 1919 herausgegeben wurde.

126 Die CC-Clique war im Juni 1927 von den Brüdern Chen Guofu und Chen Lifu (vgl. Dok. 110, Anm. 109) gegründet worden. Es ist nicht sicher, ob der Kürzel „CC" auf die beiden Chens zurückging oder einfach *Central Club* bedeutete. Der Einfluß der CC-Clique wurde schnell offenkundig. Im Jahr 1931 gehörten ihr 15% der 73 neu gewählten Mitglieder des ZEK an. Auf dem Höhepunkt ihrer Macht, in

subversive and sometimes terroristic activities in North China of Nanjing's secret agents, evidently directed against Japan and the existing regime in Manchuria. Particularly, there has been a marked gain in its notoriety since the socalled Luanzhou incident of August 4, this year[127], in which a Japanese gendarme was seriously wounded and a Chinese police chief was killed by bullets fired by several members of this society.

As is well known, the Blue Shirt Society, which is led by General Jiang Jieshi, the military dictator of China, is a Fascist political organization. It is widely regarded as the bulwark of the Guomindang Party, synonymous with the present Nanjing regime. While thus wielding a tremendous political influence, the Blue Shirt Society, in the eyes of the Japanese, is the main backer of Nanjing's time-honored policy of anti-Japanese resistance.

(...)[128]

Because its activities are governed by ideas of Fascism, it is a Rightist organization, so to speak. Because General Jiang Jieshi is a known proponent of State Capitalism, the society naturally is committed to an exclusionist policy towards foreign nations and particularly towards Japan.

Originally, its membership was confined to able young officers graduating from the Huangpu Military School, General Jiang's trusted followers and promising youths educated abroad, but as the influence of the society gained and its scope of activity became enlarged, it came closely to be affiliated with politics.

The Central Executive Committee of the Blue Shirt Society when it met at Shanghai on January 7, 1934 made drastic changes in the original guiding principles and objectives of the society.[129] At the same time, detailed regulations governing the qualifications and activities of its members were drafted for immediate enforcement. The most noteworthy of these changes was the society's complete departure from the late Dr. Sun Yatsen's democratic Sanminzhuyi principles to Fascism.

(...)[130]

The Manchuria Daily News, 9.9.1935, in: BArch, 0902/2323.

---

den 30er Jahren, hatte sie etwa 10.000 Mitglieder, von denen die meisten der mittleren oder unteren Parteiebene angehörten. Vgl. hierzu: Tien 1972:47-52.

127 Der Zwischenfall von Luanzhou ereignete sich am 4.8.1935 in der entmilitarisierten Zone in Nordchina. Dem japanischen Verlangen nach Ausweisung von CC-Anhängern gaben die chinesischen Behörden schließlich statt. Vgl. Shimada, in: Morley 1983:122-127.

128 Auslassung: Es folgte ein Überblick über die Entstehung der Blauhemden.

129 Zu dem Treffen des ZEK der Blauhemdengesellschaft am 7.1.1934 sind keine weiteren Details bekannt.

130 Auslassung: Es folgten Details aus dem Programm der Blauhemdengesellschaft.

113

Auszug aus dem Buch *Das Dritte Reich* des ehemaligen Botschaftsattachés Wang Jiahong (1935)[131]

Bezüglich einer solchen nationalistischen Bewegung wie der Hitlers haben wir Verständnis für ihre Schwierigkeiten. Jedoch greift die antijüdische Stimmung auf die Farbigen über, was ich besonders naiv finde. Ich erinnere mich an eine Konferenz im September 1933, als der ehemalige Justizminister von Preußen, Kerrl, als Mitglied der nationalsozialistischen Partei, den Entwurf für das Strafrecht vorstellte.[132] Dieser sah das Verbot der Eheschließung oder des Geschlechtsverkehrs von Deutschen mit Farbigen, Juden und Schwarzen vor. Er richtete sich auch gegen sittenloses Verhalten in der Öffentlichkeit. Ein Verstoß sollte als Rassenverrat verurteilt werden. Als der Entwurf vorgestellt wurde, reichte der japanische Botschafter als erster Protest ein.[133] Der deutsche Außenminister übermittelte die Antwort, daß die Japaner auch zu den Ariern gehörten. Sie seien nicht als Farbige anzusehen. Kurz darauf protestierte die chinesische Gesandtschaft.[134] Deutschland reagierte mit dem Hinweis, daß es sich ledigich um einen Gesetzentwurf handeln würde. Er wurde nicht als Gesetz erlassen, und eine turbulente Zeit ging zu Ende. Danach korrigierten die deutschen Wortführer in öffentlichen Reden ihre naiven Ideen über die Rassen.[135] Nur Hitler hat in seiner Schrift *Mein Kampf* die Chinesen mit den Schwarzen gleichgesetzt.[136] Der ehemalige deutsche Botschafter in Japan, Voretzsch, hielt im Oktober 1934 eine Rede im deutsch-japanischen Club in Berlin.[137] Er sagte, daß die Japaner tatsächlich Arier seien. Das könne mit archäologischen Funden belegt werden.[138] Die Einstellung, Gesichtspunkte

---

131 Übersetzt von Li Sujuan.

132 Hanns Kerrl war vom 27.3.-20.4.1933 preußischer Justizminister gewesen.

133 Zum Protest der japanischen Botschaft gegen die Rassenpolitik im Herbst 1933, vgl. Fox 1982:86-87.

134 Zum Protest der CGB, vgl. Dok. 104.

135 So gab RIM Frick im Nov. 1933 einem Vertreter von WTB ein Interview, in welchem er hervorhob, daß Deutschland andere Rassen nicht diskriminieren wolle. Das einzige Ziel sei es, die rassische Reinheit des deutschen Volkes zu erhalten, die vor allem durch die Juden bedroht sei. Die Diplomaten des AA schlossen sich dieser Argumentation im großen und ganzen an. Im Gegensatz zu diesem Lavieren zwischen ideologischer Konsequenz und außenpolitischer Notwendigkeit hatte Alfred Rosenberg wiederholt den Standpunkt vertreten, daß die gelbe Rasse ihre spezifische Kultur in ihrem eigenen Lebensraum entwickeln solle. Vgl. Fox 1982:84 u. 88-91.

136 Wang bezog sich auf eine Passage in *Mein Kampf*, in welcher festgehalten wurde, daß aus einem Neger oder einem Chinesen niemals ein Germane werde, selbst wenn er Deutsch lerne und spreche. Vgl. ebd. 1933/38:428.

137 Ernst Arthur Voretzsch, von 1928 bis 1933 deutscher Botschafter in Tokyo, wurde 1933 Ehrenmitglied der Deutsch-Japanischen Gesellschaft in Berlin. Ein Vortrag von ihm ist nicht überliefert.

138 Die Ainu (Urbevölkerung Japans) galten als Turkvolk und wurden von der Deutsch-Japanischen Gesellschaft und ihren Mitgliedern gern als das Bindeglied zwischen Ariern und Japanern hingestellt.

staatlicher Stärke und Schwäche als Kriterien der Rassentheorie zu nehmen, ist besonders zu bedauern.

Wang Jiahong, Disan deyizhi (Das Dritte Reich), Hankou 1935, S. 53-56.

114

Brief des deutschen Generalkonsuls Wilhelm Timann, Hankou, an die Deutsche Botschaft, Nanjing (31.10.1935)

Deutsches Generalkonsulat — Hankou, den 31. Oktober 1935

Nr.P 208
7 Durchschläge

Inhalt: „Das Dritte Reich"
von Dr. Felix Jiahong Wang

Der Legationssekretär[139] an der Chinesischen Botschaft in Berlin Dr. Felix Jiahong Wang hat vor kurzem unter dem Titel „Das Dritte Reich" im Verlage der in Hankou erscheinenden chinesischen Zeitung Xinzhonghua ribao[140] ein Buch herausgegeben, das sich in übersichtlicher und verständlicher Weise mit Deutschland und vor allem mit der nationalsozialistischen Bewegung befasst.[141] Das Werk ist durchaus geeignet, chinesischen Lesern ein treffendes Bild von der Entwicklung in Deutschland zu geben. Zu beanstanden ist allerdings die Art, in der der Verfasser die nationalsozialistische Einstellung zur Rassenfrage behandelt. In missverstandener Weise wird in Verbindung mit der Schilderung der Judenfrage behauptet, dass von der Judenpolitik des Dritten Reiches auch andere Rassen betroffen werden, und es wird in diesem Zusammenhang bedauert, dass in dem führenden Werk „Mein Kampf" von Chinesen und Negern in einem Zug gesprochen wird. Andererseits wird hervorgehoben, dass Botschafter Dr. Voretzsch im Oktober 1934 bei einem Vortrage in der Deutsch-Japanischen Gesellschaft die Japaner ausdrücklich als Arier bezeichnet[142] habe. Vielleicht lässt sich auf den Verfasser einwirken, dass bei einer

Das Rassenpolitische Amt der NSDAP aber lehnte diese Ausnahmestellung ab. Vgl. Hack, in: Haasch 1996:217-224.

139 Tatsächlich war Wang Jiahong Botschaftsattaché.

140 Die *Xinzhonghua ribao* (Tageszeitung des neuen China) aus Hankou konnte nicht ermittelt werden.

141 Das Buch ist 1935 erschienen.

142 Vgl. Dok. 113, Anm. 138.

Neuauflage, die bei dem guten Absatz des Werkes vielleicht bald erfolgen wird, der betreffende Passus umgearbeitet wird.[143]

Eine im allgemeinen zutreffende Kritik des Buches ist übrigens in Nr. 15 der Ostasiatischen Rundschau erschienen.[144]

Abschrift des Berichts erhält die Dienststelle in Peking.

Timann

BArch, 0902/2326.

115

Schreiben von Wang Shoulin, Mitglied der Militärkommission in Nanjing, an Marschall Jiang Jieshi (10.4.1936)[145]

10. April 1936

Sehr geehrter Kommandant,
ich, Ihr Angestellter, habe eine Stelle als Beraters des Militärs. Ich leiste nichts und vergeude nur staatliche Gelder. Trotz meiner Untätigkeit haben Sie mich nicht abgesetzt. Am 27. Februar verschafften Sie mir die Ehre, bei Ihnen eingeladen zu werden und mit Ihnen zusammen zu feiern.[146] Das Essen war großartig und Sie waren ein hervorragender Gastgeber. Ich bin unendlich dankbar für das feierliche Essen und Ihre Belehrungen. Mit der Lektion, die Sie mir vor dem Festessen erteilt haben, ermutigte ich mich nach der Heimkehr ständig. Momentan ist die Nachfrage viel niedriger als das Angebot. Es ist schwer, geschätzt und anerkannt zu werden. Ich muß also vorläufig geduldig abwarten, bis der Staat und Sie, mein Herr, irgendwann über mich verfügen wollen.

Vor kurzem habe ich einen internationalen Bericht in einer amerikanischen Abendzeitung gelesen. Der Titel lautete: „Die Erkenntnisse aus Hitlers Wahlsieg". In dem Bericht wurden Hitlers Worte und Taten lebhaft und anziehend beschrieben. Vor allem den zweiten

---

143 In einem Gespräch, das der Referent des VFO, H. Rocholl, mit Wang Jiahong im Januar 1936 in der Chinesischen Botschaft in Berlin führte, erklärte sich dieser bereit, die entsprechende Passage zu mildern oder sogar neu zu schreiben. Vgl. Aktennotiz von Rocholl (10.1.1936), in: BArch, 0902/2326. Es ist nicht bekannt, ob die Stelle in späteren Auflagen tatsächlich abgeändert wurde.

144 Vgl. Rocholl, Ein chinesisches Werk über den Nationalsozialismus, in: OAR, 1.8.1935:410. - Als Wang Jiahong 1936 Berlin verließ, wurde eine Abschiedsfeier gegeben. Hierzu ebd., 16.3.1936: 163/164. In diesem Zusammenhang würdigte Max Linde, VFO, Wangs Buch über die nationalsozialistische Bewegung und den neuen deutschen Staat ausdrücklich.

145 Übersetzt von Zhou Xin.

146 Dieses Treffen konnte nicht verifiziert werden.

Abschnitt könnten wir sehr gut als Vorbild nehmen. Da es Unmengen von Nachrichtenzeitschriften gibt und Sie, mein Herr, sich täglich mit tausenden von Aufgaben beschäftigen, dachte ich, daß Sie sich wahrscheinlich nicht ausführlich informieren können. So lege ich den Zeitungsausschnitt diesem Brief bei, damit Sie ihn in Betracht ziehen können.[147]

Meiner bescheidenen Meinung nach verhielten und äußerten sich die Regierenden unseres Landes, die vor meinem Herrn regierten, in der Politik und in der Außenpolitik ganz anders als Hitler. Zum Schluß verliert das Volk nicht nur das Vertrauen in sie, sondern betrachtet das Machtzentrum als widerlich und lästig. In den „Lunyu" steht : „So selbstverständlich, wie das Wasser immer zu tiefer gelegenen Stellen fließt und die Tiere in die Wildnis gehen, so kommt das Volk gehorsam zu einem barmherzigen Kaiser. Die Fische werden von den fischfressenden Bibern ins tiefe Wasser getrieben und die Spatzen werden von Raubvögeln, die sich von ihnen ernähren, in den Wald getrieben. Und aus demselben Grund wird das Volk von den grausamen Tyrannen Jie in der Xia-Dynastie und Zhou in der Shang-Dynastie gezwungen, sich dem barmherzigen Herrscher Zhou Wenwang zu unterwerfen."[148] Die Lage unseres Staates ist mit dem zerstörten Deutschland nach dem Krieg gut vergleichbar. Mein Herr fürchtet keine Schwierigkeit und übernimmt die Aufgabe der realen Politik mit Entschlossenheit. Selbstverständlich wird die Lage des Staates sich wieder bessern und das verlorene Vertrauen des Volkes kommt wieder zurück. Ich bin nicht klug, aber ich wünsche sehr, daß die Bemühungen Hitlers meinem Herrn als Beispiel dienen. Wenn dies geschieht, werden unsere 400 Millionen Bürger zusammenhalten. Dann besteht kein Zweifel, daß wir die Schande des Staates bereinigen und das verlorene Land zurückbekommen werden.[149] Wer weiß, vielleicht werden die Chinesen die Deutschen des Ostens sein. Mein Herr könnte der Hitler des Ostens sein. Am wichtigsten ist, daß wir uns selbst nicht für schwach halten, denn dann können die Feinde uns nicht unbedingt bezwingen. Das hängt natürlich davon ab, ob wir zusammenhalten können. Meine Position ist niedrig und unwichtig. Meine Worte haben wahrscheinlich auch keine Wichtigkeit. Aber aus Liebe zum Staat erlaube ich mir trotzdem, mich zu Worte zu melden. Für den Staat kann ich wohl nicht viel tun. Aber für meinen Herrn möchte ich etwas leisten. Verzeihen Sie mein ungebührliches Verhalten. Ich stehe Ihnen jeder Zeit zur Verfügung.

Alles Gute

Berater der Militärberaterschaft

Wang Shoulin

2. HACh, 2-174.

---

147 Der Zeitungsausschnitt war beigefügt, allerdings fehlten nähere Angaben.

148 Dieses Zitat stammt nicht aus den Lunyu, sondern aus: Mengzi, Li Lou, Abschnitt 4. Vgl. Mencius 1998:254-257.

149 Gemeint war die Mandschurei.

Kapitel 7

Nationalsozialistische Ostasienpolitik: Abwendung von China und Hinwendung zu Japan

Am 27. März 1933, vier Tage nach der Annahme des Ermächtigungsgesetzes im Deutschen Reichstag, war Japan infolge der Mandschureikrise aus dem Völkerbund ausgetreten.[1] Obwohl Deutschland in Genf gegen das japanische Vorgehen in der Mandschurei gestimmt hatte, begann kurz darauf die Wende in der deutschen Fernostpolitik. Von der Weimarer Republik war Japan zwar als Siegernation angesehen worden, doch bis Anfang der 30er Jahre waren die gegenseitigen Beziehungen weitgehend in normalen Bahnen verlaufen. Der japanische Eintritt in den Ersten Weltkrieg an der Seite der Alliierten und die Annexion der deutschen Besitzungen in Ostasien hatten bei den Deutschen keine besonderen Antipathien geweckt. Japan hatte in den Kriegsverlauf in Europa ohnehin nicht eingegriffen, da es mit der Ausweitung seiner privilegierten Stellung in China beschäftigt war.[2] Wenn auch das Verhältnis der Weimarer Republik zu Japan nicht so freundschaftlich wie zu China war, so wurde das japanische Kaiserreich in den Augen der deutschen Diplomaten dadurch attraktiv, daß es das schwächste Glied in der antideutschen Front der Alliierten war und die bilateralen Beziehungen durch den Krieg kaum belastet waren. Zwar wurde der Zusammenarbeit mit der Sowjetunion ein höherer Stellenwert zugemessen, um die militärischen Bestimmungen des Versailler Vertrages zu umgehen und die außenpolitische Isolierung zu durchbrechen, doch konnte sich auch ein gutes Verhältnis zu einem starken Japan politisch auszahlen.[3] Auch wirtschaftliche Gründe sprachen für nähere Kontakte, da der Importüberschuß aus China, der durch die hohen Einfuhren mandschurischer Sojabohnen hervorgerufen wurde, mit dem Exportüberschuß nach Japan ausgeglichen werden konnte.[4] Obwohl der Ferne Osten aus Sicht der deutschen Diplomatie ein Nebenschauplatz war, vernachlässigte sie weder die Kontakte zu China noch zu Japan. In letzter Konsequenz

---

1 Zur Mandschureikrise 1931 und der Involvierung des Völkerbundes, vgl. Kap. 4. Sowie Martin, in: Funke 1976:457.

2 Vgl. Engram 1976:105 / Presseisen 1958:36.

3 Vgl. ebd. (Engram):293-294.

4 Vgl. Bloch 1940:19-20 / Ratenhof 1987:449. - Erst am 20.7.1927 war ein Handelsvertrag zwischen Deutschland und Japan geschlossen worden, in: RGBl. 1927, Teil II., Nr. 24:1087-1097.

verfolgte die Weimarer Republik keine kohärente ostasiatische Politik, sondern eine deutsch-chinesische und eine deutsche-japanische.[5]

Das japanische Kaiserreich seinerseits war an einem kooperativen Verhältnis zu den westlichen Großmächten interessiert, wenn auch unter Anerkennung der speziellen Erfordernisse, die sich aus seiner geographischen Lage, seiner rüstungswirtschaftlichen und strategischen Situation sowie der demographischen und wirtschaftlichen Entwicklung ergaben. Die Washingtoner Konferenz von 1922 hatte insofern einen herben Rückschlag für die japanische Außenpolitik bedeutet, als das Kaiserreich zwar nach wie vor die stärkste militärische Macht im Pazifik blieb, aber die seine Flottenexpansion begrenzenden Bestimmungen der Verträge hinnehmen und Shandong an China zurückgeben mußte. Der von außen erzwungene Verzicht auf bestimmte Territorien war eine Erfahrung, die Japan nun mit Deutschland teilte. Obwohl unterschiedlichen Kriegslagern zugehörig, hatten beide Länder in entsprechenden Vertragswerken von machtpolitischen Aspirationen in Mitteleuropa bzw. China zurücktreten müssen.[6] Leitlinie aller Entscheidungen, die Japan fortan traf, war die Maxime, daß die japanischen Interessen in der Mandschurei nicht gefährdet werden dürften. Der Standpunkt der rechtmäßigen Durchsetzung der Lebensinteressen der japanischen Nation war jedoch nicht nur mit den chinesischen Ansprüchen auf Souveränität, sondern auch mit der westlichen Politik der „Offenen Tür" in China unvereinbar. Das deutsch-japanische Verhältnis aber war frei von solchen Belastungen, da das Deutsche Reich als politischer und wirtschaftlicher Machtfaktor aus Ostasien verschwunden war und Spannungen zwischen beiden Staaten gar nicht erst aufkommen konnten.

Seit Mitte der 20er Jahre hatte sich Japan zunehmend von Europa abgewandt. Die Wiederaufbauphase nach dem Erdbeben von 1923, die seit 1927 einsetzenden wirtschaftlichen Schwierigkeiten und vor allem das Engagement in der Mandschurei sowie der chinesische Nationalismus sorgten für eine stärkere Hinwendung auf das asiatische Festland.[7] Die innenpolitische Radikalisierung und die steigende Einflußnahme der jeder parlamentarischen oder ministeriellen Kontrolle entzogenen Armee hatten in der Mandschureikrise eine außenpolitisch unbeugsame Haltung bewirkt.[8] Nach dem Austritt aus dem Völkerbund setzte Japan seinen aggressiven außenpolitischen Kurs weiter fort. Schnell wurde immer deutlicher, daß sich sein Expansionismus nicht nur gegen China, sondern auch gegen die Sowjetunion sowie gegen den Westen und die Vereinigten Staaten richtete. Die Kündigung des Washingtoner Flottenabkommens im Dezember 1934 und das anschließende Scheitern der Londoner Flottenkonferenz an der starren Haltung Japans (Januar 1936) demonstrierten den Westmächten nachhaltig, daß ein Ausgleich auf

5 Vgl. Schreiben des deutschen Gesandten Trautmann, Peking, an den deutschen Botschafter in Tokyo, Dirksen, 29.3.1934, in: ADAP, C II, Dok. 374:679-684.

6 Vgl. Martin 1990:201.

7 Vgl. Iriye 1968:110-121.

8 Vgl. Martin 1978:199-203.

internationaler Ebene nicht mehr möglich war.[9] Das Ziel der japanischen Militärpolitik war die Wiedererlangung innerer Stärke und äußerer Größe, die sich in dem Aufbau eines eigenen Herrschaftsraumes manifestieren sollte.[10] Die Hoffnungen, daß es gelingen könnte, eine japanische Hegemonie über China, in ihrer Intensität von Nord nach Süd gestaffelt, auf dem Verhandlungsweg mit der Guomindang zu erreichen, erwiesen sich allerdings schon bald als trügerisch. Weder eine Anerkennung Manzhouguos oder Sonderrechte im Norden noch wirtschaftliche Privilegien in Zentralchina ließen sich durchsetzen. Die Militärs verlangten deshalb den Abbruch aller Verhandlungen mit Nanjing und den Übergang zu offenen militärischen Aktionen.[11] Am 7. Juli 1937 brach der chinesisch-japanische Krieg aus.[12]

In China waren sich Jiang Jieshi und Wang Jingwei, die seit dem Einfall der Japaner in die Mandschurei ihre Differenzen begraben hatten und im Ständigen Komitee des Politischen Rates zusammenarbeiteten, ihrer militärtechnischen Unterlegenheit im Vergleich mit den japanischen Invasoren bewußt, weshalb sie seit dem Waffenstillstandsabkommen von Tanggu 1933 eine zurückhaltende Außenpolitik mit dem Kaiserreich betrieben. Trotz ständiger japanischer Übergriffe wurden sie nicht müde, ihren Willen zur Kooperation immer wieder zu betonen, ohne allerdings die Anerkennung der vollen Souveränität Chinas (einschließlich der Mandschurei) als Voraussetzung jeglicher Vereinbarungen aufzugeben. Dennoch fand diese Beschwichtigungspolitik nicht die Unterstützung der breiten Masse der chinesischen Bevölkerung. Vor allem die intellektuelle Elite des Landes, Schüler, Studenten, Lehrer und Professoren, wandten sich mehr und mehr von der Guomindang ab und gingen stattdessen zu den Kommunisten über, die sich verstärkt antijapanisch äußerten.[13]

Obwohl das Auswärtige Amt in der Mandschureikrise einen offiziell neutralen, aber dennoch unverkennbar projapanischen Kus gesteuert hatte[14], war es weit davon entfernt, sich einseitig auf Japan festzulegen. Japan sollte zwar in die Politik einbezogen werden, nicht aber auf Kosten der guten deutschen Beziehungen zu China und zur Sowjetunion.[15] Hinzu kam die starke Chinalobby des Deutschen Reiches, die sich aus Kreisen der Industrie, der Wirtschaft und der Reichswehr zusammensetzte. Angesichts dieser starken Front konnte von Hitler erst allmählich eine Umorientierung der deutschen Fernostpolitik von China auf Japan eingeleitet werden.[16] Zwar hatte Hitler in seiner programmatischen Schrift *Mein Kampf* keine Aussagen über seine zukünftige Ostasienpolitik gemacht, doch

9 Vgl. Beasley 1987:199-203.

10 Vgl. Crowley 1959:187-190 / Martin, in: Forndran 1977:90. Zu den unterschiedlichen Expansionsplänen von Heer und Marine in Japan, vgl. Krebs 1984:115-122.

11 Vgl. ebd. (Martin):91-92.

12 Vgl. ders. 1978:185-186.

13 Vgl. Domes 1969:647-648 / Spence 2001:474-477.

14 Vgl. Kap. 4 dieses Bdes.

15 Vgl. Ratenhof 1987:449.

16 Vgl. Martin, in: Funke 1976:457.

der demonstrativ verfolgte antibolschewistische Kurs zwang ihn, Verbündete zu suchen. Die angestrebte deutsch-englische Annäherung um ein kontinentales Zangenbündnis mit einer fernöstlichen Macht zu erweitern, erschien Hitler, dem Auswärtigen Amt und auch der Reichswehr als ideale außenpolitische Lösung, um die Sowjetunion einzukreisen.[17]

Überschattet aber wurde das deutsche Verhältnis sowohl zu Japan als auch zu China durch die nationalsozialistische Rassendoktrin. Nicht zuletzt aufgrund massiver Interventionen asiatischer Diplomaten in Berlin, hatte sich die Partei gezwungen gesehen, im außenpolitischen Bereich die Trennung zwischen Ariern und Nichtariern in eine zwischen Ariern und Juden umzuwandeln.[18] Immerhin hatte Hitler den Japanern als einziger asiatischer Rasse in *Mein Kampf* eine kulturtragende Funktion (im Gegensatz zur kulturschöpferischen deutschen) zuerkannt.[19] Die Initiative zu der deutsch-japanischen Annäherung ging 1933 trotz aller Bewunderung der japanischen Armeeoffiziere für den autoritären deutschen Führerstaat stärker von der nationalsozialistischen Führung aus.[20] Doch ein plötzlicher Kurswechsel scheiterte im Jahr der Machtübernahme an dem hartnäckigen Widerstand von Reichswehr, Industrie und Auswärtigem Amt. In der Folge veränderte die nationalsozialistische Regierung ihre Strategie und nahm scheinbar Rücksicht auf die traditionellen sinophilen Tendenzen der deutschen Politik, nicht zuletzt aus rüstungswirtschaftlichen Überlegungen heraus. Die Kontaktaufnahme zu Japan sollte nun diskreter erfolgen, ohne internationales Aufheben und vor allem ohne Beeinträchtigung des lukrativen Chinageschäftes. Der über Hitlers Emissäre ausgehandelte Antikomintern-Pakt leitete im November 1936 die Zweigleisigkeit der nationalsozialistischen Fernostpolitik ein. Die endgültige Entscheidung für Japan aber wurde erst mit dem Beginn des chinesisch-japanischen Krieges getroffen. Da der Krieg in China von der japanischen Propaganda als Feldzug gegen den Kommunismus, ganz im Sinne des abgeschlossenen Antikomintern-Paktes, hingestellt wurde, mußten schließlich auch die Militärberater, das Symbol der deutschen Chinalobby, abgezogen werden.[21]

Die chinesische Regierung bemühte sich vor dem Abschluß des Antikomintern-Paktes darum, in eine wirtschaftliche und antikommunistische Front mit Deutschland und Japan einbezogen zu werden. Zu diesem Zweck wurde Deutschland um eine Vermittlung im Konflikt zwischen China und Japan gebeten, die jedoch in Berlin abgelehnt wurde. Dennoch glaubte die chinesische Regierung den deutschen Versicherungen, daß keine Zusammenarbeit mit Japan geplant sei. Auch mit dem Bekanntwerden des Antikomintern-Paktes war es lediglich die Presse, welche die deutsche Außenpolitik massiv kritisierte.

17 Vgl. ebd.:458.

18 Vgl. Kap. 6 dieses Bdes.

19 Vgl. Hitler 1938:319. Zu den rassenideologischen Vorbehalten der Japaner gegenüber Weißen, vgl. Martin, in: Kreiner / Mathias 1990:202.

20 Vgl. Martin, in: Funke 1976:459 und auch Iklé 1956:29. Fox und Krebs hingegen meinen, daß die Annäherung eher von dem japanischen Militärattaché Oshima Hiroshi initiiert worden sei. Vgl. Fox 1982:180-182 / Krebs 1984:35.

21 Vgl. Martin, in: Knipping / Müller 1984:201-207.

War noch anläßlich der deutschen Zurückhaltung in der Mandschureikrise 1931/32 in der chinesischen politischen Öffentlichkeit verhaltener Unmut laut geworden[22], so ist ein solcher anläßlich der definitiven deutsch-japanischen Annäherung nicht auszumachen. Im Gegenteil, Deutschlands Politik wurde auf Regierungsebene niemals angegriffen oder gar mit einer möglichen Aufkündigung des deutsch-chinesischen Verhältnisses gedroht.

Erste Anzeichen einer deutsch-japanischen Annäherung

Nach der nationalsozialistischen Machtübernahme kam es zu keiner plötzlichen Hinwendung Deutschlands zu Japan. Die Vorstellungen über Ostasien waren in Parteikreisen viel zu vage, als daß eine auf Japan ausgerichtete Planung nun gezielt umgesetzt werden konnte. Allerdings hatten sich einige höhere Funktionäre der Partei, so etwa Alfred Rosenberg, der Leiter des Außenpolitischen Amtes, schon vor 1933 mit dem ostasiatischen Inselreich beschäftigt und dieses als potentiellen Verbündeten gegen den Kommunismus angesehen.[23]

Erst der demonstrative Austritt Japans aus dem Völkerbund und der antisowjetische Kurs der Regierung in Tokyo machten die nationalsozialistische Partei insgesamt auf Japan aufmerksam.[24] Obwohl das Auswärtige Amt prinzipiell an seinem prochinesischen Kurs festhielt, gab es auch hier vereinzelte Stimmen, die auf eine Verstärkung der deutschen kulturellen und vor allem wirtschaftlichen Betätigung in der Mandschurei drängten. (Dok. 116) Ein verstärktes Engagement in der Mandschurei lief jedoch Gefahr, eine Anerkennung Manzhouguos zu präjudizieren. Bereits im Sommer 1933 wurde das Auswärtige Amt allerdings gezwungen, deutlicher Position zu beziehen, denn es erhielt Besuch von dem vom Außenpolitischen Amt protegierten Geschäftsmann Ferdinand Heye[25], der eine Intensivierung der deutschen ökonomischen Aktivität in der Mandschurei vorschlug. Gleichzeitig häuften sich japanische Noten, welche den Deutschen zusicherten, daß sie von einer Verstärkung der ökonomischen Unternehmungen unzweifelhaft profitieren würden.[26] Die dahinter stehende, unschwer zu erkennende Intention war die, daß die Wirtschaft eine Vorreiterrolle spielen und der Politik den Boden bereiten sollte. Nach diesen Vorstößen begann die diplomatische Gerüchteküche zu brodeln, so daß Staatssekretär von Bülow im Sommer 1933 von italienischer Seite darauf angesprochen wurde, ob die vom Außenpolitischen Amt betriebene Annäherung an Japan, einen wahren Kern enthalte. In die Enge getrieben, mußte Bülow auf die verharmlosende Erklärung ausweichen, daß solche Gerüchte wohl auf einen Bierabend zurückzuführen seien, welcher Anfang des Jahres in der Japanischen Botschaft für das Außenpolitische Amt gegeben worden sei. (Dok. 117)

---

22 Vgl. Kap. 4 dieses Bdes.

23 Vgl. Drechsler 1964:20.

24 Vgl. Sommer 1962:19.

25 Vgl. Schreiben des AA (Min.Dir. Meyer) an die DB Tokyo, 2.12.1933, in: ADAP C II, Dok. 97:169.

26 Vgl. Fox 1982:27-28.

Nach dem deutschen Austritt aus dem Völkerbund am 13. Oktober 1933 meinte der japanische Botschafter in Berlin, daß nun endgültig der Moment der Anerkennung Manzhouguos gekommen sei, doch die deutschen Diplomaten lehnten diesen Schritt weiterhin entschieden ab.[27] Kurz darauf beauftragte Hitler den deutschen Botschafter in Japan, von Dirksen, mit der Konsolidierung der deutsch-japanischen Beziehungen. Dirksen wurde instruiert, alle Vorschläge hinsichtlich der Anerkennung Manzhouguos dahingehend zu beantworten, daß in dieser Sache verhandelt werden könne, falls sie der deutschen Seite ökonomische Vorteile bringen würden.[28] Erst das energische Eingreifen des Außenministers Neurath beendete zunächst die Versuche des Außenpolitischen Amtes, einen intensiveren Handel mit der von China als Hoheitsgebiet beanspruchten Mandschurei und auch deren formelle Anerkennung zu betreiben. Dennoch verstummten die Gerüche nicht. Bereits im Dezember 1933 wurde ein Artikel in dem *Journal des Nations* in Genf veröffentlicht, nach dem es Verhandlungen zwischen Deutschland, Japan und Manzhouguo geben sollte. Auch wurde zum Ausdruck gebracht, daß Deutschland das nächste Land sei, das Manzhouguo anerkennen werde.[29]

Obwohl Hitler selbst im Februar 1934 versicherte, daß eine Anerkennung Manzhouguos nicht in Frage komme, beauftragte er zur selben Zeit Heye mit der Sondierung von Handelsangelegenheiten in der Mandschurei.[30] Im Juni 1934 schloß dieser mit der Regierung des Marionettenkaisers Pu Yi einen Warenaustauschvertrag über 100 Millionen Reichsmark ab. Als sich daraufhin der chinesische Gesandte im Auswärtigen Amt erkundigte, ob eine Annäherung Deutschlands an Japan bevorstehe (Dok. 118), verneinte dies die deutsche Diplomatie nachdrücklich. Gleichzeitig begannen die Diplomaten gegen Heye zu intrigieren, so daß dieser schließlich von der Reichskanzlei fallen gelassen wurde.[31] Entgegenkommen signalisierte Hitler auch im Juni 1935, als er dem expliziten Wunsch der chinesischen Regierung nachkam, die in China und Deutschland bestehenden Gesandtschaften zu Botschaften zu erheben und die deutsche Vertretung von Peking nach Nanjing zu verlegen. (Dok. 119) Was in den Augen der Chinesen als Beweis der deutsch-chinesischen Freundschaft angesehen wurde, war freilich nicht mehr als eine Geste, da spätestens nach dem Erlaß der Nürnberger Gesetze (13. September 1935) die geheimen Verhandlungen zwischen Deutschland und Japan einsetzten.

---

27 Vgl. ebd.

28 Vgl. Schreiben des deutschen Botschafters in Tokyo, Dirksen, an St.S. Bülow, AA, 4.2.1934, in: ADAP C II, Dok. 237:439-440.

29 Vgl. Fox 1982:31.

30 Vgl. Aufzeichnung des VLR Ulrich, AA, 19.2.1934, in: ADAP, C II, Dok. 269:498. / Aufzeichnung des Beauftragten für Wirtschaftsfragen in der RK, Keppler, für AM Neurath, 27.2.1934, in: ebd., Dok. 285:526-527.

31 Vgl. Ratenhof 1987:448.

Dienststelle Ribbentrop

Ungeachtet der Vorstöße des Außenpolitischen Amtes im wirtschaftlichen Bereich erfuhren die antikommunistischen deutsch-japanischen Bündnisvorstellungen erstmals durch die „Dienststelle Ribbentrop", eine parteiinterne Konkurrenzorganisation zum Auswärtigen Amt[32], eine Konkretisierung. Im Gegensatz zu den deutsch-italienischen Beziehungen, die schließlich zur Achse Berlin-Rom führten, in denen Ribbentrop zumindest anfangs nur eine untergeordnete Rolle spielte, gilt er als Initiator und Schöpfer des Antikomintern-Paktes, der die Grundlage für eine enge machtpolitische Zusammenarbeit zwischen „Hakenkreuz" und „Sonnenbanner" bilden sollte.

In einem Bündnis mit Japan, dem Italien angeschlossen werden sollte, sah Ribbentrop die wichtigste Komponente für eine Alternative zu Hitlers außenpolitischem Programm und damit zu dessen unrealistischer Bündnispolitik mit Großbritannien.[33] Ribbentrop hatte sich angeblich bereits 1933, sicher aber 1934, mit Hitler über die deutschen Beziehungen zu Japan auseinandergesetzt. Auch sein Konkurrent in außenpolitischen Fragen, Alfred Rosenberg, befaßte sich in derselben Zeit mit der japanischen Frage, empfahl aber Hitler, die deutsch-britischen Beziehungen nicht mit Japan zu belasten, da eine Anlehnung an Japan England in die Arme Frankreichs treiben werde.[34] Dies bot Ribbentrop die Chance, seine Pläne mit Vehemenz zu vertreten, denn er glaubte nicht, daß eine Annäherung an Japan Deutschland zwingend von Großbritannien entfremden müsse.[35] Mit Hilfe seiner Mittelsmänner Wilhelm Hack, der früher den Posten eines Beraters bei der Südmandschurischen Eisenbahn bekleidet hatte und nebenbei im Waffenhandel tätig gewesen war, sowie Hermann von Raumer, der sich als Vertreter der Lufthansa und der Mitropa in Rußland und Ostasien aufgehalten hatte[36], nahm Ribbentrop im September 1935 mit dem seit Anfang 1934 in Berlin akkreditierten japanischen Militärattaché Oshima Hiroshi ohne Wissen des Auswärtigen Amtes Verhandlungen über die Bildung einer antikommunistischen Einheitsfront auf.[37]

Die politischen Bedingungen waren für eine deutsch-japanische Verständigung äußerst günstig, da sich das Deutsche Reich im Westen immer weiter isoliert hatte und ein Scheitern der Londoner Flottenkonferenz und folglich Spannungen zwischen Japan und den Westmächten nur noch eine Frage der Zeit waren. Auch China, das in verschiedenen Feldzügen hart gegen die Kommunisten im eigenen Land vorging, sollte ursprünglich in den von Ribbentrop geplanten antibolschewistischen Block aufgenommen werden.[38] In diesem Zusammenhang müssen auch die Bemühungen des japanfreundlichen chinesischen

---

32 Zur Struktur der nationalsozialistischen Außenpolitik, vgl. Esser, in: Kuo / Leutner 1986:92.

33 Vgl. Michalka 1980:133.

34 Vgl. Rosenbergs Denkschrift *England und Deutschland* (12.5.1934), in: Seraphim 1964:163-167.

35 Vgl. Michalka 1980:134 / Sommer 1962:21.

36 Vgl. Iklé 1956:31-32 / Presseisen 1958:60, 83, 97, 102-103 / Sommer 1962:25-26.

37 Vgl. Krebs 1984:23-86 / Morgenroth 1988:27-32.

38 Vgl. Martin 1976:461.

Ministerpräsidenten Wang Jingwei Ende 1935 um einen Ausgleich mit Japan gesehen werden. Vermutlich war es dem Einwirken des einstigen Militärberaters und damaligen Generalkonsuls in Shanghai, Kriebel, zu verdanken, daß Wang über einen Mittelsmann anfragte, ob Hitler sich nicht für eine Vermittlung zwischen Nanjing und Tokyo einsetzen könnte.[39] Dieses Anliegen wurde sowohl von Ribbentrop als auch von Hitler unterstützt (Dok. 121), stieß aber im Auswärtigen Amt auf Ablehnung. Letzteres wußte nichts davon, daß das Abkommen gegen die Kommunistische Internationale inzwischen in seinen Grundzügen feststand und von Hitler sowie der Wehrmachtführung gebilligt worden war. (Dok. 122) So vertrat es den Standpunkt, daß Deutschland nur vermitteln sollte, falls beide Seiten dies ausdrücklich verlangten.[40] Die deutschen Diplomaten konnten die Konsequenzen einer Vermittlung nicht abschätzen, zumal die japanischen Forderungen an die Chinesen sehr weit gingen. Auch waren noch Erinnerungen an das Jahr 1934 wach, als der japanische Generalstab einige Monate nach der „Amau-Erklärung" um vermittelnde Kontakte von seiten Deutschlands gebeten hatte, die von dem deutschen Botschafter in Tokyo, Dirksen, energisch gefördert, aber von General von Seeckt, dem Leiter der Militärberaterschaft, ebenso energisch abgelehnt worden waren.[41] Alle Zurückhaltung des Auswärtigen Amtes war umsonst gewesen, da China schließlich sogar ein Dementi zu vorgeblichen deutsch-japanischen Abmachungen verlangt hatte. Solchen Anschuldigungen der Parteinahme sollte jetzt vorgebeugt werden.[42] Auch erforderte dieses Mal die zunehmende nationalistische Stimmung in China Rücksichtnahme und Zurückhaltung.[43]

Paradoxerweise scheiterte die Aufnahme Chinas in einen antikommunistischen Block zunächst nicht an der Abneigung der „Dienststelle Ribbentrop" oder gar Hitlers selbst, sondern an der Zurückhaltung des chinafreundlichen Auswärtigen Amtes. Indem es sich von vornherein gegen einen Vermittlungsversuch zwischen China und Japan aussprach, entzog es der Aufnahme Chinas in die von Ribbentrop geplante Front jegliche Grundlage. Ribbentrops geheime Japanpolitik aber wurde 1936 unabhängig von der deutschen Diplomatie fortgeführt.[44] Während der deutsche Botschafter in China Jiang Jieshi versicherte, daß alle Spekulationen über eine deutsch-japanische Annäherung nicht der Wahrheit entsprächen[45], berichtete Dirksen dem Auswärtigen Amt aus japanischen Quellen

39 Vgl. Aufzeichnung des VLR Erdmannsdorff, AA, 18.11.1935, in: ADAP, C IV, Dok. 416:814-815 / Telegramm von Kriebel, GK Shanghai, an das AA, in: ebd., Dok. 493:977.

40 Vgl. geh. Telegramm, unterzeichnet von Min.Dir. Dieckhoff, AA, u. Ribbentrop an das Deutsche Konsulat in Hongkong, 7.12.1935, in: ebd., Dok. 451:878.

41 Vgl. Telegramm von Dirksen, deutscher Botschafter in Tokyo, an das AA, 9.8.1934, in: ADAP, C III, Dok. 153: 297 / Telegramm von Trautmann, deutscher Botschafter in Peking, an das AA, 20.8.1934, in: ebd., Dok. 168:333-334 / Aufzeichnung von Min.Dir. Meyer, AA, 23.11.1934, in: ebd., Dok. 350:648-649. Sowie Martin, in: Funke 1976:461.

42 Vgl. Schreiben des AA (Min.Dir. Meyer) an das RWM, 24.4.1935, in: ADAP, C IV, Dok. 45:78-79.

43 Vgl. Domes 1969:649-651.

44 Vgl. Michalka 1980:135.

45 Vgl. Telegramm von Trautmann, deutscher Botschafter in Nanjing, an das AA, 19.3.1936, in: ADAP, C V, Dok. 155:187.

von Geheimverhandlungen zwischen Berlin und Tokyo.[46] Die nicht enden wollenden Gerüchte um ein deutsch-japanisches Abkommen erhielten im Juni 1936 nach dem Empfang des japanischen Botschafters durch Hitler und dessen Erklärung zur gemeinsamen Bekämpfung des Kommunismus neuen Auftrieb.[47] In jenen Tagen traten die Gespräche Ribbentrops und Oshimas bereits in ein abschließendes Stadium.[48] An der etwa gleichzeitig stattfindenden Offensive der japanischen Armee in Nordchina nahmen die Nationalsozialisten keinerlei Anstoß.

Die Kiep-Kommission

Die deutsche Regierung hatte schon 1931 Bereitschaft gezeigt, sich den veränderten Bedingungen in der Mandschurei anzupassen. Berlin konnte es sich nicht leisten, auf die Sojaimporte, die fest in japanischen Händen lagen und die 1932 etwa 75% der deutschen Gesamteinfuhr aus China sowie etwa 30% der gesamten Fettstoffeinfuhren Deutschlands ausmachten, einfach zu verzichten.[49] Auch der Ostasiatische Verein entschied 1932, die Geschäftsverbindungen in die Mandschurei aufrechtzuerhalten, allerdings mit neuen Tochterfirmen der in China alteingesessenen Handelshäuser, um Nanjing nicht zu verstimmen.[50]

Dennoch konnte an der Leitlinie der Politik des Auswärtigen Amtes seit 1933 kein Zweifel bestehen: Da Japan in wirtschaftlicher Hinsicht keinen Ersatz für China bot, sollte es zwar in die Politik mit einbezogen werden, nicht aber auf Kosten der guten deutsch-chinesischen Beziehungen. Eine Anerkennung Manzhouguos kam nicht in Frage, weshalb Wirtschaftsbeziehungen nur auf privater Basis ablaufen sollten. Die Anweisungen des Auswärtigen Amtes gingen dahin, die deutsch-japanischen Beziehungen mit „kühlem Realismus" zu fördern und zu pflegen.[51] Durch vielfältige Interventionen, aber auch durch die unverhohlene Drohung, die wirtschaftlichen Beziehungen Japans und Manzhouguos zu Deutschland einzuschränken, falls die Reichsregierung auf ihrem Standpunkt beharre, versuchten die Japaner, diese klare Haltung aufzuweichen.[52] Zwischenzeitlich waren die für

---

46 Vgl. streng geh. Schreiben von Dirksen, deutscher Botschafter in Tokyo, an St.S. Bülow, AA, 23.3.1936, in: ebd., C V, Dok. 197:252-254.

47 Vgl. Aufzeichnung des St.S. und Chefs der Präsidialkanzlei, Meissner, 9.6.1936, in: ebd. Dok. 362:561-562.

48 Vgl. Ratenhof 1987:464-465.

49 Vgl. Schreiben des AA (Min.Dir. Meyer) an die DB Tokyo, 12.4.1932, in: ADAP, B XX, Dok. 46:108-109 / Telegramm von St.S. Bülow an den deutschen Botschafter in Moskau, 14.6.1932, in: ebd., Dok. 135:300-301. Sowie Ratenhof 1987:188-200.

50 Vgl. ebd. (Ratenhof):404.

51 Vgl. Schreiben von Min.Dir. Meyer, AA, an Dirksen, deutscher Botschafter in Tokyo, 14.4.1934, in: ADAP, C II, Dok. 403:731-732 / Aufzeichnung des RAM Neurath, 18.4.1934, in: ebd., Dok 404:733-734.

52 Vgl. Telegramm von Dirksen, deutscher Botschafter in Tokyo, an das AA, 24.5.1934, in: ebd. Dok. 460:819. Sowie Fox 1982:146.

die Ernährungslage im Deutschen Reich wesentlichen Fettstoffimporte aus der Mandschurei um weit mehr als 50% zurückgegangen, während die deutschen Exporte nach Manzhouguo weiter stagnierten.[53] Bereits 1934 hatte daher das Auswärtige Amt den Botschafter in Tokyo beauftragt, die Möglichkeit auszuloten, mit dem mandschurischen Kaiserreich Handelsbeziehungen aufzunehmen, ohne es jedoch formal anzuerkennen. Tauschabkommen der Industriekonzerne Krupp und Siemens auf rein privater Basis waren gescheitert, da von japanischer Seite die Entsendung von offiziellen Vertretern und staatliche Vereinbarungen gewünscht wurden.[54] Diesem Anliegen entsprach das Auswärtige Amt schließlich mit der Reise des Gesandten Otto Kiep, der im November 1935 mit einer Wirtschaftsdelegation über Japan in die Mandschurei reiste und Verhandlungen führte.[55]

Das *Waijiaobu* beobachtete diese Reise genau und gab seine Informationen über die deutsche Kommission auch an das Ministerium für Industrie und Handel sowie das Finanzministerium weiter. (Dok. 120) In den Gesprächen, die Kiep mit den Chinesen führte, war er stets darauf bedacht, den politischen Charakter seiner Mission herunterzuspielen und stattdessen die geschäftliche Seite hervorzuheben. (Dok. 124) In seinem Abschlußbericht wies er schließlich darauf hin, daß China und nicht das rohstoffarme Japan der geeignete Handelspartner für Deutschland sei, weshalb auf die chinesischen Empfindlichkeiten hinsichtlich des Streites mit Japan Rücksicht genommen werden müsse. Hierbei fürchtete Kiep weniger den tatsächlichen Konflikt mit China, als die Auswirkungen der Propaganda der handelspolitischen Konkurrenten Deutschlands.[56] Diese wohlgesetzten Worte konnten freilich nicht darüber hinwegtäuschen, daß er am 30. April 1936 ein deutsch-mandschurisches Handelsabkommen, über einen gegenseitigen Warenverkehr abgeschlossen hatte, das unter anderem einen Tausch von deutschen technischen Geräten mit Japan und Manzhouguo gegen mandschurische Sojabohnen sowie Lieferungen aus der Mandschurei gegen Reichsmark vorsah.[57] Da der deutsch-mandschurische Handel bis dahin ausschließlich in Devisen abgewickelt worden war, konnten die Diplomaten das Abkommen als Erfolg ansehen.[58]

Als der chinesische Gesandte in Berlin im Auftrag seiner Regierung gegen das deutsch-mandschurische Handelsabkommen protestierte, konterte Bülow, indem er darauf hinwies, daß der Vertragspartner nicht die Reichsregierung, sondern lediglich die Reichsstelle für Devisenbewirtschaftung gewesen sei. (Dok. 125) Damit brachte er deutlich zum Ausdruck, daß das Abkommen nicht unbedingt als Politikum gewertet werden müsse. In China aber

---

53 Vgl. Bloß 1980:62 / Ratenhof 1987:563 (Tabelle 2).

54 Vgl. ebd. (Ratenhof):449.

55 Vgl. Esser, in: Kuo / Leutner 1986:96 /Fox 1982:148-158.

56 Vgl. vertraul. Bericht des Vorsitzenden der deutschen Wirtschaftskommission für Ostasien, Otto Kiep, an das AA, 20.3.1936, in: BArch, 0902/3924.

57 Vgl. Bloch 1940:34 / Bloß 1980:62.

58 Vgl. Ratenhof 1987:450.

war man weit davon entfernt, solchen Beteuerungen Glauben zu schenken.[59] Zwar wurde in der Shanghaier Zeitung *Da gongbao* (Allgemeine Zeitung) die Meinung vertreten, daß das Abkommen keine politische Bedeutung habe, weshalb es keinen Protest geben sollte, der die deutsch-chinesischen Beziehungen nur unnötig belasten würde (Dok. 126)[60], doch das *Waijiaobu* warf die Frage auf, ob das Abkommen mit dem „illegitimen Gebilde" Manzhouguo auch dessen staatliche Anerkennung impliziere (Dok. 127). Auffallend ist freilich, daß selbst in dem offiziellen Memorandum des Außenministeriums der Abschluß des deutsch-mandschurischen Handelsabkommen nur bedauert, nicht aber vorbehaltlos verurteilt wurde. Offensichtlich war die chinesische Regierung um Schadensbegrenzung bemüht.

Daß das Abkommen den japanischen Satellitenstaat stärkte und faktisch den ersten Schritt zu der 1938 erfolgten Anerkennung Manzhouguos durch Deutschland darstellte, dürfte unbestritten sein. Ob es jedoch als Vorstufe des Antikomintern-Paktes angesehen werden kann, der sieben Monate später unterzeichnet wurde[61], ist zweifelhaft. Treibende Kraft des Abkommens war nicht die „Dienststelle Ribbentrop", sondern Teile der alten Chinalobby, bestehend aus Auswärtigem Amt und Industrie. Die Reichswehr hingegen hatte jede Verbindung mit der Kiep-Kommission abgelehnt, da sie ihre eigenen Chinageschäfte nicht gefährden wollte.[62] Die kurz darauf erfolgte Entsendung des hohen Militärs von Reichenau zur Ratifizierung des Kreditabkommens mit China deutet darauf hin, daß das Mißtrauen der Chinesen hinsichtlich des Abschlusses des deutsch-mandschurischen Vertrages zerstreut werden sollte.[63] Es ist unwahrscheinlich, daß die traditionell sinophile Politik des Auswärtigen Amtes auf einmal zugunsten einer japanischen Ausrichtung aufgegeben werden sollte. Plausibler ist deshalb die Erklärung, daß die alten „wilhelminischen Imperialisten" zwar noch ihre eigene Politik betrieben und ihre eigenen Interessen verfolgten, aber gerade dadurch der nationalsozialistischen Fernostpolitik in die Hände arbeiteten.

Antikomintern-Pakt vom 25. November 1936

Bereits im November 1935 hatte Hitler in einem Gespräch mit Ribbentrop den Abschluß eines Vertrages zwischen dem Deutschen Reich und Japan befürwortet. (Dok. 122) Etwa zur gleichen Zeit legte der chinesische Geschäftsträger Tan Boyu im Auswärtigen Amt eine Kopie des Artikels der *Basler Nachrichten* vom 29.11. vor, in dem erstmals öffentlich von deutsch-japanischen Bündnisverhandlungen die Rede war. (Dok. 123) Ribbentrop lehnte ein Dementi zunächst ab. Da sich jedoch entsprechende Gerüchte weiterhin hartnäckig

59 Vgl. ebd.

60 Ähnlich auch die Zeitschrift DFZZ, hierzu Esser, in: Kuo / Leutner 1986:97.

61 Vgl. Drechsler 1964:21.

62 Vgl. Fox 1982:154-157.

63 Vgl. Ratenhof 1987:465 / Geyer, in: Martin 1981:70.

hielten, gingen die Diplomaten dazu über, diese ebenso hartnäckig zu dementieren.[64] Der deutsche Botschafter in China, Trautmann, erhielt sogar die Ermächtigung, entsprechende Vertragsverhandlungen zu leugnen.[65] Dennoch gab es weiterhin Anfragen von hohen chinesischen Politikern, so von Finanzminister Kong Xiangxi und Außenminister Zhang Qun. Kong wies unmittelbar vor dem tatsächlichen Abschluß des Vertrages darauf hin, daß das geplante Abkommen Japan freie Hand in China geben würde. Er betonte, daß Deutschland dadurch auch eine Verschlechterung seiner Beziehungen zu England riskiere und schlug stattdessen ein Zusammengehen beider Länder mit China vor.[66] Noch im Juni hatte Trautmann, in einem Schreiben an Hitler nachdrücklich vor zu engen Beziehungen zu Japan und zu Manzhouguo gewarnt. Die Freundschaft zu China und Japan solle gleichmäßig gepflegt und ohne erkennbare Annäherung an ein Land fortgeführt werden. (Dok. 128)

Obwohl die entscheidenden Gespräche, die zum Antikomintern-Pakt führten, bereits 1935 stattgefunden hatten, dauerte es noch ein Jahr bis der Vertrag Gültigkeit erhielt. Der Grund für diese Verzögerung lag nicht in der Uneinigkeit der Verhandlungspartner, sondern in den innenpolitischen Erschütterungen Japans infolge eines Offiziersputsches.[67] Die weltpolitischen Veränderungen, wie der Abschluß eines Beistandpaktes zwischen der Sowjetunion und der Mongolei, die Ratifizierung des sowjetisch-französischen Beistandpaktes, welcher die strategischen Interessen des Deutschen Reiches und Japan gleichermaßen berührte, und nicht zuletzt auch der Ausbruch des Spanischen Bürgerkrieges boten dann aber die Möglichkeit, die Verhandlungen voranzutreiben. Beide Seiten waren nun stärker daran interessiert, dem Vertrag auch den Charakter einer militärischen Defensivallianz gegen die Sowjetunion zu geben.[68]

Unterzeichnet wurde der Antikomintern-Pakt schließlich am 25. November 1936.[69] In seinem ersten Teil wandte er sich in sehr allgemeiner Form gegen die Kommunistische Internationale, wohingegen die beiden Vertragspartner in einem geheimen Zusatzabkommen (Dok. 129) einander zusicherten, mit der Sowjetunion keine dem Abkommen zuwiderlaufenden Verträge zu schließen und im Falle eines Konfliktes mit Moskau wohlwollende Neutralität zu wahren.[70] Auch wenn hier das Bemühen zu erkennen ist, die deutsche und die japanische Außenpolitik einander anzugleichen, so gab es andererseits zahlreiche Ausnahmebestimmungen, welche das „Bündnis" aushöhlten. Da verbindliche Verpflich-

64 Vgl. Morgenroth 1988:54.

65 Vgl. Fox 1982:190.

66 Vgl. Aufzeichnung des Gesandten Erdmannsdorff, AA, 25.11.1936, in: ADAP, C VI, Dok. 56:110-111.

67 Vgl. Martin 1976:463.

68 Vgl. Sommer 1962:30-56 u. 439-499.

69 Der Vertrag war am 23.10.1936, drei Tage vor dem deutsch-italienischen Vertrag, paraphiert worden.

70 Zu den unterschiedlichen Intentionen Deutschlands und Japans hinsichtlich des Antikomintern-Paktes, vgl. Martin, in: Kreiner / Mathias 1990:202-203 / Morgenroth 1988:59.

tungen nicht existierten, handelte es sich allen gegenteiligen Beteuerungen zum Trotz um eine „Allianz ohne Rückgrat“.[71]

Am Tag der Unterzeichnung des Paktes wurde die neue Lage im *Waijiaobu* diskutiert. Im Anschluß daran führte der chinesische Außenminister eine zweistündige Unterredung mit dem deutschen Botschafter Trautmann, in welcher er vor den Folgen des Abkommens warnte und die Klärung einiger Fragen forderte.[72] So wollte Zhang Qun wissen, ob er aufgrund der kommunistischen Aktivitäten in China mit einer Anwendung des Abkommens rechnen müsse. Diese Frage war deshalb so bedeutsam, weil die westlichen Mächte in dem Xian-Zwischenfall von 1936 und der daraus hervorgehenden nationalen Einheitsfront sowie der sich anschließenden Hilfe aus der Sowjetunion eine kommunistische Initiative vermuteten.[73] Auch waren sich die chinesischen Diplomaten nicht sicher, ob China zu den Staaten gehöre, die zum Beitritt eingeladen seien.[74] Insgesamt war der Außenminister darüber besorgt, daß die chinesische Stellung gegenüber Japan durch den Pakt erheblich geschwächt würde. Er deutete an, daß die Japaner mit deutscher Genehmigung eine Art Freibrief für ihr Vorgehen in China bekommen hätten.

Nach außen aber war die Reaktion auf den Abschluß des Antikomintern-Paktes wesentlich verhaltener. Die staatliche Zeitung *Zhongyang ribao* (Zentrale chinesische Zeitung) veröffentlichte einen Tag nach dem Bekanntwerden der deutsch-japanischen Allianz einen Artikel von Zhu Jiahua, der inzwischen Gouverneur von Zhejiang war. (Dok. 131) Zhu hatte diesen Artikel, in welchem die lange Freundschaft zwischen Deutschland und China sowie die geistesgeschichtliche Nähe beider Länder in nahezu beschwörenden Worten dargestellt wurden, bereits Anfang 1936 geschrieben. Aus diesem Grund fand der Antikomintern-Pakt keine Erwähnung, obwohl er der Anlaß zu dem Abdruck dieses eindringlichen Appells an die Aufrechterhaltung der guten deutsch-chinesischen Beziehungen gewesen war. Auch Jiang Jieshi schloß sich einer ähnlichen Lesart an. In einer Rede in der Militärakademie gab er seiner Ansicht Ausdruck, daß das deutsch-japanische Abkommen nur dazu bestimmt sei, die Zusammenarbeit gegen den Kommunismus zu stärken. Er zeigte sich davon überzeugt, daß Deutschland auf sein freundschaftliches Verhältnis zu China unter allen Umständen Rücksicht nehmen werde. (Dok. 132) Entgegen diesen besänftigenden Tönen auf höchster Regierungsebene reagierte die chinesische Presse scharf ablehnend, weshalb Trautmann in einem Bericht zu dem Schluß kam, daß erst die Rede Jiang Jieshis in der Militärakademie zu einer gewissen Entspannung geführt habe. (Dok. 133)

---

71 Vgl. Esser, in: Kuo / Leutner 1986:100 / Sommer 1962:1 u. 79.

72 Vgl. Telegramm von Trautmann, deutscher Botschafter in Nanjing, an das AA, 28.11.1936, in: ADAP, C VI, Dok. 64: 127-128.

73 Zum Zwischenfall von Xian, vgl. Chen, in: Eastman 1991:111-114. - Am 21.8.1937 wurde dann zwischen China und der Sowjetunion ein Nichtangriffspakt geschlossen.

74 Eine formelle Beitrittsaufforderung an dritte Staaten war zunächst nicht beabsichtigt. Vgl. Telegramm von St.S. Weizsäcker, AA, an die DBN, 30.11.1936, in: ADAP, C VI, Dok. 66:130-131.

Die deutsche Chinalobby aber war konsterniert. Noch am Tag des Vertragsabschlusses sandte Reichswehrminister Blomberg ein Telegramm an Finanzminister Kong Xiangxi, in welchem er betonte, daß sich der deutsch-japanische Pakt ausschließlich gegen die Kommunistische Internationale richte und die Beziehungen zwischen Deutschland und China nicht beeinträchtigen werde. (Dok. 131) Der Waffenhändler Hans Klein fragte entsetzt, warum ein solcher Pakt abgeschlossen worden sei. Falls Deutschland Manzhouguo anerkenne, sei selbst Jiang Jieshi nicht mehr in der Lage, die gegen Deutschland herrschende Mißstimmung einzudämmen. (Dok. 134)

Der Beginn des chinesisch-japanischen Krieges am 7. Juli 1937 wurde zu einer ersten Bewährungsprobe des deutsch-japanischen Paktes. Deutschland wollte Neutralität bewahren und wünschte eine friedliche Lösung des Problems, Japan hingegen sah sein Vorgehen in China als antikommunistische Aktion an und erwartete Unterstützung. Um die widersprüchlichen Haltungen zu überbrücken, erklärten die deutschen Diplomaten, daß der Vertrag nur unterzeichnet worden sei, um der von der Sowjetunion geschaffenen Situation begegnen zu können. Das Abkommen diene nicht der Bekämpfung des Kommunismus auf dem Gebiet eines dritten Staates.[75] Wenige Tage nach dem Ausbruch des Krieges fragte Kong Xiangxi in einem Gespräch mit Schacht und Blomberg nach der deutschen Haltung in einer offenen chinesisch-japanischen Auseinandersetzung. Sowohl der Reichswirtschaftsminister als auch der Reichskriegsminister tendierten zu China. (Dok. 135) Doch diese Zusage war nurmehr der Abgesang der alten Chinalobby. Nach vergeblichen Vermittlungsbemühungen zwischen den Kriegführenden entschied sich die deutsche Seite für eine Unterstützung Japans.[76]

Die Abberufung der deutschen Militärberater aus China und die Anerkennung Manzhouguos im Frühsommer 1938 brachten die eigentliche Wende in der deutschen Fernostpolitik. Die Zweigleisigkeit, die in der Ratifizierung des HAPRO-Vertrages am 25. Juli 1936 und des Antikomintern-Paktes am 25. November 1936 am deutlichsten zum Ausdruck gekommen war, war damit beendet. Die deutsch-chinesischen Beziehungen mußten von nun an auf einer neuen Grundlage gestaltet werden.

---

75 Vgl. Morgenroth 1988:54.

76 Die Vermittlungsversuche zogen sich von Oktober 1937 bis zur Ablehnung der chinesischen Vorschläge im Januar 1938 hin. Vgl. Ma 1996:619-657 / Shao 1996:103-133. Sowie Bd. 4 dieser Reihe.

116

Aufzeichnung des AA, o.N.[1] (24.2.1933)

Wie sich auch in Zukunft die Entwicklung der Dinge in der Mandschurei gestalten möge, als sicher darf wohl angesehen werden, daß sie nicht ohne weiteres auf den Stand vor dem 18. September 1931 zurückgebracht werden können.[2] Es wird deshalb Vorsorge getroffen werden müssen, daß die deutsche Politik und Wirtschaft von der unvermeidbaren Neuordnung nicht unvorbereitet überrascht werden. Alle Anzeichen deuten darauf hin, daß andere Staaten Europas und Amerikas sich in der Mandschurei Stellungen auszubauen suchen, von denen aus sie zu gegebener Zeit eingreifen und sich in die Neuordnung des Landes einschalten können. Die Bemühungen Japans, das Gewonnene zu festigen, und Sowjetrußlands, die alten Positionen in der Nordmandschurei zu halten[3], können hier außer Betracht bleiben, weil unsere Interessen in der Mandschurei nicht mit den Interessen dieser beiden Mächte vergleichbar sind.

(...)[4]

Auf welchem Gebiete kann nun eine deutsche Betätigung in der neuen Mandschurei vornehmlich angesetzt werden, auf politischem, auf militärischem, auf kulturellem oder auf wirtschaftlichem? Es besteht wohl Übereinstimmung darüber, daß gegenwärtig Deutschland politisch in den Fragen des Fernen Ostens nicht Partei ergreifen will und kann. Daran wird sich auch nichts ändern, wenn der Konflikt etwa auf die Sowjetunion übergreifen sollte und vielleicht gar der Traum der russischen Emigranten, in Ostsibirien, wo jetzt eine erhebliche deutschstämmige Minderheit lebt[5], mit Unterstützung Japans und des

1 Es gibt keinen Hinweis darauf, wer diese Aufzeichnung angefertigt hat.

2 Am 18.9.1931 hatte der Zwischenfall von Shenyang die Besetzung der Mandschurei durch Japan eingeleitet. Vgl. hierzu Kap. 4.

3 Zu der territorialen Einflußnahme der Sowjetunion und Japans in der Mandschurei, vgl. Krieger 1970:26-50.

4 Auslassung: Es folgt eine eingehende Darlegung des Einflusses der Großmächte in der Mandschurei: England zeichne sich einerseits durch enge personelle Kontakte aus, so etwa zu dem früheren Erzieher des Kaisers Pu Yi (vgl. Dok. 75, Anm. 105), andererseits habe es sich im finanziellen Bereich über die mandschurischen Filialen seiner Ostasien-Banken stabile Vorposten gesichert. Die USA habe über die YMCA erheblich an Einfluß gewonnen. Frankreich schließlich habe die politische Erbschaft der russisch-asiatischen Bank angetreten und unterhalte die engsten Beziehungen zum russischen Emigrantentum. Auch die Tschechoslowakei und Polen würden in der Mandschurei in Erscheinung treten. Für Polen sei die Nordmandschurei einer der wichtigsten politischen und wirtschaftlichen Stützpunkte in Asien.

5 Es handelte sich um Tochter-Kolonien von Rußlanddeutschen. Da Realteilung bei den deutschen Kolonisten vorherrschte, wurde der individuelle Besitz, etwa bei Wolgadeutschen, immer kleiner, so daß eine Weiterwanderung nach Osten einsetzte. Genaue Zahlen liegen allerdings nicht vor. - Im September 1931 waren 1.066 Deutschstämmige (überwiegend Mennoniten) von der Sowjetunion nach Harbin geflohen. Da sie sich dort oder in anderen Teilen Chinas nicht ansiedeln konnten, wurden sie mit Hilfe des Nansenamtes (Völkerbund) nach Paraguay ausgesiedelt. Vgl. Aufzeichnung betreffend

Mandschustaates wieder ein von der Sowjetunion unabhängiges Reich zu schaffen, in den Bereich der Wirklichkeit gerückt werden sollte.

Eine Betätigung deutscher Offiziere in der Mandschurei - etwa in der Art, wie sie in Nanjing seit Jahren ausgeübt wird - würde sicherlich von den Japanern, von der Mandschu-Regierung und vermutlich auch von den russischen Emigranten gern gesehen werden. Mit Rücksicht auf China, auf die Sowjetunion und auf Deutschlands Stellung in Europa kann aber nur dringend davon abgeraten werden, weil wir unsere ohnehin vorhandenen Schwierigkeiten dadurch ganz wesentlich steigern würden.

Eine verstärkte kulturelle Tätigkeit Deutschlands in der Mandschurei erscheint erwünscht und in beschränktem Umfang auch durchführbar. Große Organisationen zu schaffen, verbietet voraussichtlich auf Jahre hinaus der Geldmangel. Aber im Unterrichtswesen Manzhouguos könnten deutsche Gedanken propagiert und deutsche Fachleute angestellt werden, wobei darauf hingewiesen werden kann, daß in Port Arthur [Lüshun] und Shenyang deutsche Dozenten in japanischen Diensten tätig sind.[6] - Eine Verstärkung des deutschen Elements in der katholischen Mission wäre insofern negativ nützlich, als der französisch-polnische Einfluß dadurch zurückgedrängt würde.[7] Positiv sind die deutschen katholischen Missionare nicht unmittelbar in national-deutschem Interesse verwertbar, weil sie sich im Gegensatz zu ihren Kollegen anderer Nationalität bewußt von jeder politischen Geschäftigkeit fernhalten; doch wirken sie in der Regel durch ihr sauberes, einwandfreies Leben mittelbar für den deutschen Namen.

Die günstigen Aussichten für Deutschland liegen in der neuen Mandschurei auf wirtschaftlichem Gebiete. Es könnte der Versuch gemacht werden, der Mandschurei-Regierung klarzumachen, daß Deutschland nicht gewillt ist, gewaltige Mengen mandschurischer Sojabohnen aufzunehmen, wenn die Mandschurei uns nicht in ähnlichem Umfange deutsche Fabrikate abnimmt.[8] Gelegenheit hierzu ist reichlich vorhanden: Die sämtlichen Eisenbah-

---

den Abtransport der deutschstämmigen Russenflüchtlinge in Harbin, AA, o.N., 22.1.1932, in: PolArchAA, R 85287.

6 Anstellung von deutschen Dozenten in japanischen Diensten in Shenyang und Lüshun (Port Arthur). Vermutlich handelte es sich um deutsche Experten in Diensten der Südmandschurischen Eisenbahn, die seit 1905 von Japan kontrolliert wurde. (Vgl. Einleitung zu Kap. 4).

7 Zur katholischen Mission in der Mandschurei. - Die deutsche katholische Mission spielte in China kaum eine Rolle. Dies war eine Domäne der Franzosen und Italiener. Vgl. hierzu CYB 1935:315-319 / D'Elia 1934:57.

8 Einfuhr von Sojabohnen aus der Mandschurei:

	in 1.000 t	Wert in 1.000 RM
1930	888,7857	166.468
1931	1.014,5725	130.991
1932	1.139,3826	118.638
1933	1.148,183	108.789
1934	913,738	69.119
1935	494,257	42.179
1936	456,6076	42.420
1937	545,1189	59.667
1938	717,4124	69.925

nen der Mandschurei mit Ausnahme der Südmandschurischen sind heruntergewirtschaftet und bedürfen einer gründlichen Erneuerung ihres Materials, das Deutschland liefern kann. Deutschland kann für den Flugverkehr die Flugzeuge und die gesamte Organisation liefern. Deutschland kann sich wieder, wie es in ganz kleinem Umfange bereits geschah (Köhlbrand-Werft), am Schiffbau für die Sungari-Schiffahrt beteiligen.[9] Deutschland kann Fabriken für die Verarbeitung von Bohnen, Weizen usw. einrichten, wie es das in erheblichem Maße bisher schon getan hat. Ebenso hat Deutschland bereits in beträchtlichem Umfange Maschinenanlagen für den Bergbau in der Mandschurei geliefert, aber sehr viel mehr wird noch benötigt. Durch diese kurze Aufzählung sind die Möglichkeiten noch bei weitem nicht erschöpft, wie Deutschland seine Bohnenkäufe in der Mandschurei zum Teil mit Fertigwaren bezahlen kann.

Die Anstellung von Deutschen in Regierungsstellen darf trotz politischer Bedenken schon jetzt ins Auge gefaßt werden. Nachdem ein Engländer in den mandschurischen Zolldienst[10] aufgenommen worden ist, mag es geraten erscheinen, diese international reichlich exponierte Verwaltung den Japanern und Engländern zu überlassen. Dem deutschen Wirtschaftsleben nützlich könnte eine Anstellung deutscher Privatpersonen in der Verwaltung des Verkehrswesens (Schiffahrt, Hafenbau und Flußregulierung, Eisenbahn, Landstraßen, Luftfahrt), des Städtebaus, des Salzmonopols, des Bankwesens, der Landwirtschaft, vielleicht auch der Tabakverwaltung u.a.m. werden.

Soweit zur Förderung der deutschen Interessen in der Mandschurei eine Einwirkung auf die dortige Regierung erforderlich ist, müßte mit Rücksicht auf den Völkerbund vorläufig in äußerst vorsichtiger Weise verfahren werden und in der Hauptsache nur die mandschurische Regierung veranlaßt werden, die Initiative zu ergreifen. Ob man bei den Emissären der Mandschu-Regierung in Europa (Ding Shiyuan, George Bronson Rea usw.)[11] Verständnis für diese Fragen findet oder ob man in der Mandschurei selbst den Hebel ansetzen muß - unter allen Umständen ist eine amtliche Einwirkung deutscherseits zu unterlassen oder doch wenigstens gründlich zu verschleiern. Ferner muß davor gewarnt werden, eine solche Einwirkung auf die Mandschurei etwa auf dem Umwege über Tokyo zu versuchen. Von den Chinesen und Mandschuren ganz abgesehen, wollen auch die

1939 (Jan.-Juli)	587,4206	56.853

in: Bloß 1980:62.

9 Der deutsche Wasserbauingenieur Otto Franzius hatte sich von Oktober 1929 bis zum Sommer 1930 in China aufgehalten und zunächst am Songhuajiang bei Harbin gearbeitet. Es war seine Aufgabe gewesen, die Untiefen des Flusses etwa in der Mitte zwischen Harbin und seiner Mündung in den Heilongjiang (Amur) zu untersuchen.

10 Unmittelbar nach der Anerkennung Manzhouguos durch die japanische Regierung war die Mandschurei aus der chinesischen Seezollverwaltung herausgelöst worden. Eigene Import- und Exporttarife wurden verkündet. Vgl. Nish 1993:162-163.

11 General Ding Shiyuan war der ehemalige Direktor der Peking-Hankou-Peking-Suiyuan-Eisenbahn. Der Amerikaner George Bronson Rea gab die *Far Eastern Review* heraus und hatte verschiedenen chinesischen Regierungen als technischer Sekretär gedient. Vgl. ebd. 1993:189.

Japaner in der Mandschurei - das dort maßgebende Militär bewegt sich in nationalsozialistischen Gedankengängen[12] - nichts mit den kapitalistischen und diplomatischen Kreisen in Japan zu schaffen haben, sondern gehen zur Zeit ausgesprochen ihre eigenen Wege. Zur Vorbereitung einer deutschen Beteiligung an dem Aufbau der neuen Mandschurei bedarf es einiger geschickter, taktvoller, selbständig denkender und handelnder Persönlichkeiten privaten Charakters.

PolArchAA, R 35844.

117

Geheime Aufzeichnung des Staatssekretärs Bernhard von Bülow, AA (31.7.1933)[13]

Berlin, den 31. Juli 1933.

Der *Italienische* Botschafter[14] fragte mich heute, ob die russischen Besorgnisse irgendeine Begründung hätten, dass seitens der Nationalsozialistischen Partei insbesondere seitens des Aussenpolitischen Amts Abmachungen politischer Art mit Japan betrieben würden.[15] Ich sagte ihm, die Nachricht sei offensichtlich auf einen Bierabend zurückzuführen, den Anfang dieses Jahres ein Sekretär oder ein Militärattaché der Japanischen Botschaft für die Herren des Aussenpolitischen Amtes bzw. der Partei gegeben hätte, und über den Nachrichten seinerzeit in die japanische Presse gekommen seien. Der Botschafter gab sich mit diesem Bescheid nicht zufrieden, sondern glaubte zu wissen, dass die Russischen Meldungen nicht ganz der Grundlage entbehrten.
gez. Bülow

PolArchAA, R 31231.

---

12 Zur Ideologie des japanischen Militärs, einer Mischung aus Samuraitradition, sozialem Radikalismus und Bewunderung autoritärer Systeme, vgl. Shillony 1973:64-72, v.a. 70. Zur Politik der japanischen Armee in der Mandschurei, vgl. Matsusaka 1996:97-135.

13 Abgdruckt in: ADAP, C II, Dok. 404:733-734. - Auf dem Schriftstück war vermerkt worden, daß es dem Reichsminister, der Abteilung IV (Osteuropa, Skandinavien, Ostasien; aufgelöst am 23.9. 1935) sowie der Abteilung II (West- und Südosteuropa) zugeleitet werden sollte.

14 Vittorio Cerruti.

15 Das von Alfred Rosenberg geleitete Außenpolitische Amt der NSDAP, eine parteigebundene Konkurrenzorganisation zum AA, war am 1.4.1933 eingerichtet worden. Rosenberg hatte sich schon vor der nationalsozialistischen Machtübernahme mit Japan beschäftigt und das rassische Lebensrecht des japanischen Kulturvolkes anerkannt. Da Japan übervölkert sei, müsse es Menschen ansiedeln, um nicht zu ersticken. Dies sei sein Lebensrecht. Vgl. Rosenberg 1935:652-677, v.a. 670.

118

Aufzeichnung des Ministerialdirektors Richard Meyer, AA (6.11.1934)

Berlin, den 6. November 1934.

Aufzeichnung.

Der Chinesische Gesandte[16] suchte mich auf und fragte, ob an den Gerüchten über politische Abmachungen zwischen Deutschland und Japan etwas Wahres sei. Ich versicherte ihm, dass an diesen Gerüchten kein wahres Wort sei. Es sei das Bestreben der Deutschen Regierung, die politischen und wirtschaftlichen Beziehungen zu China und zu Japan gleichmässig gut zu pflegen und alle Gerüchte über deutsch-japanische politische Abmachungen wären völlig unbegründet.

Der Chinesische Gesandte kam dann auf die Frage der Erhebung der Gesandtschaften zu Botschaften zu sprechen.[17] Ich habe ihm gemäss den Ausführungen des Herrn Staatssekretärs gegenüber dem Italienischen Botschafter geantwortet und betont[18], dass die Bedeutung der Beziehungen zwischen den beiden Staaten nicht von der Existenz von Botschaften abhängig sei. Er nahm meine Ausführungen zur Kenntnis und erwiderte, das chinesische Volk hätte einen sichtbaren Beweis eines guten Verhältnisses zwischen Deutschland und China, wie es die Erhebung der Gesandtschaften zu Botschaften dargestellt hätte, sicherlich sehr begrüsst. Er kam nochmals auf die zahlreichen Gerüchte über deutsch-japanische Abmachungen zurück und drückte in diesem Zusammenhang den Wunsch aus, irgendwie das gute Verhältnis zwischen Deutschland und China nach aussen hin zu dokumentieren. Er frug an, ob nicht gelegentlich etwa in Form eines Interviews die freundschaftlichen Beziehungen zwischen Deutschland und China betont werden könnten.[19] Ich habe zugesagt, seine Anregung zu prüfen und höheren Orts vorzutragen.

gez. Meyer.

PolArchAA, R 85850.

---

16 Liu Chongjie.

17 Die Erhebung der Gesandtschaften zu Botschaften war von der chinesischen Nationalregierung seit 1928 in Gesprächen nicht nur mit Deutschland immer wieder thematisiert worden. Vgl. u.a. Papers Relating to the Foreign Relations of the United States 1928, Bd. II, 1943:179-199.

18 Die Italiener hatten ihre Gesandtschaft in China bereits im Herbst 1934 zur Botschaft erhoben. Auf eine entsprechende Anfrage des japanischen Botschafters antwortete Bülow, daß der chinesiche Gesandte Liu Chongjie Deutschland vorgeschlagen habe, dem italienischen Beispiel zu folgen. Doch die deutsche Einstellung sei grundsätzlich negativ, weniger aus politischen denn aus allgemeinen protokollarischen Erwägungen. Man sei gegen eine Inflation der Botschaften und wolle überdies auf die öffentliche Meinung Rücksicht nehmen. Vgl. Aufzeichnung des St.S. Bülow, AA, 10.10.1934, in: ADAP, C III, Dok. 239:457-458.

19 Hitler hatte japanischen Abgeordneten am 13.10.1933 ein Interview gegeben, dessen Veröffentlichung in Japan am 15.12.1933 zu einem Umschwung der öffentlichen Meinung in prodeutschem Sinne beigetragen hatte. (Vgl. Martin 1977:106, Anm. 106)

119

Aufzeichnung des Reichsaußenministers Konstantin von Neurath, Berlin (27.6.1935)[20]

Berlin, den 27. Juni 1935.

Im Anschluß an einen Vortrag, den der Generaloberst von *Seeckt* gestern in Anwesenheit des Reichskriegsministers, des Reichswirtschaftsministers und von mir dem Führer über seine Eindrücke in China gehalten hat, hat Herr von Seeckt den dringenden Wunsch des Marschalls *Jiang Jieshi* übermittelt, den Sitz der deutschen Botschaft von Peking nach Nanjing zu verlegen.[21] Der Herr Reichskanzler hat darauf dem Generaloberst von Seeckt aufgetragen, dem chinesischen Marschall mitzuteilen, daß er diesem Wunsche entsprechen werde.

Der Herr Reichskanzler hat deshalb verfügt, daß
1) sofort nach einem passenden Grundstück in Nanjing Umschau gehalten werden solle. Nach Ansicht des Generalobersten von Seeckt würde die Chinesische Zentralregierung bereit sein, ihre Hilfe beim Ausfindigmachen eines passenden Grundstücks zu leihen;
2) ein provisorisches Büro für die Botschaft sofort in Nanjing eingerichtet werden soll.
3) Wegen Beschaffung der für den Ankauf eines Grundstücks und die Errichtung der Gebäude nötigen Gelder würde, abgesehen von dem Finanzministerium, auch mit dem Reichswirtschaftsministerium in Verhandlungen darüber einzutreten sein, daß die Bezahlung durch Warenlieferungen sicherzustellen wäre.

Der Herr Reichskanzler legt Wert darauf, daß die Vorarbeiten so schnell als möglich durchgeführt werden. Pläne des evtl. gefundenen Grundstücks würden mir vorzulegen sein.

PolArchAA, R 28544.

---

20 Die Aufzeichnung sollte dem St.S. sowie den Direktoren der Abteilungen IV (vgl. Anm. 13) und I (Personal und Verwaltung) zugeleitet werden. – Neurath hatte die Aufzeichnung nicht unterschrieben.

21 Seeckt war am 26.6.1935 von Hitler in der RK empfangen worden. Vgl. Einleitung zu Kap. 2.

120

Schreiben des *Waijiaobu*, Nanjing an das chinesische Ministerium für Industrie und Handel, Nanjing (11.11.1935)[22]

11. November 1935

Die Botschaft in Deutschland teilte mehrfach mit, daß Deutschland zur Zeit eine Kommission zur Untersuchung der Wirtschaft in den Fernen Osten organisiert.[23] Mit dem ehemaligen Konsul von New York, Herrn Kiep, als Leiter wird sie in diesem Jahr durch Kanada über Japan nach China kommen.[24] Ihre Aufgaben in China bestehen neben der Überprüfung der sino-germanischen Handelsbeziehungen darin, die Botschaft und die Geschäftsleute über die aktuelle Wirtschaftslage ihres Landes direkt zu informieren. Angeblich plant sie mit der Südmandschurischen Eisenbahn einen Tauschvertrag über Sojabohnen und Maschinen zu schließen. Unser Ministerium gab bereits der Botschaft in Japan per Telegramm die Anordnung, den Aktivitäten der Kommission in Japan intensive Aufmerksamkeit zu schenken, und ihren Ankunftstermin in China zu ermitteln.[25] Nach den eingegangenen Informationen sei der Kommissionsleiter Kiep mit den Mitgliedern Knoll u.a. in Tokyo angekommen. Das Vorstandsmitglied der deutschen Reichsbank M. Rosenbruch werde am 11. eintreffen. Zur Zeit sei Kiep im Meinungsaustausch mit Japan und bei der Beratung zur Förderung des Handels. In zwei Wochen werde er nach China reisen, zunächst nordostwärts nach Peking, Tianjin, Nanjing und Shanghai, dann weiter Südasien und Thailand besuchen. Über die Tatsache, daß Japan diese Kommission mit äußerster Aufmerksamkeit verfolgt und die Regierung und die Öffentlichkeit sie willkommen heißen, bitte ich neben dem Finanzministerium und allen Wirtschaftskommissionen im Lande auch Ihr Ministerium um Kenntnisnahme.
Stellvertretender Außenminister Wang Zhaoming[26]

2. HACh, 44(2)-84.

---

22 Übersetzt von Li Sujuan. Abgedruckt in: MGDG (zusammengestellt von Zhang Kaisen) 1991:33.

23 Nicht ermittelt.

24 Die Kiep-Kommission sollte Möglichkeiten einer Erweiterung des deutschen Handels mit Japan, China und Manzhouguo erkunden. Vgl. Fox 1982:146-174.

25 Am 18./19.9.1935 wurden nach einem interministeriellen Treffen die Instruktionen für die Kiep-Kommission in Berlin verabschiedet. Eine politische Anerkennung Manzhouguos war ausdrücklich nicht vorgesehen. Die Kommission verließ Deutschland Anfang Oktober, reiste über Kanada und traf Ende Oktober in Japan ein und erreichte am 1.12.1935 Shenyang.

26 Ein anderer Name für Wang Jingwei.

121

Entwurf Wilhelm Hacks, eines Vertreters des Außenpolitischen Amtes, Berlin, über eine deutsche Vermittlung zwischen Japan und China (25.11.1935)[27]

25. November 1935

Entwurf

Ich erfahre vertraulich, dass in privater Weise bei deutschen Regierungsstellen von einem Ausgleich zwischen Nanjing und Tokyo gesprochen wurde.[28] Die chinesische Regierung scheint eine deutsche Vermittlung für einen solchen Ausgleich anzustreben und liess zunächst ganz inoffiziell hierüber in Deutschland sondieren.

Grundsätzlich würde die deutsche Regierung einen solchen Ausgleich begrüssen, wenn ihr auch der Weg für ihre Mitarbeit nicht klar ist. Sie hat Mitteilungen erbeten, ob die chinesische Regierung offiziell einen solchen Wunsch äussere. Bejahendenfalls wurde mitgeteilt, dass von deutscher Seite natürlich erst mit Japan Fühlung genommen werden müsse, ob irgendeine Art von Vermittlung auch dort erwünscht sei.

General O.[shima] telegrafierte den obigen Inhalt heute nach Tokyo. Es handelt sich darum, dass Generalkonsul Kriebel[29] auf der Fahrt nach München zum 9. November mit dem Führer darüber sprach, dass ihm aus Shanghai der Wunsch übermittelt worden sei, in Deutschland zu sondieren, ob nicht Deutschland eine Vermittlungsaktion zwischen China und Japan unternehmen könne. Der Führer hatte sich anscheinend prinzipiell zustimmend geäussert und die Angelegenheit dann Herrn v. R.[ibbentrop] übergeben. Kriebel hat ein Telegramm nach Shanghai geschickt, indem er sich allzu positiv ausdrückte und das auch, da an einen Bekannten gerichtet, nur mangelhaft geschlüsselt ist.

Da anzunehmen ist, dass der japanische Nachrichtendienst in Nanjing von dieser Sache erfährt, bat v.R.[ibbentrop] die Angelegenheit im obigen Sinne mit O.[shima]. zu besprechen. Es ist durchaus anzunehmen, dass die Japaner von einer solchen Vermittlungsaktion wenig entzückt wären, da es die alte chinesische Taktik ist, sich hinter

27 Maschinenschriftliche Vorlage, ohne handschriftliche Zusätze. Vermutlich war der Entwurf zur Vorlage bei Ribbentrop gedacht und sollte einer Standortbestimmung der Dienststelle in der Frage einer deutschen Vermittlung dienen. Das Votum Hacks fiel eindeutig zugunsten der Japaner und damit gegen einen Ausgleich aus. Hack nahm die spätere Haltung Ribbentrops vorweg und präjudizierte womöglich mit diesem „Entwurf" die Wende der deutschen Fernostpolitik von China auf Japan. Vgl. hierzu: Martin 1977:96-97.

28 Vgl. Denkschrift des VLR Erdmannsdorff, AA, 18.11.1935, in: ADAP, C IV, Dok. 416:814-815 / Brief von Ribbentrop an Kriebel, GK Shanghai, 7.12.1935, in: ebd., Dok. 451:878.

29 Hermann Kriebel, GK in Shanghai, hatte am 9.11.1923 am Hitler-Putsch teilgenommen und war einer der ältesten Vertrauten Hitlers. Vgl. auch Einleitung zu Kap.2.

anderen Mächten zu verschanzen (Aeusserung von O.[shima] vor allem betreffend England und Amerika).

Martin, Hack-Papiere, Dok.-Nr. 28.

122

Aktennotiz Wilhelm Hacks, eines Vertreters des Außenpolitischen Amtes, Berlin (28.11.1935)[30]

28. November 1935

Akten-Notiz

Besprechung v.R.[ibbentrop]
Widerstände von verschiedenen Seiten, insbesondere A.A.[31] andererseits gestern Rücksprache mit F.[ührer][32] fest entschlossen.

Inhalt Komintern Version, kann veröffentlicht werden, hierfür insbesondere auch günstige Nachrichten Südamerika und Indien (siehe Anlage)[33] . Zu Veröffentlichung und Gentlemen-Agreement, Kolonialfrage und wirtschaftliche Fragen zu besprechen. Mein Vorschlag Briefaustausch.

Unterschrift in Berlin gewünscht. Graf M.[ushakoji][34] in Tokyo bis Rückkehr Wakamatsu[35] bleiben und dann möglichst schnell über Sibirien hierher kommen.

---

30 Bei diesem Dokument handelt es sich um eine maschinenschriftliche Vorlage mit handschriftlichen Zusätzen Hacks am Schluß.

31 Vermutlich erfuhr das AA von den Verhandlungen durch ein Schreiben des deutschen Militärattachés Eugen Ott an den Generalstab, das dort auf dem Instanzenwege eintraf und am 22.11.1935 von RKM Blomberg an Ribbentrop weitergeleitet wurde. In Unkenntnis der deutschen diplomatischen Berichterstattung, die im Gegensatz zu der japanischen grundsätzlich über den Botschafter lief, hatte der japanischen Generalstab (Europa/Amerikaabteilung) den deutschen Militärattaché Ott von den Oshima-Gesprächen unterrichtet (Martin, Hack-Papiere, Dok. 29). In seinem Schreiben nach Berlin will Ott vor einer zu engen Bindung an Japan gewarnt haben (Sommer 1962:28 / Krebs 1984:56). AM Neurath und St.S. Bülow lehnten ohnehin eine Reorientierung der sinophilen deutschen Ostasienpolitik ab.

32 Das Gespräch zwischen Hitler und Ribbentrop, in dem die Grundsatzentscheidung für einen Antikomintern-Pakt zwischen Deutschland und Japan gefallen ist, fand am 27.11.1935 statt.

33 Vgl. Martin, Hack-Papiere, Dok. 30 (Agenturmeldung über antikommunistische Schutzmaßnahmen in Indien, 27.11.1935). – Die Anlage ist nicht bekannt.

34 Vgl. ebd., Dok. 5.

35 Vgl. ebd. Sowie Anm. 39.

Telegramm an O.[shima] in Japan; nicht weiter mit D.[eutschland] zu sprechen und Mitteilungen von D.[eutschland] an Gaimusho[36] verhindern.[37]

Besprechung mit C.[anaris]. Erhebliche Widerstände durch Telegramm und Brief an Chef des Generalstabs [38] aber im wesentlichen überwunden. C.[anaris] verreist Montag Abend 10.14 und steht erst Freitag vormittags wieder zur Verfügung, wünscht Frühstück mit O.[shima] und Wakamatsu Montag[39] mittags mit mir.

Bedenken im Amt sind teils sachlicher Natur, teils ressortmäßig gegen neuesten Kurs. In Abwesenheit C.[anaris] General Keitel.

Handschriftliche Zusätze Hacks:
Wakamatsu Hilfsattaché reist erst 15ten ab[40]
O[shima] erst ab 7ten frei. 5/6[41]
7 mittags oder abends mit C[anaris]
Morgen bis 12h frei
C[anaris] feststellen, ob besonderes Interesse (E[ngland], R[ußland], Fr[ankreich]) f[ür] Attaché Konferenz[42]
Privatauto!

Martin, Hack-Papiere, Dok.-Nr. 31.

---

36 Japanisches Außenministerium.

37 Vgl. Anm. 31.

38 Generalstabschef Ludwig Beck soll ein Militärabkommen mit Japan abgelehnt und die Vertragsvorlage entsprechend entschärft haben. (Vgl. Sommer 1962:29 nach Zeugenaussage.)

39 Der 28.11.1935 war ein Mittwoch, d.h. das Frühstück sollte am Montag, den 3.12. stattfinden. Doch dürften sich Abwehrchef Canaris, Militärattaché Oshima und Oberstleutnant Wakamatsu, der Chef der Deutschlandgruppe im japanischen Generalstab, am 30.11. (Freitag) bei Hack getroffen haben. (Vgl. Zusatz zu Dok. 33, in: Martin, Hack-Papiere.)

40 Demnach reiste Wakamatsu am 15.12.1935 aus Berlin ab, vermutlich begleitet von dem Stellvertreter Oshimas. Nach Raumer fand allerdings noch am 7.12. zu Ehren von Wakamatsu ein Tee-Empfang in der japanischen Botschaft statt.

41 Buchstabengruppe nicht lesbar.

42 Konferenz aller in Europa tätigen Militärattachés in Berlin, die den offiziellen Anlaß für den Besuch Wakamatsus darstellte. (Vgl. Dok. 17, in: Martin, Hack-Papiere.)

123

Artikel aus den *Basler Nachrichten* (29.11.1935)[43]

Deutsch-japanisches Bündnis in Sicht?

Berlin 29. November. (Privattel.) Weit bedeutender als das deutsch-französische Gespräch zwischen Reichskanzler Hitler und Botschafter François-Poncet, das hier vielfach mit dem Bestreben Lavals[44], sich innenpolitisch zu festigen, in Verbindung gebracht wird, erscheint die Tatsache, dass

in diesen Tagen in der Reichshauptstadt eine japanische Delegation erwartet wird, die über ein deutsch-japanisches Bündnis zu verhandeln hat.

Für diese Verhandlungen, die mit größter Behutsamkeit vorbereitet und geführt werden, ist zunächst deutscherseits ausschliesslich Botschafter von Ribbentrop vorgesehen. Obwohl damit nach aussen hin der Charakter der Fühlungsnahme abgeschwächt werden soll, dürfte es sich um ein Ereignis von allergrößter Bedeutung handeln. Nachdem die aussenpolitische Lage des Reiches einer gänzlichen Erstarrung anheimzufallen drohte, eröffnen die Aussichten auf ein deutsch-japanisches Bündnis weltpolitisch weite Aspekte. In den diplomatischen Kreisen wird das angestrebte Bündnis als *Gegengewicht* zum französisch-russischen Vertrag[45] betrachtet, der das größte Mißfallen des Reiches erregt hat. Die neue japanische Expansionswelle auf dem fernöstlichen Kontinent gibt diesen Absichten ein besonderes Relief.

Die größte Sorge der Reichsregierung wird die Schonung Englands darstellen.[46]

Indessen hofft man, daß die Engländer im gegenwärtigen Augenblick ihre ganze Aufmerksamkeit dem Ostafrikakonflikt[47] mit allen seinen Nebenerscheinungen zuwenden müssen.

---

43 Der Artikel war an eine Notiz des VLR Erdmannsdorff, AA, 2.12.1935, angehängt. Aus ihr ging hervor, daß LR Tan Boyu, CGB, „in sichtlicher Bestürzung“ den in Abschrift beiliegenden Ausschnitt aus den *Basler Nachrichten* über den angeblich bevorstehenden Abschluß eines deutsch-japanischen Bündnisses abgegeben habe.

44 Die Besprechung zwischen Hitler und François-Poncet hatte am 21.11.1936 in Gegenwart von RAM Neurath stattgefunden. Dabei unterstrich Hitler, daß er den Abschluß des sowjetisch-französischen Beistandspaktes (vgl. Anm. 45) als Pakt gegen Deutschland ansehe. Vgl. Aufzeichnung des RAM Neurath, 22.11.1935, in: ADAP, C IV, Dok. 425:831-833.

45 Der sowjetisch-französische Beistandspakt war am 2.5.1935 in Paris unterzeichnet worden.

46 In der ursprünglichen Konzeption wollte Ribbentrop England in den Antikomintern-Pakt, ein Zangenbündnis gegen die Sowjetunion, eingliedern.

47 Hier wurde der Konflikt, der ab dem 3.10.1935 ein Krieg war, Italiens mit Abessinien angesprochen. In der Anfangsphase unterstützte die Reichsregierung Abessinien durch Waffenlieferungen. Dies hatte im wesentlichen zwei Gründe: Zum einen sollte Italien vom Mittelmeerraum (Österreich) zum Roten Meer abgelenkt werden; zum anderen sollte das deutsch-englische Verhältnis durch zu gute Beziehungen zu Mussolini nicht belastet werden. Vgl. Funke 1970:36-38 u. 43-47.

Die Vorbesprechungen zwischen Japan und Deutschland sollen schon ziemlich weit gediehen sein.

Trotzdem hat man zurzeit jede Publizität ausgeschaltet; ein amtliches Dementi würde uns nicht in Erstaunen versetzen. Im übrigen kann Deutschland gegen den zu erwartenden Einwand gegen das System der zweiseitigen Allianzen immer den französisch-russischen Pakt in die Diskussion werfen. Man hofft ferner auf die Abneigung der Weltöffentlichkeit gegenüber Sowjetrussland, das nach dem Aufstandsversuch in Brasilien[48] neuerdings mit aller Schärfe als „Störenfried der Welt" bezeichnet wird. Der Augenblick ist auch im Hinblick auf die bevorstehenden Kammerverhandlungen für die Ratifizierung des französisch-russischen Paktes nicht schlecht gewählt.

„Deutschland ist eine Großmacht erster Ordnung" hat Hitler in einem der United Press[49] gewährten Interview erklärt. Aus dieser Maxime werden nun die Konsequenzen da gezogen, wo es eben möglich ist.

Basler Nachrichten, 29.11.1935, in: PolArchAA, R 85852.

124

Schreiben des Beauftragten für Währungsfragen, Guo Bingwen, Nanjing, an Industrieminister Wu Dingchang, Nanjing (6.2.1936)[50]

6. Februar 1936

Sehr geehrter Herr Minister.

Zu seinem Chinabesuch ist der Leiter der deutschen Wirtschaftskommission, Herr Kiep mit Luo Shengbai und anderen Mitgliedern bereits in Shanghai eingetroffen.[51] Über den Chinabesuch dieser Kommission wurde im Vorfeld viel geredet, weshalb ihr besondere Aufmerksamkeit geschenkt werden muß. Am gestrigen Abend habe ich auf dem

48 Zwischen 1930 und 1945 verbot der brasilianische Diktator Getulio Vargas Kommunisten und faschistische Integralisten. Gleichzeitig versuchte er, die Arbeiter durch soziale Gesetzgebung zu gewinnen. Es kam zu kommunistischen Aufständen in Pernambuco und Rio. - Der deutsche Kommunist Arthur Ewert (vgl. Dok. 24, Anm. 16), der sich 1932-34 in China aufgehalten hatte, war an der Vorbereitung dieser Aufstände maßgeblich beteiligt.

49 Hitler hatte Ende November 1935 dem Vorsitzenden der amerikanischen *United Press* ein Interview gegeben, in welchem er betonte, daß Deutschland das Bollwerk des Westens gegen den Bolschewismus sei. Die Notwendigkeit der Bekämpfung des Bolschewismus sei einer der Hauptgründe für die Judengesetzgebung in Deutschland gewesen. Vgl. Domarus 1/2, 1965:557-559.

50 Übersetzt von Li Sujuan. Abgedruckt in: MGDG (zusammengestellt von Zhang Kaisen) 1991:33-34.

51 Am 20.1.1936 hatte das WJB dem Wirtschaftskomitee eine Mitteilung über die Ankunft der deutschen Wirtschaftskommission in China gesandt (2. HACh, 44(2)-84).

Empfangsbankett im deutschen Konsulat ein langes Gespräch mit Kiep geführt. Auf meine tastenden Anfragen hin stritt er den politischen Charakter seiner Mission ab. Er sei nur geschäftlich hier. Deutschland habe im Fernen Osten weder Kolonien noch irgendwelche sonstigen Ambitionen. Es wolle nicht in politische Aufruhr im Osten verwickelt werden. Das Gerede käme von den Intrigen und Provokationen Japans und der Sowjetunion. Für die Kommission nannte er folgende drei Aufgaben:

1. Studium der chinesischen Wirtschaftslage. Er hoffe, daß er viele Rohstoffe von China kaufen könne, wie z.B. Agrarprodukte und Mineralien (Antimon, Wolfram, Kupfer, Eisen und Aluminium, die alle erwünscht seien). Er erwarte auch, daß China viele deutsche Maschinen beziehen werde.
2. Propaganda bezüglich der neuen deutschen Wirtschaftspolitik.
3. Verhandlungen über die Möglichkeiten Chinas, deutsche Waffen zu erwerben (dieser Punkt sollte streng geheim gehalten werden).

Kiep kündigte an, daß er nach Norden gehen wolle, um die dortige Situation in Augenschein zu nehmen. Bei seiner Rückkehr nach Süden plane er einen Besuch bei Jiang in Nanjing. Beiliegend der Vortragstext, den Kiep heute während des Seminars über die internationale Problematik und auf dem Empfangsfest der chinesischen Außenhandelsgesellschaft zu halten gedenkt.[52] Ich helfe jetzt dabei, für die Dauer des Aufenthaltes von Kiep in Shanghai sämtliche offiziellen und privaten Bewirtungen und Verbindungen von unserer Seite aus zu organisieren. Ich werde weiteres beifügend erläutern.[53]

Hochachtungsvoll, beste Wünsche für den Frieden

Guo Bingwen

2. HACh, 44(2)-84.

125

Aufzeichnung des Staatssekretärs Bernhard von Bülow, AA (4.5.1936)

Berlin, den 4. Mai 1936

Der Chinesische Botschafter suchte mich heute auf, um im Auftrage seiner Regierung dagegen zu protestieren, daß wir mit der Manzhouguo-Regierung einen Handelsvertrag

52 Anlage des Dokumentes war die in Shanghai gehaltene Rede Kieps: „Die neue Wirtschaftspolitik Deutschlands“ (6.12.1936). Veröffentlichung auf Englisch als “The Economic Policies of Germany under the New Plan”, in: CEJ 1936:212-215.

53 Weitere Erläuterungen von Guo Bingwen wurden nicht ermittelt.

abgeschlossen[54] und dadurch den Anschein erweckt hätten, die Manzhouguo-Regierung anzuerkennen. Das entspräche nicht den freundschaftlichen Beziehungen der Deutschen und der Chinesischen Regierung, denn China's Einstellung in der Frage sei uns wohl bekannt. Ich sagte dem Botschafter, wir hätten sorgsam vermieden, den Anschein einer Anerkennung der Mandschurei zu erwecken, und wenn seine Regierung glaube, Protest erheben zu sollen, so sei sie irregeleitet durch böswillige Berichte wie z.B. eine den Tatbestand entstellende Reutermeldung, die mir bekannt geworden sei. Es handele sich nicht um einen Handelsvertrag, den die Mandschurei wahrscheinlich gern mit uns geschlossen hätte, zu dem wir aber nicht bereit gewesen seien, sondern um ein technisches Abkommen über die Bezahlung des beiderseitigen Handels, sowie um ein Banken-Abkommen. Vertragspartei sei auf deutscher Seite nicht die Reichsregierung, sondern lediglich die Reichsstelle für Devisenbewirtschaftung.[55] Das Abkommen sei notwendig gewesen, da wir bisher gezwungen gewesen wären, 9/10 unseres Bedarfs an Sojabohnen in fremden Devisen zu bezahlen, während wir jetzt in der Lage wären, 1/4 in Reichsmark abzudecken.

Der Botschafter wandte ein, auf der Gegenseite habe den Vertrag der sogenannte Manzhouguo-Botschafter in Tokyo[56] unterzeichnet. Ich sagte, wenn man daraus eine Anerkennung der Mandschurei schließen wolle, hätte ja unser Botschafter in Tokyo deutscherseits unterzeichnen müssen. Der Manzhouguo-Botschafter in Tokyo habe lediglich im Namen der mandschurischen Stellen unterschrieben und es sei doch für die chinesische Auffassung auch von Wert, daß das Abkommen nicht in der Mandschurei, sondern am dritten Ort abgeschlossen sei. Im übrigen würde seine Regierung von uns direkt über den Inhalt und wahrscheinlich auch über den Wortlaut der Abmachungen *unterrichtet* werden. Über die Veröffentlichung schwebten noch Erwägungen. Eventuelle Gründe für Nichtveröffentlichung seien rein kommerzieller Art; wir hätten aber bisher den Text der Abmachung noch gar nicht in den Händen.[57]

Der Botschafter war offenbar von dieser Erklärung nicht voll befriedigt. Er sagte, er werde seiner Regierung über unsere Unterredung berichten und bat sehr, ihm nach Eingang

---

54 Die Übereinkunft zum deutsch-mandschurischen Handel war am 30.4.1936 in Tokyo von Kiep und dem Botschafter von Manzhouguo Xie Jieshi in Gegenwart des Leiters der Handelsabteilung des japanischen AM geschlossen worden. Im Wert von 100 Mill. Yuan sollte die Mandschurei binnen eines Jahres Waren, vor allem Sojabohnen, nach Deutschland liefern, die zu 75% im Tausch gegen deutsche Maschinen erfolgen und zu 25% in RM beglichen werden sollten. Vgl. Fox 1982:169-170.

55 Es war die Idee des deutschen Botschafters Trautmann gewesen, den Vertrag nicht durch den deutschen Botschafter in Japan, sondern durch LR Knoll als Vertreter der Devisenstelle unterzeichnen zu lassen (Trautmann an AA, 5.2.1936, in: BArch, 0902/3924). Tatsächlich unterzeichnete dann Kiep.

56 Es handelte sich um Xie Jieshi (vgl. Anm. 54). Das AM in Manzhouguo war dem Militär untergeordnet, vgl. Matsusaka 1996:132-134.

57 Der deutsch-mandschurische Handelsvertrag wurde nicht im RGBl. veröffentlicht, sondern im: *Deutschen Reichsanzeiger und Preußischen Staatsanzeiger*, 3.6.1936, Nr. 126:1. Ein Vertragsentwurf (Arrangement for German-Manzhouguo Trade) befindet sich in: 2. HACh. 28(2)-3655.

den Text des Abkommens zur Verfügung zu stellen, was ich bedingt in Aussicht stellte.

gez. Bülow

Herrn Reichsminister
Abteilung W[58]
Abteilung IV (China)
PolArchAA, R 29458.

126

Zusammenfassung eines Leitartikels aus der Zeitung *Da gongbao*, Shanghai, durch *Reuters Translation Service* (8.5.1936)

May 8, 1936

Chinese Press Editorials

Da gongbao (Shanghai)[59]:

The German-Manzhouguo Trade Pact

The German-Manzhouguo trade agreement which was signed last week, should not cause any ill-feeling or friction between China and Germany in the opinion of the Da gongbao, which states that the issue is an unimportant one. The relations between Germany and Manzhouguo, it says, need not cause Chinas deep concern, as it is from the Sino-Japanese angle that the Manzhouguo problem is so important. It continues:

„Germany has emphatically stated that the trade agreement signed by Dr. Otto Kiep, head of the German economic mission to the Far East, and the Manzhouguo government, has no political significance what so ever. From reports received so far, the German explanation can be received with credence. Germany's action does not call for a protest from China as it should not cause any difficulties between the two countries.

„We disagree with the opinion expressed in some foreign quarters that the trade agreement will lead to a German-Japanese pact. A German-Japan pact is possible.[60] But if it materializes it will concern Japan and Germany alone and will not involve Manzhouguo.

58 Bei der Abteilung W handelte es sich um eine Sonderabteilung für Wirtschaftsfragen.

59 Zur *Da gongbao* (Allgemeine Zeitung), vgl. Dok. 39, Anm. 143.

60 Diese Vermutung hatte einen realen Hintergrund. Vgl. die Verhandlungen von Hack, Dok. 121 u. 122.

The agreement which will be in force for one year beginning June 1, 1936 provides that 75 percent of Germany's imports from Manzhouguo consisting mainly of soya bean products and wool, will be paid for in foreign bills and 25 percent in Reichmarks. In return, Germany will export an equal amount of goods to Manzhouguo. Germany's foreign policy will not be altered by the sale and purchase of such limited products.

„China should not confuse the issues in Manzhouguo with problems concerning relations with countries other than Japan. This applies to questions involving Russia as well as Germany."

BArch, 0902/3924.

127

Memorandum des *Waijiaobu* zum deutsch-mandschurischen Handelsabkommen (vmtl. Juni 1936)[61]

The Ministry of Foreign Affairs presents its compliments to the German Embassy and has the honour to refer to the „Arrangement for German-Manzhouguo Trade" signed at Tokyo at the end of April, 1936, a copy of which was furnished by the German Chargé d'Affaires[62] on June 1st.

After a careful examination of the said „Arrangement", the Ministry of Foreign Affairs cannot but come to the conclusion that the „Arrangment" is, to all intents and purposes, an agreement designed to regulate certain kinds of relations between two countries and entered into between the representatives of an official organ of the German Government and the so-called „Manzhouguo", which is, as the German Government is fully aware, an organization brought about by illegitimate means and unrecognized by all self-respecting States in the world. In view of the exceedingly cordial relations between China and Germany, it is most regrettable that the German Government should have entered into an agreement of this nature. While the Chinese Government refuses to believe that the German Government has

61 Das Memorandum war einem Schreiben des BR Fischer an das AA, 9.6.1936 als Anlage angehängt. Darin erklärte Fischer, daß ihm Vizeaußenminister Xu Mo am Tage zuvor das Memorandum überreicht habe. Mündlich habe Xu hinzugefügt, daß das AM den Handelsabschluß für bedeutungsvoll genug gehalten habe, um im Kabinett die Frage einer Stellungnahme der chinesischen Regierung zur Erörterung zu stellen. Man sei übereingekommen, daß man nicht über Motive und Inhalte des Abkommens argumentieren wolle, aber nicht umhin könne, die deutsche Regierung um Auskunft hinsichtlich der Anerkennung von Manzhouguo zu bitten. Fischer gab an, daraufhin erwidert zu haben, daß er diesen Schritt bedauern würde, da bereits mehrfach die rein wirtschaftlich-technische, unpolitische Natur des Abkommens betont worden sei.

62 Botschafter Trautmann war zu diesem Zeitpunkt auf Heimaturlaub. Geschäftsträger war BR Fischer.

seen fit to adopt a course of action contrary to the common attitude of the world toward the so-called „Manzhouguo", it nevertheless feels called upon to ascertain whether the German Government, in concluding the „Arrangement" in question, has accorded recognition to the illegal organization now existing in the Northeastern provinces of the Republic of China. An early reply to this inquiry will be appreciated.[63]

BArch, 0902/3924.

128

Aufzeichnung des deutschen Botschafters, Oskar Trautmann, Nanjing, für Adolf Hitler, Berlin (10.6.1936)[64]

Deutschland und China

Das augenblickliche Verhältnis zwischen Deutschland und China ist als gut zu bezeichnen. Politische Reibungsflächen zwischen den beiden Ländern gibt es nicht. Für das neue Deutschland ist in China viel Sympathie vorhanden.

Da Marschall Jiang Jieshi ungefähr 60 militärische Ratgeber aus Deutschland beschäftigt, die unter General von Falkenhausen vorzügliche Arbeit leisten, genießen wir auch an maßgebendster Stelle des Landes Vertrauen.[65]

Politisch ist nur ein einziges Gefahrenmoment in China für uns vorhanden, das ist unser Verhältnis zu Japan und Manzhouguo. So lange der jetzige Gegensatz zwischen China und Japan weiter bestehen bleibt, löst jede engere Verbindung eines Landes mit Japan und Manzhouguo in China das Gefühl aus, daß diese Verbindung gegen China gerichtet ist.

63 Eine Reaktion des AA auf das Memorandum ist nicht bekannt. Vgl. hierzu Anm. 61.

64 Dem Dokument vorangestellt war ein handschriftlicher Brief von Trautmann an Min.Dir. Dieckhoff (10.6.1936), in welchem er ausführte, daß er am 9.6.1936 zunächst von Hitler und dann von Ribbentrop empfangen worden sei. Da die Unterredung mit Ribbentrop sehr kurz und keine Zeit für eine nähere Aussprache vorhanden gewesen sei, habe er beschlossen, nachfolgende Aufzeichnung zu überreichen. Zwei Fragen habe er darin jedoch ausgeklammert: Zum einen die Frage, ob es für die deutsch-japanische Politik möglich wäre, eine Verständigung mit Rußland zu verhindern; zum anderen die, ob Japan im Falle einer Verständigung auch dann mit Deutschland kooperiere, wenn seine Interessen anders liegen würden. Er erinnerte in diesem Zusammenhang an das passive Verhalten Japans während des 1. Weltkrieges, nachdem es sein eigentliches Ziel, Jiaozhou, erreicht hatte. - Auf dem Brief finden sich folgende Vermerke, jeweils mit der Paraphe von Trautmann versehen: Herrn Ges. v. Erdmannsdorff, 10.6. / Von Min.Dir. Dieckhoff mit Dank zurück, 11.6. / Dem Ges. Renthe-Finck, 11.6. - Im Nachlaß Renthe-Fincks, einem deutschen Völkerbundsbeamten, wurde das Dokument schließlich gefunden.

65 Vgl. Kap. 2 dieses Bdes.

Deshalb hat man in China eifersüchtig alle Nachrichten verfolgt, die von einer Anerkennung Manzhouguos durch Deutschland oder von einem Bündnis Japans mit Deutschland sprechen.[66] Wir würden, wenn wir solche Verträge abschließen würden, starke Rückschläge in China zu gewärtigen haben. Zunächst würde uns die Sympathie des chinesischen Volkes verloren gehen, die die Grundlage für unsere Tätigkeit in China ist, ferner würden wir die Voraussetzungen für die Arbeit unserer Militärberater zerstören und unserem Handel mit China, der letzten Endes auf dem Vertrauen beruht, das wir beim chinesischen Volk genießen, großen Schaden zufügen.

Es ist deshalb vom gesamt-ostasiatischen Standpunkt aus gesehen notwendig daß wir eine Politik verfolgen, die die Freundschaft zu beiden Ländern, China und Japan, gleichmäßig pflegt, aber keine Wahl zugunsten eines Landes vornehmen. Deutschland hat vor dem Kriege mehrere Male den Fehler gemacht, in die ostasiatischen politischen Fragen einzugreifen.[67] Dies hat sich als falsch erwiesen. Ostasien ist zu weit von uns entfernt, als daß wir dort eine Politik verfolgen könnten, die mit einem Risiko für uns verknüpft ist. Wir haben auch nicht die Machtmittel (Flotte), um unseren Ansichten gegebenenfalls Geltung zu verschaffen. Dagegen haben wir durch eine zurückhaltende Politik der Freundschaft zu den Völkern Ostasiens nur zu gewinnen. Denn es handelt sich hier um große Gebiete, auf denen noch alles zu entwickeln ist, und um die Gelegenheit, bei dieser Entwicklung mitzutun.

Unsere Interessen in China gehen dahin, daß China nicht vollkommen von Japan verschluckt wird. Die Erfahrung hat gelehrt, daß wo Japan einen Markt erobert, die anderen Mächte daraus verdrängt werden. Unsere Interessen gehen in dieser Beziehung den englischen parallel. Auch England will ein gutes Verhältnis zu Japan aufrechterhalten, auf der anderen Seite aber liegt ihm viel daran, daß Japan im Pacific nicht zu mächtig wird (wegen Hongkong, Singapur, Australien), und daß China nicht vollkommen unter japanische Botmäßigkeit kommt. Gegenwärtig ist England nicht imstande, Japan Schranken aufzuerlegen.[68] Es wartet auf die Zukunft, die sich in Ostasien schon so oft anderes entwickelt hat, als Japan dies dachte.

Da die englische Politik immerhin mehr Aktivität in Ostasien zugunsten Chinas zeigen kann, als die unsere, so können wir die Engländer unsere Geschäfte besorgen lassen, ohne selbst ein Risiko zu laufen.

Eine deutsche Verständigung mit Japan würde dagegen der englischen Politik in Ostasien unbequem sein. England hat ein Interesse daran, daß Japan nicht zu stark wird, und daß auch der russische Faktor in Ostasien nicht ganz ausgeschaltet wird. Je mehr wir

66 Vgl. u.a. Dok. 118.

67 Anspielung auf die Triple-Intervention 1895.

68 Im Rahmen seiner Ostasienpolitik benötigte Großbritannien Japan einerseits als Partner gegen die USA, die Sowjetunion und auch gegen China; andererseits aber sollte das Kaiserreich nicht ein zu großes Gewicht erhalten. An Auseinandersetzungen zwischen Japan und der Sowjetunion war die englische Politik deshalb nicht uninteressiert. (Vgl. Anm. 69) Was die tatsächliche Machtposition in Ostasien anging, so war Japan Großbritannien weit überlegen. vgl. Louis 1971:212-214.

uns Japan politisch nähern, umso mehr wird Rußland die Möglichkeit haben, England für sich zu interessieren. Wir arbeiten bei einer solchen Politik für eine russisch-englische Annäherung, ohne daß wir Japan dadurch als aktiven Faktor für die europäische Politik gewonnen haben. Japan hat keine Interessen in Europa und wird in Europa keine Risiken laufen. Wir haben also nichts für unsere europäische Politik gewonnen, wenn wir uns mit Japan verständigen.

Vorläufig ist die russisch-japanische Politik unübersichtlich.[69] Es ist nicht ausgeschlossen, daß in Japan diejenige politische Richtung gegenüber den Militärs siegen wird, die als letztes Ziel eine Verständigung mit Rußland zur Verminderung der russischen Rüstungen in Ostasien wünscht, wenn die Grenzfragen zwischen Manzhouguo und Rußland, die Fischereifrage u.s.w. erledigt sind. Nachdem Stalin erklärt hat, daß ein japanisches Vorgehen in der äußeren Mongolei ein Kriegsgrund sein würde, ist die äußere Mongolei nur durch Angriff zu gewinnen.[70]

Die militärischen Verhältnisse in der Mandschurei liegen aber so, daß eine japanische militärische Unternehmung gegen Sibirien und die äußere Mongolei ein starkes Risiko für Japan in sich schließt. Außerdem ist die russische Flugwaffe sehr stark. - Japan hätte im übrigen außer der Mongolei kaum ein Kriegsziel gegenüber Rußland; die russische Küstenprovinz könnte Japan nicht verdauen. Man wird sich deshalb in Japan überlegen, ob man nicht ohne Krieg - durch Einschüchterung und Druck - eine vernünftige Regelung der Grenzen und die russische Abrüstung erreichen kann.

Wenn trotz allem durch eigenmächtiges Vorgehen der japanischen Militärs ein Krieg zwischen Rußland und Japan ausbrechen sollte, so werden wir auch ohne Bündnis mit Japan die nötige Entspannung in Europa haben. Wir brauchen also gar nicht das Risiko einer Verstimmung von China zu laufen.

Findet ein Konflikt in Europa statt, so scheint mir zweifelhaft, ob wir militärisch selbst durch eine Verständigung mit Japan eine fühlbare Erleichterung haben werden. Mit oder ohne japanisch-deutsche Verständigung wird ungefähr ein russisches Heer in der gegenwärtigen Größe (150. bis 250.000 Mann) in Ostasien bleiben, um Sibirien zu verteidigen. Die russische fernöstliche Armee hat sich zu einer fast selbständigen Streitmacht entwickelt und genügt auch für Verteidigungszwecke. Ueber eine Verteidigung Sibiriens und der Mongolei wird aber Rußland nicht hinausgehen. Umgekehrt wird auch Japan im Falle eines europäischen Konfliktes kaum viel gegenüber Rußland riskieren, weil der chinesische Gegner sofort davon profitieren würde.

---

69 Ein Krieg zwischen Rußland und Japan konnte seit dem Einmarsch der Japaner in die Mandschurei nicht ausgeschlossen werden. Seit 1933/34 hatten entsprechende Gerüchte unter den Diplomaten an Intensität zugenommen. Das WJB fürchtete einen solchen Krieg: Falls Japan gewinnen würde, sei die Mandschurei endgültig verloren, sollte aber die Sowjetunion gewinnen, so würde die Mandschurei sowjetisiert werden. Vgl. Lensen 1974:361-445, v.a. 421-427.

70 Am 12.3.1936 war in Ulan Bator ein Beistandsabkommen zwischen der Sowjetunion und der Mongolischen Volksrepublik unterzeichnet worden. Vgl. hierzu auch: Dok. 37, Anm. 127. - Zu den militärischen Zwischenfällen 1935/36 an der mandschurisch-mongolisch-sowjetischen Grenze, vgl. Coox 1985:92-101.

Von allen Seiten betrachtet kommt man deshalb zu der Schlußfolgerung, daß Deutschland eine einseitige Politik in Ostasien nicht treiben sollte.

Wirtschaftlich hat Deutschland in China sich trotz der mit dem Steigen des Silberpreises scharf einsetzenden Depression gut gehalten.[71] Wir haben zwar die Ziffern für unseren Warenverkehr vor dem Kriege noch nicht wieder erreicht, wir rangieren aber, was Einfuhr anlangt, unter den ersten Mächten. Es besteht die Hoffnung, daß der deutsch-chinesische Handel in der Zukunft vermehrt wird.

China hat große Aufgaben vor sich. Der Eisenbahnbau wird zu entwickeln sein, und die Industrie ist erst in den Anfängen. Hier haben wir Aussichten beteiligt zu werden, und diese Aussichten müssen wahrgenommen werden. Wir werden hierbei ein gewisses Risiko durch Kredite übernehmen müssen, doch sollte dies Risiko in Grenzen gehalten werden, da die Vergangenheit zeigt, daß China nicht in der Lage ist, eine große Schuldenlast pünktlich zu verzinsen und zu amortisieren. China hat zum Ausgleich seiner passiven Handelsbilanz immer Edelmetalle exportieren und Anleihen oder fremde Investitionen aufnehmen müssen. Da das Land 50 bis 60% seiner geringen Einnahmen für Militärzwecke auszugeben hat[72], und die Rüstungsausgaben sich in den nächsten 10 Jahren noch vermehren werden, ist nicht viel Chance vorhanden, daß diese Zustände sich auf einmal verbessern.

Bei unserer wirtschaftlichen Betätigung in China ist natürlich die Frage aufzuwerfen, welche Chance die gegenwärtige chinesische Regierung hat, sich auf die Dauer zu halten. Diese Frage ist in einem Zeitpunkt der größten außenpolitischen Spannung zwischen China und Japan, die möglicherweise zu ernsten Konflikten führen kann, nur annäherungsweise zu beantworten.

Ihre Beantwortung hängt mit davon ab, wann China das Risikomoment erreicht haben wird, an welchem Japan nicht mehr die Möglichkeit haben wird, ohne weiteres das Land zu überrennen, sondern wo eine militärische Unternehmung gegen China selbst zum Risiko für den Angreifer wird. Die Kämpfe bei Shanghai vor 2 Jahren[73] haben gezeigt, daß der moderne chinesische Soldat sich schlagen kann. Die Ausbildung einer kleinen modernen Armee, die mit allen Waffen der Neuzeit ausgerüstet ist, geht voran. Die Chinesen selbst

---

71 Durch die Abtrennung der Mandschurei und den japanischen Angriff 1932 auf Shanghai hatte die chinesische Industrie ihre mandschurischen Absatzgebiete und die Nationalregierung 15% ihrer Seezoll- und Salzeinnahmen verloren. Auch kehrte sich der Silbertrend um: Noch 1929 hatte sich der Verfall des Silberpreises positiv auf China ausgewirkt, da die Preise für die Importe gestiegen waren und sich in der Folge für die einheimische Industrie der Druck der ausländischen Konkurrenz auf den Binnenmarkt verringerte. 1932 aber, nachdem Großbritannien und Japan den Goldstandard aufgegeben hatten, nahmen die Importe zu und wurden in ihrer Wirkung verstärkt durch die Einführung von Überschußproduktionen. Die amerikanische Baumwoll- und Weizenanleihe von 1933 schließlich brachte China riesige Mengen unerwünschter Agrarimporte, welche den Markt verstopften. Der Silberzustrom stockte, der steigende Silberpreis zog große Mengen von Silber aus dem Landesinneren ab. Vgl. Osterhammel 1989:293-294 / Rothermund 1983:225-244 / Wang 1990:29-71.

72 In den 30er Jahren beliefen sich die Militärausgaben durchschnittlich auf 60-80% des Gesamtbudgets, 7-12% verschlang die Steuereintreibung. Somit verblieben 8-13% für die Bürokratie und alle anderen Sachausgaben oder Investitionen. Vgl. Eastman 1974:221-222.

73 Vermutlich sind die Kämpfe 1932 in Shanghai gemeint.

glauben, daß etwa in einem halben Jahre ihre Rüstung schon so weit fortgeschritten ist, daß das Moment der Gefahr für Japan eintritt. Diese Schätzung ist zu optimistisch. General von Seeckt glaubt, daß etwa 3-4 Jahre dazu nötig sein werden.[74] Die Schätzung zeigt aber, wie augenblicklich gearbeitet wird, und was die Chinesen selbst wollen.

Wenn dieser Gefahrenpunkt überschritten sein wird, kann man mit größerer Sicherheit als bisher auf eine Konsolidierung der Regierung von Jiang Jieshi rechnen. Die inneren Verhältnisse verschlechtern sich immer nur unter der Einwirkung der äußeren Politik, die gerade jetzt in einem fast aussichtslosen Zustande sich befindet.

PolArchAA, NL Renthe-Fink, Bd. 7.

129

Geheimes Zusatzabkommen zum deutsch-japanischen Abkommen (25.11.1936)[75]

Die Regierung des Deutschen Reiches
und
Die Kaiserlich Japanische Regierung

In der Erkenntnis, dass die Regierung der Union der Sozialistischen Sowjet-Republiken an der Verwirklichung des Zieles der Kommunistischen Internationale arbeitet und für diesen Zweck ihre Armee einsetzen will,

In der Überzeugung, dass diese Tatsache nicht nur den Bestand der Hohen Vertragschließenden Staaten, sondern den Weltfrieden überhaupt in ernstester Weise bedroht,

Sind zur Wahrung der gemeinsamen Interessen in folgendem übereingekommen:

Artikel I

Sollte einer der Hohen Vertragschließenden Staaten Gegenstand eines nicht provozierten Angriffs oder einer nicht provozierten Angriffsdrohung durch die Union der Sozialistischen

74 In seiner Denkschrift vom Juni 1933 hatte Seeckt von einer mehrjährigen Friedenszeit gesprochen, in: Martin 1981, Dok. 10:383. Die Mission Reichenau unterbreitete im Sommer 1936 einen Dreijahresplan zur Ausrüstung von 60 Divisionen mit deutscher Hilfe (ebd.:394, Anm. 18).

75 Das deutsch-japanische Abkommen gegen die Kommunistische Internationale ist bereits häufig abgedruckt worden, so in: RGBl., 1937, Teil II, Nr. 4:27-30 und ADAP, C VI, Dok. 57 u. 58:114-117. Aus diesem Grund wurde hier nur das Geheime Zusatzabkommen ausgewählt (das im RGBl. nicht zu finden ist), in dem es um konkrete Fragen des militärischen Beistands ging.

Sowjet-Republiken werden, so verpflichtet sich der andere Hohe vertragschließende Staat, keinerlei Maßnahmen zu treffen, die in ihrer Wirkung die Lage der Union der Sozialistischen Republiken zu entlasten geeignet sein würden.

Sollte der in Absatz I bezeichnete Fall eintreten, so werden sich die Hohen Vertragschließenden Staaten sofort darüber beraten, welche Maßnahmen sie zur Wahrung der gemeinsamen Interessen ergreifen werden.

Artikel II

Die Hohen Vertragschließenden Staaten werden während der Dauer dieses Abkommens ohne gegenseitige Zustimmung mit der Union der Sozialistischen Sowjet-Republiken keinerlei politische Verträge schließen, die mit dem Geiste dieses Abkommens nicht übereinstimmen.

Artikel III

Für dieses Abkommen gelten sowohl der deutsche wie auch der japanische Text als Urschrift. Es tritt gleichzeitig mit dem am heutigen Tage unterzeichneten Abkommen gegen die Kommunistische Internationale in Kraft und hat die gleiche Geltungsdauer.

Zu Urkund dessen haben die Unterzeichneten, von ihren betreffenden Regierungen gut und richtig bevollmächtigt, dieses Abkommen unterzeichnet und mit ihren Siegeln versehen.

So geschehen in zweifacher Ausfertigung
Zu BERLIN, den 25ten November 1936,
d.h. den 25ten November des 11ten Jahres der Showa-Periode.[76]

Joachim von Ribbentrop
Außerordentlicher und Bevollmächtigter Botschafter des Deutschen Reiches

Vicomte Kintomo Mushakoji
Kaiserlich Japanischer Außerordentlicher
und Bevollmächtigter Botschafter

Sommer, Theo, Deutschland und Japan zwischen den Mächten 1935-1940, Tübingen 1962, S. 494-495.

76 Der japanische Kalender zählt traditionell nach Herrscher-Epochen. Bei seinem Regierungsantritt 1926 verkündete Kaiser Hirohito die Epoche „Showa" (Ewiger Friede). Das Jahr 1936 war somit sein 11. Regierungsjahr.

130

Telegramm des Reichswehrministers Werner von Blomberg, Berlin, an Finanzminister Kong Xiangxi, Nanjing (25.11.1936)[77]

25. November 1936

Der Inhalt des deutsch-japanischen Abkommens zielt auf eine Zusammenarbeit ab, um uns vor der Kommunistischen Internationale, einer aufwiegelnden Organisation, zu schützen. Auf keinem Fall richtet es sich gegen irgendeinen Staat als solchen. Die chinesisch-deutsche Zusammenarbeit beruht wie stets vollkommen auf dem gegenseitigen Vertrauen und der gegenseitigen Unterstützung. Bitte um Benachrichtigung.[78]
Der deutsche Reichswehrminister Blomberg

2. HACh, 28(2)-3642.

131

Artikel des Gouverneurs von Zhejiang, Zhu Jiahua, in der *Zhongyang ribao*, Nanjing (26.11.1936)[79]

26. November 1936

An meine deutschen Freunde

Da meine Amtsgeschäfte in den letzten Jahren mich zu sehr in Anspruch nahmen, fand ich selten die Zeit dazu, mit meinen alten deutschen Freunden die Korrespondenz

---

77 Rückübersetzt von Li Sujuan. Das deutsche Original wurde nicht gefunden.

78 RWM Blomberg galt in chinesischen Augen als traditionell chinafreundlich, obgleich er an den Vorverhandlungen (1935) zum Antikomintern-Pakt beteiligt gewesen war. In Wirklichkeit betrieb er, wie die Wehrmacht, eine opportunistische, zweigleisige Ostasienpolitik. Vgl. Martin, in: Knipping / Müller 1984:191-207.

79 Dem Artikel wurde in der DBN die Erklärung vorangestellt, daß er bereits am 8.1.1936 von Zhu Jiahua geschrieben und in einer Berliner Zeitung veröffentlicht worden sei. (In der DAZ konnte ein entsprechender Artikel nicht nachgewiesen werden.) Anläßlich des deutsch-japanischen Paktes sei er dann von einem Mitglied des Chinesisch-Deutschen Kulturverband ins Chinesische übersetzt und in der *Zhongyang ribao* veröffentlicht worden. Trautmann fügte handschriftlich (o.D.) hinzu: „Der Artikel ist nicht so schlimm wie ich dachte.“ - Die *Zhongyang ribao* (Chinesische Staatszeitung) war die offizielle Regierungszeitung.

aufrechtzuerhalten. Aus dem Grunde, dass ich in Ihrem Lande eine Reihe von Studienjahren verbracht hatte[80], nehme ich stets den grössten Anteil an allem, was in Deutschland vorgeht. Es gereicht mir zur Bewunderung und zum Troste, dass Sie, meine Freunde, seit letzten Jahren durch Anstrengungen Ihrem Land wieder zum Aufstieg verholfen haben. Jedoch versetzen auch mich, der ich für Deutschland das tiefste Verständnis habe und ihm das grösste Vertrauen schenke, die letzten eingelaufenen Nachrichten in grösste Sorge.

Obgleich Deutschland in letzten Jahren allmählich die Stellung, die ihm gebührt, wiedererrungen hat, so glaube ich nicht, dass die ganze Not, welche der Weltkrieg mit sich brachte, und die geheilten Wunden aus der Nachkriegszeit so rasch Ihrer Erinnerung entschwunden sind. Deutschland erfasst unter allen Ländern die Chinesische Kultur am tiefsten, woran es an Beispielen nicht fehlt. Wie sehr verehrte Leibniz unseren Konfuzius und bewunderte seine grossen, edlen Gedanken![81] Seit jeher ringt die chinesische Kultur stets um einen ewigen Frieden, das chinesische Volk ist darum das friedlichste unter den Völkern.[82] Mag das im allgemeinen den Europaern etwas unverständlich erscheinen, dass sie sogar unser Volk als ein bangherziges ohne kämpfenden Geist und ringende Energie bezeichnen. Wahrhaft haben wir im letzten Jahrhundert aus Liebe zum Frieden schwere Verluste erlitten und unsere Geschichte weist einige vorübergehende Epochen auf, wo unser Volk grösstes Elend ertrug. Doch sind wir immer der festen Ueberzeugung, dass jenes Verhalten die eigene Stärke im chinesischen Volk ist; so war es uns möglich, vor zwei Jahrtausenden solch einen riesenhaften, einheitlichen Staat zu gründen[83], trotz der vielen politischen Hemmnisse, die dazwischen traten, gelang es uns immer das Land in die alte Ordnung zu führen. Ich würde mich an Ihrer Stelle auch so verhalten, wie Sie, meine lieben Freunde, eingedenk des vergangenen Leidens, mit verbissenen Zähnen um den wahren Frieden kämpfen; denn das ist der einzige verheissungsvolle Ausweg für Deutschland! Durch diese Haltung könnte der Frieden in Europa in kürzester Zeit

80 Zhu Jiahua war nach einem Studium an der Tongji-Universität 1914 nach Deutschland gereist, wo er in einem Kohlebergwerk im Ruhrgebiet arbeitete und von 1914 bis 1917 am Metallurgischen Institut in Berlin studierte. Im Frühjahr 1917 kehrte er nach China zurück und unterrichtete an der *Beida*. Ende 1918 ging er wieder nach Europa, studierte bis 1920 Geologie in Bern und Zürich, bevor er 1922 in Berlin in Geologie promovierte. Er blieb bis 1924 in Deutschland, trat 1922 eine Professur für Geologie an der *Beida* an und wechselte 1926 an die SYU in Kanton. Vgl. hierzu Dok. 79, Anm. 18.

81 Kaum ein europäischer Philosoph hat sich so intensiv mit China beschäftigt wie Leibniz, der Europa und China als sich ergänzende Hälften einer Weltkultur ansah: Während China in der praktischen Philosophie dominiere, sei Europa in der transzendentalen Philosophie voraus. Vgl. Hsia 1985:9-41 / 376-378.

82 Das chinesische Denken entwickelte zwei herausragende Sozialutopien, nach welchen die Gemeinschaft der Menschen in Frieden leben sollten: Zum einen die der *Datong* (Große Gemeinschaft, vgl. Dok. 97, Anm. 3), die auf die konfuzianische Tradition zurückging; zum anderen die des *Taiping* (Großer Friede), die im Daoismus wurzelte.

83 Angesprochen ist hier die erstmalige Einigung des chinesischen Staates unter Qin Shi Huangdi (221 v. Chr.). Charakteristika dieses Kaiserreichs war die Einrichtung eines zentralistischen Systems mit 36 Präfekturen auf der Grundlage der legalistischen Staatsphilosophie. Außerdem erfolgte eine Ausdehnung des Machtbereichs bis zum Südchinesischen Meer; im Norden wurde mit dem Bau von Grenzwällen gegen die Nördlichen Hunnen begonnen (spätere Chinesische Mauer).

konsolidiert werden. Mögen Sie unseren Worten Glauben schenken, dass die jetzigen übereilten Handlungen, wenn sie auch vorübergehend einen Erfolg oder Sieg erlangen, in Wirklichkeit abnormale Zustände sind, wofür weitsichtige Leute schon die grösste Sorge tragen. Leider vermag weder die Macht der gebildeten Kreise als noch die Autorität des Staates solche Überstürzungen zu zügeln. Würdigen wir alles vom wirtschaftlichen Standpunkt, so bildet China den einzig grössten Weltmarkt. Hätten alle Länder chinesischen Verhältnissen mehr Verständnis entgegengebracht, wären so viele wirtschaftliche Probleme in der Welt gelöst worden. Dr. Sun Yatsen wies bereits in seinem Entwurf zur Industrialisierung Chinas darauf hin, dass die Produktivität in Europa nach dem Weltkrieg steigen würde, wodurch alle europäischen Staaten einen Zustand der Ueberproduktion, der industriellen Erstarrung, der Kapital-Versteifung und der wirtschaftlichen Depression durchzumachen hätten. Es wäre die einzige Möglichkeit, die allgemeine Notlage dadurch abzuwenden, wenn die Länder China bei dessen Aufbauarbeit mithelfen würden, um die Kaufkraft Chinas zu steigern und von China ihre überproduzierten Güter abnehmen zu lassen.[84] Dieser Artikel wurde 1919 nicht nur in allen Zeitungen und Zeitschriften veröffentlicht, sondern auch als Uebersetzung an sämtliche Regierungen und den Friedens-Kongress gesandt.[85] Wahrscheinlich haben Sie denselben gelesen. Zu jener Zeit war die Frage der Arbeitslosen noch nicht aufgetaucht. Tatsächlich erlitten alle Länder später dasselbe Elend.

Sollte etwas Wahres an den verschiedenen überlieferten Nachrichten liegen oder sollten sich diese nach der Beunruhigung als Wahrheiten erweisen, so könnten Sie dadurch Ihren chinesischen Markt ganz und gar zugrunde richten. Sie würden nicht nur Ihren eigenen seit Jahrzehnten geförderten Handel zerstören, sondern auch unbewusst von allen anderen als der Urheber des bevorstehenden Weltkrieges bezeichnet werden, so dass die ganze Menschheit sich wiederum in Not und Elend stürzte. Seit jeher ist China der beste Freund Deutschlands, ganz besonders zeigte sich es während des Weltkrieges und in der Nachkriegszeit, dass das chinesische Volk nicht wieder an die Qingdao-Frage[86] dachte. Ueberall hat es für Deutschland die grösste Sympathie, worin sich das chinesische philosophische Denken offenbart, dass es sich stets darum bemüht, den Gewaltsamen zu unterdrücken, dem Schwachen beizustehen und sich des ihm zugefügten Unrechtes nicht zu erinnern. Ein solcher Freund ist für Sie ein aufrichtiger Freund. Wir begrüssen im besonderen, dass Sie sich in den letzten Jahren mit uns in technische Zusammenarbeit und lebhaften Güteraustausch eingelassen haben, wodurch der Gedanke Sun Yatsens verwirklicht wird. Dafür zeigen alle politisch interessierten Chinesen tiefes Verständnis und machen sich durch Dankerweisungen erkenntlich. Sie mögen auch von sich aus zu der Einsicht kommen, dass, wenn Deutschland sich mit so reich angelegten Industrien, ausserdem über einen so grossen Stab von verschiedenen Spezialisten verfügt, ebenfalls an der Aufbauarbeit Chinas teilnehmen wollte, das nicht allein einen Gewinn für unsere beiden

84 Vgl. Sun 1922:237. Vgl. auch Einleitung zu Kap. 1.

85 Der Artikel konnte nicht gefunden werden.

86 Anspielung auf die deutsche Kolonie Qingdao (1897-1914). Vgl. Bd. 1 dieser Reihe.

Länder, sondern auch einen allgemeinen Vorteil für die Menschheit bedeuten würde. Die gegenwärtigen Schwierigkeiten Chinas sind vorübergehend, sie lassen sich mit der Zeit überwinden. Unsere Zukunft ist von ungeheuren Hoffnungen erfüllt. Dafür mögen die grossartigen Aufbauarbeiten in den letzten Jahren den Beweis erbringen. Trotz der verschiedenen Hindernisse durch Naturkatastrophen und Bürgerkriege sowie der Bedrückung von Aussen haben wir zur allgemeinen Bewunderung Gewaltiges geleistet.

Kurz gesagt, wir sind bis jetzt noch stets von dem festen Glauben erfüllt, dass der Frieden alles überwindet und sich Deutschland, das mit unserem Land schicksalschwer verbunden ist, als unser bester Freund erweist. Aus diesem Grunde hoffe ich, dass Sie, meine lieben Freunde, Ihrem Volke meine Gedanken übermitteln und in Ihrem eigenen Interesse sowie im Interesse von Deutschlands Zukunft, aufrichtig unsere Teilnahme für Sie in Empfang nehmen mögen! Mögen Sie die günstige Gelegenheit für Deutschland weder zerstören, noch sich entgehen lassen! Schliessen Sie sich uns an, um für den Frieden zu kämpfen! Das ist das ewige Glück für die Menschheit! Zum Schluss wünsche ich Ihnen allen gute Gesundheit, reichen Segen und grossen Erfolg.

Dr. Zhu Jiahua.

BArch, 0902/2320.

132

Rede des Marschalls Jiang Jieshi in der Militärakademie, zusammengefaßt in der *Zhongyang ribao*, Nanjing (30.11.1936)[87]

Telegramm aus Luoyang vom 29.11.36.

Jiang Jieshi hat heute um 9 vormittags in der Militärakademie folgende Rede gehalten:

In der vergangenen Woche haben zwei wichtige Ereignisse stattgefunden: 1.) Die Eroberung von Bailingmiao[88], 2.) die Veröffentlichung des deutsch-japanischen Antikommunisten-Abkommens[89]. Das erstere Ereignis ist dazu angetan, uns anzufeuern, damit wir zusammenhalten und bis zum endgültigen Sieg durchhalten.

---

87 Diese Rede wurde nicht nur in der *Zhongyang ribao*, sondern in allen Nanjinger Zeitungen abgedruckt.

88 Die Schlacht von Bailingmiao hatte am 23.11.1936 stattgefunden. Chinesischen Truppen war es gelungen, in Suiyuan (Anm. 99) eine japanische Basis zu erobern.

89 Vgl. Dok.129, Anm. 75.

Was das deutsch-japanische Antikommunisten-Abwehr-Abkommen angeht, so ist nach meiner festen Ueberzeugung das Abkommen nur dazu bestimmt, eine Zusammenarbeit zwischen Deutschland und Japan zur Abwehr des Kommunismus herbeizuführen. Ich glaube, dass es unwahrscheinlich ist, dass neben dem veröffentlichten Abkommen noch ein Geheimvertrag, wie gerüchteweise allgemein verbreitet worden ist, besteht.[90] Deutschland kann doch unmöglich gar keine Rücksicht nehmen auf seine freundschaftlichen Beziehungen zu China und anderen Ländern. Nach meiner Ansicht wird sich durch das Abkommen in den internationalen Beziehungen zwischen Deutschland, Japan und der übrigen Welt nichts ändern und es wird keinen fühlbaren Einfluss auf die ostasiatische Lage ausüben. Was die Bekämpfung der Kommunisten angeht, so ist das Abkommen scheinbar von Bedeutung für China, da in den Grenzgebieten noch immer Reste von kommunistischen Banditen Unruhe stiften.[91] Aber das Ziel unserer revolutionären Bewegung ist, die Freiheit und Selbständigkeit unserer Landes zu erreichen. Daher müssen wir, gleichgültig um welche Frage es sich handelt, unseren Standpunkt, unsere Freiheit und Selbständigkeit zu wahren, aufrechterhalten. Der jetzt in China noch verbleibende Rest von kommunistischen Banditen besteht eigentlich nur aus Landesverrätern, die lediglich den Kommunismus als Vorwand benutzen. Wir werden bis zur endgültigen Ausrottung der Kommunisten weiterkämpfen, um unser Ziel zu erreichen. Aber dies ist eine reine innenpolitische Frage, die wir nie von aussenpolitischen Beziehungen abhängig machen und in der wir uns nie binden lassen werden.

BArch, 0902/2320.

---

90 Es ist nicht bekannt, ob Jiang Jieshi von dem Geheimen Zusatzabkommen (vgl. Dok. 129) wußte.

91 Die Kommunisten in China hatten zu diesem Zeitpunkt gerade den Langen Marsch hinter sich und hielten sich zum überwiegenden Teil in Yanan auf.

133

Bericht des deutschen Botschafters in Nanjing, Oskar Trautmann, an das AA (1.12.1936)

Aufzeichnung[92]

Bereits seit Wochen beschäftigte sich die chinesische Presse mit Gerüchten über eine deutsch-japanische Verständigung. Die Nachrichten erfuhren Mitte November eine gewisse Belebung durch Mitteilungen amerikanischer Journalisten, so des Vertreters der New York Times aus Tokyo (vergl. Bericht vom 16. November d.J. - Nr. 1149 - Aktz. 1002/6840/36 -) und eines Vertreters der „Baltimore Sun", Paul Patterson, der aus Tokyo in Shanghai angelangt, den baldigen Abschluss eines deutsch-japanischen Abkommens als sicher hinstellte.[93] Im Vordergrund stand bei den Befürchtungen, die daraufhin in der Presse laut wurden, nicht so sehr eine mögliche deutsch-japanische Vereinbarung zur Bekämpfung der III. Internationale, als vielmehr das angebliche Militärbündnis zwischen Deutschland und Japan.

Die der Chinesischen Regierung nahestehenden „Zhongguo ribao"[94] richtete am 20. November d.J. eine Warnung an Japan, dieses könnte späterhin im Falle einer deutsch-russischen Verständigung in eine isolierte und schwierige Lage geraten. Am 21. November gab das gleiche Blatt der Hoffnung Ausdruck, Deutschland möge die Besorgnisse des chinesischen Volkes durch eine klare Versicherung zerstreuen, daß etwaige Abmachungen zwischen Deutschland und Japan die Hoheitsrechte und Interessen Chinas nicht verletzen würden.

(...)[95]

---

92 Die Aufzeichnung über die Rückwirkung des deutsch-japanischen Abkommens in der chinesischen Presse war einem Brief des deutschen Botschafters Trautmann an das AA als Anlage beigefügt (1.12.1936). Trautmann betonte darin, daß er der chinesischen Presse den deutschen Standpunkt in dem Moment mitgeteilt habe, als der Text des Abkommens veröffentlicht worden sei. Die amtliche chinesische Verlautbarung sei zunächst relativ zurückhaltend gewesen. Doch nach der Veröffentlichung eines offiziösen Artikels des WJB, der das enthalten habe, was der chinesische AM Trautmann in einem Vieraugengespräch gesagt habe (vgl. Einleitung zu diesem Kap.), sei der Presselärm losgegangen. Dieser Artikel sei das Signal für weitere Angriffe gewesen. Erst die Rede des Marschalls (Dok. 132) sowie die Anerkennung von Manzhouguo durch Italien hätten Klarheit und Ruhe gebracht.

93 Nicht ermittelt.

94 Die *Zhongguo ribao* (Zeitung Chinas) war 1900 in Hongkong gegründet und dann in Kanton herausgegeben worden; sie entwickelte sich zu einer der größten, von der GMD herausgegebenen Zeitungen

95 Auslassung: Trautmann beschrieb die Auswirkungen eines Artikels des Vertreters der Transocean-Agentur, Edmund Fürholzer, in welchem behauptet worden war, Deutschland habe ein aggressives Militärbündnis mit Japan gegen Sowjetrußland geschlossen und werde gegen Sojabohnen Waffen in die Mandschurei liefern.

Am 23. November d.J. brachte ein Sonderartikel der North China Daily News[96] die Gerüchte über das Abkommen mit der deutschen Wirtschaftspolitik in Ostasien in Verbindung. Darin wurde gesagt, daß ein deutsch-japanisches Abkommen bezüglich des Austausches von Munition gegen Rohstoffe die logische Folge der Handelsvereinbarungen Deutschlands mit Manzhouguo und China sei. Deutschland werde wahrscheinlich seinen Überschuß an unmodernen Kriegsmaterialien an Japan verkaufen. Die durch die deutsch-chinesischen Wirtschaftsabmachungen geförderte Schaffung eines Holzölmonopols werde die Beziehungen Chinas zu England und Amerika stören; es sei eine Ironie der Weltgeschichte, wenn Chinas Erze und Rohstoffe in Form von Waffen, die gegen China geschmiedet seien, in den Fernen Osten zurückkehren würden. Bei der kürzlichen Revolte in Canton sei offenbar geworden, daß deutsche Berater Flugzeuge und Munition an die frühere Canton-Regierung ohne Wissen der Zentralregierung oder der verantwortlichen deutschen Diplomaten geliefert worden seien.[97] Die Ausrüstung für das Arsenal in Kanton sei wahrscheinlich auch von derselben Stelle geliefert worden. Dies werfe ein neues Licht auf die enge Zusammenarbeit zwischen dem japanischen und deutschen Kriegsministerium und erkläre das Fehlen jeglichen japanischen Einspruchs bei der Erörterung der deutsch-chinesischen Austauschvereinbarungen.

Am 24. November d.J. meinte die Zhongguo ribao, ein Abschluß eines deutsch-japanischen Bündnisses würde die über dem europäischen Festland liegenden Schatten auf den Stillen Ozean übertragen, während die Shien Min Pao [k.P.][98] vom gleichen Tage das Bündnisprojekt mit der derzeitigen Anzettelung des Aufruhrs in der Provinz Suiyuan[99] durch Japan in Verbindung brachte und darin eine Bedrohung für China sehen wollte.

Am 25. November schrieb die Zhongguo ribao: „Deutschland hat nicht den Wunsch, im Fernen Osten sein Hoheitsgebiet zu erweitern, sondern es hat nur handelspolitische Ziele. Japan hat den Marionettenstaat Manzhouguo mit eigener Hand allein errichtet. Der Völkerbund hat beschlossen, diese Marionetten-Organisation nicht anzuerkennen. Wenn Deutschland auch aus dem Völkerbund ausgetreten ist[100], so hat es doch auch den Marionettenstaat nicht anerkannt. Tut es dies aber jetzt, so wird die Freundschaft zwischen Deutschland und China sicherlich verletzt." Um einiger Handelsvergünstigungen in Manzhouguo willen, würde es die Sympathie ganz Chinas verlieren. Die Handelsbeziehungen zwischen Deutschland und China würden sich dann verschlechtern. Deutschland könne ja ruhig gegen Russland Stellung nehmen, aber es brauche deshalb doch nicht mit Japan zusammenzugehen.

96 Die *North China Daily News* war eine britische Tageszeitung, die seit 1864 herausgegeben wurde.

97 Zur Auseinandersetzung Nanjing / Kanton, vgl. Einleitung zu Kap. 3.

98 Zur *Shien Min Pao* [k.P.] konnten keine Informationen ermittelt werden.

99 In der Zwischenkriegszeit neu geschaffene Provinz im Norden (vgl. CYB 1931/32:687), die heute Innere Mongolei genannt wird. Mitte November 1936 marschierten mandschurische Truppen unter japanischem Befehl in Suiyuan ein und besetzten Teile dieses Gebietes.

100 Deutschland war am 19.10.1933 aus dem Völkerbund ausgetreten.

Die Zhongguo ribao vom gleichen Tag verglich die gegenwärtige Lage Chinas mit der Deutschlands nach dem Weltkriege. China kämpfe den gleichen Kampf um seine Wiedergeburt aus eigener Kraft. Es sei zu hoffen, daß die Regierung des befreundeten Deutschlands durch eine Erklärung die Zweifel des befreundeten Volkes beheben werde.

Nachdem am späten Abend des 25. Novembers d.J. das Abkommen bekannt geworden war, richteten sich die Pressestimmen mit größter Deutlichkeit dagegen. Bemerkenswert war vor allem eine Zuschrift des früheren Verkehrsministers Zhu Jiahua, über die bereits besonders berichtet worden ist.[101]

Die chinesischen Zeitungen des 27. Novembers beschäftigten sich lebhaft mit dem Abkommen. So schrieb die Minbao[102] : „Obgleich das Abkommen der Abwehr des Kommunismus dienen soll, werden damit beide Länder ihre eigenen Pläne nicht fallen lassen - Deutschland eine gespannte europäische Lage zu schaffen und Japan seinen Traum einer Besetzung Ostasiens zu verwirklichen. China ist das Land, gegen das der erste Schlag geführt wird, wir müssen daher ein einiges Volk werden, um uns selber schützen zu können."

Die Shishi xinbao[103] vom 27. November d.J. bringt Deutschland insofern Verständnis entgegen, als es die Bestrebungen Deutschlands, unter Opfern freundschaftliche Beziehungen mit Polen, Italien und Manzhouguo und nunmehr auch Japan anzuknüpfen, aus dem französisch-russischen Pakt und dem Zusammengehen der II. und III. Internationale zwecks Einkreisung Deutschlands herleitet.[104] Japan jedoch hege ganz andere Absichten als Deutschland. Japan habe Deutschland den mandschurischen Markt angeboten, aber die Deutschen sollten bedenken, daß sie in Manzhouguo nur den Abfall bekämen, den Japan ihnen übrig gelassen habe. China sei ein grosses Land mit unermesslichen Rohstoffen. Also solle Deutschland auch den chinesischen Markt berücksichtigen. Aus den Erklärungen des japanischen Aussenministeriums gehe klar hervor, daß Japans Kampf gegen den Kommunismus über China gehe. Japan scheine nicht gemerkt zu haben, daß Chinas Kampf gegen die Roten nahezu abgeschlossen sei und er wäre bereits längst zu einem siegreichen Ende geführt worden, wenn nicht gerade Japan unter dem Motto „Kampf dem Kommunismus" den Roten durch immer neue Angriffe auf China immer wieder zu Hilfe gekommen wäre.

Die Xinwenbao[105] vom 27. November d.J. meinte, der Kommunismus sei eine Idee, zu deren Bekämpfung kein Abkommen notwendig sei. Nach der Erklärung des japanischen Auswärtigen Amtes lege Japan das Abkommen so aus, daß es sich auf China beziehe. China sei nicht gewillt, sich dem Abkommen anzuschliessen. Es sei zu glauben, daß Deutschland keine Absichten im Fernen Osten habe, aber Japan werde das Abkommen

---

101 Aller Wahrscheinlichkeit nach handelte es sich um Dok. 131.

102 Die *Minbao* (Volkszeitung) war 1916 in Shanghai als *Minguo ribao* gegründet worden; 1924/25 entwickelte sie sich zum Sprachrohr des rechten Flügels der GMD. Nachdem ihr Erscheinen im Febr. 1932 eingestellt worden war, erschien sie im Mai desselben Jahre als *Minbao* wieder.

103 Zur *Shishi xinbao* (The China Times), vgl. Dok. 10, Anm. 39.

104 Zum russisch-französischen Beistandspakt, vgl. Dok. 123, Anm. 46.

105 Die *Xinwenbao* (Neue Nachrichten) erschien seit 1880 in Shanghai.

benutzen, um China in die kommunistische Abwehrfront hineinzuzwingen. Deutschland leiste auf diese Weise dem japanischen Angriff auf China mittelbare Hilfe. Kein Wunder, daß China gegen die Machenschaften Deutschlands argwöhnisch werde. Ähnlich spricht sich die Da gongbao vom gleichen Tage aus.

In ihrem Leitartikel vom 28. November d.J. beklagt die der Regierung nahestehende Zhongguo ribao, daß Deutschland ungeachtet seiner herzlichen Beziehungen zu China diesem kein Wort vorher über die Abmachungen mitgeteilt habe. Dieser Artikel, wie alle anderen in diesen Tagen, klingen in die Schlussfolgerung aus, daß China die Bekämpfung des Kommunismus als seine eigene innere Angelegenheit betrachte, die keine andere Macht etwas angehe.

Sehr kritisch verhält sich die China Press[106] vom 27. November, die der Ansicht ist, daß Japan durch Deutschland absichtlich oder unabsichtlich ermutigt werde, gegen Russland und möglicherweise auch gegen China noch provozierender als zuvor aufzutreten.

Mit der bekannten Erklärung des Marschalls Jiang Jieshi in Luoyang am 29. November d.J. ist dann eine gewisse Entspannung in der Presse eingetreten.[107]

BArch, 0902/2320.

134

Telegramm des Waffenhändlers Hans Klein, Nanjing, an seinen Vertreter in Deutschland, Prinz Heinrich Reuß, Berlin (1.12.1936)[108]

Jedem Deutschen hier und auch den Ausländern ist es völlig unverständlich, wie dieses deutsch-japanische Abkommen zustandekommen konnte, da man sich den Zweck des Abkommens nur so vorstellen kann, daß dieses Abkommen alle Interessen Chinas auf das empfindlichste berühren soll. Die Chinesen sind aufs äusserte erregt, wovon man sich in Deutschland keine Vorstellung macht, zumal die japanische Auslegung des Abkommens grundverschieden von der deutschen ist. Japan nutzt dieses ideelle Abkommen, das gegen die Verbreitung des Kommunismus gerichtet ist, dahin aus, daß es unter dem Deckmantel der Abwehr der kommunistischen Gefahr seine politischen Eroberungsabsichten in China durchzuführen sucht, indem es China und insbesondere seine nationale Armee als kommunistisch darstellt. Jeder weiss das hier, und auch daß die Kämpfe in der chinesischen

106 Zur *China Press* , vgl. Dok. 100, Anm. 40.

107 Vgl. Dok. 132.

108 Das Telegramm war als Anlage an eine Notiz des VLR Erdmannsdorff, AA, geheftet (4.12.1936), in welcher er bemerkte, daß es ihm von dem Berliner Vertreter Kleins, Prinz Reuß, überreicht worden sei.

Provinz Suiyuan[109] von Japan mit dem gleichen Ziel angezettelt worden sind. Es ist jeder Beweis vorhanden, daß die mongolisch-kommunistischen Räuberbanden in Suiyuan von Japan mit modernsten Waffen ausgerüstet worden sind. Seit Abschluß des Abkommens wird Japan ausserordentlich aktiv gegen China. Sollte ein japanisch-chinesischer Krieg ausbrechen, so wird alle Welt Deutschland wegen dieses Abkommens die Hauptschuld daran zuschieben.

Generalfeldmarschall von *Blomberg* hat infolge seines grossen Ansehens, das er beim Marschall und der Chinesischen Regierung geniesst, allein durch sein beruhigendes Telegramm an Marschall *Jiang Jieshi*[110] die deutsche Sache vorläufig gerettet, da sonst sofort ein gefährlicher Boykott gegen Deutschland eingesetzt hätte, den der Marschall Jiang Jieshi im Vertrauen auf die Zusicherungen mit seiner ganzen Macht zu unterdrücken sucht. Marschall Jiang Jieshi hat das Telegramm des Generalfeldmarschalls von Blomberg gestern in einer offiziellen Rede in Luoyang beantwortet.[111] Kriegminister General He Yingqin wird im Auftrage des Marschalls Jiang Jieshi Generalfeldmarschall v. Blomberg zu seiner Orientierung telegraphisch eine Darstellung geben über den Eindruck des deutsch-japanischen Abkommens, seine Wirkung auf China und die öffentliche Meinung und über die politischen Absichten Japans gegen China.[112]

Ferner beabsichtigt Marschall Jiang Jieshi einige hohe militärische und politische Persönlichkeiten in besonderer Mission an Generalfeldmarschall v. Blomberg zu entsenden zur Klarstellung und Festlegung der zukünftigen chinesisch-deutschen Beziehungen.[113]

In letzter Zeit mehren sich Gerüchte, daß Deutschland Manzhouguo anerkennen will, wie dies Italien getan hat.[114] Ich hoffe, daß Deutschland die Anerkennung nicht vornehmen wird, da dieses ein schwerer Schlag gegen die Interessen Deutschlands in China wäre. Ich glaube, daß Marschall Jiang Jieshi dann nicht mehr in der Lage wäre, die schon jetzt gegen Deutschland herrschende Mißstimmung einzudämmen.

BArch, 0902/2320.

---

109 Vgl. Dok. 133, Anm. 99.

110 Vgl. Telegramm von RKM Blomberg an Jiang Jieshi (über Klein), 25.11.1936, in: 2. HACh, 28(2)-3642.

111 Vgl. Dok. 132.

112 Eine entsprechende Darstellung des Kriegsministers konnte nicht ermittelt werden. Allerdings spielte der Kriegsminister ohnehin eine untergeordnete Rolle und war am Entscheidungsbildungsprozeß nicht beteiligt. Das entscheidende Gremium war die von Jiang Jieshi geleitete Militärkommission. Vgl. hierzu auch Einleitung zu Kap. 3.

113 Gemeint war Finanzminister Kong Xiangxi. Auf Vorschlag des deutschen Botschafters Trautmann sollte Kong, der China bei den Krönungsfeierlichkeiten von Georg VI. in London vertrat, auf der Rückreise in Berlin Station machen. RKM Blomberg lud seinerseits den chinesischen Kriegsminister und dessen Stellvertreter nach Berlin ein. Vgl. Fox 1982:212.

114 Mit der Anerkennung der italienischen Eroberungen in Ostafrika am 1.12.1936 durch Japan war reziprok die italienische Anerkennung der Mandschurei verbunden. Japan, das im April 1935 aus dem Völkerbund ausgetreten war, hatte sich an den Genfer Sanktionen gegen Italien nicht beteiligt. Vgl. Frey 1997:226-230.

135

Geheime Aufzeichnung des Staatssekretärs Ernst von Weizsäcker, AA (10.7.1937)

Berlin, den 10. Juli 1937

Bei dem Besuch des chinesischen Finanzministers Kong im Landhaus des Präsidenten Schacht[115] führte Herr Kong gegenüber Herrn Schacht, Herrn von Blomberg und mir selbst nach Tisch in einer längeren Darlegung aus, dass er, wenn er jetzt nach China zurückkehre, wissen sollte, wo Deutschland politisch steht. Herr Kong ließ erkennen, dass er in anderen europäischen Hauptstädten moralische und anderweitige Unterstützung erfahren habe. Er suchte darzutun, wie schlecht der Fall Japan nicht nur politisch und rechtlich, sondern auch militärisch und machtmässig stehe, wenn Japan von seinem Unternehmen nicht ablasse.

Die Darlegungen von unserer Seite über unsere Haltung gegenüber dem Konflikt schienen Herrn Kong nicht voll zu befriedigen. Er sprach von dem sicheren Erfolg eines etwaigen Zusammentreffens Englands, Frankreichs, der Vereinigten Staaten von Amerika und Deutschlands am runden Tisch, um die Japaner zur Raison zu bringen. Vom Völkerbund versprach er sich nichts. Er wünschte unsere Haltung zu kennen, wenn es zu einer offenen Auseinandersetzung der Waffen im grossen Stil komme, wobei er nicht an einen erklärten Krieg denke. Schliesslich ging er des näheren ein auf die Fortsetzung unserer Handelsbeziehungen und namentlich unserer Waffenlieferungen.

Von der Vertiefung einer politischen Fragestellung nahm Herr Kong schliesslich Abstand als er, nach der vermutlichen Haltung der Russen gefragt, erwähnte, dass diese bei einem grossen Konflikt in Ostasien auf die Dauer wohl nicht still halten würden. Es war Herrn Kong klar, dass bei unserer Beziehung zu Sowjetrussland eine solche Wendung unsere freundschaftliche Haltung zu China wesentlich erschweren müsse.

Bezüglich unserer Waffenlieferungen erwähnte der Reichskriegsminister die Möglichkeit einer Belieferung auf Umwegen und durch dritte Hand.[116] Hierfür hatte Herr Kong natürlich schnell Verständnis. Ob der Herr Reichsbankpräsident Herrn Kong noch weitere Ausführungen über unsere Wirtschaftsbeziehungen gemacht hat, wird erst später festzustellen sein, da diese Unterhaltung auf der Rückfahrt zwischen Herrn Schacht und Herrn Kong im Wagen stattfand.

---

115 Kong Xiangxi traf mit einer großen Delegation am 9.6.1937 in Berlin ein und führte dort eine Reihe von Unterredungen, so am 10.6.1937 mit Reichsbankpräsident und RWiM Schacht. Am 13.6. wurde er von Hitler auf dem Obersalzberg empfangen (Aufzeichnung des LR Schmieden, AA, 15.6.1937, in: ADAP, C VI, Dok. 429:916-918). Nach dem Abschluß seines offiziellen Aufenthaltes begab er sich nach Bad Nauheim, kehrte von dort jedoch nach Ausbruch des Krieges mit Japan nach Berlin zurück, um Deutschland für eine Vermittlung zu gewinnen.

116 Die Waffenlieferungen an China wurden, wenn auch in reduzierter Form und über Umwege, z.B. 1940/41 über Französisch-Indochina, bis zum deutschen Angriff auf die Sowjetunion fortgeführt. Vgl. Ratenhof 1987:509-535. Sowie Bd. 4 dieser Reihe.

Sowohl der Reichskriegminister als auch der Reichsbankpräsident zeigten in ihrer Haltung gegenüber dem chinesischen Konflikt, in welchem sie - insbesondere der Reichskriegsminister - nach der chinesischen Seite tendieren - das Bedürfnis einer Richtungsanweisung von der politischen Seite her. Der Reichskriegsminister stimmt zwar den vom Auswärtigen Amt ausgegangenen Instruktionen an unsere Missionen vollkommen zu, glaubt aber, vom Führer einer Bestätigung dieser Politik zu bedürfen, da er der vollen Stützung der bisherigen amtlichen Politik durch den Führer nicht ganz sicher ist.[117] Auch Präsident Schacht ist an einer klaren einheitlichen Stellungnahme dadurch neuerdings interessiert, dass anscheinend die Japaner wegen Lieferungen und zwar auch wegen Kriegsmateriallieferungen bei ihm zu sondieren begonnen haben.
gez. Weizsäcker

PolArchAA, R 29826.

117 Am 17.8.1937 erklärte Hitler nach einer Aufzeichnung des RAM Neurath (ADAP, D I, Dok. 478:612), daß Deutschland im Fernen Osten neutral bleiben müsse. Die Waffenausfuhr nach China lief daraufhin in kleinerem Stil fort und wurde erst am 27.4.1938 endgültig verboten. Vgl. Briessen 1977:91.

Interview mit General Jiang Weiguo (16. April 1994 in Taibei)[1]

Es hat mich sehr gefreut, daß ich heute als der letzte lebende Zeuge dieser Epoche ungetrübter chinesisch-deutscher Zusammenarbeit (wie Sie sagten) auf die von Ihnen gestellten Fragen in Bezug auf die 55 Jahre zurückliegenden Ereignisse antworten konnte. Hoffentlich sind diese Antworten nicht nur für Ihre Dokumentation von großem Gewinn, sondern auch für die Entwicklung und Verbesserung der chinesisch-deutschen Beziehungen.

Auf die von Ihnen gestellten 16 Fragen habe ich ausführlich auf Deutsch geantwortet, wie die beigefügte Anlage zeigt, und hoffe, daß sie Ihren Wünschen entsprechen und auch zu Ihrer guten Information dienen könnte (aus dem Schreiben Jiang Weiguo – Bernd Martin vom 13. August 1994)

1. Wann genau gingen Sie nach Deutschland und wie lange sind Sie dort geblieben? In welcher Garnison und in welcher militärischen Disziplin sind Sie ausgebildet worden?

1936[2] ging ich nach Deutschland. Zuerst war ich dort als Adjutant von General Jiang Baili[3] und dann als Stabspersonal bei General Walter von Reichenau, Kommandeur des 7. Armeekorps[4] des deutschen Heeres. General Jiang Baili war damals Vizedirektor der Kriegsschule der Republik China (mit meinem Vater als Direktor) und galt als eine Autorität

1 Während eines Treffens überreichte Bernd Martin vereinbarungsgemäß einen 16 Fragen umfassenden Bogen auf Englisch. In der sich anschließenden, längeren Aussprache wurden einige der Problembereiche sofort in deutscher Sprache diskutiert. Zu einer ausführlichen Beantwortung der Fragen aber bat sich General Jiang Weiguo etwas Zeit aus. Unter dem Datum vom 13.8.1994 wurde das Interview schließlich zurückgesandt.

2 Im Anschluß an die Reichenau-Mission. Der Besuch des ehemaligen Chefs des Ministeramtes der Reichswehr und damaligen Kommandeurs des VII. Armeekorps in China von Ende Juni bis 23. September 1936 gilt als ein Höhepunkt der deutsch-chinesischen Beziehungen. Vgl. Dok. 21. Der zwanzigjährige Jiang Weiguo (Jg. 1916) reiste nicht zusammen mit dem General nach Deutschland, sondern folgte diesem kurz darauf (so die mündliche Information Jiang Weiguos am 16.4.1994).

3 General Jiang Baili (Jiang Fangchen), politischer Berater Jiang Jieshis, hatte Deutschland bereits 1936 bereist und sich über die Parteiorganisation der NSDAP informiert. Auch hatte er mehrere Gespräche mit Generaloberst von Seeckt geführt. Von Oktober 1937 bis März 1938 hielt er sich nochmals in Berlin auf. Der Besuch im Herbst 1936 in Berlin war bislang unbekannt. Vgl. Kirby 1984:221 u. 238 / Ratenhof 1987: 476, Anm. 80.

4 In München.

des chinesischen Militärwesens. 1937 wurde ich dem 98. Gebirgsjäger-Regiment der Wehrmacht des Deutschen Reiches[5] zunächst als Jäger zugeteilt. Später rückte ich zum Gruppenführer und zum Kompanieführer des Ausbildungskorps auf. Dann besuchte ich die Kriegsschule in München. Nach Beendigung meiner militärischen Ausbildung im Jahre 1939 bekleidete ich bei den deutschen Gebirgsjägern den Rang eines Leutnants.

2. Wie war die politische Situation in Nanjing zur Zeit des Besuches von General Reichenau, also im Sommer 1936? Herrschte damals tatsächlich eine Atmosphäre chinesisch-deutscher Freundschaft und gegenseitigen Vertrauens, so daß man sie im damaligen Nanjing spüren konnte?

1935 gab es in Deutschland in Bezug auf die Chinapolitik zwei Parteien; die eine trat für ein Bündnis mit Japan ein, um die Sowjetunion in die Zange zu nehmen, die zweite, angeführt von Trautmann, dem damaligen deutschen Gesandten in China, befürwortete eine Unterstützung Chinas. Im April 1936 unterzeichnete Deutschland mit Japan das Deutsch-Mandschurische Handelsabkommen.[6] Im November desselben Jahres kam es zwischen den beiden Ländern zur Unterzeichnung des Antikomintern-Paktes.[7] Zu der Zeit waren die Bande der deutsch-chinesischen Beziehungen immer schwächer geworden, insofern kam dem Besuch von General v. Reichenau im Sommer 1936 in Nanjing eine große Bedeutung zu. Denn sein Besuch half die Atmosphäre gegenseitiger Freundschaft und gegenseitigen Vertrauens erneut zu stärken. Dazu beigetragen hat auch ein Abkommen über Kommissionsgeschäfte - chinesische Mineralien im Tausch gegen deutsche Waffen.[8]

3. Waren Sie über die Vorschläge informiert, die General von Reichenau Ihrem Vater, dem Generalissimus Jiang Jieshi, und dem chinesischen Militär unterbreitete? Ist es wahr, daß die Deutschen eine militärische Allianz anregten und damit verbunden eine offizielle Aufwertung der von Ihnen entsandten Berater zu einer „Militärmission" erreichen wollten, womit Ihnen die Verantwortung über die gesamten bewaffneten chinesischen Streitkräfte und ihre Führung übertragen worden wäre?[9] Vorausgesetzt, daß diese Vorschläge wirklich vorgebracht wurden, wie reagierte die chinesische Seite darauf?

---

5 In Mittenwald.

6 Handelsabkommen vom 30.4.1936. Vgl. Dok. 125 u. 126.

7 Vgl. Dok. 129.

8 Gemeint sind der Austauschvertrag vom 21.11.1934 und das Kreditabkommen über 100 Mill. RM vom 8.4.1936, das Reichenau während seines Aufenthaltes in Nanjing förmlich ratifizierte. Vgl. Dok. 14 u. 18.

9 Entsprechende Vorschläge werden von deutscher Seite nur mündlich, wohl recht vage, vorgebracht und von chinesischer Seite mit Zurückhaltung aufgenommen. Vgl. Guan 1997:36-37 / Kirby 1984:299, Anm. 193 / Martin, in: ders. 1981:39.

Ich war zwar nicht in die Vorschläge eingeweiht, weiß aber, daß die deutschen Militärberater sowohl Offiziere als auch Truppen ausbildeten, und ich weiß auch, daß die deutschen Berater nach Ausbruch des chinesisch-japanischen Krieges mit an die chinesische Front[10] gingen. Sie sind erst später nach Deutschland zurückgekehrt.[11]

4. Wie hat Ihr Vater den deutschen Nationalsozialismus bewertet? Was sagte er über Hitler offiziell oder privat? Hat er zwischen dem italienischen Faschismus und dem deutschen Nationalsozialismus differenziert? Ist die Vermutung richtig, daß seine Haltung gegenüber den Nationalsozialisten in den Anfangsjahren, etwa um 1933, durchaus positiv war? Und hat sich seine Einstellung geändert, nachdem Hitler 1938 die deutschen Berater zurückrief?

Natürlich bestanden zwischen dem deutschen Nationalsozialismus und dem italienischen Faschismus[12] gewisse Unterschiede. Man kann aber nicht sagen, daß Jiang Jieshi in den Anfangsjahren nach 1933 den deutschen Nationalsozialismus bevorzugte, denn 1933 hat Hitler schon den Plan geäußert, über ein deutsch-japanisches Bündnis die Sowjetunion in die Zange zu nehmen, was die chinesisch-deutschen Beziehungen überschattete.[13] 1938 zog Hitler auf Druck von Seiten Japans die deutschen Militärberater aus China ab, und beendete auf internationalen Druck hin das vorher vereinbarte Abkommen über deutsche Waffenlieferungen an China. Dies war ein Vorgehen, das Jiang Jieshi natürlich höchst ungehalten machte

5. Es ist historisch belegt, daß der damalige chinesische Botschafter in Berlin auf Anordnung aus Nanjing mehrmals gegen den nationalsozialistischen Rassismus protestierte, der schließlich die Chinesen als „minderwertige, farbige" Rasse diskriminierte. Wie war die Einstellung Ihres Vaters zum Rassismus in Deutschland, der doch eigentlich jeglicher Freundschaft zwischen der deutschen „arischen Herrenrasse" und den „gelben" Chinesen widersprach? Waren Sie während Ihres Aufenthaltes selbst jemals mit rassistischem Gedankengut konfrontiert?

Hitlers Einstellung den Japanern gegenüber war tatsächlich voller Widersprüche: Denn mit einer anderen Rasse ein Bündnis einzugehen, stand schließlich im Gegensatz zu seiner Rassenpolitik, andererseits bewunderte er die Japaner als „die Preußen Ostasiens". In *Mein*

---

10 In den Kämpfen um Shanghai von August bis November 1937. Vgl. ebd. (Martin): 48.

11 Vgl. Dok. 38 u. 39.

12 Vgl. Frey 1997:106-108 / Godley, in: Fung / Pong 1985:99-113. Sowie Einleitung zu Kap. 6.

13 Zwar gab es 1933 in der NSDAP und auch von seiten Hitlers Interesse an Japan und der mandschurischen Frage, doch von einem Plan, ein deutsch-japanisches Bündnis gegen die Sowjetunion zu bilden, kann zu diesem Zeitpunkt keine Rede sein. Vgl. hierzu Einleitung zu Kap. 7. Sowie Sommer 1962:19-21.

Kampf hat er aber über die Japaner geschrieben, daß sie anders als die arische keine kulturschaffende Rasse wären, sondern eine Rasse, die Kultur nur übernehme und fortsetze.[14] Die Japaner indes haben stets geargwöhnt, daß Hitlers Rassenpolitik sehr stark rassistisch gefärbt sei, weshalb die Deutschen sich beeilen mußten zu erklären, daß Deutschland keine Vorurteile gegen andere Rassen hege, sondern lediglich wünsche, die deutsche Rasse rein zu halten.

Als ich in Deutschland war, habe ich oft beobachtet, daß die Deutschen unter den Asiaten die Japaner mit anderen Augen sahen. Tatsächlich zeichneten sich die meisten Japaner, denen ich in Deutschland begegnet bin, gegenüber den chinesischen Auslandsstudenten dadurch aus, daß sie sehr adrett gekleidet waren und einen höheren Lebensstil führten. Eines Tages setzte ich mich im Winter in ein Berliner Taxi, dessen Fahrer wohl meine ordentliche Kleidung aufgefallen war. Denn plötzlich fragte er mich: „Schneit es bei Ihnen in Tokyo?" Meine Antwort lautete: „Ich war noch nie in Japan, schneit es denn bei Ihnen in Jerusalem?" Der Taxifahrer beeilte sich zu sagen: „Ich bin doch kein Jude!" In dem Moment mußten wir beide darüber lachen, und damit war die Sache erledigt.

Ich meine, jedes Volk sollte sich von Generation zu Generation bemühen, die Ehre der eigenen Kultur hochzuhalten. Insofern ist die chinesische Lehre vom Weg der Mitte die bestmögliche Philosophie für das Miteinander der Menschen. Darwins „Evolutionismus", der das „Recht des Stärkeren" apostrophiert, ist nur auf die Tierwelt anwendbar, wo das Streben nach Überleben ein ewiger Kampf ist!

6. Haben Sie während Ihres Deutschlandaufenthaltes Ihrem Vater und/oder Ihren militärischen Vorgesetzten regelmäßig über Ihr Leben und die politischen Verhältnisse in Europa berichtet? Sind diese Berichte, wenn sie existieren, in Archiven oder privat aufbewahrt?

Soweit ich mich erinnern kann, habe ich damals keine offiziellen Berichte nach Hause geschickt, sondern meinen Vorgesetzten[15] vor ihrer Heimreise nur mündlich Bericht erstattet.

7. Wie haben Sie damals von der Ausrichtung der deutschen Fernostpolitik weg von China hin zu Japan erfahren? Wie haben Sie das aufgenommen und den verstorbenen Präsidenten davon in Kenntnis gesetzt? Haben Sie der chinesischen Regierung zu einer veränderten Deutschlandpolitik geraten, und wenn zu welcher?

---

14 Vgl. Einleitung zu Kap. 7, Anm. 19.

15 Vmtl. Jiang Baili (vgl. Anm. 2 des Interviews).

Ich habe diese neue Ausrichtung der deutschen Fernostpolitik schon 1937 gespürt und meine Familie davon unterrichtet. Aber im Prinzip bin ich meiner militärischen Ausbildung in Deutschland sehr gewissenhaft nachgegangen und habe es vermieden, über Politik und Wirtschaft zu sprechen.[16]

8. Wie bewerteten Sie die revisionistische Politik Deutschlands - die Annexion Österreichs, die Sudeten-Krise, die Münchener Konferenz, den Prager Staatsstreich? Hatten Sie damals die Möglichkeit eines Krieges erwogen? Und welchen Ausgang eines solchen militärischen Konflikts hätten Sie damals vorausgesehen?

Ich hatte natürlich die Möglichkeit eines Krieges vor Augen und mir um die Weltordnung Sorgen gemacht![17]

9. Welche Gefühle hatten Sie angesichts der Nachrichten über die antijüdischen Pogrome („Reichskristallnacht“ vom 9. November 1939)? Waren Sie jemals persönlich Zeuge von antisemitischen Ausschreitungen?

Die Intelligenz und Einigkeit der Juden haben den damaligen Deutschen schon Angst bereitet. Eigentlich sind Judenhaß und Judenunterdrückung nichts Neues gewesen. Schon im Alten Testament der Bibel gibt es Beispiele dafür! Ich habe zwar in Deutschland selbst keine grausamen Ausschreitungen gegen Juden erlebt, aber oft davon gehört.

10. Wann und von wem sind Sie damals nach China zurückberufen worden? Oder haben Sie damals Deutschland aus eigenem Entschluß verlassen? Haben deutsche Behörden Ihre Abreise verlangt? Wie war die Haltung der deutschen Behörden Ihnen gegenüber?

Ende 1940[18] habe ich auf Anordnung des chinesischen Verteidigungsministeriums Deutschland verlassen, um nach China zurückzukehren. Die deutschen Behörden haben dem natürlich stattgegeben und sich mir gegenüber äußerst zuvorkommend verhalten. Deutschland hat zwar mit Japan eine Achse gebildet, aber die Verbundenheit, ja Freundschaft zwischen Deutschland und China wurden in Volk und Regierung doch hochgehalten.

---

16 Mit einer Ausnahme: Auf Hitlers Ankündigung im März 1938, Manzhouguo diplomatisch anzuerkennen, reagierte der junge Jiang Weiguo mit Protest und einigen hitzigen Bemerkungen. Auf Weisung Berlin unterblieb jedoch eine disziplinarische Ahndung.

17 Jiang Weiguo nahm als Unteroffizier der Wehrmacht am Einmarsch in Österreich (13.3.1938) und in das Sudetenland (Oktober 1938) teil. Im Jahr 1939 wurde er zum Leutnant befördert.

18 D.h. nach Abschluß des Dreimächte-Paktes am 27.9.1940. Autobiographische Angaben bei Tschiang 1986:127-129.

11. Was hatten Sie zu einer Zeit, da sich Ihr Land mit Deutschlands neuem Verbündeten, nämlich Japan, im Krieg befand, über die beginnende deutsch-japanische Allianz gedacht, wo Sie doch in Deutschland ausgebildet wurden?

Als mein Land mit Deutschlands neuem Verbündeten, Japan, in den Krieg eintrat, habe ich die Allianz Deutschland-Japan so gesehen: Im deutschen Außenministerium wurde fälschlicherweise erwartet, daß Japan im Blitzkrieg China einnehmen werde, um mit diesem Verbündeten gemeinsam die Sowjetunion von zwei Seiten angreifen zu können. Dies ist ja bekannt: Unter der Führung des damaligen Generalissimus Jiang Jieshi sind die japanischen Truppen im Laufe der 14 Jahre des (erbitterten) Widerstandskrieges in China immer mehr angeschlagen worden, was schließlich zu ihrer Kapitulation beitrug. Und Deutschland konnte in den japanisch-besetzten Gebieten auch keine Sonderbehandlung erfahren.

Deshalb hat die deutsch-japanische Allianz nicht nur den oberflächlich noch bestehenden Beziehungen zu China geschadet, sondern indirekt auch die Entwicklung des chinesischen Kommunismus gefördert.

12. Haben die deutschen Militärberater Ihrer Meinung nach irgendwelche dauerhaften Beiträge für Chinas Wiederaufbau geleistet?

Meiner Meinung nach gehen die Beiträge der deutschen Militärberater für China sehr weit. Von nachhaltigem Einfluß sind diese insbesondere im Bereich der militärischen Struktur der drei Streitkräfte (einschließlich der Personalstruktur und Logistik) und Ausbildung von Truppen. Nachdem die nationalen Verteidigungskräfte sich 1949 nach Taiwan zurückgezogen haben, kam es zur erneuten Aufnahme von Kontakten zu Deutschland. In der Folge wurden wieder deutsche Militärberater eingeladen und Offiziere zur Ausbildung nach Deutschland entsandt.[19] Angeführt wurde die neue Beraterdelegation von dem aus dem Armeedienst ausgeschiedenen Generalmajor Oskar Munzel. Sein Verdienst um China war so außerordentlich, daß er selbst nach seinem Tode in der Republik China noch immer hoch geehrt wird. Auch den ihm nachfolgenden hervorragenden Offizieren brachten Jiang Jieshi und die chinesische militärische Führung sehr viel Aufmerksamkeit entgegen.

---

19 Vgl. BA/MA Freiburg, Dossier BW 2/11.195, Fü S II 5, 32-14-00 Nationalchina, enthält ziemlich komplett das Material über die zwischen 1964 und 1972 jährlich an die Führungsakademie entsandten zwei Stabsoffiziere, d.h. insgesamt wurden 18 hohe taiwanesische Offiziere in einjährigen Generalstabslehrgängen in Hamburg ausgebildet. Weitere Offiziere wurden zum Truppendienst in die Bundesrepublik abkommandiert. Die taiwanesische Seite spricht von insgesamt 24 in Deutschland ausgebildeten Offizieren. Zur deutschen Militärberaterschaft in Taiwan, deren Anfänge bis auf 1952 zurückgehen, vgl. BA/MA, NL Falkenhausen, Korrespondenz, v.a. den Briefwechsel mit zwei Militärberatern, die dem Rückreisebefehl 1938 nicht nachkamen und in China verblieben. Später gingen sie mit Jiang Jieshi nach Taiwan. Die deutsche Militärmission wurde vom Bundesnachrichtendienst (Pullach) betreut, wohl auch aus nachrichtendienstlichen Gründen, um an Information über die Volksrepublik zu gelangen.

13. Hat ihre militärische Ausbildung in Deutschland bei Ihnen Spuren hinterlassen? Sahen Sie sich später bei Fragen einer Entscheidungsfindung als führender Militärkommandeur in irgendeiner Weise durch deutsches militärisches Denken beeinflußt? Wenn ja, könnten sie ein paar Beispiele nennen?

Der deutsche Volkscharakter beinhaltet einige Vorzüge, die sich auch auf den [all]gemeinen deutschen Soldaten übertragen haben. Ich schätze mich sehr glücklich, daß ich die Möglichkeit hatte, die Stärken so vieler deutscher Soldaten (Offiziere) in mich aufzunehmen. Was das militärische Denken angeht, verehre ich die strategischen Theorien und Ideen von Clausewitz. Ich versuche nicht nur, nach seinen Lehren zu handeln, sondern habe mich auch dafür eingesetzt, seine Werke übersetzen zu lassen und in der Nationalen Militärakademie[20] zu verbreiten. Was Technik, Vorgehensweise und Haltung angeht, bin ich stets bemüht, mich dessen zu besinnen, was ich in Deutschland gelernt habe, wobei ich aber stets darauf achte, den Charakter und das Wesen meines Volkes und unseres Militärs nicht aus den Augen zu verlieren. Was mein rein strategisches Denken angeht, so habe ich es mir in China angeeignet. Besonders stark beeinflußt bin ich hier durch meinen Vater.

14. Was hat Sie während Ihres Aufenthaltes in Deutschland am meisten positiv beeindruckt, und was haben Sie am wenigsten gemocht?

Deutsche Offiziere haben mir oft gesagt: „In jedem Land gibt es unter den Offizieren hervorragende Führungstalente. Als deutscher Offizier lege ich höchsten Wert auf Befehlsgehorsam und Kameradschaftsgeist.“
In der deutschen Stabsführung herrscht der grundlegende Gedanke, daß der Einzelne völlig unbedeutend ist. Das ist für mich das höchste Gut, das ich von meiner Ausbildung in Deutschland mit nach Hause gebracht habe.

15. Meinen Sie, daß zwischen China und Deutschland eine besondere Beziehung bestand oder besteht? Wenn ja, was macht das Wesen dieser Beziehung aus? Wie sehen Sie diese mit den sino-amerikanischen Beziehungen im Vergleich?

Ich meine, daß die chinesisch-deutschen Beziehungen einige Besonderheiten aufweisen. Lassen Sie mich versuchen, diese einmal aufzuzählen:

Als die mandschurische Qing-Dynastie immer weiter verfiel und zerstückelt wurde, hatte sich das Deutsche Reich nicht den anderen Mächten angeschlossen, China unter sich aufzuteilen. Otto von Bismarck nahm gegenüber einer deutschen Kolonialpolitik lange eine zögerliche Haltung ein, was in China einen tiefen positiven Eindruck hinterließ.

Nach dem Ersten Weltkrieg hat der Versailler Vertrag die Beziehungen zwischen China und Deutschland wieder enger zusammengeschweißt. Im Jahre 1921 hat Deutschland eine

20 Jiang Weiguo war von 1969 bis 1980 Leiter der taiwanesischen Kriegsakademie.

Besucherdelegation nach China entsandt, wobei es zur Unterzeichnung eines (gesonderten) Friedensvertrages kam.[21] Bis heute sieht sich China vom Ausland stark herumkommandiert [bevormundet?].

Deutschland jedoch hat damals auf der Basis von Gegenseitigkeit mit China Gespräche aufgenommen. Dies war für China von größter Bedeutung. Nachdem General Jiang Jieshi 1928 den Nordfeldzug siegreich beendet und Peking eingenommen hatte, war die deutsche Regierung eine der ersten, die die Nationalregierung in Nanjing anerkannten und mit ihr offizielle diplomatische Beziehungen aufnahmen.[22] Dies war ein Meilenstein in der Geschichte der chinesisch-deutschen Beziehungen.

Die Republik China betrachtet Deutschland als Weltmeister auf dem Gebiet von Technik und Wissenschaft. Da Deutschland das erste Land war, das alle Exterritorialrechte über China aufgab, ging es mit gutem Beispiel voran. Die deutsch-chinesischen Beziehungen waren schon immer sehr freundschaftlich, und China legte besonderen Wert auf Deutschland als eng befreundetes Land. Daher war die Zeit zwischen 1932 und 1937 der Höhepunkt der chinesisch-deutschen Beziehungen. Leider waren die China- und die Japanpolitik des Hitler-Regimes nicht miteinander vereinbar, so daß die chinesisch-deutschen Beziehungen überschattet wurden, so zum Beispiel durch die deutsche Anerkennung der Mandschurei und den Antikomintern-Pakt zwischen Japan und Deutschland von 1936, der sich ebenfalls auf die deutsch-chinesischen Beziehungen negativ auswirkte. Hinzu kam, daß die deutschen Militärberater aufgrund der japanischen Außenpolitik zurückgezogen und die deutschen Rüstungslieferungen an China eingestellt wurden, was die chinesisch-deutschen Beziehungen sehr stark angeschlagen hat.

Zusammenfassend zeigt sich jedoch, daß China und Deutschland traditionell sehr freundschaftliche Beziehungen verbinden und die Völker beider Länder einander sehr tiefe Sympathien entgegenbringen, auch wenn die Beziehungen zwischendurch etwas gelitten haben. Aber die Schwierigkeiten, die zwischen China und Deutschland standen, sind überwunden, und die Wunden der Vergangenheit verheilt. Nun ist es an der Zeit, kritisch darüber nachzudenken, was zu dem Bruch zwischen beiden Ländern geführt hat, um sich aktiv dafür einzusetzen, die alten diplomatischen Beziehungen und die enge Zusammenarbeit zum gegenseitigen Nutzen wiederherzustellen.

Was den Vergleich zu den chinesisch-amerikanischen Beziehungen[23] angeht, haben sich diese geradlinig entwickelt. Die chinesisch-deutschen Beziehungen basierten in der Anfangsphase dagegen mehr auf einer „Schicksalsgemeinschaft", beide Länder waren irgendwie aufeinander angewiesen, wodurch sie sehr eng zusammengeschweißt wurden, auch wenn die bilateralen Beziehungen zwischendurch unglücklicherweise stark gelitten hatten. Mein innigster Wunsch ist, daß diese Beziehungen recht bald wieder so gut werden wie sie einst

---

21 20. Mai 1921 (Vgl. Bd. 2 dieser Reihe).

22 Vertrag vom 17.8.1928. Vgl. Dok. 4.

23 1972 kam es aufgrund der diplomatischen Anerkennung „Rotchinas" durch die amerikanische Regierung zu einem Abbruch der offiziellen Beziehungen zwischen Nationalchina und den USA.

waren, um sich gemeinsam für den Weltfrieden und das Wohl der Menschen zwischen Ost und West einzusetzen.

16. Welche Vorschläge würden Sie machen, um eine Verbesserung der sino-deutschen Beziehungen zwischen dem nun bereits wiedervereinigten Deutschland und dem (hoffentlich) ebenfalls bald wiedervereinigten China zu erreichen?

Ich meine, daß das derzeit bereits wiedervereinigte Deutschland und das dereinst wiedervereinigte China bei der Verbesserung der gegenseitigen Beziehungen an eine traditionell sehr gute Basis anknüpfen können, um zum gegenseitigen Nutzen folgendes zu erreichen:

I. Förderung des gegenseitigen Kultur- und Wirtschaftsaustausches.
II. Beschleunigte Aneignung der deutschen Technologien in China.
III. Wiederaufnahme und Verstärkung deutscher Rüstungsverkäufe in China.
IV. Erneute Entsendung einer deutschen Militärberatermission nach China mit größerem Umfang als in den beiden vorangegangenen Fällen (in Taiwan das zweite Mal.)
V. Einvernehmliche freie Entfaltung in den Vereinten Nationen und anderen internationalen Organisationen.
VI. In Europa das Ihrige dafür zu tun, daß die westliche Welt die darwinistische Lehre vom „Recht des Stärkeren“ aufgibt und sich die chinesische Philosophie vom Weg der Mitte zueigen macht, um für die Menschheit ein Paradies auf Erden zu schaffen.

Abkürzungen

AA (Ausw. Amt)	Auswärtiges Amt
Abr.	Abraham
Abt.	Abteilung
a.D.	außer Dienst
ADAP	Akten zur Deutschen Auswärtigen Politik
AEG (A.E.G.)	Allgemeine Elektrizitäts-Gesellschaft
AG (A.G.)	Aktiengesellschaft
AHR	American Historical Review (New York)
Akad.	Akademisch
Aktz. (Akt.Z.)	Aktenzeichen
allg.	allgemeine
a.M.	am Main (Frankfurt)
AM	Außenminister / Außenministerium
amerikan. (amerik.)	amerikanisch
Ang.	Angelegenheit
Anl.	Anlage
Anm.	Anmerkung
a.o.	außerordentlich
Art.	Artikel
Aug.	August
AV	Austauschvertrag
Barch	Bundesarchiv Berlin-Lichterfelde
BA/MA	Bundesarchiv/Militärarchiv Freiburg
Bd.	Band

Bde.	Bände
begr.	begründet
Beida	Universität Peking (Beijing daxue)
betr.	betreffend
Bergw.	Bergwerk
Bez.	Beziehung(en)
BR	Botschaftsrat
brasil.	brasilianisch
brit.	britisch
bzw.	beziehungsweise
ca.	circa (ungefähr)
C.&C.	Carlowitz & Co.
CC	Central Club oder Chen Guofu / Chen Lifu
CCP	China Communist Party Research Newsletter (Colorado Springs)
CEJ	Chinese Economic Journal (Peking)
CER	Chinese Eastern Railway
cf	vergleiche (confer)
CGB	Chinesische Gesandtschaft Berlin
C.G.T.	Confédération Générale du Travail
CHB	Carl Heinrich Becker
Chi	China
chin. (chines.)	chinesisch
CIF (cif.)	Cost Insurance Fright
Chap.	Chapter (Kapitel)
Ch. $	Chinesischer Dollar
CHMST	China Historical Materials of Science and Technology (Peking)
Ch.R.	Chinesische Regierung
CHOC	Cambridge History of China (Cambridge)
cm	Zentimeter
CQ	China Quarterly (London)
CWR	China Weekly Review (Shanghai)
CYB	China Year Book (Shanghai)
D.	Deutschland
DAAD	Deutscher Akademischer Austauschdienst

dass.	dasselbe
DAZ	Deutsche Allgemeine Zeitung (Berlin)
DB	Deutsche Botschaft
DBN	Deutsche Botschaft Nanjing
dens.	denselben
ders.	derselbe
Dez.	Dezember
DFZZ	Dongfang zazhi (Vermischtes aus Ostasien, Shanghai)
Dg.	Dirigent (im AA)
DGP	Deutsche Gesandtschaft Peking
dies.	dieselbe
Diss.	Dissertation
d.J.	dieses Jahres
D.Lit.	Doktor der Literaturwissenschaften (Frankreich)
d.M.	dieses Monats
DNVP	Deutschnationale Volkspartei
Dok.	Dokument
DPA	Deutsche Pädagogische Auslandstelle
dt.	Deutsch
DVP	Deutsche Volkspartei
ebd.	ebenda
ehem.	ehemalig
EKKI	Exekutivkomitee der Kommunistischen Internationale
engl.	englisch
Entz.	Entziffert
e.o.	einordnen
EURASIA	Fluguntemehmen Europa-Asien
e.V.	eingetragener Verein
evtl.	eventuell
Exempl.	Exemplar
Exz.	Exzellenz
f.	für
Feb. (Febr.)	February / Februar
FM	Finanzminister

franz.	französisch
Frhr.	Freiherr
Fried.	Friedrich
Frl.	Fräulein
gegr.	geründet
geh.	geheim
Geh. Ch. V.	Geheim Chiffre verfaßt
Gen.	General
georg.	georgisch
Ges.	Gesandter
gez.	gezeichnet
GG	Geschichte und Gesellschaft (Göttingen)
GK	Generalkonsul / Generalkonsulat
G.m.b.H. (GmbH)	Gesellschaft mit beschränkter Haftung
GMD	Guomindang
GR	Gesandtschaftsrat
GSTA PK	Geheimes Staatsarchiv Preußischer Kulturbesitz (Berlin)
G.V.	geheim verfaßt
2.HACh	2. Hauptarchiv Nanjing
Hapag	Hamburg-Amerikanische Packetfahrt-Actien-Gesellschaft
HAPRO	Handelsgesellschaft für industrielle Produkte
Hg. / hg.	Herausgeber / herausgegeben von
H.K.	Hans Klein
HLKO	Haager Landkriegsordnung
holl.	holländisch
hon	ehrenwert (honorable)
Hr.	Herr
HZ	Historische Zeitschrift (München)
i.d.R.	in der Regel
IfZ	Institut für Zeitgeschichte (München)
IG (I.G.)	Interessengemeinschaft
Ind.	Industrie
Inprecorr	International Press Correspondence (Berlin)
Inprekorr	Internationale Pressekorrespondenz (Berlin)

ital.	italienisch
IWK	Internationale wissenschaftliche Korrespondenz zur Geschichte der deutschen Arbeiterbewegung (Berlin)
JAH	Journal of Asian History (Wiesbaden)
JAS	Journal of Asian Studies (Ann Arbor)
Jan.	Januar
japan. (jap.)	japanisch
JDSYJ	Jindaishi yanjiu (Forschungen zur neueren Geschichte, Peking)
Jg.	Jahrgang
Jh.	Jahrhundert
Jr.	Junior
jug.	jugoslawisch
jur.	juristisch
JWH	Junweihui (chin. Militärkommission)
JZB	Junzhengbu (chin. Kriegsministerium)
kaiserl.	kaiserlich
Kal.	Kaliber
Kap.	Kapitel
kg	Kilogramm
Km	Kilometer
Komintern	Kommunistische Internationale
k.P.	kein Pinyin
KPCh	Kommunistische Partei Chinas
KPD	Kommunistische Partei Deutschland
KPdSU	Kommunistische Partei der Sowjetunion
Landw.(irtsch.)	Landwirtschaft
Lieut.-General	Generalleutnant (Lieutenant-General)
LR	Legationsrat
LS	Legationssekretär
LSYJ	Lishi yanjiu (Historische Forschung, Peking)
MA	Magisterarbeit
M.A.	Magister (Master of Arts)
MAS	Modern Asian Studies (Cambridge)
Mass.	Massachusetts

m.b.H.	mit beschränkter Haftung
MdR	Mitglied des Reichstags
m.E.	(nach) meiner Einschätzung
med.	medizinisch
mex.$	mexikanischer Dollar
MG	Maschinengewehr
MGDG	Minguo dangan (Archiv der Volksrepublik, Nanjing)
MGM	Militärgeschichtliche Mitteilungen (Freiburg i. Br.)
militär.	militärisch
Mill.	Millionen
Min.	Ministerium
Min.Dir.	Ministerialdirektor
Min.R.	Ministerialrat
Mk.	Mark (hier: Reichsmark)
mm.	Millimeter
MP	Ministerpräsident
nachm.	nachmittags
NL	Nachlaß
NRK	Nationale Ressourcenkommission
No.	Nummer
Nov.	November
Nr.	Nummer
NSDAP	Nationalsozialistische Deutsche Arbeiterpartei
NW	Nordwesten
NYT	New York Times
O.A.	Ostasien
OAR	Ostasiatische Rundschau (Hamburg)
OAV	Ostasiatischer Verein
O.Ch.E. (OCE)	Ostchinesische Eisenbahn
o.D.	ohne Datum
o.J.	ohne Jahr
OKW	Oberkommando der Wehrmacht
Okt.	Oktober
o.N.	ohne Namen

Ph.D.	Doktor phil. (Doctor of Philosophy)
phil.	philosophisch
Po.	Politik
PolArchAA	Politisches Archiv des Auswärtigen Amtes (Bonn; jetzt Berlin)
poln.	polnisch
preuß.	preußisch
Privattel.	Privattelegramm
Prof.	Professor
£	Pfund
RA	Rote Armee (Hong jun)
RAM	Reichsaußenministerium / Reichsaußenminister
rd.	rund
RDI	Reichsverband der Deutschen Industrie
resp.	respektive
Reg.R.	Regierungsrat
RFM	Reichsfinanzministerium
RGBl.	Reichsgesetzblatt
RIM	Reichsinnenminister / Reichsinnenministerium
RK	Reichskanzler / Reichskanzlei
RKM	Reichskriegsministerium
RM	Reichsmark (einmal auch: Registermark)
R.M.	Reichsminister
RT	Reichstag
Ru	Rußland
russ.	russisch
RVM	Reichsverkehrsminister / Reichsverkehrsministerium
RWM (R.W.M.)	Reichswehrminister / Reichswehrministerium (Febr.1935 in RKM umbenannt)
RwiM	Reichswirtschaftsministerium
S.	Seite
s.	siehe
$	Dollar
SA	Sturmabteilung
sc	scilicet (nämlich)
Sept.	September

sog. (sogen.)	sogenannt
sowjet.	sowjetisch
SPD	Sozialdemokratische Partei Deutschland
sq (miles)	square (miles) (1 square mile = 2,59 km^2)
SSW (S.S.W.)	Siemens-Schuckert-Werke
STAHbg.	Staatsarchiv Hamburg
Stamag	Stahl- und Maschinengesellschaft m.b.H.
stellvertr.	Stellvertretend
St.S.	Staatssekretär
SYU	Sun Yatsen-Universität (Zhongshan-Universität), Kanton
s. Zt.	seiner Zeit
t	Tonnen
techn.	technisch
Tel.i.Z.	Telegramm in Ziffern
Tgb.Nr.	Tagebuch.Nummer.
TH (T.H.)	Technische Hochschule
Tit.	Titel
TNT (T.N.T.)	Trinitroluol
tschechosl.	tschechoslowakisch
türk.	türkisch
u.	und
u.a.	unter anderem
UdSSR (U.S.S.R.)	Union der Sozialistischen Sowjetrepubliken
unb.	unbekannt
unpubl.	unveröffentlicht (unpublished)
unveröffentl.	unveröffentlicht
USA	United States of America (Vereinigte Staaten von Amerika)
u.v.a	und vor allem
v.a.	vor allem
v.Chr.	vor Christi
VDI (VdI)	Verein Deutscher Ingenieure
VDMA	Verein Deutscher Maschinen-Anstalten
vertraul.	vertraulich
VFO	Verband für den Fernen Osten

v.J.	vorigen Jahres
VK	Vizekonsul
VLR (V.L.R.)	Vortragender Legationsrat
v.M.	vorigen Monats
vmtl.	vermutlich
W	Westen
wiss.	wissenschaftlich
WJB	Waijiaobu (chin. Außenministerium)
WJPL	Waijiao pinglun (Kommentar zur Außenpolitik, Shanghai)
WK	Weltkrieg
WTB (W.T.B.)	Wolff's Telegraphenbüro
YMCA	Young Men's Christian Association
z.B	zum Beispiel
z.D.	zur Disposition
ZEK	Zentrales Exekutivkomitee
ZfG	Zeitschrift für Geschichtswissenschaft (Berlin)
ZfP	Zeitschrift für Politik (München)
ZK	Zentralkomitee
z.T.	zum Teil

Quellen- und Literaturverzeichnis

1. Quellen

Politisches Archiv des Auswärtigen Amtes (PolArchAA)

Büro des Reichsministers I
R 28540 (Okt. 1920 - Juli 1928)
R 28541 (Aug.1928 - Okt. 1929)
R 28542 (Okt. 1929 - Sept. 1931)
R 28543 (Sept. 1931 - Dez. 1932)
R 28544 (Jan. 1933 - Juni 1935)

Büro Staatssekretär
R 29452 (April 1932 - Okt. 1933)
R 29458 (Okt. 1935 - Juni 1936)

Aufzeichnungen des Staatssekretärs über Diplomatenbesuche
R 29826 (Aug. 1936 - Dez. 1937)

Geheimakten Ostasien 1920-1936
R 31231 (Aug. 1932 - März 1934)

Projekte Hans Kleins
R 31249 KI
R 31249 KII

Handakten Trautmann
R 35844 (Okt. 1931 - Mai 1932)

Deutsche Pädagogische Auslandstelle
R 63592 (1929 - 1931)

Allgemeine auswärtige Politik
R 85287 (Sept. 1931 - Dez. 1932)

Luftfahrt
R 85376 (Nov. 1927 - Juni 1931)

Politische Beziehungen Chinas zu Deutschland
R 85453 (Juni 1928 - Dez. 1930)
R 85454 (Jan. 1931 - Dez. 1934)

Militärangelegenheiten, China
R 85700 (Juni 1930 - Dez. 1931)
R 85701 (Jan. 1931 - März 1932)

Unterrichtswesen
R 85719 (Okt. 1924 - Dez. 1926)
R 85720 (Jan. 1927 - Dez. 1928)
R 85721 (Jan. 1929 - Juni 1931)
R 85722 (Juli 1931 - Juni 1932)
R 85723 (Juli 1932 - Jan. 1934)

Studium und Ausbildung von Chinesen in Deutschland
R 85725 (Okt. 1928 - Juli 1931)
R 85728 (Febr. 1933 - Dez. 1933)

Politische und kulturelle Propaganda
R 85752 (Jan. 1922 - Dez. 1929)
R 85753 (Jan. 1930 - Jan. 1936)

Verwaltungsreformen
R 85824, Bd. 1 (Jan. 1926 - März 1935)

Politische Beziehungen Deutschlands zu Japan
R 85852 (Nov. 1935 - Jan. 1936)

Mandschurei, Allgemeines
R 86291 (Juni 1932 - Aug. 1932)
R 86292 (Aug. 1932 - Sept. 1932)

Waffen
R 94869 (März 1930 - Juni 1930)
R 94870 (Juli 1930 - Dez. 1930)
R 94871 (Jan. 1931 - Sept. 1931)
R 94872 (Sept. 1931 - Mai 1934)

Wiederaufbau der chinesischen Wirtschaft
R 94970 (Mai 1934 - Dez. 1935)
R 94971 (Jan. 1936 - April 1936)
R 94972 (Juni 1928 - Dez. 1929)

Beteiligung Deutschlands am Wiederaufbau der chinesischen Wirtschaft
R 94973 (Jan. 1930 - Nov. 1930)
R 94975 (April 1931 - Okt. 1931)
R 94976 (Nov. 1931 - Sept. 1935)

China-Japan
R 97273 (Dez. 1931)

NL Renthe-Fink, Bd. 7

Bundesarchiv, Berlin-Lichterfelde (BArch)

China / Japan / Völkerbund
0902/2155 (Sept. 1931 - Nov. 1931)
0902/2157 (1932)
0902/2166 (Sept. 1931)

Chinesisches Militärwesen
0902/2235 (April 1931 - März 1936)

Waffenarsenale
0902/2237 (Dez. 1927 - April 1939)

Militärberater
0902/2238 (Okt. 1928 - Dez. 1930)
0902/2239 (Jan. 1931 - Febr. 1935)
0902/2240 (Febr. 1935 - Aug. 1935)
0902/2242 (Okt. 1928 - Dez. 1929)
0902/2243 (Jan. 1930 - Mai 1930)

Deutsche zivile Ratgeber bei der chinesischen Regierung
0902/2254 (Jan. 1934 - März 1935)

Kommunismus / Antikomintern-Pakt
0902/2320 (März 1936 - Dez. 1936)
0902/2321 (Dez. 1936 - März 1940)

Faschismus
0902/2323 (April 1934 - Nov. 1938)
0902/2324 (Sept. 1934 - Sept. 1935)

Judenfrage, Freimaurerei, Emigranten in China
0902/2325 (Aug. 1933 - Aug. 1934)
0902/2326 (Aug. 1934 - Febr. 1939)

China-UdSSR
0902/2380 (Aug. 1929 - Sept. 1929)
0902/2381 (Sept. 1929 - Okt. 1929)
0902/2382 (Nov. 1929 - Dez. 1929)
0902/2390 (Okt. 1929 -Dez. 1929)
0902/2391 (April 1931 - April 1936)
0902/2395 (Juli 1929 - Aug. 1929)
0902/2396 (Sept. 1929)
0902/2397 (Sept. 1929 - Okt. 1929)

Deutsche kulturelle Bestrebungen in China
0902/3366 (April 1929 - Dez. 1929)
0902/3367 (Jan. 1930 - März 1931)
0902/3369 (Nov. 1932 - Dez. 1933)
0902/3370 (Jan. 1934 - Mai 1936)
0902/3371 (März 1929 - Sept. 1932)

Deutschland-Institut Peking
0902/3385 (Dez. 1935 - Dez. 1939)

Tongji-Universität
0902/3516 (Okt. 1931 - Dez. 1932)
0902/3517 (Febr. 1933 - Febr.1934)

Deutsche Industrie-Studienkommission in China
0902/3883 (Juli 1928 - März 1930)
0902/3884 (März 1930 - Nov. 1931)
0902/3885 (Jan. 1929 - Okt. 1933)

Deutsche Wirtschaftsmissionen nach China
0902/3924 (Jan.1936 - Sept. 1937)

Bundesarchiv, Abteilung Koblenz (BArchK)

Wolfgang Jaenicke
N 1135, Nr. 27

Bundesarchiv / Militärarchiv, Freiburg (BA/MA)

Allgemein
Msg. 160/6
Msg. 160/7

Max Bauer
NL Bauer, Bd. 41

Alexander von Falkenhausen
N 246/7
N 246/9
N 246/12

Hans von Seeckt
N 247/133
N 247/190

Geheimes Staatsarchiv der Stiftung Preußischer Kulturbesitz, Berlin (GSTA, PK)

Heinrich Schnee
I.HA Rep. 92, NL Schnee 24 / 74 / 75

Carl Heinrich Becker
I. HA Rep. 92, NL Becker 106 / 4808 / 8478

Staatsarchiv, Hamburg (STAHbg)

Peter Mühlens
361-6, I 300, Bd. 2

Chinesische Studienkommission 1934
132-III / I B 1 f 2[93]

Institut für Zeitgeschichte, München (IfZ)

Hans Klein
Gbo6.28

Hack-Papiere (Privatbesitz Bernd Martin)

Wilhelm Hack
Dok.-Nr. 28 / 31

Archiv der Vereinten Nationen, Genf (LONArch)

Peter Mühlens
LON, HC, 8A/2300/940

Zweites Historisches Archiv (*Ershi danganguan*), Nanjing (2. HACh)

Exekutivyuan
2-174

Ressourcenkommission: Deutsch-chinesische Wirtschafts- und Militärbeziehungen
28(2)-238
28(2)-684
28(2)-685
28(2)-686
28(2)-687
28(2)-688
28(2)-690
28(2)-693
28(2)-694
28(2)-2133
28(2)-3641
28(2)-3642
28(2)-3652
28(2)-3653
28(2)-3655

Wirtschaftskomitee des Exekutivyuans: Mission Kiep
44(2)-84

Handel: Deutsch-chinesischer Vertrag 1934
307-4045

Handelskommission: Deutsch-chinesischer Vertrag 1936
309-4045

Krupp, Arsenalbau
318(2)-554(2)

Büro für militärische Angelegenheiten des Exekutivyuans
773-643

2. Literatur

a) Literatur in westlichen Sprachen

Abschiedsabend für Dr. Djahung Wang, o.N, in: OAR, 16.3.1936, Nr. 6, S. 161-162.

Adanir, Fikret, Geschichte der Republik Türkei, Mannheim 1995.

ADAP, Serie B (1925-1933)

B IV (1. Jan. - 16. März 1927)
B IX (1. Mai - 30. Aug. 1928)
B X (1. Sept. - 31. Dez. 1928)
B XI (1. Jan. - 31. Mai 1929)

B XII (1. Juni - 2. Sept. 1929)
B XIII (3. Sept. - 31. Dez. 1929)
B XIV (1. Jan. - 30. April 1930)
B XV (1. Mai - 30. Sept. 1930)
B XVI (1. Okt. 1930 - 28. Febr. 1931)
B XX (1. März - 15. Aug. 1932

ADAP, Serie C (1933-1937)

C I/1 (30. Jan. - 15. Mai 1933)
C I/2 (16. Mai - 14. Okt. 1933)
C II/1 (14. Okt. 1933 - 31. Jan.1934)
C II/2 (1. Febr. 1934 - 13. Juni 1934)
C III/1 (14. Juni - 31. Okt. 1934)
C III/2 (1. Nov. 1934 - 30. März 1935)
C IV/1 (1. April - 13. Sept. 1935)
C IV/2 (16. Sept. 1935 - 4. März 1936)
C V/1 (5. März - 25. Mai 1936)
C V/2 (26. Mai - 31. Okt. 1936)
C VI/1 (1. Nov. 1936 - 15. März 1937)
C VI/2 (16. März - 14. Nov. 1937

ADAP, Serie D (1937-1945)

D I/1 (Sept. 1937 - Sept. 1938)

Adolphi, Wolfram, Das faschistische Deutschland als "Freund", in: ZfG 37 (1989), S. 211-227.

Afflerbach, Holger, Falkenhayn. Politisches Denken und Handeln im Kaiserreich, München 1994.

Antoni, Klaus, Der himmlische Herrscher und sein Staat. Essays zur Stellung des Tenno im modernen Japan, München 1991.

Appeal of the Central Executive Committee of the Chinese Soviet Republic. The New Imperialist Intervention against Soviet China, in: Inprecorr, 16.10.1933, Nr. 44, S. 970-971.

Armstrong, W. Earl / Hollis, Ernest V. / Davis, Helen E., The College and Teacher Education, Washington 1944.

Augustin, Franz Xaver, Ideologische Gemeinsamkeiten zwischen den deutschen Beratern und der Kuomintang-Führung, in: Martin (Hg.), Deutsche Beraterschaft, S. 272-287.

Barkai, Avraham, Das Wirtschaftssystem des Nationalsozialismus, Frankfurt 1988 (Köln 1977).

Bary, Wm. Theodore de (Hg.), Sources of Chinese Tradition, New York 1960.

Bauer, Max, Der große Krieg in Feld und Heimat. Erinnerungen und Betrachtungen, Tübingen 1921.

Bauer, Wolfgang, China und die Hoffnung auf Glück. Paradiese, Utopien, Idealvorstellungen in der Geistesgeschichte Chinas, München 1989[3].

ders. / Franke, Wolfgang / Grimm, Tilemann, Deutsch-chinesische Beziehungen in der Vergangenheit und die daraus zu ziehenden Lehren, in: Zeitschrift für Kulturaustausch, 23 (1974), S. 8-15.

Beasley, William G., Japanese Imperialism 1894-1945, Oxford 1987.

Becker, Carl Heinrich, Die pädagogische Akademie im Aufbau unseres nationalen Bildungswesens, Leipzig 1926.

ders. / Falski, Marian / Langevin, Paul / Tawney, Richard Henry, The Reorganisation of Education in China, Paris 1932.

ders., New World and Old: A European View. A German Scholar sets out the Contrast as he sees it between Standardization here and Diversity there, in: NYT, 8.1.1933, Sektion 6, S. 4 u. 18.

Becker, Josef / Klaus Hildebrand (Hg.), Internationale Beziehungen in der Weltwirtschaftskrise 1929-1933, München 1980.

Bedeski, Robert E., The Tutelary State and National Revolution in Kuomintang Ideology, in: CQ, 46 (1981), S. 308-328.

Beloff, Max, The Foreign Policy of Soviet Russia, 1929-1941. Bd. 1 (1929-1936), London 1952^3.

Bericht der China-Studienkommission des Reichsverbandes der Deutschen Industrie, Berlin 1930.

Bergère, Marie-Claire, L'âge d'or de la bourgeoisie chinoise, Paris 1986.

Artikel über den Besuch der chinesischen Militär- und Verkehrskommission 1934 in Deutschland, o.N., in: OAR, 19.1934, Nr. 17, S. 407-408.

Beutler, Heinz, Hundert Jahre Carlowitz & Co. Hamburg und China. Ein Beitrag zur wirtschaftsgeschichtlichen Entwicklung des deutschen China-Handels, Diss., Hamburg 1948.

Bieg-Brentzel, Rotraut, Die Tongji-Universität. Zur Geschichte deutscher Kulturarbeit in Shanghai, Frankfurt 1984.

Bloch, Kurt, German Interests and Policies in the Far East, New York 1978 (Reprint von 1940).

Bloß, Hartmut, Deutsche Chinapolitik im Dritten Reich, in: Funke (Hg.), Hitler, Deutschland und die Mächte, S. 407-429.

ders., Die Zweigleisigkeit der deutschen Fernostpolitik und Hitlers Option für Japan, in: MGM, 27 (1980), S. 55-92.

ders., Die Abberufung der Beraterschaft (April-Juni 1938), in: Martin (Hg.), Deutsche Beraterschaft, S. 249-271.

Boorman, Howard L. / Howard, Richard C., Biographical Dictionary of Republican China, 4 Bde., New York 1967-1979.

Borg, Dorothy, American Policy and the Chinese Revolution 1925-1928, New York 1968 (Reprint von 1947).

Bouissou, Jean-Marie, Seigneurs de guerre et officiers rouges 1924-1927, Tours 1974.

Brandt, Conrad, Stalin's Failure in China 1924-1927, New York 1966.

Braun, Otto, Chinesische Aufzeichnungen (1932-1939), Berlin (Ost) 1973.

Briessen, Fritz van, Deutsch-chinesische Kulturbeziehungen, in: Zeitschrift für Kulturaustausch, 23 (1973), S. 5-7.

ders., Grundzüge der deutsch-chinesischen Beziehungen, Darmstadt 1977.

ders., Deutsche Institutionen und Persönlichkeiten, in: Machetzki (Hg.), Deutsch-chinesische Beziehungen, S. 37-91.

Bruch, Rüdiger vom, Weltpolitik als Kulturmission. Auswärtige Kulturpolitik und Bildungsbürgertum in Deutschland am Vorabend des Ersten Weltkrieges, Paderborn 1982.

Buber-Neumann, Margarete, Von Potsdam nach Moskau, Stuttgart 1957.

Burden, Gary Allen, German Policy towards China and the Chinese Revolution 1919-1931, Ph.D. Thesis (unpubl.), University of Alberta, Canada 1972.

Cambridge History of China, Bd. 12, hg. von John K. Fairbank, Cambridge 1983.

Dies., Bd. 13, hg. v. dems. u. Albert Feuerwerker, Cambridge 1986.

Carsten, Francis L., Reichswehr und Politik 1918-1933, Köln 1964.

Casper, Karl, Deutschland und China im gegenseitigen Warenaustausch, in: Weltwirtschaftliches Archiv, 45 (1937), S. 409-442.

Causey, Beverley D., German Policy Towards China, 1918-1941, Ph.D. Thesis (unpubl.), Cambridge (Mass.) 1942.

Chang, Iris, Die Vergewaltigung von Nanking. Das Massaker in der chinesischen Hauptstadt am Vorabend des Zweiten Weltkrieges, Zürich 1999 (1997).

Chang, Maria Hsia, The Chinese Blue Shirt Society: Fascism and Developmental Nationalism, Berkeley 1985.

Chen, Chi, Die Beziehungen zwischen Deutschland und China bis 1933, Diss., Hamburg 1974.

Chen, Jerome, Resolutions of the Tsunyi Conference, in: CQ, 40 (1969), S. 1-38.

ders., The Communist Movement 1927-1937, in: CHOC 13, S. 168-229.

ders., The Communist Movement 1927-1937, in: Eastman u.a., The Nationalist Era in China, S. 53-114.

Chi, Hsi-sheng, Warlord Politics in China 1916-1928, Stanford 1976.

Chiang, Hai-Chao, Die Wandlungen im Chinesischen Verfassungsrecht seit dem Zusammenbruch der Mandschu-Dynastie unter besonderer Berücksichtigung der rechtlichen Stellung des Staatshauptes, Diss., Berlin 1937.

China Handbuch, hg. von Wolfgang Franke, Düsseldorf 1974.

China Yearbook 1931/32 und 1935, Shanghai.

Artikel: Chinesische Studenten im Ausland, o.N, in: OAR, 16.12.1930, Nr. 24, S. 760.

Artikel: Chinesische Studenten in Deutschland, o.N, in: OAR, 1.5.1932, Nr. 9, S. 174.

Chu, Chi, Die allgemeinen kapitalmäßigen Voraussetzungen für die Industrialisierung Chinas, in: Weltwirtschaftliches Archiv, 45 (1937), S. 283-297.

Chu, Chia-Hua, The Reform of Chinese Education in 1932, in: The People's Tribune, 1935, S. 393-419.

Chu, Pao-chin, From the Paris Peace Conference to the Manchurian Incident. The Beginnings of China's Diplomacy of Resistance against Japan, in: Coox / Conroy (Hg.), China and Japan, S. 61-82.

Chu, Samuel C., China's Attitudes toward Japan at the Time of the Sino-Japanese War, in: Iriye (Hg.), The Chinese and the Japanese, S. 74-95.

Coble, Parks M. Jr., The Kuomintang Regime and the Shanghai Capitalists, 1927-29, in: CQ, 77 (1979), S. 1-24.

Coox, Alvin D. / Conroy, Hilary (Hg.), China and Japan. The Search for Balance since World War I, Santa Barbara 1978.

ders., Nomonhan. Japan Against Russia, 1939, Bd. 1, Stanford 1985.

Crowley, James B., Japan's China Policy 1931-1938: A Study of the Role of the Military in the Determination of Foreign Policy, Ph.D. Thesis (unpubl.), Ann Arbor 1959.

Daim, Wilfried, Der Mann, der Hitler die Ideen gab. Die sektiererischen Grundlagen des Nationalsozialismus, Wien 1985[2].

Dallin, David J., The Rise of Russia in Asia, New Haven 1949.

Deist, Wilhelm u.a. (Hg.), Ursachen und Voraussetzungen der deutschen Kriegspolitik, Stuttgart 1979.

D'Elia, Paschal M., The Catholic Missions in China, Shanghai 1934.

Artikel über die Eröffnung der Deutschen Schule in Nanjing, o. N., in: OAR, 16.12.1933, Nr. 24, S. 541.

Deutscher Reichsanzeiger und Preußischer Staatsanzeiger, Berlin, 3.6.1926, Nr. 126.

Dewey, John, Lectures in China, 1919-1920, hg. von Robert W. Clopton / Tsuin-chen Ou, Honolulu 1973.

Dikötter, Frank, The Discourse of Race in Modern China, London 1992.

Ding, Jianhong / Li, Xia, Das „Deutschland-Institut“ und die deutsch-chinesischen Kulturbeziehungen, in: Leutner (Hg.), Politik, Wirtschaft, Kultur, S. 307-328.

Dirks, Carl / Janßen, Karl-Heinz, Der Krieg der Generäle, Berlin 1999.

Dirlik, Arif, The Ideological Foundation of the New Life Movement. A Study in Counterrevolution, in: JAS, 34 (1975), S. 945-980.

Domarus, Max, Hitler. Reden und Proklamationen 1932-1945, Bd. I (1935-1938), Bd. II/1 (1939-1940), München 1965/1968.

Domes, Jürgen, Vertagte Revolution. Die Politik der Kuomintang in China, 1923-1937, Berlin 1969.

ders., Die Kuomintang-Herrschaft in China, Hannover 1970.

Drechsler, Karl, Deutschland - China - Japan 1933-1939. Das Dilemma der deutschen Fernostpolitik, Berlin (Ost) 1964.

Dubois, Howard, Britische Chinapolitik während der chinesisch-nationalistischen Revolution 1925-1927, Diss., Zürich 1975.

Düwell, Kurt, Deutschlands auswärtige Kulturpolitik 1918-1932, Grundlinien und Dokumente, Köln 1976.

ders. / Link, Werner (Hg.), Deutsche Auswärtige Kulturpolitik seit 1871. Geschichte und Struktur, Köln 1981.

ders., Die Gründung der kulturpolitischen Abteilung im Auswärtigen Amt 1919/20 als Neuansatz, in: ebd., S. 46-71.

Duus, Peter / Myers, Ramon H. / Peattie, Mark R. (Hg.), The Japanese Wartime Empire 1931-1945, Princeton 1996.

Eastman, Lloyd E., Fascism in Kuomintang-China. The Blue Shirts, in: CQ, 48 (1972), S. 1-31.

ders., The Abortive Revolution. China under Nationalist Rule, 1927-1937, Cambridge (Mass.) 1974.

ders., The Kuomintang in the 1930s, in: Furth (Hg.), The Limits of Change, S. 191-210.

ders., Nationalist China during the Nanking Decade 1927-1937, in: CHOC 13, S. 116-167.

ders. / Pepper, Suzanne / Slyke, Lyman P. van (Hg.), The Nationalist Era in China 1927-1949, Cambridge (Mass.) 1991.

Eberstein, Bernd, Der Ostasiatische Verein 1900-2000, Hamburg 2000.

Eckert, Walther, Die Hapro in China, Graz 1981.

Elvert, Jürgen / Salewski, Michael (Hg.), Staatenbildung in Übersee. Die Staatenwelt Lateinamerikas und Asiens, Stuttgart 1992.

Engram, John H., Partner or Peril: Japan in German Foreign Policy and Diplomacy 1914-1920, Ph.D. Thesis (unpubl.), Washington 1976.

Epstein, Julius, Seeckt und Tschiang-Kai-Schek, in: Wehrwissenschaftliche Rundschau, 3 (1953), S. 534-543.

Esser, Alfons, Die drei Fernostverträge des Jahres 1936 und ihre Bedeutung für die deutsche Chinapolitik, in: Kuo / Leutner (Hg.), Beiträge zu den deutsch-chinesischen Beziehungen, S. 91-112.

Eudin, Xenia J. / North, Robert C. (Hg.), Soviet Russia and the East, 1920-1927. A Documentary Survey, Stanford 1957.

Fabritzek, Uwe G., Gelber Drache, Schwarzer Adler. Geschichte der deutsch-chinesischen Beziehungen, München 1973.

Fass, Josef, Sun Yat-sen and Germany in 1921-1924, in: Archiv Orientalni, 36 (1968), S. 135-148.

Feifel, Eugen, Geschichte der chinesischen Literatur, Hildesheim 1982[4].

Felber, Roland, Rezension zu: Otto Braun, Chinesische Aufzeichnungen, in: asien, afrika, lateinamerika, 4 (1976), S. 133-136.

ders., Rezension zu: Bernd Martin, Die deutsche Beraterschaft, in: ZfG, 34 (1986), S. 666-667.

ders. / Hübner, Rolf, Chinesische Demokraten und Revolutionäre in Berlin (1925-1933), in: Wissenschaftliche Zeitschrift der Humboldt-Universität zu Berlin, Reihe Gesellschaftswissenschaften, 37 (1988), S. 157-172.

ders., Sun Yat-sen und Deutschland, I u. II, in: ebd., S. 121-135 u. 136-147.

Ferrell, Robert H., The Mukden Incident: September 18-19, 1931, in: Journal of Modern History, 17 (1955), S. 66-72.

Festschrift anläßlich des 25jährigen Bestehens der Staatlichen Tung-Chi Universität zu Woosung, Shanghai 1932.

Fitzgerald, John, Awakening China. Politics, Culture and Class in the Nationalist Revolution, Stanford 1996.

Fladhammer, Christa / Wildt, Michael (Hg.), Max Brauer im Exil. Briefe und Reden aus den Jahren 1933-1946, Hamburg 1994.

Foljanty-Jost, Gesine, Schulbuchgestaltung und Systemstabilisierung in Japan, Bochum 1979.

Fong, H.D., Toward Economic Control in China, Tianjin 1936.

Forndran, Erhard / Golczewski, Frank / Riesenberger, Dieter (Hg.), Innen- und Außenpolitk unter nationalsozialistischer Bedrohung. Determinanten internationaler Beziehungen in historischen Fallstudien, Opladen 1977.

Fox, John P., Max Bauer, Chiang Kai-shek's First German Military Adviser, in: Journal of Contemporary History, 5 (1970), S. 21-44.

ders., The Klein Projects in China: Arms, Economics, and Foreign Policy in the Third Reich, in: Martin (Hg.), Deutsche Beraterschaft, S. 216-235.

ders., Germany and the Far Eastern Crisis 1931-1938. A Study in Diplomacy and Ideology, Oxford 1982.

Franke, Wolfgang, Die Beseitigung des staatlichen Prüfungssystems in China im Jahre 1905, in: Saeculum, 10 (1959), S. 103-108.

ders., The Reform and Abolition of the Traditional Chinese Examination System, Cambridge 1960.

Frey, Paul W., Faschistische Fernostpolitik. Italien. China und die Entstehung des weltpolitischen Dreiecks Rom-Berlin-Tokio, Diss., Frankfurt 1997.

Freyeisen, Astrid, Shanghai und die Politik des Dritten Reiches, Diss., Würzburg 2000.

Fu, Pao-jen, Chiang Kai-shek's Relations with German Advisers (1928-1935), in: Martin (Hg.), Deutsche Beraterschaft, S. 160-174.

ders., Military Advisers and German Assistance for Chinese Industrialization, in: ebd., S. 187-200.

Fung, Edmund / Pong, David (Hg.), Ideal and Reality. Social and Political Change in Modern China, 1860-1949, Lanham 1985.

ders., Nationalist Foreign Policy, 1928-1937, in: ebd., S. 185-217.

Funke, Manfred, Sanktionen und Kanonen. Hitler, Mussolini und der internationale Abessinienkonflikt 1934-36, Düsseldorf 1970.

ders., (Hg.), Hitler, Deutschland und die Mächte. Materialien zur Außenpolitik des Deutschen Reiches, Bonn 1976.

Furth, Charlotte (Hg.), The Limits of Change. Essays on Conservative Alternatives in Republican China, Cambridge (Mass.) 1976.

Gall, Lothar, Krupp. Der Aufstieg eines Industrieimperiums, Berlin 2000.

Gasster, Michael, Rezension zu Maria Hsia Chang: The Chinese Blue Shirt Society, in: CQ, 108 (1986), S. 715-716.

Gernet, Jacques, Die chinesische Welt, Frankfurt 1988 (1972).

Geyer, Michael, Motive und Bedingungen einer aktiven Fernostpolitik des deutschen Militärs (1928-1936), in: Martin (Hg.), Deutsche Beraterschaft, S. 54-71.

ders., Die Konferenz für die Herabsetzung und Beschränkung der Rüstung und das Problem der Abrüstung, in: Becker / Hildebrand (Hg.), Internationale Beziehungen in der Weltwirtschaftskrise, S. 155-202.

Geyer, Michael, Das 2. Rüstungsprogramm, in: MGM, 17 (1975), S. 159-199.

ders., Motive und Bedingungen einer aktiven Fernostpolitik des deutschen Militärs (1928-1936), in: Martin (Hg.), Deutsche Beraterschaft, S. 54-71.

Gillin, Donald G., Warlord Yen Hsi-shan in Shansi Province 1911-1949, Princeton 1967.

Glatfelter, Ralph E., Russia in China: The Russian Reaction to the Boxer Rebellion, Ann Arbor 1979.

Godley, Michael R., Lessons from an Italian Connection, in: Fung / Pong (Hg.), Ideal and Reality, S. 93-123.

Gransow, Bettina / Leutner, Mechthild (Hg.), China: Nähe und Ferne. Deutsch-chinesische Beziehungen in Geschichte und Gegenwart. Zum 60. Geburtstag von Kuo Heng-yü, Frankfurt 1989.

Gray, Jack, Rebellions and Revolutions. China from the 1800s to the 1900s, Oxford 1990.

Guske, Claus, Das politische Denken des Generals von Seeckt. Ein Beitrag zur Diskussion des Verhältnisses Seeckt - Reichswehr - Republik, Lübeck 1971.

Haasch, Günther (Hg.), Die Deutsch-Japanischen Gesellschaften von 1888 bis 1996, Berlin 1996.

Hack, Annette, Historischer Überblick über die deutsch-japanische Gesellschaft bis 1945, in: ebd., S. 11-440.

Harnisch, Thomas, Chinesische Studenten in Deutschland. Geschichte und Wirkung ihrer Studienaufenthalte in den Jahren 1860 bis 1945, Hamburg 1999.

Harrison, James Pinckney, The Long March to Power. A History of the Chinese Communist Party, 1921-1972, New York 1972.

Hartshorne, Edward Yarnall, The German Universities and National Socialism, London 1937.

Hayford, Charles W., To the People. James Yen and Village China, New York 1990.

Hayhoe, Ruth / Bastid, Marianne (Hg.), China's Education and the Industrialized World, Armonk 1987.

Dies. (Hg.), Education and Modernization. The Chinese Experience, Oxford 1992.

Dies., Cultural Tradition and Educational Modernization: Lessons from the Republican Era, in: ebd., S. 47-71.

Dies., China's Universities 1895-1995. A Century of Cultural Conflict, New York 1996.

Heinzig, Dieter, The Otto Braun Memoirs and Mao's Rise to Power, in: CQ, 46 (1971), S. 274-288.

ders., Rezension zu: Otto Braun, Chinesische Aufzeichnungen, in: ebd., 68 (1976), S. 829-830.

ders., Sowjetische Militärberater bei der Kuomintang 1923-1927, Baden-Baden 1978.

ders., Die kommunistische Konkurrenz: Das Erbe der sowjetischen Militärberaterschaft. Die Tätigkeit Otto Brauns in der chinesischen Roten Armee, in: Martin (Hg.), Deutsche Beraterschaft, S. 147-159.

Helfferich, Emil, Tatsachen 1932-1946. Tatsachen. Ein Beitrag zur Wahrheitsfindung, Jever 1969.

Hell, Stefan, Der Mandschurei-Konflikt. Japan, China und der Völkerbund 1931 bis 1933, Tübingen 1999.

Herre, Gabriele, Mandschureikrise - Reichsregierung - Beraterschaft (1931-1933), in: Martin (Hg.), Deutsche Beraterschaft, S. 236-248.

Hildebrand, Klaus, Krieg und Frieden im Krieg. Über das Problem der Legitimität in der Staatengesellschaft 1931-1941, in: HZ, 244 (1987), S. 3-28.

Hildermeier, Manfred, Geschichte der Sowjetunion 1917-1991, München 1998.

Hinz, Manfred (Hg.), Räte-China. Dokumente der chinesischen Revolution (1927-31), Frankfurt 1973.

Hitler, Adolf, Mein Kampf, München 1938.

Höllrich, Wolfgang, Komintern und Kommunismus in China. Zur Politik der KPCh und der sowjetischen Einflußnahme 1921-1937, unveröffentl. MA, Freiburg 1989.

Hofer, Walther (Hg.), Die Diktatur Hitlers. Der Nationalsozialismus. Dokumente 1933-1945, Frankfurt 1974.

Hofheinz, Roy (Jr.), The Broken Wave - The Chinese Communist Peasant Movement 1922-28, Cambridge (Mass.) 1977.

Hsia, Adrian (Hg.), Deutsche Denker über China, Frankfurt 1985.

Hsia, C.L., The Reorganization of Education in China. Comment's on the League Mission's Report, in: Pacific Affairs, 5 (1932), S. 1027-1037.

Hsiao, Tso-liang, Chinese Communism and the Canton Soviet of 1927, in: CQ, 30 (1967), S. 49-78.

Hsü, Immanuel C.Y., The Rise of Modern China, Oxford 1990[4].

Hu, Changtze, Deutsche Ideologie und politische Kultur Chinas, Bochum 1983.

Hu, Chi-hsi, Hua Fu, The Fifth Encirclement Campaign and the Zunyi Conference, in: CQ, 43 (1970), S. 31-46.

ders., Mao, Lin Biao and the Fifth Encirclement Campaign, in: ebd., 82 (1980), S. 250-280.

Hu, Sheng, From the Opium War to the May Fourth Movement, Peking 1991.

Meldung zu Hu Shi, o.N., in: OAR, 1.9.1932, Nr. 17, S. 361.

Hütter, Joachim / Meyers, Reinhard / Papenfuß, Dietrich (Hg.) Tradition und Neubeginn. Internationale Forschungen zur deutschen Geschichte im 20. Jahrhundert. Referate und Diskussionen eines Symposions der Alexander-von-Humboldt-Stiftung vom 10.-15.9.1974 in Bad Brückenau, Köln 1975.

Hwang, Ping, Der Kantoner Aufstand und seine Vorgeschichte, in: Hinz (Hg.), Räte-China, S. 5-30. (Erstmals veröffentlicht im Sammelband des Wissenschaftlichen Instituts für Chinaforschung „Die Kantoner Kommune", Moskau 1928.)

Iklé, Frank W., German-Japanese Relations 1936-1940. A Study of Totalitarian Diplomacy, New York 1956.

Inoue, Kiyoshi, Geschichte Japans, Frankfurt 2002 (1963).

Iriye, Akira, Chang Huseh-liang and the Japanese, in: JAS, 20 (1960-61), S. 33-43.

ders., After Imperialism: The Search for a New Order in the Far East 1921-1931, Cambridge (Mass.) 1968[2].

ders. (Hg.), The Chinese and the Japanese. Essays in Political and Cultural Interactions, Princeton 1980.

ders., The Internationalization of History, in: AHR, 94 (1989), S. 1-10.

ders. / Cohen, Warren (Hg.), American, Chinese and Japanese Perspectives on Wartime Asia 1931-1949, Wilmington 1990.

Jacobs, Dan Norman, Borodin, Stalin's Man in China, Cambridge (Mass.) 1981.

Jäger, Jörg-Johannes, Die wirtschaftliche Abhängigkeit des Dritten Reiches vom Ausland. Dargestellt am Beispiel der Stahlindustrie, Diss., Berlin 1969.

Jetschke, Anja / Liese, Andrea, Kultur im Aufwind. Zur Rolle von Bedeutungen, Werten und Handlungsrepertoires in den internationalen Beziehungen, in: Zeitschrift für Internationale Beziehungen, 5 (1998), S. 149-179.

Kagan, Richard C., The Comintern, the 28 Bolsheviks and the Alumni of Sun-Yat-Sen University, in: International Review of Historical and Political Science, Febr. 1974, S. 79-90.

Artikel: Der Kampf gegen den imperialistischen Krieg. National-revolutionärer Krieg - die Antwort auf den Lytton-Bericht, o.N., in: Inprekorr, 6.12.1932, Nr. 102, S. 3274.

Kelly, David H. (Hg.), French Colonial Education: Essays on Vietnam and West Africa, New York 2000.

Kelly, Gail Paradise, Educational Reform and Re-reform: Politics and the State in Colonial Vietnam, in: ebd., S.45-72.

Kiep, Otto, The Economic Policies of Germany under the New Plan, in: CEJ, 18 (1936), S. 212-215.

Kindermann, Gottfried-Karl (Hg.), Konfuzianismus, Sunyatsenismus und chinesischer Kommunismus, Freiburg 1963.

Kirby, William C., Developmental Aid or Neo-Imperialism? German Industry in China, 1928-1937, in: Martin (Hg.), Deutsche Beraterschaft, S. 201-215.

ders., Germany and Republican China, Stanford 1984.

ders., Intercultural Contacts and International Relations: China's Relations with Germany, the Soviet Union and the United States, 1927-1944, in: Kuo / Leutner (Hg.), Deutschland und China, S. 225-252.

ders., Traditions of Centrality, Authority and Management in Modern China's Foreign Relations, in: Robinson / Shambaugh (Hg.), Chinese Foreign Policy, S. 13-29.

ders., Relations at Home and Abroad in the Republican Era, in: CQ, 150 (1997), S. 433-458.

ders., Images and Realities of Chinese Fascism, in: Larsen (Hg.), Fascism outside Europe, S. 233-268.

Kitchen, Martin, Militarism and the Development of Fascist Ideology: The Political Ideas of Colonel Max Bauer, 1916-18, in: Central European History, 8 (1975), S. 199-220.

Kleinschmidt, Harald, Geschichte der internationalen Beziehungen, Stuttgart 1998.

Kloosterhuis, Jürgen, Deutsche Auswärtige Kulturpolitik und ihre Trägergruppen vor dem Ersten Weltkrieg, in: Düwell / Link (Hg.), Deutsche Auswärtige Kulturpolitik, S. 7-35.

Kludas, Arnold, 1834-1984 Rickmers. 150 Jahre Schiffbau und Schiffahrt, Herford 1984.

Knipping, Franz / Müller, Klaus-Jürgen (Hg.), Machtbewußtsein in Deutschland am Vorabend des Zweiten Weltkrieges, Paderborn 1984.

Konfuzius. Gespräche des Meisters Kung (Lunyu), hg. von Ernst Schwarz, München 1987².

Kong, Xiangxi, New China's Industrial Program, in: CWR, New China Edition, 10.10.1928, S. 12-13.

Kranzler, David, Japanese, Nazis & Jews. The Jewish Refugee Community of Shanghai, 1938-1945, New York 1976.

Krebs, Gerhard, Japans Deutschlandpolitik 1935-1941. Eine Studie zur Vorgeschichte des pazifischen Krieges, Bd. 1, Hamburg 1984.

Kreiner, Josef / Mathias, Regine (Hg.), Deutschland - Japan in der Zwischenkriegszeit, Bonn 1990.

Kreissler, Françoise, Deutsche Kooperation im Hochschulwesen: Das Beispiel der Tongji-Universität, in: Kuo / Leutner (Hg.), Beiträge zu den deutsch-chinesischen Beziehungen, S. 10-32.

Dies., Technical Education as a Key to Cultural Cooperation: The Sino-German Experience, in: Hayhoe / Bastid (Hg.), China's Education and the Industrialized World, S. 81-96.

Dies., Nationalsozialisten in China: Ein verdrängtes Kapitel der Geschichte der deutsch-chinesischen Beziehungen? In: Gransow / Leutner (Hg.), China. Nähe und Ferne, S. 265-274.

Dies., L'Action culturelle allemande en Chine: De la fin du XIXe siècle à la seconde guerre mondiale, Paris 1989.

Dies., Exil in Shanghai: Problematik und Schwerpunktthemen, in: Kuo / Leutner (Hg.), Deutsch-chinesische Beziehungen, S. 293-314.

Krieger, Konrad, Das sowjetisch-japanische Verhältnis 1931-1941, Mainz 1970.

Krutenat, Kurt, Die kulturelle Aufgabe der Hindenburg-Schule Harbin, in: OAR, 1.3.1934, Nr. 5, S. 106-107.

Kudicke, R., Die Sunyatsen-Universität zu Canton, in: ebd., S. 115-118.

Kuo, Heng-yü, Die Komintern und die chinesische Revolution. Die Einheitsfront zwischen der KP Chinas und der Kuomintang 1924-1927, Paderborn 1979.

ders. / Leutner, Mechthild (Hg.), Beiträge zu den deutsch-chinesischen Beziehungen, München 1986.

ders. (Hg.), Von der Kolonialpolitik zur Kooperation. Studien zur Geschichte der deutsch-chinesischen Beziehungen, München 1986.

ders. (Hg.), Berlin und China. Dreihundert Jahre wechselvolle Beziehungen, Berlin 1987.

ders. (Hg.), Deutsch-chinesische Beziehungen 1927-1938. Eine Auswertung diplomatischer Akten, München 1988.

ders., Deutsch-chinesische Beziehungen 1928-1938, Berlin 1989.

ders. / Leutner, Mechthild (Hg.), Deutsch-chinesische Beziehungen vom 19. Jahrhundert bis zur Gegenwart. Beiträge des Internationalen Symposiums in Berlin, München 1991.

ders. / Dies. (Hg.), Deutschland und China. Beiträge des Zweiten Internationalen Symposiums zur Geschichte der deutsch-chinesischen Beziehungen, München 1994.

Kuß, Susanne, Entsendung einer Erziehungsmission des Völkerbundes unter Vorsitz von Carl Heinrich Becker nach China (1931) : Deutsche Einflüsse auf die Reorganisation des chinesischen Erziehungswesens, in: Leutner (Hg.), Politik, Wirtschaft, Kultur, S. 187-224.

Dies., Der Völkerbund als internationale Arbeitsgemeinschaft in China. Deutschlands Beteiligung an der technischen Hilfe des Völkerbundes für die chinesische Nationalregierung (1928-1934), unveröffentl. Diss., Freiburg 1998.

Kwei, Chung-gi, The Kuomintang-Communist Struggle in China 1922-1949, Den Haag 1970.

Larsen, Stein Ugelvik (Hg.), Fascism outside Europe. The European Impulse against Domestic Conditions in the Diffusion of Global Fascism, New York 2001.

Lee, Chong-Sik, Revolutionary Struggle in Manchuria, Berkeley 1983.

Lehmkuhl, Ursula, Entscheidungsprozesse in der internationalen Geschichte. Möglichkeiten und Grenzen einer kulturwissenschaftlichen Fundierung außenpolitischer Entscheidungsmodelle, in: Loth / Osterhammel (Hg.), Internationale Geschichte, S. 187-207.

Lenin, Wladimir I., Der Imperialismus als höchstes Stadium des Kapitalismus, Berlin 1979 (1916).

Lensen, George Alexander, The Damned Inheritance. The Soviet Union and the Manchurian Crisis 1924-1935, Tallahassee 1974.

Lepsius, M. Rainer (Hg.), Interessen, Ideen und Institutionen, Opladen 1990.

ders., Interessen und Ideen. Die Zurechnungsproblematik bei Max Weber, in: ebd., S. 31-43.

Leutner, Mechthild (Hg.), Politik, Wirtschaft, Kultur: Studien zu den deutsch-chinesischen Beziehungen, Münster 1996.

Dies., Hegemonie und Gleichrangigkeit in Darstellungen zu den deutsch-chinesischen Beziehungen, in: ebd., S. 447-458.

Dies. /. Titarenko, M.L. (Hg.), KPdSU (B), Komintern und die Sowjetbewegung in China. Dokumente, Bd. 3 (1927-1931), Teil 1, Münster 2000.

Li, Lincoln, Japan over Manchuria 1931-1936, Hongkong 1992.

ders., Student Nationalism in China, 1924-1949, New York 1994.

Liang, Hsi-huey, Die Chinesen in Berlin, 1920-1946, in: Hütter u.a. (Hg.), Tradition und Neubeginn, S. 221-232.

ders., The Sino-German Connection: Alexander von Falkenhausen between China and Germany, 1900-1941, Assen 1978.

ders., General Alexander von Falkenhausen (1935-1938), in: Martin (Hg.), Deutsche Beraterschaft, S. 135-146.

Linde, Max, Artikel über die 1932 erschienene Tongji-Festschrift, in: OAR, 16.7.1933, Nr. 14, S. 310-311.

ders., Die Tung-Chi-Universität, in: ebd., 1.3.1934, Nr. 5, S. 112-113.

Linke, Marlies, Einige Anmerkungen zu den deutschen Zivilberatern in China, in: Leutner (Hg.), Politik, Wirtschaft, Kultur, S. 259-269.

Litten, Freddy, Otto Brauns frühes Wirken in China (1932-1935), unveröffentl. MA, München 1988.

ders., Otto Braun in Deutschland 1900-1928, in: IWK, 27 (Juni 1991), S. 171-182.

ders., „Consider Your Verdict“: Otto Braun in China, in: CCP Research Newsletter, 10/11 (1992), S. 30-36.

Liu, F.F., A Military History of Modern China, 1912-1949, Princeton 1956.

Lone, Stewart, Japan's First Modern War. Army and Society in the Conflict with China, 1894-95, London 1994.

Lorenz, Richard (Hg.), Umwälzung einer Gesellschaft - Zur Sozialgeschichte der chinesischen Revolution (1911-1949), Frankfurt a.M. 1977.

Loth, Wilfried / Osterhammel, Jürgen (Hg.), Internationale Geschichte, München 2000.

Louis, Wm. Roger, British Strategy in the Far East 1919-1939, Oxford 1971.

Ludendorff, Erich, Meine Lebenserinnerungen von 1919 bis 1925, Bd. 1, München 1940.

Der Lytton-Bericht. Bericht der Untersuchungskommission des Völkerbundes über den chinesisch-japanischen Streit in der Mandschurei mit Schlussbericht der Völkerbundversammlung vom 24. Februar 1933 und Anhängen, Urkunden und Forschungen zum Internationalen Recht, hg. von der Hamburgischen Juristen-Fakultät, Leipzig 1933.

Machetzki, Rüdiger (Hg.), Deutsch-chinesische Beziehungen. Ein Handbuch, Hamburg 1982.

Mackerras, Colin, Education in the Guomindang Period, 1928-1949, in: Fung / Pong (Hg.), Ideal and Reality, S. 153-183.

Martin, Bernd, Die deutsch-japanischen Beziehungen während des Dritten Reichs, in: Funke (Hg.), Hitler, Deutschland und die Mächte, S. 454-470.

ders., Japan - Zur Rezeption der wechselseitigen Beeinflussung von Herrschaftspraxis und Weltmachtbestrebungen, in: Forndran u.a. (Hg.), Innen- und Außenpolitik unter nationalsozialistischer Bedrohung, S. 87-109.

ders., Japans Weg in den Krieg. Bemerkungen über Forschungsstand und Literatur zur japanischen Zeitgeschichte, in: MGM, 23 (1978), S. 183-209.

ders. (Hg.), Die deutsche Beraterschaft in China 1927-1938. Militär, Wirtschaft und Außenpolitik, Düsseldorf 1981.

ders., Die deutsche Beraterschaft - Ein Überblick, in: ebd., S. 15-53.

ders., Japans Imperialismus. Ein Überblick zur Expanionspolitik des Kaiserreichs von 1868 bis in die Zeit nach dem Zweiten Weltkrieg, in: Studia Historiae Oeconomicae 18 (1983), S. 123-156.

ders., Das deutsche Militär und die Wendung der deutschen Fernostpolitik von China auf Japan, in: Knipping / Müller (Hg.), Machtbewußtsein in Deutschland, S. 191-207.

ders., Das Deutsche Reich und Guomindang-China, 1927-1941, in: Kuo (Hg.), Von der Kolonialpolitik zur Kooperation, S. 325-375.

ders., Das deutsch-japanische Bündnis im Zweiten Weltkrieg, in: Kreiner / Mathias (Hg.), Deutschland - Japan in der Zwischenkriegszeit, S. 199-219.

ders., Die Öffnung Japans durch den Westen: Annahme und Abwehr der westlichen Herausforderung (1853-1890), in: Elvert / Salewski (Hg.), Staatenbildung in Übersee, S. 197-220.

ders., Die Entlassung der jüdischen Lehrkräfte an der Freiburger Universität und die Bemühungen um ihre Wiedereingliederung nach 1945, in: Freiburger Universitätsblätter 1995, Heft 129, S. 7-46.

ders., Die Untersuchungskommission des Völkerbundes zur Mandschureikrise. Der deutsche Anteil, in: Leutner (Hg.), Politik, Wirtschaft, Kultur, S. 163-185.

ders., The Influence of German Military Advisers on the Chinese Defense Efforts against the Japanese 1937/8, Taibei 1997. (Japanische Fassung in: Senshi Kenkyu Nempo (Military History Studies Annual), März 2001, S. 109-123.)

ders., Die Hack-Papiere (im Manuskript abgeschlossen).

Artikel: Mandschureikommission, in: DAZ, 6.12.1931, Nr. 563, S. 1.

Matschoß, Conrad, Der Weltingenieurkongreß in Tokio, Herbst 1929, in: Zeitschrift des Vereins deutscher Ingenieure, 74 (31.5.1930), S. 729-733.

Matsuoka, Yosuke, Building up Manchuria, Tokyo 1938.

Matsusaka, Yoshihisa Tak, Managing Occupied Manchuria, 1931-1934, in: Duus / Myers / Peattie (Hg.), The Japanese Wartime Empire, S. 97-135.

ders., The Making of Japanese Manchuria, 1904-1932, Cambridge (Mass.) 2001.

Matzat, Wilhelm, Die Tsingtauer Landordnung des Chinesenkommissars Wilhelm Schrameier, Bonn 1985.

McCormack, Gavan, Chang Tso-lin and the Manchurian Idea, Stanford 1977.

McKale, Donald M., The Nazi Party in the Far East, 1931-45, in: Journal of Contemporary History, 12 (1977), S. 291-311.

McLane, Charles, Soviet Policy and the Chinese Communists 1931-1946, New York 1958.

Mehner, Karl, Weimar - Kanton. Ein Beitrag zur Geschichte der deutsch-chinesischen Beziehungen in den Jahren 1921-1924, in: Wissenschaftliche Zeitschrift der Karl-Marx-Universität Leipzig, 8 (1958/59), S. 23-44.

ders., Die Rolle deutscher Militärberater als Interessenvertreter des deutschen Militarismus und Imperialismus in China 1928-1936, unveröffentl. Diss., Leipzig 1961.

Meier-Welcker, Hans, Seeckt, Frankfurt 1967.

ders., Seeckt in der Kritik, in: Wehrwissenschaftliche Rundschau, 19 (1969), S. 265-284.

ders., Generaloberst Hans von Seeckt, in: Martin (Hg.), Deutsche Beraterschaft, S. 116-134.

Meyer, Hektor (Hg.), Die Entwicklung der kommunistischen Streitkräfte in China von 1927 bis 1949. Dokumente und Kommentar, Berlin 1982.

Mencius. In modernes Chinesisch übertragen von Zheng Xunzuo; in Englisch übersetzt von Zhao Zhentao, Zhang Wenting und Zhou Dingzhi, Shandong 1998².

Merker, Peter, Die Absatzorganisation der deutschen Wirtschaft in China an der Wende von den 20er zu den 30er Jahren, in: Leutner (Hg.), Politik, Wirtschaft, Kultur, S. 271-295.

Michaelis, A., Die Entwicklung des deutschen Schulwesens in Ostasien 1931/33, in: OAR, 1.3.1934, Nr. 5, S. 99-106.

Michalka, Wolfgang, Ribbentrop und die deutsche Weltpolitik 1933-1940, München 1980.

Möring, Maria, Siemssen & Co. 1846-1971, Hamburg 1971.

Mohr, F.W., Fremde und deutsche Kulturbetätigung in China, Münster 1928.

Morgenroth, Sabine, Antikomintern-Pakt zwischen Deutschland und Japan vom 25. November 1936 auf der Grundlage der Akten über den Tokyoter Kriegsverbrecher-Prozeß und der Akten der deutschen auswärtigen Politik, in: Bochumer Jahrbuch zur Ostasienforschung, 11 (1988), S. 19-62.

Moritz, Ralf, Die Philosophie im alten China, Berlin 1990.

Morley, James William (Hg.), The China Quagmire: Japan's Expansion on the Asian Continent 1933-1941, New York 1983.

Morton, William F., Tanaka Giichi and Japan's China Policy, Folkestone 1980.

Müller, Eva, Kunst und Politik. Deutsch-chinesische Literaturbeziehungen seit den 20er und 30er Jahren, in: Kuo / Leutner (Hg.), Deutschland und China, S. 253-264.

Müller-Jabusch, Maximilian., Fünfzig Jahre Deutsch-Asiatische Bank 1890-1939, Berlin 1940.

Mussolini, Benito, La dottrina del fascismo, Rom 1934 (1932).

Nathan, Andrew J., A Constitutional Republic: The Peking Government, 1916-28. In CHOC 12, S. 256-283.

Neugebauer, Ernst, Anfänge pädagogischer Entwicklungshilfe unter dem Völkerbund in China, Diss., Hamburg 1971.

Artikel über die Niederlassung deutscher Ärzte in China, o.N, in: OAR, 16.7.1932, Nr. 14, S. 294.

Nish, Ian, Japanese Foreign Policy 1869-1942. Kasumigaseki to Miyakezaka, London 1977.

ders., An Overview of Relations between China and Japan 1895-1945, in: CQ, 124 (1990), S. 601-623.

ders., Japan's Struggle with Internationalism, London 1993.

ders., Germany, Japan and the Manchurian Crisis. Dr. Heinrich Schnee and the Lytton Commission, in: Kreiner / Mathias (Hg.), Deutschland - Japan, S. 91-104.

North, Robert C., Moscow and Chinese Communists, Stanford 1963 (1953).

Osterhammel, Jürgen, Chinas Weltmarktabhängigkeit und industrielle Entwicklung (1914-1937), in: Lorenz (Hg.), Umwälzung einer Gesellschaft, S.194-256.

ders., „Technical Co-operation" between the League of Nations and China, in: MAS, 13 (1979), S. 661-680.

ders., China und die Weltgesellschaft, München 1989.

ders., Shanghai, 30. Mai 1925. Die chinesische Revolution, München 1997

ders., Internationale Geschichte, Globalisierung und Pluralität der Kulturen, in: Loth / ders. (Hg.), Internationale Geschichte, S. 387-408.

Pan, Lynn (Hg.), The Encyclopedia of the Chinese Overseas, Richmond 1999.

Pang, Bin-chin, Der Außenhandel zwischen Deutschland und China und die deutsch-chinesische Außenhandelspolitik, Diss., Erlangen 1937.

Papers Relating to the Foreign Relations of the United States 1928 (Bd. II), 1929 (Bd. II) 1930 (Bd. II), Washington 1943

Peattie, Mark R., Ishiwara Kanji and Japan's Confrontation with the West, Princeton 1975.

Petzina, Dietmar, Autarkiepolitik im Dritten Reich, Stuttgart 1968.

ders., Die deutsche Wirtschaft in der Zwischenkriegszeit, Wiesbaden 1977.

Pfeil, Alfred, Der Völkerbund, Darmstadt 1976.

Pong, David, The Ministry of Foreign Affairs during the Republican 1912 to 1949, in: Steiner (Hg.), Foreign Ministries, S. 135-151.

Powell, Ralph L., The Rise of Chinese Military Power 1895-1912, Princeton 1955.

Presseisen, Ernst L., Germany and Japan. A Study in Totalitarian Diplomacy 1933-1941, Den Haag 1958.

Protokoll des 6. Weltkongresses der Kommunistischen Internationale 1928, Bde. I u. III, Berlin 1928.

Pu Yi, Ich war Kaiser von China, hg. u. aus dem Chinesischen übersetzt von Richard Schirach und Mulan Lehner, München 1984[4].

Pye, Lucian W., Warlord Politics. Conflict and Coalition in the Modernization of Republican China, New York 1971.

Quested, Rosemary, The Sino-Russian Relations, Sydney 1984.

Ratenhof, Gabriele, Das Deutsche Reich und die internationale Krise um die Mandschurei, Frankfurt 1984.

Dies., Das Deutsche Reich, Japan und die internationale Krise um die Mandschurei 1931 bis 1933, in: Kreiner / Mathias (Hg.), Deutschland - Japan, S. 105-127.

Ratenhof, Udo, Die Chinapolitik des Deutschen Reiches 1871 bis 1945. Wirtschaft - Rüstung - Militär, Bochum 1987.

Reichsgesetzblatt 1927, Teil I u. II / 1928, Teil I u. II / 1929, Teil II / 1937, Teil II.

Verhandlungen des Reichstages, IX. Legislaturperiode, 5. Session, 1897/98, Bd. 1.

Reinbothe, Roswitha, Kulturexport und Wirtschaftsmacht. Deutsche Schulen in China vor dem Ersten Weltkrieg, Frankfurt 1992.

Retzmann, H., Industrielle Beziehungen zwischen Deutschland und China, in: OAR, Sonderheft: Zum wirtschaftlichen Aufbau Chinas, 1.4.1931, Nr. 7, S. 177-178.

Ringer, Fritz K., Die Gelehrten. Der Niedergang der deutschen Mandarine 1890-1933, Stuttgart 1983.

Robinson, Thomas W. / David Shambaugh (Hg.), Chinese Foreign Policy. Theory and Practice, Oxford 1995.

Rocholl, Heinrich, Ein chinesisches Werk über den Nationalsozialismus, in: OAR, 1.8.1935, Nr. 15, S. 410.

Rosenberg, Alfred, Der Mythus des 20. Jahrhunderts, München 1935 (1930).

Rostek, Horst, Rezension zu: Bernd Martin, Deutsche Beraterschaft, in: Zeitschrift für Militärgeschichte 22 (1983), S. 245-246.

Rothermund, Dietmar (Hg.), Die Peripherie in der Weltwirtschaftskrise. Afrika, Asien, Lateinamerika 1929-1939, Paderborn 1983.

ders., Chinas verspätete Krise, 1933-1935, in: ebd., S. 225-244.

Royama, Masamichi, Foreign Policy of Japan 1914-1939, Greenwood 1975 (Reprint von Tokyo 1941).

Schacht, Hjalmar, Außenhandelsfragen (Vortrag vom 20. 10.1934), o.O. 1934.

ders., 76 Jahre meines Lebens, Bad Wörishofen 1953.

Schmidt, Burkhard, Die China-Studienkommission des Reichsverbandes der Deutschen Industrie im Jahre 1930, in: Kuo / Leutner (Hg.), Beiträge zu den deutsch-chinesischen Beziehungen, S. 67-90.

ders., "Die Industrialisierung Chinas" - Wunschtraum, Berufung, Gefahr. Deutsche und chinesische Vorstellungen in der Zeit zwischen den Weltkriegen, in: Gransow / Leutner (Hg.), China: Nähe und Ferne, S. 211-237.

Schmidt, Vera, Aufgabe und Einfluß der europäischen Berater in China. Gustav-Detring (1842-1913) im Dienste Li Hung-changs, Wiesbaden 1986.

Schnee, Heinrich, Völker und Mächte im Fernen Osten. Eindrücke von der Reise mit der Mandschurei-Kommission, Berlin 1933.

ders., Die koloniale Schuldlüge, München 1928.

Schoenbaum, David, Die braune Revolution, Köln 1968.

Schüler, W., Hu Shi und die Preußische Akademie der Wissenschaften, in: OAR, 1.10.1932, Nr. 19, S. 398-399.

Schwartz, Benjamin I., The World of Thought in Ancient China, Cambridge 1985.

Schwarcz, Vera, The Chinese Enlightement. Intellectuals and the Legacy of the May Fourth Movement of 1919, Berkeley 1986.

Second Rapport sur l'évolution en Mandchourie jusqu'en 1930, hg. v.d. Compagnie du chemin de fer sud-mandchourien, Paris 1932.

Seeds of Conflict. Series 9: The Sino-Japanese Conflict 1931-1941. Prelude to Pearl Harbor. 2, 2: Japan's Justification, Nendeln 1980 (Reprint von Tokyo 1932).

Seps, Bernhard J., German Military Advisers and Chiang Kai-shek 1927-1938. Ph.D. Thesis (unpubl.), University of California, Berkeley 1972.

ders., General Georg Wetzell, in: Martin (Hg.), Deutsche Beraterschaft, S. 106-115.

Seraphim, Hans-Günther (Hg.), Das politische Tagebuch Alfred Rosenbergs 1934/35 und 1939/40, München 1964 (1956).

Shao, Hi-ping, From the Twenty-one Demands to the Sino-Japanese Military Agreements, 1915-1918: Ambivalent Reactions, in: Coox / Conroy (Hg.), China and Japan, S. 37-57.

Sheridan, James E., The Warlord Era: Politics and Militarism under the Peking Government 1916-28, in: CHOC 12, S. 284-321.

Shillony, Ben-Ami, Revolt in Japan. The Young Officers and the February 26, 1936 Incident, Princeton 1973.

Shimada, Toshihiko, Essay on Designs on North China, 1933-1937, in: Morley (Hg.), The China Quagmire, S. 11-230.

Shum, Kui-Kwong, The Chinese Communists' Road to Power: The Anti-Japanese National United Front, 1935-1945, Hongkong 1988.

Snow, Edgar, Roter Stern über China, Frankfurt 1986 (1938).

Sommer, Theo, Deutschland und Japan zwischen den Mächten 1935-1940. Vom Antikominternpakt zum Dreimächtepakt. Eine Studie zur Vorgeschichte des Zweiten Weltkrieges, Tübingen 1962.

Sommer, Walter, Zur Rolle deutscher Berater in den Einkreisungs- und Vernichtungsfeldzügen gegen die südchinesische Sowjetrepublik 1930-1934, in: ZfP 18 (1971), S. 269-304.

Song, Ziwen, The Financial and Economic Politics of the Nationalist Government, in: CWR, New China Edition, 10.10.1928, S. 9-11.

Spence, Jonathan D., Chinas Weg in die Moderne, München 2001 (1990).

Staiger, Brunhilde, Artikel "Neues Leben", in: China Handbuch, S. 983.

Steiner, Zara (Hg.), The Times Survey of Foreign Ministries of the World, London 1982.

Stimson, Henry, The Far Eastern Crisis, New York 1974 (Reprint von 1936).

Stoecker, Helmuth (Hg.), Handbuch der Verträge 1871-1964. Verträge und andere Dokumente aus der Geschichte der internationalen Beziehungen, Berlin (Ost) 1968.

The National Sun Yat-sen University. A Short History, o.O. 1937[2].

Sun, Youli, China's International Approach to the Manchurian Crisis, 1931-1933, in: Asian History 26 (1992), S. 42-77.

ders., China and the Origins of the Pacific War, 1931-1941, New York 1993.

Sun Yatsen, The International Development of China, New York 1922.

Sutton, Donald S., German Advice and Residual Warlordism in the Nanking Decade. Influence on Nationalist Military Traning and Strategy, in: CQ, 89 (1982), S. 386-410.

Tang, Leang-Li, Reconstruction in China. A Record of Progress and Achievement in Facts and Figures, Shanghai 1935.

Tang, Peter S.H., Russian and Soviet Policy in Manchuria and outer Mongolia 1911-1931, Durham 1959.

Tao Tai Chi, Ausgewählte Reden des Marschalls Chiang Kaishek, Heidelberg / Berlin 1936.

Tawney, Richard H., Land and Labour in China, London 1964 (Reprint von 1932).

Teichert, Eckart, Autarkie und Großraumwirtschaft in Deutschland 1930-1939. Außenwirtschaftspolitische Konzeptionen zwischen Wirtschaftskrise und Zweitem Weltkrieg, München 1984.

Thornton, Richard, The Comintern and the Chinese Communists 1928-1931, Washington 1969.

Thorne, Christopher, The Limits of Foreign Policy. The West, the League and the Far Eastern Crisis of 1931-1933, London 1972.

Tien, Hung-Mao, Government and Politics in Kuomintang China 1927-1937, Stanford 1972.

Tschiang, Wei-Kuo, Der chinesisch-japanische Krieg, Osnabrück 1986.

Tung, William L., The Political Institutions of Modern China, Den Haag 1964.

Artikel über die „Vereinigung Chinesischer Ingenieure für Bauwesen e.V.“, o.N., in: OAR, 16.12.1934, Nr. 24, S. 516.

Der Vertrag von Versailles, mit Beiträgen von Sebastian Haffner, Gregory Bateson u.a., Frankfurt 1988.

Vogt, Adolf, Oberst Max Bauer. Generalstabsoffizier im Zwielicht 1869-1929, Osnabrück 1974.

ders., Oberst Max Bauer, in: Martin (Hg.), Deutsche Beraterschaft, S. 95-105.

Volkmann, Hans-Erich, Die NS-Wirtschaft in Vorbereitung des Krieges, in: Deist u.a. (Hg.), Ursachen und Voraussetzungen der deutschen Kriegspolitik, S. 177-370.

Wagner, Wieland, Japans Außenpolitik in der frühen Meiji-Zeit (1868-1894). Die ideologische und politische Grundlegung des japanischen Führungsanspruchs in Ostasien, Stuttgart 1990.

Wakeman, Frederic, A Revisionist View of the Nanjing Decade: Confucian Fascism, in: CQ, 150 (1997), S. 395-432.

Walsh, Billie K., The German Military Mission in China, 1928-38, in: The Journal of Modern History, 46 (1974), S. 502-513.

Wang, Gungwu, The Chinese Overseas. From Earthbound China to the Quest for Autonomy. Cambridge (Mass.) 2000.

Wang, Xi, A Test of the Open Door Policy: America's Silver Policy and its Effects on East Asia, 1934-37, in: Iriye / Cohen (Hg.), American, Chinese, Japanese Perspectives on Wartime Asia, S. 29-71.

Wang, Y.C., Chinese Intellectuals and the West, 1872-1949, Chapel Hill 1966.

Weber, Diedrich, Zur Geschichte der deutschen Schulen im Fernen Osten, in: OAR, 1.3.1934, Nr. 5, S. 93-97.

Weggel, Oskar, Wo steht China heute? Die Rückkehr der Tradition und die Zukunft des Reformwerks. Teil I: Die Traditionsfrage: Vermächtnis oder Altlast, in: China aktuell, April 1992, S. 236-259.

Wehler, Hans-Ulrich, "Moderne" Politikgeschichte? Oder: Willkommen im Kreis der Neorankeaner vor 1914, in: GG, 22 (1996), S. 257-266.

Wei, Henry, China and Soviet Russia, Princeton 1956.

Wei, William, The Role of German Advisers in the Suppression of the Central Soviet: Myth and Reality, in: Martin (Hg.), Deutsche Beraterschaft, S. 175-186.

Weland, James Edwin, The Japanese Army in Manchuria: Covert Operations and the Roots of Kwantung Army Insubordination, Arizona 1977.

Wells, Audrey, The Political Thought of Sun Yat-sen. Development and Impact, London 2001.

Wende, Erich, C.H. Becker. Mensch und Politiker. Ein biographischer Beitrag zur Kulturgeschichte der Weimarer Republik, Stuttgart 1959.

Wickert, Erwin, John Rabe: Der gute Deutsche von Nanking, Stuttgart 1997.

Wiethoff, Bodo, Luftverkehr in China 1928-1949, Wiesbaden 1975.

ders., Chinesisch-Deutscher Luftverkehrsbetrieb, 1931-1941. Chronologie und Bilddokumente, in: Kuo (Hg.), Von der Kolonialpolitik zur Kooperation, S. 193-291.

Wilbur, Clarence M. / How, Julie Lien-ying, Missionaries of Revolution: Soviet Advisers and Nationalist China 1920-1927, Cambridge (Mass.) 1989.

Wilbur, Martin, The Nationalist Revolution: From Canton to Nanking, 1923-28, S. 603-720, in: CHOC 12, S. 527-720.

Wilhelm, Hellmut, Das Deutschland-Institut in Peking, in: OAR, 1.3.1934, Nr. 5, S. 113-115.

Wilhelm, Richard (Hg.), Li Gi: Das Buch der Riten, Sitten und Bräuche, München 1994[2].

Willoughby, Westel W., The Sino-Japanese Controversy and the League of Nations, New York 1968 (Reprint von 1935).

Wilson, Dick, The Long March 1935. The Epic of China's Communism's Survival, London 1971.

Wippich, Rolf-Harald, Japan und die deutsche Fernostpolitik 1894-1898, Stuttgart 1987.

Wist, Hans, Ausführungsbestimmungen für die Bewegung „Neues Leben", in: OAR, 1.10.1936, Nr. 19, S. 523.

Witt, Horst E., Bildungswelt Ostasien, Paderborn 1972.

Wright, Mary C., From Revolution to Restoration: The Transformation of Kuomintang Ideology, in: JAS, XIV (1955), S. 515-532.

Wright, Tim, The Nationalist State and Regulation of Chinese Industry During the Nanjing Decade: Competition and Control in Coal Mining, in: Fung / Pong (Hg.), Ideal and Reality, S. 127-152.

Wulf, Stefan, Das Hamburger Tropeninstitut 1919 bis 1945. Auswärtige Kulturpolitik und Kolonialrevisionismus nach Versailles, Berlin 1994.

Wuu, Ma Wen-ying, Die deutsche Beraterschaft in China in der Zwischenkriegszeit 1927-38, Diss., Münster 1996.

Xu, Guangqiu, Americans and Chinese Nationalist Military Aviation, 1929-1949, in: JAH, 31 (1992), S. 155-180.

Yang, Benjamin, From Revolution to Politics: Chinese Communists on the Long March, Boulder 1990.

Yeh, Wen-Hsin, The Alienated Academy. Culture and Politics in Republican China, 1919-1937, Harvard 1990.

Yoshihashi, Takehiko, Conspiracy at Mukden. The Rise of the Japanese Military, New Haven 1963.

Young, Helen Praeger, Choosing Revolution: Chinese Women Soldiers on the Long March, Urbana 2001.

Young, Louise, Japan's Total Empire. Manchuria and the Culture of Wartime Imperialism, Berkeley 1998.

Yü-Dembski, Dagmar, „China in Berlin", 1918-1933. Von chinesischem Alltag und deutscher China-begeisterung, in: Kuo (Hg.), Berlin und China, S. 117-130.

Dies., Chinesische Intellektuelle in Deutschland, 1922-1941, in: Gransow / Leutner (Hg.), China: Nähe und Ferne, S. 239-263.

Dies., Lebenskonzepte und politische Aktivitäten chinesischer Intellektueller in Deutschland, 1920-1941, in: Kuo / Leutner (Hg.), Deutsch-chinesische Beziehungen, S. 315-344.

Zeidler, Manfred, Reichswehr und Rote Armee, München 1994.

Zürcher, Erik. J., Turkey. A Modern History, London 1993.

b) Literatur in chinesischer Sprache

Becker, Carl Heinrich u.a., Zhongguo jiaoyu zhi gaijin 中国教育制改进 (Die Reorganisation der Erziehung in China), Nanjing 1932 (Nachdruck Taibei 1962).

Braun, Otto 李德, Geming zhanzheng de poqie wenti 革命战争的迫切问题 (Dringende Probleme des revolutionären Krieges), in: Geming yu zhanzheng 革命与战争 (Revolution und Krieg), 2 (April 1934), S. 1-5.

ders., Diren de shandi zhanshu 敌人的山地战术 (Die Gebirgstaktik des Feindes), in: ebd., S. 6-13.

ders., Lun hongjun zai baolei zhuyi xia de zhanshu 论红军在堡垒主义下的战术 (Über die Taktik der Roten Armee und den Befestigungskrieg), in: ebd., 3 (20.4.1934), S. 1-9.

ders., Fandui qujie women de zhanshu 反对曲解我们的战术 (Gegen die Verfälschung unserer Taktik), in: ebd., 4 (18.5.1934), S. 1-7.

ders., Zai lun zhanshu yuanze 再论战术原则 (Nochmals über die Grundlagen unserer Taktik), in: ebd., S. 8-13.

ders., Duancu tuji de zhanli 短促突击的战例 (Beispiele der kurzen Überraschungsschläge), in: ebd., 7 (25.7.1934), S. 8-13.

ders., Lun fangkong jige xin de wenti 论防空几个新的问题 (Über einige neue Probleme des Luftschutzes), in: ebd., 8 (15.8.1934), S. 1-13.

ders., Mou dulishi xiji diren weicheng baolei de jingguo (youji zhanshu de zhanli) 某独立师袭击敌人围城堡垒的经过 (游击战术的战例) (Der Verlauf eines Überraschungsangriffes einer selbständigen Einheit auf eine belagerte gegnerische Stadt (Beispiele für Partisanenkriegstaktik), in: ebd., S. 30-34.

Cai Jiarui 才家瑞, 1917-1924 niande sue zhongdong tielu zhengce 1917-1924 年的苏俄中东铁路政策 (Die sowjetrussische Politik in bezug auf die Ostchinesische Eisenbahn), in: LSYJ 历史研究, 1993, Nr. 4, S. 113-122.

Chen Chongtiao 陈崇桥 / Li Hongjun 李鸿钧 / Yi Xianshi 易显石 / Zhang Deliang 张德良, Jiuyiba shibianshi 九一八事变史 (Geschichte des Mandschureizwischenfalls), Taibei 1987.

Chen Zhanghua 陈章华 / Rong Zhaolong 荣肇隆, Zhongguo junshi shi cidian 中国军事史辞典 (Militärisches Lexikon von China), Wuhan 1993.

Cheng Qibao 程其保, Fu ou kaocha jiaoyu 赴欧考察教育 (Die Mission für Erziehungsfragen in Europa), in: Zhuanji wenuxue 传记文学 (Biographische Literatur), 15 (Juli 1968), Nr. 1, S. 39-48.

Dang Gang 党刚, Huainian wode yinluren Weng Wenhao xiansheng 怀念我的引路人翁文灏先生 (Zur Erinnerung an meinen Direktor Weng Wenhao), in: CHMST 中国科技史, 10 (1989), S. 6-29.

Deguo quanguo shiye xiehui zhongguo kaochatuan chengdi zhongguo guomin zhengfu yijianshu 德国全国事业协会中国考察团呈递中国国民政府意见书 (Bericht der China-Studienkommission des Reichsverbandes der Deutschen Industrie), hg. von Deguo quanguo shiye xiehui 德国全国事业协会 (Reichsverband der Deutschen Industrie), o. O. 1931.

Deguo zhuhua junshi guwentuan gongzuo jiyao 德国驻华军事顾问团工作纪要 (Aufzeichnung der Arbeit der deutschen Beraterschaft in China), hg. von Guofangbu shizhengju 国防部史政局 (Büro für Geschichte und Politik im Verteidigungsministerium), Taibei 1969.

Felber, Roland, (übersetzt von Chen Qianping 陈谦平译), Guomindang zhongguo de deguo junshi guwen - jingji yanjiu shuping 国民党中国的德国军事顾问：经济研究述评 (Die deutschen Militärberater in Guomindang-China: Ein Kommentar zur jüngsten Forschung), in: MGDG 民国档案, 1994, Nr. 1, S. 61-70 .

Feng Qihong 冯启宏, Faxisizhuyi yu sanshi niandai zhongguo zhengzhi 法西斯主义与三十年代中国政治 (Der Faschismus und die chinesische Regierung in den 30er Jahren), Taibei 1998.

Fu Baozhen 傅宝真, Zai hua deguo junshi guwen shizhuan 在华德国军事顾问史传 (Kurze Geschichte und Biographie der deutschen Beraterschaft in China), in: Zhuanji wenxue 传记文学 (Biographische Literatur), 23 (Sept. 1973), S. 5-9.

ders., Kangzhan qian zai hua zhi deguo junshi guwen yu zhongde jingji ji junshi hezuo zhi fenxi 抗战前在华之德国军事顾问与中德经济之军事合作之分析 (Analyse des Zusammenhangs zwischen den Militärberatern und der deutsch-chinesischen Zusammenarbeit vor dem Ausbruch des chinesisch-japanischen Krieges), Teil 1 (Einführung 导论), in: Jindai zhongguo 近代中国 (Modernes China), 45 (1985), Nr. 2, S. 114-134.

ders., Waiji guwen zuzhi yu zhongguo zhi xiandaihua. 1: Minguo 12 nian zhi 27 nian deguo guwentuan zhi bijiao yanjiu 外籍顾问组织与中国之现代化 1：民国十二年至二十七德国顾问团之比较研究 (Ausländische Beratergruppen und die chinesische Modernisierung. 1: Eine vergleichende Studie 1923-1938), in: Fengjia xuebao 逢甲学报 (Zeitschrift der Fengjia-Universität), 19 (1986), S. 195-216.

Gu Bing 谷冰, Jieshao deguo faxisi dang 介绍德国法西斯党 (Über die faschistische Partei in Deutschland), in: Guowen zhoubao 国闻周报 (Wöchentliche Nachrichten), 9 (1932), S. 1-5.

Guan Demao xiansheng. Fangwen jilu 关德懋先生访问记录 (Guan Demao. Wiedergabe von Interviews), Interviewer: Shen Yunlong 沉云龙 / Zhang Pengyuan 张朋园, Taibei 1997.

Guo Tingyi 郭廷以, Jindai zhongguo shigang 近代中国史纲 (Grundriß der modernen Geschichte Chinas), Hongkong 1979.

He Youliang 何友良, Saikete bing wei wei Jiang Jieshi zhiding diaobao zhanshu 塞克特并未为蒋介石制定碉堡战术 (Seeckt an Jiang Jieshi: Diskussion über die Festlegung der Taktik), in: JDSYJ 近代史研究, 3 (1990), S. 277-285.

Hu Hanmin 胡汉民, Sanminzhuyi yu zhongguo geming 三民主义与中国革命 (Die drei Volkslehren und die Revolution), in: Sanminzhuyi yuekan 三民主义月刊 (Monatsschrift der drei Volksprinzipien), 1 (1933), Nr. 1, S. 1-8.

ders., Lun suowei de faxisi 论所谓的法西斯 (Über den sogenannten Faschismus), in: ebd., Nr. 5, S. 1-21.

Huang Fuqing 黄福庆, 近代中国高等教育研究：国立中山大学 (1924-1937) (Erforschung der Hochschulerziehung im Modernen China. Die staatliche Sun Yatsen-Universität 1924-1937), Taibei 1988.

Huangpu liushi zhounian lunwenji 黄埔建校六十周年论文集 (Sammlung von Aufsätzen zum 60jährigen Jubiläum der Huangpu-Akademie), hg. von Guofangbu shizheng bianyiju 国防部史政编译局 (Verteidigungsministerium, Abteilung für Geschichte und Politik), Bd. 1, Taibei 1984.

Ji Xianlin 季羡林, Liude shinian 留德十年 (Zehn Jahre in Deutschland), Peking 1992.

Jian Youwen 简又文, Feng Yuxiang chuan 冯玉祥传 (Biographie über Feng Yuxiang), Bd. 1, Taibei 1982.

Jiang Jieshi 蒋介石(Jiang Zhongzheng 蒋中正), Guominhuiyi kaihuici 国民会议开会词 (Rede zur Eröffnung der Nationalversammlung), 5.5.1931. In: Zhongguo renmin jiefanghui zhengzhi xueyuan dangshi jiaoyanshi 中国人民解放会政治学院党史教研室 (Institut für Unterricht und Erforschung der Parteigeschichte in der Akademie für Politik der Volksbefreiungsarmee Chinas) (Hg.), Zhonggong dangshi cankao ziliao (Informationsmaterial zur Parteigeschichte der Kommunistischen Partei Chinas 中共党史参考资料), Bd. 5: Di erci guonei geming zhangzheng shizi 第二次国内革命战争时期 (Die Zeit des 2. Revolutionären Krieges in China, 1. Teil), Peking, o.J., S. 77-83.

ders., Huangpu jianjun sanshinian gaishu 黄埔建军三十年概述 (Eine kurze Darstellung der 30jährigen Geschichte der Huangpu-Truppe), Taibei 1954.

ders., Sue zai zhongguo: Zhongguo yu egong sanshinian jingli jiyao 苏俄在中国：中国与俄共三十年经历纪要 (Sowjetrußland in China: Aufzeichung der Erfahrung der Erlebnisse zwischen China und den russischen Kommunisten), Taibei 1957[2].

Jiang, Menglin 蒋梦麟, Guolian zhongguo jiaoyu kaochatuan baogaoshu zhong jige jiben yuanze de taolun 国联中国教育考察团报告书中几个基本原则的讨论 (Über einige Prinzipien im Untersuchungsbericht der Studienkommission des Völkerbundes über das Erziehungswesen in China), in: DLPL 独立评论, 40 (1933), S. 10-13 u. 41 (1933), S. 17-21.

Jindai lai hua waiguo renming cidian 近代来华外国人民辞典 (Biographisches Lexikon über Ausländer in China in neuerer Zeit), hg. von Zhongguo shihui kexueyuan 中国史学科学院 (Institut für Sozialwissenschaften), Peking 1981.

Li Yunhan 李云汉 (Hg.), Jiuyiba shibian shiliao 九一八事变史料 (Dokumente über den Mandschureizwischenfall), Taibei 1977.

Lu Yangyuan 陆仰渊 / Fang Qingqiu 方庆秋, Minguo shehui jingjishi 民国社会经济史 (Wirtschaftsgeschichte der Republik China), Peking 1991.

Ma Jun 马骏, Riben qin hua houde dezhong guanxi jiqi bianhua 日本侵华后的德中关系及其变化 (Die deutsch-chinesischen Beziehungen und ihre Veränderungen nach der japanischen Aggression. In: Shijie lishi 世界历史 (Weltgeschichte), 3 (1989), S. 87-96.

Ma Wenying 马文英, Deguo junshi guwentuan yu zhongde junhuo maoyi guanxi de tuizhan 德国军事顾问团与中德军火贸易关系的对战 (Die deutsche Beraterschaft und die Förderung des deutsch-chinesischen Waffenhandels). In: Jindaishi yanjiu suo jikan 近代史研究所集刊 (Bulletin of the Institute of Modern History Academia Sinica / Veröffentlichungen zur Forschung der modernen Geschichte), 23 (1994), Nr. 6, S. 133-165.

Ma, Yinchen, Zhongguo jingji gaizao 中国经济改造 (Die Umwandlung der chinesischen Ökonomie), Shanghai 1935.

Ma Zhendu 马振犊, Deguo junhuo yu zhongguo kangri zhanzheng 德国军火与中国抗日战争 (Deutsche Waffen und China im chinesisch-japanischen Krieg), in: Qingzhu kangzhan shengli wushi zhounian 庆祝抗战胜利五十周年 (Festschrift zum 50. Jubiläum des Sieges gegen Japan), Bd. 1, S. 619-657.

ders. / Qi Rugao 戚如高, Jiang Jieshi yu Hitele: Minguo shiqi de zhongde guanxi 蒋介石与希特勒：民国时期的中德关系 (Jiang Jieshi und Hitler: Deutsch-chinesische Beziehungen in der Zeit der Republik), Taibei 1998 (Nanjing 1997).

Minguo renwu dacidian 民国人物大辞典 (Großes biographisches Lexikon für Nationalchina), Hebei 1991.

Nianjian minguo shiliu nian liude xuehui 年鉴民国十六年留德学会 (Jahrbuch 1927 der Studiengesellschaft der Chinesischen Deutschlandstudenten), hg. von Zhonghua minguo liude xuehui 中华民国留德学会 (Club Chinesischer Studenten e.V.), Glücksstadt 1928.

Qin Huiping 秦蕙萍, Huangpu zaoqi jiaoyu yu xunlian 黄埔早期教育与训练 (Erziehung und Ausbildung in der frühen Zeit von Huangpu), in: Huangpu jianxiao liushi zhounian lunwenji 黄埔建校六十周年论文集(Aufsatzsammlung zum 60jährigen Jubiläum der Huangpu-Akademie), Bd. 1, S. 323-365.

Qingzhu kangzhan shengli wushi zhounian 庆祝抗战胜利五十周年 (Festschrift zum 50. Jubiläum des Sieges gegen Japan), hg. von Zhongguo jiandaishi xuehui 中国近代史学会 (Gesellschaft für moderne chinesische Geschichte), Bd. 1, Taibei 1996.

Shao Minhuang 邵铭煌, Kong Xiangxi yu kangzhan chuqi de heping shitan 孔祥熙与抗战初期的和平试探 (Versuche von Kong Xiangxi zu einem Friedensschluß während der frühen Phase des chinesisch-japanischen Krieges), in: Qingzhu kangzhan shengli wushi zhounian 庆祝抗战胜利五十周年 (Festschrift zum 50. Jubiläum des Sieges gegen Japan), Bd. 1, S. 103-133.

Shi Quanseng 史全生, Zhonghua minguo wenhuashi 中华民国文化史 (Kulturgeschichte der Republik China), Bd. 1, Jilin 1990.

Shi Zhifu 石志夫 / Zhou Wenqi 周文琪 (Hg.), Li De yu geming 李德与革命 (Otto Braun und die chinesische Revolution), Peking 1987.

Song Guobin 宋国滨, Youyi yishi lai hua wenti 犹籍医师来华问题 (Das Problem der nach China kommenden jüdischen Ärzte), in: The National Medical Journal of China 中华医学杂志, 20 (1934), Nr. 1, S. 9-10.

Sun Jian 孙健, Zhongguo jingjishi jindai bufen 1840-1949 中国经济史近代部分 (Teil der neuesten Wirtschaftsgeschichte Chinas 1840-1949), Peking 1989.

Sun Guoda 孙果达, Guomindang zhengfu zhongde deguo junshi guwen shulun 国民党政府中的德国军事顾问述论 (Deutsche Militärberater bei der Guomindang-Regierung), in: JDSYJ 近代史研究, 1988, Nr. 6, 121-137.

Wang Jiahong 王家鸿 , Disan deyizhi 第三德意志 (Das Dritte Reich), Hankou 1935.

Wang Mingzhe 王明哲 (Hg.), Jiuyiba shibian 九一八事变 (Der Zwischenfall vom 18. September), Peking 1988.

Weng Zhiyuan 翁智远 (Hg.), Tongji daxueshi 同济大学史 (Geschichte der Tongji-Universität), Bd. 1 (1907-1949), Shanghai 1987.

Wu Jingping 吴景平, Hansi Kelan yu kangzhan qiande zhongde guanxi 汉斯克兰与抗战前的中德关系 (Hans Klein und der chinesisch-japanische Krieg vor dem Hintergrund der deutsch-chinesischen Beziehungen), in: JDSYJ 近代史研究, 1992, S. 175-195.

Ders, Deguo junshi guwen Saikete de zhongguo zhi xing pingshu 德国军事顾问塞克特的中国之行评述 (Kommentar des deutschen Militärberater Seeckt zu seiner Chinareise), in: MGDG, 1994, Nr. 2, S. 97-104.

ders., Song Ziwen pingchuan 宋子文评传 (Eine kritische Biographie von Song Ziwen), Fuzhou 1992.

ders., Song Ziwen sixiang yanjiu 宋子文思想研究 (Forschungen zu den Ideen Song Ziwens), Fuzhou 1998.

ders., Song Ziwen zhengzhi shengya biannian 宋子文政治生涯编年 (Chronologie des politischen Lebens von Song Ziwen), Fuzhou 1998.

Wu Zhaohong 吴兆洪, Wo suo zhidao de ziyuan weiyuanhui 我所知道的资源委员会 (Was ich über die Ressourcenkommission weiß), in: Huiyi guomindang zhengfu ziyuan weiyuanhui 回忆国民党政府资源委员会 (Erinnerungen an die Ressourcenkommission der Regierung der Guomindang), hg. von Quanguo zhengxie wenshi ziliao yanjiu weiyuanhui gongshang jingjizu 全国政协文史资料研究委员会工商经济组 (Gruppe für Industrie und Handel des Komitees zur Erforschung der Literatur und Geschichte der Konsultativkonferenz für das ganze Land), Peking 1988, S. 63-141, v.a. S. 75-89.

Xin Damou 辛达谟, Nanjing guomin zhengfu shiqi. Zhongde waijiao guanxi zhi yanjiu (1928-1933) 南京国民政府时期 中德外交关系之研究（民国十七一二十二年） (Die Zeit der Nanjing-Regierung. Forschungen zu den deutsch-chinesischen Beziehungen 1928-1933), in: Jindai zhongguo 近代中国 (Modernes China), 39 (1984), Nr. 2, S. 200-211.

Xu Daolin 徐道邻, Deyizhi yu zhongri liangguo zhi waijiao guanxi 德意志与中日两国之外交关系 (Über die deutsch-chinesischen und die deutsch-japanischen Beziehungen), in: WJPL 外交评论, 2 (1933), Nr. 2, S. 43-55.

Zhang Kaisen 张开森, 1935 nian deguo yuandong jingji kaochatuan fanghua shiliao sijian 一九三五年德国远东经济考察团访华史料四件 (Vier Dokumente über den Besuch der deutschen Wirtschaftskommission für den Fernen Osten), in: MGDG 民国档案, 1991, Nr. 4, S. 33-37.

Zhang Tianlin 张天麟, Deguo liuxue zhidaoshu 德国留学指导书 (Ratgeber für Chinesen, die an ausländischen Hochschulen studieren wollen), Peking 1937.

Zhang Xianwen 张宪文, Sanshi niandai zhongde guanxi chutan 三十年代中德关系初探 (Erste Diskussion über die chinesisch-deutschen Beziehungen in den 30er Jahren). In: Lishi dangan 历史档案 (Archiv der Geschichte), 1990, Nr. 2, S. 119-124.

Zhang, Yufa 张玉法, Zhongguo xiandaishi 中国现代史 (Moderne Geschichte Chinas), Bd. 2, Taibei 1979.

Zhao Zhenhuan 赵振寰 (Hg.), Tongzhou gongji. Tongji daxue jianxiao bashi zhounian jinianji 同舟共济：同济大学建校八十周年纪念集 (Im Boot gemeinsam den Fluß überqueren: Festschrift zum 80jährigen Jubiläum der Tongji-Universität), Shanghai 1988.

Zhongde waijiao midang 中德外交密檔1927-1947 (Geheimdokumente zu den deutsch-chinesischen diplomatischen Beziehungen, hg. von Zhongguo dier lishi danganguan 中国第二历史档案馆 (Zweites Historisches Archiv der Volksrepublik China), Jiangsu 1994.

Zhongguo dabai kequanshu 中国大百科全书 (Großes Lexikon für alle Gebiete Chinas), hg. von Zhongguo dabaike quanshu zhongbianji weiyuanhui 中国大百科全书总编辑委员会 (Kommission für die Herausgabe des Großen Lexikons für alle Gebiete Chinas), Shanghai 1990.

Zhongguo dier lishi danganguan 中国第二历史档案馆 (Zweites Historisches Archiv) (Hg.), zusammengestellt von Dai Xiong 戴雄, Deguo junshi guwen Fucaier guanyu zhengdun zhongguo jundui zhi Jiang Jieshi chengwen liang jian 德国军事顾问佛采而关于整顿中国军队之蒋介石呈文两件 (Die Eingaben des deutschen Militärberaters Wetzell über die Reorganisation der chinesischen Armee bei Jiang Jieshi, 14.2./23.5.1933), in: MGDG 民国档案, 1988, Nr. 4, S. 32-40.

dass. (Hg.), zusammengestellt von Qi Houjie 戚厚杰, Deguo zhongguo guwen Faerkenhaosen guanyu Zhongguo kangri zhanzheng zhi liangfen jianyishu 德国中国顾问法肯豪森关于中国抗日战争之两份建议书 (Zwei Bücher mit Vorschlägen des deutschen Hauptmilitärberaters Falkenhausen zum chinesischen Widerstandskrieg gegen Japan), in: ebd., 1991, Nr. 2, S. 24-29.

dass. (Hg.), zusammengestellt von Dai Xiong 戴雄, Deguo zhengfu daibiao Kelan wei Jiang Jieshi chouhua sheli "shili zhongxin dian" zuzhi zhi jianshe 德国政府代表克兰为蒋介石筹画设立「实力中心点」组织之建设 (Die Vorschläge des deutschen Beraters Hans Klein für Jiang Jieshi zur Planung und Gründung der Organisation "Mittelpunkt der Stärkung"), in: ebd., 1991, Nr. 1, S. 29-40.

Zhou Huimin 周惠民, Deguo dui huazheng ce yanjiu 德国对华政策研究 (Deutsche Forschung zur Politik Chinas), Taibei 1995.

ders., Weizier yu zhongde junshi hezuo 魏泽尔与中德军事合作 (Wetzell und die deutsch-chinesische Militärkooperation), in: Guoli zhengzhi daxue lishi xuebao 国立政治大学历史学报 (Zeitschrift für Geschichte der Zhengzhi-Universität) 1998, Nr. 15, S. 239-257.

ders., Cong Fakenhaosen dangan kan deguo junshi guwentuan 从法肯豪森档案看德国军事顾问团 (1934-38) (Über die deutschen Militärberater aus den Akten von Falkenhausen), in: Ershi shijie zhongguo zhangzhen yu zhengzhi 二十世纪中国战争与政治 (Krieg und Politik in China im 20. Jh.), hg. von Zhonghua junshi xuehui 中华军史学会 (Gesellschaft für chinesische Militärgeschichte), Taibei 2000, S. 1-19.

Zhu Qi 朱契, Deguo shiye lianhehui touzi zhongguo zhi jihua jiqi piping 德国事业联合会投资中国之计画及其批评 (Einige kritische Bemerkungen zu den Investitionsplänen des Reichsverbandes der Deutschen Industrie in China), in: DFZZ 东方杂志, 28 (1931), Nr. 12, S. 9-15.

ders., Suowei tongzhi jingji yu guolian jishu hezuo wenti 所谓统制经济与国联技术合作问题 (Das Problem der sogenannten Wirtschaftskontrolle und die technische Zusammenarbeit mit dem Völkerbund), in: ebd., 31 (1934), Nr. 5, S. 5-15.

Index der Personen und Institutionen

Tongji-Komitee (*Tongji weiyuanhui*), gegr. 1917, rein chin. Komitee, das während des Krieges zwischen China und Deutschland als Schulleitung fungierte und auf diese Weise den Fortbestand der Universität sicherte. 305, 329.

Tongji-Mittelschule (*Dewen zhongxuebu / Yubei xuexiao*), gegr. 1907, neben der dt. Sprache wurden auch naturwiss. Grundkenntnisse vermittelt. 310, 330.

Tongji Technische Hochschule, s. Tongji-Universität.

Tongji-Universität (*Tongji yigong daxue*) in Wusong (Shanghai), begr. 1907 mit der Einrichtung der Dt. Medizinschule für Chinesen und der Mittelschule, 1927 als staatliche Universität mit einer techn. und einer med. Abt. anerkannt, 1937 Einrichtung einer naturwiss. Fakultät. 130, 223, 286, 287, 288, 291, 305, 306, 307, 310, 318, 328, 329, 330, 331, 336, 405, 460.

Tongji-Werkmeisterschule, gegr. 1916, diente der Ausbildung von mittlerem techn. Personal. 307, 329.

Transeurasia, s. EURASIA.

Transocean-Agentur, Nachrichtendienst der 1914 in Berlin gegr. Transocean-GmbH. 464.

Traut, Hans (1888-1967), Diplomat, zunächst in Hankou, 1931 am Konsulat Chongqing. 189, 318.

Trautmann, Oskar (1877-1950), Diplomat, 1925-31 Leiter der Unterabt. bzw. Abt. IV (Ostasien) im AA, ab 1931 Gesandter in Peking, 1935-38 dt. Botschafter in China. 60, 61, 63, 97, 109, 124, 126, 128, 141, 142, 148, 149, 153, 154, 157, 178, 183, 186, 206, 207, 208, 209, 214, 220, 221, 229, 249, 256, 277, 278, 287, 288, 289, 290, 305, 311, 328, 330, 362, 364, 370, 396, 414, 415, 424, 430, 434, 435, 450, 452, 453, 464, 472.

Trockij, Lev D. (1879-1940, ermordet), sowjet. Politiker, 1917-27 Mitglied des ZK und 1919-26 des Politbüros des ZK der KPdSU, 1918-24 Volkskommissar für Heer und Marine und Vorsitzender des Revolutionären Militärrates der UdSSR, 1924-27 Mitglied des EKKI, nach Lenins Tod war er mit seiner Theorie von der „Permanenten Revolution“ in immer stärkeren Gegensatz zu Stalin getreten, 1929 aus der UdSSR ausgewiesen. 138.

Ubelaker, Karl (1872-1942), österreich. Major, Waffenhändler aus Wien, Anfang der 30er Jahre in die Waffengeschäfte der CGB verwickelt. 194, 195.

Ulrich, Robert (1888-1952), Diplomat, 1932-35 VLR im AA, zuständig für Wirtschaftsfragen. 428.

Ullrich, Otto (1894-1957), Kinderarzt, in den 20er Jahren Tätigkeit zunächst in Suzhou, dann an der SYU, 1929 Privatdozent in München, ab 1934 Prof. 302.

Ungewitter, Claus (1890-unb.), Jurist, Geschäftsführer des Vereins zur Wahrung der Interessen der chemischen Industrie, 1928 Teilnahme an einer Besprechung des RDI bezüglich der Förderung der dt.-chin. Bez. 69.

United Press, gegr. 1907, amerik. Nachrichtenbüro, das auch ausländische Zeitungen mit Nachrichten versorgte. 448.

Universität Freiburg, gegr. 1457 als eine der ältesten deutschen Universitäten, für ihre Verbindung mit China stehen der Geologe Ding Wenjiang und der Mediziner Ludwig Aschoff (1866-1942), der auch an der SYU in Kanton tätig war. 396.

Universität Nanjing, s. Nationale Zentrale Universität Nanjing.

Universität Peking, s. Nationale Universität Peking.

University Medical School in Hongkong, Abt. der 1912 gegr. Universität Hongkong. 331.

Unterrichtsministerium, s. Chin. Erziehungsministerium

Vargas, Getulio (1883-1954, Selbstmord), brasil. Politiker, 1930-45 und 1950-54 Staatspräsident. 448.

Verband Deutscher Reeder e.V., gegr. 1907, Sitz in Hamburg, Ziel war v.a. die Schaffung eines Ausgleichs zwischen Reedereien und Seeleuten. 409.

Verband für den Fernen Osten, gegr. 1914 in Berlin, um die wirtschaftlichen und kulturellen Beziehungen zwischen Deutschland und Ostasien zu fördern. 284, 288, 291, 300, 302, 312, 316, 330, 333, 334, 421.

Xu Tingyao (1892-1974), General, Ausbildung an der Baoding-Militärakademie, während des Nordfeldzuges Kommandant einer Division, dann Experte für techn. und logistische Fragen im Truppenamt, 1934 Reise nach Deutschland. 61, 372, 409.

Xunzi (313-283 v. Chr.), letzter großer Vertreter des frühen Konfuzianismus. 399.

Yan Xishan (1883-1960), Warlord, 1912-49 Provinzmachthaber von Shanxi, seit 1929 Mitglied des ZEK der GMD. 85, 120, 167.

Yang chi Tseng [k.P.], kantonesischer Offizier, Kommissar des Arsenalamtes in Kanton, 194.

Yang Kung chao [k.P.], Ministerialbeamter, im Ministerium für Landwirtschaft und Bergbauwesen tätig, 1929 Teilnahme an einer interministeriellen Sitzung zur Vorbereitung des Besuchs der dt. Industrie-Studienkommission. 76, 78.

Yang Lian (1897-1939), Erziehungsfachmann, nach einem Sprachenstudium in China Tätigkeit an der *Beida*, 1926 Sekretär der Unterrichtsabt. der Provinzregierung von Zhejiang, 1929 Graduierung am Teachers College der Columbia Universität, danach Direktor der Abt. für soziale Erziehung im Erziehungsministerium, 1932/33 Mitglied der Sinomission. 337.

Yang Xingfo (1893-1933, ermordet), Politiker, Studium in Harvard (zusammen mit Song Ziwen), Begründer der Wissenschaftsgesellschaft, 1924 Sekretär Sun Yatsens, 1928 Vizepräsident der Academia Sinica, Sekretär von Cai Yuanpei. 392, 412.

Yang Yongtai (1882-1936, ermordet), Politiker, Mitglied des mehrfach aufgelösten ersten chin. Parlaments, 1932-36 Sekretär Jiang Jieshis im Hauptquartier Nanchang, ab Dez. 1935 Gouverneur von Hubei. 413.

Yanjing-Universität, gegr. 1918 von amerik. Missionaren, private Universität bestehend aus drei Abt.en (Geistes- und Naturwissenschaften, Recht), Bestände wurden nach dem Krieg ausgelagert und befinden sich heute im Besitz der Universität Harvard. 396.

Yao Y.T. [k.P.], Arzt, der 1933 Peter Mühlens während dessen Chinareise begleitete. 351.

Yoshizawa, Kenkichi (1874-unb.), jap. Diplomat, 1923 Botschafter in China, 1930 in Frankreich, während des Mandschureizwischenfalls (1931/32) Völkerbundsdelegierter, 1932 AM. 235.

Yu Dawei (1897-unb.), Politiker, 1928/29 Leiter der Handelsabt. der CGB, seit 1933 Leiter des Waffenamtes in Nanjing, 1944 stellvertr. Kriegsminister und nach 1949 Verteidigungsminister auf Taiwan. 148, 177, 178, 181, 182, 187, 191, 192, 202, 205, 289.

Yu Feipeng (1894-1966), Offizier und Politiker, 1924 an der Huangpu-Militärakademie tätig, 1926/27 Chef des Finanzkomitees in Jiangxi, 1929 im Kriegsministerium, ab 1931 Vizeverkehrsminister, 1935-38 Verkehrsminister. 409.

Yuan Shikai (1859-1916), Politiker und Militärführer, 1898 Gouverneur der Provinz Shandong, 1901 Generalgouverneur der Provinz Zhili (Hebei) sowie Hochkommissar für Militär- und Auslandsangelegenheiten in Nordchina, 1906 Ernennung zum AM, 1908 Entlassung aus dem Staatsdienst, 1911 Hochkommissar aller Streitkräfte sowie Kommandeur der Beiyang-Truppen und MP, 1913 Präsident Chinas, 1915 Proklamierung zum Kaiser. 260, 267, 272, 383, 384.

Yue Fei (1103-1141), Militär, Heerführer in der Südlichen Song-Dynastie, bekämpfte die feindlichen Jin, Intrigen kaiserlicher Berater ließen ihn jedoch in Ungnade fallen, er wurde inhaftiert und hingerichtet, seither eine Symbolfigur des chin. Patriotismus. 398.

Zeiss Ikon AG, gegr. 1926, Unternehmen der optischen Industrie in Dresden. 181.

Zentrale Militärakademie (*Zhongyang junshi xuexiao*) gegr. 1924, 1932 nach Nanjing verlegt (zuvor: Huangpu-Militärakademie). 44, 142, 371, 435, 462.

Zentrales Exekutivkomitee der Guomindang. 66.

Zentrales Exekutivkomitee der Kommunistischen Internationale. 115.

Zentralinstitut, s. Deutsches Zentralinstitut für Erziehung und Unterricht.

Zhang Fakui (1896-unb.), kantonesischer Offizier, unterstützte 1926/27 die linke GMD, brach aber mit den Kommunisten nach dem Aufstand von Nanchang, 1927 scheiterte sein Versuch, Kanton zu erobern, danach Teilnahme an verschiedenen Feldzügen gegen Jiang Jieshi, mit dem er sich erst 1936 aussöhnte. 133, 134, 135, 136, 139.